财经类高等院校研究生专业前沿文献导读系列丛书
中央财经大学研究生专业前沿文献导读教材项目

金融工程前沿文献导读

王 辉 主编

中国财经出版传媒集团
中国财政经济出版社

图书在版编目（CIP）数据

金融工程前沿文献导读／王辉主编． －－北京：中国财政经济出版社，2020.12
（财经类高等院校研究生专业前沿文献导读系列丛书）
中央财经大学研究生专业前沿文献导读教材项目
ISBN 978 － 7 － 5223 － 0112 － 9

Ⅰ．①金… Ⅱ．①王… Ⅲ．①金融工程－文献－研究 Ⅳ．①F830.49

中国版本图书馆 CIP 数据核字（2020）第 191135 号

责任编辑：王佳欣　　　　　　　　责任校对：李　丽
封面设计：陈宇琰　　　　　　　　通　　读：卓文娟

中国财政经济出版社 出版

URL：http：//www.cfeph.cn
E － mail：cfeph@ cfeph.cn

（版权所有　翻印必究）

社址：北京市海淀区阜成路甲 28 号　邮政编码：100142
营销中心电话：010 － 88191522
天猫网店：中国财政经济出版社旗舰店
网址：https：//zgczjjcbs.tmall.com
北京时捷印刷有限公司印刷　各地新华书店经销
成品尺寸：185mm×260mm　16 开　25.75 印张　533 000 字
2020 年 12 月第 1 版　2020 年 12 月北京第 1 次印刷
定价：115.00 元
ISBN 978 － 7 － 5223 － 0112 － 9
（图书出现印装问题，本社负责调换，电话：010 － 88190548）
本社质量投诉电话：010 － 88190744
打击盗版举报热线：010 － 88191661　　QQ：2242791300

中央财经大学研究生专业前沿文献导读教材项目
编委会成员

主　　　任：马海涛

委　　　员：（按姓氏笔画排序）

　　　　　　白彦锋　冯秀军　陈斌开　李建军

　　　　　　吴　溪　张晓涛　林　嵩　林光彬

　　　　　　贾尚晖

丛 书 主 编：马海涛

丛书副主编：张学勇　肖　鹏

总　序

党的十九大报告指出:"建设教育强国是中华民族伟大复兴的基础工程,必须把教育事业放在优先位置。"要"加快一流大学和一流学科建设,实现高等教育内涵式发展。"2020年7月29日,在新中国成立以来的第一次全国研究生教育大会上,习近平总书记强调研究生教育在培养创新人才、提高创新能力、服务经济社会发展、推进国家治理体系和治理能力现代化方面具有重要作用。研究生教育肩负着高层次人才培养和创新创造的重要使命,是国家发展、社会进步的重要基石,是应对全球人才竞争的基础布局。改革开放特别是党的十八大以来,我国研究生教育快速发展,已成为世界研究生教育大国。中国特色社会主义进入新时代,各行各业对高层次创新人才的需求更加迫切,研究生教育的地位和作用更加凸显。

深化研究生教育改革,要重视发挥课程教学在研究生培养中的作用,而高水平教材建设是开展高水平课程教学的基础。2014年教育部发布《关于改进和加强研究生课程建设的意见》;2016年中共中央办公厅、国务院办公厅发布《关于加强和改进新形势下大中小学教材建设的意见》;2017年国务院成立国家教材委员会,进一步明确了教材建设是事关未来的战略工程、基础工程的重要地位;2020年9月,教育部、国家发展和改革委员会、财政部联合发布《关于加快新时代研究生教育改革发展的意见》(教研[2020]9号)中明确提出培养单位要紧密结合经济社会发展需要,优化课程体系,加强教材建设,打造精品示范课程,编写遴选优秀教材,推动优质资源共享。

中央财经大学高度重视研究生教材建设工作,坚持"科学规划、突出特色、鼓励创新、择优资助"的原则,围绕立德树人根本任务,以一流学科建设为目标,设立专项资金资助研究生教材建设,推动习近平新时代中国特色社会主义思想和社会主义核心价值观融入教材建设、融入课堂教学,培育学生经世济民、诚信服务、德法兼修的职业素养。从2009年起,先后组织了多批次研究生教材建设工作，瞄准学科前沿，出版各专业研究生前沿文献导读，推进以职业能力训练为导向的案例教学与案例库体系，着力组织建设一批国际化、高水平的专业学位研究生教学案例集，逐步形成了以"研究生精品教材系列、专业学位研究生教学案例集系列、研究生专业前沿文献导读系列"为代表的具有中央财经大学特色的研究生教材体系。

呈现在读者面前的研究生专业前沿文献导读系列丛书由多部文献导读教材组成，涉及经济学、管理学、法学三个学科门类，均由教学经验丰富、学术研究能力突出的一线教师组织编写。编者中既有国家级教学名师等称号的获得者，也不乏在专业领域造诣颇深的中青年学者。本系列丛书以"立足中国，放眼世界"的眼光和格局，本着扎根中国大地办大学的教育理念，致力于打造一批具有中国特色，具有较强思想性、科学性、系统性和时代性的适用于高等院校尤其是财经类院校研究生教学的专业教材，力求在各个专业领域内产生一定的影响力。

研究生专业前沿文献导读系列丛书的出版得到了"中央高校建设世界一流大学（学科）和特色发展引导专项资金"的支持。我们希望本套丛书的出版能够为相关课程教学提供基本的教学方案和参考资料，能够启发研究生对专业前沿知识的学习和对现实问题的思考，提高研究生运用理论知识解决现实问题的能力，进而培养成为具有良好学术素养、掌握前沿理论、具备国际视野的高层次拔尖创新人才。

在编写研究生专业前沿文献导读系列丛书的过程中，我们虽力求完善，但难免存在不足，恳请广大同行和读者批评指正。

研究生专业前沿文献导读系列丛书编委会
2020 年 10 月于北京

前　言

伴随着金融市场交易者追求效率的内在需求驱动和全球金融创新的快速发展，20世纪90年代，金融工程作为一门应用型交叉学科兴起，并且在金融体系的六大基本功能中发挥着越来越重要的作用。本书立足国际前沿和国内重大现实问题，选取金融工程领域的经典文献和前沿文献进行梳理、评述和导读，主题涉及风险管理、金融市场、资产定价、金融计量等领域，具体包括：金融资产波动率；金融市场溢出效应；系统性金融风险；自回归条件持续期模型；金融市场微观结构；投资者策略；国际原油市场；利率期限结构；资产定价与资产配置；期权定价等。

本书通过对上述领域的前沿问题和实际应用问题进行文献梳理，一方面，希望为金融工程领域教师、研究者、从业者以及在读研究生等读者群体提供较为全面和系统的基础研究成果以及文献资料来源，使其可以高效了解到金融工程研究的最新前沿进展，迅速了解该领域的研究现状，节省文献搜寻成本；另一方面，希望给金融工程领域的研究者提供该领域未来可能的研究方向和思考，使其能够站在巨人的肩膀上开展更加前沿和深入的研究。

本书共十二章，是中央财经大学研究生院组织编写的研究生专业前沿文献导读系列丛书之一，主要由中央财经大学金融学院教师和博士生撰写，由王辉教授担任主编。第一章"金融资产波动率度量"和第二章"金融市场联动性及溢出效应"由王辉教授撰写；第三章"系统性金融风险的度量与监管"由王辉教授、朱家雲博士生撰写；第四章"自回归条件持续期模型及其应用"和第五章"金融市场微观结构"由刘向丽教授、赵志桦博士生撰写；第六章"非对称信息交易模型"和第七章"市场规则影响研究"由周德清副教授撰写；第八章"金融市场中的资产价格与投资者策略的演化——基于多主体模型的探讨"由高言副教授撰写；第九章"原油市场中的信息价值"由尹力博教授撰写；第十章"利率期限结构模型"由陈锐副教授撰写；第十一章"高阶矩在资产定价和资产配置中的应用"由朱一峰助理教授撰写；第十二章"期权定价及其在金融市场的应用"由陈锐副教授、李博涵硕士撰写。应展宇教授对本书的写作进行了全面指导，王辉教授对全书进行统稿，朱家雲和王琪两位研究生进行了校对。

本书得以出版，得到了众多专家学者的大力支持和帮助，他们对本书的框架、初稿提出了十分宝贵的意见。感谢中央财经大学研究生专业前沿文献导读教材项目、国家自然科学基金项目（项目编号：71771224）和中央财经大学中央基本科研业务费的资助，特此深表谢意。我们要感谢中国财政经济出版社的鼎立支持，责任编辑王佳欣做了大量细致的工作，在此表示衷心的谢意！

由于我们的水平和对资料的掌握有限，难免有一些重要的文献没有被纳入进来，不当和错漏之处在所难免，敬请有关专家、学者谅解，并诚挚欢迎批评指正，以便未来我们进一步完善。下列 Email 地址恭候您的批评和指正：xiaohuipk@163.com。

王　辉

2020 年 11 月

目　　录

第一章　金融资产波动率度量 …………………………………………… 1
　第一节　金融资产收益波动率研究概述 …………………………………… 3
　第二节　平稳 GARCH 类模型 ……………………………………………… 20
　第三节　非平稳 GARCH 类模型 …………………………………………… 34
　第四节　未来研究展望 ……………………………………………………… 54
　参考文献 ……………………………………………………………………… 54

第二章　金融市场联动性及溢出效应 ………………………………… 61
　第一节　金融市场收益溢出效应概述 ……………………………………… 63
　第二节　金融市场波动率溢出效应 ………………………………………… 90
　第三节　未来研究展望 ……………………………………………………… 110
　参考文献 ……………………………………………………………………… 111

第三章　系统性金融风险的度量与监管 ……………………………… 125
　第一节　系统性金融风险研究概述 ………………………………………… 127
　第二节　系统性金融风险预警指标构建 …………………………………… 143
　第三节　系统性金融风险的传染性度量 …………………………………… 172
　第四节　未来研究展望 ……………………………………………………… 213
　参考文献 ……………………………………………………………………… 214

第四章　自回归条件持续期模型及其应用 …………………………… 219
　第一节　自回归条件持续期模型概述 ……………………………………… 221
　第二节　自回归条件持续期模型基础 ……………………………………… 221
　第三节　自回归条件持续期模型的发展 …………………………………… 224

第四节　自回归条件持续期模型的应用 …………………………………………… 232

　　第五节　自回归条件持续期模型的前沿问题及主要领军人物 …………………… 238

　　参考文献 ……………………………………………………………………………… 239

第五章　金融市场微观结构 … 245

　　第一节　金融市场微观结构概述 …………………………………………………… 247

　　第二节　金融市场微观结构基础 …………………………………………………… 247

　　第三节　金融市场微观结构理论的主要构成 ……………………………………… 250

　　第四节　金融市场微观结构理论的研究方法与模型 ……………………………… 254

　　第五节　金融市场微观结构实证研究 ……………………………………………… 258

　　第六节　金融市场微观结构的前沿问题及领军人物 ……………………………… 262

　　参考文献 ……………………………………………………………………………… 263

第六章　非对称信息交易模型 … 267

　　第一节　一般的信息分布结构下的策略交易模型 ………………………………… 269

　　第二节　风险态度特征的影响研究 ………………………………………………… 273

　　第三节　过度自信信念下的内幕交易 ……………………………………………… 275

　　第四节　未来研究展望 ……………………………………………………………… 276

　　参考文献 ……………………………………………………………………………… 276

第七章　市场规则影响研究 … 281

　　第一节　市场公开法案的影响 ……………………………………………………… 283

　　第二节　基于委托代理合同的策略交易模型 ……………………………………… 285

　　第三节　未来研究展望 ……………………………………………………………… 287

　　参考文献 ……………………………………………………………………………… 288

第八章　金融市场中的资产价格与投资者策略的演化——基于多主体模型的探讨 … 293

　　第一节　多主体模型发展概况 ……………………………………………………… 295

　　第二节　做市商机制下的价格与策略演化 ………………………………………… 297

　　第三节　双向拍卖机制下的价格与策略演化 ……………………………………… 302

　　第四节　未来研究展望 ……………………………………………………………… 307

　　参考文献 ……………………………………………………………………………… 308

第九章　原油市场中的信息价值 … 311

第一节　整个领域的发展综述 ······ 313
　　第二节　原油中蕴含的"收益信息" ······ 317
　　第三节　原油中蕴含的"风险信息" ······ 324
　　第四节　原油中蕴含的"投机/套利信息" ······ 328
　　第五节　未来研究展望 ······ 332
　　参考文献 ······ 333

第十章　利率期限结构模型 ······ 339
　　第一节　利率模型的发展综述 ······ 341
　　第二节　Nelson-Siegel 系列模型 ······ 344
　　第三节　仿射利率期限结构模型 ······ 351
　　第四节　HJM 框架及其无套利条件 ······ 356
　　第五节　未来研究展望 ······ 357
　　参考文献 ······ 357

第十一章　高阶矩在资产定价和资产配置中的应用 ······ 363
　　第一节　整个领域的发展概述研究 ······ 365
　　第二节　偏度相关的理论研究 ······ 365
　　第三节　非对称性、偏度、峰度相关的实证研究 ······ 367
　　第四节　考虑偏度或是非对称性情况下的资产配置理论 ······ 374
　　第五节　未来研究展望 ······ 376
　　参考文献 ······ 377

第十二章　期权定价及其在金融市场的应用 ······ 381
　　第一节　期权定价理论 ······ 383
　　第二节　期权定价理论的实证研究 ······ 389
　　第三节　期权市场与股票市场 ······ 390
　　第四节　期权与市场因子 ······ 393
　　参考文献 ······ 394

第一章

金融资产波动率度量

投资组合选择、资产定价以及风险管理等领域都离不开对波动率的准确度量。本章以 Engle（1982）的经典文章为起点，通过梳理一元波动率模型研究的相关文献，从模型函数形式的改进、标准化残差分布形式假设的改进和模型估计方法的选择三个方面重点介绍了波动率建模方法的扩展。此外，本书结合经典文献详细介绍了几类平稳和非平稳类 GARCH 模型的估计与检验：平稳类 GARCH 模型方面，主要介绍了自回归条件异方差（ARCH）模型和幂变换门限 GARCH（PTTGARCH）模型；非平稳 GARCH 类模型部分则重点介绍了爆炸和平稳广义自回归条件异方差模型的严平稳性检验与估计、带厚尾噪声的 TGARCH 模型的估计及检验。

第一节　金融资产收益波动率研究概述

一、金融资产波动率的特点

波动率是金融经济研究中一个非常重要的输入变量，投资组合选择、资产定价以及风险管理等都离不开对波动率的准确度量。事实上，投资组合的波动率代表该投资组合的风险，而风险是投资者决定最优投资组合需考虑的关键因素，投资者对风险的不同预期和需求会导致风险交易的产生，而对风险的交易在一定程度上就是波动率的买卖。此外，若交易者期望获得稳定收益，并使用相关金融衍生工具（如期权、期货等）对风险进行管理和对冲，也必须正确理解和度量波动率。

众所周知，金融资产收益波动率的一个特殊性是不能被直接观测。例如，考虑上证综指的日对数收益率，由于一个交易日只有一个观测值，所以其日波动率不能从收益率中观测得出。当然，如果可以得到高频数据，就能计算已实现波动率，但会损失隔夜波动率的信息，而且高频数据噪声较大。在金融经济学中，波动率通常用资产收益率的条件方差来衡量，条件方差越大，意味着风险越高。实证研究表明，金融收益率序列具有以下特征。

（一）尖峰厚尾和波动率聚集

尖峰厚尾是指金融资产收益率并不服从正态分布，以 2015 年 1 月 5 日至 2015 年 12 月 31 日上证综指为例，对数收益率的峰度为 5.01，JB 统计量对应 P 值在 1% 水平拒绝正态分布的原假设，图 1-1 给出了该序列的直方图以及相同均值和方差的正态分布密度图，均表明收益率具有尖峰厚尾性。波动率不仅随时间变化，而且总是在一段时间内连续出现波动率偏高或偏低的现象。价格变化较大时，往往波动率也变化剧烈，而且交替出现。因此，在为波动率建模时，要考虑尖峰厚尾性和波动率的聚集特性。20 世纪 70 年代以前，经典的金融经济分析均假定波动率不随时间变化，直到 Engle（1982）提出 ARCH（Autoregressive Conditional Heteroscedasticity Model，ARCH）模型。ARCH 模型的基本思想是波动率是收益率残差平方延迟值的线性函数，该模型能够刻画波动率的聚集性以及金融数据尖峰厚尾的特征，因而，自 20 世纪 80 年代以来得到广泛应用。ARCH 模型虽然形式简单，但是为了能够充分描述资产收益率波动率的演变过程，往往需要许多参数。Bollerslev（1986）提出一个推广的 ARCH 模型——GARCH 模型。在 GARCH 模型中，波动率也是其自身延迟值的线性函数。在一定条件下，GARCH（p，q）模型等价于一个无穷阶 ARCH 模型，因此，GARCH 模型可以用较少的参数来反映方差的持续性。图 1-2 给出了基于

GARCH（1，1）模型估计出的上证综指 2015 年 1 月 5 日至 12 月 31 日对数收益率的波动率［图 1-2（c）］的时间图，可以明显看出其聚集性，具体建模方式见第二节。图 1-2（a）与（b）分别为估计残差和该收益率序列的时间图。

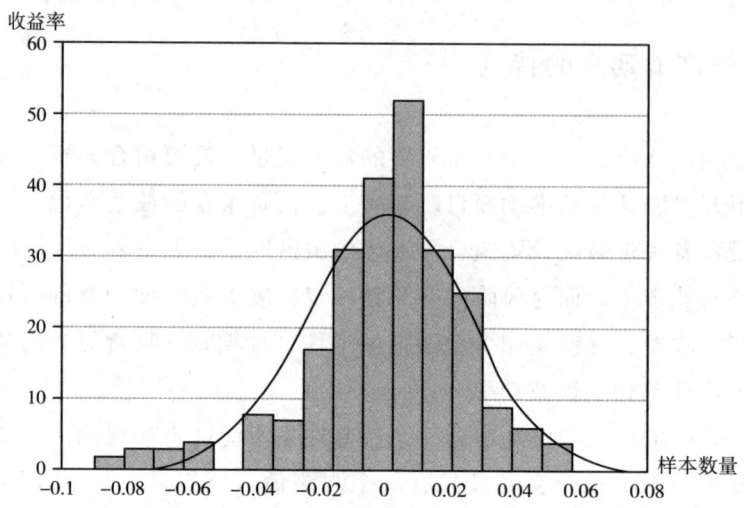

图 1-1　上证综指收益率分布与正态曲线

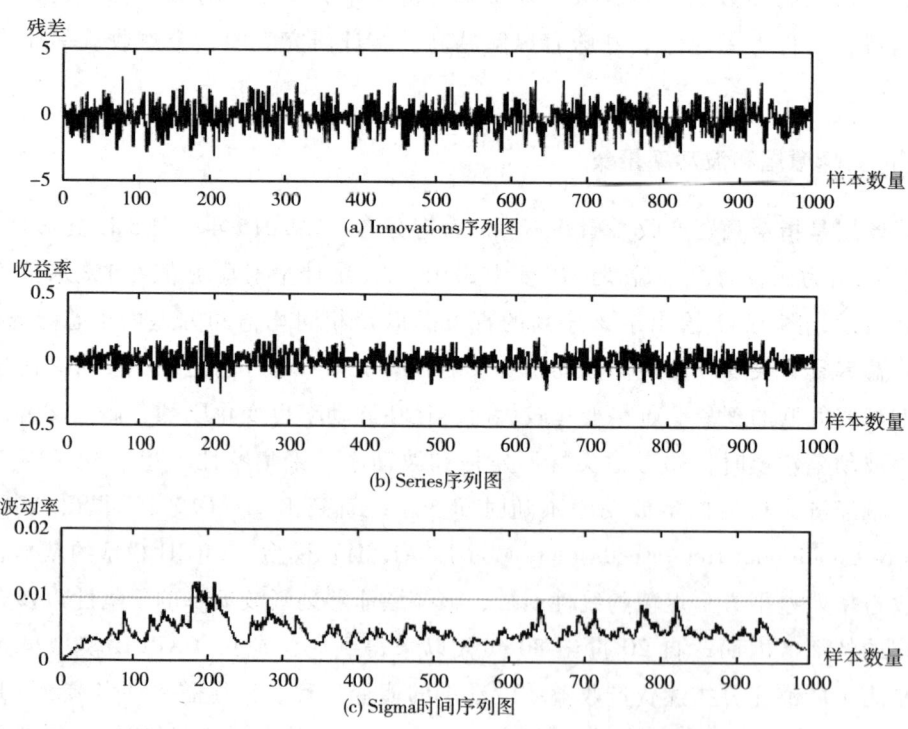

图 1-2　上证综指收益率、波动率及残差图

（二）杠杆效应

杠杆效应也称为非对称效应，即相同幅度的"好消息"（残差为正）和"坏消息"（残差为负）对资产收益波动率的影响是不对称的，通常情况下"坏消息"对资产价格波动率的影响更大（Gouriéroux，1997）。对此现象的一个理论解释是时变的风险溢价（Cappiello 等，2006），即资产波动率在未来有增大的趋势时，风险厌恶型投资者将马上卖出持有头寸，直至期望收益率足以补偿风险。因此，金融市场在波动率增加之前就会下跌，而资产收益率的下降以及波动率的上升，会引发人们预期未来期望收益率的增加，因而，进一步加剧市场波动性。这时就需要对价格的正负冲击参数分别度量，当正负冲击前的参数显著不同时，可以确定"好消息"和"坏消息"对波动率的影响呈非对称性。最常用的非对称性 GARCH 模型之一，是 Nelson（1991）提出的 EGARCH 模型。假定条件方差的对数是标准化残差和条件方差滞后项的函数，能刻画非对称信息的影响，由于其参数符号的不同，负面冲击所引起的波动与相同程度的正面冲击所引起的波动并不相同。在 EGARCH 模型之后，文献中又提出其他可以反映市场不对称性的异条件方差模型，如门限 GARCH（TGARCH）模型、非对称对称幂 ARCH（APARCH）模型和双门限 GARCH（DTGARCH）模型等。为了直观刻画这一现象，Engle（1993）绘制了利好消息和利空消息的非对称信息曲线。图 1-3 给出了上证综指 2015 年 1 月 5 日至 12 月 31 日对数收益率基于 EGARCH 模型的信息冲击曲线，可以看出 2015 年上证指数收益率的波动率表现出明显的非对称效应；当信息为正时，下一期收益率波动率增加较缓；当信息为负时，下一期收益率波动率增加非常陡峭。

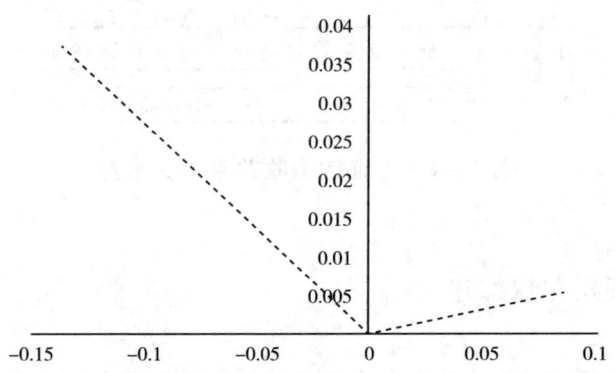

图 1-3　上证综指 EGARCH 模型信息冲击曲线

（三）长记忆性

金融资产的收益率具有明显的长期记忆，其自相关函数随着延迟期的加长而缓慢衰减，即市场的影响一般会持续一段时间，随着时间的推移而慢慢消失。图 1-4 同样基于上证综指 2015 年 1 月 5 日至 12 月 31 日的对数收益率数据。从图 1-4 中可以看出，收益率的自相关函数在前 10 阶中的 1、2、4、8、10 阶均显著自相关，但各显著自相关函数并未呈现规律性变化；10 阶之后的函数的自相关性相对减弱。偏相关系数在前 2 阶显著不为 0，偏相关性随着阶数的增加呈现缓慢减小趋势。这种长记忆特征同样也体现在波动率中，市场波动一般会持续一段时间，随着时间的推移而慢慢消失。Baillie、Bollerslev 和 Mikkelson（1996）提出了分数阶求和 GARCH（FIGARCH）模型，并用来拟合德国马克对美元的汇率，发现该模型能够很好地刻画波动率的长记忆性。FIGARCH 模型的思想是创建一个基于两种极端情况——短记忆 GARCH 模型和无限记忆 IGARCH 模型之间的"长记忆"条件方差模型。然而，该模型并未考虑市场的杠杆效应或不对称性，虽然应用于汇率市场误差不大，但是股票市场波动率一般具有不对称性，因此，该模型对于股票市场波动率并不适用。为了在描述长记忆性的同时刻画非对称性，Bollerslev 和 Mikkelson（1996）提出了分数阶求和 EGARCH（FIEGARCH）模型。可以认为，FIEGARCH 是 ARCH 类模型中发展较为完善的一种，它既能捕捉到市场波动率的不对称特性，又能反映波动率的长期记忆特性，且预测效果也是所有模型中最好的。然而，FIEGARCH 的模拟估计计算也最为复杂，并且难以推广到多维时间序列中。

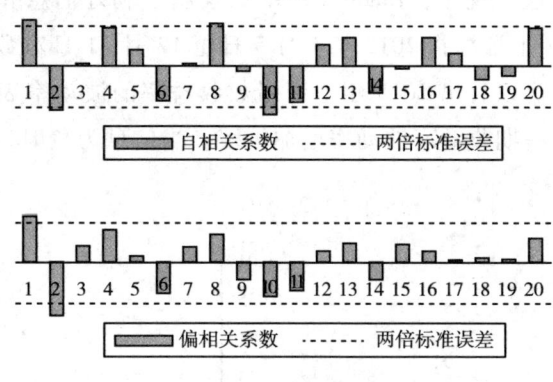

图 1-4　上证综指收益率相关系数

二、波动率研究文献综述

现代金融理论认为，风险评估和定价这两个金融市场活动中的核心都离不开对金融资产收益的波动率的度量，对波动率的有效辨识直接影响到资产定价、资产配置以及风险管理。这是因为，首先，投资组合的波动率代表了该投资组合的风险，而风险是投资者决定最优投资组合所要考虑的关键因素；其次，投资者对风险态度的不一致导致了风险交易的产生，而风险的交易在一定程度上就是波动率的买卖，交易者若期望获得收益并使用金融资产及其衍生工具对风险进行管理和控制，就必须研究波动率自身的性质。

在金融经济学中，波动率通常用资产收益率的条件方差来衡量，条件方差越大，意味着风险越高。众所周知，金融收益率序列具有尖峰厚尾和波动率聚集（即价格大的波动变化往往跟随着大的波动变化，而且变化的平缓时期和大的波动时期还会交替出现）的特点。另外，波动率具有明显的杠杆效应（非对称性），即正的与负的上期收益率对波动率的影响不对称，一般而言，负的上期收益率对波动率的影响更大一些。当然，持续性也是波动率的一个重要特征，即时间序列波动一般会持续一段时间，随着时间的推移慢慢削减，直至消失。观察这种特性的一个简单方法就是把各个滞后期的波动率自相关系数画在一张图上，如果存在持续性，自相关函数会随着滞后期的增长从一个十分显著的正值慢慢削减，直至消失。

在 Engle（1982）提出自回归条件异方差（ARCH）模型以前，经典的金融分析模型中假定波动率是不随时间变化的。自此以后，为了刻画数据的尖峰厚尾性以及波动率的聚集性、非对称性和长记忆性等特征，ARCH 类模型不断发展，成为近 20 年来金融领域的一个研究热点。许多金融经济学家和计量经济学家不断地推出一些能够更好地刻画序列特征、统计性质更为完善的条件异方差模型，或者试图建立更为一般化的模型，使模型设定能够有更大的灵活性和包容性，或者对已有的模型结构以及估计方法进行完善，使波动率模型具有更为完善的统计性质，能更好地拟合序列的某些具体特性。

以 Engle（1982）的经典文章为起点，通过梳理一元波动率模型研究的相关文献，可以发现学者们对于 ARCH 模型的扩展主要集中在三大方面：一是模型函数形式的改进，从对称性模型到非对称性模型，从短记忆模型到长记忆模型；二是模型标准化残差分布形式假设的改进，从薄尾分布到厚尾分布，从具体分布到具有某种尾部的一类分布；三是对于模型估计方法的选择，这里侧重于介绍 GARCH 模型参数估计渐近理论及其最新研究成果。

（一）ARCH/GARCH 类模型函数形式的演变

1. 对称 ARCH/GARCH 类模型

20 世纪 70 年代以前，经典的金融经济分析都假定波动率不随时间变化，直至 Engle（1982）提出 ARCH 模型。ARCH 模型的基本思想是波动率是收益率残差平方滞后值的线性函数，该模型能够刻画波动率的聚集性以及金融数据尖峰厚尾的特征，因而，在 20 世纪 80 年代得以广泛的应用。ARCH 模型虽然形式简单，但是为了充分地描述资产收益率的波动率过程，往往需要许多参数。

Bollerslev（1986）提出了一个有用的推广形式，称为广义 ARCH 模型（GARCH）。在 GARCH 模型中，波动率也是其自身滞后值的线性函数。GARCH（p, q）模型等价于无穷阶 ARCH 模型，因此，GARCH 模型可以用较少的参数来反映条件方差的持续性。尽管实际中可能会用到更高阶的 GARCH 模型，但是 Hansen 和 Lunde（2004）的研究表明很难找到一个高阶 GARCH 模型比 GARCH（1，1）模型的拟合效果好很多，所以实际中使用最多的是 GARCH（1，1）模型。

在金融理论中，风险和收益之间的关系起着支配的作用。一般而言，金融资产的收益会依赖于其波动率。ARCH-均值（ARCH-M）模型的出现正是适应这种要求，该模型允许前期的条件方差影响时间序列均值的预测值（即条件均值），同时也可以很容易扩展为 GARCH-M 模型。GARCH-M 模型一般用于研究波动率对金融市场收益的影响，因为模型能够捕捉到市场中的风险贴水现象。虽然考虑风险贴水的 GARCH-M 模型在某些情况下表现确实较好，但是由于大多数市场中风险贴水并不显著，所以该模型总体上并没有在很大程度上改进 GARCH 模型。

注意到 GARCH 模型假定波动率是其自身滞后值及收益率残差平方滞后值的线性函数，但是 Engle（1982）也曾指出这种设定未必合理。非线性 ARCH（NGARCH）模型就是对波动率的一种非线性推广，实证研究表明金融数据的波动率的确会存在非线性。但总体而言，不论是 ARCH 模型、GARCH 模型、GARCH-M 模型，还是 NGARCH 模型，都没有考虑到波动率的长期记忆特性和不对称性，前者广泛存在于汇率市场和股票市场，后者则是股票市场波动率的一个重要特征。

2. 非对称 ARCH/GARCH 类模型

有效市场理论指出，在强式和半强式有效市场中，股票价格的未来走势只与将来市场上出现的新信息有关，因此好消息和坏消息对股票价格的影响是相同的。然而，Black（1976）的研究发现，股票的收益冲击存在不对称性：对坏消息作出反应而引起的股票收益波动变化较大，对好消息作出反应引起的波动变化较小。同样，金融资产的波动率也存在不对称性。当波动率模型无法掌握波动的不对称效果时，将会影响其对未来波动的预测，以及资产定价、资产组合选择、动态避险策略的正确性。然而，前面的3种模型都假定正的冲击和负的冲击对波动率有着相同的影响，且波动率是其过去滞后值的线性函数。因此，GARCH 模型问世以后，对 GARCH 类模型结构的非对称性和函数形式的非线性改造成为波动率建模的一个重要研究方向。

最著名的一种不对称模型是 Nelson（1991）提出的 EGARCH 模型，它假定条件方差的对数是标准化残差和条件方差滞后值的函数。EGARCH 模型刻画了非对称信息的影响。根据其参数符号的不同，负面冲击所引起的波动与相同程度的正面冲击所引起的波动也不同。另外，EGARCH 模型使用条件方差的对数，因而，对模型中的参数没有任何约束。许多实证研究都使用了 EGARCH 方法，并与传统模型进行比较，大多效果显著。然而，由于 EGARCH 在形式上并不包容 ARCH 和 GARCH 等模型，从而增加了直接比较 EGARCH 模型与其他同类模型的难度。

在 EGARCH 之后，又有学者提出了其他一些可以反映市场不对称性的条件方差模型，其中较为重要的一种是门限 GARCH（TGARCH）模型（Zakoian，1994），它弥补了

EGARCH 的部分缺点。TGARCH 模型通过分离正负随机扰动对 GARCH 的影响而进行了扩展。然而，与 GARCH 模型明显不同的是，GARCH 是 σ^2 的线性函数，而 TGARCH 是关于 σ^2 的非线性函数。Rabemanan、Jarra 和 Zakoian（1993）用 TGARCH 模型研究了法国股票市场中的不对称性，并与使用 EGARCH 模型的研究结果进行比较，其结论表明，EGARCH 模型与 TGARCH 模型并无太大区别，只是用 EGARCH 模型估计得出的波动率的波动幅度更大些。对 TGARCH 模型的一个有用的扩展是不对称幂 ARCH（APARCH）模型（Ding 等，1993），该模型在非对称效应中加入标准化残差的大小的影响，它不仅能体现正负随机扰动对波动率的不对称影响，而且能更加突出金融时间序列的另一实证特性：收益率绝对值序列与收益率平方序列都存在一定的自相关性。ARCH 模型、GARCH 模型、TGARCH 模型都只是 APARCH 模型的一种特殊形式。

双门限 GARCH（DTGARCH）模型（Li，1996），也是一种非对称模型，该模型不仅假定波动率是非线性的，而且还假定条件均值方程也是非线性的，然而，估计该模型的难点是如何选择门限个数以及门限值。Brooks（2001）利用 DTGARCH 模型拟合了法国法郎对德国马克的汇率，发现预测效果良好。另外一种门限波动率模型是动态非对称 GARCH 模型，该模型通过设置多个门限体现了收益率残差的大小和符号对波动率的影响，而且能够更好地刻画波动率的持续性。注意到前面所提到的 NGARCH 模型虽然是非线性的，但不能刻画杠杆效应或非对称性，综合非线性和非对称性这两种想法，Pan、Wang 和 Tong（2008）将 NGARCH 模型扩展为 PTT - GARCH 模型，该模型主要对 GARCH 模型进行幂变换且根据收益率残差的符号设置门限。幂变换的引入，使 PTT - GARCH 模型比一般的 GARCH 模型具有更好的一般性，也能更好地赋值金融资产收益率序列中存在的长相关性。他们对香港恒生指数建模，结果表明 PTT - GARCH 模型能够很好地刻画金融数据的非对称性以及波动率的非线性。PTT - GARCH 模型是一类非常广泛的模型，包括 ARCH 模型、GARCH 模型、NGARCH 模型、DTARCH 模型以及 GJR - GARCH 模型（Glosten 等，1993）等都可以作为 PTTGARCH 模型的特例。

近年来，利用这些非对称模型进行的实证研究不胜枚举，这里简要介绍以下研究成果。Zlatko（2007）给 MBI - 10 指数拟合了 4 种非对称模型，包括 EGARCH 模型、GJR 模型、TARCH 模型和 APGARCH 模型，残差分布分别取正态分布、t 分布和广义误差分布。研究表明 MBI - 10 指数具有波动率聚集和持续性的特点，残差分布为非正态分布的模型，拟合效果要优于正态分布的模型。然而非对称性并不明显。McAleer、Chan 和 Marinova（2007）给不同国家的专利股票建模，实证表明大多数国家的专利股票都存在非对称效应，EGARCH 模型的拟合效果要优于 GARCH 模型和 GJR 模型。Zivot（2008）给微软股票和标准普尔 500 指数拟合了 EGARCH 模型、GJR 模型、TARCH 模型和 APGARCH 模型，实证结果表明两种收益数据中都存在明显的非对称效应，对于微软股票而言，TARCH 模型最优，对于标准普尔 500 指数而言，APGARCH 模型最优。在这些实证研究中，上述这些能够反映波动率不对称特性的模型通常都能取得比 GARCH 模型更好地预测结果，但由于它们没有考虑波动率的长期记忆特性，因此，也有待于进一步改进。

3. 长记忆 ARCH/GARCH 类模型

波动率具有明显的长期记忆特性，波动率的自相关函数随着滞后期的加长而缓慢衰减，即序列波动一般会持续一段时间，随着时间的推移而慢慢消失。Baillie、Bollerslev 和 Mikkelson（1996）提出了分数阶求和 GARCH（FIGARCH）模型，并用来拟合德国马克对美元的汇率，发现该模型能够很好地刻画波动率的长记忆性。该模型的思想是创建一个基于两个极端情况——短记忆 GARCH 模型和无限记忆 IGARCH 模型之间的"长记忆"条件方差模型。然而，该模型没有考虑市场的杠杆效应或不对称性，应用于汇率市场应该不会有太大误差，但是股票市场波动率一般都具有不对称性，因此，该模型并不适合于股票市场波动率。为了在描述长记忆性的同时，能够刻画非对称性，Bollerslev 和 Mikkelson（1996）提出了分数阶求和 EGARCH（FIEGARCH）模型。可以认为，FIEGARCH 是 ARCH 类模型中发展最为完善的一种，它既能捕捉到市场波动率的不对称特性，又能反映波动率的长期记忆特性，其预测效果往往也是以上所有模型中最好的。然而，FIEGARCH 模型的模拟估计计算是最复杂的，并且难以应用到多维时间序列中。Christensen、Nielsen 和 Zhu（2007）为了将均值效应考虑在内，提出了分数阶求和 EGARCH 均值（FIEGARCH-M）模型，该模型的均值模型包含波动率项作为风险因子。

Davidson（2004）对条件异方差研究的创新性贡献是其提出的双曲率 GARCH 模型——HYGARCH。他对 IGARCH 和 FIGARCH 等模型的矩和记忆性分别进行了讨论，发现 IGARCH 虽然不存在二阶矩，但是其 ARCH（∞）形式的滞后系数是以几何速率向 0 收敛的，即仍是短记忆的。因此，滞后系数是以双曲率向 0 收敛的 FIGARCH 模型，其记忆性实际上要比其两个极端情况都要长，于是 Davidson 将此定义为双曲线记忆（Hyperbolic Memory），以区别于 Baillie、Bollerslev 和 Mikkelsen（1996）的"长记忆"。Davidson 认为，虽然在条件期望过程中，长期记忆可以不可加的自协方差为标志，但是这在条件方差过程中是不适用的。在 HYGARCH 的基础上，Schoffer（2003）提出了一类结合了 FIAPARCH 和 HYGARCH 模型特点的双曲率幂 GARCH 模型——HYAPARCH 模型。

在长记忆性模型最近的实证研究方面，Floros、Jaffry 和 Lima（2007）的研究表明葡萄牙股票市场存在较强的长记忆性。Cheong（2008）分析了马来西亚股票指数波动率的长记忆性，研究表明长记忆性确实存在且用收益率绝对值代替收益率所建立的波动率模型估计和预测效果最好。Zhu（2008）为 CRSP 价值加权指数建立了 FIEGARCH 模型，实证研究表明，1987 年的股市崩盘以及"9·11"恐怖袭击对股票市场有持续影响，然而，亚洲金融危机对其他市场并没有持续影响。

（二）ARCH/GARCH 模型标准化残差分布的演变

ARCH 模型、GARCH 模型最初提出时均假设时间序列的条件分布是正态的，通过设定二阶矩的相关性，可以生成具有尖峰的数据过程。然而，就许多实际应用而言，这种条件分布假设是不完善的，因为把 ARCH 模型、GARCH 模型的残差标准化后，尖峰虽然有所降低，但是仍然存在。仅靠模型结构的改进仍无法完整地解释金融资产收益率的厚尾和高峰的特性，因此，越来越多的注意力被吸引到了收益率的分布性质上，而不再局限于模型的结构。

20 世纪 80 年代，人们对标准化残差的分布的假定包括 t 分布、非对称 t 分布、广义误差分布（GED）、指数分布、正态－对数正态、正态－泊松的混合分布等。相对正态分布而言，这些分布具有更高的峰度，且可以刻画分布的偏度，然而，它们之间到底孰优孰劣要视具体数据而言。稳定分布或稳定帕累托分布由于具有加法不变性，能够得到广义中心极限定理的理论支持，以及具有尖峰态和偏态等良好统计特性，而一度成为研究具有过度峰态和不对称性的收益率序列时正态分布的热门备选分布。

Andersson（2001）在 GARCH 模型中引进了逆高斯分布（NIG）。Jensen 和 Lunde（2001）指出 NIG 分布不仅适合于股票指数条件方差的建模，而且还适合于外汇的建模。Andersson（2001）、Forsberg 和 Bollerslev（2002）研究表明带 NIG 分布的 GARCH 模型要优于带 t 分布的 GARCH 模型。Kiliç（2007）将 NIG 分布应用到 FIGARCH 模型中，其研究表明，与正态分布和 t 分布相比，带 NIG 分布的 GARCH 模型和 IGARCH 模型的标准化残差估计具有更大的偏度和峰高的峰度，且拟合效果更优。注意到，带 t 分布的 GARCH 模型的更高阶条件矩没有时变性。Alexander 和 Lazar（2006）假定 GARCH 模型的标准化残差服从非对称混合正态分布，该分布的方差形式更为灵活，而且能够更准确地刻画金融时间序列的尾部。他们在为汇率序列建模时发现，非对称混合正态分布的建模结果要优于 t 分布以及非对称 t 分布。Gallant 和 Tauche（2001）基于高斯密度的 Hermite 展开提出了一种更为灵活的半参数新息分布，该分布能够很好地刻画厚尾尖峰性质。

尽管引入非正态分布可得到更好的实际应用效果，但是残差的尖峰问题还是无法完全解决。上述文献所讨论的标准化残差分布都假定存在四阶矩，然而，实证表明这个假定在实际中未必能够满足（Pan、Wang 和 Tong，2008）。于是一些文献只对标准化残差的尾部或对矩和分布的某些特征（如中位数）做一些假定，并不要求其分布形式，此时通常使用的最大似然估计方法一般不再具有渐近正态性，往往使用对厚尾更稳健的最小绝对偏差估计（LAD），具体参见 Pan、Wang 和 Tong（2008）。

在 GARCH 类模型标准化残差分布形式的实证研究方面，Alexander 和 Lazar（2006）为 3 种外汇数据（美元对欧元，美元对英镑以及美元对日元）拟合了 GARCH 模型，标准化残差分布分别为 t 分布、非对称 t 分布和非对称混合正态分布，实证结果表明非对称混合正态分布能够很好地刻画残差的偏度和峰度，且优于 t 分布以及非对称 t 分布。Atilla 和 Alper（2007）给 ISE100 指数分别拟合了 GARCH 模型、GRJ 模型、APGARCH 模型、FI-GARCH 模型和 HYGARCH 模型，残差分布分别取正态分布、t 分布、非对称 t 分布和非对称混合正态分布，实证研究发现 ISE100 指数的波动率具有非对称性和长记忆性，其标准化残差分布是左偏的，非对称混合正态分布在模型预测能力方面要优于其他一切分布。

（三）ARCH/GARCH 模型估计方法的演变

上面提到过，Bollerslev（1986）对 Engle（1982）的开创性研究成果进行拓展的一个重要原因就是为了减少模型结构参数的数量，以便于能够利用观测数据对这些参数进行合理估计。随着后来波动率模型结构复杂度的不断提升，所应用的数理统计理论及工具愈发高深，所使用的时间序列数据维度的增加愈加明显，都对模型参数的估计提出了越来越高的要求。学者们在这一研究领域内也作出了巨大的努力。在较早的文献中，Engle（1982）的研究利用了最小均方误差法和极大似然估计法（MLE）对模型参数进行了估计，发现 MLE 的效率要优于 OLS；Bollerslev（1986）则讨论了 GARCH 模型参数的 MLE 估计量的一致性和渐近正态性。单从模型设定上来看，由于当前观测值的条件方差是过去观测值的函数，这就使 GARCH 模型构造的似然函数表现为易于处理的显式形式，同时也为模型对其他参数估计方法的应用提供了便捷基础。当然，已有的文献中关于 GARCH 模型数理统计特性的研究综述也较为丰富，具体可以参见 Palm（1996）、Li（2002）、Terasvirta（2008）、Francq 和 Zakoïan（2008）等。这里则重点关注 ARCH/GARCH 模型参数估计渐近理论及其最新研究成果，如重尾 GARCH 模型的 QMLE 方法、最小绝对偏差估计法（LADE）、正态混合 QMLE（NM - QMLE）等。

ARCH/GARCH 模型的伪极大似然估计（QMLE）的一致性和渐近正态性依不同条件而不同，可以参考 Weiss（1986）、Lee 和 Hansen（1994）、Lumsdaine（1996）、Berker 等（2003）、Franq 和 Zakoïan（2004）、Robinson 和 Zaffaroni（2006）等的文章。具体应用上，Hall 和 Yao（2003）分析了带有吸引域误差的厚尾 GARCH 模型的 QMLE 结果，发现估计量的渐近分布有可能是非高斯的，且分布的收敛速度小于 $\sqrt{n}$。Straumann（2005）在研究了更为一般的 GARCH 族模型后也得到了类似的结论。Straumann 和 Mikosch（2006）给出了 EGARCH（1, 1）模型 QMLE 估计的一致性证明，但是渐近正态性只对 EGARCH（1, 0）模型成立。还有 Pan 等（2008）提出的幂变换门限 GARCH（p, q）[PTTGARCH（p, q）]模型，他们也得到了模型 QMLE 和 LADE 估计的渐近正态性。之后，Hamadeh 和 Zakoïan（2011）还对比了纯 ARCH 过程情形下模型 LSE 和 QMLE 估计的性质。当然，还有一系列其他的波动率模型试图去刻画金融序列的既定特征，参见 Terasvirta（2008）。总体而言，QMLE 和 LADE 估计算法是近来学界应用比较广泛的估计法。

一般而言，模型估计的 QMLE 要具有渐近正态性都需满足一个前提，即数据过程至少存在非条件四阶矩，但也有一些使用金融数据的实证文献发表了不同的观点，尤其在变量存在大量的异常值时，高斯似然不再适用。对比之下，最小绝对偏差估计量（LADE）在厚尾情形下是渐近正态分布的，且收敛速度为 $\sqrt{n}$（Peng 和 Yao，2003）。后来，Lee

(2009) 还提出了正态混合 QMLE (NM-QMLE) 估计法,并证明了 NM-QMLE 也具有一致性和渐近正态性。除此之外,Giraitis 和 Robinson (2001) 采用了 Whittle 估计法对 ARCH 模型进行参数估计,结果显示,当数据过程为有限 8 阶矩时,Whittle 估计量是强一致的和渐近正态的。在其基础上,Mikosch 和 Straumann (2002) 又将模型扩展为 GARCH (1, 1),并讨论了具有帕累托样尾部且尾部指数在 4~8 的数据过程的厚尾情况。Zaffaroni (2009) 则证实了 EGARCH 模型惠特尔估计 (Whittle Estimator) 的一致性和渐近正态性。

当然,近些年非平稳 GARCH 模型的参数估计也吸引了许多学者的注意。Jensen 和 Rahbek (2004a, 2004b) 是最早研究非平稳 ARCH/GARCH (1, 1) 模型 QMLE 参数估计渐进理论的学者。在其基础上,Chan 和 Ng (2009) 将研究标的扩展为 GARCH (p, q),验证了 QMLE 的弱一致性和渐近正态性。Linton 等 (2010) 研究的则是不存在稳态解的半强式 GARCH (1, 1) 模型,讨论了其 QMLE 和 LADE 的渐近性质。

为了能够更好地说明 GARCH 模型不同估计法的一些渐近理论性质,这里以平稳 GARCH 模型为例加以阐述。令 $\xrightarrow{\mathcal{L}}$,$\xrightarrow{P}$ 和 $\xrightarrow{a.s}$ 分别表示依分布收敛、依概率收敛和几乎处处收敛。A' 表示向量或矩阵 A 的转置,$\|\cdot\|_2$ 表示欧几里得范数,C 为常数,在不同位置取值可能不同。本书用 θ 表示参数向量,其维数视具体模型而定。

考虑标准 GARCH (p, q) 模型:

$$X_t = \sigma_t \varepsilon_t, \quad \sigma_t^2 = w + \sum_{i=1}^{p} \alpha_i X_{(t-i)}^2 + \sum_{j=1}^{q} \beta_j \sigma_{t-j}^2 \tag{1-1}$$

其中,$w > 0$,$\alpha_i > 0$,$\beta_j > 0$ (i, j 为 α, β 的下标,w, α, β 为未知参数),$\{\varepsilon_t\}$[①] 是独立同分布的随机变量序列,满足 $E\varepsilon_t = 0$ 和 $E\varepsilon_t^2 = 1$,并且对于所有的 t,ε_t 均独立于 $\{X_{t-k}, k \geq 1\}$。

模型 (1-1) 可以表示为随机递归方程的形式:

$$Y_t = A_t Y_{t-1} + B \tag{1-2}$$

其中 $Y_t = (\sigma_{t+1}^2, \cdots, \sigma_{t-q+2}^2, X_t^2, \cdots, X_{t-p+2}^2)' \in R^{p+q-1}$,$B = (w, \cdots, 0)' \in R^{p+q-1}$,

$$A_t = \begin{pmatrix} \beta_1 + \alpha_1 \varepsilon_t^2 & \beta_2 & \cdots & \beta_{q-1} & \beta_q & \alpha_2 & \alpha_3 & \cdots & \alpha_{p-1} & \alpha_p \\ 1 & 0 & \cdots & 0 & 0 & 0 & 0 & \cdots & 0 & 0 \\ \vdots & \vdots & \ddots & \vdots & \vdots & \vdots & \vdots & \ddots & \vdots & 0 \\ 0 & 0 & \cdots & 1 & 0 & 0 & 0 & \cdots & 0 & 0 \\ \varepsilon_t^2 & 0 & \cdots & 0 & 0 & 0 & 0 & \cdots & 0 & 0 \\ 0 & 0 & \cdots & 0 & 0 & 1 & 0 & \cdots & 0 & 0 \\ 0 & 0 & \cdots & 0 & 0 & 0 & 1 & \cdots & 0 & 0 \\ \vdots & \vdots & \ddots & \vdots & \vdots & \vdots & \vdots & \ddots & \vdots & 0 \\ 0 & 0 & \cdots & 0 & 0 & 0 & 0 & \cdots & 1 & 0 \end{pmatrix}_{(p+q-1)(p+q-1)} \tag{1-3}$$

---

① 对应 (1-1) 中 $X_t = \sigma_t \varepsilon_t$ 中的 ε_t 组成的序列。

Bougerol 和 Picard（1992）证明了模型（1-1）存在严平稳解当且仅当上 Lyapunov 指数严格为负：

$$\gamma = \inf_{t \in N} \left\{ E\left(\frac{1}{t+1} \log \|A_0 A_{-1} \cdots A_{-t}\|\right) \right\} \tag{1-4}$$

其中，对于任何 $d \times d$ 矩阵 M，$\|M\| = \sup\{\|M\|_2 / \|x\|_2, x \in R^d, x \neq 0\}$。若 $\gamma \geq 0$，则 GARCH 不存在严平稳解。本部分分别总结了模型（1-1）在严平稳情形下的参数估计。

事实上，扰动序列 $\{\varepsilon_t\}$ 的 IID 假设大大限制了 GARCH 扩展的灵活性，尤其是在给高阶矩模型建模方面，如峰度和偏度。从已有的研究条件峰度和偏度的计量或金融实证文献来看，这一限制性假设也被许多学者所质疑。例如，Lee 和 Hansen（1994）就指出假设方差序列间的条件相依性完全可以由条件方差表示并不合适。另外，称带有平稳且遍历的扰动序列的 GARCH 模型是半强 GARCH 模型（Drost 和 Nijman，1993），那么在 IID 假设下，半强的 GARCH 模型平稳性的充分必要条件也很难得到。

同时，假设观测值由真实参数为 $\theta^0 = (w_0, \alpha_1^0, \cdots, \alpha_p^0, \beta_1^0, \cdots, \beta_q^0)'$ 的 GARCH（p, q）模型产生。令 $\theta = (w_0, \alpha_1, \cdots, \alpha_p, \beta_1, \cdots, \beta_q)'$ 表示模型参数，且属于参数空间 $\Theta \subset (0, \infty) \times [0, \infty)^{p+1}$。假设模型（1-1）存在严平稳解，下面考虑该模型的参数估计问题。令 $\mathcal{A}_\theta(z) = \sum_{i=1}^{p} \alpha_i z^i$，$\mathcal{B}_\theta(z) = 1 - \sum_{j=1}^{q} \beta_j z^j$。一般而言，若 $p = 0$，则 $\mathcal{A}_\theta(z) = 0$，若 $q = 0$，则 $\mathcal{B}_\theta(z) = 1$。为得到主要结论，需要如下假定：

A1（a）：ε_t 严平稳且遍历，且 ε_t^2 退化。

A1（b）：$E(\varepsilon_t^2 | F_{t-1}) = 1$，其中 $\mathcal{F}_t = \sigma(\varepsilon_s, s \leq t)$。

A1'：ε_t 独立同分布，且 $E\varepsilon_t^2 = 1$。

A2：X_t 是严平稳遍历过程，且满足对于某个 $r > 0$，$E|X_t|^r < \infty$。

A2'：对于每个 $\theta \in \Theta$，有 $Y_0 < 0$，$\sum_{j=1}^{q} \beta_j < 1$，其中，$Y_0$ 由（1-2）定义，且将其中的 θ 替换为 θ^0。

A3：$\theta^0 \in \Theta$，且 Θ 是紧的。

A4：若 $p > 0$，$A_{\theta^0}(z)$ 和 $B_{\theta^0}(z)$ 无公共根。进一步，$A_{\theta^0}(1) \neq 0$，且 $\alpha_p^0 + \beta_q^0 \neq 0$。

A5：对于所有的 $\theta \in \Theta$，$B_\theta(z)$ 的根位于单位圆之外。

A6：$\theta^0 \in \dot{\Theta}$，其中 $\dot{\Theta}$ 表示 Θ 的内域。

A7：对于某个 $p > 0$，$E\varepsilon_t^{4+p} < \infty$。

A7'：$E\varepsilon_t^4 < \infty$。

注释 1-1：若 Y_0 严格为负，且 A1 成立，则 A2 和 A5 成立。

1. 高斯 QMLE 的渐近性质

QMLE 的基本思想是假设误差项 ε_t 为正态分布并为极大化似然函数。这隐含了变量

X_t/σ_t 独立同分布且服从 $N(0,1)$。因此，若取消误差为正态的假设，则高斯 QMLE 可以通过关于 θ 极小化得到下式：

$$L_n(\theta) = \sum_{t=1}^{n}\left\{\log\sigma_t^2(\theta) + \frac{X_t^2}{\sigma_t^2(\theta)}\right\} = \sum_{t=1}^{n} l_t(\theta) \tag{1-5}$$

其中，$\sigma_t^2(\theta) = w + \sum_{i=1}^{p}\alpha_i X_{t-i}^2 + \sum_{j=1}^{q}\beta_j \sigma_{t-j}^2$。根据假设 A5，由于 $B(z)$ 的根在单位圆外，$\sigma_t^2(\theta)$ 严平稳且遍历。

在实际中仅仅可以观测到有限时间间隔的序列，即 $1 \leq t \leq n$ 的数据，基于此，$\sigma_t^2(\theta)$ 可由一个截断序列 $\tilde{\sigma}_t^2(\theta)$ 逼近，该序列可以递归地定义为对于 $t \geq 1$，有：

$$\tilde{\sigma}_t^2(\theta) = w + \sum_{i=1}^{p}\alpha_i X_{t-i}^2 + \sum_{j=1}^{q}\beta_j \tilde{\sigma}_{t-j}^2(\theta) \tag{1-6}$$

且有初值 $X_0, \cdots, X_{1-p}, \tilde{\sigma}_0^2, \cdots, \tilde{\sigma}_{1-q}^2$。可以证明初值对于 QMLE 的渐近性质无关紧要，参见 Francq 和 Zakoïan（2004）、Escanciano（2009），然而，初值对于实证研究来说确实是有影响的。θ^0 的 QMLE 定义为：

$$\hat{\theta}^{SQML} = \arg\min_{\theta \in \Theta} \tilde{L}_n(\theta) \tag{1-7}$$

其中，$\tilde{L}_n(\theta) = \sum_{t=1}^{n}\left\{\log\tilde{\sigma}_t^2(\theta) + \frac{X_t^2}{\tilde{\sigma}_t^2(\theta)}\right\}$

Berkers 等（2003）首次在较弱条件下用严格的数学方法研究了 GARCH 模型（1-1）的 QMLE。Francq 和 Zakoïan（2004）、Straumann（2005）放宽了 Berkers 等（2003）中的几个假设。Robinson 和 Zaffaroni（2006）推导出了 ARCH（∞）模型 QMLE 的渐近正态性，且 GARCH 模型为其中的特例。Lee 和 Hansen 建立了严平稳半强 GARCH（1，1）模型 QMLE 的渐近正态理论。Escanciano（2009）证明了半强 GARCH 模型的 QMLE 的一致性和渐近正态性，其结果归纳为以下定理。

定理 1-1：令假设 A1~A5 成立，则当 $n \to \infty$ 时：

(1) $\hat{\theta}_n^{SQML} \xrightarrow{a.s.} \theta^0$；

(2) 此外，若假设 A6~A7 成立，则有：

$\sqrt{n}(\hat{\theta}_n^{SQML} - \theta^0) \xrightarrow{\Lambda} N(0, J^{-1}YJ^{-1})$，其中：

$$J = E\left(\frac{1}{\sigma_t^4(\theta^0)}\frac{\partial\sigma_t^2(\theta^0)}{\partial\theta}\frac{\partial\sigma_t^2(\theta^0)}{\partial\theta'}\right), \quad Y = E\left\{[E(\varepsilon_t^4 | \Phi_{t-1}) - 1]\frac{1}{\sigma_t^4(\theta^0)}\frac{\partial\sigma_t^2(\theta^0)}{\partial\theta}\frac{\partial\sigma_t^2(\theta^0)}{\partial\theta'}\right\}$$

注释 1-2：如果 GARCH（p，q）模型中误差是独立同分布的，则假设 A1'、A2'、A3 和 A4 确保了 QMLE 的相合性，为得到估计的渐近正态性 ε_t 的矩条件可以放宽为假设 A7'，同时渐近方差矩阵变为 $(E\varepsilon_t^4 - 1)J^{-1}$。

注释 1-3：为得到渐近正态性，假设 A6 是必要的。例如，只要 $\alpha_1^0 = 0$，$\sqrt{n}(\hat{\alpha}_{n1}^{SQML} - $

α_1^0) 的值分布在 $(0,\infty)$。因此, 渐近分布不可能是正态分布。Anderws (1999) 研究了 GARCH (1, q) 模型的边界问题。Francq 和 Zakoïan (2007) 考虑了 GARCH (p, q) 模型的更一般情况。

注释 1-4: 值得注意的是, 除了 $E\varepsilon_t^{4+p} < \infty$ 对于某个 $p > 0$ 成立这一假设外, 不需要 ε_t 分布的技术性假设。

Hall 和 Yao (2003) 讨论了带重尾误差的 GARCH 模型的高斯 QMLE 估计的渐近性质, 重尾的含义是 ε_t^2 位于指数为 $\tau \in [1,2)$ 的稳定正态分布的吸引场, 也可以参见 Mikosh 和 Straumann (2006)。注意, 在以上两种情形中, 都有 $E\varepsilon_t^4 = \infty$。高斯 QMLE 定义如下:

$$\bar{\theta}_n^{SQML} = \arg\min_{\theta \in \Theta_\eta} \sum_{t=v}^n \left\{ \log \tilde{\sigma}_t^2(\theta) + \frac{X_t^2}{\tilde{\sigma}_t^2(\theta)} \right\}$$

其中, Θ_η 表示以 θ^0 为中心, $\eta > 0$ 为半径的开球, $\tilde{\sigma}_t^2(\theta)$ 定义于公式 (1-6), 且初值 $X_0, \cdots, X_{1-p}, \tilde{\sigma}_0^2, \cdots, \tilde{\sigma}_{1-q}^2$ 均为零。

在给出 Hall 和 Yao (2003) 的结论之前引入一些符号。令 $y_1, y_2, \cdots$, 表示第一类多元联合极值分布的无限展开, 指数为 τ。令 $l_1, l_2, \cdots$, 独立同分布且与 $\sigma_1^{-2}(\theta^0)$ $J^{-1}\partial\sigma_1^2(\theta^0)/\partial\theta$ 有相同分布, 其中, J 由定理 1-1 定义。令:

$$W_0 = \sum_{k=1}^\infty (y_k l_k - Ey_k El_k), \text{ 若 } 1 < \tau < 2$$

$$W_1 = y_1 l_1 + \sum_{k=2}^\infty (y_k l_k - Ey_k El_k), \text{ 若 } \tau = 1, \lambda_n = \inf\{\lambda > 0 : nP(\varepsilon_t^2 > \lambda) \leq 1\}$$

$$\mu_n = n\lambda_n^{-1} E[\varepsilon_t^2 I(\varepsilon_t^2 > \lambda_n)]$$

由此得到关于高斯 QMLE 的如下定理:

定理 1-2: 假设 $p \geq 0$ 且 $\alpha_0, \cdots, \alpha_p$ 均非零, 若 $q \geq 1$ 则 $\beta_0, \cdots, \beta_q$ 均非零, η 严格为正且充分小, 当 $n \to \infty$ 时, $v/\log n \to \infty$ 且 $v/n \to 0$。则有如下结论:

(1) 若 ε_t^2 位于正态分布的吸引场, 则:

$$n\lambda_n^{-1}(\bar{\theta}_n^{SQML} - \theta^0) \xrightarrow{\Lambda} N(0, J^{-1})$$

(2) 若 ε_t^2 位于指数 $\tau \in (1,2)$ 的稳定分布的吸引场, 则:

$$n\lambda_n^{-1}(\bar{\theta}_n^{SQML} - \theta^0) \xrightarrow{\Lambda} W_0$$

(3) 若 ε_t^2 位于指数 $\tau = 1$ 的稳定分布的吸引场且 $n\lambda_n^{-1}\mu_n \to 0$, 则:

$$n\lambda_n^{-1}(\bar{\theta}_n^{SQML} - \theta^0) + \mu_n EV_1 - \zeta EV_1 \xrightarrow{\Lambda} W_1$$

其中, ζ 是欧拉常数。

Mikosh 和 Straumann (2006) 曾指出, 在厚尾情形下参数估计量的极限理论事实上是与正态渐近理论平行而论的。当平稳遍历的有限方差鞅差分序列表现为轻尾时, 得到的极限理论是基于中心极限定理 (CLT) 的; 而厚尾情形时, 得到的极限理论不再成立。但同时,对具有无限方差的稳态序列而言,通过设定一些混合条件,也可以获取一些类似的极限结果。因此,他们也进一步提供了可以覆盖带有无限方差序列的一般框架性结果,以适用于比 GARCH 更为广泛的模型。

注释 1-5:Hall 和 Yao(2003)要求 J 非奇异。事实上,用 Francq 和 Zakoïan(2004)的证明方法可类似地证明 J 非奇异。此外,当假设 $n \to \infty$ 时,$v/\log n \to \infty$ 且 $v/n \to 0$ 是为了渐进地消除初值的影响。

2. NM-QMLE 的渐近性质

为了刻画模型的有偏性和重尾性,Lee 和 Lee(2009)基于正态混合分布(NM-QMLE)提出了 GARCH 模型的伪最大似然估计,这与高斯 MLE 推广为 QMLE 的方法类似。他们给出了 NM-QMLE 的相合性和渐近正态性。

K-元正态混合(NM)密度函数具有以下形式:

$$g_\vartheta(x) = \sum_{k=1}^{K} p_k f(x;\mu_k,\rho_k)$$

其中,$\vartheta = (p_1,\cdots,p_{K-1},\rho_1,\cdots,\rho_{K-1})'$,$f(x;\mu_k,\rho_k) = \frac{1}{\sqrt{2\pi}}\exp\left\{\frac{(x-\mu_k)^2}{2\rho_k^2}\right\}$ 满足:

$$\sum_{k=1}^{K} p_k = 1, \sum_{k=1}^{K} p_k \mu_k = 0, \text{且} \sum_{k=1}^{K} p_k(\mu_k^2 + \rho_k^2) = 1 \tag{1-8}$$

进一步,假设模型 $\mathcal{G} = \{g_\vartheta : \vartheta \in \tilde{\Theta}\}$ 为弱且是可识别的,即:

$$\sum_{k=1}^{K} p_k^1 f(x;\mu_k^1,\rho_k^1) = \sum_{k=1}^{K} p_k^2 f(x;\mu_k^2,\rho_k^2) \, a.e. \Leftrightarrow \sum_{k=1}^{K} p_k^1 \delta_{(\mu_k^1,\rho_k^1)} = \sum_{k=1}^{K} p_k^2 \delta_{(\mu_k^2,\rho_k^2)} \tag{1-9}$$

其中,$\delta_{(\mu_k^1,\rho_k^1)}(\cdot)$ 定义为对于所有 $(x,y) = (\mu_k,\rho_k)$,$\delta_{(\mu_k,\rho_k)}(\mu_k,\rho_k) = 1$,否则 $\delta_{(\mu_k^1,\rho_k^1)}(x,y) = 0$,$\tilde{\Theta}$ 表示满足公式(1-9)的所有 ϑ。

基于初值 $X_0, \cdots, X_{1-p}, \tilde{\sigma}_0^2, \cdots, \tilde{\sigma}_{1-q}^2$,正态混合拟最大似然函数为:

$$\tilde{L}^{NM}(\theta,\vartheta) = \prod_{t=1}^{n}\left\{\sum_{k=1}^{K} p_k \frac{1}{\sqrt{2\pi\rho_k^2 \tilde{\sigma}_t(\theta)^2}} \exp\left(\frac{X_t - \mu_k \tilde{\sigma}_t(\theta)^2}{2\rho_k^2 \tilde{\sigma}_t(\theta)^2}\right)\right\}$$

自然的想法是通过极大化 $L^{NM}(\theta)$ 得到 θ 的估计量,同时也估计了冗余参数 ϑ。由于 ε_t 的密度函数 g 可能不在 $\mathcal{G}$ 中,那么 ϑ 的真实值有何意义?Lee(2009)用 KullBack-Leibler 距离定义 ϑ 的真实值 ϑ^0,即:

$$\vartheta^0 = \{\vartheta \in \tilde{\Theta} : \mathrm{d}(g,g_\vartheta) = \min_{t \in \tilde{\Theta}} \mathrm{d}(g,g_t)\}$$

其中,$\mathrm{d}(g,g_t) = \int g(x)[\log g(x) - \log g_t(x)]\mathrm{d}x$。令 $\varphi = (\theta',\vartheta')' \in \Phi = \Theta \times \tilde{\Theta}$ 且有真实值 $\varphi^0 = (\theta^{0'},\vartheta^{0'})'$,$\varphi^0$ 的 NM-QMLE 定义为:

$$\hat{\varphi}_n^{NM} = \arg\max_{\varphi \in \Phi} \tilde{L}^{NM}(\theta,\vartheta) = \arg\max_{\varphi \in \Phi} \tilde{l}^{NM}(\varphi)$$

其中，$\tilde{l}^{NM}(\varphi) = n^{-1}\sum_{t=1}^{n}\tilde{W}_t(\varphi)$ 且 $\tilde{W}_t(\varphi) = \log\left\{\dfrac{1}{\tilde{\sigma}_t(\theta)^2}g_\vartheta\left(\dfrac{X_t}{\tilde{\sigma}_t(\theta)}\right)\right\}$。

为得到 NM - QMLE 的渐近结论，需要引入以下正则性条件：

A8：$\vartheta \in \tilde{\Theta}$ 对于 $\vartheta(\neq \vartheta^0) \in \tilde{\Theta}$ 和 $u(\neq 1) > 0$ 在本质上是独特的，且满足：
$E\log\{ug_\vartheta(\varepsilon_t u)\} < E\log g_\vartheta^0(\varepsilon_t)$

A9：存在非奇异矩阵，$H = E\left\{-\dfrac{\partial^2}{\partial\varphi\partial\varphi}W_t(\varphi^0)\right\}$，且有 $W_t(\varphi) = \log\left\{\dfrac{1}{\sigma_t^2(\theta)}g_\vartheta\left(\dfrac{X_t}{\sigma_t(\theta)}\right)\right\}$

Lee（2009）给出了以下定理：

定理 1 - 3：假设公式（1 - 9）与 A1'、A2'、A3、A4 成立，则当 $n \to \infty$ 时：

(1) $\hat{\varphi}_n^{NM} \xrightarrow{a.s.} \varphi^0$；

(2) 若此外又假设 A6 ~ A9 成立，则有：

$\sqrt{n}(\hat{\varphi}_n^{NM} - \varphi^0) \xrightarrow{\mathcal{L}} N(0, H^{-1}GH^{-1})$，$G = \text{VaR}\left\{\dfrac{\partial W_t^2(\varphi_0)}{\partial \varphi}\right\}$

注释 1 - 6：ϑ 存在，因为 $d(g, g_\vartheta)$ 是关于 ϑ 的连续函数。由 Kullback - Leibler 距离的定义知 A8 的第二部分成立。此外，若误差真实密度函数为高斯混合型，则假设 A9 成立。

3. LADE 的渐近性质

由前文可知，QMLE 需要 ε_t 满足严格的矩条件以实现渐近正态性。若 $E\varepsilon_t^4 = \infty$，则统计推断因依赖于未知尾部指数的复杂的渐近分布而更为困难。然而，经验证据表明金融数据存在重尾性，参见 Mandelbrot（1963），Mittnik 等（1998），Mittnik 和 Rachev（2000），Engle 和 Rangel（2005）以及 Polzehl 和 Spokoiny（2004）。与之相反，最小绝对偏差估计（LADE）在处理重尾过程时更加有效。

Peng 和 Yao（2003）研究了 3 种绝对偏差估计量，其中，基于对数变换的方法尤其有效。该方法需要标准 GARCH 模型的重参数比来确保 ε_t^2 的中位数是 1。将模型（1 - 1）改写为 $X_t/\sigma_t^2(\theta) = 1 + e_{t,1}$，其中，$e_{t,1} = \varepsilon_t^2 - 1$ 有中位数 0。下文的 $\tilde{\sigma}_t^2(\theta)$ 如公式（1 - 6）定义，初值 $X_0, \cdots, X_{1-p}, \tilde{\sigma}_0^2, \cdots, \tilde{\sigma}_{1-q}^2$ 均为零，且 $v = v(n)$ 为正。基于上述回归关系，可以定义 L_1 的估计量：

$\hat{\theta}^{LAD1} = \arg\min\limits_{\theta \in \Theta}\sum_{t=v+1}^{n}|X_t^2/\tilde{\sigma}_t^2(\theta) - 1|$

正如 Peng 和 Yao（2003）所述，$\sqrt{n}(\hat{\theta}^{LAD1} - \theta^0)$ 为均值非零的渐近正态分布，这表明 $\hat{\theta}^{LAD1}$ 常常为有偏估计量。为克服此缺点，定义最小绝对偏差估计量的修正式：

$\hat{\theta}^{LAD2} = \arg\min\limits_{\theta \in \Theta}\sum_{t=v+1}^{n}|\log X_t^2 - \log\tilde{\sigma}_t^2(\theta)|$

需要注意的是误差项 $\log\varepsilon_t^2 = \log X_t^2 - \log\sigma_t^2$ 的中位数为 0 且独立分布。注意模型（1 - 1）

可以改写为 $X_t = \sigma_t^2 + e_{t,3}$，其中，$e_{t,3} = \sigma_t^2(\varepsilon_t^2 - 1)$ 且中位数为 0。由此得出估计量：

$$\hat{\theta}^{LAD3} = \arg\min_{\theta \in \Theta} \sum_{t=v+1}^{n} |X_t^2 - \tilde{\sigma}_t^2(\theta)|$$

Peng 和 Yao（2003）指出 $\sqrt{n}(\hat{\theta}^{LAD1} - \theta^0)$ 的渐近正态性需要 X_t 的矩条件，即 $EX_t^4 < \infty$。正如前文所述，$\hat{\theta}^{LAD2}$ 为 3 种估计量中最有效的。为获得 $\hat{\theta}^{LAD2}$ 的渐近分布，引入若干正则性条件。

A10：$\log|\varepsilon_t|$ 的中位数为 0，且其密度函数 $f(x)$ 在零处连续。

A11：对于某个 $\varpi > 0$，$E|\varepsilon_t|^\varpi < +\infty$。

A12：$v \to \infty$ 且当 $n \to \infty$ 时，有 $v/n \to 0$。

Peng 和 Yao（2003）要求 $EX_t^2 < \infty$，事实上，略微改进证明方法，关于误差矩的条件可简化为假设 A11，从而处理厚尾过程变得更为有效。综上可得如下定理：

定理 1 - 4：令假设 A2'、A6、A10 ~ A12 成立，则 θ^0 半径为 η 的邻域内存在一个局部极小值 $\hat{\theta}^{LAD2}$ 满足：

$$\sqrt{n}(\hat{\theta}^{LAD2} - \varphi^0) \xrightarrow{\Lambda} N[0, J^{-1}/4f^2(0)]$$

其中，$\eta > 0$ 为充分小但固定的值。

4. 其他估计方法

在其他估计方法方面，这里只给出 Francq 等（2011）提出的两阶段非高斯 QML 估计方法。其他参数估计方法及其渐近性质，参见 Linton（1993）、Drost 和 Klaassen（1997）提出的适应性估计方法、Li 和 Turtle（2000）讨论的基于估计函数方法的参数估计、Giraiti 和 Robinson（2001）及 Mikosch 和 Straumann（2002）讨论的 Whittle 估计（Whittle Estimator）、Kristensen 和 Linton（2005）提出的封闭形式的估计量、Horváth 和 Liese（2004）讨论的 L_p-估计量、Horváth 和 Liese（2004）及 Linton 和 Mammen（2005）研究的半参数估计法、Mukherjee（2007）讨论的基于序的估计、Mukherjee（2008）的 M - 类估计、Muler 和 Yohai（2008）提出的两种基于修正似然函数的稳健估计量等。

为研究 QMLE 的效率，Francq 等（2011）提出了基于模型重参数化和 GED 分布的两阶段非高斯 QML 方法。对于任何满足 $E|\varepsilon_t|^r < \infty$ 的 $r > 0$，GARCH（p，q）模型（1 - 1）可以等价地改写为：

$$X_t = \sigma_t^{(r)} \varepsilon_t^{(r)}, \quad \sigma_t^{(r)2} = w + \sum_{i=1}^{p} \alpha_i^{(r)} X_{t-i}^2 + \sum_{j=1}^{q} \beta_j^{(r)} \sigma_{t-j}^{(r)2}$$

且 $E|\varepsilon_t^{(r)}|^r = 1$，其中，$\theta_0^{(r)} \equiv (w_0^{(r)}, \alpha_{01}^{(r)}, \cdots, \alpha_{0p}^{(r)}, \beta_{01}^{(r)}, \cdots, \beta_{0q}^{(r)})'$[①] 为重参数化重真实的参数值。令 $\mu_s = E|\varepsilon_t|^s$，$\mu_s^{(r)} = E|\varepsilon_t^{(r)}|^s$ 且 $\Theta^{(r)}$ 为参数空间。对于模型（1 - 1）中的 θ^0，有：

---

① $\theta_0^{(r)}$ 是公式中参数的集合简写，"≡"后面括号中的参数即为模型参数，这样记是为了后文的方便叙述。

$$\theta^0 = \begin{pmatrix} \mu_2^{(r)} I_{p+1} & 0 \\ 0 & I_q \end{pmatrix} \theta_0^{(r)} =: B^{(r)} \theta_0^{(r)} \qquad (1-10)$$

$\theta_0^{(r)}$ 基于 GED 分布的广义 QMLE 定义为：

$$\hat{\theta}_n^{(r)} = \arg\min_{\theta \in \Theta^{(r)}} \sum_{t=1}^n \left\{ \log[\tilde{\sigma}_t^2(\theta)] + \frac{2|X_t|^r}{r\tilde{\sigma}_t^r(\theta)} \right\}$$

其中，$\tilde{\sigma}_t(\theta)$①由公式 (1-6) 定义。为估计 θ^0，还应估计公式 (1-10) 中的矩阵 $B^{(r)}$。对任何 $s > 0$，令：

$$\hat{\mu}_{s,n}^{(r)} = \frac{1}{n}\sum_{t=1}^n \hat{\eta}_t^{(r)}, \quad \hat{B}_n^{(r)} = \begin{pmatrix} \mu_{2,n}^{(r)} I_{p+1} & 0 \\ 0 & I_q \end{pmatrix}$$

其中，$\hat{\eta}_t^{(r)} = X_t / \tilde{\sigma}_t(\hat{\theta}_n^{(r)})$，$t = 1, \cdots, n$。$\theta^0$ 的两阶段 QMLE (2QMLE) 定义为：

$$\hat{\theta}_{n,r} = \hat{B}_n^{(r)} \hat{\theta}_n^{(r)}$$

Francq 等 (2011) 建立了 $\hat{\theta}_{n,r}$ 的如下渐近结果。

定理 1-5：假设 A1'，A2'，A3 和 A4 成立，则有：

(1) 若 $\mu_r < \infty$ 且 $|\eta_t|$ 至少有 5 个不同的取值，则有 $\hat{\theta}_{n,r} \xrightarrow{a.s} \theta^0$；

(2) 此外，若 A6、A7' 成立，且 $\mu_{2r} < \infty$，则有：

$$\sqrt{2}(\hat{\theta}_{n,r} - \theta^0) \xrightarrow{\mathcal{L}} N(0, \Sigma_r)$$

其中，$\Sigma_r = g(r)J^{-1} + \{\mu_4 - 1 - g(r)\}\bar{\theta}_0\bar{\theta}_0'$，$\bar{\theta}_0 = (w_0, \alpha_1^0, \cdots, \alpha_q^0, 0, \cdots, 0)'$，$g(r) = \left(\frac{2}{r}\right)^2\left(\frac{\mu_{2r}}{\mu_r^2} - 1\right)$，$J$ 与定理 1-1 中相同。

第二节 平稳 GARCH 类模型

一、自回归条件异方差 (ARCH) 模型及其估计②

(一) 问题的提出与解决思路

合理度量波动率一直是现代金融理论研究中的重要基础性课题。传统的时间序列计量

---

① $\tilde{\sigma}_t^2(\theta)$ 与 $\tilde{\sigma}_t^r(\theta)$ 中 $\tilde{\sigma}_t(\theta)$ 相同。

② 参见：Engle, R. F. (1982). Autoregressive conditional heteroscedasticity with estimates of the variance of U. K. inflation. Econometrica 50, 987-1007.

模型假定了一个不变的条件方差,与现实的金融时间序列数据所体现出来的波动率特征存在明显的矛盾之处。为了重新合理地刻画波动率,Engle(1982)提出了一个新的随机过程类别——自回归条件异方差(ARCH)过程。该随机过程是在自回归(AR)模型的基础上引入扰动异质性,构造了一个具有零均值、序列不相关、时变条件方差特性的序列模型。显然,相对于传统的波动率不变假设,ARCH 设定能更好地拟合现实数据,性质也更为良好。

考虑一阶 ARCH 模型以说明模型的构造思路。

首先,给出一阶方差自回归模型:

$$y_t = \gamma y_{t-1} + \varepsilon_t$$

其中,ε_t 是白噪声,$\text{VaR}(\varepsilon_t) = \sigma^2$;$y_t$ 的条件均值是 γy_{t-1},无条件均值为 0;y_t 的条件方差是 σ^2,无条件方差是 $\sigma^2/1 - \gamma^2$。

其次,考虑引入异质性。一般而言,标准的异质性处理方法是通过引入外生变量 x_t 来预测方差,那么在已知的零均值假设下,方差模型为:

$$y_t = \varepsilon_t x_{t-1}$$

其中,$\text{VaR}(\varepsilon_t) = \sigma^2$;$y_t$ 的条件方差是 $\sigma^2 x_{t-1}^2$。然而,这一设定并未对方差变化的原因进行解释,也未给出其来源,仅仅只是认为条件均值和条件方差由外生变量决定,逻辑上有些片面。在参考了 Granger 和 Anderson(1978)的双线性模型后,Engle 将外生变量内生化,认为条件方差由已实现的方差序列决定,于是得到:

$$y_t = \varepsilon_t y_{t-1}$$

可知条件方差变为 $\sigma^2 y_{t-1}^2$。然而,该模型的无条件方差却变为 0 或者无穷,使该模型无法得到具体应用。因此,需要在其基础上再加以改进,以得到一个更好的方差模型。因此,Engle 进一步改进模型:

$$y_t = \varepsilon_t h_t^{1/2}$$
$$h_t = \alpha_0 + \alpha_1 y_{t-1}^2$$

其中,$\text{VaR}(\varepsilon_t) = 1$,得到了自回归条件异方差[ARCH(1)]模型。通过增加正态假设,可以将上述模型改写为 t 时刻信息集 ψ_t 的函数形式:

$$y_t | \psi_t \sim N(0, h_t)$$
$$h_t = \alpha_0 + \alpha_1 y_{t-1}^2 \tag{1-11}$$

因此,将其一般化后,可以有:

$$h_t = h(y_{t-1}, y_{t-2}, \cdots, y_{t-p}, \alpha) \tag{1-12}$$

其中,p 是 ARCH 过程的阶数,α 为未知参数向量。

此外,Engle(1982)还给出了扰动为 ARCH 过程的模型形式。即假设 y_t 的均值为 $x_t\beta$,且条件方差为信息集 ψ_t 中滞后内生和外生变量的线性组合,β 为未知参数向量,于是有:

$$y_t | \psi_{t-1} \sim N(x_t\beta, h_t) \tag{1-13}$$
$$h_t = h(\varepsilon_{t-1}, \varepsilon_{t-2}, \cdots, \varepsilon_{t-p}, x_t, x_{t-1}, \cdots, x_{t-p}, \alpha) \tag{1-14}$$

$$\varepsilon_t = y_t - x_t\beta \tag{1-15}$$

(二) ARCH 模型的性质

1. 平稳性——条件方差有限

Engle (1982) 指出，对于一阶线性 ARCH 模型而言，如果 $\alpha_1 = 0$，那么 y_t 就是高斯白噪声；但如果 α_1 取正，由于方差序列的高阶矩具有相关性，当 α_1 过大时，遵循 ARCH 过程的条件方差将会趋于无穷。对此，他给出了 ARCH 模型的矩条件定理（基数阶矩为 0）：

定理 1-6：已知 $\alpha_0 > 0$，$\alpha_1 \geq 0$，一阶线性 ARCH 过程的 $2r$（r 为正整数）阶矩存在的充要条件是：

$$\alpha_1^r \prod_{j=1}^{r}(2j-1) < 1$$

这一定理有助于找到一阶 ARCH 随机过程的第二、第四阶矩，令 $w_t = (y_t^4, y_t^2)'$，则有：

$$E(w_t | \psi_{t-1}) = \begin{pmatrix} 3\alpha_0^2 \\ \alpha_0 \end{pmatrix} + \begin{pmatrix} 3\alpha_1^2 & 6\alpha_0\alpha_1 \\ 0 & \alpha_1 \end{pmatrix} w_{t-1}$$

得到 ARCH 过程的条件方差有限的条件为 $\alpha_1 < 1$，条件四阶矩有限的要求则为 $3\alpha_1^2 < 1$。于是，计算出 ARCH 过程的第二、第四阶矩分别为：

$$E(w_t) = \left\{ \begin{array}{c} \left[\dfrac{3\alpha_0^2}{(1-\alpha_1)^2}\right]\left[\dfrac{1-\alpha_1^2}{1-3\alpha_1^2}\right] \\ \dfrac{\alpha_0}{1-\alpha_1} \end{array} \right\}$$

观察其四阶矩，可以看出 ARCH 过程的四阶矩大于正态随机变量的四阶矩，也验证了 Engle (1982) 的 ARCH 模型在刻画具有厚尾特征的序列时拟合效果更好。

随后，Engle 将 ARCH 模型的平稳条件进行了一般化，即：

定理 1-7：当 $\alpha_0 > 0$，$\alpha_1, \cdots, \alpha_p \geq 0$ 时，p 阶线性 ARCH 过程是协方差平稳的，当且仅当相关特征方程的所有根都在单位圆外。此时，稳态方差为 $E(y_t^2) = \alpha_0 / (1 - \sum_{j=1}^{p} \alpha_j)$。

2. 对称性

Engle (1982) 给出了线性方差模型对称性的一般化定义如下：

令 ξ_t 为样本空间 Ξ 的 $p \times 1$ 随机向量，即 $\xi_t' = (\xi_{t-1}, \cdots, \xi_{t-p})$。取 ξ_t^* 为某一固定向量，而 ξ_t 则由将 ξ_t^* 的第 m 元素与 -1 相乘得到，其中，m 的取值范围为 $(1, p)$。

定义：当满足下列条件时，公式（1-11）和（1-13）形式的 ARCH 过程对称。

(1) $h(\xi_t) = h(\xi_t^*)$，对于任意的 m 且 $\xi_t \in \Xi$ 成立；

(2) $\partial h(\xi_t)/\partial \alpha_i = \partial h(\xi_t^*)/\partial \alpha_i$，对任意的 m，i 且 $\xi_t \in \Xi$ 成立；

(3) $\partial h(\xi_t)/\partial \xi_{t-m} = -\partial h(\xi_t^*)/\partial \xi_{t-m}$，对任意的 m 且 $\xi_t \in \Xi$ 成立。

上述函数均为对称的，这也是均值模型和方差模型的主要区别。

3. 正则性

同样，Engle（1982）也给出了 ARCH 过程的正则性定义：即当满足下列条件时，公式（1-11）和（1-12）形式的 ARCH 过程是正则的。

(1) $\min h(\xi_t) \geq \delta$，对于 $\delta > 0$ 且 $\xi_t \in \Xi$ 成立；

(2) $E(|\partial h(\xi_t)/\partial \alpha_i| \cdot |\partial h(\xi_t)/\partial \xi_{t-m}| \cdot |\psi_{t-m-1}|)$ 存在，对于所有的 m，i，t 成立。

Engle 提到，条件（2）虽然在某些情况下很难检验，但只要保证在偏导数为有限时随机过程是平稳的，该部分定义就是正确的，因为条件期望在非条件期望有限时也是有限的。同时，条件（2）也是对 ARCH 估计时的定理 1-9 中海塞矩阵的某些期望值存在的充分条件。因此，ARCH 过程的正则性也很重要。于是：

定理 1-8：当 $\alpha_0 > 0$，α_1，$\cdots$，$\alpha_p \geq 0$ 时，条件（1）、条件（2）定义下的 p 阶线性 ARCH 过程满足正则条件。

（三）ARCH 模型的估计

考虑公式（1-13）至公式（1-15）构成的 p 阶线性 ARCH 模型，Engle（1982）给出了该模型的似然函数：

$$l = \frac{1}{T}\sum_{t=1}^{T} l_t, \quad l_t = -\frac{1}{2}\log h_t - \frac{1}{2}\epsilon_t^2/h_t$$

其中，x_t①可能包括滞后的因变量及外生变量，同时不相关的常数也从似然函数中剔除。

1. 估计方法选择——渐近效率考量

Engle（1982）在具体对 ARCH 模型估计前，分析了 OLS 和 MLE 估计方法的差异。他指出，在公式（1-13）至公式（1-15）的模型中，如果 x_t 包含了滞后因变量（条件方差滞后项），那么根据 White（1980）对异方差的讨论，条件方差的 OLS 估计量就不再具有一致性。但如果 x_t 只是纯粹的外生变量，且 ARCH 过程是平稳的，那么 OLS 估计是最优线性无偏估计（BLUE）。然而，Engle（1982）也指出，由于 OLS 达不到 Cramer-Rao 下界，那么在渐近情形下，极大似然估计法表现更优；同时，MLE 还是非线性的，所以 MLE 的估计效率比 OLS 更高。

于是，借助一阶条件可以得到极大似然估计量，对 β 求导可有：

$$\frac{\partial l_t}{\partial \beta} = \frac{\epsilon_t x_t'}{h_t} + \frac{1}{2h_t}\frac{\partial h_t}{\partial \beta}\left(\frac{\epsilon_t^2}{h_t} - 1\right)$$

---

① 指式（1-13）至式（1-15）中的自变量 x_t 包含在公式中的 h_t 里 [见公式（1-14）]。

等式右边第一项是外生异方差校正的一阶条件,第二项则采用了 Amemiya(1979)的方法得到。代入线性方差函数可有:

$$\frac{\partial l_t}{\partial \beta} = \frac{1}{T}\sum_t x_t' \epsilon_t \left[h_t^{-1} - \sum_{j=1}^p \alpha_j h_{t+j}^{-2}(\epsilon_{t+j}^2 - h_{t+j}) \right] \equiv \frac{1}{T}\sum_t x_t' \epsilon_t s_t$$

对应的海塞矩阵为:

$$\frac{\partial^2 l_t}{\partial \beta \partial \beta'} = -\frac{x_t' x_t}{h_t} - \frac{1}{2h_t^2}\frac{\partial h_t}{\partial \beta}\frac{\partial h_t}{\partial \beta'}\left(\frac{\epsilon_t^2}{h_t}\right) - \frac{2\epsilon_t x_t'}{h_t^2}\frac{\partial h_t}{\partial \beta} + \left(\frac{\epsilon_t^2}{h_t} - 1\right)\frac{\partial}{\partial \beta'}\left(\frac{1}{2h_t}\frac{\partial h_t}{\partial \beta}\right)$$

然后,考虑海塞矩阵的条件期望。由于 h_t 完全是过去信息的函数,因此其最后两项可以去除。类似地,因为只与当前信息有关,所以 ϵ_t^2/h_t 的取值应为 1。同时也应注意到,不论 x_t 是否包含滞后因变量,该公式都成立。再根据信息矩阵是所有时期的海塞矩阵条件期望的平均值,于是得到信息矩阵为:

$$\zeta_{\beta\beta} = \frac{1}{T}\sum_t E\left[E\left(\frac{\partial^2 l_t}{\partial \beta \partial \beta'} \mid \psi_{t-1}\right) \right] = \frac{1}{T}\sum_t E\left(\frac{x_t' x_t}{h_t} + \frac{1}{2h_t^2}\frac{\partial h_t}{\partial \beta}\frac{\partial h_t}{\partial \beta'}\right)$$

对于 p 阶线性模型,不考虑尾部效应的影响,得到其一致估计量为:

$$\hat{\zeta}_{\beta\beta} = \frac{1}{T}\sum_t x_t' x_t \left(h_t^{-1} + 2\epsilon_t^2 \sum_{j=1}^p \alpha_j^2 h_{t+j}^{-2} \right) \equiv \frac{1}{T}\sum_t x_t' x_t r_t^2$$

同理,得到信息矩阵的非对角元素块:

$$\zeta_{\alpha\beta} = \frac{1}{T}\sum_t E\left(\frac{1}{2h_t^2}\frac{\partial h_t}{\partial \alpha}\frac{\partial h_t}{\partial \beta'}\right)$$

Engle(1982)给出的定理 1-9 说明了该非对角元素块为 0,因此也证明了,模型对 α 和 β 的估计可以单独进行而不会产生渐近效率损失,同时,它们的方差也可以分别计算得到。

定理 1-9:如果一个 ARCH 回归模型是对称及正则的,那么有 $\zeta_{\alpha\beta} = 0$。

2. 估计过程——评分迭代

Engle(1982)参考了 Cox 和 Hinkley(1974)的模型估计方差,先利用 OLS 方法估计 β 以获取残差,然后借助残差可以获取 α 的有效估计量,最后基于 $\hat{\alpha}$ 可有效地估计出 β。

考虑公式(1-13)至公式(1-15)的模型,用 y_t^2 表示残差 e_t^2,可以得到关于参数 α 的迭代公式:

$$\alpha^{i+1} = \alpha^i + (\tilde{z}'\tilde{z})^{-1}\tilde{z}'f^i$$

其中[①],

$$\tilde{z}_t = (1, e_{t-1}^2, \cdots, e_{t-p}^2)/h_t^i$$

$$\tilde{z}' = (\tilde{z}_t', \cdots, \tilde{z}_T')$$

[①] 公式中包括了无下标的 $\tilde{z}'$ 和 f^i。但 $\tilde{z}'$ 和 f^i 是由对应时间序列构成的向量,故在 $\tilde{z}'$ 和 f^i 前,对向量元素先进行了解释,给出了 $\tilde{z}_t$ 和 f_t^i 的表达式。

$$f_t^i = (e_t^2 - h_t^i)/h_t^i$$
$$f^{i\prime} = (f_1^i, \cdots, f_T^i)$$

e_t 是通过迭代 i 得到的残差，h_t^i 是估计得到的方差，α^i 是第 i 次迭代时对未知参数向量的估计。因此，每一个迭代步骤都是直接对更替后的变量进行 OLS 回归。因此，参数的方差—协方差矩阵的一致性估计可由信息矩阵的估计量计算得到，表示为 $2(\tilde{z}'\tilde{z})^{-1}$。对于这一点，Engle（1982）指出，该表达式虽与辅助回归得到的 $\hat{\sigma}^2(\tilde{z}'\tilde{z})^{-1}$ 略有不同，但在分布假设正确的前提下，$\hat{\sigma}^2$ 的渐近值为 2，故在实际运用中两者没有明显区别。

同时，Engle（1982）还指出，向量 α 表示的参数必须满足非负性及一些平稳条件。于是，他借助平方项保证非负性约束，从而重构了模型方程，即更新了公式（1-14）：
$$h_t = \alpha_0^2 + \alpha_1^2 \epsilon_{t-1}^2 + \cdots + \alpha_p^2 \epsilon_{t-p}^2$$

在给定向量 α 的估计后，就可以使用评分算法来对 β 进行估计，Engle 给出的评分规则为：
$$\beta^{i+1} = \beta^i + [\hat{\zeta}_{\beta\beta}]^{-1} \frac{\partial l^i}{\partial \beta}$$

定义 $\tilde{x}_t = x_t r_t$，$\tilde{e}_t = e_t s_t/r_t$，$e_t$ 为第 i 次迭代中 ϵ_t 的估计量，再结合对 β 估计的 MLE 的一阶条件公式，可有：
$$\beta^{i+1} = \beta^i + (\tilde{x}'\tilde{x})^{-1} \tilde{x}'\tilde{e}$$

相应计算得到的 $(\tilde{x}'\tilde{x})^{-1}$ 则为 β 的 MLE 估计的方差—协方差矩阵。最后，Engle（1982）还根据 Crowder（1976）鞅理论的条件，指出 α 和 β 的 MLE 估计量 $\hat{\alpha}$ 和 $\hat{\beta}$ 是依分布成渐近正态的：
$$\sqrt{T}(\hat{\alpha} - \alpha) \xrightarrow{D} N(0, [\zeta_{\alpha\alpha}]^{-1})$$
$$\sqrt{T}(\hat{\beta} - \beta) \xrightarrow{D} N(0, [\zeta_{\beta\beta}]^{-1})$$

3. MLE 估计法的效率增益

Engle（1982）还以特例形式计算了 MLE 估计法具体的效率改进。

考虑线性平稳的 ARCH 模型，其阶数 $p=1$ 且所有的 x_t 都是外生的。在此情形下，高斯—马尔科夫条件满足：OLS 估计量的方差矩阵 $\hat{\sigma}^2(x'x)^{-1} = E\epsilon_t^2(\sum_t x_t'x_t)^{-1}$，稳态方差为 $\sigma^2 = \alpha_0/(1-\alpha_1)$，且由上述可知，其信息矩阵为：
$$E[\sum_t x_t'x_t(h_t^{-1} + 2\epsilon_t^2\alpha_1^2/h_{t+1}^2)]$$

由于 x_t 是外生的，该期望只取决于其系数大小。同时因为扰动是平稳的，所以 OLS 估计的方差—协方差矩阵也只与 x 的系数有关，由此可得，MLE 相对于 OLS 的效率为：
$$R = E(h_t^{-1} + 2\epsilon_t^2\alpha_1^2/h_{t+1}^2)\sigma^2$$

代入 $h_t = \alpha_0 + \alpha_1 \epsilon_{t-1}^2$，$\sigma^2 = \alpha_0/(1-\alpha_1)$，以及 $\gamma = \alpha_1/(1-\alpha_1)$。此外，$\epsilon_{t-1}^2$ 和 ϵ_t^2 有相

同的概率密度函数，并对其施加定义，$u = \epsilon \sqrt{(1-\alpha_1)/\alpha_0}$。可得相对效率为：

$$R = E\left(\frac{1+\gamma}{1+\gamma u^2}\right) + 2\gamma^2 E \frac{u^2}{(1+\gamma u^2)^2}$$

其中，u 的均值为 0，方差为 1。由詹森不等式（Jensen's Inequality），倒数的期望大于期望的倒数，可知式中第一项大于 1；在 $\gamma \neq 0$ 时第二项为正，故又存在一个效率的增益；而由 u^2 是自由度为 1 的条件 χ^2 分布（卡方分布）知，Eu^{-2} 有限。因此，该相对效率的极限随 γ 趋向于：

$$\lim_{\gamma \to \infty} R \to \infty$$

又由于 α_1 接近于 1，因此，使用 MLE 估计法的效率增益会较大，从而说明了 MLE 方法的效率更优性。

（四）ARCH 模型估计的稳健性检验

Engle（1982）指出，无论模型是否带有滞后因变量，对于线性回归模型而言，OLS 估计法在扰动不是条件异方差时，都是非常好的参数估计方法。然而，ARCH 过程具有条件异方差，而且模型估计的迭代过程又大量采用了 OLS 估计，因此，非常有必要检验 OLS 在条件异方差情形下的适用性。

参考 Bresch 和 Pagan（1978，1980）、Godfrey（1978）及 Engle（1979）的方法，Engle（1982）采用了拉格朗日乘子（LM）法检验 OLS 估计法的适用性。检验的原假设为：

$$\alpha_1 = \alpha_2 = \cdots = \alpha_p = 0$$

考虑方差函数为 $h_t = h(z_t\alpha)$ 的 ARCH 模型，其中，$z_t = (1, e_{t-1}^2, \cdots, e_{t-p}^2)$，$e_t$ 为 OLS 残差。在原假设条件下，h_t 为常数 h_0。记 $\partial h_t / \partial \alpha = h'z'_t$，$h'$ 是 h 的标量导数，将模型估计评分和信息矩阵重写为：

$$\left.\frac{\partial l}{\partial \alpha}\right|_0 = \frac{h'}{2h^0} \sum_t z'_t \left(\frac{e_t^2}{h^0} - 1\right) \frac{h^{0'}}{2h^0} z' f^0$$

$$\zeta^0_{\alpha\alpha} = \frac{1}{2}\left(\frac{h^{0'}}{h^0}\right)^2 Ez'z$$

因此，LM 检验估计量的一致估计为：

$$\xi^* = \frac{1}{2} f^{0'} z (z'z)^{-1} z' f^0$$

其中，$z' = (z'_1, \cdots, z'_T)$，$f^0$ 是 $(e_t^2/h^0 - 1)$ 的列向量。基于正态假设，可有 $\text{plim} f^{0'}f^0/T = 2$，因此可以给出一个等价的渐近统计量：

$$\xi = Tf^{0'}z(z'z)^{-1}z'f^0/f^{0'}f^0 = TR^2$$

其中，R^2 是 f^0 和 z 的相关系数。由于增加常数项或是乘上一个固定系数并不会改变模型回归的 R^2，因此，R^2 还可以表示 e_t^2 对 e_{t-p}^2 回归的系数。当接受原假设时，该统计量服从 p 自由度的 χ^2 分布。

Engle（1982）也指出了检验的一般步骤。即先进行 OLS 回归并保存残差值，然后，将残差平方对其自身的 p 阶滞后做回归，以验证 TR^2 统计量分布为 χ_p^2。

（五）ARCH 模型的应用实例

Engle（1982）还利用英国 1958 年第二季度至 1977 年第二季度通货膨胀率方差的数据验证了 ARCH 模型的方差预测效果。通过多次试验并加以稳健性检验后，得到了具有四阶线性 ARCH 扰动模型：

$$h_t = \alpha_0 + \alpha_1(0.4\epsilon_{t-1}^2 + 0.3\epsilon_{t-2}^2 + 0.2\epsilon_{t-3}^2 + 0.1\epsilon_{t-4}^2)$$

在利用评分算法对 α 和 β 进行估计的过程中，发现收敛值在只经过两次迭代后就处于真实值的 0.1% 邻域内。同时，在比较了模型 OLS 估计和 MLE 估计结果后，Engle 发现后者的估计结果更能与现实情况结合，能克服样本本身大小的影响，提供更精准的预测方程。

二、幂变换门限 GARCH（PTTGARCH）模型[①]

（一）问题的提出与解决思路

Engle（1982）给出了一个开创性的波动率建模方式，使刻画具有时变性的条件异方差成为可能。在随后对波动率序列的实证分析中，越来越多的波动率性质被发现，这就使已有的 GARCH 类模型无法再满足对序列拟合的需求，需要对其进行扩展和推广。非线性和非对称性是金融数据波动率的两个重要特征，针对这两个特征，学者们分别开发了不同的模型（包括 EGARCH、DTGARCH 等）。但一个合理的模型应该能够全面地反映拟合对象的诸多特征，对此，Pan 等（2008）在前人研究的基础上，综合了非线性和非对称性这两种想法，扩展出了一般的幂变换门限 GARCH（p, q），即 PTTGARCH（p, q）。该模型能够涵盖许多的已有模型，并且能够非常好地描述时间序列的尾部特征，同时还具有良好的渐近估计结果，因而得到了广泛的应用。

考虑 PTTGARCH（p, q）的模型构建思路。

在 PTTGARCH（p, q）的模型之前，Hwang 和 Kim（2004）综合了 Higgins 和 Bera（1992）、Li（1996）的想法，提出了一个幂变换门限 ARCH 模型：

$$X_t = \sigma_t \varepsilon_t, \quad \sigma_t^{2\delta} = \alpha_0 + \sum_{i=1}^{p} \alpha_{1i}(X_{t-i}^+)^{2\delta} + \sum_{i=1}^{p} \alpha_{2i}(X_{t-i}^-)^{2\delta}$$

其中，$\delta > 0$，$\alpha_0 > 0$，$\alpha_{1i} \geq 0$，$\alpha_{2i} \geq 0$ 为未知参数，$i = 1, \cdots, p$；$\{\varepsilon_t\}$ 是一列独立同分布的随机变量序列，并且对一切 t，ε_t 与 $\{X_{t-k}, k \geq 1\}$ 独立。

[①] 参见 Pan J Z, Wang H, Tong H.（2008）. Estimation and tests for power-transformed and threshold GARCH models. J Econometrics, 142: 352–378.

Pan 等（2008）则借鉴学者们将 ARCH 模型推广到 GARCH 模型的思路，将上述模型进行了拓展：

$$X_t = \sigma_t \varepsilon_t, \sigma_t^{2\delta} = \alpha_0 + \sum_{i=1}^{p} \alpha_{1i}(X_{t-i}^+)^{2\delta} + \sum_{i=1}^{p} \alpha_{2i}(X_{t-i}^-)^{2\delta} + \sum_{j=1}^{q} \beta_j \sigma_{t-j}^{2\delta} \quad (1-16)$$

其中，$\delta > 0$，$\alpha_0 > 0$，$\alpha_{1i} \geq 0$，$\alpha_{2i} \geq 0$，$i = 1, \cdots, p$，$\beta_j \geq 0$，$j = 1, \cdots, q$ 是未知参数，$\{\varepsilon_t\}$ 是一列独立同分布的随机变量序列，并且对一切 t，ε_t 与 $\{X_{t-k}, k \geq 1\}$ 独立。

Pan 等（2008）指出，许多常见的 GARCH 类模型都是该模型的特例形式，例如，当 $\delta = 1$ 且 $\alpha_{1i} = \alpha_{2i}$，$i = 1, \cdots, p$，$q = 0$ 时，模型成为 Bollerslev（1986）的 GARCH 模型；当 $\alpha_{1i} = \alpha_{2i}$，$i = 1, \cdots, p$，$q = 0$ 时，模型成为 Higgins 和 Bera（1992）的 NARCH 模型；当 $\delta = 2$，$q = 0$ 时，模型成为 Li（1996）的 TARCH 模型；当 $q = 0$ 时，模型成为 Hwang 和 Kim（2004）的幂变换门限 ARCH 模型；当 $p = q = 1$ 时，模型成为 Hwang 和 Basawa（2004）的幂变换门限 GARCH（1, 1）模型。可以看出，该模型具有很强的覆盖性，因此，得到广泛的应用。

（二）PTTGARCH（p, q）模型的概率性质

1. 严平稳遍历性

Pan 等（2008）采用随机递推方程的方式，得到了 PTTGARCH（p, q）模型的严平稳遍历性。将模型（1-16）表示成随机递推方程的形式，有：

$$\eta_t = \beta_1 + \alpha_{11}(\varepsilon_t^+)^{2\delta} + \alpha_{21}(\varepsilon_t^-)^{2\delta}$$

$$Y_t = [\sigma_{t+1}^{2\delta}, \cdots, \sigma_{t-q+2}^{2\delta}, (X_t^+)^{2\delta}, (X_t^-)^{2\delta}, \cdots, (X_{t-p+2}^+)^{2\delta}, (X_{t-p+2}^-)^{2\delta}]' \in \mathbb{R}^{d'}$$

$$B \equiv B(\phi) = (\alpha_0, 0, \cdots, 0)' \in \mathbb{R}^{d'}$$

$$A_t(\phi) = \begin{pmatrix} \eta_t & \beta_2 & \cdots & \beta_{q-1} & \beta_q & \alpha_{12} & \alpha_{22} & \cdots & \alpha_{2p-1} & \alpha_{1p} & \alpha_{2p} \\ 1 & 0 & \cdots & 0 & 0 & 0 & 0 & \cdots & 0 & 0 & 0 \\ \vdots & \vdots & \ddots & \vdots & \vdots & \vdots & \vdots & \ddots & \vdots & \vdots & \vdots \\ 0 & 0 & \cdots & 1 & 0 & 0 & 0 & \cdots & 0 & 0 & 0 \\ \varepsilon_t^{+2\delta} & 0 & \cdots & 0 & 0 & 0 & 0 & \cdots & 0 & 0 & 0 \\ \varepsilon_t^{-2\delta} & 0 & \cdots & 0 & 0 & 0 & 0 & \cdots & 0 & 0 & 0 \\ 0 & 0 & \cdots & 0 & 0 & 1 & 0 & \cdots & 0 & 0 & 0 \\ 0 & 0 & \cdots & 0 & 0 & 0 & 1 & \cdots & 0 & 0 & 0 \\ \vdots & \vdots & \ddots & \vdots & \vdots & \vdots & \vdots & \ddots & \vdots & \vdots & \vdots \\ 0 & 0 & \cdots & 0 & 0 & 0 & 0 & \cdots & 0 & 0 & 0 \\ 0 & 0 & \cdots & 0 & 0 & 0 & 0 & \cdots & 0 & 0 & 0 \end{pmatrix}$$

$A_t(\phi)$ 为 $d' \times d'$ 阶方阵，其中，$\phi = (\delta, \alpha_0, \alpha_{11}, \alpha_{21}, \cdots, \alpha_{1p}, \alpha_{2p}, \beta_1, \cdots, \beta_q)'$ 且 $d' = 2p + q - 2$。记 $A_t \equiv A_t(\varphi)$，因此，当且仅当 Y_t 满足方程 $Y_t = A_t Y_{t-1} + B$ 时，X_t 是模型（1-16）的解。

Pan 等（2008）再给出模型的严平稳遍历性定理前，提出了如下假设：

A13：ε_t 的分布非退化，且存在 $\Delta > 0$，使 $E|\varepsilon_t|^\Delta < +\infty$。在该假设基础上，与 A_t 相关联的上 Lyapunov 指数为：

$$\gamma(\phi) = \lim_{t \to +\infty} \frac{1}{t} \log \|A_0 A_{-1} \cdots A_{-t}\|$$

于是，模型存在唯一严平稳遍历解得充要条件的定理为：

定理 1-10：若条件 A13 成立，则有如下结论：

（1）模型（1-16）存在唯一严平稳解得充要条件要求上 Lyapunov 指数 $r(\varphi)$ 严格小于 0。进一步，该严平稳解是遍历的。

（2）如果模型（1-16）存在严平稳解，则 $\sum_{j=1}^{q} \beta_j < 1$。

注释 1-7：对于 PTTGARCH（1，1）模型，Hwang 和 Basawa（2004）指出 $E\{\log[\beta_1 + \alpha_{11}(\varepsilon_t^+)^{2\delta} + \alpha_{21}(\varepsilon_t^-)^{2\delta}]\} < 0$ 能保证模型有唯一严平稳遍历解。事实上，容易验证，当 $p = q = 1$ 时，$\gamma(\phi) = E\{\log[\beta_1 + \alpha_{11}(\varepsilon_t^+)^{2\delta} + \alpha_{21}(\varepsilon_t^-)^{2\delta}]\}$。由定理 1-10 知 $E\{\log[\beta_1 + \alpha_{11}(\varepsilon_t^+)^{2\delta} + \alpha_{21}(\varepsilon_t^-)^{2\delta}]\} < 0$ 也是 PTTGARCH（1，1）模型存在严平稳遍历解的必要条件，还可参见 Liu（2006）中定理 2.1。

2. 矩性质

Pan 等（2008）通过如下定理，给出了 PTTGARCH（p，q）模型的矩性质。

定理 1-11：

（1）若 $\{X_t\}$ 是模型（1-16）的严平稳遍历解，并且条件 A12 成立，则存在常数 $\tau > 0$，使 $E|X_t|^\tau < +\infty$；

（2）假设 $E|\varepsilon_t|^{2\delta} < +\infty$，则模型（1-16）的平稳解存在 2δ 阶矩，即 $E|X_t|^{2\delta} < +\infty$，当且仅当 $\sum_{i=1}^{p}[\alpha_{1i} E(\varepsilon_t^+)^{2\delta} + \alpha_{2i} E(\varepsilon_t^-)^{2\delta}] + \sum_{j=1}^{q} \beta_j < 1$；

（3）对任意 $k \in \mathbb{N}$（自然数域），如果 $E|\varepsilon_t|^{2k\delta} < +\infty$ 且 $E|A_t|^k < 1$，则有 $E|X_t|^{2k\delta} < +\infty$。

如果还假定 $\sum_{i=1}^{p}\left\{\alpha_{1i}\left[E(\varepsilon_t^+)^{2k\delta}\right]^{\frac{1}{k}} + \alpha_{2i}\left[E(\varepsilon_t^-)^{2k\delta}\right]^{\frac{1}{k}}\right\} + \sum_{j=1}^{q}\beta_j < 1$ 成立，则：

$$E|X_t|^{2k\delta} \leq \alpha_0^k \left\{1 - \sum_{i=1}^{p}\left[\alpha_{1i}\left(E(\varepsilon_t^+)^{2k\delta}\right)^{\frac{1}{k}} + \alpha_{2i}\left(E(\varepsilon_t^-)^{2k\delta}\right)^{\frac{1}{k}}\right] - \sum_{j=1}^{q}\beta_j\right\}^{-k} E|\varepsilon_t|^{2k\delta}$$

注释 1-8：注意到当 $p = q = 1$ 时，$E(A_t^k) = E\left[\beta_1 + \alpha_{11}(\varepsilon_t^+)^{2\delta} + \alpha_{21}(\varepsilon_t^-)^{2\delta}\right]^k$。Hwang 和 Basawa（2004）定理 3（i）的结果是定理 1-11（3）的特例。

3. 尾部性质

Pan 等（2008）指出，在一定的正规性条件下，PTTGARCH（p，q）模型的尾部是 Pareto 形状的。说明对该模型而言，薄尾输入可能会导致厚尾输出，因此，在对数据进行拟合时，该模型可以表现出较好的拟合效果。Pan 等（2008）给出的定理如下：

定理 1 – 12：假定模型（1 – 16）满足 $\alpha_0 > 0$，其上 Lyapunov 指数 $\gamma(\phi) < 0$，且不是所有的参数 α_{1i}，α_{2i}，β_j，$i = 1$，$\cdots$，p，$j = 1$，$\cdots$，q 都退化。如果 ε_t 在 $\mathbb{R}$ 上有正的密度函数，且存在 $\xi > 0$ 使 $E|\varepsilon_t|^\xi < +\infty$，则极限 $\lim_{x \to +\infty} x^{\kappa_0 \delta} P(X_1 > x)$ 存在且为正，其中，$\kappa_0 = 2\kappa_1$，κ_1 为下式的唯一解：

$$\lim_{n \to +\infty} \frac{1}{n} \log E \|A_n \cdots A_1\|^\kappa = 0$$

注释 1 – 9：Liu（2006）研究了 PTTGARCH（1，1）模型的尾部性质，这时，上面定理的极限能被显式地表达出来。

（三）PTTGARCH（p，q）模型的估计及检验

Pan 等（2008）提出了两种模型的估计方法，伪极大似然估计法（QMLE）和最小绝对偏差估计法（LADE），同时也说明了两种估计法的渐近一致性和渐近正态性。在对参数进行估计前，Pan 等（2008）先给出了模型扰动迭代表达式及其对各参数的导数，以方便后续的估计过程。

定义模型扰动为：

$$\sigma_t(\phi) = \left[\alpha_0 + \sum_{i=1}^{p} \alpha_{1i}(X_{t-i}^+)^{2\delta} + \sum_{i=1}^{p} \alpha_{2i}(X_{t-i}^-)^{2\delta} + \sum_{j=1}^{q} \beta_j \sigma_{t-j}^{2\delta}(\varphi) \right]^{1/2\delta}$$

其中，$\phi = (\delta, \alpha_0, \alpha_{11}, \alpha_{21}, \cdots, \alpha_{1p}, \alpha_{2p}, \beta_1, \cdots \beta_q)'$ 为参数向量，并假设 α_{1p} 或 $\alpha_{2p} > 0$[①]，若 $q > 0$，则 $\beta_q > 0$。同时，令 $\varphi_0 \equiv (\delta^0, \alpha_0^0, \alpha_{11}^0, \alpha_{21}^0, \cdots, \alpha_{1p}^0, \alpha_{2p}^0, \beta_1^0, \cdots, \beta_q^0)'$[②] 为参数向量真值。并给出以下假设：

A14：存在 $\mu > 0$，使 $\lim_{t \to 0} t^{-\mu} P\{\varepsilon_t^2 \leq t\} = 0$。

A15：参数空间 Θ 是 R^d 上的紧集，其中 $d = 2p + q + 2$，φ_0 为 Θ 的内点，对一切 $\varphi \in \Theta$，有 Lyapunov 指数 $\gamma(\phi) < 0$。

注释 1 – 10：由于 Θ 是紧集，从而存在正常数 δ_1、δ_2、ρ_0，使对一切 $\phi \in \Theta$，都有 $0 < \delta_1 < \delta$，$\delta_1 \leq \sum_{j=1}^{q} \beta_j \leq \rho_0 < 1$。

在假设条件 A14 ~ A15 下，通过递推可以得到：

$$\sigma_t(\phi)^{2\delta} = \frac{\alpha_0}{1 - \sum_{j=1}^{q} \beta_j} + \sum_{i=1}^{p} \alpha_{1i}(X_{t-i}^+)^{2\delta} + \sum_{i=1}^{p} \alpha_{2i}(X_{t-i}^-)^{2\delta} + \sum_{i=1}^{p} \alpha_{1i} \sum_{k=1}^{\infty} \sum_{j_1=1}^{q} \cdots \sum_{j_k=1}^{q} \beta_{j_1} \cdots$$

$$\beta_{j_k}(X_{t-i-j_1-\cdots-j_k}^+)^{2\delta} + \sum_{i=1}^{p} \alpha_{2i} \sum_{k=1}^{\infty} \sum_{j_1=1}^{q} \cdots \sum_{j_k=1}^{q} \beta_{j_1} \cdots \beta_{j_k}(X_{t-i-j_1-\cdots-j_k}^-)^{2\delta} \qquad (1-17)$$

[①] α_{1p} 和 α_{2p} 对应公式中 i 取 p 时的参数取值。

[②] ≡ 号右侧对应公式中参数的真实值，为后文叙述方便将这些真实值组成的向量记为 φ_0。

于是，计算得到 $\sigma_t(\phi)^{2\delta}$ 对各参数的导数如下：

$$\frac{\partial \sigma_t(\phi)^{2\delta}}{\partial \delta} = \sum_{i=1}^{p} \alpha_{1i}(X_{t-i}^+)^{2\delta} \log(X_{t-i}^+)^2 + \sum_{i=1}^{p} \alpha_{2i}(X_{t-i}^-)^{2\delta} \log(X_{t-i}^-)^2 + \sum_{i=1}^{p} \alpha_{1i} \sum_{k=1}^{\infty} \sum_{j_1=1}^{q} \cdots$$

$$\sum_{j_k=1}^{q} \beta_{j_1} \cdots \beta_{j_k}(X_{t-i-j_1-\cdots-j_k}^+)^{2\delta} \log(X_{t-i-j_1-\cdots-j_k}^+)^2 + \sum_{i=1}^{p} \alpha_{2i} \sum_{k=1}^{\infty} \sum_{j_1=1}^{q} \cdots \sum_{j_k=1}^{q} \beta_{j_1} \cdots \beta_{j_k}(X_{t-i-j_1-\cdots-j_k}^-)^{2\delta}$$

$$\log(X_{t-i-j_1-\cdots-j_k}^-)^2 \equiv L_{1t}^{\phi_1}(\phi) + L_{2t}^{\phi_1}(\phi) + L_{3t}^{\phi_1}(\phi)$$

$$\frac{\partial \sigma_t(\phi)^{2\delta}}{\partial \alpha_0} = \frac{1}{1 - \sum_{j=1}^{q} \beta_j}$$

$$\frac{\partial \sigma_t(\phi)^{2\delta}}{\partial \alpha_{1i}} = (X_{t-i}^+)^{2\delta} + \sum_{k=1}^{\infty} \sum_{j_1=1}^{q} \cdots \sum_{j_k=1}^{q} \beta_{j_1} \cdots \beta_{j_k}(X_{t-i-j_1-\cdots-j_k}^+)^{2\delta}$$

$$\frac{\partial \sigma_t(\phi)^{2\delta}}{\partial \alpha_{2i}} = (X_{t-i}^-)^{2\delta} + \sum_{k=1}^{\infty} \sum_{j_1=1}^{q} \cdots \sum_{j_k=1}^{q} \beta_{j_1} \cdots \beta_{j_k}(X_{t-i-j_1-\cdots-j_k}^-)^{2\delta}$$

$$\frac{\partial \sigma_t(\phi)^{2\delta}}{\partial \beta} = \frac{\alpha_0}{\left(1 - \sum_{j=1}^{q} \beta_j\right)^2} + \sum_{i=1}^{p} \alpha_{1i} \sum_{k=1}^{\infty}(k+1) \sum_{j_1=1}^{q} \cdots \sum_{j_k=1}^{q} \beta_{j_1} \cdots \beta_{j_k}(X_{t-i-j_1-\cdots-j_k}^+)^{2\delta} +$$

$$\sum_{i=1}^{p} \alpha_{2i} \sum_{k=1}^{\infty}(k+1) \sum_{j_1=1}^{q} \cdots \sum_{j_k=1}^{q} \beta_{j_1} \cdots \beta_{j_k}(X_{t-i-j_1-\cdots-j_k}^-)^{2\delta} \equiv L_{1t}^{\beta_j}(\phi) + L_{2t}^{\beta_j}(\phi) + L_{3t}^{\beta_j}(\phi)$$

Pan 等（2008）认为，在这些表达式中，若 $X_t \leq 0$，则令 $(X_t^+)^{2\delta} \log(X_t^+)^2 = 0$；若 $X_t \geq 0$，则令 $(X_t^-)^{2\delta} \log(X_t^-)^2 = 0$。但在实际中，由于 X_t 只有观测值 $\{X_t, 1 \leq t \leq n\}$，所以 $\sigma_t(\phi)$ 不能直接用公式（1-17）来计算，必须基于 $\{X_1, \cdots, X_n\}$ 对 $\sigma_t(\phi)$ 进行如下截断：

$$\tilde{\sigma}_t(\phi) = \frac{\alpha_0}{1 - \sum_{j=1}^{q} \beta_j} + \sum_{i=1}^{p} \alpha_{1i}(X_{t-i}^+)^{2\delta} + \sum_{i=1}^{p} \alpha_{2i}(X_{t-i}^-)^{2\delta} + \sum_{i=1}^{p} \alpha_{1i} \sum_{k=1}^{\infty} \sum_{j_1=1}^{q} \cdots \sum_{j_k=1}^{q} \beta_{j_1} \cdots$$

$$\beta_{j_k}(X_{t-i-j_1-\cdots-j_k}^+)^{2\delta} I(t-i-j_1-\cdots-j_k \geq 1) + \sum_{i=1}^{p} \alpha_{2i} \sum_{k=1}^{\infty} \sum_{j_1=1}^{q} \cdots \sum_{j_k=1}^{q} \beta_{j_1} \cdots \beta_{j_k}(X_{t-i-j_1-\cdots-j_k}^-)^{2\delta} I(t-i$$

$$-j_1-\cdots-j_k \geq 1)$$

1. QMLE 估计法

定义对数似然函数（忽略一些常数）为：

$$L_n(\phi) = \sum_{t=1}^{n} -\frac{1}{2}\left\{\log \sigma_t^2(\phi) + \frac{X_t^2}{\sigma_t^2(\phi)}\right\} = \sum_{t=1}^{n} l_t(\phi)$$

其中，$\sigma_t(\phi)$ 由公式（1-17）得到，所以，ϕ 的 QMLE 即为 $\bar{\phi} = \arg\max_{\phi \in \Theta} L_n(\phi)$。再定义：

$$\Lambda(\phi) = E\left\{\frac{\partial^2 l_t(\phi)}{\partial \phi \partial \phi'}\right\}, \quad \Omega(\phi) = E\left\{\frac{\partial l_t(\phi)}{\partial \phi} \frac{\partial l_t(\phi)}{\partial \phi'}\right\}$$

为了得到 $\bar{\phi}$ 的相合性和渐近正态性，Pan 等（2008）还给出了一些补充性条件，A16：$E\varepsilon_t^2 = 1$ 且 $E\varepsilon_t^4 < \infty$。

注释1-11：如果 ε_t 在0处有密度，则对于任何 $\mu < 1/2$，都有假设A14成立。

于是，下述定理表明 $\bar{\phi}$ 是相合的并且是渐近正态的。

定理1-13：在条件A13～A16下，有：

(1) $\bar{\phi} \xrightarrow{a.s.} \phi_0$；

(2) $\sqrt{n}(\bar{\phi} - \phi_0) \xrightarrow{A} N(0, \Lambda_0^{-1} \Omega_0 \Lambda_0^{-1})$，其中，$\Lambda_0 = \Lambda(\phi_0)$ 且 $\Omega_0 = \Omega(\phi_0)$。

但正如上面指出的，在实际过程中，需要基于 $\{X_1, \cdots, X_n\}$ 对 $\sigma_t(\phi)$ 进行截断，所以对应的也需要用 $\tilde{L}_n(\phi)$ 代替 $L_n(\phi)$。在类似的假设下，ϕ 的实际 QMLE 为 $\tilde{\phi} = \arg\max_{\varphi \in \Theta} \tilde{L}_n(\phi)$。下面的定理表明 $\tilde{\phi}$ 同 $\bar{\phi}$ 有相同的渐近性质，并且 $\tilde{\Lambda}(\tilde{\phi})$ 和 $\tilde{\Omega}(\tilde{V})$ 分别是 Λ_0 和 Ω_0 的相合估计。

定理1-14：在条件A13～A16下，有：

(1) $\tilde{\phi} \xrightarrow{a.s.} \phi_0$；

(2) $\sqrt{n}(\tilde{\phi} - \phi_0) \xrightarrow{\Lambda} N(0, \Lambda_0^{-1} \Omega_0 \Lambda_0^{-1})$；

(3) $\tilde{\Lambda} \equiv \tilde{\Lambda}(\tilde{\phi}) \xrightarrow{a.s.} \Lambda_0$ 且 $\tilde{\Omega} \equiv \tilde{\Omega}(\tilde{\phi}) \xrightarrow{a.s.} \Omega_0$。

注释1-12：由上述讨论知，QMLE 的应用需要条件A16，而该条件对参数空间的限制非常大，并且排除了厚尾噪声情况。

2. LADE 估计法

Pan 等（2008）从 QMLE 的估计过程发现该估计法对 ε_t 和 X_t 的矩条件要求很高，为了放松对 ε_t 和 X_t 矩条件的限制，他们引进了 LADE 估计法对模型进行估计。参考 Peng 和 Yao（2003）的处理办法，Pan 等（2008）定义目标函数为：

$$\tilde{S}_n(\phi) = \sum_{t=u}^{n} |\log|X_t| - \log\tilde{\sigma}_t(\phi)|$$

其中，$u = u(n)$ 是正整数，满足当 $n \to \infty$ 时，$u(n) \to \infty$ 且 $u(n)/n \to \infty$。因此，模型参数的 LADE 估计量为目标函数在参数空间上的最小值点，即：

$$\hat{\phi} = \arg\min_{\phi \in \Theta} \tilde{S}_n(\phi)$$

再记：

$$v = (v_1, \cdots, v_d)' = \sqrt{n}(\phi - \phi_0)$$

$$\tilde{Q}_t(\phi) = \log|X_t| - \log\tilde{\sigma}_t(\phi)$$

$$Q_t(\phi) = \log|X_t| - \log\sigma_t(\phi)$$

其中，$d = 2p + q + 2$。于是有 $\hat{\phi} = \phi_0 + \hat{v}/\sqrt{n}$，$\hat{v}$ 是 $\tilde{T}_t(v)$ 的最小值点，$\tilde{T}_t(v)$ 定义为：

$$\tilde{T}_t(v) = \sum_{t=u}^{n} \left[|\tilde{Q}_t(\phi_0 + n^{-1/2})| - |\tilde{Q}_t(\phi_0)| \right]$$

此外，Pan 等（2008）改写了假设 A15 条件，重新对噪声分布进行了假定：

A17：$\log|\varepsilon_t|$ 有零中位数和可微密度函数 $f(x)$，满足 $\sup\limits_{x \in \mathbb{R}} |f(x)| < B_1 < \infty$ 和 $\sup\limits_{x \in \mathbb{R}} |f'(x)| < B_2 < \infty$。

从而，得到了模型参数 LADE 估计量的渐近特征：

定理 1-15：假设条件 A13~A15 和 A17 成立，则对任何正的随机变量 M 满足 $P(0 < M < \infty) = 1$，存在 $\tilde{S}_n(\phi)$ 的局部最小值点 $\hat{\phi}$，$\hat{\phi}$ 位于随机区域 $\{\phi: \|\phi - \phi_0 - \xi/\sqrt{n}\| \leq M/\sqrt{n}\}$ 中，且：

$$\sqrt{n}(\hat{\phi}_n - \phi_0) \xrightarrow{\mathcal{L}} N\left(0, \frac{1}{4f^2(0)} \sum{}^{-1}\right)$$

这里，ξ 是均值为 0，协方差阵为 $\frac{1}{4f^2(0)} \sum{}^{-1}$ 的正随机向量。

3. 两种估计方法的实证对比

Pan 等（2008）还通过构建 PTTGARCH（1，1）模型对比了 QMLE 和 LADE 的估计效果，发现在厚尾噪声情形下，LADE 要比 QMLE 表现好；但当噪声尾部比较薄时，QMLE 要比 LADE 表现好。

4. 模型估计的检验

基于上面的定理 1-15，可以对公式（1-16）所示的 PTTGARCH（p，q）模型进行检验。为此，Pan 等（2008）给出了如下线性零假设：

$H_0: \Gamma\phi_0 = \zeta$

其中，Γ 是秩为 s 的 $s \times d$ 阶常数矩阵，ζ 是 s 维常数向量。

似然比（LR）检验统计量、拉格朗日（LM）检验统计量及 Wald 检验统计量是 3 种最常用的参数检验方法，在原假设下，它们的渐近分布都是卡方分布。Pan 等（2008）参考了 Hall 和 Yao（2003）的文章后，认为前两种检验都依赖于 QMLE，但估计方法的实证对比过程表明 QMLE 对厚尾很敏感，表现较差。因此，在厚尾噪声情形下，他们基于 LADE 构造了 Wald 统计量，用以说明模型估计的检验过程。

在线性零假设下，将 Wald 检验统计量定义为：

$$Z_n(s) = (\Gamma\hat{\phi} - \zeta)' \left\{ \Gamma \frac{1}{4n\hat{f}^2(0)} \hat{\sum}{}^{-1} \Gamma' \right\}^{-1} (\Gamma\hat{\phi} - \zeta)$$

当 $Z_n(s)$ 值较大时拒绝 H_0，其中，

$$\hat{\sum} = \frac{1}{n}\sum_{t=1}^{n} \tilde{D}_t(\hat{\phi})\tilde{D}_t(\hat{\phi})', \quad \hat{f}(0) = \frac{1}{nb_n}\sum_{t=1}^{n} K\left(\frac{1}{b_n}\log\frac{|X_t|}{\tilde{\sigma}_t(\hat{\phi})}\right)$$

而 $D_t(\phi) = [D_{t,1}(\phi), \cdots, D_{t,d}(\phi)]'$，$\sum = E(D_t, D'_t)$，$D_t \equiv D_t(\phi_0)$，且：

$$D_{t,1}(\phi) = -\frac{\partial Q_t(\phi)}{\partial \phi_1} = -\frac{1}{2\delta^2}\log\sigma_t^{2\delta}(\phi) + \frac{1}{2\delta\sigma_t^{2\delta}(\phi)}\frac{\partial \sigma_t^{2\delta}(\phi)}{\partial \delta}$$

$$D_{t,i}(\phi) = -\frac{\partial Q_t(\phi)}{\partial \phi_i} = \frac{1}{2\delta\sigma_t^{2\delta}(\phi)}\frac{\partial \sigma_t^{2\delta}(\phi)}{\partial \phi_i}, \quad i = 2,\cdots,d$$

$\tilde{D}_t(\phi)$ 是在 $D_t(\phi)$ 中用 $\tilde{\sigma}_t(\phi)$ 代替 $\sigma_t(\phi)$ 得到。

于是，下面的定理给出了 H_0 下 $Z_n(s)$ 的渐近分布：

定理 1-16：假设定理 1-15 的条件成立。如果核函数 K 和窗宽 b_n 满足下列假定：

(1) K 是 Lipschitz 连续的并且存在有限一阶矩；

(2) 当 $n\to\infty$ 时，有 $b_n\to 0$ 且 $nb_n^4\to\infty$，则在 H_0 下，$Z_n(s)\xrightarrow{C}\chi_s^2$。

除此之外，Pan 等（2008）还考虑了模型为更高阶 (p, Q_0) 或 (P_0, q) 时的检验问题，其中 $P_0 > p$ 且 $Q_0 > q$。

（四）PTTGARCH（p, q）模型的应用

Pan 等（2008）利用 2001—2003 年的香港恒生指数（HSI）序列数据给出了 PTT-GARCH（p, q）模型的一个应用实例。

他们首先借助 Hill 估计和 QQ 图研究了指数序列 $\{X_t\}$ 是否是厚尾的，结果均表明 $\{X_t\}$ 的尾部很厚。同时，为了检验 $\{X_t\}$ 是否为白噪声，还借助了基于 SLADE 的 Wald 检验给出了验证，得到 $W_n^2(8) = 105.85$ 和 $W_n^2(12) = 108.55$，在 0.05 显著性水平下都是高度显著的，因此序列 $\{X_t\}$ 存在条件异方差结构，非白噪声。

其次，他们对数据构建了一个 PTTGARCH（1, 1）模型，对比了 QMLE 和 LADE 两种估计方法的参数估计结果，并进行了参数估计的统计检验，发现在数据具有厚尾性质的情形下，基于 LADE 的 Wald 统计量的值要小于基于 QMLE 的 Wald 统计量的值，这表明 LADE 方法对数据拟合得更充分。整个实例也说明了，金融数据可能存在非线性和非对称性，而 PTTGARCH 模型则能很好地刻画这些特性。

第三节 非平稳 GARCH 类模型

一、爆炸和平稳广义自回归条件异方差模型的严平稳检验与估计[①]

（一）问题的提出及解决思路

严平稳性检验是金融时间序列中的一个重要问题。一个标准的假设是，价格是非平稳

[①] 参见 Francq, Christian, and Jean-Michel Zakoïan (2012). Strict stationarity testing and estimation of explosive and stationary generalized autoregressive conditional heteroscedasticity models. Econometrica 80. 2: 821–861.

的，而回报（或对数回报）是平稳的。为检验价格的非平稳性，许多计量工具如单位根检验被引入。对于对数回报，最广泛使用的模型可以说是 Engle（1982）和 Bollerslev（1986）引入的广义自回归条件异方差（GARCH）模型。然而，目前没有一种计量工具可用来检验 GARCH 框架中的严平稳性。这个问题是非标准的，因为与仅依赖滞后多项式的线性时间序列模型的平稳性相反，GARCH 模型的严平稳性条件具有非显式形式，它涉及独立同分布新息序列的分布。

经典 GARCH 模型伪最大似然估计（QMLE）的渐近性质得到了广泛的研究。Lumsdaine（1996）证明了 GARCH（1，1）的局部 QMLE 是一致且渐近正态的（CAN）。在不太严格的条件下，这些结果被 Berkes 和 Kokoszka（2003）、Francq 和 Zakoian（2004）扩展到 GARCH（p，q）模型。然而，这些结果的前提是模型是严平稳的，因此，从 QMLE 渐近结果的有效性来看，GARCH 模型中严平稳性检验也是一个重要问题。

为了说明解决问题的思想，考虑如下 GARCH（1，1）模型：

$$\begin{aligned} \varepsilon_t &= \sqrt{h_t}\,\eta_t, t = 1,2,\cdots \\ h_t &= \omega_0 + \alpha_0 \varepsilon_{t-1}^2 + \beta_0 h_{t-1} \end{aligned} \tag{1-18}$$

其中，初始值不小于 0，$h_0 \geq 0$，$\omega_0 > 0$，α_0，$\beta_0 \geq 0$。(η_t) 是独立同分布随机变量，且满足 $E\eta_1 = 0$，$E\eta_1^2 = 1$，$P(\eta_1^2 = 1) < 1$。与该模型相关的上 Lyapunov 指数（见 Bougerai 和 Picard，1992）如下：

$$\gamma_0 = E\log a_0(\eta_1), a_0(x) = a_0 x^2 + \beta_0$$

模型（1-18）的严平稳解存在的充要条件是（Nelson，1990）：

$$\gamma_0 < 0 \tag{1-19}$$

更确切地说，若公式（1-19）成立，则有

$$h_t - h_{t,\infty} \xrightarrow{a.s.} 0 \, (t \to \infty) \tag{1-20}$$

其中：

$$h_{t,\infty} = \lim_{n \to \infty} \uparrow h_{t,n}, h_{t,n} = \omega_0 \left[1 + \sum_{k=1}^{n-1} a_0(\eta_{t-1})\cdots a_0(\eta_{t-k}) \right] \tag{1-21}$$

特别的，当 $\alpha_0 + \beta_0 = 1$ 时 IGARCH 模型满足不等式（1-19）。非平稳时则需分别考虑 $\gamma_0 > 0$ 和 $\gamma_0 = 0$ 的情况。存在如下假设：

$$\gamma_0 > 0 \tag{1-22}$$

如 Nelson（1990）所言，当 $t \to \infty$ 时，几乎可以肯定有 $h_t \to \infty$。该情况下由柯西单位根检验可知，当 $n \to \infty$ 时，递增序列 $h_{t,n}$ 趋于无穷大。$\gamma_0 = 0$ 的情况则更加错综复杂。根据 Chung-Fuchs 定理，当 $n \to \infty$ 时，$h_{t,n}$ 几乎必然（a.s.）趋于无穷大。然而当 $\gamma_0 = 0$ 时，h_t a.s. 收敛至无穷大并不一定成立。实际上 Kliippelberg、Lindner 和 Mailer（2004）（同样可以参考 Goldie 和 Mailer，2000）表明：

当 $\gamma_0 = 0$ 时,$h_t \xrightarrow{P} \infty$ \hfill (1-23)

而非像 $\gamma_0 = 0$ 时,h_t a.s. 收敛至无穷大。$\gamma_0 = 0$ 时,出现的困难与序列 $h_t = h_{t,t} + a_0(\eta_{t-1})\cdots a_0(\eta_0)h_0$ 并非关于 t 递增有关。

由以上分析可以看出,检验 GARCH(1,1) 模型严平稳与否,等价于检验是否 $\gamma_0 < 0$。接下来我们需要给出一个 γ_0 的估计并基于此构建检验统计量。考虑自回归条件异方差 (ARCH) 模型常用的估计量 QMLE。令 $\theta = (\omega, \alpha, \beta)'$ 表示 GARCH(1,1) 模型中的参数,并将 QMLE 定义为:

$$\hat{\theta}_n = (\hat{\omega}_n, \hat{\alpha}_n, \hat{\beta}_n)' = \arg\min_{\theta \in \Theta} \frac{1}{n} \sum_{t=1}^n l_t(\theta), l_t(\theta) = \frac{\varepsilon_t^2}{\sigma_t^2(\theta)} + \log \sigma_t^2(\theta) \quad (1-24)$$

其中,Θ 是 $(0, \infty)^3$ 中包含参数真值 $\theta_0 = (\omega_0, \alpha_0, \beta_0)'$ 的紧集,$\sigma_t^2(\theta) = \omega + \alpha \varepsilon_{t-1}^2 + \beta \sigma_{t-1}^2(\theta), t = 1, 2, \cdots, n$,初值由给定的 ε_0^2 和 $\sigma_0^2(\theta)$ 决定。调整后的残差定义为 $\hat{\eta}_t = \eta_t(\hat{\theta}_n)$。其中,$\eta_t(\theta) = \varepsilon_t/\sigma_t(\theta), t = 1, 2, \cdots, n$。

为了检验严平稳性假设,构建如下检验统计量:

$$\hat{\gamma}_n = \frac{1}{n} \sum_{t=1}^n \log(\hat{\alpha}_n \hat{\eta}_t^2 + \hat{\beta}_n) \quad (1-25)$$

为了研究检验的渐近性,有必要分析当 $\gamma_0 \geq 0$ 时 QMLE 的渐近行为。Jensen 和 Rahbek (2004a,2004b) 率先建立非平稳 GARCH 估计渐近理论。然而,他们只考虑约束 (α_0, β_0) 的 QMLE (在某种意义上,截距值固定),在平稳的情况下是一致的,但在非平稳情况下则是不一致的。Francq 和 Zakoian (2012) 研究了无严平稳性约束的广义自回归条件异方差 GARCH(1,1) 模型伪最大似然估计 (QMLE) 的渐近性质,并考虑其在检验问题中的应用。由于截距值在爆炸情况下无法一致估计,因此,估计量并不严平稳。在平稳性区域的边界上得到了 GARCH 系数估计量的一个具体行为,但是除了截距外,该估计量在任何情况下都保持相合性和渐近正态性。渐近方差在平稳和非平稳情况下有所不同,但在两种情况下都是用相同的估计量的一致估计,他们还提出了严平稳性和非平稳性的检验方法,使得针对经典 GARCH(1,1) 模型的检验也能够检测更一般的 GARCH 模型的非平稳性。

(二) QMLE 的渐近性质

Francq 和 Zakoian (2012) 给出了 GARCH(1,1) 模型 QMLE $\hat{\alpha}_n$ 和 $\hat{\beta}_n$ 的一致性和渐近正态性结果,证明了 $\gamma_0 > 0$ 时,$\hat{\omega}_n$ 是不一致性的,具体结果如下:

定理 1-17:对于 GARCH(1,1) 模型 (1-18),由公式 (1-24) 定义的 QMLE 满足如下性质:

(1) 当 $\gamma_0 < 0$ 时,对 Θ 中 $\forall \theta \in \Theta, \beta < 1$,则:

当 $n \to \infty$ 时,有 $\hat{\alpha}_n \xrightarrow{a.s.} \alpha_0$; $\hat{\beta}_n \xrightarrow{a.s.} \beta_0$; $\hat{\omega}_n \xrightarrow{a.s.} \omega_0$;

(2) 当 $\gamma_0 > 0$ 时，若 $P(\eta_1 = 0) = 0$ 则：

当 $n \to \infty$ 时，有 $\hat{\alpha}_n \xrightarrow{a.s.} \alpha_0$；$\hat{\beta}_n \xrightarrow{a.s.} \beta_0$；

(3) 当 $\gamma_0 = 0$ 时，若 $P(\eta_1 = 0) = 0$，对 Θ 中 $\forall \theta \in \Theta$，对某些 $p > 1$ 有 $\beta < \| 1/a_\theta(\eta_1) \|_p^{-1}$，则：

当 $n \to \infty$ 时，有 $\hat{\alpha}_n \xrightarrow{P} \alpha_0$；$\hat{\beta}_n \xrightarrow{P} \beta_0$；

(4) 当 $\gamma_0 < 0$ 时，$\kappa_\eta = E\eta_1^4 \in (1, \infty)$ 时，θ_0 为 Θ 内部的 $\mathring{\Theta}$ 且 Θ 满足 $\forall \theta \in \Theta, \beta < 1$

$$\sqrt{n}(\hat{\theta}_n - \theta_0) \xrightarrow{d} \mathcal{N}[0, (\kappa_\eta - 1)\mathcal{J}^{-1}] \quad (n \to \infty) \quad (1-26)$$

且：

$$\mathcal{J} = E_\infty \left[\frac{1}{h_t^2} \frac{\partial \sigma_t^2}{\partial \theta} \frac{\partial \sigma_t^2}{\partial \theta'}(\theta_0) \right] \quad (1-27)$$

(5) 当 $\gamma_0 > 0$ 时，$\kappa_\eta \in (1, \infty)$，$E|\log \eta_1^2| < \infty$ 且 $\theta_0 \in \mathring{\Theta}$，则：

当 $n \to \infty$ 时，$\sqrt{n}(\hat{\alpha}_n - \alpha_0, \hat{\beta}_n - \beta_0)' \xrightarrow{d} \mathcal{N}\{0, (\kappa_\eta - 1)\mathcal{I}^{-1}\} \quad (1-28)$

其中，$\mathcal{I} = \begin{pmatrix} \dfrac{1}{\alpha_0^2} & \dfrac{v_1}{\alpha_0 \beta_0(1-v_1)} \\ \dfrac{v_1}{\alpha_0 \beta_0(1-v_1)} & \dfrac{(1+v_1)v_2}{\beta_0^2(1-v_1)(1-v_2)} \end{pmatrix}$，$v_i = E\left(\dfrac{\beta_0}{\alpha_0 \eta_1^2 + \beta_0}\right)^i$。

为获取 $\gamma_0 = 0$ 时，$(\hat{\alpha}_n, \hat{\beta}_n)$ 的渐进分布，需要增加关于 η_t^2 分布的额外假设。令 $Z_t = \alpha_0 \eta_t^2 + \beta_0$。注意到由詹森不等式可得 $\gamma_0 = E \log Z_t = 0$，需要满足 $EZ_t \geq 1$。因此，从独立角度看，$E(1 + Z_{t-1} + Z_{t-1}Z_{t-2} + \cdots + Z_{t-1}\cdots Z_1) \geq t$。引入如下假设：

A18：当 t 趋近于无穷大时，

$$E\left(\frac{1}{1 + Z_{t-1} + Z_{t-1}Z_{t-2} + \cdots + Z_{t-1}\cdots Z_1} \right) = o\left(\frac{1}{\sqrt{t}} \right)$$

注意，当 $\eta_t = \pm 1$ 和 $\alpha_0 + \beta_0 = 1$ 时，假设 A18 显然成立，因为此时的期望等于 $1/t$。可以看出对于满足 $E|\log Z_1|^2 < \infty$ 的任意分布，假设 A18 中所涉及的期望都是 $(\log t)/\sqrt{t}$ 阶的。该假设可用于证明：

当 $\gamma_0 = 0$ 时，L^1 中 $\dfrac{1}{\sqrt{n}} \sum_{t=1}^n \dfrac{1}{h_t} \to 0 (n \to \infty) \quad (1-29)$

定理 1-18：特别地，保留定理 1-17（3）的假设中 $\gamma_0 = 0$，若 $\theta_0 \in \mathring{\Theta}, \kappa_\eta \in (1, \infty)$，$E|\log \eta_1^2| < \infty$，且满足假设 A18，则 QMLE $(\hat{\alpha}_n, \hat{\beta}_n)$ 是渐进正态的，且其正态分布满足公式（1-20）。

接下来在不考虑平稳性的情况下，估计 $(\hat{\alpha}_n, \hat{\beta}_n)$ 的渐近方差。当 $\gamma_0 < 0$ 时，鉴于公式（1-18）和不等式（1-19），QMLE $(\hat{\alpha}_n, \hat{\beta}_n)$ 关于 (α_0, β_0) 的渐进分布如下：

当 $n \to \infty$ 时,$\sqrt{n}(\hat{\alpha}_n - \alpha_0, \hat{\beta}_n - \beta_0)' \xrightarrow{d} \mathcal{N}\{0, (\kappa_\eta - 1)\mathcal{I}_*^{-1}\}$ (1-30)

且:
$$\mathcal{I}_* = \mathcal{J}_{\alpha\beta,\alpha\beta} - \mathcal{J}_{\alpha\beta,\omega}\mathcal{J}_{\omega,\omega}^{-1}\mathcal{J}_{\omega,\alpha\beta} \tag{1-31}$$

其中:
$$\mathcal{J}_{\omega,\omega} = E_\infty\left[\frac{1}{h_t^2}\frac{\partial\sigma_t^2}{\partial\omega}\frac{\partial\sigma_t^2}{\partial\omega}(\theta_0)\right]$$

$$\mathcal{J}_{\alpha\beta,\alpha\beta} = E_\infty\left[\frac{1}{h_t^2}\frac{\partial\sigma_t^2}{\partial(\alpha,\beta)}\frac{\partial\sigma_t^2}{\partial(\alpha,\beta)}(\theta_0)\right]$$

$$\mathcal{J}_{\omega,\alpha\beta} = E_\infty\left[\frac{1}{h_t^2}\frac{\partial\sigma_t^2}{\partial\omega}\frac{\partial\sigma_t^2}{\partial(\alpha,\beta)}(\theta_0)\right]$$

令 $\hat{\mathcal{J}}_{\alpha\beta,\alpha\beta} = \frac{1}{n}\sum_{t=1}^n\left[\frac{1}{\sigma_t^2(\hat{\theta}_n)}\frac{\partial\sigma_t^2}{\partial(\alpha,\beta)'}\frac{\partial\sigma_t^2}{\partial(\alpha,\beta)}(\hat{\theta}_n)\right]$ 并相应地定义 $\hat{\mathcal{J}}_{\alpha\beta,\omega}$、$\hat{\mathcal{J}}_{\omega,\omega}$ 和 $\hat{\mathcal{J}}_{\omega,\alpha\beta}$,则 $\hat{\mathcal{I}}_* = \hat{\mathcal{J}}_{\alpha\beta,\alpha\beta} - \hat{\mathcal{J}}_{\alpha\beta,\omega}\hat{\mathcal{J}}_{\omega,\omega}^{-1}\hat{\mathcal{J}}_{\omega,\alpha\beta}$ 是 $\mathcal{I}_*$ 在平稳过程 $\gamma_0 < 0$ 时的强一致估计量。接下来的结果表明该估计量同样是非平稳状态 $\gamma_0 \geq 0$ 时,$(\hat{\alpha}_n, \hat{\beta}_n)$ 的渐近方差的一致估计。

定理 1-19:定理 1-17 假设(1)~假设(3)成立,假设 $\kappa_\eta \in (1,\infty)$,并令 $\hat{\kappa}_\eta = n^{-1}\sum_{t=1}^n\hat{\eta}_t^4$,其中 $\hat{\eta}_t = \varepsilon_t/\sigma_t(\hat{\theta}_n)$。

(1) $\gamma_0 < 0$ 时,当 $n \to \infty$ 时,有 $\hat{\kappa}_\eta \xrightarrow{a.s.} \kappa_\eta$,$\hat{\mathcal{I}}_* \xrightarrow{a.s.} \mathcal{I}_*$;

(2) $\gamma_0 > 0$ 时,有 $\hat{\kappa}_\eta \xrightarrow{a.s.} \kappa_\eta$,$\hat{\mathcal{I}}_* \xrightarrow{a.s.} \mathcal{I}$;

(3) $\gamma_0 = 0$ 时,有 $\hat{\kappa}_\eta \xrightarrow{a.s.} \kappa_\eta$。若满足假设 A17,则 $\hat{\mathcal{I}}_* \xrightarrow{P} \mathcal{I}$。

任何情况下,$(\hat{\kappa}_\eta - 1)\hat{\mathcal{I}}_*^{-1}$ 是 (α_0,β_0) 的 QMLE 的渐近方差的一致估计。

从定理 1-17 的证明中可以看出,当 (α_0,β_0) 固定,ω_0 变化时,对数似然值完全平坦。更准确地说,对任何序列 $\lambda_n \to 0(n \to \infty)$,有:

$$\Lambda_n\sum_{t=1}^n\frac{\partial}{\partial\theta}l_t(\theta_0) \xrightarrow{d} \mathcal{N}\left\{0,(\kappa_\eta - 1)\begin{pmatrix}0 & 0\\ 0 & \mathcal{I}\end{pmatrix}\right\}, \Lambda_n = \begin{pmatrix}\lambda_n & 0\\ 0 & n^{-1/2}I_2\end{pmatrix}$$

命题 1-1:考虑形如公式(1-1)的 GARCH(1,1)模型,其中,$\eta_t \sim \mathcal{N}(0,1)$。假设 Θ 包含两个随机闭合点 $\theta_1 = (\omega_1,\alpha_1,\beta_1)$ 和 $\theta_1^* = (\omega_1^*,\alpha_1,\beta_1)$ 满足 $E\log(\alpha_1\eta_1^2 + \beta_1) > 0$ 且 $\omega_1 \neq \omega_1^*$。则 $\theta_0 \in \Theta$ 不存在一致估计。

关于 $\hat{\omega}_n$ 不一致性的进一步说明参见 Francq 和 Zakoian(2010)中的仿真。

鉴于当 $\gamma_0 > 0$ 时,QMLE $(\hat{\alpha}_n, \hat{\beta}_n)$ 的渐进性与 ω_0 独立,且 ω_0 的 QMLE 一般是非一致估计,很自然地需要避免估计 ω_0。因此,引入一个关于 (α_0, β_0) QMLE 的约束,θ 的第一分量固定为任意 ω。考虑 Jensen 和 Rahbek(2004b)研究的估计量:

$$\left[\hat{\alpha}_n^c(\omega), \hat{\beta}_n^c(\omega)\right] = \arg\min_{(\alpha,\beta)\in\Theta_{\alpha,\beta}} \frac{1}{n}\sum_{t=1}^n l_t(\omega,\alpha,\beta) \qquad (1-32)$$

他们证明当 $\gamma_0 > 0$ 时，用局部且受约束的 QMLE $\left[\hat{\alpha}_n^c(\omega), \hat{\beta}_n^c(\omega)\right]$ 代替全局 QMLE $(\hat{\alpha}_n, \hat{\beta}_n)$ (2.3) 仍然成立。同时证明了在定理 1-19 的假设下，尤其是 $\gamma_0 = 0$ 时，当 $n \to \infty$ 时， $\sqrt{n}\left[\hat{\alpha}_n^c(\omega) - \alpha_0, \hat{\beta}_n^c(\omega) - \beta_0\right] \xrightarrow{d} \mathcal{N}\{0, (\kappa_\eta - 1)\mathcal{I}^{-1}\}$ (1-33)

然而，接下来的结果表明在平稳状态下 (α_0, β_0) 受限的 QMLE 一般不具有相合性。

命题 1-2：令 (ε_t) 为包含参数 ω_0，α_0，β_0 的 GARCH (1, 1) 模型的平稳解，满足 $E\varepsilon_t^4 < \infty$。若 $\omega \neq \omega_0$，则有：

$$\left[\hat{\alpha}_n^c(\omega), \hat{\beta}_n^c(\omega)\right] \text{ 并不依概率收敛至}(\alpha_0, \beta_0) \qquad (1-34)$$

相反的是，定理 1-17 和定理 1-18 表明：

当假设 A17 且 $\gamma_0 = 0$ 时，(α_0, β_0) 的 QMLE 总是一致且渐近正态的。 (1-35)

（三）GARCH (1, 1) 模型系数的线性检验

从实践的角度来看，定理 1-19 的结果非常重要。这意味着我们可以在不假设平稳/非平稳的情况下检验 (α_0, β_0) 或得到置信区间。在考虑严平稳检验之前，我们先对 GARCH 参数进行检验。

首先考虑如下形式的检验问题：

$$H_0: a\alpha_0 + b\beta_0 \leq c; H_1: a\alpha_0 + b\beta_0 > c \qquad (1-36)$$

其中，a、b、c 为给定数字。其中一种特别受关注的情况是 $a = b = c = 1$，因为 $E\varepsilon_t^2 < \infty$ 当且仅当 $\alpha_0 + \beta_0 < 1$。然而注意到，此时并未引入对 a, b, c 的任何约束，因此，存在一些满足 H_0 的 θ_0 值可能与非平稳 GARCH 模型对应。定理 1-18 和定理 1-19 的一个直接结果如下，其中 Φ 为 $\mathcal{N}(0,1)$ 的累积分布函数。令 $\underline{\alpha} \in (0,1)$。

推论 1-1：假设 $\theta_0 \in \overset{\circ}{\Theta}$ 且定理 1-17 的假设成立。对于检验问题 (1-36)，由判别区域 C^{α^*} 定义的检验具有渐近显著性水平 $\underline{\alpha}$，且检验结果具有相合性。

$$C^{\alpha^*} = \left\{T_n^{\alpha^*} := \frac{\sqrt{n}(a\hat{\alpha}_n + b\hat{\beta}_n - c)}{\sqrt{(\hat{\kappa}_\eta - 1)(a,b)\hat{\mathcal{I}}_*^{-1}(a,b)'}} > \Phi^{-1}(1-\underline{\alpha})\right\} \qquad (1-37)$$

下面的结果表明 ω_0 的任何估计量均不具有相合性，即 ω_0 并不存在一致性检验。

命题 1-3：考虑满足 $\eta_t \sim \mathcal{N}(0,1)$ 的 GARCH (1, 1) 模型。设 Θ 包含两点 $\theta_1 = (\omega_1, \alpha_1, \beta_1)$ 和 $\theta_1^* = (\omega_1^*, \alpha_1, \beta_1)$ 满足 $E\log(\alpha_1\eta_t^2 + \beta_1) > 0$ 且 $\omega_1 \neq \omega_1^*$。当 ω_1 与 ω_1^* 足够接近时，在渐进水平 $\underline{\alpha} \in \left(1, \frac{1}{2}\right)$ 下，对 $H_0: \theta_0 = \theta_1$ 与 $H_1: \theta_0 = \theta_1^*$ 并不存在一致检验。

命题 1-3 表明，在非平稳情况下，不能对 ω_0 进行渐近有效推断。因此，检验给定的

序列是否平稳是很有意义的。

(四) GARCH 模型严平稳检验

考虑如下严平稳检验问题：

$$H_0: \gamma_0 < 0 \text{ 与 } H_1: \gamma_0 \geq 0 \tag{1-38}$$

和

$$H_0: \gamma_0 \geq 0 \text{ 与 } H_1: \gamma_0 < 0 \tag{1-39}$$

其中，$\gamma_0 = E\log(\alpha_0 \eta_1^2 + \beta_0)$。这些假设与公式 (1-36) 形式不同，因为 γ_0 不仅依赖于 α_0 和 β_0，同时也依赖于未知分布的 η_1。下式给出了关于 γ_0 的估计量在平稳或非平稳条件下的渐近分布。

定理 1-20：假设 $\gamma_0 < 0$ 时，定理 1-17 (4) 成立，$\gamma_0 > 0$ 时，定理 1-17 (5) 成立，当 $\gamma_0 = 0$ 时，定理 1-18 (尤其是假设 A17) 成立。同时假设 $E|\alpha_0(\eta_1)|^2 < \infty$。令 $u_t = \log a_0(\eta_t) - \gamma_0$ 且 $\sigma_u^2 = E u_t^2$。则：

$$\text{当 } n \to \infty \text{ 时}, \sqrt{n}(\hat{\gamma}_n - \gamma_0) \xrightarrow{d} N(0, \sigma_\gamma^2) \tag{1-40}$$

其中：

$$\sigma_\gamma^2 = \begin{cases} \sigma_u^2 + (\kappa_\eta - 1)\left[a'\mathcal{J}^1 a - (1-v_1)^2\right] & \text{当 } \gamma_0 < 0 \\ \sigma_u^2 & \text{当 } \gamma_0 \geq 0 \end{cases}$$

且 $a = \left[0, (1-v_1)/\alpha_0, v_1/\beta_0\right]'$，$v_1 = E\left[\beta_0/a_0(\eta_1)\right]$。

由证明可知，σ_γ^2 的第一个表达式中括号内的项为正，这说明平稳情况下 $\hat{\gamma}_n$ 的渐近方差大于非平稳情况下的渐近方差。接下来的结论提供了一个在每一种情况下 (爆炸和平稳) 均具有相合性 σ_γ^2 的估计量。它允许构造上 Lyapunov 指数的置信区间。令：

$$\hat{\sigma}_u^2 = \frac{1}{n}\sum_{t=1}^n \left[\log(\hat{\alpha}_n \hat{\eta}_t^2 + \hat{\beta}_n)\right]^2 - \left[\frac{1}{n}\sum_{t=1}^n \log(\hat{\alpha}_n \hat{\eta}_t^2 + \hat{\beta}_n)\right]^2$$

$$\hat{\sigma}_\gamma^2 = \hat{\sigma}_u^2 + (\hat{\kappa}_\eta - 1)\left[\hat{a}'\hat{\mathcal{J}}^1 \hat{a} - (1-\hat{v}_1)^2\right]$$

$$\hat{a} = \left(0, \frac{1-\hat{v}_1}{\hat{\alpha}_n}, \frac{\hat{v}_1}{\hat{\beta}_n}\right)', \hat{v}_1 = \frac{1}{n}\sum_{t=1}^n \frac{\hat{\beta}_n}{\hat{\alpha}_n \hat{\eta}_t^2 + \hat{\beta}_n}$$

推论 1-2：在定理 1-20 的假设条件下有：

$$\text{当 } n \to \infty \text{ 时}, \hat{\sigma}_\gamma^2 \xrightarrow{P} \sigma_\gamma^2 (\text{当 } \gamma_0 \neq 0 \text{ 时}, \hat{\sigma}_\gamma^2 \xrightarrow{a.s.} \sigma_\gamma^2) \tag{1-41}$$

因此，在渐进水平 $\underline{\alpha} \in (0,1)$ 下，γ_0 的置信区间为：

$$\left[\hat{\gamma}_n - \frac{\hat{\sigma}_\gamma}{\sqrt{n}}\Phi^{-1}(1-\underline{\alpha}/2), \hat{\gamma}_n + \frac{\hat{\sigma}_\gamma}{\sqrt{n}}\Phi^{-1}(1-\underline{\alpha}/2)\right]$$

下面的结果为严平稳性检验问题提供了渐近临界区域。

推论 1-3：令定理 1-20 的假设成立，对于检验问题 (1-38)，渐进显著性水平边际为 α 时，该检验的平稳状态的置信区间为：

$$C^{ST} = \left[T_n := \sqrt{n} \frac{\hat{\gamma}_n}{\hat{\sigma}_u} > \Phi^{-1}(1-\alpha) \right] \quad (1-42)$$

当 $\gamma_0 = 0$ 时，其渐进拒绝概率为 α，且对所有 $\gamma_0 > 0$ 均具有相合性。

对检验问题 (1-39)，渐进显著性水平边际为 α 时，该检验非平稳状态的置信区间为：

$$C^{NS} = \left[T_n < \Phi^{-1}(\alpha) \right] \quad (1-43)$$

当 $\gamma_0 = 0$ 时，其渐进拒绝概率为 α，且对所有 $\gamma_0 \leq 0$ 均具有相合性。

（五）非线性 GARCH 模型的非平稳性检验

本节主要研究当数据用 GARCH 类模型建模时上一部分平稳检验的情况。初值为 h_0 且 η_t 满足模型 (1-18) 假设的 GARCH 类模型：

$$\begin{aligned} \varepsilon_t &= \sqrt{h_t}\eta_t, t = 1,2,\cdots \\ h_t &= \omega(\eta_{t-1}) + b_0(\eta_{t-1})h_{t-1} \end{aligned} \quad (1-44)$$

其中，$\omega: \mathbb{R} \to [\underline{\omega}, \overline{\omega}]$ 且对某些 $\underline{\omega}, \overline{\omega}, \underline{b} > 0$ 有 $b_0: \mathbb{R} \to [\underline{b}, +\infty)$。假设 b_0 在 $(-\infty, 0]$ 递减，在 $[0, +\infty)$ 递增。该模型属于所谓的增广 GARCH 模型类（参见 Hormann, 2008），包含文献中介绍的 GARCH (1, 1) 模型的许多类：例如当 $b_0(x) = \alpha_0 x^2 + \beta_0$ 时的 $\omega(.)$ 恒定时标准 GARCH (1, 1) 模型，当 $b_0(x) = \alpha_1 (\max\{x,0\})^2 + \alpha_2 (\min\{x,0\})^2 + \beta_0$ 时的 GJR 模型 [Glosten、Jaganathan 和 Runkle (1993)]。若 $E\max\{0, \log b_0(\eta_t)\} < \infty$，则公式 (1-45) 是该模型严平稳的充要条件（见 Francq 和 Zakoian, 2006）。

$$\Gamma := E\log b_0(\eta_t) < 0 \quad (1-45)$$

本节旨在在不估计非参数模型 (1-44) 的情况下检验严平稳。惊喜的是，由标准 GARCH (1, 1) 构建的检验在该框架下仍适用。当观测值用增广 GARCH (1, 1) 模型 (1-44) 而非标准 GARCH (1, 1) 产生。

命题 1-4：令 $\varepsilon_1, \cdots, \varepsilon_n$ 为模型 (1-44) 的观测值。假设 $0 < E|\log\eta_1^2|^2 < \infty$ 且 $E|\log b_0(\eta_1)|^2 < \infty$。

若 $\Gamma > 0$，在伪真值 $(\alpha^*, \beta^*)' \stackrel{a.s.}{=} \lim_{n \to \infty}(\hat{\alpha}_n, \hat{\beta}_n)$ 存在且唯一的正则条件下有：

对某些 $\sigma_*^2 > 0$，有 $\hat{\gamma}_n \xrightarrow{a.s.} \Gamma, \hat{\sigma}_u^2 \xrightarrow{a.s.} \sigma_*^2$

若 $\Gamma < 0$，在 $\hat{\theta}_n$ 与唯一伪真值强一致的正则条件下有：

$$(\omega^*, \alpha^*, \beta^*)' = \arg\min_{\theta \in \Theta} E\left\{ \frac{\varepsilon_t^2}{\sigma_t^2(\theta)} + \log\sigma_t^2(\theta) \right\}$$

且若对于部分 Γ^*，$\mathrm{VarLog}\varepsilon_t^2 < \infty$ 成立，则有：

$$\hat{\gamma}_n \xrightarrow{a.s.} \Gamma^*, \hat{\sigma}_u^2 \xrightarrow{a.s.} \mathrm{VarLog}\left\{\alpha^* \frac{\varepsilon_t^2}{\hat{\sigma}_t^2(\theta^*)} + \beta^*\right\} > 0$$

注释 1 – 13：ARCH（1）模型中，$E\{a(\eta_1)/\eta_1^2\} < \infty$，当 $\Gamma > 0$ 时，伪真值 $\alpha^* = E\{a(\eta_1)/\eta_1^2\}$。

因此，虽然 GARCH（1，1）模型不够精确，但是由 GARCH（1，1）模型构建的（非）平稳检验在渐进理论下可以得到正确的结论，除非 $\Gamma = 0$。更确切地说，我们可以得到如下结论：

推论 1 – 4：命题 1 – 4 中的假设成立。若 $\Gamma > 0$，则 $P(C^{NS}) \to 0$ 且 $P(C^{ST}) \to 1$。若 $\Gamma < 0$，则 $P(C^{NS}) \to 1$ 且 $P(C^{ST}) \to 0$。

（六）数值研究

1. 仿真模拟

在说明渐近检验结果前，首先研究有限样本中 QMLE 的表现。从定理 1 – 17，定理 1 – 18 和命题 1 – 1 可知，$(\hat{\alpha}_n, \hat{\beta}_n)$ 总是 CAN 的，而 $\hat{\omega}_n$ 仅在平稳状态下具有相合性。在进行蒙特卡罗实验中，有限样本 QMLE 的表现与这些渐近结果一致。在 $\eta_t \sim \mathcal{N}(0,1)$ 和参数 θ_0 为二阶平稳过程、没有二阶矩的严平稳过程和非平稳过程的情况下，对规模 $n = 200$ 和 $n = 4000$ 的 GARCH（1，1）模型，各模拟 1000 组独立序列。因为 $\eta_t \sim \mathcal{N}(0,1)$，QMLE 与 MLE 相一致。当 η_t 为其他分布时，类似结论同样成立。考虑 (α_0, β_0) 的估计量，结果和 θ_0 的 3 个值十分类似，这表明确定这些参数的估计不需要平稳性。相反的是，非平稳状态下的 ω 证明了命题 1 – 1 的渐进结果，同时说明在非平稳性条件下，以合理的精度估计参数 ω_0 是不可能的。当样本量增加时，ω_0 估计量的均方根误差（RMSE）甚至会恶化（$n = 200$ 时为 3.77，$n = 4000$ 时为 4.95）。

为获得第三部分提出检验的表现情况，对具有不同 θ_0 值的样本规模 $n = 500$，2000 和 4000 的形如公式（1 – 1）的 GARCH（1，1）模型，各模拟 1000 条独立轨迹。同时令 η_t 为自由度为 7 的标准 t 分布。在该分布下，对于 $\alpha_0 = 0.2575$ 和 $\beta_0 = 0.8$ 有 $\gamma_0 = 0$。关于 $a = 0$ 和 $b = 1$ 时的 β_0 值的检验结果表明在平稳状态和非平稳状态下检验表现相似。

通过模拟 GARCH（1，1）模型讨论严平稳检验的表现。令模型参数 $\beta_0 = 0.8$，参数 α_0 与 γ_0 有关：$\gamma_0 < 0$ 时 $\alpha_0 \in \{0.18, 0.20, 0.22\}$，$\gamma_0 = 0$ 时 $\alpha_0 = 0.2575$，$\gamma_0 > 0$ 时 $\alpha_0 \in \{0.28, 0.30, 0.31\}$。结果表明 C^{ST} 的拒绝频率随着 γ_0 递增，而 C^{NS} 的拒绝频率随着 γ_0 递减。当 $\gamma_0 = 0$ 且 n 增长时，尽管两种检验方式的拒绝频率距离理论值相差较大，但是接近名义水平。其他仿真实验表明，对于 ARCH（1）模型的平稳性检验，第一类误差控制较好。

接下来考虑使用为标准 GARCH（1，1）开发的检验，在广义 GARCH（1，1）模型中检验严平稳性的效果。考虑的广义 GARCH 模型如 GJR 模型,其参数 $b_0(x) = \alpha_1(\max\{x,0\})^2 + \alpha_2(\min\{x,0\})^2 + \beta_0$。$\eta_t$ 服从相同的标准 t 分布,同时令 $\beta_0 = 0.8$ 和 $\alpha_2 = 0.2575$,而 α_1 与 Γ 有关:$\Gamma < 0$ 时 $\alpha_0 \in \{0.18, 0.20, 0.22\}$,$\Gamma = 0$ 时 $\alpha_0 = 0.2575$,$\Gamma > 0$ 时 $\alpha_0 \in \{0.28, 0.30, 0.31\}$。

结果表明,n 足够大时,在 $\Gamma < 0$ 和 $\Gamma > 0$ 的情况下,检验可以给出正确结论。当 $\Gamma = 0$ 时,模型退化为标准的 GARCH(1,1)模型,此时拒绝频率十分接近名义 5% 的水平。一般来讲,当该检验应用于非标准 GARCH 模型时,不能保证拒绝的渐近相关频率将接近标准 GARCH(1,1)模型的名义渐近水平。

2. 实际应用

Francq、Christian 和 Zakoïan(2012)考虑了 1990 年 1 月 2 日至 2009 年 1 月 22 日的 CAC、DAX、DJA、DJI、DJT、DJU、FTSE、Nasdaq、Nikkei、SMI 和 SP500 等 11 个主要股票指数的日回报。根据每个序列计算得到统计检验量 T_n,当 $n \to \infty$ 时,若 $\gamma_0 < 0$,则 $T_n = \sqrt{n}\dfrac{\hat{\gamma}_n - \gamma_0}{\hat{\sigma}_u} + \sqrt{n}\dfrac{\gamma_0}{\hat{\sigma}_u} \to -\infty$;若 $\gamma_0 > 0$,则 $T_n \to +\infty$。因为 T_n 值非常小,所以对这些序列而言,非平稳增广 GARCH(1,1)模型均不合理。

对单个股票回报,可以得出相反的结论。用 Icagen(nasdaq:ICGN)、Monarch Community Bancorp(nasdaq:MCBF)、KV Pharmaceutical(NYSE:KV-a)、Community Bankers Trust Th(AMEX:BTC)和 China MediaExpress(NAsdaqGS:CCME)的日度数据对 GARCH(1,1)模型进行估计。结果表明,在任何合理的置信水平下,非平稳假设均不能被拒绝。有趣的是,当 ARCH 模型系数 $\hat{\alpha}_n$ 过小或者过大时,可能伴随着非平稳。在任何情况下,$\hat{\alpha}_n + \hat{\beta}_n$ 的值并未对序列可能的非平稳性提供清晰的解释。例如,MCBF 序列样本内路径的正估计量值 γ_0 与样本路径上看似不断增加的波动性一致。

(七)总结

Francq、Christian 和 Zakoïan(2012)建立了一个统一的理论来推导平稳 GARCH(1,1)过程和非平稳 GARCH(1,1)过程。研究结果的实际意义如下:第一,关注 GARCH(1,1)模型中(α_0, β_0)的干扰时,并非必须进行平稳性检验。因为无论平稳与否,(α_0, β_0)的标准 QMLE 是 CAN 的。一个关键的结果是($\hat{\alpha}_n, \hat{\beta}_n$)的渐近方差可以在没有任何平稳性限制下进行估计,这可以构建置信区间。第二,在应用带 ω_0 的 GARCH(1,1)模型时(例如,衍生品定价时估计今天或明天的条件分布的方差),平稳性检验是必要的,因为如果 $\gamma_0 > 0$,ω_0 的 QMLE 是不一致的。第三,(α_0, β_0)的受约束的 QMLE 在平稳情况下不具有相合性(在非平稳情况下已知为 CAN)。因此,该估计量应该只在非平稳性的情况下使用。第四,根据标准 GARCH(1,1)模型构建的检验可检测非平稳状态下更广泛的 GARCH(1,1)模型。

该研究未来有两个可能的扩展：一是探究 Francq、Christian 和 Zakoïan（2012）的检验是否适用于检测其他波动模型（不限于增广 GARCH 模型）中的平稳性；二是为特定广义 GARCH 模型提出平稳性检验方法。

二、带厚尾噪声的 TGARCH 模型的估计及检验：一个统一的框架[①]

（一）问题的提出及解决思路

波动率是金融经济研究中一个非常重要的输入变量，投资组合选择、资产定价和风险管理等都离不开对波动率的准确度量。在众多波动率建模方法中，Engle（1982）和 Bollerslev（1986）提出的 ARCH/GARCH 模型及其扩展模型应用尤其广泛。对 GARCH 模型统计推断的研究，已成为近 30 年来金融时间序列领域研究的重点和热点问题。文献中关于 GARCH 模型统计推断问题的研究包括 3 类：第一类是平稳 GARCH 模型的统计推断问题；第二类是非平稳 GARCH 模型的统计推断问题；第三类是不对 GARCH 模型的平稳性作假定，直接进行统计推断。

早期的统计推断研究集中在平稳 GARCH 模型上，文献中根据不同的数据特征和模型假定提出了不同的估计方法，并且对这些估计的渐近性质进行了研究。当噪声存在有限 4 阶矩时，Weiss（1986）、Lee 和 Hansen（1994）等在不同条件下证明了 ARCH/GARCH 模型 QMLE 的相合性和渐近正态性，其中，Francq 和 Zakoian（2004）得到了 QMLE 相合性和渐近正态性的条件最弱。当噪声的 4 阶矩不存在时，Hall 和 Yaounde（2003）与 Mikosh 和 Straumann（2006）证明了，若噪声平方的分布位于指数为 $\kappa \in (1,2)$ 的稳定分布的吸引场，则 QMLE 不再具有渐近正态性，而是依分布收敛到一个具有稳定分布的随机向量；Peng 和 Yao（2003）提出了 GARCH 模型的 3 种最小绝对偏差估计（LADE），并且证明了即使是在噪声 4 阶矩不存在的条件下，LADE 仍然具有局部渐近正态性。Loretan 和 Phillips（1994）指出，宏观经济序列和金融时间序列的波动率有可能是非平稳的，也可参见 Hwang、Baek 和 Park 等（2011）。Starica 等（2005）指出，此时若给数据拟合一个平稳 GARCH 类模型，则将导致错误的模型指定并且预测效果非常差。Jensen 和 Rahbek（2004a，2004b）最早对非平稳甚至是爆炸 GARCH（1，1）模型的 QMLE 及其渐近性质进行了研究。Chan 和 Ng（2009）将其结果扩展到 GARCH（p，q）情形，他们都假定噪声存在 4 阶矩。当噪声不存在 4 阶矩时，Linton 等（2010）考虑了非平稳半强 GARCH（1，1）模型的 QMLE 和 LADE 的渐近性质。Pan 和 Chen（2014）借鉴 LADE 的思想提出了基于指数似然函数的伪最大似然估计，并证明了该估计的局部渐近正态性。这些研究都

[①] 参见王辉. 带厚尾噪声的 TGARCH 模型的估计及检验：一个统一的框架［J］. 中国科学：数学，2016（6）：831.

是固定 GARCH 模型的位置参数，然后计算其他参数的 QMLE，当模型的 Lyapunov 指数大于 0 时，刻度参数固定在参数空间任何一点均不影响其他参数估计的渐近性质；当模型的 Lyapunov 指数等于 0 时，刻度参数只有固定在真实值处才能得到其他参数的渐近性质。上述研究的缺陷在于，单纯研究平稳或非平稳 GARCH 模型并在此基础上进行统计推断，无法对 GARCH 模型的平稳性进行检验，也无法在未知模型平稳与否时进行其他的参数检验。假定噪声存在 4 阶矩，Francq 和 Zakoïan（2012）给出了 GARCH 模型统计推断渐近理论的统一框架，证明了非平稳情形下刻度参数没有相合估计，在一定正则性条件下，其他参数的 QMLE 都是渐近正态的，并在此基础上构建了 GARCH 模型严平稳性检验统计量，给出了其渐近分布。

标准 GARCH 模型是对称模型，即假定同样幅度的"好消息"和"坏消息"给波动率带来同样大小的冲击，而实证研究表明金融资产收益率的波动率具有杠杆效应，即"坏消息"比相同幅度的"好消息"对波动率的冲击更大，这使考虑了该特征的非对称模型 TGARCH 模型得到了广泛应用，参见 Glosten、Jaganathan 和 Runkle（1993）以及 LiCW 和 LiWK（1996）。平稳 TGARCH 模型的参数估计和检验问题参见 Pan、Wang 和 Tong（2008）以及 Hamadeh 和 Zakoian（2011），对非平稳 TGARCH（1，1）模型估计渐近性质的研究参见最近的文献 Wang 和 Pan（2014a，2014b）。Francq 和 Zakoïan（2013）将 GARCH（1，1）模型的结果推广到更为广泛的幂变换 TGARCH（1，1）模型，给出了该模型 QMLE 渐近性质以及非平稳和非对称检验统计量的渐近分布。然而，这些研究均假定模型的噪声存在有限 4 阶矩，Mittnik 和 Rachev（2000）、Polzehl 和 Spokoiny（2006）的研究表明，金融数据通常具有尖峰厚尾性。当噪声不存在 4 阶矩时，非平稳 TGARCH（1，1）模型的 QMLE 具有何种渐近性质，如何对 TGARCH（1，1）的非平稳性和非对称性进行检验都是有待解决的问题。

由于厚尾现象在金融经济数据中得到越来越多的体现，厚尾时间序列分析已经成为应用概率统计的一个重要研究领域。受厚尾噪声驱动的 TGARCH（1，1）模型（即模型噪声不存在有限 4 阶矩）的性质有待研究。然而，厚尾意味着数据有大量的异常值，其分布可能只存在低阶矩，而渐近统计推断常用的鞅中心极限定理等理论因其对矩的苛刻要求而难以应用。若不对噪声分布类型作任何假定，则很难得到估计的渐近理论结果。因此，假定噪声平方的分布位于指数为 $\kappa \in (1,2)$ 的稳定分布的吸引场，该类分布在金融数据建模中的应用非常广泛。后文称该类 TGARCH（1，1）模型为厚尾 TGARCH（1，1）模型。

王辉（2016）在统一的框架下研究厚尾 TGARCH（1，1）模型的统计推断问题。首先，研究 TGARCH（1，1）模型 QMLE 分别在平稳和非平稳情形下的渐近性质：在正则性条件下，对于平稳厚尾 TGARCH（1，1）模型，证明了其 QMLE 的渐近分布是指数为 $\kappa \in (1,2)$ 的多元稳定分布；对于非平稳 TGARCH（1，1）模型，除刻度参数外，其他参数 QMLE 的渐近分布也是指数为 $\kappa \in (1,2)$ 的多元稳定分布。其次，基于该渐近理论，结合

t-标准化二次抽样 Bootstrap 方法对参数进行检验:考虑到当统计量的极限分布不是正态时,标准的 Bootstrap 方法不再是相合的,借鉴 Hall 和 Yao(2003)的思想,先进行刻度的标准化;然后再运用二次抽样 Bootstrap 方法进行参数检验,证明该方法具有相合性且无须估计未知的尾指数,有关 ARCH 系数和 GARCH 系数线性关系的检验均可在统一的框架下进行,不必对模型平稳性作任何假定。最后,将上述理论和方法用来进行厚尾 TGARCH(1,1)模型严平稳性的检验。

下文中,$\xrightarrow{a.s.}$,$\xrightarrow{P}$,$\xrightarrow{d}$和$\xrightarrow{L_q}$分别表示几乎处处收敛、依概率收敛、依分布收敛和 q 次平均收敛。随机变量 X 的 q 范数定义为 $\|X\|_q = (E|X|^q)^{1/q}$。对于矩阵 A,A^T 表示 A 的转置,$\|A\|$ 表示矩阵 A 的 Euclid 范数。C 表示常数,在不同的地方取值可能不同。

(二)模型参数估计及其渐近性质

考虑如下 TGARCH(1,1)模型:

$$\begin{cases} X_t = \sigma_t \varepsilon_t \\ \sigma_t^2 = \omega_0 + \alpha_{0+}(X_{t-1}^+)^2 + \alpha_{0-}(X_{t-1}^-)^2 + \beta_0 \sigma_{t-1}^2 \end{cases} \quad (1-46)$$

其中,$\omega_0 > 0$、$\alpha_{0+} > 0$、$\alpha_{0-} > 0$ 和 $\beta_0 > 0$ 为模型的位置参数,对任意实数 x,$x^+ = \max\{x, 0\}$,$x^- = \min\{x, 0\}$,ε_t 为独立同分布的随机变量序列,满足 $E(\varepsilon_t) = 0$ 且 $\mathrm{VaR}(\varepsilon_t) = 1$。记参数向量 $\phi = (\omega, \alpha_+, \alpha_-, \beta)^T$,其真实值为 $\phi_0 = (\omega_0, \alpha_{0+}, \alpha_{0-}, \beta_0)^T$,则估计参数 ϕ 最常用的方法是伪最大似然方法,其背后的思想是,无论噪声的真实分布为何种分布,均根据正态分布的密度函数来计算似然函数,然后,最大化似然函数得到参数的 QMLE。

假设 $\{X_1, \cdots, X_n\}$ 为来自模型(1-46)的观测值,$\sigma_t^2(\phi)$ 和 X_t^2 的初始值为 $\sigma_0^2(\phi)$ 和 X_0^2,则 ϕ 的 QMLE $\hat{\phi}_n = (\hat{\omega}_n, \hat{\alpha}_{n+}, \hat{\alpha}_{n+}, \hat{\beta}_n)^T$ 定义为 $\hat{\phi}_n = \arg\min_{\phi \in \Phi} \frac{1}{n} \sum_{t=1}^n l_t(\phi)$,其中,$\Phi \subset (0, \infty)^4$ 为参数空间且:

$$l_t(\phi) = \frac{X_t^2}{\sigma_t^2(\phi)} + \log \sigma_t^2(\phi), \sigma_t^2(\phi) = \omega + \alpha_+(X_{t-1}^+)^2 + \alpha_-(X_{t-1}^-)^2 + \beta \sigma_{t-1}^2(\phi),$$

$$(1-47)$$

由 Pan、Wang 和 Tong(2008)可知,模型(1-46)具有严平稳遍历解的充要条件是 $\gamma_0 = \gamma(\phi_0) < 0$,其中:

$$\gamma(\phi) = E\log[\alpha_+(\varepsilon_t^+)^2 + \alpha_-(\varepsilon_t^-)^2 + \beta] \quad (1-48)$$

首先研究在平稳($\gamma_0 < 0$)和非平稳($\gamma_0 \geq 0$)两种情形下,研究厚尾 TGARCH(1,1)模型(1-46)QMLE 的渐近性质。当 $\gamma_0 \geq 0$ 时,由 Francq 和 Zakoian(2012)的研究可知,位置参数 ω 无相合估计,此时只能考虑 $\varphi = (\alpha_+, \alpha_-, \beta)^T$ 的统计推断问题,其真实值记为 $\varphi_0 = (\alpha_{0+}, \alpha_{0-}, \beta_0)^T$。相应地,$\phi$ 的 QMLE 可以记为 $\hat{\phi}_n = (\hat{\omega}_n, \hat{\varphi}_n^T)^T$,其中 $\hat{\varphi}_n =$

$(\hat{\alpha}_{n+}, \hat{\alpha}_{n-}, \hat{\beta}_n)^T$ 为 φ 对应的 QMLE。为了给出厚尾 TGARCH（1，1）模型 QMLE 的渐近性质，需做如下假定：

（a1）ε_t^2 的分布位于指数为 $\kappa \in (1,2)$ 的稳定分布的吸引场；

（a2）ε_t 的支撑集至少包含 3 个点，且支撑集不全集中在正半轴或负半轴；

（a3）参数空间 Φ 为紧集且 ϕ_0 为 Φ 的内点；

（a4）$\forall \phi \in \Phi, \beta < 1$，且 ε_t 存在密度函数 f 满足 $\{f > 0\}$，包含 0 作为内点；

（a5）$E|\log \varepsilon_t^2| < +\infty$；

（a6）当 $n \to \infty$ 时，$a_n^{-1} \sum_{t=1}^{n} E\sigma_t^{-2-\tau} \to 0$ 对某个 $\tau > 0$ 成立，其中 $a_n = \inf\{x : P(\varepsilon_t^2 > x) \leq 1/n\}$。

注：假定（a2）保证了对数似然函数的二阶偏导矩阵收敛到某正定矩阵，假定（a6）只是在 $\gamma_0 = 0$ 时用到，其他假定都是研究 TGARCH 模型 QMLE 渐近性质时常用的正则性条件。

定理 1-21：若假定（a2）和（a3）成立，则 TGARCH（1，1）模型（1-46）的 QMLE 具有如下性质：

（1）当 $\gamma_0 < 0$ 时，若进一步有假定（a4）成立，则当 $n \to \infty$ 时，有 $\hat{\phi}_n \xrightarrow{a.s.} \phi_0$；

（2）当 $\gamma_0 > 0$ 时，若进一步有 $P(\varepsilon_t = 0) = 0$，则当 $n \to \infty$ 时，有 $\hat{\varphi}_n \xrightarrow{a.s.} \varphi_0$；

（3）当 $\gamma_0 = 0$ 时，若进一步有 $P(\varepsilon_t = 0) = 0$，且 $\beta < \|1/[\alpha_{0+}(\varepsilon_t^+)^2 + \alpha_{0-}(\varepsilon_t^-)^2 + \beta_0]\|_P^{-1}$ 对 $\forall \varphi \in \Phi$ 和某个 $p > 1$ 成立，则当 $n \to \infty$ 时，有 $\hat{\varphi}_n \xrightarrow{P} \varphi_0$。

定理 1-22：若假定（a1）~（a3）成立，则厚尾 TGARCH（1，1）模型（1-46）的 QMLE 具有如下性质：

（1）当 $\gamma_0 < 0$ 时，若假定（a4）成立，则 $na_n^{-1}(\hat{\phi}_n - \phi_0) \xrightarrow{d} W_\kappa$，其中 W_κ 为 4 维 κ-稳定分布；

（2）当 $\gamma_0 > 0$ 时，若 $P(\varepsilon_t = 0) = 0$ 且假定（a5）成立，则 $na_n^{-1}(\hat{\varphi}_n - \varphi_0) \xrightarrow{d} \bar{W}_\kappa$，其中 $\bar{W}_\kappa$ 为 κ-稳定分布；

（3）当 $\gamma_0 = 0$ 时，若定理 1-22（3）的对应条件与假定（a5）和（a6）同时成立，则定理 1-22（2）的结论也成立。

定理 1-21 和定理 1-22 表明，无论厚尾 TGARCH（1，1）模型（1-46）平稳与否，在一定正则性条件下，模型参数的 QMLE（非平稳情形时位置参数 ω 除外）都具有相合性。然而，渐近分布不再是正态的，而是带有未知尾指数的稳定分布，这为该模型统计推断的实际运用带来了困难。

(三) t-标准化二次抽样 Bootstrap 方法及参数的线性关系检验

尽管上一节已经得到了参数 QMLE 的渐近分布,但是估计的收敛速度 na_n^{-1} 以及渐近分布 W_κ 和 $\widetilde{W}_\kappa$ 均依赖于未知的尾指数 κ,因此,无法直接用于统计推断问题。Hall 和 Yao (2003) 指出,若统计量的极限分布不是正态的,则用标准的 Bootstrap 方法逼近统计量的分布不再具有相合性,也可参见 Hall (1990) 和 Mammen (1992) 等。二次抽样在某种程度上可以克服上述不相合问题,然而当分布的收敛速度也需要估计时,与基于真实样本估计的收敛速度相比通常偏大,从而备受争议[参见 Bickel、Gotze 和 Van (1995) 以及 Politis、Romano 和 Wolf (1999)]。借鉴 Hall 和 Yao (2003) 的做法,引入 t-标准化二次抽样 Bootstrap 方法,即首先找到一个统计量,该统计量依分布收敛到某一随机变量,收敛速度只依赖于样本量和 a_n^{-1};其次只要利用该统计量标准化进行统计推断的统计量,就可以消除掉未知的刻度参数 a_n^{-1};最后再利用二次抽样 Bootstrap 方法估计渐近分布的形状。

定义:

$$\hat{\tau}^2 = \frac{1}{n}\sum_{t=1}^{n}\varepsilon_t^4 - \left(\frac{1}{n}\sum_{t=1}^{n}\varepsilon_t^2\right)^2$$

由 Hall 和 Yao (2003) 可知,$n^{1/2}a_n^{-1}\hat{\tau}$ 具有确定性的极限分布。不仅如此,事实上有如下定理成立。

定理 1-23:假设定理 1-22 的对应条件成立,则当 $n \to \infty$ 时,有:

(1) 当 $\gamma_0 < 0$ 时,$a_n^{-1}[n(\hat{\phi}_n - \phi_0)^T, n^{1/2}\hat{\tau}]^T \xrightarrow{d} (W_\kappa^T, S)^T$;

(2) 当 $\gamma_0 \geq 0$ 时,$a_n^{-1}[n(\hat{\varphi}_n - \varphi_0)^T, n^{1/2}\hat{\tau}]^T \xrightarrow{d} (\widetilde{W}_\kappa^T, S)^T$。

其中,W_κ 和 $\widetilde{W}_\kappa$ 由定理 1-22 给出,S^2 为一维 $\kappa/2$-稳定分布。

由定理 1-23 知,无论厚尾 TGARCH (1, 1) 模型 (1-46) 平稳与否,都存在某稳定分布 $\widetilde{\widetilde{W}}_\kappa$ 和 S 使得:

$$n^{1/2}\frac{\hat{\varphi}_n - \varphi_0}{\hat{\tau}} \xrightarrow{d} \frac{\widetilde{\widetilde{W}}_\kappa}{S}$$

注意因为无法观测到 ε_t,从而在实际应用中需要用估计后的残差替代。假设样本 $X = \{X_1, \cdots, X_n\}$ 来自模型 (1-46),$\hat{\phi}_n$ 为由上节定义的 QMLE,则残差序列为 $\tilde{\varepsilon}_t = X_t/\sigma_t(\hat{\phi}_n)$,其中,$\sigma_t(\phi)$ 由 (1-47) 定义,$t = 1, \cdots, n$。定义:

$$\tilde{\tau}^2 = \frac{1}{n}\sum_{t=1}^{n}\tilde{\varepsilon}_t^4 - \left(\frac{1}{n}\sum_{t=1}^{n}\tilde{\varepsilon}_t^2\right)^2$$

为 $\hat{\tau}^2$ 的残差替代版本。

如上所述,即便 $n^{1/2}a_n^{-1}\tilde{\tau}$ 也具有确定性的渐近分布,而定理 1-22 和定理 1-23 的结果表明，除了刻度参数外，估计量的极限分布依然是依赖于未知尾指数的稳定分布，无法直接应用。接下来，将介绍二次抽样 Bootstrap 方法进行统计推断。由于模型（1-46）假定 ε_t 均值为 0，方差为 1，故需要先对前述计算得到的残差序列 $\tilde{\varepsilon}_t$ 进行标准化，得到：

$$\hat{\varepsilon}_t = \frac{\tilde{\varepsilon}_t - n^{-1}\sum_{j=1}^{n}\tilde{\varepsilon}_j}{\left[n^{-1}\sum_{j=1}^{n}\tilde{\varepsilon}_j^2 - \left(n^{-1}\sum_{j=1}^{n}\tilde{\varepsilon}_j\right)^2\right]^{1/2}} \tag{1-49}$$

从 $\{\hat{\varepsilon}_t, t=1,\cdots,n\}$ 中随机抽取 $m(m<n)$ 个子样本，记为 $\{\varepsilon_t^*, t=1,\cdots,m\}$。令 $(\sigma_0^*)^2 = \sigma_0^0, X_0^* = X_0$。基于 ε^* 和 QMLE $\hat{\phi}_n$ 递归定义 X_t^* 如下：

$$X_t^* = \sigma_t^*\varepsilon_t^*, (\sigma_t^*)^2 = \hat{\omega}_n + \hat{\alpha}_{n+}(X_{t-i}^{*+})^2 + \hat{\alpha}_{n-}(X_{t-i}^{*-})^2 + \hat{\beta}_n(\sigma_{t-j}^*)^2, t=1,\cdots,m$$

基于数据集 $X^* = \{X_1^*,\cdots,X_m^*\}$ 计算模型（1-46）的 QMLE，记为 $\tilde{\phi}_m^* = (\tilde{\omega}_m^*, \tilde{\alpha}_{m+}^*, \tilde{\alpha}_{m-}^*, \tilde{\beta}_m^*)^T$，令 $\tilde{\varphi}_m^* = (\tilde{\alpha}_{m+}^*, \tilde{\alpha}_{m-}^*, \tilde{\beta}_m^*)^T$。定义 $\tilde{\varepsilon}_t^* = X_t^*/\tilde{\sigma}_t^*$，其中，$(\tilde{\sigma}_t^*)^2$ 的定义类似于 $(\sigma_t^*)^2$，只是将参数 $\hat{\phi}_n$ 替换为 $\hat{\phi}_m^*$，则：

$$(\tilde{\tau}^*)^2 = \frac{1}{m}\sum_{t=1}^{m}\tilde{\varepsilon}_t^{*4} - \left[\frac{1}{n}\sum_{t=1}^{n}(\tilde{\varepsilon}_t^*)^2\right]^2$$

为 $\hat{\tau}^2$ 的 Bootstrap 版本。下面的定理说明，t-标准化二次抽样 Bootstrap 方法具有相合性。

定理 1-24：假设定理 1-22 的对应条件成立，且当 $n \to \infty$ 时 $m = m(n) \to \infty$，则有如下结论：

（1）若 $\gamma_0 < 0$，则当 $n \to \infty$ 时，$a_n^{-1}[n(\hat{\phi}_n - \phi_0)^T, n^{1/2}\hat{\tau}]^T \xrightarrow{d} (W_\kappa^T, S)^T$，其中，$W_\kappa$ 和 S 由定理 1-22 和定理 1-23 定义，且对任意有界闭集 $V \subset \mathbb{R}^4$ 和 S 的连续点 $0 < s_1 < s_2 < \infty$，有：

$$Pr\{a_m^{-1}[m(\tilde{\varphi}_m^* - \hat{\varphi}_n)^T, m^{1/2}\tilde{\tau}^*]^T \in \tilde{V} \times [s_1, s_2] | X\} \to Pr\{(\tilde{W}_\kappa^T, S)^T \in V \times [s_1, s_2]\}$$

（2）若 $\gamma_0 \geq 0$，则当 $n \to \infty$ 时，有 $a_n^{-1}[n(\hat{\varphi}_n - \varphi_0)^T, n^{1/2}\hat{\tau}]^T \xrightarrow{d} (W_\kappa^T, S)^T$，$W_\kappa$ 和 S 由定理 1-22 和定理 1-23 定义，且对任意有界闭集 $V \subset \mathbb{R}^3$ 和 S 的连续点 $0 < s_1 < s_2 < \infty$，有：

$$Pr\{a_m^{-1}[m(\tilde{\varphi}_m^* - \hat{\varphi}_n)^T, m^{1/2}\tilde{\tau}^*]^T \in \tilde{V} \times [s_1, s_2] | X\} \to Pr\{(\tilde{W}_\kappa^T, S)^T \in V \times [s_1, s_2]\}$$

基于上述结果，可对 ARCH 和 GARCH 系数进行检验，而无须对模型是否平稳作假定。令 $lt(\varphi) = a_1\alpha_+ + a_2\alpha_- + a_3\beta - b$，其中，$a_1$、$a_2$、$a_3$ 和 b 是给定的常数。考虑如下检验问题：基于上述结果，可以对 ARCH 和 GARCH 系数进行检验，而无须对模型是否平稳作假定。令 $lt(\varphi) = a_1\alpha_+ + a_2\alpha_- + a_3\beta - b$，其中 a_1、a_2、a_3 和 b 是给定的常数。考虑如下检

验问题：

原假设 $H_0: lt(\varphi_0) \geq 0$；备择假设 $H_1: lt(\varphi_0) < 0$, (1-50)

或

原假设 $H_0: lt(\varphi_0) = 0$；备择假设 $H_1: lt(\varphi_0) \neq 0$。 (1-51)

注意到上述检验问题没有涉及位置参数 ω，从而基于 QMLE 对上述检验问题进行检验时，其位置参数估计相合性与否并不影响检验结果。不难看出上述检验问题包含如下 3 个重要的检验：

（1）宽平稳检验：原假设 $H_0: WS \equiv \alpha_{0+} E(\varepsilon_t^+)^2 + \alpha_{0-} E(\varepsilon_t^-)^2 + \beta_0 \geq 1$，备择假设 $H_1: WS < 1$。

（2）对称性检验：原假设 $H_0: \alpha_{0+} = \alpha_{0-}$，备择假设 $H_1: \alpha_{0+} \neq \alpha_{0-}$；

（3）杠杆效应检验：原假设 $H_0: \alpha_{0+} \geq \alpha_{0-}$，备择假设 $H_1: \alpha_{0+} < \alpha_{0-}$。

事实上，由 Pan、Wang 和 Tong（2008）知，模型（1-46）宽平稳的充要条件是 $WS < 1$。若 ε_t 的分布对称，则进行宽平稳性检验只需要在检验式（1-36）中取 $a_1 = a_2 = 1/2$ 和 $a_3 = b = 1$ 即可。在金融中，市场的"好消息"和"坏消息"对市场波动的影响是否对称对于投资决策和风险管理至关重要。令 $a_1 = 1, a_2 = -1, a_3 = b = 0$，则可以利用检验式（1-51）检验市场的波动率是否是对称的，利用检验（1-50）检验市场是否存在杠杆效应，即"坏消息"对市场波动的冲击更大。

由于稳定分布的线性变换依旧是稳定分布，根据定理 1-24 的结果有如下推论。

推论 1-5：假设定理 1-24 的对应条件成立，则在零假设 $H_0: a_1 \alpha_{0+} + a_2 \alpha_{0-} + a_3 \beta_0 = b$ 下，对任意凸集 $V \subset \mathbb{R}$，都有：

$$P\{m^{1/2}(\tilde{\tau}^*)^{-1}[lt(\varphi_m^*) - lt(\hat{\varphi}_n)] \in V \mid \mathcal{X}\} \xrightarrow{d} P\left\{\frac{U_\kappa}{S} \in V\right\}$$

其中，U_κ 为一维 κ - 稳定分布随机变量。

给定置信水平 π，下面给出上述检验问题的拒绝域。记：

$$lt_\pi = \inf\left\{x: P\{m^{1/2}(\tilde{\tau}^*)^{-1}[lt(\varphi_m^*) - lt(\hat{\varphi}_n)] \geq x \mid \mathcal{X}\} \leq 1 - \pi\right\}$$

$$\underline{lt}_{\pi/2} = \inf\left\{x: P\{m^{1/2}(\tilde{\tau}^*)^{-1}[lt(\varphi_m^*) - lt(\hat{\varphi}_n)] \geq x \mid \mathcal{X}\} \leq 1 - \frac{\pi}{2}\right\}$$

$$\overline{lt}_{\pi/2} = \inf\left\{x: P\{m^{1/2}(\tilde{\tau}^*)^{-1}[lt(\varphi_m^*) - lt(\hat{\varphi}_n)] \geq x \mid \mathcal{X}\} \leq \frac{\pi}{2}\right\}$$

则检验式（1-50）和检验式（1-51）的拒绝域 R_1^π 和 R_2^π 分别为：

$$R_1^\pi = [n^{1/2} \tilde{\tau}^{-1} lt(\hat{\varphi}_n) < lt_\pi], R_2^\pi = [n^{1/2} \tilde{\tau}^{-1} lt(\hat{\varphi}_n) < \overline{lt}_{\pi/2} \text{ 或 } n^{1/2} \tilde{\tau}^{-1} lt(\hat{\varphi}_n) < \underline{lt}_{\pi/2}]$$

且上述拒绝域是相合的。

（四）厚尾 TGARCH（1，1）模型的严平稳性检验

检验严平稳性是否成立是金融时间序列领域非常重要的问题，因为大部分统计推断的

前提假设都要求序列是严平稳的。然而，对于 GARCH 类模型严平稳性检验的问题，最近几年才有相关文献研究。主要原因在于，与一般的线性时间序列不同。GARCH 类模型严平稳的条件并不取决于模型参数的线性函数，而是由参数的非线性函数 Lyapunov 指数决定。要进行严平稳性检验，就必须知道 Lyapunov 指数为 0 时参数估计的渐近分布。Francq 和 Zakoian（2012）首先解决了 GARCH（1，1）模型的严平稳性检验问题；Francq 和 Zakoian（2013）将该结果推广到幂变换 TGARCH（1，1）模型，他们都假定模型噪声存在有限 4 阶矩。本节将研究厚尾 TGARCH（1，1）模型的严平稳性检验问题，首先给出检验统计量的形式及其渐近分布，然后结合上一节的 t-标准化二次抽样 Bootstrap 方法基于该统计量进行检验。

由于模型（1-46）严平稳的充要条件是 $\gamma_0 < 0$。因此，进行严平稳与否的检验等价于检验：

原假设 $H_0: \gamma_0 \geq 0$，备择假设 $H_1: \gamma_0 < 0$。 (1-52)

由 γ_0 的定义给出基于模型 QMLE 的一个 γ_0 的自然估计 $\hat{\gamma}_n = \gamma_n(\hat{\phi}_n)$，并基于该估计构建检验统计量，其中：

$$\gamma_n(\phi) = \frac{1}{n} \sum_{t=1}^{n} \log \{\alpha_+ [\varepsilon_t^+(\phi)]^2 + \alpha_- [\varepsilon_t^-(\phi)]^2 + \beta\}, \quad [\varepsilon_t^\pm(\phi)]^2 = \frac{(X_t^\pm)^2}{\sigma_t^2(\phi)}$$

下面的定理 1-25 给出了 $\hat{\gamma}_n$ 在平稳和非平稳两种情形下的渐近分布。

定理 1-25：假设定理 1-22 的对应条件成立，则当 $n \to \infty$ 时，有 $na_n^{-1}(\hat{\gamma}_n - \gamma_0) \xrightarrow{d} \Gamma_\kappa$，其中 Γ_κ 为一维 κ-稳定分布。

尽管得到了 $\hat{\gamma}_n$ 的渐近分布，然而与定理 1-22 类似，$\hat{\gamma}_n$ 的渐近分布不是正态的，而是包含未知尾指数 κ 的稳定分布，同样无法直接用于公式（1-52）检验。此时，可以应用第三节的 t-标准化二次抽样 Bootstrap 方法。即 $\hat{\gamma}_n$ 的 Bootstrap 版本为：

$$\gamma_m^* = \frac{1}{n} \sum_{t=1}^{n} \log \tilde{\alpha}_{m+}^* (\tilde{\varepsilon}_t^{*+})^2 + \tilde{\alpha}_{m-}^* (\tilde{\varepsilon}_t^{*-}) + \tilde{\beta}_m^*$$

其中，$\tilde{\phi}_m^*$ 和 $\tilde{\varepsilon}_m^*$ 由 P49 相关叙述定义，则有如下定理。

定理 1-26：假设定理 1-22 的对应条件成立，则当 $n \to \infty$ 时，$a_n^{-1}[n(\hat{\gamma}_n - \gamma_0)^T, n^{1/2}\tilde{\tau}] \xrightarrow{d} (\Gamma_\kappa, S)^T$，其中，$S$ 由定理 1-21 定义，Γ_κ 由定理 1-25 定义。进一步，对任意 Γ_κ 的连续点 $r_1 < r_2$ 和 S 的连续点 $0 < s_1 < s_2 < \infty$，有：

$Pr\{a_m^{-1}[m(\bar{\gamma}_m^* - \hat{\gamma}_n)^T, m^{1/2}\tilde{\tau}^*] \in V \times [s_1, s_2] | \mathcal{X}\} \xrightarrow{d} Pr\{(\Gamma\kappa, S)^T \in [r_1, r_2] \times [s_1, s_2]\}$

且对任意凸集 $V \subset \mathbb{R}$，都有：

$$Pr\left\{\frac{m^{1/2}(\gamma_m^* - \hat{\gamma}_n)}{\tilde{\tau}^*} \in V \mid X\right\} \to Pr\left\{\frac{\Gamma\kappa}{S} \in V\right\},$$

给定置信水平 π，下面给出检验问题（1-52）的拒绝域。令：

$$\gamma_\pi = \inf\{x : P[m^{1/2}(\tilde{\tau}^*)^{-1}(\gamma_m^* - \hat{\gamma}_n) \geq x \mid X] \leq 1 - \pi\},$$

则检验（1-52）的拒绝域为：

$$R^\pi = \{n^{1/2}\tilde{\tau}^{-1}\hat{\gamma}_n < \gamma_\pi\},$$

且该拒绝域为相合的。

（五）数值研究

1. 仿真模拟

通过蒙特卡罗随机试验研究厚尾 TGARCH（1，1）模型 QMLE 和基于 t-标准化二次抽样 Bootstrap 方法进行平稳性和对称性检验的检验统计量在平稳情形和非平稳情形下的有限样本表现。

在本小节中，数据均由模型（1-46）生成，样本长度分别取 $n_1 = 500$ 和 $n_2 = 1000$，共抽取 1000 个样本。误差 ε_t 分别来自 t（3）分布和 t（4）分布，并且经过标准化处理，使其方差为 1。由于此时很难给出上 Lyapunov 指数 γ_0 的显式表达，所以抽取 106 个 t 分布随机数，基于蒙特卡罗方法计算 γ_0 的数值解。

结果表明，当样本量从 $n_1 = 500$ 提高到 $n_2 = 1000$ 时，无论误差服从 t（3）分布还是 t（4）分布，$|\hat{\alpha}_{n+} - \hat{\alpha}_{0+}|$，$|\hat{\alpha}_{n-} - \hat{\alpha}_{0+}|$ 和 $|\hat{\beta}_n - \hat{\beta}_0|$ 的盒型图均更加接近于零，且盒子变短。这意味着随着样本量的增大，这些参数的估计值越来越接近其对应的真实值，从而印证了这些参数 QMLE 的相合性；然而，$|\hat{\omega}_n - \hat{\omega}_0|$ 的盒型图只有在 $\gamma_0 < 0$ 时才具有上述特点，而当 $\gamma_0 > 0$ 时，盒型图基本没有变化，且估计误差显著大于其他参数的估计误差，因为此时估计不再具有相合性。无论样本来自于厚尾平稳 TGARCH（1，1）模型还是厚尾非平稳 TGARCH（1，1）模型，误差服从 t（4）分布时模型参数的 QMLE 有限样本表现要比误差服从 t（3）分布时好。这是因为 t（3）分布的尾部比 t（4）分布的尾部要厚，与标准正态分布的偏离更大。尽管此时估计是相合的，但是渐近分布的离散程度更大。与平稳厚尾 TGARCH（1，1）模型相比，非平稳厚尾 TGARCH（1，1）模型 QMLE 的准确度有所提高，尤其是 β_0 的估计，然而，估计的离散程度加大了，出现了更多的异常值，即稳定性变差。

基于前面提出的对称性检验方法，考察数据分别来自厚尾平稳 TGARCH（1，1）模型和厚尾非平稳 TGARCH（1，1）模型时检验方法的有限样本表现。检验问题为 原假设 $H_0: \alpha_{0+} = \alpha_{0-}$，备择假设 $H_1: \alpha_{0+} \neq \alpha_{0-}$。仍抽取 1000 个样本，样本长度为 $n = 800$，Bootstrap 二次子抽样的次数为 1000，子样本长度分别为 $m_1 = 600, m_2 = 650, m_3 = 700, m_4 = 750$，误差分布与上一小节相同，计算这 1000 组样本中拒绝原假设的频率。

假定置信水平为 0.1，结果表明无论误差服从 t（3）分布还是 t（4）分布，检验结果对于 Bootstrap 抽样长度 m 较为稳健，m 取适中的值时检验效果较好。总体而言，当数据来自厚尾平稳 TGARCH（1，1）模型时，非对称性检验的可靠性要高于数据来自厚尾非平稳 TGARCH（1，1）模型时。这是因为，尽管 ω 的估计不影响检验的渐近分布，但是在有限样本时还是会影响到其他参数估计的准确性。尽管第三节提出的非对称性检验方法是相合的，但是与后面的严平稳性检验结果相比，其有限样本表现不是很理想，这也促使在后续研究中提出在厚尾情形更加有效的对称性检验方法。

基于前面的方法对来自于厚尾 TGARCH（1，1）模型的模拟数据进行严平稳性检验（1-52）。样本长度、样本个数以及 Bootstrap 二次子抽样的次数和子样本长度与上节相同，当 $\gamma_0 = 0$ 时，误差服从 t（3）分布和 t（4）分布时对应的参数真实值分别为 $\phi_0 = (0.5, 0.3, 0.4232, 0.8)^T$ 和 $\phi_0 = (0.5, 0.3, 0.2853, 0.8)^T$。

假定置信水平为 0.1，结果表明无论误差服从 t（3）分布还是 t（4）分布，TGARCH（1，1）模型严平稳性的检验结果对于 Bootstrap 抽样长度 m 的选取较为稳健。相对于 t（3）分布，当误差服从 t（4）分布时，模型平稳性的检验成功率较高。这意味着，尽管前面的方法可以消除厚尾的影响，但是从有限样本结果来看，尾部越薄检验效果越好。主要原因是，相对于 t（3）分布，t（4）分布与正态分布更加接近，从而进行 QMLE 估计时样本分布信息损失较少。无论误差服从 t（3）分布还是 t（4）分布，当样本来自 $\gamma > 0$ 的非平稳 TGARCH（1，1）模型时，其检验成功率最高，其次是严平稳模型；当样本来自 $\gamma = 0$ 的非平稳 TGARCH（1，1）模型时，检验效果最差。这说明在实际运用中，当厚尾 TGARCH（1，1）模型处于非平稳的临界状态时，Lyapunov 指数容易被低估。

2. 实际应用

本小节利用前文提出的估计和检验方法对实际金融数据收益率的波动率的严平稳性和对称性进行检验。实证研究对象为中国 5 年期国债期货。选取中国 5 年期国债期货进行建模的主要原因有三：第一，文献中的实证研究表明，股票和外汇等价格收益率的波动率序列可能是非平稳的，而对于衍生品价格收益率序列波动率非平稳性与否的研究较少。第二，中国国债期货合约推出时间较短，一般而言，新的衍生品合约新推出的一段时间，存在较多的套利和投机机会，市场波动较大，可能是非平稳的，是否真的如此需要实际数据检验。第三，对国债期货波动率的准确度量对于投机者和套期保值者选择合适的投资策略至关重要，同时，波动率的大小也影响交易所保证金的设定。选取中国 5 年期国债期货合约收盘价的对数收益率进行检验，数据来自 Wind 数据库，时间段从 2013 年 9 月 6 日到 2015 年 5 月 31 日，共 419 个样本。

将对数收益率数据进行均值移除后，建立 TGARCH（1，1）模型，估计结果如下：

$$\hat{\sigma}_t^2 = 0.04 + 0.52(X_t^+)^2 + 0.43(X_t^+)^2 + 0.76\sigma_t^2, \quad \tilde{\varepsilon}_t = \frac{X_t}{\hat{\sigma}_t}$$

首先考察估计的残差序列 $\tilde{\varepsilon}_t$ 是否是厚尾的，即是否存在 4 阶矩。文献中常用的估计尾指数 κ 的估计量是下述 Hill 估计：

$$H_{n,k} = \left[\frac{1}{k}\sum_{i=1}^{k}\log\left(\frac{|\tilde{\varepsilon}_{(i)}|}{|\tilde{\varepsilon}_{(k+1)}|}\right)\right]^{-1}$$

其中，$\tilde{\varepsilon}_{(1)} \geq \tilde{\varepsilon}_{(2)} \geq \cdots \geq \tilde{\varepsilon}_{(n)}$ 是残差序列 $\{\tilde{\varepsilon}_t\}$ 的序统计量。因为当 $k > 25$ 时，Hill 值均小于 4，这意味着残差序列不存在 4 阶矩，从而需要用理论方法进行严平稳性和对称性检验。

基于前面的理论，计算得到对称性检验统计量的值为 -0.000028，在 5% 的显著性水平下，双边检验的临界值分别为 0.0156 和 0.01，从而拒绝原假设。这表明中国 5 年期国债期货对数收益率的波动率具有杠杆效应。计算得到严平稳性检验统计量的值为 0.0039，在 5% 的显著性水平下检验的临界值为 0.0015。从而，该波动率序列不是严平稳的，其中临界值的计算方法与数值模拟部分相同，Bootstrap 抽样的子样本长度为 335，抽样次数为 1000 次。实证结果表明，5 年期国债期货收益率具有尖峰厚尾的特征，且其波动率是非平稳和非对称的，因此在为其建模时应该先对其严平稳性进行检验，而不是直接假定其服从平稳 TGARCH 模型。

第四节　未来研究展望

对于一般阶数的非平稳门限 GARCH 类模型，无论是厚尾情形、还是薄尾情形，文献中关于其统计推断问题的研究几乎没有，需要我们进一步研究。当均值模型是 TAR 模型，条件方差模型是门限 GARCH 类模型时，若门限未知，或序列具有无限方差时，其估计和检验问题仍旧没有解决，也需要我们进一步研究，具体来说可以开展以下研究：

(1) 在误差 4 阶矩无限的条件下，研究 TAR-PTTGARCH 模型伪最大似然估计，基于某种混合分布的伪最大似然估计，最小绝对偏差估计的相合性和渐近分布；

(2) 在误差 4 阶矩无限的条件下，寻求更加稳健的新的估计方法，并推导其渐近性质；

(3) 在误差 4 阶矩无限的条件下，基于前面的估计构造合适的检验统计量对模型进行检验。

参考文献

[1] Alexander, C. and Lazar, E. (2006). "Normal mixture GARCH (1, 1): applications to foreign

exchange markets." Journal of Applied Econometrics 21 (3): 307 - 336.

[2] Amemiya, T. (1973). "Regression analysis when the variance of the dependent variable is proportional to the square of its expectation." Journal of the American Statistical Association 68: 928 - 934.

[3] Anderson, T. W. (1958). "The statistical analysis of time series." New York: John Wiley and Sons.

[4] Andersson J. (2001). "On the normal inverse gaussian stochastic volatility model." Journal of Business & Economic Statistics 19: 44 - 54.

[5] Alexander A. and Horváth L. (2011) "Quasi - likelihood estimation in stationary and nonstationary autoregressive models with random coefficients." Statistica Sinica: 973 - 999.

[6] Baillie, R. T., Bollerslev, T. and Mikkelsen, H. O. (1996). "Fractionally integrated generalized autoregressive conditional heteroscedasticity." Journal of Econometric 74: 3 - 30.

[7] Belsley, D. (1979). "On the efficient computation of non - linear full - Information maximum likelihood estimator." Paper Presented to the European Meetings of the Econometric Society, Athens.

[8] Berkes, I., Horváth, L. and Kokoszka, P. (2003). "GARCH processes: structure and estimation." Bernoulli 9: 201 - 227.

[9] Berkes, I., Horváth, L. and Kokoszka, P. (2005). "Near - integrated GARCH sequences." The Annals of Applied Probability 15 (1B): 890 - 913.

[10] Billingsley, P. (2008). "Probability and measure". John Wiley & Sons.

[11] Black, F. (1976). "Studies of stock price volatility changes." Poceedings of the 1976 Meetings of the Business and Economics Statistics Section, American Statistical Association: 177 - 181.

[12] Bollerslev, T. (1986). "Generalized autoregressive conditional heteroskedasticity." Journal of Econometrics. 31, 307 - 327.

[13] Bollerslev, T. and Mikkelsen, H. O. (1996). "Modeling and pricing long memory in stock market volatility." Journal of Econometrics 73 (1): 151 - 184.

[14] Bougerol, P. and Picard, N. (1992). "Stationarity of GARCH processes and of some nonnegative time series." Journal of econometrics 52 (1 - 2): 115 - 127.

[15] Breusch, T. S. and Pagan, A. R. (1978). "A simple test for heteroscedasticity and random coefficient variation." Econometrica 46: 1287 - 1294.

[16] Breusch, T. S. and Pagan, A. R. (1980). "The lagrange multiplier test and its applications to model specification." Review of Economic Studies 47: 239 - 254.

[17] Brooks, C. (2001). "A double - threshold GARCH model for the French Franc/Deutschmark exchange rate." Journal of Forecasting 20: 135 - 143.

[18] Cajueiro, D. O. and Tabak, B. M. (2004). "The hurst's exponent over time: testing the assertion that emerging markets are becoming more efficient." Physica A 336: 521 - 537.

[19] Chan, N. H. and Ng, C. T. (2009). "Statistical inference for non - stationary GARCH (p, q) models." Electron J Stat 3: 956 - 992.

[20] Cheong, C. W. (2008). "Volatility in malaysian stock market: an empirical study using fractionally

integrated approach." American Journal of Applied Sciences 5 (6): 683 – 688.

[21] Cheong, C. W., Abu Hassan, S. M. N. and Zaidi, I. (2007). "Asymmetry and long memory volatility: some empirical evidence using GARCH." Physica A: Statistical Mechanics and its Applications 373: 651 – 664.

[22] Christensen, B. J. and Nielsen, M. (2007). "The effect of long memory in volatility on stock market fluctuations." Review of Economics and Statistics 89 (4): 684 – 700.

[23] Cox, D. R. and Hinkley D. V. (1974). "Theoretical statistics." London: Chapman and Hall, 1974.

[24] Crowder, M. J. (1976). "Maximum likelihood estimation for dependent observations." Journal of the Royal Statistical Society, Series B 38: 45 – 53.

[25] Davidson, J. (2004). "Moment and memory properties of linear conditional heteroscedasticity models, and a new model." Journal of Business and Economic Statistics 22: 16 – 29.

[26] Davidson, J. E. H., Hendry, D. F., Srba. F. and Yeo, S. (1978). "Econometric modelling of the aggregate time – series relationship between consumers' expenditure and income in the united kingdom." The Economic Journal 88: 661 – 691.

[27] Ding, Z., Granger, C. W., and Engle, R. F. (1993). "A long memory property of stock market returns and a new model." Journal of Empirical Finance 1: 83 – 106.

[28] Engle, R. F. (1982). "Autoregressive conditional heteroskedasticity with estimates of the variance of United Kingdom inflation." Econometrica 50: 987 – 1007.

[29] Engle, R. F. (1979). "A General approach to the construction of model diagnostics based upon the lagrange multiplier principle." University of California, San Diego Discussion Paper 43 – 79.

[30] Engle, R. F. (1980). "Estimates of the variance of U. S. inflation based on the ARCH model." University of California, San Diego Discussion Paper 14 – 80.

[31] Feller, W. (1971). "An introduction to probability theory and its applications." New York: Wiley.

[32] Floros, C., Jaffry, S. and Lima, G. V. (2007). "Long memory in the Portuguese stock market." Studies in Economics and Finance 24 (3): 220 – 232.

[33] Forsberg, L. and Bollerslev, T. (2002). "Bridging the gap between the distribution of realized (ECU) volatility and ARCH modelling (of the EURO): The GARCH – NIG model." Journal of Applied Econometrics 17: 535 – 548.

[34] Francq, C. and Zakoïan, J. M. (2013). "Inference in non stationary asymmetric GARCH models." Ann Statist 41: 70 – 98.

[35] Francq, C. and Zakoïan, J. M. (2004). "Maximum likelihood estimation of pure GARCH and ARMA – GARCH processes." Bernoulli 10: 605 – 637.

[36] Francq, C. and Zakoïan, J. M. (2012). "Strict stationarity testing and estimation of explosive and stationary generalized autoregressive conditional heteroscedasticity models." Econometrica 80: 821 – 861.

[37] Francq, C. and Zakoïan, J. M. (2006). "Mixing properties of a general class of GARCH (1, 1)

models without moment assumptions on the observed process." Econometric Theory 22 (5): 815 – 834.

[38] Francq, C. and Zakoïan, J. M. (2011). "GARCH models: structure, statistical inference and financial application." John Wiley & Sons.

[39] Friedman, M. (1977). "Nobel lecture: inflation and unemployment." Journal of Political Economy 85: 451 – 472.

[40] Glosten, L. R., Jagannathan, R., and Runkle, D. E. (1993). "On the relation between the expected value and the volatility of the nominal excess return on stocks." Journal of Finance 48: 1779 – 1801.

[41] Godfrey, L. G. (1978). "Testing against general autoregressive and moving average error models when the regressors include lagged dependent variables." Econometrica 46: 1293 – 1302.

[42] Goldie, C. M. and Ross A. M. (2000). "Stability of Perpetuities." Annals of Probability: 1195 – 1218.

[43] Gouriéroux, C. (1997). "ARCH models and financial applications." New York: Springer.

[44] Granger, C. W. J. and Anderson, A. (1978). "An introduction to bilinear time – series models." Gottingen: Vandenhoeck and Ruprecht.

[45] Haas, M., Mittnik, S. and Paolella, M. S. (2004). "Mixed normal conditional heteroskedasticity." Journal of Financial Econometrics 2 (2): 211 – 250.

[46] Hall, P. and Yao, Q. (2003). "Inference in ARCH and GARCH models with heavy – tailed errors." Econometrica 71: 285 – 317.

[47] Hall, P. (1990). "Asymptotic properties of the bootstrap for heavy – tailed distributions." Ann Probab 18: 1342 – 1360.

[48] Hamadeh, T. and Zakoïan, J. M. (2011). "Asymptotic properties of LS and QML estimators for a class of nonlinear GARCH processes." J Statist Plann Inference 141: 488 – 507.

[49] Hansen, P. and Lunde, A. (2004). "A forecast comparison of volatility models: does anything beat a GARCH (1, 1) model?" Journal of Applied Econometrics 20: 873 – 889.

[50] Higgins, M. L. and Bera, A. K. (1992). "A claas of nonliear ARCH models." Internat. Econom. Rev 33: 137 – 158.

[51] Hörmann, S. (2008). "Augmented GARCH sequences: Dependence structure and asymptotics." Bernoulli 14 (2): 543 – 561.

[52] Horv, L. and Piotr K. (2003). "GARCH processes: structure and estimation." Bernoulli 9 (2): 201 – 227.

[53] Hsieh, D. A. (1989). "Testing nonliear dependence in daily foreign exchange rates." J. Business 62: 339 – 368.

[54] Hwang, S. Y., Baek, J. S, Park, J. A., et al. (2010). "Explosive volatilities for threshold – GARCH processes generated by asymmetric innovations." Statist Probab Lett 80: 26 – 33.

[55] Hwang, S. Y. and Basawa, I. V. (2004). "Stationarity and moment structure for Box – Cox transformed threshold GARCH (1, 1) processes." Statistics Probability Letters 68: 209 – 220.

[56] Hwang, S. Y. and Kim, T. Y. (2004). "Power transformation and threshold modeling for ARCH innovations with applications to tests for ARCH structure." Stochastic Processes and Their Applications 110: 295 –

314.

[57] Hwang, S. Y. (2001). "Asymmetric long memory GARCH in exchange return." Economics Letters 73 (1): 1 – 5.

[58] Jensen, S. T. and Rahbek, A. (2004). "Asymptotic inference for nonstationary GARCH." Econometric Theory 20 (6): 1203 – 1226.

[59] Jensen, S. T. and Rahbek, A. (2004). "Asymptotic normality of the QMLE estimator of ARCH in the nonstatinary case." Econometrica 72 (2): 641 – 646.

[60] Jensen, M. B. and Lunde, A. (2001). "The NIG – S & ARCH model: a fat tailed, stochastic, and autoregressive conditional heteroscedastic volatility model." Econometrics 4: 319 – 342.

[61] Khan, M. S. (1977). "The variability of expectations in hyperinflations." Journal of Political Economy 85: 817 – 827.

[62] Kiliç, R. (2007). "Conditional volatility and distribution of exchange rates: GARCH and FIGARCH models with NIG distribution." Studies in Nonlinear Dynamics & Econometrics 11 (3): 1430.

[63] Klein, B. (1977). "The demand for quality – adjusted cash balances: price uncertainty in the U. S. demand for money function." Journal of Political Economy 85: 692 – 715.

[64] Klüppelberg, C., Alexander L. and Ross M. (2004). "A continuous – time GARCH process driven by a lévy process: stationarity and second – order behaviour." Journal of Applied Probability 41 (3): 601 – 622.

[65] Lee, S. W. and Hansen, B. E. (1994). "Asymptotic theory for the GARCH (1, 1) quasi – maximum likelihood estimator." Econometric Theory 10: 29 – 52.

[66] Lehmann, E. L. and Joseph, P. R. (2006). "Testing statistical hypotheses." Springer Science & Business Media.

[67] Li, C. W. and Li, W. K. (1996). "On a double – threshold autoressive heteroscedastic time series model." Journal of Applied Econometrics 11: 253 – 274.

[68] Ling, S. (2005). "Self – weighted LAD estimation for infinite variance autoregressive models." Journal of the Royal Statistical Society B 67: 381 – 393.

[69] Linton, O., Pan, J. Z. and Wang, H. (2010). "Estimation for a nonstationary semi – strong GARCH (1, 1) model with heavy – tailed errors." Econometric theory 26 (1): 1 – 28.

[70] Liu, J. C. (2006). "On the tail behaviors of Box – Cox transformed threshold GARCH (1, 1) processes." Statistics Probability Letters 76: 1323 – 1330.

[71] Loretan, M. and Phillips, P. C. B. (1994). "Testing the covariance stationarity of heavy – tailed time series." J Empir Finance 1: 211 – 248.

[72] Lucas, R. E. JR. (1973). "Some international evidence on output – inflation tradeoffs." American Economic Review 63: 326 – 334.

[73] Mammen, E. (1992). "When does bootstrap work? asymptotic results and simulations." New York: Springer.

[74] McAleer, M., Chan, F. and Marinova, D. (2006). "An econometric analysis of asymmetric volatility: Theory and application to patents." Journal of Econometrics 139 (2): 259 – 284.

[75] Mcnees, S. S. (1979). "The forecasting record for the 1970s." New England Economic Review September/October: 33 – 53.

[76] Mikosch, T. and Starica, C. (2004). "Non – stationarities in financial time series, the long – range dependence and the IGARCH effects." Review of Economics and Statistics 86: 378 – 384.

[77] Mikosh, T., and Straumann, D. (2006). "Stable limits of martingale transforms with application to the estimation of GARCH parameters." Ann Statist 34: 493 – 522.

[78] Mittnik, S. and Rachev, S. T. (2000). "Stable paretian models in finance." New York: Wiley.

[79] Nelson, D. B. (1991). "Conditional heteroskedasticity in asset returns: a new approach." Econometrica 59 (2): 347 – 370.

[80] Nelson, D. B. (1990). "Stationarity and persistence in the GARCH (1, 1) model." Econometric theory 6 (3): 318 – 334.

[81] Pan, B. and Chen, M. (2014). "Quasi – maximum exponential likelihood estimation for a nonstationary GARCH (1, 1) model." Comm Statist Theory Methods (in press).

[82] Pan, J. Z., Wang, H. and Tong, H. (2008). "Estimation and tests for power – transformed and threshold GARCH models." Journal of Econometrics 142: 352 – 378.

[83] Peng, L. and Yao, Q. (2003). "Least absolute deviation estimation for ARCH and GARCH models." Biometrika 90: 967 – 975.

[84] Rabemananjara, R. and Zakoian, J. M. (1993). "Threshold arch models and asymmetries in volatility." Journal of Applied Econometrics 8: 31 – 49.

[85] Ruiz, E. and Pérez, A. (2003). "Asymmetric long memory garch: a reply to hwang's model." Economics Letters 78 (3): 415 – 422.

[86] Scheinkman, J. A. and Lebaron, B. (1989). "Nonlinear dynamics and stock returns." J. Business 62: 311 – 337.

[87] Straumann, D. (2005). "Estimation in consitionally heteroscedastic time series models." New York: Springer.

[88] Van der Vaart and Aad, W. (2000). "Asymptotic statistics (Vol. 3)." London: Cambridge university press.

[89] Venter, J. H. and Jongh, P. J. (2002). "Risk estimation using the normal inverse gausian distribution." Journal of Risk 4: 1 – 23.

[90] Wang, H. and Pan, J. Z. (2014). "Normal mixture quasi maximum likelihood estimation for non – stationary TGARCH (1, 1) models." Statist Probab Let 91: 117 – 123.

[91] Wang, H. and Pan, J. Z. (2014). "Restricted normal mixture QMLE for non – stationary TGARCH (1; 1) models." Sci China Math 57: 1341 – 1360.

[92] Wang, K. L., Fawson, C., Barrett, C. B. and McDonald, J. (2001). "A flexible parametric GARCH model with an application to exchange rates." Journal of Applied Econometrics 16 (4): 521 – 536.

[93] Weiss, A. (1986). "Asymptotic theory for ARCH models: estimation and testing." Econometric Theory 2: 107 – 131.

[94] White, H. (1980). "A heteroscedasticity consistent covariance matrix estimator and a direct test for heteroscedasticity." Econometrica 48: 817–838.

[95] Zivot, E. (2008). "Practical issues in the analysis of univariate GARCH Models." Working Papers from University of Washington, Department of Economics.

第二章

金融市场联动性及溢出效应

　　各国经济联系日趋紧密，国际国内资本市场联动性增强，金融市场联动性及溢出效应成为投资者重点关注的问题。本章首先从高维 VAR 模型、高维门限 VAR 模型和高维空间动态面板数据模型方面梳理了金融市场溢出效应的研究演进，其次重点介绍了高维带状系数结构向量自回归模型、固定效应动态空间面板数据模型和脉冲响应分析。再次从金融市场波动率溢出效应方面，梳理了多元 GARCH 模型的发展，并结合经典文献介绍了多元非对称 GARCH 模型族的拟极大似然估计量和 DCC – GARCH 模型。最后从六个方面对高维线性及非线性时间序列建模的理论和应用研究进行展望。

第一节 金融市场收益溢出效应概述

一、溢出效应文献综述

(一) 高维 VAR 模型

VAR 模型最早起源于控制论,由于其结构简洁且容易解释,在自然科学、地理学、气象学以及社会科学领域应用广泛。特别地,由于 Granger 和 Sims 的杰出工作使 VAR 模型近年来在金融经济领域应用尤其广泛。Granger (1969) 提出了因果关系的概念并给出了相应的统计检验框架,Sims (1980) 建议利用 VAR 模型来估计宏观经济变量之间的因果关系,从此 VAR 模型经常用于预测具有相依性的多个变量之间的相互关系以及分析随机扰动对变量系统的动态冲击,参见 Hiemstra 和 Jones (1994) 以及 Blanchard 和 Perotti (2002) 等。

当维数 d 固定、T 趋于无穷时,有关 VAR 模型平稳性、模型选择、参数估计、模型诊断及预测等经典统计理论问题参见 Reinsel (1993) 以及 Lütkepohl (2005),Escanciano 等人 (2013) 等。文献中通常采用 AIC 准则或假设检验的方法进行 VAR 模型选择以及参数估计,参见 Hosking (1980)、Hosking (1981) 以及 Li 和 McLeod (1981)。然而,当维数 d 较高时,上述方法在实际应用中面临计算量较大的问题,参见 Hsu 等 (2008),为了克服该困难,Lütkepohl (1991) 提出了自上而下 (top - down) 和自下而上 (bottom - up) 的方法,也可参见 Krolzig 和 Hendry (2001) 以及 Brüggemann 和 Lütkepohl (2001) 提出的方法,然而该方法的搜索路径相互依赖且通常是次优的。

应用研究发现,许多实际问题中,尽管维数很高,却只有相对少数的变量之间具有相关关系,即模型为稀疏的,参见 Valdes - Sosa 等 (2005)、Opgen - Rhein 和 Strimmer (2007) 以及 Haufe 等 (2008)。该情形下,统计中对独立同分布的高维数据通常的做法是为待估矩阵加入可以导致其稀疏的惩罚条件,使待估计的参数个数小于 T,常见的惩罚函数有岭惩罚、LASSO (Least Absolute Shrinkage 和 Selection Operator) 惩罚、适应 LASSO 惩罚以及一些非凸函数惩罚和结构 LASSO 惩罚,参见 Hamilton (1994)、Tibshirani (1996)、Fan 和 Li (2001)、Fan 和 Peng (2004)、Zou (2006) 以及 Zhao 和 Leng (2014) 等。对高维 VAR 模型的研究,最初主要是从模拟或实际应用的角度将上述统计方法应用到时间序列数据中。Valdes - Sosa 等 (2005) 将岭惩罚、LASSO 惩罚、SCAD (Smoothly Clipped Absolute Deviation) 惩罚以及混合惩罚应用于 VAR 模型,模拟结果表明基于惩罚函数得到的估计要优于标准的估计方法,然而不同的惩罚函数得到的估计差别不大。Haufe 等

(2008) 应用分组 LASSO 方法估计高维 VAR 模型,然而其模拟结果表明岭惩罚方法要优于分组 LASSO 方法。Nicholson 等 (2014) 将 LASSO 方法进行了扩展,比较了 5 种 LASSO 类型方法的有限样本表现。Opgen - Rhein 和 Strimmer (2007) 从经验贝叶斯的角度提出用 James - Stein Shrinkage 的方法估计 VAR 模型,其模拟结果表明该方法要优于 OLS 估计以及基于岭惩罚和 LASSO 惩罚得到的估计,基于贝叶斯方法的应用研究还可参见 Bańbura 等人 (2010)。

最近几年,开始有文献对高维 VAR 模型统计推断的理论性质进行研究。Hsu 等 (2008) 将 LASSO 惩罚应用到高维 VAR 模型转移矩阵的估计中,采用 LARS (Least Angle Regression) 算法 [参见 Efron 等人 (2004)] 进行计算,并且证明了当调整参数与样本量的平方根同阶时,估计具有一致性和渐近正态性。Bento 等 (2010) 研究了包含 VAR 模型在内的高维连续时间随机差分方程转移矩阵支撑的估计问题,并且给出了类似回归问题中的"不可表示条件" [参见 Zou (2006)、Zhao 和 Yu (2006) 以及 Wainwright (2009)],在该条件下给出了带 LASSO 惩罚的 OLS 估计可以重建转移矩阵支撑的概率下界。假定分量序列之间没有同步相关性,Song 和 Bickel (2011) 基于 LASSO 惩罚和分组 LASSO 惩罚对高维 VAR 模型进行估计,并且给出了估计误差的上界,若调整系数趋于 0 的速度比 $T^{-1/2}$ 快,则在一定条件下估计是一致的且是渐近正态的。Kock 和 Callot (2012) 研究了高维 VAR 模型基于 LASSO 和适应 LASSO 惩罚的 OLS 估计的理论性质,证明了若转移矩阵每列不为 0 的元素数与 T^b 同阶(其中 $b < 1/2$),则在一定条件下 LASSO 估计是一致的,该文献还给出了适应 LASSO 方法选择正确模型的概率下界。假设 VAR 模型误差的同步相关矩阵已知,Basu 和 Michailidis (2015) 研究了 VAR 模型带 LASSO 惩罚的最大似然估计的理论性质。然而前述所有的估计方法直接把 VAR 模型看作回归模型进行处理,即把当前观测向量作为被解释变量,其延迟值作为解释变量,忽略了时间序列之间的相关性。

为了克服加权 LASSO 和分组 LASSO 的缺陷,Shojaie 和 Michailidis (2010) 提出利用截断加权 LASSO 惩罚来估计高维稀疏 VAR 模型,该方法可以自动选择 VAR 模型的阶数,并且通过减少较远滞后转移矩阵中非零参数的个数来简化模型,同时该估计方法具有一致性。Han 等人 (2015) 建议使用广义的 Danzig 惩罚函数,进一步基于 VAR 模型的自相关矩阵之间的关系将其转化为线性规划问题,且在转移矩阵为"弱稀疏"的条件下给出了估计和预测误差的收敛速度。Wang 和 Yao (2016) 借鉴 Bickel 和 Levina (2008) 的做法,假定转移矩阵的每行和每列元素的 q 次方和可以被矩阵阶数的某个函数控制,在此基础上提出了两阶段估计方法:第一阶段,采用门限截断的方法估计 VAR 模型的同步相关矩阵,第二阶段基于上一阶段的估计采用最小二乘方法对转移矩阵进行估计。在一些正则性条件下,当 $\log(d)/T$ 趋于 0 时,该估计具有一致性,从而适用于 d 远远大于 T 的情形。Guo 等人 (2016) 假定转移矩阵具有带状结构,基于边际 BIC 准则给出了带宽的一致估计,并证明了当 $\log(d)/T$ 趋于 0 时 OLS 估计的谱范数收敛,从而也适用于 d 远远大于 T 的情形。

与前面的方法都不同，Davis 等人（2012）提出首先基于 PSC（Partial Spectral Coherence）选择高维 VAR 模型转移矩阵的非 0 元素，然后通过 t 检验和 BIC 准则筛查变量以进一步修正模型，然而该估计方法的理论性质还有待进一步研究。此外还有一些文献基于降维的思想〔有关降维统计方法的文献综述参见 Ma 和 Zhu（2013）〕，对高维时间序列模型进行统计推断，参见 Chang 等人（2014）。高维 VAR 模型转移矩阵和同步相关矩阵的检验问题，文献中鲜有研究，大部分研究主要集中在高维独立同分布数据协方差阵的检验、两样本均值检验或者在多元回归的框架下进行检验，参见 Qiu 和 Chen（2012）、Bai 等（2013）、Zhang 等（2013）、vandeGeer 等（2014）、Chen 和 Guo（2014）、Li 和 Qin（2014）、Wang 等（2015）、Srivastava 等（2016）等。

（二）高维门限 VAR 模型

时间序列是探讨现实世界运动规律的主要工具之一，线性模型在其发展过程中毫无疑问曾经起过非常积极的作用，但对于金融时间序列数据的刻画有时显得乏力，无法刻画其非对称性、体制转换等。事实上，我们一直要等到 20 世纪的 70 年代末和 80 年代初，才开始看到以 TAR 模型和 ARCH 模型为代表的非线性时间序列模型陆续登上舞台，并得到了广泛的应用。

Tong（1978）提出的 TAR 模型是一元时间序列模型走向非线性化的一个开端，该模型是对 AR 模型（Autoregressive Model）最自然、也是最简单的扩展，门限的思想是非线性可以由体制相依的分段的线性结构来刻画。一元 TAR 模型可以很好地刻画时间序列数据条件均值的非线性特征，自问世以来，众多学者对其计量理论问题及其应用进行了细致深入的研究，参见 Tong（1990）、Chen 和 Tsay（1991）、Chan（1993）、陈敏和吴国富（1996）、Chen 和 Chen（2001）、Wang 和 Wang（2004）、Enders（2007）、Hung 等（2009）、Chen 等（2011）、Chen 等（2012）、Chan 等（2015）、Li 和 Tong（2016）等。

TAR 模型可以很自然地推广到多维情形，即门限 VAR 模型，参见 Tong 和 Lim（1980）。与一元 TAR 模型相比，门限 VAR 模型的计量理论研究还不够成熟，参见 Chen 等人（2011）。假定门限变量已知且平稳，Tsay（1998）基于带解释变量的门限 VAR 模型研究了多维时间序列数据的 VAR 模型的门限非线性检验问题，推广了 Tsay（1989）的检验统计量，并证明了该检验统计量渐近卡方分布，同时得到了带解释变量的门限 VAR 模型所有参数的一致性和回归参数的渐近正态性，并且基于 AIC 准则选择门限 VAR 模型的阶数。Kwon 等（2008）提出了一种新的信息准则来选择模型的阶。Dueker 等（2011）将 Duker 等（2007）的一元 C - STAR（Contemporaneous Smooth Transition Threshold Autoregressive）模型推广到多元情形，提出了 C - MSTAR（Contemporaneous Threshold Multivariate Smooth Transition Autoregressive）模型，并研究了该模型的平稳性条件以及分布性质。Addo

（2014）提出了一类带外生变量输入的门限 VAR 模型，给出了该模型平稳变量的条件，并且基于 OLS 和适应性参数估计来估计该模型。由于传统门限非线性检验对于异常值比较敏感，Chan 等（2015）提出了新的稳健检验统计量来检验门限非线性，并给出了该检验统计量在零假设下的渐近分布。Sergio 等（2017）基于贝叶斯 MCMC 方法研究了带缺失数据的门限 VAR 模型的辨识和估计问题。

（三）高维空间动态面板数据模型

Cliff 和 Ord（1973）提出 SAR（Spatial Autogressive）模型，对横截面数据的空间相关性进行建模，空间计量经济学模型开始兴起并受到广泛应用。Anselin（1988）、Baltagi 等（2003）、Baltagi 等（2007）以及 Kappoor 等（2007）等将空间相关的概念引入面板回归模型的残差建模中。

高维 VAR 模型只考虑了高维时间序列之间的序列自相关性，然而，经济金融中许多问题的研究需要同时考虑被解释变量在时间维度的动态（Dynamic）效应与在空间维度的溢出（Spillover）效应，例如某一地区当期房产价格的平均水平应由当地前期房产价格的平均水平、该地附近当期房产价格平均水平和前期房产价格平均水平共同决定，股票市场的价格会受到行业、不同地区的宏观经济变量，以及前期价格等因素的影响。因而同时包含时空当期和滞后期动态关系的空间动态面板数据模型［Time–Space Dynamic Models, Anselin（2001）］被越来越多的用于高维时间序列数据的建模，以期更加充分地刻画数据之间的时间相依结构以及空间动态效应，参见张征宇和朱平芳（2009）等。

近年来，文献中对于不同形式的平稳高维空间动态面板模型的计量理论进行了研究，并取得了一定成果。目前，文献中有关高维空间动态模型平稳性条件的研究大都是纳入 VAR 模型的框架，参见 Elhorst（2001）、Elhorst（2008）、Yu 等（2008）、Lee 和 Yu（2010a）等。

有关高维空间动态面板模型的文件，文献中有三种常用的估计方法。第一种是基于最大似然或最小二乘的方法，第二种是基于工具变量或者广义矩方法，第三种是基于贝叶斯马尔科夫链蒙特卡罗（MCMC）方法，近年来也发展了一些其他估计方法。

1. 最大似然或最小二乘估计

Korniotis（2005）将 Hahn 和 Kuersteiner（2002）基于 OLS 的偏差修正估计方法推广到了只包含时间和空间滞后关系的高维空间面板模型，然而只考虑了 d 和 T 同阶趋于无穷的情形。Yu 等（2008）研究了具有固定相应的空间动态面板模型的 QMLE，该估计是一致的，由于固定效应的存在，当 d 趋于无穷时，参数个数也趋于无穷，从而极限分布根据维数 d 和时间长度 T 的相对大小而不同，若 d/T 趋于常数或无穷时，则极限分布不再以 0 为中心甚至退化，需要进行偏差修正，修正后只要 $T/d^{1/3}$ 趋于无穷，则具有标准渐近正态性。Lee 和 Yu（2010a）将该结果推广到了同时具有时间效应和固定效应的高维动态面板数据模型，Lee 和 Yu（2010b）在该模型基础上，进一步假定误差过程具有空间效应，并研究基于变换的 QMLE 的渐近性质。Qu 等（2017）研究了带时变权重矩阵动态空间面板模型的 QMLE，证明了当 d 与 D 的相对大小适中时，QMLE 是一致的且是渐近正态的。Zhu 等（2016）用一个低维结构来刻画固定效应，基于网络结构来刻画空间效应，提出了 NAR（Network Vector Autoregression）模型，该模型只包含滞后的时间关系和空间关系，且只有有限个参数，因此其 OLS 估计是一致的并且是渐近正态的，对于 d 和 T 的相对大小关系没有要求。Wang 和 Lam（2017）基于 Zhu 等（2016）固定效应降维的思想，研究了包含当期时间和空间关系的高维空间面板数据模型的 QMLE，并证明了其一致性和渐近正态性。

2. GMM 估计

与 QMLE 相比，空间动态面板数据模型的 GMM 估计具有两个优点，一是 GMM 估计具有计算优势，尤其是当数据维数很高时，因为无须计算似然函数雅克比矩阵的行列式；二是一些 GMM 估计可以适用于 d 相对 T 较大的情形，且没有渐近偏差。基于 Arellano 和 Bond（1991）、Blundell、Bond（1998）的工作，文献中对于高维空间动态面板模型的 GMM 估计进行了研究。Jacobs 等（2009）在推广 Blundell 和 Bond（1998）GMM 估计时考虑了内生交互效应，Kukenova 和 Monteiro（2009）在推广 Blundell 和 Bond（1998）GMM 估计时，同时考虑了内生交互效应、内生解释变量以及空间自相关误差项。他们的研究均发现，系统 GMM 估计可以大大地减少估计偏差，而且优于 Blundell 和 Bond GMM 估计。Elhorst（2010）扩展了 Arellano 和 Bond（1991）GMM 估计，将内生交互效应包含在内，并研究了其小样本表现。然而，Lee 和 Yu（2014）指出该估计具有严重的偏差，而且由于矩条件太多以及内生性的存在，使基于观测滞后值、滞后空间关系以及外生影响因素的类似于 Arellano 和 Bond GMM 估计的 2SLS 估计不是一致的，因此他提出了基于线性局部条件的最优 GMM 估计，并且证明了该估计是一致的，渐近正态的且相对有效的，即使 T 相对于 d 较小时也适用。

3. 贝叶斯 MCMC 方法

Parent 和 Lesage（2010，2011）认为贝叶斯 MCMC 方法考虑了每个参数在其他参数信息下的条件分布，从而计算更简便，如同 Elhorst（2001，2005，2010），他们将横截面相关作为内生变量，利用 Bhargava 和 Sargan（1983）提到的方法来近似。Han 等（2016）研究了基于贝叶斯 MCMC 方法的高阶空间面板模型的估计及模型选择问题，提出了一种有效的算法来处理高维情形雅克比矩阵行列式的算法。

4. 其他估计方法

除了上述三种常用的估计方法以外，Zhang（2016）对于高维动态面板模型提出了 M 估计，并证明了该估计具有一致性和渐近正态性，模拟研究表明该估计优于 QMLE。上述对于高维空间动态面板数据模型的估计，都是基于模型误差是同方差的且没有同期交叉相关性，所有的分量对于空间的依赖性是相同的，而有些实际情况并非如此。Dou 等

（2016）允许高维时间序列数据的每个分类可以不同程度地依赖于空间效应，并且假定残差的协方差矩阵不是对角阵，从而模型参数的个数大大增加了，他们提出了广义 Yule - Walker 估计，并且证明了 $d = o(T^{1/2})$ 时估计是一致的且具有渐近正态性。

空间相关性检验是为数据建立空间动态面板模型的前提，文献中常用的检验方法包括似然比（LR）检验、拉格朗日乘子（LM）检验等，然而文献中大部分检验空间相关性的理论结果都是基于横截面数据，或者维数固定的面板数据。Burridge（1980）建议采用 LM 检验来识别空间误差模型和空间滞后模型，Anselin（1988）在考虑空间误差效应的情况下，建立了新的 LM 检验，但是该统计量要用极大似然法估计空间误差模型的参数，而且不具有较好的检验水平和检验功效，Anselin（2001）推导了空间自回归移动平均（SAR-MA）模型的 LM 检验，该检验是一阶 SAR 和 SEM 模型检验的一般化。Baltagi 和 Yang（2010）则研究了截面数据和面板数据的空间稳健性检验。张进峰和方颖（2011）以 Bera 和 Yoon（1993）的理论为基础构建了稳健 LM 统计量，该检验避免了 Anselin（1988）和 Anselin 等（1996）提出的方法在计算上的烦琐和范围受限。张志强（2012）通过蒙特卡罗方法比较了各种检验的功效。钱争鸣和刘立虎（2013）针对误差项非正态分布和不同空间布局的复杂环境，提出一种新的空间滞后模型的稳健 LM 检验统计量及其检验方法，对比现有 LM 检验方法，它不仅消除了空间误差效应对检验的影响，而且克服了传统检验方法会受误差项非正态分布以及不同空间布局差异的影响。陈青青等（2014）提出空间滞后模型空间相关性的稳健检验，并通过数理推导证明，当模型的误差项为空间误差分量模型时，模型的空间相关性标准检验统计量存在水平扭曲，稳健检验统计量可矫正水平扭曲。Ou 等（2015）提出时变空间权重矩阵面板数据模型的 Moran's I 检验，研究发现时变空间权重矩阵 Moran's I 检验功效远高于误设的非时变空间权重 Moran's I 检验。欧变玲等（2015）提出时变空间权重矩阵面板数据模型的稳健 LM 检验。然而经验表明，在有限样本时 LM 检验经常功效很低，且不稳健，此时 Bootstrap 方法可以对关键值提供一个很好的修正，参见 Yang（2015）。Debarsy 和 Ertur（2010）考虑了 d 和 T 都趋于无穷时，高维动态空间面板模型的检验问题，给出了 LR 和 LM 检验统计量的具体形式，然而对于其渐近分布并没有给出严格的证明。

二、高维带状系数结构向量自回归模型①

（一）问题的提出和解决思路

对高维时间序列建模的需求来自经济面板数据的研究，对社会和自然现象的研究，金

---

① 参考 Shaojun Guo, Yazhen Wang, Qiwei Yao (2016). "High Dimensional and Banded Vector Autoregressions", Biometrika, 103, 889 - 903.

融市场研究以及通信工程方面的研究等。当时间序列数据的维度增长到一定的程度时，由于向量自回归模型识别性问题、似然函数的扁平性问题、参数的过度增长问题等，对其进行统计建模具有很强的挑战性。当向量自回归模型是完全可识别时，缺少对于参数降维的方法也会导致其实用性下降。

在很多实际情况中，当一些邻接变量存在因果关系时，我们可以通过对"邻接"变量的信息进行收集。例如，与温度高度相关的销售量、价格、天气指数等变量与距离较近区域的该类变量存在相关关系，而距离较远的地区相关变量可能与该地区相关变量关系较弱。Secan 和 Megbolugbe（1997）对住房价格建模就体现了这种依赖结构。这篇文章提出了一种向量自回归模型的系数矩阵结构以捕捉这种依赖关系，作者假设其系数矩阵存在一种带状结构，即主对角线附近的矩形区域内参数非 0 而其他区域系数都为 0，这种结构设定了仅在相邻变量中存在依赖关系。这是一种有效的稀疏系数矩阵设定方式，假定该系数矩阵的维度为 p，则其参数数量从 p^2 降低到了 $O(p)$。变量的排列顺序决定了其相互影响的方式，这篇文章指出变量的顺序可以由贝叶斯信息准则等统计方法决定。在这种稀疏矩阵结构下，这篇文章给出了一种最小二乘法估计方法，在弗罗贝尼乌斯范数和谱范数下分别达到了 $(p/n)^{1/2}$ 和 $[\log(p/n)]^{1/2}$ 的收敛速度。

带状矩阵的结构由带宽参数所决定，这篇文章给出了一种边际贝叶斯信息标准（Marginal Bayesian Information Criterion）来识别带宽，并证明了这种识别方法在 n 和 p 都趋于无穷大时是相合的。这篇文章还讨论了高维带状自回归模型的自协方差的估计，发现带状切割的协方差矩阵估计量是相合的，其收敛速度为 $\log(n/\log p)(\log p/n)^{1/2}$，比 Bickel 以及 Levina（2008）给出的带状结构协方差矩阵标准估计方法收敛速度更快。Wu 和 Pourahmadi（2009），Bickel 和 Gel（2011）以及 Leng 和 Li（2011）也给出了带状协方差矩阵的估计方法。

现有文献对高维向量自回归的研究多受到近年来高维回归研究的启发。例如，Hsu 等（2008）给出了一种 Lasso 惩罚项用于自回归，Haufe 等（2010）介绍了一种系数矩阵的分组稀疏性结构从而引进了分组 Lasso 惩罚项，Shojaie 和 Michailidis（2010）、Basu 等（2015）提出 Truncated Weighted Lasso 和 Group Lasso 方法。同样在格兰杰因果性方面，Basu 和 Michailidis（2015）研究了稀疏系数矩阵自回归中，使用 L-1 正则项进行估计的性质。Bolstad 等（2011）使用了 Group Lasso 得到了稀疏性 Causal Networks。Kock 和 Callot（2015）为高维向量自回归模型建立了 Oracle Inequalities。Han 和 Liu（2015）使用一种线性模型结合 Dantzig 形式的正则项给出了参数的估计方法。Chen 等（2013）研究了稀疏性协方差矩阵及其逆矩阵的性质。

（二）模型与方法

1. 带状向量自回归模型

假设 p 维多阶段时间序列 y_t 由以下形式的 VAR(d) 模型生成：

$$y_t = A_1 y_{t-1} + \cdots + A_d y_{t-d} + \epsilon_t \qquad (2-1)$$

其中，$\{A_j, j=1,\cdots,d\}$ 是 $p \times p$ 的带状参数矩阵，ε_t 是均值为 0 并且与 y 无关的噪声序列，且 d 是一个固定且已知的参数，并且所有参数矩阵 A 的带宽相同。为简化起见，向量 y_t 的均值为 0，并假设对于任意 $|z| < 1$ 都有：

$$det(I_p - A_1 z - \cdots - A_q z^q) \neq 0,$$

即这是一个平稳的时间序列。其中 A 是带宽为 k_0 的带状矩阵，意味着：

$$a_{jl} = 0, \text{if} |j - l| > k_0 \qquad (2-2)$$

其中，a_{jl} 代表矩阵 A 第 j 行第 l 列的元素。这种结构下矩阵 A 每行最多有 $2k_0 + 1$ 个非 0 元素。由于 $VAR(d)$ 模型可以转化为 $VAR(1)$ 模型：

$$\tilde{y}_t = \tilde{A} \tilde{y}_{t-1} + \tilde{\epsilon}_t$$

其中：

$$\tilde{y}_t = \begin{pmatrix} y_{t+q-1} \\ y_{t+q-2} \\ \cdots \\ y_t \end{pmatrix}, \tilde{A} = \begin{bmatrix} A_1 & A_2 & \cdots & A_q \\ I_p & 0_p & \cdots & \cdots \\ \vdots & \cdots & \vdots & \cdots \\ 0 & \cdots & I_p & 0 \end{bmatrix}, \tilde{\epsilon}_t = \begin{pmatrix} \varepsilon_{t+q-1} \\ \varepsilon_{t+q-2} \\ \vdots \\ \varepsilon_t \end{pmatrix} \qquad (2-3)$$

这种变换方法可以帮助我们把 $VAR(1)$ 模型的结论推广到 $VAR(d)$ 上，注意到 $\tilde{A}$ 虽然不是带状矩阵但与带状矩阵具有某些相似的特征。

在模型（2-1）中，并不需要 $\sum_\varepsilon = var(\varepsilon_t)$ 为带状结构，而且 $\sum_\varepsilon$ 是带状结构也不意味着系数矩阵为带状结构。因此，这种带状结构模型在残差 ε_t 具有非带状结构的情况下也是适用的。

2. 系数矩阵的估计

由于系数矩阵 A_j 每行最多有 $2k_0 + 1$ 个非 0 元素，总共最多有 $(2k_0 + 1)d$ 个非 0 元素，记 β_i 为 $A_1, \cdots, A_d$ 第 i 行所有非 0 元素的组合向量，记 r_i 为 β_i 的长度，因此有：

$$r_i \equiv r_i(k_0) = \begin{cases} (2k_0 + 1)d & i = k_0 + 1, k_0 + 2, \cdots, p - k_0 \\ (2k_0 + 1 - j)d & i = k_0 + 1 - j \text{ or } p - k_0 + j, j = 1, \cdots, k_0 \end{cases} \qquad (2-4)$$

此时公式（2-1）可以转化为：

$$y_{i,t} = x_{i,t}^T \beta_i + \varepsilon_{i,t}, i = 1, \cdots, p \qquad (2-5)$$

其中，$y_{i,t}, \varepsilon_{i,t}$ 分别为 y_t, ε_t 的第 i 个元素，$x_{i,t}$ 是一个 $r_i \times 1$ 的向量，其元素对应公式（2-1）与非 0 系数矩阵元素相乘的 $y_{t-1}, \cdots, y_{t-d}$ 的对应元素的组合。因此，β_i 的最小二乘估计量即为：

$$\hat{\beta}_i = (X_i^T X_i)^{-1} X_i^T y_{(i)} \qquad (2-6)$$

其中，$y_{(i)} = (y_{i,d+1}, \cdots, y_{i,n})$，$X_i$ 为 $(n-d) \times r_i$ 的矩阵，$x_{i,d+j}^T$ 构成了这个矩阵的第 j 行。

通过公式（2-6）得到了β_i的最小二乘估计量，也就得到了系数矩阵A_j的最小二乘估计量。进一步，这个估计量的残差平方和为：

$$RSS_i \equiv RSS_i(k_0) = y_{(i)}^T [I_{n-d} - X_i(X_i^T X_i)^{-1} X_i^T] y_{(i)} \qquad (2-7)$$

在这里将残差平方和写作k_0的函数以强调不同的k_0会导致不同的残差平方和。

3. 带宽的确定

在实际应用中带宽是未知的，因此需要对带宽进行选择。Guo，Wang和Yao（2016）给出了一种边际贝叶斯信息标准来确定带宽，记：

$$BIC_i(k) = \log RSS_i(k) + \frac{1}{n} dr_i(k) C_n \log(p \vee n), i = 1, \cdots, p \qquad (2-8)$$

其中，$r_i(k)$和$RSS_i(k)$分别由公式（2-3）和公式（2-6）给定，$p \vee n = \max(p, n)$且C_n为某个大于0的常数，通常可以设定为$C_n = \log\log n$。据此给出k_0的估计量如下：

$$\hat{k} = \max_{1 \leq i \leq p} \{ \arg\min_{1 \leq k \leq K} BIC_i(k) \} \qquad (2-9)$$

其中，$k \geq 1$是一个给定的常数，Guo，Wang和Yao（2016）的数值研究显示，当$k \geq k_0$时，估计结果与k的选择不敏感，在实际使用中则通常使用$k = n^{1/2}$。

注释2-1：如果变量的滞后阶数d是未知的，可以对公式（2-9）中的准则进行如下修改：

$$\widetilde{BIC}_i(k, l) = \log RSS_i(k, l) + \frac{1}{n} r_i(k, l) C_n \log(p \vee n), i = 1, \cdots, p \qquad (2-10)$$

给定L为大于d的正整数，通常设定为10或$n^{1/2}$，记：

$$(\hat{k}_i, \hat{d}_i) = \arg\min_{1 \leq k \leq K, 1 \leq l \leq L} \widetilde{BIC}_i(k, l), i = 1, \cdots, p$$

$$\hat{k} = \max_{1 \leq i \leq p} \hat{k}_i \quad \hat{d} = \max_{1 \leq i \leq p} \hat{d}_i$$

注释2-2：系数矩阵的带状结构依赖于高维时间序列y_t中元素的排列顺序。事实上可以通过数据来选取最优的元素顺序以此将带宽降到最低，但当p很大时这样做计算量很大。对于大多数应用来说Guo，Wang和Yao（2016）给出了一种确定元素排列顺序的实用方法，记：

$$BIC = \sum_{i=1}^{p} BIC_i(\hat{k}) \qquad (2-11)$$

再选取使公式（2-11）最小的元素排列顺序。

4. 渐近性质

对于向量v和矩阵B，记：

$$\|v\|_q = \left(\sum_{j=1}^{p} |v_j|^q\right)^{1/q}, \|v\|_\infty = \max_{1 \leq j \leq p} |v_j|, \|B\|_q = \max_{\|v\|_q = 1} \|Bv\|_q, \|B\|_F = \left(\sum_{i,j} b_{ij}^2\right)^{1/2}$$

其中，$\|\cdot\|_q$ 代表 l_q 范数，$\|\cdot\|_F$ 代表弗罗贝尼乌斯范数。这篇文章给出了证明渐近性质的四个条件和估计协方差矩阵的一个条件。

条件1：对于公式（2-3）定义的 $\tilde{A}$，存在 $\delta \in (0,1)$、$C > 0$、整数 $j_0 \geq 1$ 使 $\|\tilde{A}\|_2 \leq C$，$\|\tilde{A}^{j_0}\|_2 \leq \delta^{j_0}$（$C$ 为常数）。

条件2：记 $a_{ij}^{(l)}$ 为矩阵 A_l 第 i 行第 j 列的元素，存在某个 $1 \leq l \leq d$，对于所有的 $i = 1, \cdots, p$，$|a_{i,i+k_0}^{(l)}|$ 或 $|a_{i,i-k_0}^{(l)}|$ 大于 $\{C_n k_0 n^{-1} \log(p \vee n)\}^{1/2}$。

条件3：存在两个与 p 无关的正实数 κ_1 和 κ_2 使协方差矩阵的最小特征值 $\lambda_{\min} \geq \kappa_1$ 且 $\max_{1 \leq i \leq p} |\delta_{ii}| \leq \kappa_2$，其中 δ_{ii} 为协方差矩阵对角线第 i 个元素。

条件4：误差过程 ε_t 是独立的且其均值为 0，协方差矩阵为 $\sum_\varepsilon$，且满足以下条件之一：

(1) 存在与 n 和 p 无关的常数 $q > 2$、$\beta \in [0, (q-2)/4]$、$C > 0$ 使：
$$\max_{1 \leq i \leq p} E(|\varepsilon_{i,t}|^{2q}) \leq C \text{ 且 } p = O(n^\beta)$$

(2) 存在与 n 和 p 无关的常数 $\lambda_0 > 0$，$\alpha \in (0,1]$，$C > 0$ 使：
$$\max_{1 \leq i \leq p} E(\lambda_0 |\varepsilon_{i,t}|^{2\alpha}) \leq C \text{ 且 } p = O(n^{\alpha/(2-\alpha)})$$

条件5：存在与维度 p 无关的常数 C 和整数 s_0，C 与 s_0 均大于 0，使矩阵 $\sum_\varepsilon$ 是带宽为 $2s_0 + 1$ 的带状矩阵且 $\|\sum_\varepsilon\|_1 \leq C \leq \infty$。

根据条件1至条件4，给出了渐近性质的两个定理。

定理2-1：在条件1至条件4的情况下，当 $n \to \infty$ 时，$pr(\hat{k} = k_0) \to 1$。

定理2-2：在满足条件1至条件4的情况下，当 $n \to \infty$ 时，对于所有 $j = 1, \cdots, d$ 有：
$$\|\hat{A}_j - A_j\|_F = O_p\{(p/n)^{1/2}\}, \|\hat{A}_j - A_j\|_2 = O_p\{(\log p/n)^{1/2}\}$$

5. 估计自协方差函数

在给出估计自协方差函数前，作者首先证明了两个定理：

定理2-3：在条件1和条件5成立的情况下，对于任何正整数 r, j，存在一个带宽为 $2\{(2r+j)k_0 + s_0\} + 1$ 的带状矩阵 $\sum_j^{(r)}$，满足：
$$\left\|\sum_j^{(r)} - \sum_j\right\|_2 \leq C_1 \delta^{2(r+j)+1}, \left\|\sum_j^{(r)} - \sum_j\right\|_1 \leq C_2 r \delta^{2(r+j)+1}$$

其中，C_1，C_2 为与 r 和 p 无关的正数，δ 见条件1设定。

定理2-4：在满足条件1至条件5的情况下，对于任意整数 $j \geq 0$，当 $n, p \to \infty$ 时，有
$$\left\|\sum_j^{(r_n)} - \sum_j\right\|_2 = O_p\{r_n (n^{-1} \log p)^{\frac{1}{2}} + \delta^{2(r_n+j)+1}\} = O_p\left\{\log\left(\frac{n}{\log p}\right)(n^{-1} \log p)^{1/2}\right\}$$
和
$$\left\|\sum_j^{(r_n)} - \sum_j\right\|_1 = O_p\left\{\log\left(\frac{n}{\log p}\right)(n^{-1} \log p)^{1/2}\right\}$$

虽然系数矩阵 A 为带状矩阵并不一定意味着自协方差矩阵也是带状矩阵,但定理 2-3 证明了可以使用带状矩阵去逼近自协方差矩阵。根据 Bickel 和 Leveina (2008) 的 Banding 技术,可以得到自协方差矩阵的带状形式矩阵估计值,定义矩阵的 Banding Operator 为 $Br(H) = \{h_{ij}I(|i-j|\leq r)\}$,然后得到自协方差矩阵的估计值如下:

$$\hat{\Sigma}_j^{(r_n)} = B_{r_n}(\hat{\Sigma}_j), \hat{\Sigma}_j = \frac{1}{n}\sum_{t=1}^{n-j}(y_t - \bar{y})(y_{t+j} - \bar{y})^T, \bar{\bar{y}} = \frac{1}{n}\sum_{t=1}^{n}y_t$$

其中,$r_n = C\log(n/\log p)$,$C > 0$。定理 2-4 给出了这个估计方法的收敛速度,可以看出其收敛速度快于 Bickel 和 Leveina (2008) 给出的方法。

(三) 数值研究

1. 仿真模拟

在这一节中作者进行了模拟仿真研究。第一步从 VAR(1) 模型 $\tilde{y}_t = \tilde{A}\tilde{y}_{t-1} + \tilde{\epsilon}_t$ 生成数据,并使用 Marginal Modified BIC 来选择带宽。第二步采用样本大小 $n = 200$,$p = 100$、200、400、800,真实带宽 $k_0 = 1$、2、3、4 构成不同的参数组合,对于每种参数组合,生成 500 组样本,并使用以下两种方式生成系数矩阵 A。

设置 1:$\{A_{ij}, |i-j|\leq k_0\}$ 由 $[-1,1]$ 的均匀分布生成,由于 A 的谱范数必须小于 1,因此使用 $\frac{\eta A}{\|A\|_2}$ 来对 A 进行调整,其中 η 服从 $[0.3, 1.0)$ 的均匀分布。

设置 2:$\{A_{ij}, |i-j|\leq k_0\}$ 由混合分布 $\xi \times 0 + (1-\xi)\times U[-1,1]$,$P(\xi = 1) = 0.4$ 生成,然后使用 $\frac{\eta A}{\|A\|_2}$ 对 A 进行调整,其中 η 服从 $[0.3, 1.0)$ 的均匀分布。在这种参数设置中,在带宽范围内仍有大约 $0.4(2k+1)p$ 个 0,因此这种设置方法比第一种设置方法得到的参数矩阵更加稀疏。

结果表明,当 $k_0 = 1$ 时,这篇文章给出的边际 BIC 准则表现良好;当 $k_0 = 4$ 时,边际 BIC 方法倾向于低估 k_0,实际上,在大多数情况下选择 $k_0 = 3$,因为当 $k_0 = 4$ 时,大多数元素非常小并且不显著,惩罚变得显著并且迫使选择更小的带宽。在选择带宽的准确性方面,作者将一种联合 BIC 方法与其方法进行了对比仿真,结果观察到联合 BIC 方法可能低估了真正的带宽。

作者还评估了自协方差矩阵估计的效果。作者设置 $k_0 = 3$,并由 Setting 1 生成一个谱范数为 0.8 的系数矩阵,误差过程 $\varepsilon_t \sim N(0, \Sigma_\varepsilon)$,$\Sigma_\varepsilon = (\delta_{ij,\varepsilon})$。为了比较作者提出的三种方法:Thresholding 方法、Banding 方法和样本协方差估计法。通过最小化误差的 L1 范数:

$$E\|\hat{\Sigma}^{(b)} - \Sigma\|_1$$

来选择带宽 r 或阈值参数 λ,其中,b 代表 r 或 λ,并由 100 个独立生成的样本得到误差期望。结果显示 Banding 方法比 Thresholding 方法和样本协方差法更准确,作者认为原因在于 Banding 方法利用了数据内在结构。

2. 实际应用

Guo、Wang 和 Yao (2016) 在实证中对中国东部 71 个城市的每周温度数据进行建模。数据包括从 1990 年 1 月 1 日到 2000 年 12 月 17 日的 572 个观测值。这 3 个城市的每周温度数据(哈尔滨,上海和杭州)表现出强烈的季节性行为,期限为 52 周(一年)。使用维度对于样本元素进行排序,并使用以下带状 VAR(1) 模型:

$$y_t - m_t = A(y_{t-1} - m_{t-1}) + \varepsilon_t, m_t = m_{t+52}$$

其中, A 具有带状结构。实际上,可以通过取样本平均值来简单地估计季节因素 m_t。作者应用这篇文章所提出的方法,根据不同方向的排序方法,设定了 4 个带状 VAR 模型,并基于数据对带宽和系数矩阵进行了估计,结果表明从西南到西北进行排序得到的模型最优。作者还利用 Lasso 惩罚项对参数进行了估计,然后与这篇文章给出的方法进行了比较,作者发现 Lasso 惩罚项估计方法得到的模型给出的一步预测略差于本书估计方法得到的模型,而两步预测更甚。

(四) 总结

在 Guo、Wang 和 Yao (2016) 中作者通过带状系数结构为向量自回归模型提供一种简约结构,以便更好地模拟高维度时间序列数据。它对许多应用程序都具有实际意义。另一种流行的方法是根据一些潜在的因子来表示高维的时间序列。对于预测而言,潜在因子可以被建模为低维向量自回归模型或其他广泛使用的模型。参考 Stock 和 Waston (2005),Bai 和 Ng (2002),Lam 等 (2012) 以及 Lam 和 Yao (2012)。与潜在因子建模方法相比,本书中的建模策略并未假设高维时间序列由低维过程驱动。

三、固定效应动态空间面板数据模型和脉冲响应分析[①]

(一) 问题的提出及解决思路

真实数据在横截面和时间序列上往往具有复杂的相关性,目前已有大量的工具对其进行处理。相关性随时间的变化通常由自回归模型或移动平均模型处理(例如,Brockwell 和 Davis,1991;Fuller,1996)。横截面上的相关性通常由空间模型或因子模型描述(如 Anselin,1988;Gupta 和 Robinson,2015;Bai 和 Li,2015,2016;Fan 等,2011)。Li Kunpeng (2017) 考虑使用动态空间自回归面板数据模型来处理截面与时间的关系,允许

---

① 参考 Li, Kunpeng (2017). "Fixed-effects dynamic spatial panel data models and impulse response analysis." Journal of Econometrics 198.1: 102–121.

多重空间滞后和多重时间滞后以适应真实数据中可能复杂的相关结构。

空间计量经济学的早期研究可以追溯到 Cliff 和 Ord（1973），他们首先提出了空间自回归（SAR）模型。由于存在内生空间项，普通最小二乘方法（OLS）不适用。目前学者已经提出了各种方法来解决这个问题。Kelejian 和 Prucha（1998）使用工具变量（IV）方法估计 SAR 模型。Kelejian 和 Prucha（1999）将 IV 分析扩展到广义矩估计法（GMM）框架。伪最大似然（QML）方法在空间计量经济学文献中也很流行。Lee（2004）对伪最大似然估计（QMLE）的渐近性质进行了严格的分析。随着面板数据的可用性增加，近年来对空间面板数据模型的研究越来越受到重视。Baltagi 等（2007）考虑了静态面板数据中空间相关、序列相关和随机效应的各种组合的测试。Kapoor 等（2007）使用 GMM 方法估计具有空间相关误差分量的面板数据模型。Yu 等（2008）建议使用 QML 方法来估计动态空间面板模型。Lee 和 Yu（2014）将 GMM 估计方法应用于多空间滞后的动态空间面板模型。Lee 和 Yu（2010）考虑具有空间自回归扰动的空间自回归面板模型。

目前的研究也涉及大量关于动态面板数据模型估计和推断的文献。具有异构的非时变截距（固定效应）的模型存在所谓的"偶然参数（Incidental Parameters）问题"（Neyman 和 Scott，1948），这是动态面板模型研究的主要关注点。在球面误差假设下，QMLE 等价于组内估计量。因此，可以交替使用 QMLE 和组内估计量。在大 N 和固定 T 的情况下（其中 N 表示个体的数量，T 表示时间段的数量），Nickell（1981）表明组内估计量不具有相合性（Hsiao，1986；Kiviet，1995）。对此问题，Anderson 和 Hsiao（1981）提出了一种较为常用的方法，即以数据随时间的差异消除固定效应，以滞后两期的因变量为工具变量对模型进行估计。Arellano 和 Bond（1991）观察到所有两周以上滞后因变量都是有效的工具变量，并将 Anderson 和 Hsiao 的思想扩展到 GMM 框架。Blundell 和 Bond（1998）提出了一种包括水平差和一阶差的矩条件的系统 GMM 方法。所有这些研究都在固定 T 下给出了一致的估计结果，代价是假设误差的时间不相关。当 T 较大或中等偏大时，矩条件的数量急剧增加，这使 GMM 方法存在所谓的"多矩偏离"问题。此外，随着 T 的增长，GMM 方法的计算负担也在增加，这使它较难用于实践。在大 N 和大 T 的情况下，组内估计量恢复了其良好的一致性、计算简单和对误差的时间相关性不敏感等特性。Hahn 和 Kuersteiner（2002）表明，在大 N 和大 T 下，组内估计量偏差为 $O(1/T)$。经误差修正后，校正后的估计量达到了正态误差假设下的有效边界。Alvarez 和 Arellano（2003）研究了大 N 和大 T 下组内估计量和 GMM 估计量的渐近性质。

Li Kunpeng（2017）采用 QML 方法对大 N 和大 T 条件下的动态空间面板数据模型进行估计。该模型可看作是一般动态面板数据模型的扩展，因此继承了附带参数问题，QMLE 具有不可忽略的偏差。在 Hahn 和 Kuersteiner（2002）之后，对 QMLE 进行误差校正，使其适当以 0 为中心。另一种方法是使用 GMM 方法。虽然 GMM 方法在固定 T 下有一些可取的特征（Lee 和 Yu，2014），但在大 T 下的优势并不明显。事实上，根据 Lee 和 Yu

(2014) 的仿真结果，即使 T 不大，经误差校正后的 QMLE 的性能不比 GMM 统计量差。

Li Kunpeng (2017) 将 Yu 等 (2008) 的一个空间滞后和一个时间滞后模型以及 Lee 和 Yu (2014) 的多个空间滞后和一个时间滞后模型扩展为一个具有多个空间滞后和多个时间滞后的一般模型。由于诸多原因，包含多个时间延迟非常重要。它使模型能够灵活地捕捉真实数据中复杂的时间相关性。它可以生成不同形状的脉冲响应函数并为从数据中识别有趣的经济现象提供机会。其次，研究了动态空间面板模型脉冲响应函数的推断问题。脉冲响应分析是宏观经济研究的主要工具之一，空间计量设置中的脉冲响应分析已被许多研究考虑，如 Beenstock 和 Felsenstein (2007)，Brady (2011)，Holly 等 (2011)，Lee 和 Yu (2015) 等。然而，这些研究都集中在应用方面，而估计脉冲响应函数的渐近性质尚未得到研究。此外，Li Kunpeng (2017) 还考虑了与动态空间面板模型相伴而生的模型选择问题。结果表明，当惩罚函数满足一定的正则性条件时，他们所提出的信息准则能够较好地估计模型，这有助于从模型中删除不相关的内生、预定或外生回归量，从而减少估计的参数数量。

记 $a \vee b$ 和 $a \wedge b$ 表示 a 和 b 的最大值和最小值。对任何 $N \times N$ 维矩阵 M，$\|M\| = \sqrt{tr(M'M)}$ 是 Frobenius 范数，$\|M\|_1 = \max_{1 \leq j \leq N} \sum_{i=1}^{N} |m_{ij}|$ 是列和范数 (Columnsumnorm)，$\|M\|_\infty = \max_{1 \leq i \leq N} \sum_{j=1}^{N} |m_{ij}|$ 为行和范数，其中，m_{ij} 是矩阵 M 的第 (i,j) 个元素。

(二) 模型描述

考虑如下动态空间面板数据模型：

$$Y_t = \mu + \sum_{m=1}^{p} \rho_m W_m Y_t + \sum_{n=1}^{q} \rho_n Y_{t-n} + \sum_{m=1}^{p} \sum_{n=1}^{q} \gamma_{mn} W_m Y_{t-n} + X_t \beta + e_t \qquad (2-12)$$

其中，$Y_t = (Y_{1t}, Y_{2t}, \cdots, Y_{Nt})'$ 和 $e_t = (e_{1t}, e_{2t}, \cdots, e_{Nt})'$ 是 N 维列向量，Y_{t-n} 为滞后因变量，定义类似于 Y_t。X_t 是 $N \times k$ 的数据矩阵，具有 k 维外生解释变量；μ 是一个 $N \times 1$ 的单位相关的不随时间改变的截距，$W_1, W_2, \cdots, W_p$ 是所有的 $N \times N$ 系外空间权值矩阵，其性质参见后文。假设 e_t 为独立同分布的随机变量。模型 (2-12) 允许多重空间滞后、多重时间滞后以及时空混合滞后。这些考虑使模型足够灵活，能够适应数据中横截面和时间上的复杂关联。更精确地说，空间权值矩阵 W_m 应该写成 W_{Nm}，因为它们指定了 N 个单位之间的空间相关性。随着 N 的变化，空间权重矩阵也会随之变化。但为了简化标记，省略了 N 下标。

用 $\tilde{W}_m$ 表示 $m(m = 1, 2, \cdots, p)$ 组空间交互结构。若用 $W = diag(\tilde{W}_1, \tilde{W}_2, \cdots \tilde{W}_p)$ 作为拟合数据的空间权值矩阵，隐含假设为组间空间溢出效应是相同的。相反，如果使用高阶空间模型 $W_m = diag(0, 0, \cdots, \tilde{W}_m, \cdots, 0)$ 用于拟合数据，则允许空间溢出效应的组内依赖强度。这一特征可能具有经验相关性，特别是当空间溢出效应是利益目标时。高阶空间模型已应用于各种设置中,参见 Lacombe(2004)、McMillen 等人(2007)等。

用带有星号的符号表示底层的真值。定义:

$$D(\rho) = I_N - \sum_{m=1}^{p} \rho_m W_m, R_n(\Phi) = \rho_n I_N + \sum_{m=1}^{p} \gamma_{mn} W_m \qquad (2-13)$$

其中,$n = 1, 2, \cdots, q$,$\Phi = [\rho', vec(\gamma)', \beta']'$,$\rho = (\rho_1, \rho_2, \cdots, \rho_q)'$。$\gamma = (\gamma_{m \times n})_{p \times q}$ 为 $p \times q$ 维系数矩阵。类似地,定义:

$$D^* = I_N - \sum_{m=1}^{p} \rho_m^* W_m, R_n^* = \rho_n^* I_N + \sum_{m=1}^{p} \gamma_{mn}^* W_m \qquad (2-14)$$

则基础模型等价于:

$$D^* Y_t = \mu^* + R_1^* Y_{t-1} + R_2^* Y_{t-2} + \cdots + R_q^* Y_{t-q} + X_t \beta^* + e_t$$

令 L 为滞后算子。则前面的显示可以用 L 表示为:

$$(\mathcal{D}^* - R_1^* L - \cdots - R_q^* L^q) Y_t = \mu^* + X_t \beta^* + e_t \qquad (2-15)$$

令 $R^*(L) = \mathcal{D}^* - R_1^* L - \cdots - R_q^* L^q$。当 $R^*(L)$ 可逆时,则:

$$\begin{aligned} Y_t &= R^*(L)^{-1} \mu^* + R^*(L)^{-1} X_t \beta^* + R^*(L)^{-1} e_t \\ &= \mathbb{D}^{*-1} \mu^* + \sum_{v=0}^{\infty} B_v^* X_{t-v} \beta^* + \sum_{v=0}^{\infty} B_v^* e_{t-v} \end{aligned} \qquad (2-16)$$

其中,$\mathbb{D}^* = \mathcal{D}^* - R_1^* - \cdots - R_q^*$。则矩阵 B_τ^* 可以递归表示为:

$$B_\tau^* = D^{*-1} \sum_{v=1}^{q} R_v^* B_{\tau-v}^* \qquad (2-17)$$

其中,$B_0^* = \mathcal{D}^{*-1}$,若 $\tau < 0$,则 $B_\tau^* = 0$。移动平均表达式(2-16)对于后续分析特别方便,对于渐近表示的推导尤其方便。它对脉冲响应分析也很重要。

(三)似然函数

首先,引入一些符号以简化表达形式,令 $r = pq + q + k$ 作为 Φ 的维度,其中,Φ 的表达式见式(2-13)。定义 $N \times r$ 维矩阵 $\mathcal{X}_t$ 为:

$$\mathcal{X}_t = [Y_{t-1}, \cdots, Y_{t-q}, W_1 Y_{t-1}, \cdots, W_p Y_{t-1}, \cdots, W_1 Y_{t-q}, \cdots, W_p Y_{t-q}, X_t]$$

则模型(2-12)可以写为:

$$Y_t = \mu + \sum_{m=1}^{p} \varrho_m W_m Y_t + \mathcal{X}_t \Phi + e_t$$

令 $\theta = (\varrho', \Phi', \sigma^2)'$,其中,$\varrho = (\varrho_1, \varrho_2, \cdots, \varrho_p)'$。假设 e_{it} 是均值为 0 方差为 σ^2 的独立正态分布,其极大似然函数为:

$$\mathcal{L}^*(\theta, \mu) = -\frac{1}{2} \ln(\sigma^2) - \frac{1}{2N\bar{T}\sigma^2} \sum_{t=\bar{q}}^{T} Z_t(\mu, \varrho, \Phi)' Z_t(\mu, \varrho, \Phi) + \frac{1}{N} \ln|\mathcal{D}(\varrho)| \qquad (2-18)$$

其中,$\bar{T} = T - q$,$\bar{q} = q + 1$,且

$$\mathcal{D}(\varrho) = I_N - \varrho_1 W_1 - \varrho_2 W_2 - \cdots - \varrho_p W_p, Z_t(\mu, \varrho, \Phi) = \mathcal{D}(\varrho)Y_t - \mu - \mathcal{X}_t\Phi \quad (2-19)$$

给定 ϱ, Φ, σ^2，很容易看出最大化似然函数的 μ 满足：

$$\mu = \mathcal{D}(\varrho)\left[\frac{1}{T}\sum_{t=\bar{q}}^{T} Y_t\right] - \left[\frac{1}{T}\sum_{t=\bar{q}}^{T} \mathcal{X}_t\right]\Phi$$

将前面的公式代入公式（2-18），可以提取出多余参数 μ。由此得到的集中对数似然函数为：

$$\mathcal{L}^*(\theta) = -\frac{1}{2}\ln(\sigma^2) - \frac{1}{2N\bar{T}\sigma^2}\sum_{t=\bar{q}}^{T} \mathring{Z}_t(\varrho,\Phi)' \mathring{Z}_t(\varrho,\Phi) + \frac{1}{N}\ln|\mathcal{D}(\varrho)| \quad (2-20)$$

其中：

$$\mathring{Z}_t(\varrho,\Phi) = \mathcal{D}(\varrho)\underbrace{\left[Y_t - \frac{1}{T}\sum_{t=\bar{q}}^{T} Y_t\right]}_{\dot{Y}_t} - \underbrace{\left[\mathcal{X}_t - \frac{1}{T}\sum_{t=\bar{q}}^{T} \mathcal{X}_t\right]}_{\dot{\mathcal{X}}_t}\Phi = \mathcal{D}(\varrho)\dot{Y}_t - \dot{\mathcal{X}}_t\Phi \quad (2-21)$$

$\dot{Y}_t, \dot{\mathcal{X}}_t$ 的定义隐含在公式（2-21）中。对任意向量 v_t，用 $\dot{v}_t$ 表示 $v_t - \frac{1}{T}\sum_{s=\bar{q}}^{T} v_s$。实现 QML 估计是实践中的一个重要问题。因为参数 Φ 和 σ^2 可以集中，所以最优化问题仅需要处理 ϱ。为了避免重复计算一些已知矩阵的迭代，故重写集中似然函数分离自由参数 ϱ 和数据相关矩阵。当 N 非常大时，同样避免计算 $|D(\varrho)|$。

（四）假设

对于随后的渐近分析，需做如下假设。以后用 c 表示一个通用常数。

假设 A：残差 $e_{it}(i=1,2,\cdots,N; t=\cdots,-1,0,1,\cdots,T)$ 均值为 0，方差为 σ^{*2} 且独立同分布，此外同时假设对于所有 i 和 t 以及部分 $c>0$ 有 $\mathbb{E}(|e_{it}|^{4+c}) < \infty$。

假设 B：令 $\mathcal{D}(\varrho) = I_N - \sum_{m=1}^{q} \varrho_m W_m$，同时假设对于所有 $\varrho \in \mathbb{R}_\varrho$，$D(\varrho)$ 均可逆。其中，$\mathbb{R}_\varrho$ 是 $\mathbb{R}^\varrho$ 的紧集，ϱ^* 是 $\mathbb{R}_\varrho$ 的一个内点。

假设 C：$W_m(m=1,2,\cdots,p)$ 是外生空间权重矩阵，其对角线上的元素都是 0。此外在 $\|\cdot\|_1$ 和 $\|\cdot\|_\infty$ 范数下，对于所有 N，W_m 对某些常数 C 有界。此外在统一于 $\mathbb{R}_\varrho$ 的 $\|\cdot\|_1$ 和 $\|\cdot\|_\infty$ 范数下，对于所有 N，$\mathcal{D}(\varrho)^{-1}$ 对某些常数 C 有界。

假设 D：潜在的真实值 $\theta^* = (\varrho^{*\prime}, \Phi^{*\prime}, \sigma^{*2})'$ 是紧集。此外 ϱ 在紧集 $\mathbb{R}_\varrho$ 中进行估计。

假设 E：特征函数的根 $|D^* - \cdots - R_{q-1}^* x^{q-1} - R_q^* x^q| = 0$ 都在单位圆之外。此外，$\sum_{v=0}^{\infty} \|B_v^*\|_1$ 和 $\sum_{v=0}^{\infty} \|B_v^*\|_\infty$ 对某些常数 c 有界，其中 B_v^* 的定义见公式（2-17）。

假设 F：X_t 的元素是非正态且对 $t = \cdots, -1, 0, 1, \cdots$ 有界。此外，矩阵 $\Xi = \lim\limits_{N,T \to \infty} \frac{1}{N\bar{T}} \sum\limits_{t=\bar{q}}^{T} E(\tilde{\mathcal{X}}_t' \tilde{\mathcal{X}}_t)$ 是严格正的，它的最大特征值由某个常数 c 限定，$\tilde{\mathcal{X}}_t$ 定义如下：

$$\tilde{\mathcal{X}}_t = [\tilde{Y}_{t-1}, \cdots, \tilde{Y}_{t-q}, W_1 \tilde{Y}_{t-1}, \cdots, W_p \tilde{Y}_{t-1}, \cdots, W_1 \tilde{Y}_{t-q}, \cdots W_p \tilde{Y}_{t-q}, \dot{X}_t] \qquad (2-22)$$

其中，$\tilde{Y}_t$ ① $= \sum\limits_{v=0}^{\infty} B_v^* \dot{X}_{t-v} \beta^* + \sum\limits_{v=0}^{\infty} B_v^* \dot{e}_{t-v}$。

假设 G：以下假设之一成立：

G1：对于所有 $\varrho \in \mathbb{R}_\varrho$ 和 $\sigma^2 > 0$ 且 $(\varrho, \sigma^2) \neq (\varrho^*, \sigma^{*2})$ 有：

$$\liminf_{N \to \infty} \left\{ \frac{1}{2N} \ln \left| \frac{\sigma^{*2}}{\sigma^2} \mathcal{J}(\varrho)' \mathcal{J}(\varrho) \right| - \frac{1}{2N} \text{tr}\left[\frac{\sigma^{*2}}{\sigma^2} \mathcal{J}(\varrho)' \mathcal{J}(\varrho) \right] + \frac{1}{2} \right\} > 0$$

其中，$\mathcal{J}(\varrho) = \mathcal{D}(\varrho) \mathcal{D}^{*-1}$。

G2：$\lim\limits_{N,T \to \infty} \left\{ \frac{1}{N\bar{T}} \left[\sum\limits_{t=\bar{q}}^{T} E(\mathcal{V}_t' \mathcal{V}_t) - \left(\sum\limits_{t=\bar{q}}^{T} E(\mathcal{V}_t' \tilde{\mathcal{X}}_t) \right) \left(\sum\limits_{t=\bar{q}}^{T} E(\tilde{\mathcal{X}}_t' \tilde{\mathcal{X}}_t) \right)^{-1} \left(\sum\limits_{t=\bar{q}}^{T} E(\mathcal{V}_t' \tilde{\mathcal{X}}_t) \right) \right] \right\}$

正定，其中，$G_m^* = W_m \mathcal{D}^{*-1} (m = 1, 2, \cdots, p)$，$\mathcal{V}_t = [G_1^* \tilde{\mathcal{X}}_t \Phi^*, G_2^* \tilde{\mathcal{X}}_t \Phi^*, \cdots, G_p^* \tilde{\mathcal{X}}_t \Phi^*]$。

（五）QMLE 的渐进性质

首先定义 QMLE。令 Θ 为参数空间，$\Theta = \mathbb{R}_\varrho \times \mathbb{R}^r \times \mathbb{R}_{\sigma^2}$。其中 r 为 Φ 的维度。这里给出的参数空间由假设 $\mathcal{D}$ 所得。则 QMLE 定义为：

$$\hat{\theta} = \underset{\theta \in \Theta}{\arg\max} \mathcal{L}(\theta) \qquad (2-23)$$

其中，$\mathcal{L}(\theta)$ 由公式（2-21）和 $\theta = (\varrho', \Phi', \sigma^2)'$ 所得。实践中，可能很难准确地达到极大 $\mathcal{L}(\theta)$。故也用条件（$\bar{T} = T - q$）定义 QMLE。

$$\mathcal{L}(\hat{\theta}) \geq \sup_{\theta \in \Theta} \mathcal{L}(\theta) - |o_p[\max(N^{-1} \bar{T}^{-1}, \bar{T}^{-2})]| \qquad (2-24)$$

下述命题说明 QMLE 具有相合性。

命题 2-1：令 $\hat{\theta}$ 由公式（2-23）或公式（2-24）确定。在假设 A～假设 G 下，当 $N, T \to \infty$ 时，有 $\hat{\theta} \xrightarrow{p} \theta^*$。为了说明 QMLE 的极限分布，而引入了一些额外的符号。P 维 ϕ 向量定义如下：

$$\phi = \frac{1}{N}[tr(W_1 \mathcal{D}^{*-1}) \ tr(W_2 \mathcal{D}^{*-1}) \cdots tr(W_p \mathcal{D}^{*-1})]'$$

其中，$\mathcal{D}^* = \mathcal{D}^* - R_1^* - \cdots - R_q^*$。令 q 维列向量 ι_q 的所有元素为 1。并且假设 $p + q +$

---

① $\tilde{Y}_t$ 的表达式和 $\tilde{Y}_{t-1}$ 等类似，将 $\tilde{Y}_t$ 中的 t 换为 $t-1$ 即可，此处相当于 $\tilde{Y}_{t-1}, \cdots \tilde{Y}_{t-q}$ 的共同公式。

$pq + k + 1$ 维列向量 Δ_N:

$$\Delta_N = \left[\underset{1\times p}{\phi'} N^{-1} tr(\underset{1\times q}{\mathcal{D}^{*-1}}) \iota_q' (\iota_q \underset{1\times pq}{\otimes} \phi)' \underset{1\times k}{0} \frac{1}{2\sigma^{*2}} \right]'$$

其中，$\otimes$ 表示 Kronecker 乘积。此外，定义矩阵 $\Omega_{0,NT}$ 和 $\Omega_{1,NT}$ 如下：

$$\Omega_{0,NT} = \frac{1}{N\bar{T}\sigma^{*2}} \begin{bmatrix} \underset{p\times p}{\sum_{t=\bar{q}}^{T} E(\tilde{Z}_t' \tilde{Z}_t)} & \underset{p\times r}{\sum_{t=\bar{q}}^{T} E(\tilde{Z}_t' \tilde{X}_t)} & \underset{p\times 1}{0} \\ \underset{r\times p}{\sum_{t=\bar{q}}^{T} E(\tilde{X}_t' \tilde{Z}_t)} & \underset{r\times r}{\sum_{t=\bar{q}}^{T} E(\tilde{X}_t' \tilde{X}_t)} & \underset{r\times 1}{0} \\ \underset{1\times p}{0} & \underset{1\times r}{0} & N\bar{T}/(2\sigma^{*2}) \end{bmatrix} +$$

$$\frac{1}{N} \begin{bmatrix} tr[G_1^* G_1^*] & \cdots & tr[G_1^* G_p^*] & \underset{1\times r}{0} & tr(G_1^*)/\sigma^{*2} \\ \vdots & \ddots & \vdots & \vdots & \vdots \\ tr[G_p^* G_1^*] & \cdots & tr[G_p^* G_p^*] & \underset{1\times r}{0} & tr(G_p^*)/\sigma^{*2} \\ \underset{r\times 1}{0} & \cdots & \underset{r\times 1}{0} & \underset{r\times r}{0} & \underset{r\times 1}{0} \\ tr(G_1^*)/\sigma^{*2} & \cdots & tr(G_p^*)/\sigma^{*2} & \underset{1\times r}{0} & 0 \end{bmatrix} \quad (2-25)$$

$$\Omega_{1,N} = \frac{k_4^* - 3\sigma^{*4}}{N\sigma^{*4}} \times \begin{bmatrix} tr[G_1^* \circ G_1^*] & \cdots & tr[G_1^* \circ G_p^*] & \underset{1\times r}{0} & tr(G_1^*)/(2\sigma^{*2}) \\ \vdots & \ddots & \vdots & \vdots & \vdots \\ tr[G_p^* \circ G_1^*] & \cdots & tr[G_p^* \circ G_p^*] & \underset{1\times r}{0} & tr(G_p^*)/(2\sigma^{*2}) \\ \underset{r\times 1}{0} & \cdots & \underset{r\times 1}{0} & \underset{r\times r}{0} & \underset{r\times 1}{0} \\ tr(G_1^*)/(2\sigma^{*2}) & \cdots & tr(G_p^*)/(2\sigma^{*2}) & \underset{1\times r}{0} & N(4\sigma^{*4})^{-1} \end{bmatrix}$$

$$(2-26)$$

其中，$k_4^* = E(e_{it}^4)$，$G_m^{*①} = W_m D^{*-1}$，$\tilde{Z}_t(W_1 \tilde{Y}_t, W_2 \tilde{Y}_t, \cdots, W_p \tilde{Y}_t)$，$\tilde{X}_t$（定义见假设 F），$r = pq + q + k$ 是 Φ 的维度。此外，"$\circ$" 表示 Hadamard 乘积。

定理 2-5：在假设 A ~ 假设 G 条件下，当 $N, T \to \infty$，$N/T^3 \to 0$，时，有：

$$\sqrt{N\bar{T}} \left(\hat{\theta} - \theta^* + \frac{1}{\bar{T}} \Omega_0^{-1} \Delta \right) \xrightarrow{d} N[0, \Omega_0^{-1}(\Omega_0 + \Omega_1) \Omega_0^{-1}]$$

其中，$\Delta = \lim_{N\to\infty} \Delta_N$，$\Omega_0 = \lim_{N\to\infty} \Delta_N$，$\Omega_1 = \lim_{N\to\infty} \Omega_{1,N}$。

---

① G_m^* 是 $G_1^*, \cdots, G_P^*$ 的共同表达式，m 取 $1, 2, \cdots, P$ 即得，对应表达式为 $m = 1, 2, \cdots, P$。

注释 2-3：考虑 $p=1$ 和 $q=1$ 的情形，模型（2-12）为 Yu 等（2008）所考虑的模型。尽管这两项研究有不同的表达，定理 2-5 的渐进结果和 Yu 等（2008）的研究是一致的。首先注意到在 Yu 等（2008）的研究中，$\Omega_{1,N} = \Omega_{0,NT}$。此外，因为 $W\dot{Y}_t = G^* \dot{\mathcal{X}}_t \Phi^* + G^* \dot{e}_t$，则有：

$$\frac{1}{N\bar{T}\sigma^{*2}} \sum_{t=\bar{q}}^{T} E(\tilde{Y}_t' W' W \tilde{Y}_t) = \frac{1}{N\bar{T}\sigma^{*2}} \sum_{t=\bar{q}}^{T} E(\dot{Y}_t' W' W \dot{Y}_t) + o(1)$$

$$= \frac{1}{N\bar{T}\sigma^{*2}} \sum_{t=\bar{q}}^{T} E(\Phi^{*'} \dot{\mathcal{X}}_t' G^{*'} G^* \dot{\mathcal{X}}_t \Phi^*) + \frac{1}{N} tr(G^{*'} G^*) + o(1)$$

和

$$\frac{1}{N\bar{T}\sigma^{*2}} \sum_{t=\bar{q}}^{T} E(\tilde{Y}_t' W' \tilde{\mathcal{X}}_t) = \frac{1}{N\bar{T}\sigma^{*2}} \sum_{t=\bar{q}}^{T} E(\dot{Y}_t' W' \dot{\mathcal{X}}_t) + o(1)$$

$$= \frac{1}{N\bar{T}\sigma^{*2}} \sum_{t=\bar{q}}^{T} E(\Phi^{*'} \dot{\mathcal{X}}_t' G^{*'} \dot{\mathcal{X}}_t) + o(1)$$

利用上述结果，很容易看出定理 2-4 中 $\Omega_{0,NT}$ 等价于 Yu 等（2008）研究中的 $\sum_{0,nT}$。关于误差公式，因为对于任意满足 $\|A\|_1 < 1$ 或 $\|A\|_\infty < 1$ 的矩阵 A 有 $(I-A)^{-1} = I + A + A^2 + \cdots$，因此可以将 Yu 等（2008）中的误差公式 $\varphi_n(\theta_0)$ 进行简化至定理 2-5 中的 Δ_N。根据这些结果，这两个研究的渐近结果是等价的。

（六）脉冲响应分析及其渐近性

移动平均表示法如下所示：

$$Y_t = \mathbb{D}^{*-1} \mu^* + \sum_{v=0}^{\infty} B_v^* X_{t-v} \beta^* + \sum_{v=0}^{\infty} B_v^* e_{t-v} \tag{2-27}$$

该式特别具有实际意义。假设某一时刻第 j 个空间单位的新息增加了一个单位。B_0^* 的第 j 列表示所有 N 个因变量的立即变化。B_1^* 的第 j 列表示一个周期后 N 个因变量的变化，依此类推。如果逐段记录这些变化，得到第 j 个空间单元的新息增加一个单元所引起的所有 N 个变量的动态响应。这类运行过程在向量自回归（VAR）文献中称为脉冲响应分析，广泛用于宏观经济政策评估。本节考虑了移动平均表示（2-27）中系数的估计和推断理论。根据公式（2-27），其他新息保持在所有日期不变第 j 个空间单元在 s 时刻的新息量增加 1 个单位，则第 i 个因变量在 $s+\tau$ 时刻的新息量增加：

$$\frac{\partial Y_{i,s+\tau}}{\partial e_{j,s}} = B_{ij,\tau}^* \tag{2-28}$$

其中，$B_{ij,\tau}^*$ 是 B_τ^* 的第 (i,j) 个元素。注意到因为随机部分 Y_t 是平稳的所以上述表达式并不依赖于 s。$B_{ij,\tau}^*$ 的一个相合估计为 $\hat{B}_{ij,\tau}$，其中 $\hat{B}_{ij,\tau}$ 是矩阵 $\hat{B}_\tau$ 的第 (i,j) 个元素。$\hat{B}_\tau$

的递归表达式如下：

$$\hat{B}_\tau = \hat{D}^{-1} \sum_{v=1}^{q} \hat{R}_v \hat{B}_{\tau-v} \tag{2-29}$$

$\hat{B}_0 = \hat{D}^{-1}$，当 $\tau < 0$ 时，$\hat{B}_\tau = 0$。其中对 $n = 1, \cdots, q$，$\hat{\rho}_m$、$\hat{\rho}_n$ 和 $\hat{\gamma}_{mn}$ 为 QMLE 时有：

$$\hat{D} = I_N - \sum_{m=1}^{p} \hat{\rho}_m W_m ; \hat{R}_n = \hat{\rho}_n I_n + \sum_{m=1}^{p} \hat{\gamma}_{mn} W_m \tag{2-30}$$

除了对扰动项的分析，还可以评估协变量 X 的变化对 Y 的影响。更具体地说，根据公式（2-28），第 i 个因变量在 $s+\tau$ 时刻对第 j 个空间单位的第 l 个回归因子在 s 时刻增加 1 单位的响应为：

$$\frac{\partial Y_{i,s+\tau}}{\partial X_{jl,s}} = B^*_{ij,\tau} \beta^*_l \tag{2-31}$$

类似地，上述结果并不依赖于 s，故可以用 $\hat{B}_{ij,\tau} \hat{\beta}_l$ 作为 $B^*_{ij,\tau} \beta^*_l$ 的一致估计。

为研究上述估计的渐近性质，令 $\Psi^\rho_{\tau,m}$ 为 $N \times N$ 的矩阵序列，其迭代定义式为：

$$\Psi^\rho_{\tau,m} ① = D^{*-1} W_m B^*_\tau + D^{*-1} \sum_{v=1}^{q} R^*_v \Psi^\rho_{\tau-v,m} \tag{2-32}$$

其中，$\Psi^\rho_{0,m} = D^{*-1} W_m D^{*-1}$，当 $\tau < 0$ 时，对每一个 $m = 1, \cdots, p$ 均有 $\Psi^\rho_{\tau,m} = 0$。类似地，令 $\Psi^\rho_{\tau,n}$ 为 $N \times N$ 的矩阵序列，其迭代定义式为：

$$\Psi^\rho_{\tau,n} = D^{*-1} B^*_{\tau-n} + D^{*-1} \sum_{v=1}^{q} R^*_v \Psi^\rho_{\tau-v,m} \tag{2-33}$$

其中，当 $\tau \leq 0$ 时，对任意 $n = 1, \cdots, q$ 有 $\Psi^\rho_{\tau,n} = 0$；当 $\tau < 0$ 时，有 $B^*_\tau = 0$。Ψ^γ_{mn} 的递归表达式为：

$$\Psi^\gamma_{\tau,mn} = D^{*-1} W_m B^*_{\tau-n} + D^{*-1} \sum_{v=1}^{q} R^*_v \Psi^\gamma_{\tau-v,mn} \tag{2-34}$$

其中，当 $\tau \leq 0$ 时，对任意 $m = 1, \cdots, p$，$n = 1, \cdots, q$ 有 $\Psi^\gamma_{\tau,mn} = 0$；当 $\tau < 0$ 时，有 $B^*_\tau = 0$。

令 $\Psi^{ij,\rho}_{\tau,m}$ 为 $\Psi^\rho_{\tau,m}$ 的第 (i,j) 个元素，且 $\Psi^{ij,\rho}_{\tau,n}$ 定义类似。此外，令 $\Psi^{ij,\gamma}_\tau = (\Psi^{ij,\gamma}_{\tau,mn})_{p \times q}$ 为由 $\Psi^{ij,\gamma}_{\tau,mn}$ 组成的 $p \times q$ 矩阵。定义 $(p+q+pq+k+1)$ 维列向量 $\vartheta_{ij,\tau}$ 为如下表达：

$$\vartheta_{ij,\tau} = [\Psi^{ij,\rho}_{\tau,1}, \cdots, \Psi^{ij,\rho}_{\tau,p}, \Psi^{ij,\rho}_{\tau,1}, \cdots, \Psi^{ij,\rho}_{\tau,q}, vec(\Psi^{ij,\gamma}_\tau)', \underset{1*(k+1)}{0}] \tag{2-35}$$

定理 2-6：在假设 A ~ 假设 G 条件下，当 $N, T \to \infty$，$N/T^3 \to 0$ 时有：

$$\sqrt{N\bar{T}} \left(\hat{B}_{ij,\tau} - B^*_{ij,\tau} + \frac{1}{\bar{T}} \vartheta'_{ij,\tau} \Omega_0^{-1} \Delta \right) \xrightarrow{d} N[0, \vartheta'_{ij,\tau} \Omega_0^{-1} (\Omega_0 + \Omega_1) \Omega_0^{-1} \vartheta_{ij,\tau}]$$

和

---

① $\Psi^\rho_{\tau,m}$ 需确定初始值，$\tau = 0$ 时和 $\tau > 0$ 时表达式有一定不同，所以特别指出了 $\tau = 0$ 时 $\Psi^\rho_{0,m}$ 的具体表达式。

$$\sqrt{N\bar{T}}\left(\hat{B}_{ij,\tau}\hat{\beta}_l - B^*_{ij,\tau}\beta^*_l + \frac{1}{\bar{T}}\varpi'_{ij,l\tau}\Omega_0^{-1}\Delta\right) \xrightarrow{d} N\left[0, \varpi'_{ij,l\tau}\Omega_0^{-1}(\Omega_0+\Omega_1)\Omega_0^{-1}\varpi_{ij,l\tau}\right]$$

其中，$\varpi_{ij,l\tau} = \beta_l^* \vartheta_{ij,\tau} + B^*_{ij,\tau} v_l$，$v_l$ 是一个 $(p+q+pq+k+1)$ 维的向量且 $(p+q+pq+l)$ 个元素为 1，其余为 0。

注释 2-4：给定式（2-27）中的结果，对 $\tau = 0,1,\cdots B^*_{ij,\tau}$ 的 $(1-\alpha)$ 置信区间为：

$$\left[\hat{B}_{ij,\tau} + \frac{1}{\bar{T}}\hat{\vartheta}'_{ij,\tau}\hat{\Omega}_0^{-1}\hat{\Delta} - z_{\alpha/2}\sqrt{\frac{1}{N\bar{T}}\hat{\vartheta}'_{ij,\tau}\hat{\Omega}_0^{-1}(\hat{\Omega}_0+\hat{\Omega}_1)\hat{\Omega}_0^{-1}\hat{\vartheta}'_{ij,\tau}},\right.$$

$$\left.\hat{B}_{ij,\tau} + \frac{1}{\bar{T}}\hat{\vartheta}'_{ij,\tau}\hat{\Omega}_0^{-1}\hat{\Delta} + z_{\alpha/2}\sqrt{\frac{1}{N\bar{T}}\hat{\vartheta}'_{ij,\tau}\hat{\Omega}_0^{-1}(\hat{\Omega}_0+\hat{\Omega}_1)\hat{\Omega}_0^{-1}\hat{\vartheta}'_{ij,\tau}}\right]$$

类似地，$B^*_{ij,\tau}\beta^*_l$ 的 $(1-\alpha)$ 置信区间为：

$$\left[\hat{B}_{ij,\tau}\hat{\beta}_l + \frac{1}{\bar{T}}\hat{\varpi}'_{ij,l\tau}\hat{\Omega}_0^{-1}\hat{\Delta} - z_{\alpha/2}\sqrt{\frac{1}{N\bar{T}}\hat{\varpi}'_{ij,l\tau}\hat{\Omega}_0^{-1}(\hat{\Omega}_0+\hat{\Omega}_1)\hat{\Omega}_0^{-1}\hat{\varpi}'_{ij,l\tau}},\right.$$

$$\left.\hat{B}_{ij,\tau}\hat{\beta}_l + \frac{1}{\bar{T}}\hat{\varpi}'_{ij,l\tau}\hat{\Omega}_0^{-1}\hat{\Delta} + z_{\alpha/2}\sqrt{\frac{1}{N\bar{T}}\hat{\varpi}'_{ij,l\tau}\hat{\Omega}_0^{-1}(\hat{\Omega}_0+\hat{\Omega}_1)\hat{\Omega}_0^{-1}\hat{\varpi}'_{ij,l\tau}}\right]$$

其中，$z_{\alpha/2}$ 是满足 $P(|N(0,1)|>z_{\alpha/2}) = \alpha$ 的临界值。符号 $\hat{\Omega}_0, \hat{\Omega}_1, \hat{\Delta}$ 分别是给定假设 E 的情况下 $\Omega_0, \Omega_1, \Delta$ 的估计量。$\hat{\varpi}'_{ij,l\tau}, \hat{\vartheta}'_{ij,\tau}$ 分别是 $\varpi_{ij,l\tau}$ 和 $\vartheta'_{ij,\tau}$ 的估计量，这两个估计量可以根据公式（2-33）、公式（2-34）和公式（2-35）递归计算，用它们的 QMLE 替换基础参数。

LeSage 和 Pace（2009）在空间自回归模型中定义了平均直接影响（ADI）、平均间接影响（AII）和平均总影响（ATI）。具体定义参见 LeSage 和 Pace（2009）第 2.7 节。顺着 LeSage 和 Pace（2009）的思路，Li Kunpeng（2017）在动态空间面板数据模型中定义了三个影响。更准确地说，τ 期后第一个外生回归量造成的三类影响定义为：

$$ADI_{\tau,l} = \frac{1}{N}tr(B^*_\tau)\beta^*_l, \quad AII_{\tau,l} = \frac{1}{N}\left[\iota'_N B^*_\tau \iota_N - tr(B^*_\tau)\right]\beta^*_l, \quad ATI_{\tau,l} = \frac{1}{N}\iota'_N B^*_\tau \iota_N \beta^*_l \quad (2-36)$$

其中，ι_N 是所有元素均为 1 的 N 维向量。这三类影响的相合估计为：

$$\widehat{ADI}_{\tau,l} = \frac{1}{N}tr(\hat{B}_\tau)\hat{\beta}_l, \quad \widehat{AII}_{\tau,l} = \frac{1}{N}\left[\iota'_N \hat{B}_\tau \iota_N - tr(\hat{B}_\tau)\right]\hat{\beta}_l, \quad \widehat{ATI}_{\tau,l} = \frac{1}{N}\iota'_N \hat{B}_\tau \iota_N \hat{\beta}_l \quad (2-37)$$

为了给出这三种估计影响的渐近结果，引入了以下符号。$V^d_\tau, V^i_\tau, V^t_\tau$ 定义如下：

$$V^d_\tau = \frac{1}{N}\left[tr(\Psi^\rho_{\tau,1}),\cdots,tr(\Psi^\rho_{\tau,p}),tr(\Psi^\rho_{\tau,1}),\cdots,tr(\Psi^\rho_{\tau,q}),tr(\Psi^\gamma_{\tau,11}),\cdots,tr(\Psi^\gamma_{\tau,pq}),\underset{1*(k+1)}{0}\right]$$

$$V^t_\tau = \frac{1}{N}\left[\iota'_N\Psi^\rho_{\tau,1}\iota_N,\cdots,\iota'_N\Psi^\rho_{\tau,p}\iota_N,\iota'_N\Psi^\rho_{\tau,1}\iota_N,\cdots,\iota'_N\Psi^\rho_{\tau,q}\iota_N,\iota'_N\Psi^\gamma_{\tau,11}\iota_N,\cdots,\iota'_N\Psi^\gamma_{\tau,pq}\iota_N,\underset{1*(k+1)}{0}\right]$$

$$V^i_\tau = V^t_\tau - V^d_\tau$$

此外，定义：

$$V_{\tau,l}^d = \beta_l^* V_\tau^d + \frac{1}{N}tr(B_\tau^*)v_l, V_{\tau,l}^t = \beta_l^* V_\tau^t + \frac{1}{N}\iota_N' B_\tau^* \iota_N v_l, V_{\tau,l}^i = \beta_l^* V_\tau^t + \frac{1}{N}[\iota_N' B_\tau^* \iota_N - tr(B_\tau^*)]v_l$$

这三个估计的影响的渐近结果可以立即由定理 2-5 得到,并在下面的推论中给出。

推论 2-1:在假设 A~假设 G 条件下,当 $N, T \to \infty$,$N/T^3 \to 0$ 时有:

$$\sqrt{N\bar{T}}\left(A\hat{D}I_{\tau,l} - ADI_{\tau,l} + \frac{1}{\bar{T}}V_{\tau,l}^{d'}\Omega_0^{-1}\Delta\right) \xrightarrow{d} N[0, \bar{V}_{\tau,l}^{d'}\Omega_0^{-1}(\Omega_0 + \Omega_1)\Omega_0^{-1}\bar{V}_{\tau,l}^d]$$

$$\sqrt{N\bar{T}}\left(A\hat{I}I_{\tau,l} - AII_{\tau,l} + \frac{1}{\bar{T}}V_{\tau,l}^{i'}\Omega_0^{-1}\Delta\right) \xrightarrow{d} N[0, \bar{V}_{\tau,l}^{i'}\Omega_0^{-1}(\Omega_0 + \Omega_1)\Omega_0^{-1}\bar{V}_{\tau,l}^i]$$

$$\sqrt{N\bar{T}}\left(A\hat{T}I_{\tau,l} - ATI_{\tau,l} + \frac{1}{\bar{T}}V_{\tau,l}^{t'}\Omega_0^{-1}\Delta\right) \xrightarrow{d} N[0, \bar{V}_{\tau,l}^{t'}\Omega_0^{-1}(\Omega_0 + \Omega_1)\Omega_0^{-1}\bar{V}_{\tau,l}^t]$$

其中,$\bar{V}_{\tau,l}^a = \lim_{N\to\infty} V_{\tau,l}^a, a = d, i, t$。

注释 2-5:类似地,也可以根据新息定义 ADI、AII 和 ATI。这三个新的影响与公式(2-36)中对应的影响形式相同,只是表达式中应该去掉 β_l^*(所以下标 l 也需要去掉)。这三个影响的估计量暗含于公式(2-37),通过删除表达式中的 $\hat{\beta}_l$ 得到。新的估计影响的渐近结果几乎与推论 2-1 中的结果相同,除了 $V_{\tau,l}^d$,$V_{\tau,l}^i$,$V_{\tau,l}^t$ 应该分别被 V_τ^d,V_τ^i,V_τ^t 替代。另一项常规操作是计算第 i 个因变量在无限时域上随第 j 个空间单元增加一个单位新息的累计变化量,即 $\sum_{\tau=0}^{\infty} B_{ij,\tau}^*$。这个值代表了新息增长的长期效应。类似地,可以使用插件方法(Plug-In Method)用 $\sum_{\tau=0}^{\infty} \hat{B}_{ij,\tau}$ 一致估计 $\sum_{\tau=0}^{\infty} B_{ij,\tau}^*$。除此之外,根据式(2-22),有 $\sum_{\tau=0}^{\infty} B_{ij,\tau}^* = [\mathbb{D}^{*-1}]_{ij}$,其中,$\mathbb{D}^* = D^* - R_1^* - \cdots - R_q^*$ 且 $[A]_{ij}$ 表示矩阵 A 的第 (i,j) 个元素。因此,$\sum_{\tau=0}^{\infty} B_{ij,\tau}^*$ 的另一个可选的估计量是 $[\hat{\mathbb{D}}^{-1}]_{ij}$,其中 $\hat{\mathbb{D}} = \hat{D} - \hat{R}_1 - \cdots - \hat{R}_q$ [$\hat{D}, \hat{R}_n(n=1,2,\cdots,q)$] [定义见公式(2-30)]。同样也可以计算由于解释变量的单位变化而产生的累积效应。根据公式(2-31),单位 j 向单位 i 的 l 回归变量变化的累积效应为 $\sum_{\tau=0}^{\infty} B_{ij,\tau}^* \beta_l^*$。其一致估计为 $[\hat{\mathbb{D}}^{-1}]_{ij} \hat{\beta}_l$。为便于说明,使用 $\hat{d}_{ij}$ 表示 $[\hat{\mathbb{D}}^{-1}]_{ij}$。

为了说明 $\hat{d}_{ij}$ 和 $\hat{d}_{ij}\hat{\beta}_l$ 的极限分布,引入如下符号。令 η_{ij} 为 p 维向量,其中第 $m(m=1,2,\cdots,p)$ 个元素是 $\mathbb{D}^{*-1}W_m\mathbb{D}^{*-1}$ 的第 (i,j) 个元素。令 $(p+q+pq+k+1)$ 维向量 ξ_{ij} 满足:

$$\xi_{ij} = [\eta_{ij}', \ddot{d}_{ij}\iota_q', (\iota_q \otimes \eta_{ij})', \underset{1\times(k+1)}{0}]$$

其中,$\ddot{d}_{ij}$ 是 $\mathbb{D}^{*-2}$ 的第 (i,j) 个元素。

定理 2-7：在假设 A ~ 假设 G 条件下，当 $N,T \to \infty$，$N/T^3 \to 0$ 时有：

$$\sqrt{N\overline{T}}\left(\hat{d}_{ij} - \sum_{\tau=0}^{\infty} B^*_{ij,\tau} + \frac{1}{T}\xi'_{ij}\Omega_0^{-1}\Delta\right) \xrightarrow{d} N[0,\xi'_{ij}\Omega_0^{-1}(\Omega_0 + \Omega_1)\Omega_0^{-1}\xi_{ij}]$$

$$\sqrt{N\overline{T}}\left(\hat{d}_{ij}\hat{\beta}_l - \sum_{\tau=0}^{\infty} B^*_{ij,\tau}\beta^*_l + \frac{1}{T}\pi'_{ij,l}\Omega_0^{-1}\Delta\right) \xrightarrow{d} N[0,\pi'_{ij,l}\Omega_0^{-1}(\Omega_0 + \Omega_1)\Omega_0^{-1}\pi_{ij,l}]$$

其中，$\pi_{ij,l} = \beta^*_l \xi_{ij} + \sum_{\tau=0}^{\infty} B^*_{ij,\tau} v_l$。

注释 2-6：根据定理 2-7，$\sum_{\tau=0}^{\infty} B^*_{ij,\tau}$ 的 $(1-\alpha)$ 置信区间为：

$$\left[\hat{d}_{ij} + \frac{1}{\overline{T}}\hat{\xi}'_{ij}\hat{\Omega}_0^{-1}\hat{\Delta} - z_{\alpha/2}\sqrt{\frac{1}{N\overline{T}}\hat{\xi}'_{ij}\hat{\Omega}_0^{-1}(\hat{\Omega}_0 + \hat{\Omega}_1)\hat{\Omega}_0^{-1}\hat{\xi}_{ij}},\right.$$

$$\left.\hat{d}_{ij} + \frac{1}{\overline{T}}\hat{\xi}'_{ij}\hat{\Omega}_0^{-1}\hat{\Delta} + z_{\alpha/2}\sqrt{\frac{1}{N\overline{T}}\hat{\xi}'_{ij}\hat{\Omega}_0^{-1}(\hat{\Omega}_0 + \hat{\Omega}_1)\hat{\Omega}_0^{-1}\hat{\xi}_{ij}}\right]$$

类似地，$B^*_{ij,\tau}\beta^*_l$ 的 $(1-\alpha)$ 置信区间为：

$$\left[\hat{d}_{ij} + \frac{1}{\overline{T}}\hat{\pi}'_{ij,l}\hat{\Omega}_0^{-1}\hat{\Delta} - z_{\alpha/2}\sqrt{\frac{1}{N\overline{T}}\hat{\pi}'_{ij,l}\hat{\Omega}_0^{-1}(\hat{\Omega}_0 + \hat{\Omega}_1)\hat{\Omega}_0^{-1}\hat{\pi}_{ij,l}},\right.$$

$$\left.\hat{d}_{ij} + \frac{1}{\overline{T}}\hat{\pi}'_{ij,l}\hat{\Omega}_0^{-1}\hat{\Delta} + z_{\alpha/2}\sqrt{\frac{1}{N\overline{T}}\hat{\pi}'_{ij,l}\hat{\Omega}_0^{-1}(\hat{\Omega}_0 + \hat{\Omega}_1)\hat{\Omega}_0^{-1}\hat{\pi}_{ij,l}}\right]$$

类似地，$\hat{\xi}_{ij}$ 和 $\hat{\pi}_{ij,l}$ 可以用插件方式获得。

如公式（2-36）所示，可定义平均直接影响、平均间接影响和平均总影响的时间积累，分别用缩写 AADI、AAII 和 AATI 表示。更具体地说，由回归因子 l 引起的三个累积影响定义为：

$$AADI_l = \frac{1}{N}\sum_{\tau=0}^{\infty} tr(B^*_\tau)\beta^*_l, \quad AAII_l = \frac{1}{N}\sum_{\tau=0}^{\infty}[\iota'_N B^*_\tau \iota_N - tr(B^*_\tau)]\beta^*_l, \quad AATI_l = \frac{1}{N}\sum_{\tau=0}^{\infty} \iota'_N B^*_\tau \iota_N \beta^*_l$$

(2-38)

如前所述，可以通过下式进行估计：

$$\hat{AADI}_l = \frac{1}{N}\sum_{\tau=0}^{\infty} tr(\hat{D}^{-1})\beta^*_l, \quad \hat{AAII}_l = \frac{1}{N}\sum_{\tau=0}^{\infty}[\iota'_N \hat{D}^{-1}\iota_N - tr(\hat{D}^{-1})]\beta^*_l, \quad \hat{AATI}_l = \frac{1}{N}\sum_{\tau=0}^{\infty} \iota'_N \hat{D}^{-1}\iota_N \beta^*_l$$

为给出渐近结果，引入 $e^d = \frac{1}{N}\sum_{i=1}^{N}\xi_{ii}, e^t = \frac{1}{N}\sum_{i=1}^{N}\sum_{j=1}^{N}\xi_{ij}$ 和 $e^i = e^t - e^d$。此外定义：$e^d_l = \beta^*_l e^d + \frac{1}{N}tr(\mathbb{D}^{*-1})v_l, e^t_l = \beta^*_l e^t + \frac{1}{N}\iota'_N D^{*-1}\iota_N v_l, e^i_l = e^t_l - e^d_l$。

然后，对这三种估计的累积影响得出以下推论。

推论 2-2：在假设 A～假设 G 条件下，当 $N, T \to \infty$，$N/T^3 \to 0$ 时有：

$$\sqrt{N\bar{T}}\left(A\hat{A}DI_l - AADI_l + \frac{1}{\bar{T}}e_l^{d'}\Omega_0^{-1}\Delta\right) \xrightarrow{d} N[0, \bar{e}_l^{d'}\Omega_0^{-1}(\Omega_0 + \Omega_1)\Omega_0^{-1}\bar{e}_l^d]$$

$$\sqrt{N\bar{T}}\left(A\hat{A}II_l - AAII_l + \frac{1}{\bar{T}}e_l^{i'}\Omega_0^{-1}\Delta\right) \xrightarrow{d} N[0, \bar{e}_l^{i'}\Omega_0^{-1}(\Omega_0 + \Omega_1)\Omega_0^{-1}\bar{e}_l^i]$$

$$\sqrt{N\bar{T}}\left(A\hat{A}TI_l - AATI_l + \frac{1}{\bar{T}}e_l^{t'}\Omega_0^{-1}\Delta\right) \xrightarrow{d} N[0, \bar{e}_l^{t'}\Omega_0^{-1}(\Omega_0 + \Omega_1)\Omega_0^{-1}\bar{e}_l^t]$$

其中，$\bar{e}_l^a = \lim\limits_{N \to \infty} e_l^a, a = d, i, t$。

注释 2-7：同样可以根据新息定义 $AADI$、$AAII$ 和 $AATI$。从公式（2-38）中的三个表达式中删除 β_l^*，可以得到三个新的累积影响。新的估计影响的渐近结果与推论 2-2 中的结果基本一致，仅需用 e^d, e^i, e^t 分别替换 e_l^d, e_l^i, e_l^t。

（七）模型选择问题

模型（2-12）带来的一个伴生问题是它涉及太多的回归量。例如，如果 $p=2$（两个空间权重矩阵）和 $q=3$（三个时间滞后），即使没有外生回归量 X，模型也有 11 个回归量。实际上，偏系数很可能是 0。为了得到一个简约的模型并获得更多的自由度，可能需要找出所有不相关的回归量并将它们从模型中移除。Li Kunpeng（2017）证明如果惩罚函数满足一定的正则性条件，则通过最小化信息准则可以一致地估计底层模型。

令 $\mathcal{M}^*$ 为回归量集合，它由潜在真实模型中的所有回归量组成。例如，如果潜在真实模型是：

$$Y_t = \mu + \varrho_1 W_1 Y_t + \varrho_2 W_2 Y_t + \rho_1 Y_{t-1} + \gamma W_2 Y_{t-1} + X_{t1}\beta_1 + X_{t2}\beta_2 + e_t \quad (2-39)$$

$\mathcal{M}^*$ 定义为：

$$\mathcal{M}^* = \{W_1 Y, W_2 Y, Y_{-1}, W_2 Y_{-1}, X_1, X_2\}$$

设 $\mathcal{M}$ 表示任意候选模型中的回归量集合。$\mathcal{M}$ 的信息准则（IC）定义为：

$$IC(\mathcal{M}) = -2\mathcal{L}_{\mathcal{M}}(\hat{\theta}_{\mathcal{M}}) + |\mathcal{M}|\lambda(N, \bar{T})$$

其中，λ 是一个泛型惩罚函数（取决于样本大小），$\mathcal{L}_{\mathcal{M}}(\cdot)$ 是模型 $\mathcal{M}$ 的伪最大似然函数，$\hat{\theta}_{\mathcal{M}}$ 是模型 $\mathcal{M}$ 中参数 θ 的 QMLE，$|\mathcal{M}|$ 表示 $\mathcal{M}$ 中的元素个数，模型（2-39）中为 6。[①] 注意到上述结果可以被写为：

$$IC(\mathcal{M}) = \ln(\hat{\sigma}_{\mathcal{M}}^2) - \frac{2}{N}\ln|I_N - \hat{\varrho}_{1,\mathcal{M}}W_1 - \cdots - \hat{\varrho}_{p,\mathcal{M}}W_p| + |\mathcal{M}|\lambda(N, \bar{T})$$

---

① 指（2-39）中元素个数有 6 个：$W_1 Y, W_2 Y, Y_{-1}, W_2 Y_{-1}, X_1, X_2$。

由以下定理可知,如果满足惩罚函数的某些正则性条件,则信息准则方法可以一致地估计模型。

定理 2-8:任意满足 $\mathcal{M}^* \cap \mathcal{M} = \mathcal{M}^*, \mathcal{M}^* \neq \mathcal{M}$ 的模型 $\mathcal{M}$,假设模型 $\mathcal{M}$ 满足假设 A~假设 G。若当 $N,T \to \infty$ 时,有 $\min(N\bar{T},\bar{T}^2)\lambda(N,\bar{T}) \to \infty$,则有 $\mathbb{P}\{IC(\mathcal{M}) > IC(\mathcal{M}^*)\} \to 1$。

对任意满足 $\mathcal{M}^* \cap \mathcal{M} \neq \mathcal{M}^*$ 的模型 $\mathcal{M}$,假设对模型 $\mathcal{M}^* \cup \mathcal{M}$,假设 A~假设 G 成立,若当 $N,T \to \infty$ 时,有 $\lambda(N,\bar{T}) \to 0$,则有 $\mathbb{P}\{IC(\mathcal{M}) > IC(\mathcal{M}^*)\} \to 1$。

定理 2-8 要求在过拟合模型中识别基础参数。这一条件虽然很强,但在文献中被广泛假设(Fan 和 Peng, 2004;Huang 等, 2008;Wang 等, 2009)。

注释 2-8:根据定理 2-8,选择罚函数的空间很大。例如,可以选择:

$$\lambda(N,\bar{T}) = \frac{\ln[\min(N\bar{T},\bar{T}^2)]}{\min(N\bar{T},\bar{T}^2)} \tag{2-40}$$

则 $IC(\mathcal{M})$ 为贝叶斯信息准则(BIC)。或者可选择:

$$\lambda(N,\bar{T}) = 2\frac{\ln\ln[\min(N\bar{T},\bar{T}^2)]}{\min(N\bar{T},\bar{T}^2)} \tag{2-41}$$

则 $IC(\mathcal{M})$ 为 Hannan-Quinn 信息准则(HQC)。BIC 和 HQC 都可以一致地估计潜在的模型。

注释 2-9:定理 2-8 是在假设真实模型在这些备选方案之间的情况下推导出来的。在实践中,很可能所有的替代方案都没有正确指定。错误指定的来源是多种多样的,如序列相关的错误指定、误差的横截面异方差或空间权重矩阵等。如果所有的选项都被错误指定,那么模型选择问题就相当于选择一个最接近真实模型的模型,其中最接近的模型是用 Kullback-Leibler 距离定义的。在非常一般的设置下,信息判据值 $IC(\mathcal{M})$ 是模型 M 的 Kullback 差异的一致估计器,因此,如果没有正确指定模型,仍可以使用所提出的信息判据来确定最佳模型。

一旦信息准则方法表明原始模型被过度拟合,则需选择一个更简洁的模型,将这种信息准则选择的模型称为"凝聚模型"。然后将 QML 估计方法应用于缩聚模型。那么对于这个压缩模型,QMLE 的极限分布是什么。可以看出,它与定理 2-5 中的结果密切相关。将包含所有时空滞后的模型(2-12)称为平衡模型,用 $\mathcal{M}_B(p,q)$ 表示,其中 p 为空间滞后,q 为时间滞后。如果平衡模型包含潜在真实模型作为具有最小 p 和 q 值的子集,则称为最小模型。定理 2-5 给出了平衡模型的渐近性质。设 S 为一个选择矩阵,它从最小的平衡模型中选择所有相关的回归量。如对模型(2-39),最小的平衡模型为 $\mathcal{M}_B(2,1) = \{W_1Y, W_2Y, Y_{-1}, W_1Y_{-1}, W_2Y_{-1}, X_1X_2\}$。

选择矩阵 S 应该从 $\mathcal{M}_B(2,1)$ 中选择 $W_1Y, W_2Y, Y_{-1}, W_1Y_{-1}, W_2Y_{-1}, X_1X_2$。因此它应该是

6×7 的矩阵，即：

$$S = \begin{bmatrix} 1 & 0 & 0 & 0 & 0 & 0 & 0 \\ 0 & 1 & 0 & 0 & 0 & 0 & 0 \\ 0 & 0 & 1 & 0 & 0 & 0 & 0 \\ 0 & 0 & 0 & 0 & 1 & 0 & 0 \\ 0 & 0 & 0 & 0 & 0 & 1 & 0 \\ 0 & 0 & 0 & 0 & 0 & 0 & 1 \end{bmatrix}$$

令 $\tilde{S}$ 定义为 $\tilde{S} = diag(S,1)$。这里考虑用扩展选择矩阵 $\tilde{S}$ 代替 S，因为估计参数包括 σ^2。通过扩展的选择矩阵 $\tilde{S}$ 可以很容易地给出凝聚模型 QMLE 的渐近性质。

（八）数值研究

通过蒙特卡罗模拟研究 QMLE 的有限样本性质。数据根据公式（2-42）生成：

$$Y_t = \mu + \rho_1 W_1 Y_t + \rho_2 W_2 Y_t + \rho Y_{t-1} + \gamma W_1 Y_{t-2} + X_t \beta + e_t \tag{2-42}$$

$\theta = (\rho_1, \rho_2, \rho, \gamma, \beta, \sigma^2) = (0.3, 0.2, 0.1, 0.2, 1, 0.25)$。模拟中使用的空间权重矩阵为 Kelejian 和 Prucha（1999）中"q 前 q 后"的空间权重矩阵，获得方式如下：所有单位排列成一圈，每个单元的影响只受它前 q 个单位和后 q 个单位影响，并且影响权重相同。仿照 Kelejian 和 Prucha（1999），通过让每一行的和等于 1 来标准化空间权重矩阵。模拟中 W_1 是"1 领先 1 落后"，W_2 是"3 领先 3 落后"。外生回归量 x_{it} 和截距项 μ_i 从标准正态分布中抽取。干扰项 e_{it} 从标准 $\chi^2(3)$ 即 $[\chi^2(3) - 3]/\sqrt{6}$ 中抽取。一旦 x_{it}，e_{it} 生成，即可用 $Y_t = (I_N - \rho_1 W_1 - \rho_2 W_2)^{-1}(\mu + \rho_1 Y_{t-1} + \gamma W_1 Y_{t-2} + X_t \beta + e_t)$ 计算 Y_t，当 $t \leq 0$ 时，$Y_t = 0$。为了消除初值的影响，故生成 $T + 500$ 个周期并丢弃前 500 个周期的数据。

首先研究模型选择问题上的信息准则的性能。生成"2 前 2 后"矩阵（用 W_3 表示）作为与公式（2-42）无关的空间权值矩阵。因此，最大的空间滞后值为 3。此外，最大时滞值设置为 3。通过 5000 次重复，结果表明贝叶斯信息准则性能良好。即使在样本容量 $N = 50$ 和 $T = 50$ 的情况下，正确识别真实模型的比例也超过 97%。

接下来研究 QMLE 的性能。简单起见，假设基础模型已知。虽然将 QMLE 的性能与模型选择问题结合起来考虑会提供更多的信息，但注意到潜在的回归量可能不是用 IC 方法选择的，这使性能评估变得困难和复杂。考虑 $N = 50$、75、100 和 $T = 50$、75、100 组合下 QMLE 的偏差、均方根误差（RMSE）和样本大小调整 $RMSE(SRMSE)$，其中调整后的样本量 $RMSE = \sqrt{NT} \times RMSE$。并统计 5% 名义水平下 t 统计量的经验大小，所有结果重复 5000 次。结果表明 QMLEs 是一致的，随着样本量的增大，偏差和 RMSEs 稳定减小。此外，ρ、γ 和 σ^2 的偏差较大，可能会给统计推断带来问题。例如，当 $N = 100$ 和 $T = 50$ 时，ρ 的误差和 RMSE 分别为 -0.0043 和 0.0069，比值为 -0.623，这意味着 t 统计量额外多

-0.623。在5%显著性水平下,当临界值为1.96时,基于t统计量的推断存在严重的尺寸失真问题。

偏压校正后QMLEs的性能结果表明,该方法有效地消除了估计量中的偏置,偏置校正后的QMLEs基本以0为中心。在N和T的所有组合中,经样本量调整后的RMSEs几乎是相同的。以γ为例,样本大小为(50、100),(75、100)和(100、100)的SRMSE分别是0.4879,0.4850和0.4800。这一结果证实偏置校正后的QMLE如定理2-5所述的$\sqrt{NT}$是一致的。

进一步考虑名义5%显著性水平下t检验的经验规模。结果表明如果不进行偏置校正,基于QMLE的推断存在尺寸失真问题。当N/T较大时,试样的尺寸畸变问题更为严重。例如,当$N=100$和$T=50$时,ρ和σ^2在名义5%水平下的实际显著性水平分别为12.14%和13.40%。这个结果与偏置为$\sqrt{N/T}$阶的理论是一致的。此外,经过偏置校正后,尺寸失真问题得到了很大的缓解。

为了研究估计脉冲响应函数的有限样本性能,在每次重复和每个周期中,以1.96为临界值,基于估计参数QMLE构造置信区间。如果真实的脉冲响应值落在这个估计的置信区间内计数为1否则为0。然后计算总计数与总重复数之比。如果估计值表现良好,这个比率应该接近0.95。重复5000次。在本节中,所考察的响应值为第一个空间单元新息冲击的第二个因变量的响应值。因为所有的单元都处于相同的状态,并且一个变量对另一个变量的冲击的响应是相同的,所以响应值仅依赖于两个空间单元之间的相对距离,即第i个因变量对第$i+1$个空间单元冲击的响应与所检查的响应值相同(即$i=1$),被检验的响应一般可以理解为对其近邻新息冲击的响应。

结果表明,当新息冲击发生时,脉冲响应函数在瞬间达到最大值,在周期1时急剧下降,在周期2时达到第二个最大值,之后逐渐减小。虽然所描述的脉冲响应函数是使用模拟数据生成的,但这意味着多时滞的允许可以提供丰富的脉冲响应函数的形状,这对于实际数据分析是有用的。

对于所有N的不同取值,落在95%置信区间内的总数与模拟总数之比都落在区间[0.93,0.97]。除样本量$N=50$和$T=50$外,几乎所有的比值都落在区间[0.94,0.96]。当样本量中等大时,比值几乎落在区间[0.945,0.955]。这些结果表明,估计的脉冲响应函数在有限样本应用中表现良好。

(九)结论

LiKunpeng(2017)考虑使用具有多个空间滞后和多个时间滞后的动态空间面板数据模型来捕捉数据中截面和时间上的复杂关联。利用QML方法对模型进行估计,研究了大N和大T条件下QMLE的渐近性质。QMLE与$\min(\sqrt{NT},T)$是相合的。在对估计量进行偏置校正以去除$O(1/T)$阶偏置后,在$N/T^3 \to 0$情况下QMLE以$\sqrt{NT}$的速率收敛,具有渐近正态分布，并具有正文中明确给出的阈值方差。

此外还考虑了与模型相关的脉冲响应函数的估计问题。推导了估计脉冲响应函数的极限分布。给定极限分布，可以很容易地构造置信区间。还考虑了去除不相关回归量的模型选择问题。结果表明，当惩罚函数满足一定的正则性条件时，信息准则方法能够较好地识别模型。通过蒙特卡罗仿真，研究了QMLE和估计脉冲响应函数的有限样本性能。仿真结果表明经偏置校正后的QMLE具有良好的有限样本性能。

最近，Bai（2013）考虑采用因子分析法来估计动态面板数据模型。在Bai的论文中，固定效应被视为一个特殊的情况下的互动效应与一个观察到的因素。Bai使用基于因子的QML方法来估计模型（相关方法参见Bai和Li，2014）。Bai的分析表明，因子分析估计量在大N和大T条件下无偏倚。Norkute（2014）通过蒙特卡罗模拟验证了Bai的理论结果，表明因子分析统计量比Hahn和Kuersteiner（2002）中经过偏倚校正的QMLE具有更好的有限样本性能。因此，未来可以在空间动态面板数据模型中使用因子分析方法来处理固定效应。

第二节 金融市场波动率溢出效应

一、多元GARCH模型研究综述

在衍生产品定价、风险管理、套期保值和最优投资组合选择等许多金融计量问题中，资产收益的波动率以及不同资产收益之间的动态相关性都是必需的输入参数，对个人或机构投资者的决策意义重大，参见Bollerslev等（1988）、Lien和Luo（1994）、Cappiello等（2006）、王明进（2010）以及Li等（2016）等。

在只考虑单个资产的情形下，波动率是指该资产收益率的条件方差或者条件标准差，最常用的模型为一元GARCH模型及其扩展模型。有关一元GARCH类模型及其统计推断理论的研究已经比较成熟，参见Engle（1982）、Bollerslev（1986）、Li（1996）、Francq和Zakoïan（2004）、Hall和Yao（2003）、Pan等（2008）、Francq和Zakoïan（2013）、Wang（2013）以及李元等（2014）等。对于多个资产，通常称它们的收益率条件协方差矩阵为多元波动率，标准化后可以得到多元相关矩阵，最常用的模型为MGARCH模型及其扩展模型。常见的MGARCH模型包括VEC-GARCH模型［Bollerslev等（1988）］、BEKK模型［Engle和Kroner（1995）］、CCC-GARCH模型［Bollerslev（1990）］、DCC-GARCH模型［Engle（2002）］以及时变相关矩阵模型［Tse和Tsui（2002）］，有关MGARCH模型的文献综述参见Bauwens等（2006）以及Silvennoinen和Teräsvirta（2009a）。近年来，文献中对MGARCH模型进行了各种扩展，参见He和TerÄasvita（2004）、Cappiello等

(2006)、Fan 等 (2008)、Franses 和 Hafner (2009)、Silvennoinen 和 Teräsvirta (2009b)、Francq 和 Zakoïan (2011) 以及 Aielli (2013) 等。与一元 GARCH 类模型相比，文献中对 MGARCH 模型的统计推断研究还远远不够成熟。

对 MGARCH 模型进行建模的前提条件是假设模型是严平稳遍历的，并且要求一定的矩条件，文献中这类问题的研究主要集中在 BEKK 模型以及 CCC - GARCH 模型上，对 DCC - GARCH 模型及其扩展模型却鲜少有文献研究。在模型的严平稳遍历性方面，Dennis 等 (2002) 给出了 BEKK 模型严平稳遍历的充分条件，Ling 和 Mc Aleer (2003) 研究了 CCC - GARCH 模型存在严平稳遍历解的条件，Kristensen (2007) 给出了包括 Vec - GARCH 在内的一类 MGARCH 模型平稳遍历的充分条件［也可参见 Boussama 等 (2011)］，Francq 和 Zakoïan (2011) 给出了一类多元非对称 GARCH 模型存在严平稳解的充要条件，这类模型包括 Jeantheau (1998) 的扩展 CCC - GARCH 模型。在高阶矩存在性方面，Hafner (2003) 给出了 BEKK 模型向量形式下存在 4 阶矩的条件，He 和 TerÄasvita (2004) 研究了扩展 CCC - GARCH 模型存在 4 阶矩的条件。

MGARCH 模型的统计推断理论研究也主要集中在 BEKK 模型和 CCC - GARCH 模型上，还有待进一步深入研究和完善。Bollerslev 和 Wooldridge (1992) 研究了一般 MGARCH 模型 QMLE 渐近正态性，给出了正则性条件，然而这些条件直接加在似然函数的一阶和二阶偏导数上，对具体的 MGARCH 模型很难验证。Jeantheau (1998) 在一定条件下证明了扩展 CCC - GARCH 模型 QMLE 的一致性，但是并没有对似然函数的导数做任何假定。Comte 和 Lieberman (2003) 以及 Hafner 和 Preminger (2009) 分别证明了 BEKK 模型和 Vec - GARCH 模型 QMLE 的一致性和渐近正态性。与一元 GARCH 类模型不同，上述 MGARCH 模型 QMLE 渐近性质的获得都需要对观测过程的矩做假定。Francq 和 Zakoïan (2011) 提出了一类多元非对称 GARCH 模型，该模型包含 CCC - GARCH 模型和扩展的 CCC - GARCH 模型作为其特例，该模型 QMLE 渐近正态性的获得无须对观测过程的矩做假定，只需要对模型误差的矩做假定即可。DCC - GARCH 模型假定多元序列的每个分量都服从一元的 GARCH 模型，分量间的相关系数矩阵是标准化残差向量序列的函数。该模型有两个主要的优点，待估参数个数较少且序列的条件相关矩阵是时变的。然而 Aielli (2006) 研究表明 DCC - GARCH 模型的三阶段估计中，第二阶段的估计可能是不一致的，从而导致得不到 DCC - GARCH 模型参数估计的渐近性质。为了克服 DCC - GARCH 模型的该缺陷，Aielli (2013) 提出了一类更容易处理的 MGARCH 模型——cDCC - GARCH 模型，给出了该模型严平稳遍历的条件，证明了该模型的三阶段估计是一致的，并且适用于维数较高的情形。Francq 和 Zakoïan (2014) 提出了一种新的方法估计 MGARCH 模型，首先分别通过最大似然方法估计每个分量，然后再基于标准化残差估计相关性，在一定正则性条件下，该估计具有一致性和渐近正态性，可以应用到广义的 CCC - GARCH 模型和部分动态相关模型中。Pan 和 Wang (2016) 提出了一类简化 DCC - GARCH 模型——SDCC -

GARCH 模型,该模型仍旧具有时变性以及参数节约的性质,利用代数几何和马尔科夫链的工具,给出了该模型存在有限二阶矩严平稳遍历解的充分条件,并且该条件很容易验证,同时在正则性条件下,得到该模型参数伪最大似然估计的一致性以及渐近正态性。

还有一部分文献将条件均值模型和条件方差模型联合起来考虑。Ling 和 Mc Aleer (2003) 证明了多元 ARMA - GARCH 模型 QMLE 的一致性和渐近正态性,其中 MGARCH 模型的具体形式是 CCC - GARCH 模型。Kwan 等 (2010) 提出了多元 TVCC (Threshold Varying Conditional Correlation) 模型,其中每个分量的条件均值均为 TAR 模型,条件方差均为门限 GARCH 模型,条件相关矩阵为特殊的门限 VAR 模型,他们研究了该模型的门限非线性检验问题,并给出了模型的估计和诊断检验方法,然而没有给出计量理论结果的严格证明。Wu 和 Lee (2011) 提出门限 VAR - DCC - GARCH 模型,基于 MCMC 方法对模型进行估计。

二、多元非对称 GARCH 模型族的拟极大似然估计量[①]

(一) 问题的提出与解决思路

自 Engle (1982) 和 Bollerslev (1986) 建立单变量自回归条件异方差 (ARCH) 模型和广义 ARCH (GARCH) 模型以来,众多的多变量拓展形式相继被提出。关于多元 GARCH 模型的研究进展迅速,Bauwens, Laurent 和 Rombouts (2006) 以及 Silvennoinen 和 Terasvirta (2009) 等学者对此领域的研究进行了评述,同样也可参看 Franq 和 Zakoïan (2011, Chap. 11) 的研究成果。尽管相对单变量模型的情况,对于多元 GARCH 模型渐近理论的研究较少,但多篇论文已经针对不同特殊情况取得了一定研究成果。Jeantheau (1998) 提出了对多元 GARCH 模型拟极大似然估计量获得强一致性的一般条件。Comte 和 Lieberman (2003) 证明了对于 BEKK 方程 QMLE 的一致性和渐近正态性 (Consistency and Asymptotic Normality, CAN 与后文一致)。Ling 和 McAleer (2003) 获得了在自回归移动平均 GARCH (ARMA - GARCH) 模型下常数条件相关系数 (Constant Condition Correlation, CCC) 方程的渐近性质的结果。在单变量情况下,这些多元波动率模型简化为标准的 GARCH 模型,无法刻画金融序列的一个重要性质——杠杆效应 (Leverage Effect)。尽管其他的非对称效应也可能是有意义的,但杠杆效应迄今在实证研究中仍是最受关注的焦点。通常,负向冲击对于波动率的影响会大于同等幅度正向冲击带来的影响。

实际上,尽管在现有研究中许多非对称单变量 GARCH 模型已经考虑了对杠杆效应的刻画,但向多变量形式的拓展仍有待探究。通过对 GJR 模型 (Glosten, Jaganathan 和

[①] 参考 Francq, C., and Zakoïan, J. (2012). "QML estimation of a class of multivariate asymmetric GARCH models." Econometric Theory, 28 (1): 179 - 206.

Runkle，1993）的拓展，McAleer，Hoti 和 Chan（2009）最近研究的 CCC 非对称 GARCH（AGARCH）模型考虑了前期收益率对当前波动率的非对称影响。在该多变量的拓展模型中，一组资产组成的向量中任一分量的正值和负值将对所有资产的波动率产生不同的影响。类似地，Nelson（1991）提出了指数 GARCH（EGARCH）模型的多变量拓展形式。Bardet 和 Wintenberger（2009）研究了考虑非对称性时，一般类别多维因果过程（Multidimensional Causal Process）的 QMLE 所具有的渐近性质。另一个有趣的拓展形式是最近由 Mc Aleer，Chan，Hoti 和 Lieberman（2009）提出并进一步研究的广义自回归条件相关系数（GARCH）模型。

在 Francq 和 Zakoïan（2012）的研究中，对多元非对称广义自回归条件异方差过程考虑了交叉杠杆效应（Cross Leverage Effect），提出了 CCC – AGARCH 模型，该模型包含由 Bollerslev（1990）提出的 CCC – GARCH（p, q）模型及由 Jeantheau（1998）提出的一般化形式。CCC – GARCH 模型毫无疑问是多元 GARCH 模型族中最受欢迎的一种。CCC 及 CCC – AGARCH 的吸引力来自于其易处理的特点：①未知系数的数目少于其他形式，并且在低维形式下也易于处理；②各系数的意义较为直观；③保证条件方差正定性的条件简单明了。除此之外，严格平稳性的条件同样很明确。Fancq 和 Zakoïan（2012）在其研究中证明了此类模型参数的拟极大似然估计量（Quasi – Maximum Likelihood Estimator，QMLE）具有较强的一致性和渐进正态性。获得渐近性质的条件并不严苛，并且与单变量情况下的最小条件（Minimal Condition）一致。特别是，对于观测过程（Observed Process）并没有做出矩条件的假设（Moment Assumptions），相反仅做出严格的平稳性（Strict Stationarity）的要求，并为此建立了一个充要条件。渐近性质的结果可以通过蒙特卡罗实验（Monte Carlo Experiments）加以反映，同时在双变量汇率序列中尝试进行了应用。

在前述所有参考文献中，多元 GARCH 模型的估计量均依赖于对观测过程做出矩条件的假设。但对于许多金融变量，这些矩条件的存在性仍然存疑，并且具有较大的限制性。就目前研究成果来看，对于无矩条件限制的多元 GARCH 模型，CAN 结果仅存在于 Hafner 和 Preminger（2009）提出的 FF – GARCH（Full Factor GARCH）形式的因子模型中，但他们的模型为一阶形式［当维度为一维时，将简化为标准的 GARCH（1, 1）模型］。对于单变量 GARCH（p, q）模型，研究者们用了将近 20 年的时间才对 QMLE 的 CAN 性质做出了最低限度假设条件（Minimal Assumptions）。尽管稍弱的条件由 Franq 和 Zakoïan（2004）获得，但此方向最具突破性的研究来自 Berkes，Horváth，Kokoszka（2003）。Francq 和 Zakoïan（2012）研究的主要贡献在于，对观测过程不做出矩条件假设的 CCC – AGARCH 模型族提出了渐近性质的相关结论（Asymptotic Results）。

（二）模型与严格平稳性条件

当 m – 维过程 $\{\epsilon_t = (\epsilon_{1t}, \cdots, \epsilon_{mt})'\}$ 满足下述条件时，被称为 CCC – AGARCH（p, q）

过程:

$$\begin{cases} \epsilon_t = H_t^{1/2} \eta_t \\ H_t = D_t R_0 D_t, D_t = diag(\sqrt{h_{11,t}}, \cdots, \sqrt{h_{mm,t}}) \\ \underline{h}_t = \underline{\omega}_0 + \sum_{i=1}^{q} A_{0i,+} \underline{\epsilon}_{t-i}^{+} + A_{0i,-} \underline{\epsilon}_{t-i}^{-} + \sum_{j=1}^{p} B_{0j} \underline{h}_{t-j} \end{cases} \quad (2-43)$$

其中，$\underline{h}_t = (h_{11,t}, \cdots, h_{mm,t})'$，且记 $x^+ = \max(x,0) = (-x)^-$，则 $\underline{\epsilon}_t^+ = (\{\epsilon_{1t}^+\}^2, \cdots, \{\epsilon_{mt}^+\}^2)'$，$\underline{\epsilon}_t^- = (\{\epsilon_{1t}^-\}^2, \cdots, \{\epsilon_{mt}^-\}^2)'$。

R_0 为相关系数矩阵，$\underline{\omega}_0$ 为 $m \times 1$ 维严格为正的系数向量，$A_{0i,+}$，$A_{0i,-}$，B_{0i} 为 $m \times m$ 维正系数矩阵，(η_t) 为定义在 $\mathbb{R}^m$ 上具有相同协方差矩阵变量的独立同分布序列。另外，$E\eta_t = 0$ 的标准假设，可以将 H_t 定义为 ϵ_t 的波动率（即条件方差），但该假设在后续不再进行要求。

上述定义下一个较有意义的子模型是为满足 $A_{0i,+} = A_{0i,-}$ 的 CCC – GARCH（p, q）模型，因此：

$$\underline{h}_t = \underline{\omega}_0 + \sum_{i=1}^{q} A_{0i} \underline{\epsilon}_{t-i} + \sum_{j=1}^{p} B_{0j} \underline{h}_{t-j}, \underline{\epsilon}_t = (\epsilon_{1t}^2, \cdots, \epsilon_{mt}^2)' \quad (2-44)$$

如公式（2-43）所示的 AGARCH 形式模型的主要意义在于考虑了大多数金融变量中可观察到的杠杆效应或波动率的非对称性。对各元素设定为 $A_{0i,+} > A_{0i,-}$，当期波动率 $\underline{h}_t$ 受历史收益率符号的影响，原因在于对于某些 $i > 0$，当 $\epsilon_{j,t-i} = -c < 0$ 时，$h_{kk,t}$ 高于当 $\epsilon_{j,t-i} = c > 0$ 的情况。换句话说，AGARCH 模型考虑了当收益率变化幅度一致时，负面信息冲击下波动率增大幅度高于正面信息冲击的情况。

Bollerslev（1990）提出的 CCC – GARCH 模型是最简化的形式，该模型假设矩阵 A_i 和 B_{0j} 为对角阵。与之相反，式（2-43）和式（2-44）所示模型中 ϵ_t 的第 k 个元素对应的条件方差 $h_{kk,t}$ 不仅依赖于变量自身的历史值，还受其他变量的历史值的影响。因此，模型（2-44）被称为拓展的 CCC 模型 [Extended CCC Model by He 和 Teräsvirta（2004）]。

后续的参考文献中给出了 CCC – GARCH（1, 1）模型的二阶和严格平稳性的充分条件。Aue，Hörmann，Horváth 和 Reimherr（2009）提出了 CCC – GARCH（p, q）模型严格平稳性及四阶矩存在性的充分条件。Francq 和 Zakoïan（2012）研究的第一个结果为相同的模型及为公式（2-43）所示的拓展形式提供一个充分必要的严格平稳性条件。

记：

$$\epsilon_t = D_t \tilde{\eta}_t, 其中 \tilde{\eta}_t = (\tilde{\eta}_{1t}, \cdots, \tilde{\eta}_{mt})' = R_0^{1/2} \eta_t \quad (2-45)$$

且

$$\underline{\epsilon}_t^+ = Y_t^+ \underline{h}_t, \underline{\epsilon}_t^- = Y_t^- \underline{h}_t, 其中 Y_t^\circ = diag\{(\tilde{\eta}_{1t}^\circ)^2, \cdots, (\tilde{\eta}_{mt}^\circ)^2\} \quad (2-46)$$

引入 $m \times pm$ 阶矩阵 $\boldsymbol{B}_{01:p} = (\boldsymbol{B}_{01} \cdots \boldsymbol{B}_{0p})$ 及其他类似符号，令 $(p+2q)m \times (p+2q)m$ 阶矩阵：

$$C_t = \begin{bmatrix} Y_t^+ A_{01:q,+} & Y_t^+ A_{01:q,-} & Y_t^+ B_{01:p} \\ I_{(q-1)m} & 0_{(q-1)m \times pm} & 0_{(q-1)m \times (q+1)m} \\ Y_t^- A_{01:q,+} & Y_t^- A_{01:q,-} & Y_t^- B_{01:p} \\ 0_{(q-1)m \times qm} & I_{(q-1)m} & 0_{(q-1)m \times (p+1)m} \\ A_{01:q,+} & A_{01:q,-} & B_{01:p} \\ 0_{(p-1)m \times 2qm} & & I_{(p-1)m} & 0_{(p-1)m \times m} \end{bmatrix} \quad (2-47)$$

令 $\gamma(C_0)$ 为序列 $C_0 = \{C_t, t \in \mathbb{Z}\}$ 的上 Lyapunov 指数，$\gamma(C_0) = \lim_{t \to \infty} \frac{1}{t} E(\log C_t C_{t-1} \cdots C_1) = \inf_{t \geqslant 1} \frac{1}{t} E(\log C_t C_{t-1} \cdots C_1)$。基于此可以获得以下结果。

定理 2-9：模型（2-43）存在严格平稳非预期解过程的充分必要条件是 $\gamma(C_0) < 0$。当 $\gamma(C_0) < 0$ 时，该平稳非预期解具有唯一性和遍历性。

下面的结果提供了一个必要的严格平稳性条件，该条件也易于验证。以 $det(A)$ 或 $|A|$ 表示方阵 A 的行列式，以 $\rho(A)$ 表示其谱半径，即特征值的最大模数。

推论 2-3：将矩阵多项式定义为 $B(z) = I_m - zB_{01} - \cdots - z^p B_{0p}, z \in \mathbb{C}$，令：

$$\mathbb{B}_0 = \begin{pmatrix} B_{01:p} \\ I_{(p-1)m} & O_{(p-1)m \times 1} \end{pmatrix}$$

则，若 $\gamma(C_0) < 0$，下述等价性质将成立：

（1）$detB(z)$ 的根在单位圆外；

（2）$\varrho(\mathbb{B}_0) < 1$。

下述结果在证明最小条件下 QMLE 的 CAN 性质时十分重要。

推论 2-4：假设 $\gamma(C_0) < 0$，令 ϵ_t 为模型（2-43）严格平稳的非预期解。存在 $s > 0$ 使 $E\|h_t\|^s < \infty$ 以及 $E\|\epsilon_t\|^{2s} < \infty$。

（三）拟极大似然估计（QMLE）

模型中的参数包括向量 $\underline{\omega}_0$ 的系数、矩阵 $A_{0i,+}$，$A_{0i,-}$，B_{0j} 的系数，以及相关系数矩阵 $R_0 = (r_{0ij})$ 的下三角部分（不包括对角线）。因此未知参数的个数为：

$$s_0 = m + m^2(p + 2q) + \frac{m(m-1)}{2}$$

参数空间为 $[0, +\infty]^m \times [0, \infty]^{m^2(p+2q)} \times [-1,1]^{m(m-1)/2}$ 的子空间 Θ。

空间 Θ 的通用元素表示为：

$\theta = (\theta_1, \cdots, \theta_{s_0})' = (\underline{\omega}'_0, \alpha'_{1,+}, \cdots, \alpha'_{q,+}, \alpha'_{1,-}, \cdots, \alpha'_{q,-}, \beta'_1, \cdots, \beta'_p, r')' = (\underline{\omega}'_0, \alpha'_+, \alpha'_-, \beta', r')'$，

其中，$r' = (r_{21}, \cdots, r_{m1}, r_{32}, \cdots, r_{m2}, \cdots, r_{m,m-1})$，$\alpha_{i,+} = vec(A_{i,+})$，$\alpha_{i,-} = vec(A_{i,-})$，$i = $

$1,\cdots,q$ 且 $\beta_j = vec(\boldsymbol{B}_j)$,$j = 1,\cdots,p$。用 R 表示对角元素为 1 的对称矩阵,r_{ij} 为下三角部分。假设对于任意 $\theta \in \Theta$,R 均为正定的。参数的真实值记为:

$$\theta_0 = (\underline{\omega}'_0, \alpha'_{01,+},\cdots,\alpha'_{0q,-},\beta'_{01},\cdots,\beta'_{0p},r'_0)' = (\underline{\omega}'_0,\alpha'_{0,+},\alpha'_{0,-},\beta'_0,r'_0)'$$

1. 识别条件

令 $\mathcal{A}_\theta^+(z) = \sum_{i=1}^q \boldsymbol{A}_{i,+} z^i$,$\mathcal{A}_\theta^-(z) = \sum_{i=1}^q \boldsymbol{A}_{i,-} z^i$,且 $\mathcal{B}_\theta(z) = I_m - \sum_{j=1}^p \boldsymbol{B}_j z^j$。按照惯例,若 $q = 0$,则 $\mathcal{A}_\theta^\circ(z) = 0$;若 $p = 0$,则 $\mathcal{B}_\theta(z) = I_m$。若 $det[\mathcal{B}_{\theta_0}(z)] = 0$ 的根在单位圆之外,则有:

$$\underline{h}_t = B_{\theta_0}(1)^{-1} \underline{\omega}_0 + \mathcal{B}_{\theta_0}(B)^{-1} \mathcal{A}_{\theta_0}^+(B) \underline{\epsilon}_t^+ + B_{\theta_0}(B)^{-1} \mathcal{A}_{\theta_0}^-(B) \underline{\epsilon}_t^- \qquad (2-48)$$

当 θ_0 被由属于 Θ 的 $\theta \neq \theta_0$ 替代时,若公式 (2-48) 不成立,则认为参数 θ_0 可识别。

可识别性可通过多种类型的条件加以保证 [参看 Reinsel (1997)]。为了获得一个相对简单的条件,对于矩阵 $\mathcal{A}_{\theta_0}^+(B)$,$\mathcal{A}_{\theta_0}^-(\mathcal{B})$ 及 $B_{\theta_0}(B)$ 的任意列 i,分别定义最大度为 $q_i^+(\theta)$,$q_i^-(\theta)$ 及 $p_i(\theta)$。假定这些极大值满足下列排序关系,即:

$$\forall \theta \in \Theta, \forall i = 1,\cdots,m, q_i^+(\theta) \leq q_i^+, q_i^-(\theta) \leq q_i^-, p_i(\theta) \leq p_i \qquad (2-49)$$

其中,$q_i^+ \leq q$,$q_i^- \leq q$,$p_i \leq p$ 为固定整数。将 $\mathcal{A}_{\theta_0}^+(B)$ [resp. $\mathcal{A}_{\theta_0}^-(\mathcal{B})$ 及 $B_{\theta_0}(B)$] 中第 i 列 $B^{q_i^+}$ (resp. $B^{q_i^-}$ 及 B^{p_i}) 的系数列向量记为 $a_{q_i^+}^+(i)$ [resp. $a_{q_i^-}^-(i)$ 及 $b_{p_i}(i)$]。

命题 2-2:若矩阵多项式 $\mathcal{A}_{\theta_0}^+(z)$,$\mathcal{A}_{\theta_0}^-(z)$ 及 $\mathcal{B}_{\theta_0}(z)$ 为左互质,$A_{\theta_0}^+(1) + A_{\theta_0}^-(1) \neq 0$ 且矩阵:

$$\mathcal{M}(\mathcal{A}_{\theta_0}^+, \mathcal{A}_{\theta_0}^-, \mathcal{B}_{\theta_0}) = [a_{q_1^+}^+(1) \cdots a_{q_m^+}^+(m) \ a_{q_1^-}^-(1) \cdots a_{q_m^-}^-(m) \ b_{p_1}(1) \cdots b_{p_m}(m)]$$

为满秩,在公式 (2-49) 的限制下,对任意 i,$q_i^+ = q_i^+(\theta_0)$ 和 $p_i = p_i(\theta_0)$ 成立,则有:

$$\begin{cases} \mathcal{B}_\theta(B)^{-1} \mathcal{A}_\theta^+(B) = \mathcal{B}_{\theta_0}(B)^{-1} \mathcal{A}_{\theta_0}^+(B) \\ B_\theta(B)^{-1} A_\theta^-(B) = B_{\theta_0}(B)^{-1} A_{\theta_0}^-(B) \end{cases} \Rightarrow (\mathcal{A}_\theta^+, \mathcal{A}_\theta^-, \mathcal{B}_\theta) = (\mathcal{A}_{\theta_0}^+, \mathcal{A}_{\theta_0}^-, \mathcal{B}_{\theta_0})$$

通过要求 $\mathcal{M}_1(\mathcal{A}_\theta^+, \mathcal{A}_\theta^-, \mathcal{B}_{\theta_0}) = [A_{0q}^+ A_{0q}^- B_{0p}]$ 为满秩,可获得一个形式更简单但限制性更强的条件。这在 $\mathcal{A}_\theta^+$,$\mathcal{A}_\theta^-$ 及 $\mathcal{B}_\theta$ 的度分别小于 q,q 及 p 的限制条件下对唯一性作出要求。

2. CCC-AGARCH 模型 QML 估计量的渐近性质

对于模型 (2-43) 唯一非预期的严格平稳解 (ϵ_t),令 $(\epsilon_1,\cdots,\epsilon_n)$ 为其长度为 n 的观察值。在非负初值条件下,即 $\epsilon_0,\cdots,\epsilon_{1-q},\widetilde{\underline{h}}_0,\cdots,\widetilde{\underline{h}}_{1-p}$,高斯拟似然值可以写作:

$$L_n(\theta) = L_n(\theta; \epsilon_1,\cdots,\epsilon_n) = \prod_{t=1}^n \frac{1}{(2\pi)^{m/2} |\widetilde{H}_t|^{1/2}} \exp\left(-\frac{1}{2} \epsilon_t' \widetilde{H}_t^{-1} \epsilon_t\right)$$

其中,$\widetilde{H}_t$ 为递归定义的 (Recursively Defined),即对 $t \geq 1$,

$$\begin{cases} \tilde{H}_t = \tilde{D}_t R \tilde{D}_t, \tilde{D}_t = \{diag(\underline{\tilde{h}}_t)\}^{1/2} \\ \underline{\tilde{h}}_t = \underline{\tilde{h}}_t(\theta) = \underline{\omega} + \sum_{i=1}^{q} A_{i,+} \epsilon_{t-i}^{+} + A_{i,-} \epsilon_{t-i}^{-} + \sum_{j=1}^{p} B_j \underline{\tilde{h}}_{t-j} \end{cases}$$

参数 θ 的一个 QML 估计值定义为任意可度量解 $\hat{\theta}_n$：

$$\hat{\theta}_n = \arg\max_{\theta \in \Theta} L_n(\theta) = \arg\min_{\theta \in \Theta} \tilde{l}_n(\theta) \tag{2-50}$$

其中，$\tilde{l}_n(\theta) = n^{-1} \sum_{t=1}^{n} \tilde{l}_t$，且 $\tilde{l}_t = \tilde{l}_t(\theta) = \epsilon_t' \tilde{H}_t^{-1} \epsilon_t + \log|\tilde{H}_t|$。

下述假设将用于推导 QML 估计量的强一致性：

A1：$\theta_0 \in \Theta$，且 Θ 为紧集（Compact）。

A2：$\gamma(C_0) < 0$，且对 $\forall \theta \in \Theta, |B_\theta(z)| = 0 \Rightarrow |z| > 1$。

A3：对 $i = 1, \cdots, m$，$\tilde{\eta}_{it}$ 的分布并不集中于两点，且 $P(\tilde{\eta}_{it} > 0) \in (0, 1)$。

A4：若 $p > 0$，$\mathcal{A}_{\theta_0}^{+}(1) + \mathcal{A}_{\theta_0}^{-}(1) \neq 0$，$\mathcal{A}_{\theta_0}^{+}(z), \mathcal{A}_{\theta_0}^{-}(z)$ 和 $\mathcal{B}_{\theta_0}(z)$ 为左互质（Left-Coprime），且 $M_1(\mathcal{A}_{\theta_0}^{+}, \mathcal{A}_{\theta_0}^{-}, \mathcal{B}_{\theta_0})$ 为满秩（m）。

A4'：将 A4 中的 $M_1(\mathcal{A}_{\theta_0}^{+}, \mathcal{A}_{\theta_0}^{-}, \mathcal{B}_{\theta_0})$ 替换为 $M(\mathcal{A}_{\theta_0}^{+}, \mathcal{A}_{\theta_0}^{-}, \mathcal{B}_{\theta_0})$。

A5：对 $\forall \theta \in \Theta, R$ 为正定相关系数矩阵。

若空间 Θ 受公式（2-49）限制，即如果在每个等式中将 Maximal Orders 应用于 $\epsilon_t^{+}, \epsilon_t^{+}$ 及 $\underline{h}_t$ 的各元素，假设 A4 可以用假设 A4' 中更一般的条件替代。

基于上述假设可以对如下一致性定理进行论述。

定理 2-10（强一致性）：令 $(\hat{\theta}_n)$ 为一系列满足公式（2-50）的 QML 估计量，则在假设 A1～假设 A5（或假设 A1～假设 A4' 以及假设 A5）条件下，有：$\hat{\theta}_n \to \theta_0, a.s. n \to \infty$。

利用一个遍历的平稳序列对序列 $[\tilde{l}_t(\theta)]$ 进行近似有一定意义。假设 A2 表明：

$$\underline{h}_t = \underline{\omega} + \sum_{i=1}^{q} A_{i,+} \epsilon_{t-i}^{+} + A_{i,-} \epsilon_{t-i}^{-} + \sum_{j=1}^{p} B_j \underline{h}_{t-j}, \forall t \tag{2-51}$$

存在一个严格平稳的、不可预测的、具有遍历性的解 $(\underline{h}_t)_t = \{\underline{h}_t(\theta)\}_t$。

令 $D_t = \{diag(\underline{\tilde{h}}_t)\}^{1/2}$ 且 $H_t = D_t R D_t$，定义：

$$l_n(\theta) = l_n(\theta; \epsilon_n, \epsilon_{n-1}, \cdots) = n^{-1} \sum_{t=1}^{n} l_t, l_t = l_t(\theta) = \epsilon_t' H_t^{-1} \epsilon_t + \log|H_t|$$

尽管 $\underline{h}_t, D_t$ 及 H_t 是公式（2-43）中 θ_0 的量，因为不存在混淆的可能，可用它们标记 θ 中的量。

为获得渐近正态性，需要作出下列补充假设。

A6：$\theta_0 \in \dot{\Theta}$，且 $\dot{\Theta}$ 在空间 Θ 中。

A7: $E\|\eta_t\eta'_t\|^2<\infty$。

定理 2 - 11（渐近正态性）：在定理 2 - 10 对应的假设及假设 A6 和 A7 下，$\sqrt{n}(\hat{\theta}_n\to\theta_0)$ 依分布收敛于 $N(0,J^{-1}IJ^{-1})$，其中 J 为正定矩阵，I 为半正定矩阵，分别定义为：

$$I=E\left(\frac{\partial l_t(\theta_0)}{\partial\theta}\frac{\partial l_t(\theta_0)}{\partial\theta'}\right),J=\frac{\partial^2 l_t(\theta_0)}{\partial\theta\partial\theta'}$$

注释 2 - 10（关于单变量情况的假设）：值得注意的是保证 CAN 性质成立的条件并不严苛。当 $m=1$ 且对任意 i 有 $A_{i,+}=A_{i,-}$ 成立时，可简化为 Francq 和 Zakoïan（2004）研究中标准 GARCH 模型的情况，以及 Hamadeh 和 Zakoïan（2011）研究的非对称 GARCH 模型的情况。

注释 2 - 11（关于矩条件的假设）：关于观测过程各阶矩的存在性并没有作出相应假设。但推论 2 - 4 的成立则有必要在严格平稳性条件下要求低阶矩（Small - order Moments）存在。唯一的矩条件假设，即 A7 是关于独立同分布的过程，并且要求信息矩阵 I 存在。除此之外，也需要注意对于 GARCH 模型而言，观测过程的尾部性质与误差项不同：比如存在高斯噪声的标准 GARCH 过程具有帕累托尾部。

注释 2 - 12（其他模型假设条件的对比）：CCC 模型的优点在于严格平稳性假设（A2 的第一部分）、识别条件 A3 及 A4 均较为明确。与之相比，其他模型的类似假设显得不够明确［对于 BEKK 模型参考 Comte 及 Lieberman（2003）中的假设 A1 ~ 假设 A4，对因子模型参考 Hafner 及 Preminger（2009）中的假设 4.4］。

注释 2 - 13（关于识别条件）：独立同分布过程（$\tilde{\eta}_t$）并非中心化的，但假设 A3 要求其元素取正负值的概率为正。事实上，例如假设 $\tilde{\eta}_t>0$ 的概率为 1，则 $\epsilon_{it}=h_{ii,t}^{1/2}\tilde{\eta}_{it}>0$，因此对于任意矩阵 $A_{0j,-}$ 第 i 行的系数均为不可识别的。类似标准单变量 GARCH 模型中不引入非对称设定时，假设 A3 可以弱化。

（四）数值实例

1. 蒙特卡罗实验

为了评估有限样本下 QML 估计量的表现，Francq 和 Zakoïan（2012）进行了相应的蒙特卡罗数值实验，即在 100 个长度为 500 及 5000 的独立模拟路径上获得估计量，对应阶数为 $q=1$，$p=0$ 且 $\eta_t\sim N(0,I_2)$ 的单变量 CCC - AGARCH 模型。

模拟模型的参数结果经由 R 软件中的数值优化程序 nlminb () 求解 QMLE 获得。可以看到，选择恰当的空间 Θ，定理 2 - 10 及定理 2 - 11 的假设可以得到满足。

从模拟实验中 QMLE 的分布可以看到，偏差及均方根误差（RMSE）随着样本规模的上升而下降。在 $n=5000$ 的情况下，对于元素 $A_{01,+}(2,2)$，QMLE 的实证分布可以用高斯律很好地近似。对于 θ_0 的其他元素，正态近似的效果也较为理想。

2. 在汇率中的应用

实际应用方面，Francq 和 Zakoïan（2012）引入美元（USD）兑欧元（EURO）及日元（JPY）兑欧元日度汇率收益率的双变量序列。样本区间为 1999 年 1 月 5 日至 2010 年 9 月 17 日，对应 2997 个观察值。数据取自比利时国家银行（National Bank of Belgium）网站。多个公式（2-43）形式的 CCC-AGARCH（1，1）模型通过 QML 估计参数。从实证结果可以作出以下几点观察：

（1）日元汇率对其自身历史收益率表现出较强的杠杆效应；

（2）美元汇率收益率的波动率几乎没有表现出杠杆效应；

（3）独立同分布噪声项的各子成分间表现出较强的正相关关系。

另外可以观察到参数的估计量 $\hat{\theta}_n$ 在参数空间 Θ 的边界上。事实上，$\hat{\theta}_n$ 的多个元素等于零，包括：USD_{t-1}^- 的系数、$h_{JPY,t}$ 中 $h_{USD,t-1}$ 的系数及 $h_{USD,t}$ 中 $h_{JPY,t-1}$ 的系数。因此，有理由怀疑假设 A6 并未得到满足，且定理 2-11 也不适用。实际上，当参数 θ_0 属于参数空间的边界时，$\hat{\theta}_n$ 的渐近分布并非正态的 [参考 Andrews（2001）；Francq 和 Zakoïan（2009）]。值得注意的是，渐近分布的非高斯性并不仅仅涉及空间边界的元素 [参考 Francq 和 Zakoïan（2007）]。

为了说明全样本 2997 个观察值下参数估计的可靠性，作者将样本区间分解为三个子区间（各子区间包含 999 个观察值），并对模型进行重新估计。结果显示，关于对角形式 Persistence Matrix 的评述、日元汇率表现的强杠杆效应、噪声项的瞬时相关性等结论在各子区间下依然成立。

（五）结论

Francq 和 Zakoïan（2012）的研究探讨了 CCC-AGARCH（p，q）模型 QMLE 的渐近性质。QMLE 具有 CAN 性质所需的条件是在对称单变量模型设定下具有相同性质所需条件的自然拓展。该过程中并不需要作出矩条件的假设，但与之相对地，提出了严格平稳性的要求，并为此建立了一个充要条件。这些结果同样适用于标准的 CCC-GARCH 模型。

当然，更复杂的模型可能被认为比 CCC-（A）GARCH 模型更接近现实。比如由 Engle（2002）提出，并由 Engle 和 Sheppard（2001）、Nakatani 和 Teräsvirta（2009）进一步研究的动态条件相关系数（Dynamic Conditional Correlation，DCC）模型的非对称拓展形式。此类拓展已由 Cappiello，Engle 及 Sheppard（2006）等进行研究，并应用于分析国际股票及政府债券表现。DCC 模型的详细分析可以参看 Engle（2009）近期所著教材。然而对于这些模型而言，建立一个可靠的渐近估计理论似乎是一项艰巨的任务。Francq 和 Zakoïan（2012）的研究结果是朝着该研究方向迈出的第一步。

这些结论向非对称单变量 GARCH 模型 [参看 Pan，Wang，Tong（2008）；Hamadeh，Zakoïan（2011）] 或更一般的单变量 GARCH 模型 [参看 Meitz，Saikkonen（2011）] 的拓

展已经存在。然而对于某些特殊情况，QMLE 的渐近性质也许很难得到。尤其是在 Straumann 及 Mikosch（2006）的研究中，对于 EGARCH（0，1）模型已经获得相应的渐近性质，但同时他们也认为拓展到更一般的 EGARCH 模型也许是不可能的。

三、动态条件相关：一类简单的多元广义自回归条件异方差模型[①]

（一）问题的提出及解决思路

相关性是财务管理中许多常见任务的关键变量，如套期保值要求估计对冲资产回报率之间的相关性，如果相关性和波动性在变化，那么对冲比率也应根据最新信息进行调整。类似地，彩虹期权等结构性产品在设计时使用了不止一种基础资产，其价格对基础回报之间的相关性非常敏感。对未来相关性和波动性的预测是任何定价公式的基础。

均值为 0 的两个随机变量 r_1 和 r_2 之间的条件相关性定义为：

$$\rho_{12,t} = \frac{E_{t-1}(r_{1,t}, r_{2,t})}{\sqrt{E_{t-1}(r_{1,t}^2) E_{t-1}(r_{2,t}^2)}} \tag{2-52}$$

在此定义中，条件相关性基于已知前一时期的信息；相关性的多周期预测可用同样方法定义。根据概率法则，以这种方式定义的所有相关性都必须位于区间 [-1, 1] 内。条件相关性满足了所有可能实现的过去的信息和所有的线性组合的变量的约束条件。

为明确条件相关性与条件方差之间的关系，可将收益写成条件标准差乘以标准化扰动：

$$h_{i,t} = E_{t-1}(r_{i,t}^2), r_{i,t} = \sqrt{h_{i,t}} \times \varepsilon_{i,t}, i = 1, 2 \tag{2-53}$$

其中，ε[②] 为标准化扰动，序列均值为 0，方差为 1。因此，条件相关性也是标准化扰动之间的条件协方差。

$$\rho_{12,t} = \frac{E_{t-1}(\varepsilon_{1,t}, \varepsilon_{2,t})}{\sqrt{E_{t-1}(\varepsilon_{1,t}^2) E_{t-1}(\varepsilon_{2,t}^2)}} = E_{t-1}(\varepsilon_{1,t}, \varepsilon_{2,t}) \tag{2-54}$$

目前已有许多关于条件相关性的估计量，常用的滚动相关估计量定义为：

$$\hat{\rho}_{12,t} = \frac{\sum_{s=t-n-1}^{t-1} r_{1,s}, r_{2,s}}{\sqrt{\sum_{s=t-n-1}^{t-1} r_{1,s}^2 \sum_{s=t-n-1}^{t-1} r_{2,s}^2}} \tag{2-55}$$

它对过去小于 n 个周期的所有观测给出了相同的权重，更久的观测权重为 0。估计量落在 [-1, 1] 区间内，但目前尚不清楚它在什么假设情况下是有条件的相关性的一致估

[①] 参考 Engle, Robert (2002). "Dynamic conditional correlation: A simple class of multivariate generalized autoregressive conditional heteroskedasticity models." Journal of Business and Economic Statistics 20.3: 339–350.

[②] ε 指代 ε_i，i = 1, 2。

计量。将 100 天窗口的估计量记为 MA100。

风险权重（Risk Metrics）使用的指数平滑工具使用基于参数 λ 的递减权重，它强调当前的数据，但没有固定的终止点。

$$\hat{\rho}_{12,t} = \frac{\sum_{s=1}^{t-1} \lambda^{t-j-1} r_{1,s}, r_{2,s}}{\sqrt{\sum_{s=1}^{t-1} \lambda^{t-s-1} r_{1,s}^2 \sum_{s=1}^{t-1} \lambda^{t-s-1} r_{2,s}^2}} \tag{2-56}$$

它也必然存在于 [-1, 1]；但并没有数据指导如何选择 λ。在多变量环境中，必须对所有资产使用相同的 λ 以确保相关矩阵正定。Risk Metrics 对所有资产的 λ 取值为 0.94。将该估计量记为 EX.06。

定义收益的条件协方差矩阵为：

$$E_{t-1}(r_t r'_t) \equiv H_t \tag{2-57}$$

这些估计量可以分别用矩阵表示为：

$$H_t = \frac{1}{n} \sum_{j=1}^{n} (r_{t-j} r'_{t-j}) \text{ 和 } H_t = \lambda(r_{t-1} r'_{t-1}) + (1-\lambda) H_{t-1} \tag{2-58}$$

另一种估计多元模型的简单方法是正交 GARCH 法或主成分 GARCH 法。由 Alexander（1998，2001）提出。简单来说，就是构造序列 r 无条件不相关的线性组合，然后对其中部分或全部进行单变量 GARCH 模型的估计，假设条件相关都为零，构造完整的协方差矩阵。更准确地说，记 $y = Ar_t$，$V \equiv E(y_t y'_t)$ 找到满足 V 是对角矩阵的 A。利用单变量 GARCH 模型估计的元素 y_t 并组合成对角矩阵 V_t，同时假设 $E_{t-1}(y_t y'_t) = V_t$，则：

$$H_t = A'^{-1} V_t A^{-1} \tag{2-59}$$

在二元情况下，矩阵 A 可以选择为上三角矩阵并由最小二乘估计，其中，r_1 是一个分量，r_1 在 r_2 上的回归残差是第二个分量。在这种简单的情况下，更好的方法是将此回归作为 GARCH 回归来运行，从而获得在广义最小二乘（GLS）度量中正交的残差。

多元 GARCH 模型是这个问题的自然推广，它考虑了许多具体的细节；然而大多数公式使协方差和方差是数据的平方和叉乘的线性函数。这种类型最普遍的表达是 VEC 模型，由 Engle 和 Kroner（1995）详细说明。VEC 模型参数化了所有协方差的向量，方差表示为 $vec(H_t)$。

$$vec(H_t) = vec(\Omega) + A \times vec(r_{t-1} r'_{t-1}) + B \times vec(H_{t-1}) \tag{2-60}$$

其中，A 和 B 为 $n^2 \times n^2$ 的矩阵，有很多结构由 H 的对称性得到。如果没有进一步的限制，该模型不能保证矩阵 H 的正定性。

有用的限制为 Engle 和 Kroner（1995）引入的 BEKK，在一阶情况下，它可以写成：

$$H_t = \Omega + A \times (r_{t-1} r'_{t-1}) A' + B \times H_{t-1} \times B' \tag{2-61}$$

文献中讨论了各种特殊的情况，从 A 和 B 矩阵只是标量或对角矩阵的模型开始，一直到非常复杂的、高度参数化的模型，这些模型仍然确保矩阵的正定性。例如，参见 Engle

和 Kroner（1995）、Bollerslev 等（1994）、Engle 和 Mezrich（1996）、Kroner 和 Ng（1998）以及 Engle 和 Ding（2001）的研究。Engle，Robert（2002）则估计了标量 BEKK 和对角线 BEKK。

根据 Engle 和 Mezrich（1996）的讨论，这些模型可以在方差目标约束下进行估计，其中长期方差协方差矩阵为样本协方差矩阵。这种约束与有限样本中的最大似然估计（MLE）不同，它减少了参数的数量，通常能提高性能。在公式（2-60）的一般 VEC 模型中可表示为：

$$vec(\Omega) = (I - A - B)vec(S),$$

其中，$S = \dfrac{1}{T}\sum_t r_t r'_t$ （2-62）

该表达式可简化标量和对角 BEKK 情况。例如，标量 BEKK 中截距简化为：

$$\Omega = (1 - \alpha - \beta) \times S \tag{2-63}$$

资产配置和风险评估也往往需要大量的相关性：构建具有一组约束条件的最优投资组合需要预测收益的协方差矩阵；同样的，计算今天的投资组合标准差也需要组合中所有资产的协方差矩阵。这甚至可能需要估计和预测多达数千资产的协方差矩阵。

目前，估计金融变量之间相关性的较为复杂的方法如多元 GARCH 族模型或随机波动率模型及其变形（已在计量经济学文献中得到了深入研究并被少数经验丰富的实践者所使用）。为了解一些有趣的应用，可参考 Bollerslev、Engle 和 Wooldridge（1988）、Bollerslev（1990）、Kroner 和 Claessens（1991）、Engle 和 Mezrich（1996）、Engle、Ng 和 Rothschild（1990）、Bollerslev、Chou 和 Kroner（1992）、Bollerslev、Engle 和 Nelson（1994）以及 Ding 和 Engle（2001）的工作。尽管需要更大的相关矩阵，但很少有文章考虑超过 5 个资产。在大多数情况下，大型模型中的参数数量太多，难以进行简单的优化。

Engle，Robert（2002）提出的动态条件相关估计量（DCC）具有单变量 GARCH 估计的灵活性，而又不像传统多变量 GARCH 估计那样复杂。这些模型直接将条件相关性参数化，很自然地分为一系列单变量 GARCH 估计和相关性估计两个步骤进行估计。与多元 GARCH 模型相比，该方法计算优势明显，因为在相关过程中估计的参数数量独立于序列数量，故可以用其估计非常大的相关矩阵。他们比较了在许多方法可行的双变量环境下，各种方法估计的相关性的准确性。Engle 和 Sheppard（2001）对大协方差矩阵的 DCC 方法的性能进行了分析。

（二）DCCs

Engle，Robert（2002）介绍了一类新的多元 GARCH 估计量，它可看作是对 Bollerslev（1990）常数条件相关估计量（CCC）的推广。在 Bollerslev 的模型中，

$$H_t = D_t \times R \times D_t (D_t = diag\{\sqrt{h_{i,t}}\}) \tag{2-64}$$

其中，R 是包含条件相关性的相关矩阵，因此可以直接将这个方程改写为：

$$E_{t-1}(\varepsilon_t \varepsilon_t') = D_t^{-1} H_t D_t^{-1} = R(因为 \varepsilon_t = D_t^{-1} r_t) \tag{2-65}$$

h 的表达式通常被认为是单变量 GARCH 模型；然而，这些模型可以包括系统中其他变量如预定变量或外生变量的函数。R 的一个简单估计就是标准化残差的无条件相关矩阵。

DCC 估计量的不同之处在于该动态相关模型允许 R 也是时变的：

$$H_t = D_t \times R_t \times D_t \tag{2-66}$$

R 的参数化与 H 要求相同，除此之外，还要求条件方差必须为 1。矩阵 R_t 仍然是相关矩阵。

Kroner 和 Ng（1998）提出了一种缺乏计算优势的替代方法。他们提出的协方差矩阵为 Bollerslev CCC 模型加权平均矩阵和对角化 BEKK，两矩阵均正定。可能最简单的相关矩阵是指数平滑矩阵，可以表示为标准化残差的几何加权平均数。

$$\rho_{i,j,t} = \frac{\sum_{s=1}^{t-1} \lambda^s \varepsilon_{i,t-s} \varepsilon_{j,t-s}}{\sqrt{\sum_{s=1}^{t-1} \lambda^s \varepsilon_{i,t-s}^2 \sum_{s=1}^{t-1} \lambda^s \varepsilon_{j,t-s}^2}} = [R_t]_{i,j} \tag{2-67}$$

显然，这些方程将在每个时间点产生一个相关矩阵。构造这种相关性的一种简单方法是指数平滑法。在这种情况下，q 后面的过程将被整合，即：

$$q_{i,j,t} = (1 - \lambda)(\varepsilon_{i,t-1} \varepsilon_{j,t-1}) + \lambda(q_{i,j,t-1}), \rho_{i,j,t} = \frac{q_{i,j,t}}{\sqrt{q_{ii,t} q_{jj,t}}} \tag{2-68}$$

GARCH（1，1）模型提出了一种自然的替代方案：

$$q_{i,j,t} = \bar{\rho}_{i,j} + \alpha(\varepsilon_{i,t-1} \varepsilon_{j,t-1} - \bar{\rho}_{i,j}) + \beta(q_{i,j,t-1} - \bar{\rho}_{i,j}) \tag{2-69}$$

其中，$\bar{\rho}_{i,j}$ 是 $\varepsilon_{i,t}$ 和 $\varepsilon_{j,t}$ 的无条件相关性。可以改写为：

$$q_{i,j,t} = \bar{\rho}_{i,j} \left(\frac{1 - \alpha - \beta}{1 - \beta} \right) + \alpha \sum_{s=1}^{\infty} \beta^{s-1} \varepsilon_{i,t-s} \varepsilon_{j,t-s} \tag{2-70}$$

其中，$q_{i,j,t}$ 的平均值为 $\bar{\rho}_{i,j}$，平均方差为 1。

$$\bar{q}_{i,j} \cong \bar{\rho}_{i,j} \tag{2-71}$$

相关性估计量：

$$\rho_{i,j,t} = \frac{q_{i,j,t}}{\sqrt{q_{i,i,t} q_{j,j,t}}} \tag{2-72}$$

为正的协方差矩阵，具有典型元素 $q_{i,j,t}$ 的矩阵 Q_t 为正定矩阵和半正定矩阵的加权平均值。公式（2-72）中分子的无条件期望是 $\bar{\rho}_{i,j}$，分母中的每一项的期望值都是 1。当 $\alpha + \beta < 1$ 时该模型均值回归；当 $\alpha + \beta = 1$ 时，它就是公式（2-68）中的模型。这些估计量的矩阵形式可写为：

$$Q_t = (1-\lambda)(\varepsilon_{t-1}\varepsilon'_{t-1}) + \lambda Q_{t-1} \tag{2-73}$$

和

$$Q_t = S(1-\alpha-\beta) + \alpha(\varepsilon_{t-1}\varepsilon'_{t-1}) + \beta Q_{t-1} \tag{2-74}$$

其中，S 是 ε 的无条件相关矩阵。

显然，只要将无条件矩阵设置为样本相关矩阵，就可以使用更复杂的正定多元 GARCH 模型进行相关参数化。例如，Ding 和 Engle（2001）的 MARCH 族模型的一阶形式表示为：

$$Q_t = S \circ (\iota\iota' - A - B) + A \circ \varepsilon_{t-1}\varepsilon'_{t-1} + B \circ Q_{t-1} \tag{2-75}$$

其中，ι 为 1 向量，"$\circ$" 为两个相同大小矩阵的 Hadamard 乘积。若 A，B 和 $(\iota\iota' - A - B)$ 半正定，则 Q 也半正定。如果任意一个矩阵是正定的，那么 Q 也是正定的。该族模型既包括早期的模型，也包括多个一般化的模型。

（三）估计

DCC 模型可以表述为如下统计形式：

$$\begin{aligned} r_t \mid_{t-1} &\sim N(0, D_t R_t D_t)^{①} \\ D_t^2 &= diag\{w_i\} + diag\{\kappa_i\} \circ r_{t-1}r'_{t-1} + diag\{\lambda_i\} \circ D_{t-1}^2 \\ \varepsilon_t &= D_t^{-1} r_t \\ Q_t &= S \circ (\iota\iota' - A - B) + A \circ \varepsilon_{t-1}\varepsilon'_{t-1} + B \circ Q_{t-1} \\ R_t &= diag\{Q_t\}^{-1} Q_t diag\{Q_t\}^{-1} \end{aligned} \tag{2-76}$$

第一个方程的正态性假设产生了一个似然函数。即使没有这个假设，估计量仍有准最大似然（QML）解释。第二个方程简单地表示了每个资产遵循单变量 GARCH 过程的假设。这对一般化的模型也同样适用。该估计量的对数似然函数可以表示为：

$$\begin{aligned} r_t \mid_{t-1} &\sim N(0, H_t) \\ L &= -\frac{1}{2}\sum_{t=1}^{T} \left[n\log(2\pi) + \log|H_t| + r'_t H_t^{-1} r_t \right] \end{aligned} \tag{2-77}$$

它在模型参数范围内可以很容易求得最大值。然而，该公式的目标之一为在协方差矩阵非常大时也能更容易地估计模型。目前有几种可以对模型的参数进行简单一致但效率不高的估计的统计量。根据 Newey 和 Mc Fadden（1994）给出的这些估计量一致性和渐近正态性的充分条件，设 D 中参数为 θ，R 中额外的参数为 ϕ。对数似然可以写成波动率部分和相关部分之和：

$$L(\theta, \phi) = L_v(\theta) + L_c(\theta, \phi) \tag{2-78}$$

---

① $r_t \mid_{t-1}$ 表示在 $t-1$ 及之前时刻信息下 r_t 的条件分布。

波动项为：

$$L_v(\theta) = -\frac{1}{2}\sum_t \left[n\log(2\pi) + \log|D_t|^2 + r_t'D_t^{-2}r_t \right] \qquad (2-79)$$

相关分量为：

$$L_C(\theta,\phi) = -\frac{1}{2}\sum_t \left(\log|R_t| + \varepsilon_t'R_t^{-1}\varepsilon_t - \varepsilon_t'\varepsilon_t \right) \qquad (2-80)$$

波动性部分的似然值显然是单个 GARCH 似然值的总和，即：

$$L_v(\theta) = -\frac{1}{2}\sum_t \sum_{i=1}^n \left[\log(2\pi) + \log(h_{i,t}) + \frac{r_{i,t}^2}{h_{i,t}} \right] \qquad (2-81)$$

它是由每一项分别求最大值得到的。

似然值的第二部分用来估计相关参数。因为平方残差不依赖于这些参数，所以它们不进入一阶条件而可以忽略。如果使用均值回归公式（2-68），则得到的估计量称为 DC-CLLMR，使用公式（2-68）中对模型聚合则称为 DCCLLINT。

使似然值最大化的两步方法是找到：

$$\hat{\theta} = \operatorname{argmax}\{L_v(\theta)\} \qquad (2-82)$$

然后把该值代入第二阶段求最大值：

$$\max_\phi \{L_C(\hat{\theta},\phi)\} \qquad (2-83)$$

在合理的规律性条件下，第一步的相合性将保证第二步的相合性。第二步的最大值将是第一步参数估计的函数，所以如果第一步是一致的，那么只要函数在真实参数的邻域内是连续的，那么第二步就是一致的。

Newey 和 Mc Fadden（1994）在其文献定理 6.1 中提出了一个可应用于该模型的两步广义矩方法（GMM）。将第一步对应的矩条件设为 $\nabla_\theta L_v(\theta) = 0$。第二步对应的矩条件设为 $\nabla_\varphi L_C(\hat{\theta},\phi) = 0$。Newey 和 Mc Fadden 在其文献定理 3.4 中给出的（i）到（v）的标准正则性条件下，参数估计将一致且为渐近正态，协方差矩阵形式相似。这个矩阵是两个 Hessians 矩阵的逆在分数外积上的乘积。其中相关参数的协方差矩阵为：

$$V(\phi) = [E(\nabla_{\phi\phi}L_C)]^{-1} \times E\{\nabla_\phi L_C - E(\nabla_{\phi\theta}L_C)[E(\nabla_{\theta\theta}L_V)]^{-1}\nabla_\theta L_V\} \times \{\nabla_\phi L_C - E(\nabla_{\phi\theta}L_C)[E(\nabla_{\theta\theta}L_V)]^{-1}\nabla_\theta L_V\}' \times [E(\nabla_{\phi\phi}L_C)] \qquad (2-84)$$

具体证明参考 Engle 和 Sheppard（2001）。

可以很容易地设计出另一种方法，该方法同样是一致的，但是效率很低。把公式（2-69）重写：

$$e_{i,j,t} = \bar{\rho}_{i,j}(1-\alpha-\beta) + (\alpha+\beta)e_{i,j,t-1} - \beta(e_{i,j,t-1} - q_{i,j,t-1}) + (e_{i,j,t} - q_{i,j,t}) \qquad (2-85)$$

其中，$e_{i,j,t} = \varepsilon_{i,t}\varepsilon_{j,t}$。因为误差是构造上的鞅差，所以该方程是 ARMA（1,1）。当 α 为很小的正数时，自回归系数略大，这与实证情况相关。因此，该方程可用常规的时间序列软件进行估计来重新获得参数的一致估计。这种方法的缺点是对于具有几乎相等根的

ARMA 模型估计结果不稳定且难以估计。此外在多变量时，该估计量需要许多这样的叉乘。如果模型为公式（2-68），问题就更简单了，因为自回归根假设为 1，该模型只是一个没有截距的综合移动平均线（IMA），

$$\Delta e_{i,j,t} = -\beta(e_{i,j,t-1} - q_{i,j,t-1}) + (e_{i,j,t} - q_{i,j,t}) \qquad (2-86)$$

这是参数 $\lambda = \beta$ 的指数平滑的一种简单情况。这个估计量称为 DCCIMA。

（四）比较估计量

Engle，Robert（2002）在已知真实相关结构的情况下比较几个相关估计量。对一个双变量 GARCH 模型进行 200 次模拟，每次模拟有 1000 个观测值，或者对每个相关过程进行大约 4 年的日数据模拟。根据简单的拟合优度统计量、多变量 GARCH 诊断测试和风险值测试对相关性估计量进行比较。数据生成过程由两个高斯 GARCH 模型组成；一个是高度持久的，另一个是不持久的。

$$h_{1,t} = 0.01 + 0.05 r_{1,t-1}^2 + 0.94 h_{1,t-1}$$

$$h_{2,t} = 0.5 + 0.2 r_{2,t-1}^2 + 0.5 h_{2,t-1}$$

$$\begin{pmatrix} \varepsilon_{1,t} \\ \varepsilon_{2,t} \end{pmatrix} \sim N\left[0, \begin{pmatrix} 1 & \rho_t \\ \rho_t & 1 \end{pmatrix}\right] \qquad (2-87)$$

$$r_{1,t} = \sqrt{h_{1,t}} \varepsilon_{1,t}, r_{2,t} = \sqrt{h_{2,t}} \varepsilon_{2,t}$$

相关性遵循以下几个过程：

1. $\rho_t = 0.9$

2. $\rho_t = 0.5 + 0.4\cos\left(\dfrac{2\pi t}{200}\right)$

3. $\rho_t = 0.5 + 0.4\cos\left(\dfrac{2\pi t}{20}\right)$

4. $\rho_t = 0.9 - 0.5(t > 500)$

5. $\rho_t = \mathrm{mod}(t/200)$

之所以选择这些过程，是因为它们表现出快速变化、渐进变化和稳定的时期。其中一些过程会均值回归，而另一些过程则会发生突变。其他各种实验用不同的误差分布和不同的数据生成参数进行模拟，但结果非常相似。

用八种不同的方法估计相关关系——两个多变量 GARCH 模型、正交 GARCH 模型、两个集成 DCC 模型和一个均值回复 DCC 加上 Riskmetrics 和 100 天移动平均线的指数平滑度。方法及描述如下：

1. 标量 bekk——公式（2-61）的标量版本，方差目标如公式（2-63）所示。
2. 对角化 BEKK——公式（2-61）的对角线版本，方差目标如公式（2-61）所示。
3. DCCIMA——公式（2-86）的综合移动平均估计的 DCC。

4. DCCLLINT——集成过程的对数似然 DCC 法。

5. DCCLLMR——均值回复模型的对数似然 DCC，如公式（2-57）所示。

6. MA100——100 天移动平均。

7. EX.06——参数为 0.06 的指数平滑。

8. OGARCH——正交 GARCH 或公式（2-59）中的主分量 GARCH。

同时使用三种方法度量性能。第一种方法是用平均绝对误差来比较估计量的相关性和真实的相关性。定义为：

$$MAE = \frac{1}{T} \sum |\hat{\rho}_t - \rho_t| \qquad (2-88)$$

该值越小越好。第二种方法是检验标准化残差平方的自相关性。对于多变量问题，标准化残差定义为：

$$v_t = H_t^{-1/2} r_t \qquad (2-89)$$

在这种双变量情况下，它以三角形平方根（Triangular Square Root）来实现，该平方根定义为：

$$v_{1,t} = r_{1,t} / \sqrt{H_{11,t}}$$
$$v_{2,t} = r_{2,t} / \sqrt{H_{22,t}(1-\hat{\rho}_t^2)} - r_{1,t} \times \frac{\hat{\rho}_t}{\sqrt{H_{11,t}(1-\hat{\rho}_t^2)}} \qquad (2-90)$$

通过对标准化残差和截距的 5 阶滞后 $v_{1,t}^2$ 和 $v_{2,t}^2$ 的回归进行 F 检验。临界值取 5% 以度量统计量效果，因为拒绝次数越多，表明标准化残差具有剩余时变波动的证据就越多。该检验可以用于真实数据。

第三种是评估在险价值。投资组合中 w 用于投资于第一项资产，$(1-w)$ 投资于第二项资产，正态假设下，其风险值为：

$$VaR_t = 1.65 \sqrt{[w^2 H_{11,t} + (1-w)^2 H_{22,t} + 2 \times w(1-w)\hat{\rho}_t \sqrt{H_{11,t} H_{22,t}}]} \qquad (2-91)$$

二分类变量 hit 应该是无法预测的，其定义为：

$$hit_t = I[w \times r_{1,t} + (1-w) \times r_{2,t} < -VaR_t] - 0.05 \qquad (2-92)$$

Engle 和 Manganelli（2001）引入的动态分位数检验是一种 F 检验，它假设过去时期的变量、当前时期 VaR 和任何其他变量的回归中所有系数和截距均为 0。在这种情况下，滞后 5 期的 VaR 可以被采用。使用 5% 临界值度量模型性能。Engle, Robert（2002）对 $w = 0.5$ 的等权重投资组合和权重为 1，-1 的套期投资组合给出了相应的结果。

（五）数值研究

1. 模拟仿真

六种情况下 200 次重复实验的八个估计量的平均绝对误差（MAE）结果表明，其中在 Fast Sine, Sine, Ramp 和 T（4）Sine 四种情况下，DCC 均值回归模型的 MAE 最小。当把所有情况的错误加在一起,该模型仍最好。采用对数似然估计和标量 BEKK 相结合的 DCC 模型分列第二名和第三名。

与第一个检验相比,第二个标准化残差的平方内剩余的自相关系数依赖于相关性。因为所有的模型都是错误指定的(Misspecified),所以拒绝率通常远高于 5%。在 Sine,Step 和 Const 三种情况下,DCC 均值回归模型效果最好。当把所有情况的错误加在一起,该模型仍最好。

第一个平方标准化残差的自相关检验的统计数据通常接近 5%,这表明这些模型中大多数是正确指定的,并且拒绝率大致为这个规模。总的来说,最好的模型似乎是对角线化 BEKK;OGARCH 和 DCC 紧随其后。

对每种资产进行一半投资的投资组合与权重为 ±1 的多/空投资组合进行基于在险价值的动态分位数测试。结果表明尽管结构错误指定,许多模型的 5% 被拒绝的数量接近 5% 的名义水平。除 Sine 外的五种情况的最小值是对数似然综合 DCC。总的来说,它也是最好的方法,其次是均值回复 DCC 和 IMADCC。

从所有这些性能指标来看,DCC 方法要么是最好的,要么与最好的方法非常接近。在这些模型中进行选择,均值回复模型通常最好;尽管集成 DCC 模型紧随其后,并且在某些标准下效果最好,但对集成 DCC 模型而言,对数似然估计方法通常优于 IMA 估计方法。

这些结论的可信度也可以被进一步验证。一种简单的方法是用不同的随机数集重复实验:整个蒙特卡罗重复两遍的结果非常接近,只有一个排名发生变化,即 DCCLLMR 超过 DCCLLINT。

2. 实际应用

Engle,Robert(2002)首先验证道琼斯工业平均指数和纳斯达克综合指数截至 2000 年 3 月的 10 年间日数据的相关性,然后考虑股票和债券之间的每日相关性,最后检验包括欧元诞生在内的几个重大历史事件前后几种货币回报率之间的每日相关性。每个数据集都用前面描述的所有模型进行估计。集成和均值回复模型的 DCC 参数估计表现出一致的标准错误。

纳斯达克指数在 20 世纪 90 年代末的大幅上涨,令许多投资组合经理感到困惑,也令新兴互联网初创企业和短线交易员感到高兴。从 GARCH 波动看,纳斯达克指数波动性一直比道琼斯指数更大,在样本的最后这一差距进一步扩大。用集成 DCC 方法估计道琼斯指数和纳斯达克指数之间的相关性,结果表明在这 10 年间大部分时间里,两者的相关性在 0.6~0.9,但有两个显著的下降。1993 年,这种相关性平均为 0.5,低于 0.4;2000 年 3 月,这种相关性再次低于 0.4。2000 年的情况有时被归因于新经济股票和"实体"股票之间的行业轮换。在样本周期结束时,某些估计值下降的比其他估计值更为明显。2001 年只有正交的 GARCH 相关性没有下降,BEKK 相关性波动最大。

第二个实证例子是国内股票和债券之间的相关性。将到期债券收益率减去 30 年期基准收益率，得到过去10年债券收益率与道琼斯指数和纳斯达克指数之间的综合DCC相关性。除1998年夏季和样本结束时相关性为0外，其他时期相关系数为0.4左右。尽管媒体广泛报道纳斯达克指数似乎对利率不敏感，但数据显示，这种情况只在一些有限的时间段内（包括2000年第一季度）是真实的，道琼斯指数也是如此。过去10年，道琼斯指数与债券价格的关联度似乎略高于纳斯达克指数。

货币相关性显示出显著的非平稳性，即相关过程有非常明显的结构变化。1992年8月德国马克与英镑和里拉之间的相关性的分解非常明显。对英镑来说，这是一种正常的相关性回归，而对里拉来说，则是一种戏剧性的脱钩。从1993年到1996年，里拉与法郎和德国马克的相关性较低，但随后逐渐接近1。随着欧元的推出，估计量的相关性基本上会移动到1。2001年瑞士法郎和里拉的汇率只有一次跌至0.95以下，而其他两对则完全没有。这是唯一不能根据均值回复DCC拒绝集成DCC模型的数据集。这可能是由相关性中的非平稳性造成的。令人吃惊的是，先前的货币对却没有类似结果。

对于这些数据集，均可构建与蒙特卡罗实验中使用的相同的测试集。当然，在这种情况下，平均绝对误差无法被观测到，但是可以计算ARCH残差的检验与在险价值。在后一种情况下，结果受到各种解释的影响，因为正态性假设也是一个潜在的拒绝源。在每一种情况下，观察数量从1400到2600不等，均大于蒙特卡罗实验。

该检验是对等权重投资组合和多空投资组合的残差自相关和在险价值准确性的检验，它们对相关性估计的不同相当敏感。结果表明大多数模型对数据集都是错误指定的。如果对每个标准上的所有数据集都进行5%的检验，那么每个模型的预期拒绝次数将略高于28种可能性中的1种。在所有的模型中，有10~21次以5%的水平被拒绝。

所有测试和数据集中表现最差的是MA100。从计算被拒绝的总数看，最好的模型是仅有10次拒绝的对角化BEKK。DCCLLMR，标量BEKK，OGARCH和EX0.06一共有12次拒绝；而DCCLLINT有14次。如果使用1%的测试来反映更大的样本量，那么拒绝的数量在7~21。MA100同样表现最差，但与之前不同的是EX0.06表现最好。DCCLLMR，DC-CLLINT和对角化BEKK均已被拒绝9次并列第二。这些结果表明真实数据比任何这些模型都要复杂，DCC模型比其他方法更有竞争力，其中一些方法很难推广到大型系统中。

（六）总结

Engle，Robert（2002）提出了一种新的多变量GARCH模型族，该模型族可以简单地用两个步骤从每个方程的单变量GARCH估计量中估计模型。同时提出一种极大似然估计方法，并给出了几种不同的估计参数，以找到可以估计大协方差矩阵的规范。他们仅对双变量系统进行估计，以建立该模型对简单结构的准确性，但该过程也应适用于大型系统。DCC模型的一个可取的实际特征是，多变量和单变量波动率预测是一致的。当系统中加入新变量时，原有资产的波动性预测将保持不变，相关性甚至可能保持不变，这取决于模型的修正方式。此外，他们还为双变量 DCC 模型提供了各种时变相关过程。将 DCC 与简单多变量 GARCH 和其他几种估计方法等进行比较，结果表明无论是基于平均绝对误差、诊断测试，还是在险价值的测试，DCC 通常是最准确的。金融应用的实证结果揭示了难以量化的重要的时变特征。对真实数据的统计检验表明，所有这些模型都是错误指定的，但是 DCC 模型与多元 GARCH 模型相比更具有竞争力，并且优于移动平均方法。

第三节 未来研究展望

有关高维线性及非线性时间序列建模的理论和应用，文献中已经做了许多有意义的工作，然而还存在以下问题：

（1）当高维 VAR 待估参数个数小于 T 时，部分文献得到了估计的渐近分布。当 d 远远大于 T，并且同时趋于无穷时，大部分文献没有考虑模型本身的相依结构在高维情形下对估计的影响，且已有文献仅得到了转移矩阵估计的一致性，从而无法对模型的参数及结构进行检验，此外鲜有文献研究高维 VAR 模型的充分性检验。此时，如何结合 VAR 模型自身的相依结构提出更加稳健和有效的估计方法，如何构造具有已知渐近分布或能基于某种已知分布进行抽样计算的统计量，进行模型参数及模型结构诊断检验，都是有待解决的问题并且非常值得研究。

（2）文献中对于固定维数的门限 VAR 模型的统计推断理论有了一定研究，然而高维门限 VAR 模型的计量理论研究几乎没有。一元模型的门限变量可以设定为观测变量的某个延迟，然而对于高维模型，如果只选取一个门限变量，则模型局限性太强，若选多个门限，则取值空间的划分变得非常复杂。此时，如何选取门限变量，如何基于选定的门限变量估计门限，如何估计每个体制的转移矩阵，如何进行门限非线性检验都是有待解决的问题。

（3）当模型假定所有分量都有相同程度的空间相关性、残差分量独立同分布或服从空间自回归模型时，文献中对高维空间动态面板模型的估计已经得到了较为充分的研究。然而经验表明，不同的分量会不同程度地依赖于空间关系，残差序列分量之间也会存在交叉相关关系，此时参数个数大大增加，从而加大了模型估计的难度，此时如何兼顾分量间不同的空间相依关系又同时尽量减少参数的个数，并且给出这些参数具有良好渐近性质的估计是非常重要且值得研究的问题。对于高维空间动态面板模型，当维数 d 和样本量 T 都很大时，其参数的假设检验才刚刚起步，而模型的诊断性检验几乎没有文献涉及，而这些都是对高维时间序列数据合理建模的重要依据。

（4）文献中对于固定维数 MGRACH 模型的计量理论研究方面做了很多重要工作，为本项目的开展提供了一定的理论基础。然而，当数据维数较高时，MGARCH 的计量理论研究还比较薄弱，这主要是由于：理论上非线性的存在使从固定维数到维数趋于无穷的扩展变得更加困难，需要一些新的技术；计算上，随着维数的增加，涉及对条件协方差矩阵的建模，需要估计大量的参数，在现有的非线性优化技术和计算机技术下通常较难实现 [参见 Chrétien 和 Ortega (2014) 等]。在高维情形下，VEC – GARCH 和 BEKK – GARCH 模型参数太多，且不容易解释，相对而言，CCC – GARCH 模型和 DCC – GARCH 模型结构较为简洁，尽管如此，我们仍然需要对其参数矩阵进行某种稀疏性假定，如何进一步对其进行估计和检验依然是没有解决的问题。

（5）对于高维条件均值和条件方差联合建模的计量理论，文献中基本没有研究，然而，全球经济金融的一体化使我们必须同时考虑大量的经济金融变量，同时大多数金融资产收益率存在序列相关性和条件异方差性，因此建模时，需要联合估计高维多元条件均值模型和高维多元波动率模型。

（6）文献中基于高维线性及非线性时间序列模型，已经在宏观经济预测、金融市场联动性建模和金融风险管理方面做了不少实证研究，也为模型的理论发展提供了经验催动力。然而，一方面，本项目基于高维时间序列数据特征提出的新的模型和方法有待实践的检验，另一方面，利用这些高维数据分析对于中国实际问题的研究却不多，如何从全球视角基于这些模型和方法对中国宏观经济运行、中国金融市场以及与国外发达和发展中国家的金融市场进行联动性进行研究，揭示其内在规律及演变路径，为交易者提供更为合理的交易策略，为风险管理者提供更准确的风险量化指标，为监管部门决策提供量化支持，至关重要。

参考文献

[1] Aielli, G. P. (2006). "Consistent estimation of large scale dynamic conditional correlations." Unpublished paper, University of Florence.

[2] Aielli, G. P. (2013). "Dynamic conditional correlation: on properties and estimation." Journal of Business and Economic Statistics 31: 282 – 299.

[3] Alvarez, J. and Arellano, M. (2003). "The time series and cross – section asymptotics of dynamic panel data estimators." Econometrica 1121 – 1159.

[4] Anderson, T. W. and Hsiao, C. (1981). "Estimation of dynamic models with error components." J. Amer. Statist. Assoc. 76 (375): 598 – 606.

[5] Andrews, D. W. K. (2001). "Testing when a parameter is on a boundary of the maintained hypothesis." Econometrica 69: 683 – 734.

[6] Anselin, L. (1988). "Lagrange multiplier test diagnostics for spatial dependence and spatial heterogeneity." Geographical analysis 20 (1): 1 – 17.

[7] Anselin, L. (2001). "Rao's score test in spatial econometrics." Journal of statistical planning and

inference 97 (1): 113 – 139.

[8] Anselin, L. (2001). "Spatial econometrics. in baltagi, bh (ed.)" Theoretical Econometrics. Blackwell Publishing, 6: 244 – 268.

[9] Anselin, L. and Bera, A. K. (1998). "Spatial dependence in linear regression models with an introduction to spatial econometrics." Statistics Textbooks and Monographs 155: 237 – 290.

[10] Anselin, L. (1988). "Spatial econometrics: methods and models (Vol. 4)." Springer Science & Business Media.

[11] Anselin, L., Bera, A. K., Florax, R. and Yoon, M. J. (1996). "Simple diagnostic tests for spatial dependence." Regional science and urban economics 26 (1): 77 – 104.

[12] Arellano, M. and Bond, S. (1991). "Some tests of specification for panel data: monte carlo evidence and an application to employment equations." Rev. Econom. Stud. 58 (2): 277 – 297.

[13] Arnold, M., Stahlberg, S., and Wied, D. (2013). "Modeling different kinds of spatial dependence in stock returns." Empirical Economics 1 – 14.

[14] Asgharian, H., Hess, W. and Liu, L. (2013). "A spatial analysis of international stock market linkages." Journal of Banking & Finance 37 (12): 4738 – 4754.

[15] Aue, A., S. Hörmann, L. Horváth, and M. Reimherr (2009). "Break detection in the covariance structure of multivariate time series models." Annals of Statistics 37: 4046 – 4087.

[16] Bai, J. (2013). "Fixed – effects dynamic panel models, a factor analytical method." Econometrica 81 (1): 285 – 314.

[17] Bai, J. and Li, K. (2015). "Dynamic spatial panel data models with common shocks." Unpubslished manuscript.

[18] Bai, J. and Li, K. (2014). "Theory and methods of panel data models with interactive effects." Ann. Statist. 42 (1): 142 – 170.

[19] Bai, J. and Li, K. (2016). "Maximum likelihood estimation and inference for approximate factor models of high dimension." Rev. Econ. Statist. 98 (2): 298 – 309.

[20] Bai, Z., Jiang, D., Yao, J. and Zheng, S. (2013). "Testing linear hypotheses in high – dimensional regressions." Statistics: A Journal of Theoretical and Applied Statistics 47: 1207 – 1223.

[21] Baltagi, B. H. and Yang, Z. (2013). "Standardized LM tests for spatial error dependence in linear or panel regressions." The Econometrics Journal 16 (1): 103 – 134.

[22] Baltagi, B. H., Song, S. H. and Koh, W. (2003). "Testing panel data regression models with spatial error correlation." Journal of econometrics 117 (1): 123 – 150.

[23] Baltagi, B. H., Song, S. H., Jung, B. C. and Koh, W. (2007). "Testing for serial correlation, spatial autocorrelation and random effects using panel data." Journal of Econometrics 140 (1): 5 – 51.

[24] Bańbura, M., Giannone, D. and Lenza, M. (2015). "Conditional forecasts and scenario analysis with vector autoregressions for large cross – sections." International Journal of Forecasting 31 (3): 739 – 756.

[25] Bańbura, M., Giannone, D. and Reichlin, L. (2010). "Large bayesian vector autoregressions." Journal of Applied Econometrics 25: 71 – 92.

[26] Bardet, J. M. and Wintenberger, O. (2009). "Asymptotic normality of the quasi-maximum likelihood Estimator for multidimensional causal processes." Annals of Statistics 37: 2730-2759.

[27] Basrak, B., Davis, R. A. and Mikosch, T. (2002). "Regular variation of GARCH processes." stochastic processes and their applications 99: 95-115.

[28] Bauwens, L., Laurent, S. and Rombouts, J. V. K. (2006). "Multivariate GARCH models: a survey." Journal of Applied Econometrics 21: 79-109.

[29] Beenstock, M. and Felsenstein, D. (2007). "Spatial vector autoregressions." Spat. Econ. Anal. 2 (2), 167-196.

[30] Bento, J., Ibrahimi, M. and Montanari, A. (2010). "Learning networks of stochastic differential equations." Advances in Neural Information Processing Systems 172-180.

[31] Bera, A. K. and Yoon, M. J. (1993). "Specification testing with locally misspecified alternatives." Econometric theory 9 (04): 649-658.

[32] Berkes, I., Horváth, L. and P. Kokoszka (2003). "GARCH Processes: Structure and Estimation." Bernoulli 9: 201-227.

[33] Bhargava, A. and Sargan, J. D. (1983). "Estimating dynamic random effects models from panel data covering short time periods." Econometrica: Journal of the Econometric Society 1635-1659.

[34] Bickel, P. J. and Levina, E. (2008). "Covariance regularization by thresholding." The Annals of Statistics 36: 2577-2604.

[35] Billingsley, P. (1961). "The lindeberg-levy theorem for martingales." Proceedings of The American Mathematical Society 12: 788-792.

[36] Blanchard, O. and Perotti, R. (2002). "An empirical characterization of the dynamic effects of changes in government spending and taxes on output." The Quarterly Journal of Economics 117: 1329-1368.

[37] Blasques, F., Koopman, S. J., Lucas, A. and Schaumburg, J. (2016). "Spillover dynamics for systemic risk measurement using spatial financial time series models." Journal of Econometrics 195 (2): 211-223.

[38] Blundell, R. and Bond, S. (1998). "Initial conditions and moment restrictions in dynamic panel data models." J. Econometrics 87 (1): 115-143.

[39] Bollerslev, T. (1986). "Generalized autoregressive conditional heteroskedasticity." Journal of Econometrics 31: 307-327.

[40] Bollerslev, T. (1990). "Modelling the coherence in short-run nominal exchange rates: a multivariate generalized ARCH model." Review of Economics and Statistics 72: 498-505.

[41] Bollerslev, T. and Wooldridge, J. M. (1992). "Quasi-maximum likelihood estimation and inference in dynamic models with time-varying covariances." Econometric Reviews 11: 143-172.

[42] Bollerslev, T., Engle, R. F. and Wooldridge, J. M. (1988). "A capital asset pricing model with time-varying covariances." The Journal of Political Economy 96: 116-131.

[43] Bolstad, A., Van Veen, B. and Nowak, R. (2011). "Causal network inference via group sparse regularization." IEEE Transactions on Signal Processing.

[44] Bougerol, P. and N. Picard (1992a). "strict stationarity of generalized autoregressive processes." Annals of Probability 20: 1714 – 1729.

[45] Bougerol, P. and N. Picard (1992b). "stationarity of GARCH processes and of some nonnegative time series." Journal of Econometrics 52: 115 – 127.

[46] Boussama, F., Fuchs, F. and Stelzer, R. (2011). "stationarity and geometric ergodicity of BEKK multivariate GARCH models." Stochastic Processes and their Applications 121: 2331 – 2360.

[47] Brady, R. R. (2011). "Measuring the diffusion of housing prices across space and over time." J. Appl. Econometrics 26 (2): 213 – 231.

[48] Bredahl, K. A., Callot, L. A. F. (2015). "Oracle inequalities for high dimensional vector autoregressions." Journal of Econometrics 186 (2): 325 – 344.

[49] Brüggemann, R. and Lütkepohl, H. (2001). "Lag selection in subset VAR models with an application to a U. S. monetary system." Econometric Studies: A Festschrift in Honour of Joachim Frohn. LIT – Verlag: Münster, 107 – 128.

[50] Burridge, P. (1980). "On the Cliff – Ord test for spatial correlation." Journal of the Royal Statistical Society. Series B (Methodological): 107 – 108.

[51] Calderón V, S. A. and Nieto, F. H. (2017). "Bayesian analysis of multivariate threshold autoregressive models with missing data." Communications in Statistics – Theory and Methods 46 (1): 296 – 318.

[52] Can, A. S. and Megbolugbe, I. (1997). "Spatial dependence and house price index construction." The Journal of Real Estate Finance and Economics 14 (1 – 2): 203 – 222.

[53] Cappiello, L., Engle, R. F. and Sheppard, K. (2006). "Asymmetric dynamics in the correlations of global equity and bond returns." Journal of Financial Econometrics 4: 537 – 572.

[54] Chan, K. S. (1993). "Consistency and limiting distribution of the least squares estimator of a threshold autoregressive model." Annals of Statistics 21: 520 – 533.

[55] Chan, N. H., Yau, C. Y. and Zhang, R. M. (2015). "LASSO estimation of threshold autoregressive models." Journal of Econometrics 189 (2): 285 – 296.

[56] Chan, W. S., Cheung, S. H., Chow, W. K. and Zhang, L. X. (2015). "A robust test for threshold – type nonlinearity in multivariate time series analysis." Journal of Forecasting 34 (6): 441 – 454.

[57] Chen, X., Xu, M., and Wu, W. B. (2013). "Covariance and precision matrix estimation for high – dimensional time series." The Annals of Statistics 41 (6): 2994 – 3021.

[58] Chen, C. W., So, M. K. and Liu, F. C. (2011). "A review of threshold time series models in finance." Statistics and its interface 4 (2): 167 – 181.

[59] Chen, H., Chong, T. T. L. and Bai, J. (2012). "Theory and applications of TAR model with two threshold variables." Econometric Reviews 31 (2): 142 – 170.

[60] Chen, M. and Chen, G. (2001). "A nonparametric test of conditional autoregressive heteroscedasticity for threshold autoregressive models." Canadian Journal of Statistics 29: 649 – 666.

[61] Chen, R. and Tsay, R. (1991). "On the ergodicity of TAR (1) processes." Annals of Applied Probability 1613 – 1634.

［62］Chrétien, S. and Ortega, J. (2014). "Multivariate GARCH estimation via a bregman – proximal trust – region method." Computational Statistics and Data Analysis 76: 210 – 236.

［63］Cliff, A. D. and Ord, J. K. (1973). Spatial autocorrelation (Vol. 5). London: Pion.

［64］Comte, F. and O. Lieberman (2003). "Asymptotic theory for multivariate GARCH processes." Journal of Multivariate Analysis 84: 61 – 84.

［65］Davis, R. A., Zhang, P. and Zheng, T. (2012). "Sparse vector autoregressive modeling." Available at http: //arxiv. org/abs/1207. 0520.

［66］Debarsy, N. and Ertur, C. (2010). "Testing for spatial autocorrelation in a fixed effects panel data model." Regional Science and Urban Economics 40 (6): 453 – 470.

［67］Dennis, J. G., Hansen, E. and Rahbek A. (2002). "ARCH innovations and their impact on cointegration rank testing." Working paper no. 22, Centre for Analytical Finance, University of Aarhus.

［68］Deryugina, E. and Ponomarenko, A. A. (2015). "A large bayesian vector autoregression model for russia." Social Science Electronic Publishing.

［69］Dou, B., Parrella, M. L. and Yao, Q. (2016). "Generalized yule – walker estimation for spatio – temporal models with unknown diagonal coefficients." Journal of Econometrics 194 (2): 369 – 382.

［70］Dueker, M. J., Psaradakis, Z., Sola, M. and Spagnolo, F. (2011). "Multivariate contemporaneous – threshold autoregressive models." Journal of Econometrics 160 (2): 311 – 325.

［71］Dueker, M. J., Sola, M. and Spagnolo, F. (2007). "Contemporaneous threshold autoregressive models: estimation, testing and forecasting." Journal of Econometrics 141 (2): 517 – 547.

［72］Efron, B., Hastie, T., Johnstone, I. and Tibshirani, R. (2004). "Least angle regression." Annals of Statistics 32: 407 – 499.

［73］Elhorst, J. P. (2001). "Dynamic models in space and time." Geographical Analysis 33 (2): 119 – 140.

［74］Elhorst, J. P. (2005). "Unconditional maximum likelihood estimation of linear and log – linear dynamic models for spatial panels." Geographical analysis 37 (1): 62 – 83.

［75］Elhorst, J. P. (2008). "Serial and spatial error correlation." Economics Letters 100 (3): 422 – 424.

［76］Elhorst, J. P. (2010). "Dynamic panels with endogenous interaction effects when T is small." Regional Science and Urban Economics 40 (5): 272 – 282.

［77］Elhorst, J. P., Lacombe, D. J. and Piras, G. (2012). "On model specification and prarameter space definitions in higher order spatial econometrics models." Reg. Sci. Urban Econ. 42: 211 – 220.

［78］Engle, R. F. and Kroner, K. F. (1995). "Multivariate simultaneous generalized ARCH." Econometric theory 11 (01): 122 – 150.

［79］Engle, R. F. (1982). "Autoregressive conditional heteroskedasticity with estimates of the variance of the united kingdom inflation." Econometrica 50: 987 – 1007.

［80］Engle, R. F. (2002). "Dynamic conditional correlation: a simple class of multivariate generalized autoregressive conditional heteroskedasticity models." Journal of Business & Economic Statistics 20: 339 – 350.

［81］Engle, R. F. (2009). "Anticipating correlations. a new paradigm for risk management." New

Jersey: Princeton University Press.

[82] Engle, R. F. and Sheppard, K. (2001). "Theoretical and empirical properties of dynamic conditional correlation multivariate GARCH." Discussion Paper, University of California San Diego.

[83] Escanciano, J. C., Lobato, I. N. and Zhu, L. (2013). "Automatic specification testing for vector autoregressions and multivariate nonlinear time series models." Journal of Business & Economic Statistics 31 (4): 426 – 437.

[84] Fan, J. and Li, R. (2001). "Variable selection via non – concave penalized likelihood and its oracle properties." Journal of American Statistical Association 96: 1348 – 1360.

[85] Fan, J., Han, F., Liu, H. and Vickers, B. (2016). "Robust inference of risks of large portfolios." Journal of Econometrics 194 (2): 298 – 308.

[86] Fan, J., Liao, Y. and Mincheva, M. (2011). "High dimensional covariance matrix estimation in approximate factor models." Ann. Statist. 39 (6): 3320.

[87] Fan, J., Lv, J. and Qi, L. (2011). "Sparse high – dimensional models in economics." Annual Review of Economics 3 (1): 291 – 317.

[88] Fan, J., Peng, H. (2004). "Nonconcave penalized likelihood with a diverging number of parameters." Ann. Statist. 32 (3): 928 – 961.

[89] Fan, J., Wang, M. and Yao, Q. (2008). "Modelling multivariate volatilities via conditional uncorrelated components." Journal of Royal Statistical Society Series B (70): 679 – 702.

[90] Fan, J., Zhang, J. and Yu, K. (2012). "Vast portfolio selection with gross – exposure constraints." Journal of the American Statistical Association 107 (498): 592 – 606.

[91] Francq, C. and Zakoïan, J. M. (2004). "Maximum likelihood estimation of pure GARCH and ARMA – GARCH processes." Bernoulli 10: 605 – 637.

[92] Francq, C. and Zakoïan, J. M. (2007). "Quasi – Maximum likelihood estimation in GARCH processes when some coefficients are equal to zero." Stochastic Processes and Their Applications 117: 1265 – 1284.

[93] Francq, C. and Zakoïan, J. M. (2009). "Testing the nullity of GARCH coefficients: correction of the standard tests and relative efficiency comparisons." Journal of the American Statistical Association 104: 313 – 324.

[94] Francq, C. and Zakoïan, J. M. (2011). "QML estimation of a class of multivariate asymmetric GARCH models." Econometric Theory 28: 179 – 206.

[95] Francq, C. and Zakoïan, J. M. (2013). "Inference in non stationary asymmetric GARCH models." Annals of Statistics 41: 70 – 98.

[96] Francq, C. and Zakoïan, J. M. (2010). "GARCH Models." Structure, Statistical Inference and Financial Applications. Wiley.

[97] Franses, P. H. and Hafner, C. M. (2009). "A generalized dynamic conditional correlation model for many asset returns." Econometric Reviews 28: 612 – 631.

[98] Fuller, W. A. (1996). " Introduction to statistical time series (Vol. 230)." John Wiley & Sons.

[99] Gao, Y., Li, K. and Yang, X. (2017). "Spill – over effects, qualities of healthcare and educa-

tion, and home prices." Manuscript in progress.

[100] Glosten, L. R., Jaganathan, R. and Runkle, D. (1993). "On the relation between the expected values and the volatility of the nominal excess return on stocks." Journal of Finance 48: 1779 – 1801.

[101] Granger, C. W. J. (1969). "Investigating causal relations by econometric models and cross – spectral methods." Econometrica 37: 424 – 438.

[102] Guo, S., Wang, Y. and Yao, Q. (2016). "High dimensional and banded vector autoregressions." Biometrika 103 (4): 889 – 903.

[103] Gupta, A. and Robinson, P. M. (2015). "Inference on higher – order spatial autoregressive models with increasingly many parameters." J. Econometrics 186 (1): 19 – 31.

[104] Hafner, C. and A. Preminger (2009). "Asymptotic theory for a factor GARCH model." Econometric Theory 25: 336 – 363.

[105] Hafner, C. M. (2003). "Fourth moment structure of multivariate GARCH models." Journal of Financial Econometrics, 1: 26 – 54.

[106] Hafner, C. M. and Preminger, A. (2009). "On asymptotic theory for multivariate GARCH models." Journal of Multivariate Analysis 100: 2044 – 2054.

[107] Hahn, J. and Kuersteiner, G. (2002). "Asymptotically unbiased inference for a dynamic panel model with fixed effects when both 'n' and 'T' are Large." Econometrica 70 (4): 1639 – 1657.

[108] Hall, P. and Yao, Q. (2003). "Inference in ARCH and GARCH models with heavy – tailed errors." Econometrica 71: 285 – 317.

[109] Hamadeh, T. and Zakoïan J. M. (2011). "Asymptotic properties of LS and QML estimators for a class of nonlinear GARCH processes." Journal of Statistical Planning and Inference 141: 488 – 507.

[110] Hamilton, J. D. (1994). "Time series analysis". New Jersey: Princeton University Press.

[111] Han, X., Hsieh, C. S. and Lee, L. F. (2017). "Estimation and model selection of higher – order spatial autoregressive model: an efficient bayesian approach." Regional Science and Urban Economics 63: 97 – 120.

[112] Hannan, E. J. (1969). "The identification of vector mixed autoregressive – moving average systems." Biometrika 56: 223 – 225.

[113] Harville, D. (1997). "Matrix algebra from a statistician's perspective." Springer – Verlag.

[114] He, C. and Teräsvirta, T. (2004). "An extended constant conditional correlation GARCH model and its fourth – moment structure." Econometric Theory 20: 904 – 926.

[115] Hiemstra, C. and Jones, J. (1994). "Testing for linear and nonlinear granger causality in the stock price – volume relation." Journal of Finance 54: 1639 – 1664.

[116] Holly, S., Pesaran, M. H. and Yamagata, T. (2011). "The spatial and temporal diffusion of house prices in the UK." J. Urban Econ. 69 (1): 2 – 23.

[117] Hosking, J. R. M. (1980). "The multivariate portmanteau statistic." Journal of the American Statistical Association 75: 602 – 608.

[118] Hosking, J. R. M. (1981). "Lagrange – multiplier tests of multivariate time series models." Jour-

117

nal of the Royal Statistical Society Series B 43: 219 – 230.

［119］Hsiao, C. (1986). "Analysis of panel data." Cambridge: Cambridge University Press.

［120］Hsu, N. J., Hung, H. L. and Chang, Y. M. (2008). "Subset selection for vector autoregressive processes using lasso." Computational Statistics and Data Analysis 52: 3645 – 3657.

［121］Huang, J., Ma, S. and Zhang, C. H. (2008). "Adaptive lasso for sparse high – dimensional regression models." Statist. Sinica 18 (4): 1603.

［122］Hung, K. C., Cheung, S. H., Chan, W. and Zhang, L. (2009). "On a robust test for SETAR – type nonlinearity in time series analysis." Journal of Forecasting 28: 445 – 464.

［123］Jeantheau, T. (1998). "Strong consistency of estimators for multivariate ARCH models." Econometric Theory 14: 70 – 86.

［124］Jennrich, R. I. (1969). "Asymptotic properties of non – linear least squares estimators." Ann. Math. Statist. 633 – 643.

［125］Kapoor, M., Kelejian, H. H. and Prucha, I. R. (2007). "Panel data models with spatially correlated error components." Journal of econometrics 140 (1): 97 – 130.

［126］Kelejian, H. H., Prucha, I. R. (1998). "A generalized spatial two – stage least squares procedure for estimating a spatial autoregressive model with autoregressive disturbances." J. Real Estate Finance Econ. 17 (1): 99 – 121.

［127］Kelejian, H. H., Prucha, I. R. (1999). "A generalized moments estimator for the autore gressive parameter in a spatial model." Internat. Econome. Rev. 40 (2): 509 – 533.

［128］Kiviet, J. F. (1995). "On bias, inconsistency, and efficiency of various estimators in dynamic panel data models." J. Econometrics 68 (1): 53 – 78.

［129］Kock, A. and Callot, L. (2012). "Oracle inequalities for high dimensional vector autoregressions." Technical Report, Aarhus University.

［130］Korniotis, G. M. (2005). "A dynamic panel estimator with both fixed and spatial effects." Department of Finance, University of Notre Dame.

［131］Kosorok, M. R. (2007). "Introduction to empirical processes and semiparametric inference". Springer Science & Business Media.

［132］Koutmos, G. and Booth, G. G. (1995). "Asymmetric volatility transmission in international stock markets." Journal of International Money and Finance 14: 747 – 762.

［133］Kristensen, D. (2007). "Uniform ergodicity of a class of markov chains with applications to time series models." Working paper, Economics department, Columbia University.

［134］Krolzig, H. M. and Hendry, D. F. (2001). "Computer automation of general – to – specific model selection procedures." Journal of Economic Dynamics and Control 25: 831 – 866.

［135］Kwan, W., Li, W. K. and Ng, K. W. (2010). "A multivariate threshold varying conditional correlations model." Econometric Reviews 29 (1): 20 – 38.

［136］Kwon, Y., Bozdogan, H. and Bensmail, H. (2008). "Performance of model selection criteria in bayesian threshold VAR (TVAR) Models." Econometric Reviews 28 (1 – 3): 83 – 101.

[137] Lacombe, D. J. (2004). "Does econometric methodology matter? An analysis of public policy using spatial econometric techniques." Geograph. Anal. 36 (2): 105 – 118.

[138] Lee, L. F. and Yu, J. (2010a). "A spatial dynamic panel data model with both time and individual fixed effects." Econometric Theory 26 (2): 564 – 597.

[139] Lee, L. F. and Yu, J. (2010b). "Estimation of spatial autoregressive panel data models with fixed effects." Journal of Econometrics 154 (2): 165 – 185.

[140] Lee, L. F. and Yu, J. (2014). "Efficient GMM estimation of spatial dynamic panel data models with fixed effects." Journal of Econometrics 180 (2) 174 – 197.

[141] Lee, L. F. (2004). "Asymptotic distributions of quasi – maximum likelihood estimators for spatial autoregressive models." Econometrica 1899 – 1925.

[142] Lee, L. F. and Yu, J. (2010). "Estimation of spatial autoregressive panel data models with fixed effects." J. Econometrics 154 (2): 165 – 185.

[143] Lee, L. F. and Yu, J. (2014). "Efficient GMM estimation of spatial dynamic panel data models with fixed effects." J. Econometrics 180 (2): 174 – 197.

[144] Lee, L. F. and Yu, J. (2015). "Estimation of fixed effects panel regression models with separable and nonseparable space Ctime filters." J. Econometrics 184 (1): 174 – 192.

[145] Leng, C. and Li, B. (2011). "Forward adaptive banding for estimating large covariance matrices." Biometrika 98 (4).

[146] LeSage, J. P. and Pace, R. K. (2009). "Introduction to spatial econometrics, statistics, textbooks and monographs." CRC Press.

[147] Li, C. W. and Li, W. K. (1996). "On a double – threshold auroregressive heteroscedastic time series model." Journal of Applied Econometrics 11: 253 – 274.

[148] Li, D. and Tong, H. (2016). "Nested sub – sample search algorithm for estimation of threshold models." Statistica Sinica 26: 1543 – 1554.

[149] Li, W. and Qin, Y. (2014). "Hypothesis testing for high – dimensional covariance matrices." Journal of Multivariate Analysis 128: 108 – 119.

[150] Li, W., Gao, J., Li, K. and Yao, Q. (2016). "Modeling multivariate volatilities via latent common factors." Journal of Business & Economic Statistics 34 (4): 564 – 573.

[151] Li, W. K. and McLeod, A. I. (1981). "Distribution of the residual autocorrelations in multivariate ARMA time series models." Journal of the Royal Statistical Society Series B 43: 231 – 239.

[152] Lien, D. and Luo, X. (1994). "Multi – period hedging in the presence of conditional heteroscedasticity." Journal of Futures Markets 14: 927 – 955.

[153] Ling, S. and Mcaleer, M. (2003). "Asymptotic theory for a vector ARMA – GARCH model." Econometric Theory 19: 280 – 310.

[154] Luo, S. and Chen, Z. (2013). "Extended BIC for linear regression models with diverging number of relevant features and high or ultra – high feature spaces." Journal of Statistical Planning & Inference 143 (3): 494 – 504.

[155] Lütkepohl, H. (1991). "Introduction to multiple time series analysis." New York: Springer - Verlag.

[156] Lütkepohl, H. (2005). "New introduction to multiple time series analysis." New York: Springer - Verlag.

[157] Ma, Y. and Zhu, L. (2013). "A review on dimension reduction." International Statistical Review 83: 134 - 150.

[158] Magnus, J. R. and H. Neudecker (1988). "Matrix differential calculus with applications in statistics and econometrics." New Jersey: John Wiley & Sons.

[159] Marta, B., Giannone, D. and Reichlin, L. (2010). "Large bayesian vector auto regressions." Journal of Applied Econometrics 25 (1): 71 - 92.

[160] Mcaleer, M., Chan, F., Hoti, S. and Lieberman, O. (2009). "Generalized autoregressive conditional correlation." Econometric Theory 28: 422 - 440.

[161] Mcaleer, M., Hoti, S., Chan, F. and Lieberman, O. (2009). "Structure and asymptotic theory for multivariate asymmetric conditional volatility." Econometric Reviews 28: 422 - 440.

[162] McMillen, D. P., Singell, L. D. and Waddell, G. R. (2007). "Spatial competition and the price of college." Econ. Inquiry 45 (4): 817 - 833.

[163] Meitz, M. and Saikkonen, P. (2011). "Parameter estimation in nonlinear AR - GARCH models." Econometric Theory 27: Forthcoming.

[164] Nakatani, T. and Teräsvirta, T. (2009). "Testing for volatility interactions in the constant conditional correlation GARCH model." Econometrics Journal 12: 147 - 163.

[165] Nelson, D. B. (1991). "Conditional heteroskedasticity in asset returns: a new approach." Econometrica 59: 347 - 370.

[166] Newey, W. K. and McFadden, D. (1994). "Large sample estimation and hypothesis testing." Handb. Econom. 4: 2111 - 2245.

[167] Neyman, J. and Scott, E. L. (1948). "Consistent estimates based on partially consistent observations." Econometrica 1 - 32.

[168] Nickell, S. (1981). "Biases in dynamic models with fixed effects." Econometrica 49 (6): 1417 - 1426.

[169] Norkute, M. (2014). "A monte carlo study of a factor analytical method for fixed effects dynamic panel models." Econom. Lett. 123 (3): 348 - 351.

[170] Opgen - Rhein, R. and Strimmer, K. (2007). "Learning causal networks from systems biology time course data: an effective model selection procedure for the vector autoregressive process." BMC bioinformatics 8 (Suppl 2): S3.

[171] Ou, B., Zhao, X. and Wang, M. (2015). "Power of moran's I test for spatial dependence in panel data models with time varying spatial weights matrices." Journal of Systems Science and Information 3 (5): 463 - 471.

[172] Pan, J. Z. and Wang, H. (2016). "Simplified dynamic conditional correlation model: structure

and estimation." Working paper.

[173] Pan, J. Z., Wang H. and Tong, H. (2008). "Estimation and tests for power – transformed and threshold GARCH models." Journal of Econometrics 142: 352 – 378.

[174] Parent, O. and LeSage, J. P. (2010). "A spatial dynamic panel model with random effects applied to commuting times." Transportation Research Part B: Methodological 44 (5): 633 – 645.

[175] Parent, O. and LeSage, J. P. (2011). "A space – time filter for panel data models containing random effects." Computational Statistics & Data Analysis 55 (1): 475 – 490.

[176] Qiu, Y. and Chen, S. (2012). "Test for bandedness of high – dimensional covariance matrices and bandwidth estimation." The Annals of Statistics 40: 1285 – 1314.

[177] Qu, X., Lee, L. F. and Yu, J. (2017). "QML estimation of spatial dynamic panel data models with endogenous time varying spatial weights matrices." Journal of Econometrics 197: 173 – 201.

[178] Qu, X. and Lee, L. F. (2015). "Estimating a spatial autoregressive model with an endogenous spatial weight matrix." J. Econometrics 184 (2): 209 – 232.

[179] Reinsel, G. C. (1993). "Elements of multivariate time series." New York: Spinger – Verlag.

[180] Reinsel, G. C. (1997). "Elements of Multivariate time series analysis." New York: Springer – Verlag.

[181] Seber, G. A. (2008). "A matrix handbook for statisticians, Vol. 15." New Jersey: John Wiley & Sons.

[182] Sergio, A., Calderón, V. and Fabio, H. N. (2017). "Bayesian analysis of multivariate threshold autoregressive models with missing data." Communications in Statistics Theory and Methods 46 (1): 296 – 318.

[183] Shojaie, A. and Michailidis, G. (2010). "Discovering graphical Granger causality using the truncating lasso penalty." Oxford: Oxford University Press.

[184] Silvennoinen, A. and Teräsvirta, T. (2009). "Multivariate GARCH models." In T. G. Andersen, R. A. Davis, J. – P. Kreiss, and T. Mikosch (eds.). Handbook of Financial Time Series 201 – 229. New York: Springer – Verlag.

[185] Silvennoinen, A. and Teräsvirta, T. (2009). "Modeling multivariate autoregressive conditional heteroskedasticity with the double smooth transition conditional correlation GARCH model." Journal of Financial Econometrics 7: 373 – 411.

[186] Sims, C. A. (1980). "Macroeconomics and reality." Econometrica, 48: 1 – 48.

[187] Song, S. and Bickel, P. J. (2011). "Large vector auto regressions." Arxiv preprint arXiv: 1106.3915.

[188] Srivastava, R., Li, P. and Ruppert, D. (2016). "RAPTT: An exact two – sample test in high dimensions using random projections." Journal of Computational and Graphical Statistics 25 (3): 954 – 970.

[189] Stock, L. H. and Watson, M. W. (2005). "An empirical comparison of methods for forecasting using many predictors." Manuscript, Princeton University.

[190] Straumann, D. and T. Mikosch (2006). "Quasi – Maximum – Likelihood estimation in heteroscedastic time series: a stochastic recurrence equation approach." Annals of Statistics 34: 2449 – 2495.

[191] Tam, P. S. (2014). "A spatial – temporal analysis of East Asian equity market linkages." Journal

of Comparative Economics 42 (2): 304 – 327.

[192] Tasy, R. S. (2005). "Analysis of financial time series." New Jersey: John Wiley & Sons.

[193] Tibshirani, R. (1996). "Regression shrinkage and selection via the lasso." Journal of the Royal Statistical Society Series B 58: 267 – 288.

[194] Tong H. (1990). "Non – linear time series: A dynamical system approach." Oxford: Clarendon Press.

[195] Tong, H. and Lim, K. S. (1980). "Threshold autoregression, limit cycles and cyclical data." Journal of the Royal Statistical Society. Series B (Methodological): 245 – 292.

[196] Tsay, R. S. (1989). "Testing and modeling threshold autoregressive processes." Journal of the American Statistical Association 84 (405): 231 – 240.

[197] Tsay, R. S. (1998). "Testing and modeling multivariate threshold models." Journal of the American statistical association 93 (443): 1188 – 1202.

[198] Tse, Y. K. and Tsui, A. (2002). "A multivariate garch model with time – varying correlations." Journal of Business and Economic Statistics 20: 351 – 362.

[199] Valdes – Sosa, P. A., Sanchez – Bornot, J. M., Lage – Castellanos, A., Vega – Hernandez, M., Bosch – Bayard, J., Melie – Garcia, L. and Canales – Rodriguez, E. (2005). "Estimating brain functional connectivity with sparse multivariate autoregression." Philosophical Transactions of the Royal Society B (360): 969 – 981.

[200] Van de Geer, S., Bühlmann, P., Ritov, Y. and Dezeure, R. (2014). "On asymptotically optimal confidence regions and tests for high – dimensional models." The Annals of Statistics 42: 1166 – 1202.

[201] Wainwright, M. (2009). "Sharp thresholds for noisy and high – dimensional recovery of sparsity using constrained quadratic programming (lasso)." IEEE Transactions on Information Theory 55: 2183 – 2202.

[202] Wang, H. and Leng, L. C. (2009). "Shrinkage tuning parameter selection with a diverging number of parameters." Journal of the Royal Statistical Society Series B (Statistical Methodology) 71 (3): 671 – 683.

[203] Wang, H. (2013). "Asymptotic theory of univariate GARCH estimation: stationary and non – stationary case." Advances in Mathematics 42: 138 – 152.

[204] Wang, H. and Lam, C. (2017). "Inference for spatial dynamic panel model with different spatial dependence characterizations." Working paper.

[205] Wang, H. and Yao, Q. (2016). "Estimation for high dimensional stationary VAR models by thresholding." Working Paper.

[206] Wang, L. and Wang, J. (2004). "The limiting behavior of least absolute deviation estimators for threshold autoregressive models." Journal of Multivariate Analysis 89: 243 – 260.

[207] Wang, L., Peng, B. and Li, R. (2015). "A high – dimensional nonparametric multivariate test for mean vector." Journal of the American Statistical Association 110 (512): 1658 – 1669.

[208] Weng, Y. and Gong, P. (2016). "Modeling spatial and temporal dependencies among global stock markets." Expert Systems with Applications 43: 175 – 185.

[209] Wu, W. B. and Pourahmadi, M. (2009). "Banding sample autocovariance matrices of stationary

processes." Statistica Sinica 19（19）：1755 – 1768.

［210］Wu, C. C. and Lee, J. C.（2011）."Forecasting time – varying covariance with a robust bayesian threshold model." Journal of Forecasting 30（5）：451 – 468.

［211］Yu, J., De Jong, R. and Lee, L. F.（2008）."Quasi – maximum likelihood estimators for spatial dynamic panel data with fixed effects when both N and T are large." Journal of Econometrics 146（1）：118 – 134.

［212］Zhang, R., Peng, L. and Wang, R.（2013）."Tests for covariance matrix with fixed or divergent dimension." The Annals of Statistics 41：2075 – 2096.

［213］Zhao, J. and Leng, C.（2014）."Structured lasso for regression with matrix covariates." StatisticaSinica 24：799 – 814.

［214］Zhao, P. and Yu, B.（2006）."On model selection consistency of lasso." The Journal of Machine Learning Research 7：2541 – 2563.

［215］Zhu, X., Pan, R., Li, G., Liu, Y., and Wang, H.（2016）."Network vector autoregression." Annals of Statistics forthcoming.

［216］Zou, H.（2006）"The adaptive lasso and its oracle properties." Journal of the American Statistical Association 101：1418 – 1429.

［217］陈敏，吴国富. 门限自回归模型参数最小二乘估计的强收敛速度. 系统科学与数学，1996（16）.

［218］陈青青，龙志和，林光平. 空间滞后模型的空间相关性稳健检验. 管理工程学报，2014（2）.

［219］程棵，陆凤彬，杨晓光. 次贷危机传染渠道的空间计量. 系统工程理论与实践，2012（3）.

［220］李立，田益祥，张弘磊. 考虑广义多维空间效应的 S – VaR 测算. 系统工程理论与实践，2015（12）.

［221］李元，蔡风景，孙岩. GARCH – M 模型参数的经验似然估计. 应用数学学报，2014（3）.

［222］欧变玲，郎冰，张非同. 时变空间权重矩阵面板数据模型稳健 LM 检验有效性研究. 统计研究，2015（10）.

［223］钱争鸣，刘立虎. 复杂环境下空间滞后模型的稳健 LM 检验. 统计研究，2013（4）.

［224］王明进. 多元波动率模型的一些新进展. 数理统计与管理，2010（3）.

［225］张进峰，方颖. 空间误差模型的稳健检验. 数量经济技术经济研究，2011（1）.

［226］张征宇，朱平芳. 空间动态面板模型拟极大似然估计的渐近效率改进. 数量经济技术经济研究，2009（5）.

［227］张志强. 空间面板参数估计的小样本特性探究. 数量经济技术经济研究，2012（9）.

第三章

系统性金融风险的度量与监管

　　防止发生系统性金融风险是金融工作的永恒主题，让金融回归本源，需要把主动防范化解系统性金融风险放在更加重要的位置。本章首先总结文献中系统性风险的核心特点，明确其定义与框架，并梳理了国内外相关研究的理论脉络。其次，从早期预警模型和金融压力指数两方面，并结合大萧条期间的风险传染与银行倒闭潮的研究，介绍系统性金融风险预警指标的构建方法。系统性金融风险传染性度量方面，则从矩阵模型、复杂金融网络、金融传染和系统重要性金融机构识别四个方面进行梳理。最后，从高维宏观经济变量的预测、构建金融压力指数时动态权重的确定、风险溢出效应的度量、系统性金融风险传染机制和系统重要性机构的确定等五方面对系统性风险的未来研究进行展望。

第一节 系统性金融风险研究概述

一、系统性金融风险的定义与框架

2008年次贷危机经金融体系内部"自我发酵"而蔓延全球,潜藏于体系内的系列问题得以曝光,其中"大而不倒"与"太关联而不倒"等问题引起各方强烈关注。危机后大量新监管机构如金融稳定委员会(FSB)等涌现,监管工具和框架也发生重大变革:国际层面,《多德—弗兰克法案》和《巴塞尔协议Ⅲ》相继出台标志着全球金融治理进入新阶段;国内方面,2017年起我国监管政策密集出台,原"一行三会"监管模式蜕变为"一委一行两会"新监管格局。日趋严格的金融监管使"系统性风险"成为银行业、金融危机、金融监管以及网络理论等领域的热点,学术研究和金融监管的交叉融合更加密切。系统性风险似乎不言而喻,但定义又尚未统一。与"系统风险"不同,其关键要素涵盖初始冲击、传染性、溢出效应等各个方面。

在2008年国际金融危机之前,关于系统性风险的研究较少,而关于系统性危机的研究则很多,如关于货币危机的三代模型,以及对系统性危机的早期预警模型(如KLR模型、FR模型、STV模型、DD模型以及DCSD模型)。因此,危机之前的定义更多的和系统性危机、系统性事件相联系。

De Bandt和Hartmann(2000)从系统性事件的角度定义系统性风险。因危机管理政策不同,故系统性事件有狭义和广义之分。狭义的系统性事件为单个金融机构的负面消息或单个金融市场的崩溃导致其他金融机构倒闭或市场产生崩溃现象的事件。和狭义的系统性事件只包含有限系统性冲击或单个冲击不同,广义的系统性事件还包括更严重及广泛的系统性冲击。从冲击后果的严重程度看,狭义的强系统性事件是指使稳健的金融机构在遭受冲击后倒闭或者正常运行的金融市场在冲击后崩溃的事件;而狭义的弱系统性事件则指负外部效应更弱的冲击。同理可定义广义的强系统性事件和弱系统性事件。

狭义(广义)的系统性危机指狭义(广义)的强系统性事件导致一系列金融机构破产或者金融市场崩溃从而使金融体系的投融资中介等功能遭到严重破坏的危机;狭义(广义)的系统性风险则指狭义(广义)的强系统性事件或狭义(广义)的系统性危机发生的概率。因此,系统性风险和系统性事件均与机构破产或市场崩溃等极端系统性事件相联系。由上所述,系统性风险由初始冲击和传导机制两个维度组成,其中初始冲击由单个冲击和系统性冲击组成,而系统性风险最核心的传导机制则主要是传染。

与De Bandt和Hartmann(2000)一样,Group of Ten(2001)也将系统性风险和系统性事件相联系,将其定义为发生导致经济价值和信心受损、不确定性增加使大部分金融体系受损并对实体经济有较大负向影响的系统性事件的风险。但与 De Bande 等（2000）强调初始冲击和传染不同的是，Group of Ten（2001）强调金融体系受损给实体经济带来的巨大损失。Dicolo 和 Kwast（2002）基本遵从 Group of Ten（2001）的定义，并强调系统性风险的两个关键特征，即金融机构之间的负外部性与对实体经济带来较大的损失。

Kaufman 和 Scott（2003）将系统性风险定义为整个金融体系崩溃，而不是单个金融机构或某些金融破产的风险和概率。因此，银行体系的系统性风险指的是单个国家、一些国家或者是全球银行破产的高度集中性和相关性。系统性风险也可以发生在如证券市场等其他金融部门，具体表现为单个国家或国家间的单个市场或者多个市场大量证券同时下跌。因此，可以看出 Kaufman 和 Scott（2003）认为系统性风险的主要特征是：①高度相关性；②不仅仅是银行部门，其他金融部门也可以有系统性风险；③国家以及国际都存在系统性风险，这个依赖于研究的范围。

国际金融危机之后，人们的视线逐渐从系统性危机转向对系统性风险进行研究，因为对系统性危机的研究往往是一种"事后疗法"，而对系统性危机爆发之前的系统性风险累积过程的关注远比对系统性危机的关注更重要。由于关注系统性风险的学者越来越多且金融体系的日益复杂性，关于系统性风险的定义也更趋向于多元化。

Bijlsma 等（2009）将系统性风险定义为系统性危机发生的概率，而系统性危机主要包含初始冲击、放大机制、金融部门崩溃。本质上 Bijlsma 等（2009）与 De Bandt 和 Hartmann（2000）对系统性风险的定义类似，都注重初始冲击以及放大机制，且放大机制是最为核心的因素。但 Bijlsma 等（2009）对放大机制的定义不仅仅拘泥于金融体系内部的传染机制，而更注重于金融体系和实体经济的顺周期性质。金融体系内部的传染机制主要通过银行部门的直接和间接关联、流动性紧缩以及信息溢出产生传染，而金融体系与实体经济的顺周期性主要通过金融监管、金融加速器等机制实现。

Harrington 等（2009）认为由于金融机构的相互关联性和风险传染导致金融机构的大范围倒闭并对实体经济有负的外溢性。他认为系统性风险和对实体经济的共同冲击风险（如大范围房地产价格给大量投资者和企业带来直接的损失）有显著的不同。共同冲击风险是经济体中对象面临的共同风险，只要其不造成传染，就不会导致系统性风险。因此，Harrington 等（2009）的定义强调金融机构关联性、传染性以及对实体经济的负的外溢性。

IMF（2009，P113）认为系统性风险很难定义和量化，认为只有我们事后看到大量金融机构倒闭导致金融体系功能大范围的丧失时才知道它的存在。这强调了系统性风险的事前不可预知性。IMF、BIS、FSB（2009）认为系统性风险是金融系统的部分或全部受到损害而对金融服务造成干扰并可能对实体经济带来严重后果的风险；系统性风险关注金融机构、金融市场、金融基础设施与更广义的经济相互作用。

ECB（2010）将系统性风险定义为金融不稳定的风险，这种金融不稳定包括金融体系对实体经济的融资功能造成巨大破坏或使社会福利遭受巨大损失。

Billio 等（2010）定义系统性风险为短期内一系列金融机构同时违约并导致整个金融体系的流动性紧缩和广范围的信心受损。他使用非线性 Granger 因果检验测度金融机构的相互传染关系以测度系统性风险。其定义主要侧重于传染性、短时间、高度相关性、整个金融体系、流动性紧缩及信心问题。

和 Group of Ten（2001）类似，Adrian 和 Brunnermeier（2011）将系统性风险定义为整个金融体系的中介功能遭到破坏，从而对实体经济的信贷供给有显著的负影响的风险。但在对系统性风险具体度量时，他们强调金融困境在金融机构之间的传染。

Acharya 等（2011）虽然对系统性风险没有给出直接的定义，但通过构建银行微观经济模型得到单个银行对系统性风险的贡献，即金融体系发生危机时，单个金融机构的预期资本损失，这体现了金融机构之间的关联性、传染性和负向外部性。

IMF、BIS、FSB（2011）对系统性风险的时间维度和空间维度的两个维度进行区分。时间维度指金融体系系统性风险因时而变，反映了金融体系内部及其与实体经济之间的累积和放大机制。这种顺周期性以金融机构和非金融机构共同趋势为基础，在金融周期膨胀阶段风险暴露增加，在紧缩阶段则表现出对风险的过度厌恶。在经济上行时，顺周期性使金融系统和经济更易受各类冲击影响，总风险的积累增加了金融危机爆发的概率。空间维度是指金融体系系统性风险在某个时间点的空间分布。若顺周期性决定了不稳定机制的动态变化，空间维度则提供了进一步的动力，加重了金融困境的影响。严重的问题不需要累积也会导致金融困境，这取决于机构的规模、业务活动的集中度和可替代性，以及它们之间的相互关联。相互关联可能来源于机构内的风险暴露（资产、融资）或者受共同冲击的影响（通过机构之间的溢出产生传染渠道）。由于这些直接或间接的联系，任何一个机构出现偿债风险或流动性风险会使所有的机构都受强烈影响，从而导致整个系统流动性缩水以及资产抛售。因此，空间维度也称为"关联风险"。

国内学者关于系统性风险的研究较晚，对系统性风险的定义也主要通过对国外学者的定义进行综合而得。张晓朴（2010）认为系统性金融风险的"系统性"主要包含两层含义：一个是事件影响了整个金融体系的功能，这强调了"系统"；另一个是事件让看似不相干的第三方也付出了一定的代价，这强调了"传染"。基于此，他将系统性风险定义为：整个金融体系崩溃或丧失功能的或然性。它具有复杂性、突发性、传染快、波及广、危害大等五个基本特征。为了更好地理解系统性风险，作者将系统性风险与金融危机进行对比，认为金融危机是一个取值非"是"即"否"的哑变量，而系统性风险是一个连续变量，即金融危机是系统性风险的爆发，是系统性风险的一个特殊阶段和极端状态。龚明华和宋彤（2010）认为系统性风险具有难以定义和度量、巨大破坏性、相互关联以及快速传染的特征。朱元倩和苗雨峰（2012）通过比较国外学者关于系统性风险的表述的共同之处，认为系统性风险是由某个触发因素引起，导致不稳定性在整个金融体系内蔓延，甚至对实体经济造成严重危害的不确定；其在时间上具有连续性，在空间上具有广泛性，与单个金融机构面临的风险不同,系统性风险具有宏观性和系统性、更大的负外部性、风险和收益的不对称型和广泛的传染性等特征。

参考前人文献,本文组合其内涵并进行后续讨论:系统性风险是内源或外生初始冲击经过金融系统内部机制放大最终使体系崩溃甚至在宏观方面造成扰乱金融服务、恶化实体经济等恶性后果的可能性(Dijkman,2010);具有同时性、同因性与传染性的特点(Kaufman and Scott,2003);不仅指金融体系整体的承压状态,更关注系统内部风险积聚及传染过程,该风险在不同机构中集聚并由于金融的顺周期性因时而变(Borio,2009)。对系统性风险的研究涉及初始冲击、放大机制和最终后果三个环节,以及时和空两个维度。通常初始冲击如资产大幅贬值、流动性紧张、机构破产等情况有限,而金融体系崩溃、实体经济萧条等最终后果难以承受,因此防范风险的关键在于对放大机制与传导路径的深入理解。

二、系统性金融风险文献综述

(一) 金融危机早期预警模型

1. 危机理论发展

金融危机理论的发展随着金融危机事件的发生而不断推进,具有阶段性。早在18世纪就有学者对金融危机进行研究,这些研究主要是基于经济周期和经济危机理论的研究,并没有系统的构建金融危机理论体系(Canilon、JohnMill、Marshall、Schumpeter、Veblen等)。20世纪30年代到20世纪60年代,在1929—1933年的经济大萧条的背景下,一些学者又开始了新一轮的危机理论研究。此阶段的金融危机理论研究主要侧重于从宏观经济政策角度解释危机成因,如Fisher(1933)认为金融危机是随着经济周期性产生的;Keynes(1936)认为投资环境的不稳定是产生危机的主要原因;Friedman等(1963)认为金融危机的产生是由于银行业的恐慌所致。20世纪70年代末,随着金融危机事件的影响程度加深及发生的频率增加,四代金融危机理论接踵而至。

Salant,Henderson(1978)首先建立了投机冲击模型,分析投机力量对黄金价格的冲击行为。克鲁格曼在之后的研究中将该冲击模型应用到固定汇率制度上,分析固定汇率制度在冲击下崩溃的问题。Flood,Garber(1984)进一步简化克鲁格曼理论,将其放在随机环境中。由于是学术界第一批对投机冲击的研究,因此也被称为"第一代"货币危机模型。

第一代货币危机模型的缺陷在于其理论假定与实际偏离太大,对政府在内外均衡的取舍与政策制定问题论述上存在很大的不足,所假定的政府的政策太机械,央行干预市场的方式太单一——单纯的买卖外汇。而且经济基本面的稳定可能并不是维持汇率的充分条件，单纯依靠一国内部基本经济变量预测和解释危机，忽视了引起货币危机的外部原因，显得单薄。

Vlad，Garber（1984）是第二代货币危机理论的创始人，他们提出政府行为的非线性会导致投机冲击和不发生投机冲击的多重均衡。之后 Obstfeld（1994）提出投机供给取决于政府政策的反映函数，而函数又受到公众对政府决策预期的影响。第二代货币危机理论推翻了第一代中关于政府货币供给增长率固定的假定，提出政府的货币供给行为非线性。

第二代货币危机理论认为问题仍然主要在于内外均衡的矛盾，政府维持固定汇率制度是有成本的，政府的愿望与公众的预期偏离得越大，维持固定汇率制度的成本就越高。当公众产生了不利于政府的预期时，投机者的行为将导致公众丧失信心从而使政府对固定汇率制的保卫失败，危及提前到来。

Dooley（1997）研究资本内流和危机之间的关系，强调政府暗地里管理不善的银行和公司债务人担保，增加道德风险的问题。他提出的模型被称为保险模型，认为预期危机发生之前，没有汇率制度的冲突，也没有在资本内流期间维持汇率钉住或由于危机放弃钉住汇率的预期。并且指出不同货币的利差并不总是和预期危机联系在一起的，和第一代货币危机模型不同，私人资本内流总是先于危机，是危机过程中不可分割的一部分。保险模型指出国际储备资产的大量聚集支持增加了资本内流。

第三代货币危机理论中还有一项重要的组成部分——双危机。在墨西哥和东南亚国家，金融部门（包括银行机构和非银行金融机构）的脆弱导致了货币危机。首先，弱小的银行部门限制了提高利率低于货币供给的能力。其次，一旦贬值开始，若银行倾向于加剧货币危机。例如墨西哥和泰国银行有较多的美元负债，由于部分货币钉住美元，本币的贬值大大增加了银行的负担。1995 年墨西哥花费 GDP 的 7% 来支持银行部门。类似的情况也发生于泰国、韩国等国家。经济学家得到一个非常重要的教训：如果没有完善的金融机构的监管体系，金融自由化是会导致危机的。在墨西哥和亚洲货币危机中，一个显著的特征就是银行危机先于货币危机，货币危机加深了银行危机，呈现一种螺旋上升的趋势。

综上所述，三代货币危机理论研究的侧重面各有不同：

第一代着重讨论经济基本面，第二代的重点放在了货币危机本身的性质、信息与公众的信心上，而到了第三代货币危机理论，焦点则是金融体系与私人部门，特别是企业。

第一代货币危机理论认为一国货币和汇率制度的崩溃是由于政府政策之间的冲突造成的，这一理论对 20 世纪 70 年代末、80 年代初的拉丁美洲货币危机最有说服力，对于 1998 年以来俄罗斯和巴西财政问题引发的货币波动同样适用。

第二代货币危机理论认为政府在固定汇率制度上始终存在动机冲突，公众认识到政府的摇摆不定，如果公众丧失了信心，金融市场并非是天生有效的，而是存在种种缺陷；这时市场投机以及羊群效应会使固定汇率制度崩溃，政府保卫固定汇率制度的代价会随着时间的延长而增大。第二代理论应用于实践的最好例证是 1992 年英镑退出欧洲汇率机制的情况,对该现象具有较强的指示能力。

第三代货币危机理论认为企业、脆弱的金融体系以及亲缘政治是东南亚货币危机之所以发生的原因所在。在对东南亚货币危机的解释上,有两种观点:一种认为这并非是新的危机,已有的货币危机理论足以解释;另一种则认为已有的危机理论不足以充分的解释。事实上,这两种观点没有本质的分歧,只是各自侧重点的不同。前者认为前面的两种危机理论仍然适用,尤其是第二代理论有很好的解释力,同时他们也不否认东南亚货币危机的特征与以往的货币危机的差异。后者更强调危机的新的特点,寻求新的危机形成传导机制,但是建模的方法与已有的文献仍然一致。

2. 货币危机和银行危机理论

(1) 货币贬值。19世纪70年代发生在拉丁美洲的货币危机,启示了一些早期的支付危机模型。在这些模型中,财政赤字引起外汇储备的长期不足,最终引起货币危机(如Krugman, 1979)。由于1992年和1993年欧洲货币系统的瓦解,近期的货币危机模型认为外汇储备的缺失可能不是货币危机的根源,更关注失业问题等政府问题。政府经常面临两个矛盾的目标:降低通胀水平和保持经济增长率。固定汇率制能够达到第一个目标,但会降低竞争力并引起衰退。通过黏性价格,货币贬值能够保持竞争力和改善失业率,因此鼓励政府在衰退时期内放弃货币盯住政策。另外20世纪80年代的拉丁美洲,1992年北欧国家和1994年发生在墨西哥的危机引起学术界对银行业的支付问题的关注。例如,Alejendro (1985) 和 Velasco (1987) 提出当中央银行通过加印货币为受困的金融机构提供资金,会引起货币过量的货币危机。

(2) 资本外流。学术界也存在一些文献关注资本注入可能引起潜在不稳定性的问题,如资本撤回引起流动性危机。例如,在1982年的债务危机,1994年的墨西哥危机(龙舌兰效应),1997—1998年的亚洲金融危机中,都表现出资本注入突然停止,甚至逆转引起资本外流。利率的波动会引起这种突然性的逆转,并且这种情况下资本以证券组合或短期投资的形式比直接投资形式更严重。资本账户的开放引起短期资本的流动,也会增加外汇流动的不稳定性。同时也有学者提出应关注总资本的流动,认为很多金融危机发生伴随着资本倒流和对冲——国内居民同时投资国际资本市场并寻求外部资本。总资本外流也称为资本外逃,通常由本国居民持有的国外资产衡量。例如1982年的墨西哥危机,政府赤字增大并利用国外借款来弥补,同时由于国内居民对政府偿债能力的怀疑,增大对国外的投资。

(3) 银行业恐慌危机。Calomiris 和 Gorton (1991) 提出衰退经常发生在危机和恐慌前,通常在信贷量显著增加后的衰退更容易发生这种问题。当衰退发生时,存款人会重新评估银行债务的风险。由于他们通常无法获知每个银行资产的质量和价值,一个坏的冲击可能会引起存款人从银行取出存款。一些学者也研究了货币危机对银行业稳定性的影响。Stocker (1995) 提出外部冲击(如国外利率上升)伴随着固定平价,造成外汇储备的损失,进一步可能会引起信贷紧缩、破产增加和金融危机。若同时货币发生贬值,银行持有的国外债务也会带来损失。Mishkin(1996)提出若中央银行使用增加利率来对抗投机活动,银行业会变得更脆弱。Claudia,Thomas 和 Lena(2017)研究系统性风险的驱动因素在国家层面和欧元区层面是否存在差异时,基于 2005—2013 年欧元区上市银行的样本,根据 Brownlees 和 Engle(2017)的 SRISK 测度计算银行对系统性风险的贡献。结果表明金融危机期间系统性风险增加,平均而言,规模更大、盈利能力更强的银行对系统性风险的贡献更大。以零售活动和利息收入为主的"传统"的商业模式的影响并不明确,贷款份额高或非利息收入占比高的银行对系统性风险的贡献较小。虽然系统性风险的定性决定因素在国家和欧元区层面相似,但一些定量因素的重要性不同,如贷款份额较高的银行对系统性风险的贡献较小,这种影响在国家层面上比在欧元区更为强烈。

(4)超贷和超借。Mckinnon(1994)提出在银行业存在道德风险问题和缺乏管制问题的环境中,资本的流入可能会引起超额放贷、消费膨胀和赤字增大。在大部分时间里,这种过贷周期伴随着股票和房地产市场的膨胀。相反,超借会引起实际汇率贬值,竞争力下降和经济增速减缓。当前经济环境的恶化也会使投资者担心对国外借款的违约,可能会造成国内货币暴跌。Goldfajn(1995)展示了外国利率和资本流动的波动如何在银行的中介作用下扩大影响,并最终导致银行恐慌和货币的暴跌。

(二)金融压力指数方法

最近的危机发生在 2007 年早期,是对美国次贷资产的风险重新定价中引发的,但在 2007 年夏天逐步升级为美国和西欧的银行系统的流动性挤兑和银行间贷款市场的混乱。之后危机突变成为银行资本实力的问题。压力进一步传递到一些发展中国家,表现为流动性缺失、资产贬值、风险厌恶扩大和波动性增加。同时,外汇市场也受到波动性增加的影响,金融市场的压力也影响到经济增长率。

较多的实证研究试图从金融危机事件中找出引起危机事件的共同因素,并以此为基础构建金融危机预警指标体系。这种方法通常用 0 和 1 分别代表非危机状态和危机状态,以预警因素为解释变量,并检验解释变量对 0 和 1 的显著程度,以此来决定有预警能力的预警变量,并将它们构建成预警指标体系。

1. 国外构建方法

国外关于金融压力指数构建的研究较多,其中以 Cardarelli(2009)关于加拿大金融压力的研究最为经典。Cardarelli(2009)将金融压力时期定义为综合指标(FSI)的极端情况,建立实时、高频的市场指标。FSI 是三个子指数的方差加权平均,包括银行部门、证券市场和外汇交易市场。在指数的构建体系方面:Cardarelli(2009)运用银行部门滚动 β 系数,汇率波动率,TED 利差,公司债利差,股指下跌百分比,股票市场波动率和收益率曲线斜率等 7 个变量。

(1) 银行部门子指数。

①收益率曲线斜率：政府发行证券短期、长期收益率之差。由于银行是通过将短期负债（存款）转为长期资产（贷款）获利，若出现负的期限利差，银行的盈利能力下降。

②TED 利差：即银行间和国债之间利差，用以衡量交易对手风险。

③银行部门的 Beta：用于衡量银行部门股票指数和股票市场指数之间的相关关系。在危机发生时期，指标能反映出银行业股价对于市场股价的显著下降。

(2) 证券市场子指数。

①公司债券利差：公司债券收益率减去政府长期债券利率。利差用来衡量公司债市场的价差，包括信贷、市场和流动性风险溢价。

②股票市场回报：取月度回报的相反数，当市场股价下降时指数上升。

③股票回报时变波动率：用 GARCH（1，1）得到（见 Bollerslev, 1992），用来衡量在危机时期常见的波动聚类现象。

(3) 外汇交易市场子指数。

①名义有效汇率的月波动率：用 GARCH（1，1）得到。

②Emrah（2011）研究发展中经济体的金融压力指数，包括银行部门的脆弱性、股票市场的波动性、主权债务风险、外汇市场压力以及贸易信贷额。该研究使用主成分分析方法，提取最能代表五大市场波动的数据序列作为金融压力指数。

③Turalay（2012）针对土耳其发展的特点，研究1997—2010年时期土耳其国家的金融压力，并结合具体的经济事件，分析宏观政策对金融压力的影响。

2. 国内研究

国内的危机预警研究开始于1980年，并以1988年为分水岭，分为"国外理论引进阶段"和"国内指标分析阶段"。

1988年，我国自身的危机预警研究才刚刚起步。中国经济体制改革研究所在当年的35个月度经济指标中，抽取了13个作为先行指标，13个作为同步指标，9个作为滞后指标，并运用D1方法对其运行轨迹进行测算，找出了各自基准循环日期；同年，国家统计局设定了6组综合监测预警指数，并把指数的运行区间划分为5个灯区，显示经济循环波动状态。1990年，国家统计局进行了《经济监测与预警系统》的研究课题，并且完成了综合性的软件系统，应用于经济发展趋势推断和预警预报等研究。1992年底，中国人民大学顾海兵教授开始了粮食生产预警系统研究，并对预警理论进行了新的探索和发展。

1990年，经济预警的应用领域更加广泛。王慧敏（1998）利用GRW模型结构进行了煤炭工业经济预警建模，同时建立了煤炭工业经济预警因子体系。刘新仁、徐立中（2001）在流域可持续发展问题上提出了可持续发展分析的新方法——系统动力学预警方法。这些研究更将危机预警应用于微观领域，为实业发展提供了支持和依据。

21世纪，学者们进行了更为深入的探索。冯雪（2005）以全面风险管理为理念，综合考虑了银行经营过程中可能出现的资产风险、流动性风险、资本风险和盈利风险等，建立了商业银行经营风险预警指标体系。胡群峰（2005）通过对我国商业银行信贷风险产生原因的描述，同时结合西方发达国家信贷风险预警及管理体系的理论和实践模式，采用定性与定量相结合的方法，提出了符合我国国情的信贷风险预警模型，完善了信贷风险预警机制。潘群峰（2003）等构建了山东省交通运输经济预警系统，构造了陆路交通运输指标和水运交通运输指标，应用层次分析法（AHP）确定了综合指标权系数。武旭（2004）认为运输经济预警的重点在于科学推断未来市场趋势，对市场运行的各种不正常现象和险情作出预报，预警系统的预测模型在不断发展和完善过程中，以往的预警系统中的预测模型存在一些问题，为克服传统预测方法的不足，需要深入研究摸索合适的预警方法。

吕江林（2011）选择四个指标构建我国的金融指数等权重加总：期限利差、银行业风险利差、股票市场波动性、外汇市场压力指数（作为被解释变量）。利用逐步回归方法筛选出解释变量：中国金融压力值指数滞后变量，GDP及GDP增长率，经济货币化程度，广义货币增长率，贸易差额，我国银行信贷余额，房地产价格指数，国际原油价格变化率，日本GDP增长率，中美一年期存款利差。根据以上解释滞后宏观变量对文中金融压力指数的影响，将其作为中国金融市场系统风险的预警变量。

刘晓星（2012）将我国金融体系划分为银行、股市、外汇及保险市场，选取对应变量。①银行部门：同业拆借利率与无风险利率差（TED），贷款利率上升量；②股票市场：股票指数下跌变量SD，股票收益率波动性；③外汇市场：货币贬值变量，外汇储备减少变量；④保险市场：保险赔付额上升量。该文选用信用加总权重法进行加权，即根据四个金融市场的规模衡量其重要性。

王妍（2012）选取类似的代表性变量衡量中国金融体系压力，而在指数合成中假定各项指数服从正态分布，避免权重对指数构造的影响，选用等方差加权法进行加权。

（三）系统传染性度量

1. 矩阵模型

矩阵模型最早由Sheldon和Maurer在1998年提出，在文章中他们将银行系统的冲击源和其他经济部门隔离开，没有考虑银行倒闭对实体经济的影响，也没有考虑风险的跨部门传染。模拟了一个或者数个银行倒闭对银行系统的影响，即第一轮银行倒闭后将风险通过银行间市场传递给其他银行，从而导致第二轮银行的倒闭，依此类推，直到没有银行倒闭，或者银行全部倒闭。Sheldon和Maurer（1998）使用瑞士每家银行在银行间市场的头寸估计出银行间市场的双边头寸矩阵。通过设置情景，假设一家银行倒闭，然后模拟对整个银行系统的影响。试验结果发现，大型银行倒闭后会传染其他银行，但是大型银行倒闭概率比较小。

在此之后，Upper 和 Worms（2004）采用了类似的方法，并考虑了银行存款担保的因素，研究了德国银行系统性风险的传染性，结果发现任何一家银行的破产都会导致银行系统内的连锁倒闭，但是通常都是一些规模比较小的银行，其占资产总量一般不到1%，但是在极端情况下，单一银行的破产可能导致传染超过银行体系的75%；Wells（2004）对英国银行系统性风险进行了研究，结果表明单一银行的倒闭很少能导致其他银行的彻底破产，但是可能削弱银行系统的控股资本，并且单一银行的倒闭很大程度上依赖于损失率的大小。Furfine（2004）和 Muller（2006）将银行的流动性纳入了模型，银行没有足够的清偿能力和足够的流动性都会导致破产。Muller（2006）对瑞士银行系统的研究表明，流动性不足导致破产的银行在资本上占据了银行系统总资本的90%，而因清偿能力不足导致破产的银行仅占了不到5%。我国在这方面研究的文献也比较多，李宗怡和李玉海在2005年利用矩阵模型模拟了我国银行业同业风险头寸的分布状况，从而估计出了银行体系内的系统性风险的传染性。马君潞，范小云，曹元涛（2007）使用我国银行在同业拆借市场数据，估计出双边头寸矩阵，并利用矩阵模型估计了我国银行系统性风险的传染性，分析了不同的损失率，一个或者数个银行倒闭所引起的传染性。

以上所有的研究都是在2007年金融危机爆发之前进行的，但是并没有预测到金融危机的爆发，并且在危机处理过程中起到的作用很小。Upper（2011）分析了其中可能出现的原因，认为有以下两点：①过分注重对金融机构的特定的冲击，而没有考虑到金融系统整体遭受的冲击；②没有考虑多样化的风险传染渠道。除此之外，大多数的模型都假设，在危机过程中金融机构没有任何避险的策略，这在危机刚开始时是可能的；但是随着风险的蔓延，更多的金融机构倒闭后，未倒闭的金融机构不可能无所作为，会采取一切必要的可能规避的风险，此时银行的风险暴露已经改变，而模型不可能捕捉到这些变化。另外银行的倒闭还会引起其他的社会恐慌，如挤兑等，恐惧的蔓延对于危机中的银行是雪上加霜。

2. 复杂网络模型

网络模型是运用图论中的复杂网络理论对银行间风险的传染性进行研究。复杂网络理论的观点是，将一个系统抽象为一个网络，系统内部的各个元素看作节点，不同元素之间的关系视为连接，由于抽象出来的网络节点众多，连接复杂，故称为复杂网络理论。与传统宏观金融模型相比，金融网络模型保留机构间的部分联系，危机传染过程蕴含于金融网络动态变化中；同时网络可以捕获机构异质性与连通性，进而分析微观事件集聚为宏观冲击的复杂演变过程以加深研究者对金融危机中复杂变化的理解。为贴近现实金融联系的性质并捕获复杂的作用关系，金融网络形成方式从ER随机网络、BA优先连接网络发展为均衡网络、时变网络等，这种复杂而现实的网络结构恰恰弥补了传统经济模型的短板。

复杂网络的研究重点是分析系统的拓扑结构，然后从结构中评估系统的功能。金融系统的网络结构类似复杂的网络结构。首先将金融机构抽象为点，将金融机构之间的联系抽象为连接，于是整个机构系统可以抽象为一个复杂网络；其次分析网络结构的性质，如群体结构（Community Structure）、层次结构（Hierarchy Structure）等，对金融机构系统网络形状进行判断，然后通过递归算法评估传染的可能性。银行网络系统的实证研究最早由 Eisenberg 和 Noe（2001）进行，他们研究了属于单一清算机制的公司拖欠情形。

　　Allen 和 Gale（2000）首次用复杂网络模型研究了银行系统性风险传染性问题。研究结果表明，在完全市场结构下，系统性风险发生的概率小；非完全市场风险发生的概率比较大；货币中央银行制度下基本不会发生系统性风险。此后，Aleksiejuk 和 Holyst（2001）用二维有向的随机银行网络模型分析了单个银行倒闭而引发的传染性银行破产。Thurner（2003）将动态博弈模型和银行网络拓扑结构相结合研究了风险的传染性。Boss（2004）用网络模型研究了奥地利银行网络结构和银行系统的稳定性。Upper 和 Worms（2004）研究了完全市场结构下银行风险的传染。Iori（2006）基于随机网络模型通过对银行主体的行为进行建模研究了意大利银行风险传染的特性，结论表明同质银行间市场结构可以使银行系统更加稳定。Hasman 和 Samrtin（2008）将信息传染渠道引入了模型，研究由存款者信息不对称和不完全的市场结构所导致的风险传染，并提出了相应的免疫建议。Daniel O. Cajueiro（2008）使用了复杂网络模型的方法研究了巴西银行市场的系统性风险的传染性，作者采用了加权的有向网络来表示银行市场的网络联系，进而描述了银行系统性风险在银行市场之间的传染路径。同时作者还根据巴西银行系统的特点，根据不同的标准对银行类型进行分类，比如：将银行分为公有银行、私有银行和外国银行；结果发现，不同类型的银行在银行系统中扮演的角色明显不同。在国内，万阳松（2007）提出了双幂律银行网络结构，运用宏观结构和微观主体相结合的分析方法，对风险传染过程进行了研究，并提出相应的免疫机制。

　　近年来，一系列实证研究表明，不同国家或地区的金融网络结构大相径庭，但大多存在小世界、无标度和核心外围分布的特点（Upper，2011）；假设网络中存在多家银行，不同网络的拓扑结构性质见表 3-1。由于数据较难获取，故学者们基于实证经验模拟金融网络，网络模型的形成方式也由最初的规则、随机网络进化为群落网络、均衡网络等，最近也有研究将单层网络拓展为多层复合网络结构，不同网络形成方式及网络特点见表 3-2。因为对网络的研究基本上要先转化为矩阵，故本书不对矩阵模型和网络模型进行更具体的区分；随着计算机技术的发展，未来网络模型的结构势必将更为复杂，与其他学科的交叉也将更加频繁（肖欣荣，刘健，2015）。

表 3-1　　　　　　　　　　不同网络的拓扑结构性质

网络类型	网络特点	代表文献
小世界网络	• 介于规则网络和随机网络之间 • 大部分节点通过中介节点连接而非直接连接 • 当 N 很大时，度分布为泊松分布	Watts，Strogatz（1998） 李守伟，何建敏（2012） 李政等（2016）
无标度网络	• 可以时变并不断扩大 • 一般用优先连接模型构造 • 网络具有小世界性 • 当 N 很大时，度为幂衰减分布（少数节点度很大，多数节点度几乎可以忽略）	Barabasi 和 Albert（1999）；Bech 和 Atalay（2010）；李守伟，何建敏（2012）；厉浩等（2012）；邓晶等（2013）；隋聪等（2014）；Gofman（2017）
核心外围网络	• 核心节点度非常大，外围节点度较小 • 当 N 很大时，节点度为幂衰减分布	Freixas 等（2000）；Craig 和 Peter（2014）；邓超，陈学军（2016）

表 3-2　　　　　　　　　　不同网络形成方式及网络特点

网络类型	网络特点	代表文献
规则网络	• 网络对称分布 • 可以实现的平均路径最小 • 聚类系数最大且与节点数无关 • 典型代表：耦合网络、星形网络	Allen，Gale（2010）
随机网络	• 大规模网络的聚集性低 • 平均路径长度与 $\ln(N)$ 成正比 • N 很大时，节点度服从泊松分布	Erdos，Renyi（1959） 李守伟，何建敏（2012）
群落网络	• 单一群落内节点连接度非常高 • 不同群落内几乎无关联	隋聪，王宪峰，王宗尧（2017）
多层网络	• 同一层级中的边表示该市场中机构间的直接业务往来 • 不同层级代表不同市场，各层级网络中节点数目相同，同一序号即为同一机构 • 不同层级之间的联系为同一机构在不同市场中的关联，一般仅考虑机构在不同市场的溢出效应，而不考虑 A 机构在 A 市场的冲击对 B 市场的 B 机构的直接影响	Bargigli，Leonardo 等（2015）；Sergueiva，Antoaneta 等（2016，2017）

3. 支付系统模型

在金融网络中，节点通过各种金融关系连接到一起，而这种金融连接在某种程度上反映了节点之间的风险暴露情况。银行机构间的金融联系主要有两个渠道：银行间同业资本市场、大额实时支付系统渠道。支付系统是中介机构提供债权债务清偿和资金转移的金融安排，比如，我国的大额实时支付系统。由于支付系统存在类似 CHIPS 的 ASO 协议，即一家银行破产后,剩余银行有偿付倒闭银行债务的义务,所以当单个产生偿付危机时,必然对其他银行的资金状况产生负面的影响,从而改变现有银行的最优资产选择,减少银行间市场信贷资金的供给数量,出现银行间信贷市场供求缺口;此时资产状况差的银行就可能被传染发生破产,随着倒闭银行数量的增加,破产传染的范围也越大。

大额实时支付系统一般可以分为两类:有保障的支付系统和没有保障的支付系统。在没有保障的支付系统中,一旦银行发生倒闭,其债务就完全由其他银行分担;而有保障支付系统包括对债务的抵押以及信用额度的限制,所以当倒闭发生时,由于信用额度的限制,对其他机构的冲击就不大,而且在有抵押的情况下,剩余银行的债务负担就相对较低,传染的范围比没有保障的系统要小。

利用大额支付系统提供的实时数据的全面性和连续性能够弥补仅仅依靠银行间市场数据的不足。Humphrey(1986)研究了当时美国的 GHIPS 系统,当时的 CHIPS 是一个没有保障的系统,研究结果发现,当 CHIPS 系统内一个主要的机构倒闭时,会对银行间的支付系统造成巨大的冲击,大约 37% 的参与者会出现违约现象。Angelini,Maresca 和 Russo(1996)用相似的方法研究了意大利的支付系统,研究发现一家银行倒闭对其他参与者的影响很小。随着各国对支付体系监管的增强,以及银行对风险的控制,支付体系所蕴含的系统性风险的传染性已经大大降低。Furfine(2003)采用美联储支付系统的数据测算,当银行倒闭,损失率在 100% 时,美国商业银行资产损失率也从未超过 4%,尽管这不现实。Bedford(2004)首先运用仿真模拟的技术,研究了英国的大额支付系统在不同流动性水平下,不同程度的操作风险对系统稳定性的影响。随后,Ball 和 Engert(2007)研究了加拿大的大额支付系统并进行了类似的研究。Peter Galos 和 Kimmo Soramaki(2005)研究了欧洲的大额支付系统内风险的传染,结果表明,当单个银行发生破产时,风险传染的可能性不大,并且如果银行在系统内的头寸有抵押,则可以降低风险传染的可能性和范围。

值得注意的是,以上实证的研究对象都是针对单个国家或者市场的,因此得出的结论也是针对相应的研究对象的,可能没有普适性。

4. 主成分分析模型

系统性风险的传染性既包括狭义上的部门内部的传染,例如,银行部门内的传染,又包括部门之间的传染,如由银行业传染到保险业等。和部门内部的传染一样,部门之间的传染发生的前提也是部门之间的联系,这种联系既有会计层面的资金流动联系,又有经济层面的业务联系。无论传染机制、传染渠道如何,经济部门之间的联系越紧密,发生部门之间传染的可能性就越大。因此,我们可以通过研究部门之间的联系程度,来考察系统性风险的跨部门传染,分析出哪些部门之间容易发生传染,从而寻找切断危机蔓延的方法。

研究跨部门风险传染的方法之一是主成分分析法。假设风险的大小可以通过资产收益率的波动来描述，通过主成分分析可以找出影响一组资产收益率波动的最重要因素，这些少数的因素解释了这一组资产的大部分的波动，说明所有部门都暴露在这些风险因素之下，从而风险可以在这些部门之间传染。Billio, Getmansky, Lo 和 Pelizzon（2010）提出主成分分析法用来研究对冲基金、银行、券商和保险公司这四个部门联系的紧密程度。最后得出结论，这四个部门在过去几十年中的联系变得十分紧密，从而大大增加了系统性风险跨部门传染的可能性。他们的研究还确认和量化了金融危机的时间，并且成功解释了2007年的金融危机。Kritzman, Li, Page 和 Rigobon（2010）引入"分摊率"的概念，通过"分摊率"可以量化描述资产收益率波动之间的联系，从而分析出不同金融机构之间的联系程度。并且研究了分摊率和股指、地产、市场波动等方面的联系。

5. DCC–GARCH 模型

传染性是银行系统性风险的重要特征之一，当一个随机的冲击导致一个金融机构倒闭时，银行系统的风险就爆发了，这种风险通过银行之间的联系进行扩散，从而导致整个银行系统的风险爆发。这是银行系统性风险传染的一般方式，而2007年爆发的金融危机却向研究者展示了系统性风险爆发的另一种机制。由于银行之间相似的业务导致银行暴露在共同的风险之下，所以一旦冲击发生，银行体系中的绝大部分机构都会同时面临困境，乃至产生大规模的倒闭。因此，从系统的整体入手来研究银行系统性风险的传染成为研究者的关注点。

当金融市场是强有效时，利用市场数据进行时间序列分析可以度量风险的传染性，选用的金融变量一般为：金融机构的股票价格，信用违约掉期（CDS），期权和股指，通过对市场数据的分析、建模、模拟，可以准确度量金融风险的传染性。但是当金融市场为"半强势"有效时，通过这种方法进行分析的有效性会明显降低，当金融市场为弱有效时，该方法几乎无效。

Hartman（2005）利用多元极值理论估计了欧元区和美国主要银行的系统性风险，在文中，将银行之间的传染风险和银行本身暴露的风险进行了区分。Adrian 和 Brunnermeier（2010）通过金融系统的条件在险价值来度量系统性风险传染性的大小。虽然条件在险价值对在险价值进行了改进，考虑了金融机构之间的风险溢出效应，但是和在险价值一样，无法考虑分位数以下的极端情况。Acharya（2010）提出了系统性期望损失和边际期望损失，度量了门限值以下的极端情况，从而解决了条件在险价值存在的问题。Brownlees（2010，2011）在此基础上引入了 DCC—GARCH 模型，不仅对系统性风险的测算更加精确，而且可以动态评估系统性风险传染性的大小。Patro, QI 和 Sun（2010）提出了利用金融机构的股票收益的相关性来研究金融系统性风险，通过检验银行股票日收益率相关系数和违约的相关性，发现股票收益率的相关性可以很好地描述金融市场的系统性风险。关于股票收益率和系统性风险的联动机制可以有如下解释：当负面冲击导致一家金融机构的风险增大时，由于投资者的恐慌心理或者羊群效应，因此会导致金融机构股票价格的时变相关性增强,最终体现在银行体系股票收益率的同向变动上。因此,利用 DCC—GARCH 模型可以测算系统性风险传染性的高低。

高国华(2011)利用 DCC-GARCH 模型,对我国银行系统性风险的传染性进行了研究,在模型中用相关系数的大小度量系统性风险的传染性,并且考虑了系统性风险的时变性,认为金融危机过后,我国的银行也存在潜在的系统性风险。方意(2012)综合了 Acharya 和 Brownlees 的研究,将希望损失和 DCC-GARCH 模型结合,采用了公开市场数据和金融机构资产负债表数据对我国金融机构的系统性风险大小和传染性进行了评估。

6. CoVaR 模型

在全球金融开放和金融自由化的背景下,商业银行之间的相互联系日益紧密,导致系统性风险不断放大,表现为银行体系的脆弱性。商业银行之间的拆借和支付使商业银行支付困难更容易产生交叉影响,从而增加了商业银行的风险溢出强度。Baur 和 Schulze (2005)用分位数回归法计算了亚洲股票市场,发现传染程度取决于指数回报的波动率,且超额损失的波动率远高于超额回报的波动率。Tobias, Adriany 和 Markus K. Brunnermeier (2008)在 VaR 的基础上进行拓展,将风险溢出效应纳入模型,使用条件风险价值(Co-VaR),通过金融机构股票价格数据,度量了金融机构倒闭对整个金融系统的溢出效应。Roengpitya(2010,2011)运用 CoVaR 测算了 1996—2009 年泰国银行系统中单个金融机构对系统整体的溢出效应,研究表明,亚洲金融危机过后,单个金融机构对系统风险的贡献程度显著上升,并且与资产规模正相关。Huang, Zhou 和 Zhu(2010)使用 CDS 的价格数据测算了系统性风险的溢出。Engle 和 Manganelli(2004)提出了 CAViaR 的测算方法,并且在此基础上,Manganelli, Kim 和 White(2011)又提出了多维 CAViaR 模型,并且由此又发展出了动态的 CoVaR 模型。在国内,谢福座(2011)利用 GARCH-Copula-CoVaR 模型,研究了亚洲三大股票市场的溢出效应。高国华,潘丽英(2011)利用动态 CoVaR 的方法研究了我国 14 家上市银行的系统性风险的贡献度,结果显示,贡献度的大小和 VaR 之间没有显著的线性关系,并且四大国有银行的风险溢出和传染效应远远大于股份制银行。

(四)系统重要性度量

1. 指标法

指标法的构建相对来说比较简单,其主要是依据金融系统监管当局的经验来对 SIFIS 的特点作出相应的判断,对所有的金融机构构造一个相同的指标,依据这一个指标的大小来判断不同金融机构的系统重要性。Thomason(2009)提出从传染性、集中性、关联性和金融环境四方面衡量系统重要性;IMF,BIS 和 FSB(2009)则认为可以从规模、替代和关联性三方面来衡量金融机构的系统重要性;巴塞尔委员会(BIS)2011 年发布《全球系统重要性银行：评估方法与附加资本吸收要求》，提出了全球系统重要性银行（G-SIBs）的评估方法与附加资本吸收要求，以降低 G-SIBs 的系统性风险，此方法从规模、关联性、可替代性、复杂性和跨境业务这五方面来衡量金融机构的系统重要性。

巴曙松，高江健（2012）在 G-SIBs 的基础上结合中国金融系统的特点构建了相应的指标法来度量中国系统重要性金融机构，其指标体系见表 3-3。

表 3-3　　　　　　度量系统重要性金融机构的指标体系

指标类（权重）	子指标	
	G-SIBs 指标法	巴曙松，高江健（2012）
规模（20%）	巴塞尔Ⅲ杠杆率定义中总风险暴露	总资产
关联性（20%）	金融系统内资产 金融系统内负债 批发融资比例	金融系统内资产（50%） 金融系统内负债（50%）
可替代性（20%）	托管资产 通过支付系统清算和结算的支付额 证券市场承销交易的价值	企业贷款及垫款（50%） 个人贷款及垫款（50%）
复杂性（20%）	场外衍生品名义价值 三级资产 交易性资产和可供出售资产价值	交易性资产价值（50%） 可供出售资产价值（50%）
跨境业务（20%）	跨境资产 跨境负债	不包括
国民信心（20%）	不包括	储蓄存款

根据表中巴曙松，高江健（2012）构造的指标可以对金融系统中的金融机构打分，具体某一金融机构每个子指标的得分是其该指标的具体数值除以所有考察金融机构该指标数值之和，就是将最后得分归一化，使得所有金融机构子指标得分和为 1，这是指标构建中为消除量纲影响的常用做法。

2. 市场法

现有的市场法是基于金融市场交易数据来构建系统性风险的量化模型，其主要包括：

（1）CoVaR 方法，Adrian 和 Brunnermeier（2008、2009）提出通过测量某一金融机构陷入危机时整个金融系统的风险值与未陷入危机时整个金融系统的风险值之差来衡量某一金融机构的系统重要性；

（2）边际期望损失法（Marginal Expected Shortfall，MES 法），Acharya 等（2009、2010 和 2012）提出利用某一金融机构对整个系统的期望损失（Expected Shortfall，ES）边际贡献来衡量某一金融机构的系统重要性；

(3) 极值法 (Extreme Value), Segoviano 和 Goodhart (2009) 提出利用在特定金融机构倒闭条件下其他金融机构倒闭的概率 (PAO 方法) 来衡量金融机构的系统重要性, Zhou (2010) 在这一测度上构建了系统影响指数 (Systemic Impact Index, SII) 和脆弱性指数 (Vulnerability Index, VI) 来衡量金融机构的系统重要性, Gravelle 和 Li (2013) 则在多元极值理论的基础上度量了金融机构的系统重要性;

(4) 沙普利值法 (Shapley Value), Tarahev 和 Borio (2010), Drehmann 和 Tarahev (2011) 提出将系统重要性金融机构的度量问题转化成金融机构如何分配系统风险的问题, 通过测度金融机构对整个系统风险的贡献度来度量金融机构的系统重要性;

(5) 其他方法, 如基于 CDS 数据的信贷违约互换价差法 [Huang 等 (2010)] 以及将整个金融系统视为一个复杂动态网络的网络分析法 [Mistrullis (2007), Gai 和 Kapadia (2008), Nier (2008), Naylor 等 (2008)]。

第二节 系统性金融风险预警指标构建

一、金融危机早期预警模型

建立金融危机早期预警系统模型的意义在于, 通过定量分析模型, 找出金融危机发生的条件和能够预测该条件的一组经济金融变量, 然后通过监测这一系列可测经济金融变量对金融危机进行早期预警, 以防范金融危机的发生, 确保金融体系安全稳健地运行。

在该部分中, 回顾并比较常见的危机早期预警模型, 着重分析了 KLR 指标法和金融压力指数法。在文献研究的基础上, 发现 KLR 模型法具有计算简单、预警信号明确的优点, 但其计算过程需要危机发生的大量历史数据, 对发展中国家并不适用。金融压力指数法则相对复杂, 需要建立经济体各部门的预警评价体系, 并综合组成金融压力指数, 但其存在临界值不明确的问题。在本节后半部分, 根据我国国民经济发展情况和金融部门环境, 设计预警评价体系, 利用金融压力指数方法进行实证分析。

最早的监控外部脆弱性的政策可以追溯到 1994 年 12 月的墨西哥比索危机。一个开创性的研究是由 Kaminsky, Liizondo 和 Reinhart (1998) 为预测货币危机, 提出的早期量化预警系统。1997 年发生的亚洲危机进一步推动了早期预警模型的发展。自 1999 年起, 国际货币基金组织 (IMF) 开始采用 KLR 模型预测货币危机和账户支付危机。IMF 同时也开始引入私营部门模型, 如高盛公司的 GS-WATCH、瑞士信贷集团的 CSFB 模型和德意志银行的闹钟模型。

早期预警模型虽然与经济理论有关, 模型的设置完全依靠经验。例如, 货币危机并不是有准确定义的事件, 模型需要根据数据定义危机发生的日期。模型的预测时域依靠模型使用者的主观臆断,相对来说私营部门模型的时域会相对较短。模型中使用到的预测变量设置是根据收支平衡危机理论,但实际上受制于数据的可得性。

早期预警模型的评价需要设定基准,通常问题在于模型是否提供危机的准确预测。同时,评价应该更注重模型在外样本预测的表现。样本内的预测相对来说更容易达到,但意义也更小。例如,分析师通常对大量实际无关变量进行搜索,直到找到在特定样本中存在相关关系。这种"假"的相关关系可能无法保持到下一段样本中。另外,即使在样本中找到"真"的相关关系,下一次危机的起因可能是从根本上改变。

(一) FR 模型 (Probit 模型)

Frankel, Rose (1996) 研究的目的是观察大量发展中国家的经历,然后找到他们货币危机的粗略统计特征。文章检验各种潜在可能引发危机的原因,同时观察货币危机带来的影响。现在有四个概念问题:①货币危机应该仅限于货币价值有巨大跌落的时期吗?②汇率有多大幅度的改变才能称为上货币危机?③汇率怎么测量?④怎么处理经常有大幅汇率变化的高通货膨胀的国家?为了解决上面四个问题,Frankel (1996) 将货币危机定义为货币贬值至少 25%,并至少超出上年贬值率的 10%。

模型将变量分为四个部分:①债务构成;②外部变量,如高估,经常账户和债务水平;③国内宏观指标,如输出量,货币财政震荡情况;④类似北部利率和输出量的外国变量。重点关注第一组变量,因为它们在 1994 年的墨西哥危机事件后引起了广泛的兴趣。

表 3-4　　　　　　　　　　　模型变量

分类	各项指标	说明
债务构成	商业银行所借债款	
	允许债款额度	
	浮动利率债款	
	公共债款	
	短期债款	
	多边发展银行所借债款	包括世界银行和地区发展银行,但不包括 IMF
	外商直接投资的流入 (FDI)	
外部变量	债务和 GNP 的比值	
	外汇储备与月进口的比率	
	经常账户的盈余 (+) 和赤字 (-)	
	高估情况	

续表

分类	各项指标	说明
国内宏观指标	政府预算盈余（+）和赤字（-）	
	国内信用增长率	衡量货币政策的方法
	单位资本的 GDP 增加率	
外国变量	真实 OECD 输出增长情况	测量北部需求的指标
	国外利率	六个国家的短期利率的加权平均值

Frankel（1996）将货币危机定义为货币贬值至少25%，并至少超出上年贬值率的10%，但是模型排除那些发生在相邻3年内的危机，防止统计相同的危机。在样本期内共统计了117次不同的危机（74次被排除），它们都分布在许多国家，但共同的趋势是在1980年早中期有集群迹象。因此这些观察值不应该被当作独立的。非危机时期的观察值构成了一个平稳观察样本（就是那些在从没有发生过危机国家里的观察值）。模型将它们作为控制样本，并将危机时期的表现情况和平稳时期的表现情况进行对比。

用上面的变量进行回归分析，用多元变量模型把所有的变量都结合到一起。然后用极大似然法建立 probit 模型。由于 probit 模型的概率系数不容易解释，Frankel（1996）报告了回归变量一个单位的变化对崩溃概率的影响（以百分比表示），并以数据的平均值进行估计。同时将检验原假设的相关 z 统计量制成表格。诊断统计数据在表的底部，包括实际危机和预测崩溃的交叉表，以及对债务构成效应、外部性效应、宏观经济效应及前述效应共同影响的假设检验结果。

商业银行和公共部分债款的系数是不合适却又无关紧要地对其进行标记。同时也发现短期债务对危机的影响也不是很大。另外，FDI 与货币危机有着非常强烈的关系；FDI 流入量降低1%就会导致货币危机发生概率增加0.3%。总体来说，债务组合变量对危机的发生率有着小而不可忽略的影响。经常账户和预算赤字都没有预测的标志，而在传统水平上它们也没有统计意义。但是外部因素对危机发生的可能性上有很强、很敏感的影响。债务越高，储备金越低，再加上更高估价的实际汇率都可能增加危机发生的概率。国内宏观经济影响非常大，高的国内信用增长和跌落都会增加危机发生的概率。但模型具有条件假设过多，未考虑国家质检差异，且样本数据为年度数据等缺点。

（二）DD 模型

Demirgic，Detragiache（1998）利用多元 logit 模型来对1980—1994年的发达国家和发展中国家的银行业危机的因素进行研究并预测，如表3-5所示。

因为在20世纪80年代到90年代，发展中国家和经济转型国家都经历了严重的银行业危机。银行业危机带来的问题引起广泛关注，如银行业危机会破坏家庭和企业的信贷流

程，减少投资和消费情况，甚至可能会使一些公司倒闭破产。同时，银行业危机也会

表 3–5　　　　　　　　　　　　　模型结果分析

状态	指标	变化情况
货币危机发生可能性	商业银行所借债款	过高
	短期债款	
	浮动利率债款	
	债务和 GNP 的比值	定价过高超过 10%
	国内信用增长情况	
	高估程度	
	允许债款额度	过低，其中输出增长在危机发生时下降特别明显
	多边发展银行所借债款	
	公共债款	
	FDI	
	输出增长情况	
	外汇储备与月进口的比率	
	政府预算	与平时差别不大，无法区别
	经常账户	
危机发生前	外国利率	超出平稳时期一个多百分点

危害支付系统的运作，通过破坏国内金融机构信心，银行业危机还会减少国内储蓄和大范围的资本流出。最后，一次系统性风险就会使银行关门。

面板数据包括所有 1980—1994 有效的市场经济数据，许多国家在样本中都没有经历过系统性银行业危机，因此可以将其作为对照组。模型选取包括宏观经济变量，银行和经济结构特点，金融制度因素三组指标。

（1）宏观经济中产生银行业危机的因素：低的 GDP 增长，过高的真实利率，过高的通货膨胀率都会引起系统风险的增加。不利的贸易冲击也会有影响，但解释这一因素的证据不充分。财政赤字和外汇的贬值率不会单独影响银行业危机。

（2）银行和经济结构的特点：对于突然资本流出的系统脆弱性会增加发生银行业系统性危机的可能性。大部分的信贷流向私营部门会增加危机的可能性，说明金融抑制带来的问题和银行业的脆弱性有关系。

（3）金融制度因素：显性存款保险的存在会让银行更加不健全，这也与道德危机有

关。当合同契约等行为不受惩罚时,银行业危机更容易产生。

表3-6具体阐释了模型变量。

表3-6 模型变量

分类	变量名称	定义	说明
宏观经济变量	增长情况	实际GDP增长率	反映负面的宏观经济震荡对银行的影响
	TOT变化	贸易条件变化（Terms of Change）	
	贬值	名义上有效汇率的变化率	威胁到银行的盈利能力,测试银行业危机是由于外汇风险过多暴露在银行系统中还是在银行借款人中
	实际利率	名义利率减去同时期的通货膨胀率	
	通货膨胀率	国内生产总值平减指数的变化率	提高短期利率从而产生银行业问题
	预算盈余/GDP	政府预算盈余与GDP的比值	反映中央政府的金融需求
金融变量（经济结构特点）	M_2/外汇储备	M_2与中央银行外汇储备的比值	测试系统银行业问题是否与瞬间的资本流出有关,也是预测收支平衡危机的有效预测指标
	私人信贷/GDP	国内私人信贷与GDP比值	反映金融自由化情况
	现金/银行总资产	银行流动储备与总资产比值	比率越低,说明流动性越差,会产生银行挤兑问题
	信贷增长率	实际国内信贷增长率	反映金融自由化情况
制度因素	存款保险	虚拟变量,显性存款保险方案存在则为1,否则为0	没有显性存款保险会增加金融自由化,从而在不健全的市场产生银行业危机。它的存在有利于减少银行挤兑带来的负面影响
	人均GDP	人均实际GDP	与其他两个制度指标类似,反映了政府管理能力,而管理能力又可能与银行体系审慎监管的有效性正相关
	法律和秩序	法律实施情况的指标	不完善的法律系统会增加银行业危机

Demirgic，Detragiache（1998）用多元 logit 模型来估计银行业危机发生的可能性。在每个时期，国家要么发生了危机，要么没有发生。因此，我们的危机虚拟变量在没有危机时取 0，有危机时取 1。危机在特定时间和特定国家发生的概率假设为一个有 n 个元素的向量 $X(i,t)$。设 $P(i,t)$ 为危机虚拟变量，β 是一个未知系数变量，$F[\beta'X(i,t)]$ 是累计概率分布方程。则模型的 log 极大似然方程为：

$$\ln L = \sum_{r=1\cdots t}\sum_{i=1\cdots n} P(i,r)\ln\{F[\beta'X(i,r)]\} + [1 - P(i,r)]\ln\{1 - F[\beta'X(i,r)]\}$$

需要注意的是里面的系数不是用来表示变量单位变化后危机产生概率的变化，而是反映解释变量变化时，$\ln\{P(i,t)/[1 - P(i,t)]\}$ 的变化情况。各个变量变化情况对危机产生概率的影响根据初值的不同而不同。初始概率较高或者较低时，变量的变化对结果影响不大；如果危机初始概率在中间范围时，变量的变化影响就比较大。

由于发生危机时，各个变量本身就会受到危机的影响，所以我们有两个样本，一个样本就是将危机以后的数据排除在外进行预测，另一个是不排除在外的。而且，一个在过去发生过危机的国家的各个指标情况与从来没有发生过危机的国家的指标是不同的，所以为了考虑这个因素，模型引入了过去危机次数、危机持续时间和上次危机离最近危机的间隔时间。

为了得到危机虚拟变量，模型参照了各个文献从而来区别银行脆弱性时期和危机时期。因此我们有如下条件，若某时期满足至少一条则可以判断它是完全的危机时期：

（1）银行系统中，违约资产与总资产的比例超过 10%；

（2）拯救措施的消耗至少是 GDP 的 2%；

（3）银行业问题导致大范围的银行国有化；

（4）银行挤兑，存款冻结，延长银行假日时间，存款担保等政府采取的措施发生时。

模型质量的评价有三个标准指标：模型的 X^2（卡方分布），AIC，样本精确分类情况。卡方分布是验证整体的回归变量的意义，通过用模型的唯一截距来对比模型的似然程度。AIC 是负的对数似然函数加上估计变量的个数，这个指标是越小越好。这个指标可以比较不同自由度的模型。AIC 结果显示，不包括危机后数据的第四组回归变量的模型效果最好。

各组变量预测的精确情况，文章用危机分类的正确情况来表示。总体上，观察值被正确分类的情况还不错。总体的正确率在 67% ~ 84%。说明 70% 的银行业危机能被正确分类。结果表明，随着时间的递推，离危机时刻越来越近，各个变量综合产生的结果也能越来越明显地预测出银行业危机，预测结果随着时间的临近而变好，具体如表 3 – 7 所示。

为了说明每个变量变化对最后结果是如何影响的，Demirgic 和 Detragiache（1998）利用第二个面板数据里面的第三组变量，研究墨西哥银行业危机的各个指标的弹性情况。发现国内私营信贷与 GDP 的比值的弹性较大。而存款虚拟变量从 1 变到 0 时，最后的结果受到的影响最大，所以在解释时要非常注意。

表 3-7　　　　　　　　　　　模型分析结果

分类	变量名称	结果显著性说明
宏观经济变量	增长情况	越低的增长率越会增加银行业危机产生的概率
	TOT 变化	TOT 降低会使银行板块出现严重问题, 但是这个变量只在两组变量中较显著, 置信度为 10%
	贬值	控制通货膨胀和 TOT 变化后, 汇率贬值对发生银行业危机的可能性并没有影响
	实际利率	各组变量中, 都很显著, 表明对于名义的实际利率震荡, 银行系统非常脆弱
	通货膨胀率	
	预算盈余/GDP	不显著
金融变量（经济结构特点）	M_2/外汇储备	测量外部的脆弱性, 这个指标显著地提高会增加银行危机的可能性, 但是当上面政府盈余/GDP 指标被忽略时, 这个指标就会失去其显著性
	私人信贷/GDP	不太显著, 但是能说明银行板块过多暴露私营借款者, 会增加银行业的脆弱性, 从而产生银行业危机
	现金/银行总资产	这两个指标虽然不明显, 在有的数据组中显著, 有的不显著。但是能说明在银行危机前会有大幅度的增长
	信用增长率	
制度因素	存款保险	尽管它会降低自发产生的银行挤兑问题, 但还是会让银行业的脆弱性增加。这也说明显性存款政策在这些国家中并不完善
	人均 GDP	这个指标与下面的指标关系非常紧密, 所以无法将两者分开
	法律和秩序	低指数会带来高的危机风险, 其显著性较高

（三）KLR 信号模型

Karminsky（1999）将货币危机预警变量分为资本账户, 债务与经常账户, 国际化, 金融自由化, 其他金融与实际部门, 财政, 结构和制度等七组变量, 如表 3-8 所示。

表 3-8　　　　　　　　　　　模型变量

征兆	指标	冲击方向	影响方式
超借周期	M_2	+	在金融系统开放和资本账户限制减少的背景下, 银行、货币危机与信贷量的急剧增长有关
	国内信贷量/GDP	+	
	国内外金融市场开放	虚拟变量 = 4	

续表

征兆	指标	冲击方向	影响方式
银行挤兑	银行存款	负	银行挤兑发生在银行和货币危机之前（Goldfajn，1995）
货币政策	M_1 余额	负	宽松的货币政策能够刺激货币危机
经常账户问题	出口	负	本币高估和较弱的对外部门是货币危机的一部分。竞争力的缺乏造成银行部门的脆弱，对外市场则会引起衰退、破产和贷款质量的下降
	进口	正	
	进出口比率	负	
	实际汇率	负	
资本账户问题	外汇储备	负	较高的世界利率会引起资本外逃从而导致货币危机。当一个国家的外债量较大和资本外逃严重时，资本账户问题会更严重。债务集中在短期到期，也会减少一个国家对外部冲击的抵御能力
	M_2/外汇储备	正	
	实际利率差	正	
	世界实际利率	正	
	外债	正	
	资本外逃	正	
	短期外债	正	
经济增长减缓	产出	负	Calomiris（1991）提出衰退和资产价格泡沫在金融危机之前出现。高利率可能是资本紧缩的征兆。国内贷存比率的增加是贷款质量下降的信号
	国内实际利率	正	
	贷存比率	正	
	股价	负	

在以上分析中危机源头常常是经常账户恶化，增长率减缓，股票泡沫破裂和超贷周期等。度量经济不景气的状态，一个简单的方法就是计算脆弱性信号的数量。假定来说，如果这些问题足够严重就会导致国家很难避免危机。问题的关键在于如何界定临界值，比如何时经常账户变得"不可持续"，货币政策变得"太宽松"以及汇率贬值由于国内经济紧缩而无法弥补。了解某个特定指标的分布，我们就可以确定指标引起无法避免的危机的临界值。

首先假设存在 n 个指标，当 X_t^j 超过临界值 $\bar{X}_t^j$ 时，指标发出预警信号。状态变量记为：

$$\{S_t^j = 1\} = \{S_t^j, |X_t^j| > |\bar{X}_t^j|\}$$

1. 单指标变量

若为了减少错误信号将临界值设定得过于严格，那么可能会遗漏一些危机（除最严重的危机外),这就被称为第一类型的错误。相反若为了预测到每一次危机而将临界值设定得过于宽松,可能就会错误地发出信号,这被称为第二类型的错误。Kaminsky(1996)提出利用躁信比(Noise to Signal Ratio),度量指标显示异常的百分比。

$$\omega = \frac{\beta}{1-\alpha}$$

其中,α,β 分别是第一、二类型的错误的大小,两者都是临界值 $\bar{X}_t^j$ 的函数。其中 $\alpha'(|\bar{X}_t^j|) > 0, \beta'(|\bar{X}_t^j|) < 0$。

为估计每个指标的躁信比,首先需要定义"好指标"和"坏指标"。当指标值超过临界值,政府就会发出危机的预警信号,这就会带来两种结果:危机在信号发布后合理的一段时间内发生,信号就是正确的;在时间窗口内危机从未发生,那该信号就是错误的。Kaminsky(1996)将这个时间窗口定为24个月。相同的是,危机的开端也设置为实际投机活动对国内货币的冲击发生前的24个月,或者银行业危机严重化的24个月前。将以上时间定义为危机时间,其他则为稳定时间,如表3-9所示。

表3-9　　　　　　　　　　　　　指标预测表现

是否发出信号/是否发生危机	24个月内发生危机	24个月未发生危机
发出危机信号	A	B
未发出危机信号	C	D

根据以上对于"好指标"的定义,一个完美的信号应满足:A,D > 0,B,C = 0。

Kaminsky(1997)提出利用躁信比最小的原则确定最优阈值。A/(A + C)代表发出有效信号的概率,B/(B + D)代表发出错误信号的概率,使两者之比 [B/(B + D)]/[A/(A + C)] 最小,得到指标的最优阈值。

2. 比较危机和稳定时间段

模型预测危机的能力,是建立在当危机发生时经济不景气程度变得严重。因此,在本部分比较在危机和稳定时间段内经济体的脆弱性,分为三个部分:

①检验在危机时间内经济体的脆弱性(预测信号的数量)是否超过稳定时间段;②随着危机的到来,检验每个月的预测信号数量;③检验在危机发生时经济体的不平衡是否加剧,将信号分为极端信号和温和信号,并比较在危机时间和稳定时间内的平均极端信号。

3. 早期危机预警

危险信号在不同部门发生得越多,金融崩溃的可能性越大。

$$I_t^1 = \sum_{j=1}^{n} S_t^j$$

其中,当指标 j 超过临界值时,S_t^j 等于1。

用信号的数量衡量可能并不是最好的预警指标,因为这一指标并不区分温和信号和极

端信号。为将这一信息反映到指标中,为每个指标设定两个临界值,$\bar{X}_m^j$ 是温和危机的临界值,而 $\bar{X}_e^j$ 则是极端危机的临界值。当 $|\bar{X}_m^j| < |X_t^j| < |\bar{X}_e^j|$,指标发出温和信号,同时记 $SM_t^j = 1$。当 $|X_t^j| > |\bar{X}_e^j|$,指标发出极端信号,同时记 $SE_t^j = 1$。因此提出第二个综合指标:

$$I_t^2 = \sum_{j=1}^n (SM_t^j + 2SE_t^j)$$

由以上讨论可知,即使经济体是脆弱的,I_t^2 指标也可能并不会在每个指标发出警告。为衡量持续的恶化,将第三指标定义为:

$$I_t^3 = \sum_{j=1}^n S_{t-s,t}^j$$

其中,指标 j 在第 t 时间或之前 s 时间段内发出至少一次指标,则 $S_{t-s,t}^j$ 等于 1。其中 s 也定义为 8 个月。

以上三个综合指标无法反映出单一指标不同的预测能力的信息。有一种办法用不同单一指标的躁信比导数进行加权:

$$I_t^4 = \sum_{j=1}^m \frac{S_t^j}{\omega^j}$$

与之前的方法相同,将每个指标设定相应的临界值。这种方法等同于确定"最优停时",即决策者面临着是当即发出预警信号还是等待更多的观察值。

建立预测银行、货币危机的概率模型(基于 4 个综合指标):

$$P(C_{t,t+h} \mid I_i^k < I_t^k < I_j^k) = \frac{\text{months with } I_i^k < I_t^k < I_j^k \text{ and a crises within h months}}{\text{months with } I_i^k < I_t^k < I_j^k}$$

其中,$C_{t,t+h}$ 是在 $[t, t+h]$ 中危机的发生,$k = 1, 2, 3, 4$,I_i^k 和 I_j^k 分别是给定综合指标的特定上下界。$P(C_{t,t+h} \mid I_i^k < I_t^k < I_j^k)$ 是指 I_t^k 在 $[I_i^k, I_j^k]$ 区间时,样本期内发生危机的概率。将综合指标按照百分位数分成若干组,得到每个综合指标的危机概率。

Kaminsky(1996)遵循 Diebold(1989)评估先行指标预测危机能力的方法,分别考虑正确度和精度。首先评价预测概率和实际发生值的接近程度。假设存在 T 个观测预测值 $\{P_t^k\}_{t=1}^T$,其中 P_t^k 是在综合指标 I^k 的基础上得到的危机发生概率。相似的是,$\{R_t^k\}_{t=1}^T$ 是相同时间的实际发生值,当 t 到 $t+h$ 事件内发生危机时则 R_τ 记为 1。

$$QPS^k = 1/T \sum_{t=1}^T 2(P_t^k - R_t)^2$$

QPS 的范围是 0 ~ 2,其中 0 代表完美预测。

$$LPS^k = -1/T \sum_{t=1}^T [(1-R_t)\ln(1-P_t^k) + R_t \ln(P_t^k)]$$

LPS 的范围是 0 到 ∞,其中 0 代表完美预测。LPS 只依靠对实际发生的事件的概率预测,并将其分配的权重设为估计概率的对数。

预测概率的精度是指预测概率和观测到的相对频率。总预测精度是由偏差的平方定义：

$$GSB^k = 2(\bar{P}^k - \bar{R})^2$$

其中，$\bar{P}^k = \sum_{t=1}^{T} P^k$，$\bar{R} = \sum_{t=1}^{T} R_t$

（四）DCSD 模型

Berg，Pattillo（1998）提出的 DCSD 模型目的在于测量 KLR 模型和其他模型在预测亚洲危机时的样本外数据。该模型用了和 KLR 一样的预测时域和危机定义，但是却整合了 KLR 的方法和多元概率单位回归方法。作者发现一个简单的关系：危机发生的概率和预测变量的变化有线性关系，变量以百分位的形式表示。

这个线性概率单位模型由五个变量组成：实际外汇波动，M_2/储备金水平，经常账户/GDP，出口增长，储备金增长。

由于在脆弱的竟然系统中，短期债务通过亚洲危机被放到了非常重要的位置。因此短期债务与储备金的比率被加到模型中，事实证明它有很高的显著性，而 M_2/储备金水平失去了显著性并从这个模型中剔除，这也就形成了五个变量的 DCSD 模型。

（1）危机定义：一个月的外汇变化和储备金的加权平均超过国家平均三个标准差。

（2）预测时域：2 年。

（3）方法：用 rhs 变量作概率单位线性回归，以百分比表示解释。

（4）变量：高估程度，经常账户，储备金损失，出口增长，ST 债务/储备金，储备金/M_2（水平和增长情况），国内信贷增长，货币乘数变化，实际利率，M_1 平衡。

从模型结果上看，在 1997 年金融危机之前，DCSD 有较好的预测，危机概率发生较高。但是模型结果需要打折扣，因为这个模型是在危机后才调整它的方程参数等。所以说这样的结果可能说明模型的预测是运气或者危机时期与之前的时期差距太明显，需要对模型进一步检验。

计算拟合度需要选择一个临界概率，超过它则就被触发警报，表示在接下来的时间里要发生危机。警报概率通过最小化损失方程来得到，而损失方程权衡两种错误：没有预测到危机和预测了错误的危机（前者是第一类错误，后者是第二类错误）。

文章建立一个回归模型是危机变量与模型的预测危机概率直接相关的线性模型形式：

$$c24_{it} = \alpha + \beta \times PredProb_{it} + \varepsilon_{it}$$

其中，$c24_{it}$ 为当一个危机发生在国家 i 和时期 t 后的 24 个月内等于 1，其他情况 $c24_{it}$ 为 0。$PredProb_{it}$ 是 t 时期国家 i 发生危机的预测概率。对于信息丰富的预测，β 应该是显著的，系数为 1 时则表示无偏的。

这一线性关系在临界值处有一个跳动，随后将继续有一个更大的倾斜度线性相关。以

KLR模型中得到的预警指标为解释变量,与FR模型中得到的危机发生概率建立线性模型,并按照回归的显著性对指标进行排序,剔除不显著项。该模型的缺点在于构建回归模型需要大量的危机历史数据,对于危机发生次数较少的发展中国家不适用。

(五) STV模型

横截面回归模型,由Sachs, Tornell和Velasco(1996)研究建立,因此又称为STV横截面回归模型。模型提出实际汇率贬值,国内私人贷款增长率、国际储备/M_2是判断一个国家发生金融危机与否的重要指标。将货币危机指数IND定义为1994年11月至1995年4月加权的储备下降百分比和汇率贬值百分比的总和。

Sachs等分析了1994年末的墨西哥货币危机在1995年对其他新兴市场国家的影响,考察了货币危机发生的决定因素。其指导思想是寻求哪些国家最有可能发生货币危机,而不是分析什么时候会发生货币危机。

Sachs等使用20个新兴市场国家的截面数据,将货币危机指数IND定义为1994年11月至1995年4月加权的储备下降百分比和汇率贬值百分比的总和。他们认为:实际汇率、贷款增长率、国际储备与广义货币供应量的比率对一个国家是否发生货币危机至关重要。除了这三个变量之外,他们还确定了两个虚拟变量:当实际汇率贬值幅度处于低四分位或国内私人信贷增长率高四分位时,第一个虚拟变量取值为1,其他情况则为0;当国际储备与广义货币量的比率低四分位时,第二个虚拟变量取值为1,其他情况为0。

他们发现,如果一国的银行体制比较脆弱(LB,用1990—1994年对私人部门信贷的增长率来衡量,)汇率高估(RER,用从1986年至1989年到1990年至1994年实际汇率的贬值率来衡量),同时,外汇储备水平(DLR,用外汇储备/M_2表示)较低,经济基本面脆弱(DWF)就会遭到更严重的攻击。

但STV模型只能寻求哪些国家最有可能发生危机,而不是分析危机发生的可能时间。

二、金融压力指数方法

(一) 金融压力指数概述

1. 指标构成

金融压力指数是由Illing和Liu(2003)提出的,为很少或没有发生过银行危机的国家建立金融系统性风险预警指标体系提供了新的思路。即以金融压力指数为衡量金融系统性风险程度的变量(即被解释变量),以其他金融风险先导指标为系统性风险的预警变量(即解释变量),并检验预警变量对金融压力指数影响的显著程度,从而确立最终的金融系统性风险预警指标体系。

金融压力指数是指由一系列反映金融体系各个子系统压力状况的指标合成的综合性指数。相较于预警模型中0和1的度量方法，压力指数能较为直观地反映一国金融系统性风险的大小。

2. 权重构成方法

权重ω_i的大小反映了不同变量对总体金融压力的影响程度，如何确定恰当的权重，直接关系到质量，但由于缺乏统一参考基准，确定变量权重可能是构建所面临的最大困难。几种常见的方法如下：

（1）等方差权重法：这种方法假设变量服从正态分布，通过将变量减去均值并除以方差变成标准变量后，对每一个变量赋予相同的权重这是目前研究文献中使用得最多的方法，实现起来较为简单，主要缺点是正态分布的假设难以符合金融变量的实际情况。

$$FSI_t = \frac{1}{n}\sum_{i=1}^{n}\left(\frac{x_{it} - u_i}{\sigma_i}\right)$$

（2）因子分析法：通过研究变量之间存在的相互依存结构，提取一些公共因子以反映这些变量所代表的主要信息，达到减少变量个数、降低分析难度的目的。利用各公共因子最大方差旋转后得到的累计方差贡献度来确定各公共因子的权重。因子分析法不依赖于任何模型，主要缺点是无法确定构成各原始变量的权重。

（3）信用加总权重法：这种方法根据变量所属的金融市场信用规模赋予相应的权重，一个金融市场信用规模越大，该金融市场的变量被赋予的权重也越大。因此，信用加总权重法具有一定的经济意义。如果一个金融市场有多个代理变量，则权重在这多个代理变量中平等分配。

（4）样本转换法：这种方法和等方差权重法有所类似，但它不是将变量进行标准正态化，而是通过变量的样本累积分布函数（CDF）将变量值进行百分位取值，然后赋予相同的权重，这种方法消除了量纲，同时不需要正态分布的假设。

3. 压力指数阈值

在金融压力指数预警临界值的方法上，主要存在以下三种方法：①根据指数的历史数据，当超过历史均值1.5或2个标准差时，发出预警；②将金融压力指数高于某个百分比（如90%）的时期视为压力警告时期；③以历史上发生的金融危机时期的指数作为金融压力指数的参考标准。

（二）我国金融压力指数的构建

1. 我国金融压力指数构建数据选取

在对国外关于金融风险早期预警文献的总结后发现，国外流行的早期预警模型需要关于历史上发生金融危机的信息，而这一点在发展中国家难以得到。另外一些模型对于危机的触发条件进行自行定义,但考虑到我国在改革开放后处在经济总量不断提升、社会经济逐渐健康稳定地发展的过程中,并不适用于一般的标准,所以传统的早期预警模型并不适用于我国国情。因此在本部分中,使用金融压力指数模型方法,衡量我国金融系统性风险,并进行预测。

考虑到银行部门在我国金融体系中的地位及以月度以上数据为主的特点,本书拟建立基于月度数据的 FDI 各部门最终变量选取如下:

(1) 银行部门:银行部门在我国金融体系中占据主导地位,银行体系的健康与否,关系到整个金融体系的稳定性,本书选取和银行正常状态密切相关的 2 个变量。

①同业拆借利率与无风险利率利差:由 3 月期银行同业拆借利率减去无风险利率,反映银行流动性状况。由于我国国债市场规模小,发行不连续且尚无 3 月期的短期国债,因此无风险利率可以参照 3 个月定期存款利率,利差增大,意味着银行面临流动性不足,风险迅速扩大。

②贷款利率上升变量:由当前一年期贷款利率除以一年滚动时间窗口最小值。反映贷款的松紧程度。一般而言,贷款利率突然上升意味着借贷市场状况迅速恶化,信用风险上升。

(2) 股票市场:股票市场危机最显著的特点是股票指数大幅下跌,资产收益率不确定性增大。因此,选取上证指数作为中国股票市场代表,在构造股票市场压力时主要考虑以下两个变量:

①股票指数下跌变量:当前股票指数除以一年滚动时间窗口最大值。上证指数急剧下跌将导致投资者资产缩水、市场恐慌乃至崩盘。

②股票指数波动性:首先利用上证指数在样本期内的收盘价计算其收益率,并采用 GARCH (1, 1) 模型计算其时变方差,衡量指数的波动性。

(3) 外汇市场:外汇市场的风险主要来自于汇率的大幅突然性波动,但由于各国汇率制度不同,即使汇率保持不变,也会给外汇的供给和需求双方带来压力。传统金融压力指数的构建选用货币贬值和外汇储备变化的变量衡量外汇市场,但实际上两者变化可能会对外汇市场压力产生不同方向的影响。当国家为应对外汇市场的过度供给而被迫进行汇率管制时,货币的贬值并未引起外汇市场压力的增加。因此汇率只是外汇市场的表征,为准确度量外汇市场压力,必须能够衡量外汇市场供需双方的均衡力量。Girton (1977) 首先提出外汇市场压力的概念,并认为压力的根源在于外汇市场的超额供给与需求。

本书借鉴外汇市场压力指数模型,综合考虑外汇储备、汇率以及利率的影响,建立了如下模型:

$$EMP_t = \frac{\Delta ER_t\%}{\hat{\sigma}_{\Delta ER_t\%}} + \frac{\Delta(i_t - i_t^*)\%}{\hat{\sigma}_{\Delta ER_t\%}} + \frac{\Delta FR_t\%}{\hat{\sigma}_{\Delta FR_t\%}}$$

其中,$ER_t\%$ 表示外汇汇率的变化率,$(i_t - i_t^*)\%$ 表示中国与美国利率差的变化率,

FR_t 表示外汇储备的变化率。$\hat{\sigma}$ 分别表示三者的标准差，用其倒数作为权重的目的在于规避成分短期内过度波动对 EMP 产生过度支配（刘柏，2012）。

（4）保险市场：近年来，中国保险市场发展迅速，成为金融体系中不可忽视的重要组成部分。2008 年全球金融危机中，美国保险 AIG 公司出现违约风险给美国乃至全球金融市场带来巨大的冲击，在衡量金融体系风险时保险行业日趋重要。保险市场动荡往往伴随着保险赔付额的急剧上升。因此，本文拟用保险赔付额的变化代表保险市场压力变量。保险赔付上升变量，采用和前面变量类似的方法，用当前的保险赔付额除以一年滚动时间窗口最小值。保险赔付额上升得越快，保险市场承受的压力越大。

2. 我国金融压力指数构建

实证部分选用主成分分析法对上述分类指数进行加总。主成分分析法通过研究变量之间存在的相互依存结构，提取一些公共因子以反映这些变量所代表的主要信息，达到减少变量个数、降低分析难度的目的。利用各公共因子最大方差旋转后得到的累计方差贡献度来确定各公共因子的权重。在本书中，提取出公因子后累计方差贡献度为 82%，达到预先期望要求，并根据各公因子的方差贡献度进行加权求和，得到我国金融压力指数 F1（如图 3 - 1 所示，为更直观，将数据区间转化为 [0，1]①）。

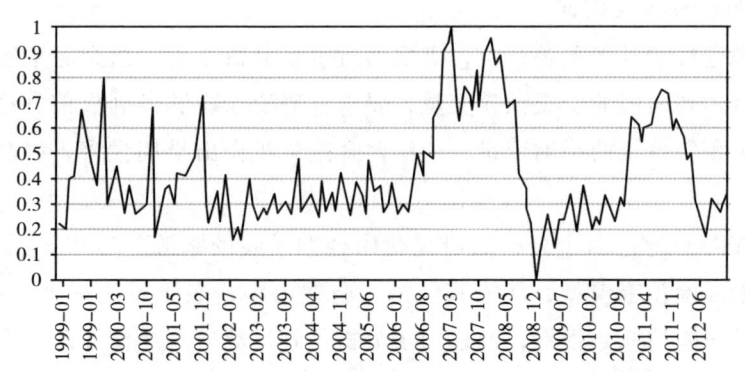

图 3 - 1　1999—2012 年中国金融压力指数 FSI

从图 3 - 1 中可以看到，中国金融系统压力状态在不同年份的区别较大，具有明显的高低两区制特征。自 1999 年以来，中国金融压力指数经历了从较高水平不断波动并缓慢上涨的过程，在 2000 年初达到高位。进入 2001 年以来，金融压力指数变化趋势表现出波动较小，总体呈现下降趋势。2003 年至 2005 年上半年，金融压力处于相对较低水平，从政策层面看，这期间的货币政策操作以市场化结构微调和窗口指导为主，如下调超额准备金存款利率，调整商业银行自营性个人住房贷款政策。

2005 年 7 月启动了汇率市场化改革，施行有管理的浮动汇率制度，化解汇率风险。政

---

① $FSI_t{}' = [FSI_t - \min(FSI)] / [\max(FSI) - \min(FSI)]$

策的变化对外汇市场产生严重的冲击，引起了金融压力指数逐渐走高进入上升通道。外汇市场经过三个月的短暂适应期后趋于正常，金融压力指数也回归政策水平。受国际环境恶化的影响，2006年以来的金融压力值明显高于往年，金融压力指数经过大幅快速上升，2007年3月达到了峰值。这期间货币政策取向经历了"从紧"到"适度灵活"再到"适度宽松"的转变，支持国内建设的信贷政策宽松，潜在的金融压力加大，中国银行体系的信贷风险和流动性风险比较高。面对较高的金融压力，央行及时出台了一系列措施控制信贷风险，并制定了流动性风险监管指标，控制银行体系流动性风险，实施紧缩的货币政策。

从2008年6月开始到2009年初，金融压力指数开始出现快速回落达到历史低点，2010年2月以后压力指数保持在较高的水平上并出现一定幅度的波动。2011年金融压力指数又呈现快速上升态势，这段时间内根据央行发布的金融机构贷款投向统计报告显示，我国金融机构人民币贷款余额达到51.4万亿元，同比增长达到16.7%，信贷量的急剧膨胀导致贷款质量下降等问题，引起银行业风险急剧上升。随后2011年7月，央行宣布上调存贷款基准利率，在信贷额度和房产政策双双收紧的政策背景下，房地产企业信贷超速扩张得到控制，金融压力指数也迅速下降。

3. 我国金融压力指数预测

为建立金融危机的早期预警系统，需要通过定量分析选出一组金融危机的阈值条件以及能够预测是否达到阈值的宏观预警变量，要求预警变量能够做到提前、稳定地提供预测信息。通过监测预警系统的预测变量，能够对金融危机作出早期预警，以防范金融危机的发生。

陈守东（2006）通过因子分析法研究我国金融风险的来源，运用二元选择Logit模型建立我国的金融风险预警模型，从宏观经济、金融市场、泡沫风险三个角度选择16个指标作为度量金融风险的原始指标，通过因子分析得到反映宏观经济风险、金融市场风险和企业融资风险的三个公共因子。蒋海（2009）建立了一套中国金融安全指数，并运用1998—2007年的数据对中国金融安全状况进行了实证分析。吕江林（2011）以滞后的宏观经济变量、货币信贷变量、资产价格变量和相关经济大国的宏观经济变量为解释变量，运用逐步回归法建立金融系统风险的预测方程。

国内生产总值（GDP）：由于我国正处于社会高速发展和建设时期，基础设施建设、信贷规模一直在逐年扩大，当GDP增长率出现下降或者负增长的情况时，会对宏观经济产生多方面的影响。由于统计局只统计公布GDP季度数据，本文参照学术界常用方法，假设GDP月度增长等同于工业值增速，将季度数据转化为月度数据。

贸易差额（Trade）：自加入WTO以来，我国与全球经济的关系日趋紧密，进出口贸易对我国经济产生重大影响。

信贷余额（Credit）：根据央行每年公布的金融机构贷款投向统计报告显示，我国的贷款规模常年保持10%~20%的增速。信贷规模的不断扩大也会增加我国金融市场的风险，甚至会影响实体经济的运行。

其他解释变量包括消费者价格指数（CPI）、汇率（E）以及金融压力指数（FSI）的滞后变量。以上数据均为月度数据，数据源自国泰安数据库和WIND数据库。

首先建立包含滞后变量的线性回归模型：

$$FSI_t = \alpha + \beta FSI_{t-m} + \gamma X_{t-n} + \varepsilon_t$$

其中，FSI_{t-m} 和 X_{t-n} 分别表示金融压力指数和解释变量的滞后项，ε_t 表示残差项。通过逐步回归法，根据 R^2 和 AIC 值，分别确定各解释变量的滞后阶数。

最终确定如下回归方程：

$$FSI_t = 0.18 - 0.18 \times GDP_{t-6} + 2.03 \times CPI_{t-3} - 0.67 \times TRADE_{t-6} + 6.78 \times e_{t-6}$$
$$(4.33^{***})(-1.85^{*}) \quad (0.71) \quad (-2.94^{***}) \quad (3.81^{***})$$
$$- 0.44 \times CREDIT_{t-4} + 0.64 FSI_{t-3}$$
$$(3.67^{***}) \quad (9.86^{***})$$

从回归结果看，R^2 以及修正后的 $\bar{R}^2$ 分别达到 0.55 和 0.53，考虑到月份时间序列波动较大，这一结果基本符合本书要求。

根据回归方程，本书构建的预警系统可以做到提前三个月的压力指数预测，能够做到一季度的预警。图3-2显示根据回归方程的预测结果以及原FSI，从图3-2中可以看到，预测压力指数FSIF基本能够发挥预警作用，在金融系统风险达到一定程度的时间区间内均呈现出高峰。

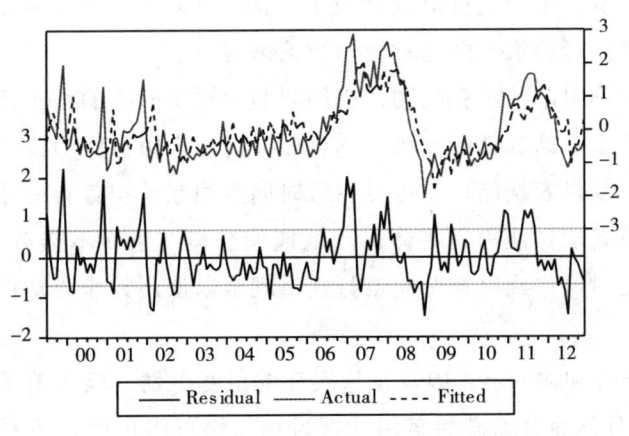

图3-2 回归残差图

根据2012年的解释变量数据，代入回归预测方程中，得到2013年第一季度的预测值（见表3-10）。从金融压力指数预测值看，2013年第一季度的宏观压力存在上涨趋势，但仍在可控范围内（并未达到2008年阈值以上）。

表 3-10　　　　　　　　　　　　预测值

年月	2013 年 1 月	2013 年 2 月	2013 年 3 月
预测值	0.6061	0.6467	0.7393

三、大萧条期间的风险传染与银行倒闭潮：1932 年 6 月芝加哥银行恐慌[①]

(一) 问题的提出及解决思路

关于银行理论和银行历史的研究帮助定义了银行恐慌的潜在原因和成本，许多学者认为可以追溯到对本位货币的投机性攻击、流动性冲击或银行与储户之间信息不对称导致的银行资产价值冲击。当储户无法观察单个银行是否具备偿付能力，但其能够观察到影响银行投资组合的冲击时，他们可能会对包括有偿付能力的银行和资不抵债的银行在内的所有银行发起挤兑。虽然银行恐慌是短期现象，历史上以天或周来衡量。然而如果恐慌导致有偿付能力的银行机构消失，那么它仍可能带来显著的长期影响，这种担忧也经常被用来为美国银行在 20 世纪 30 年代大规模扩张政府安全网进行解释。

对银行恐慌的相关研究表明，资产冲击和信息不对称所引发的恐慌很难仅凭货币政策来解决。相比之下，由于对未来价值的不确定性和对本位币的投机性攻击，可以通过解决货币政策不确定性的政策加以制止。同样，由于流动性偏好冲击和银行总流动性资产供应有限而导致的银行恐慌，可以通过传统的货币政策来解决，即央行在公开市场上购买证券。但因为私人银行贷款组合的价值（涉及不知情的存款人）不受货币政策的控制，所以由信息不对称引起的银行恐慌不能通过货币政策来解决。

要解决信息不对称引起的挤兑问题，必须限制储户所面临的由于信息不对称引起的风险，从而消除储户要求立即提款的动机。这可以通过私人银行努力或政府公开调节进行处理：银行可以单独行动以安抚储户，也可以暂时同意相互承担各自的债务组成联盟，只要存款人相信该联盟具备偿付能力，集体行动就能使恐慌结束而不会造成无法兑付的困境；政府则可以以承诺支付储户或以补贴向银行提供现金以偿还其非流动性资产的方式为存款提供保障。

Calomiris, Charles 和 Mason (1997) 从实证的角度出发，以大萧条时期的银行危机为背景关注 1932 年 6 月芝加哥恐慌的案例并探讨私人银行阻止信息不对称运行的行为是否充分，即能否防止有偿付能力的银行在银行恐慌期间倒闭，并探究政府存款保险的必要性。

[①] 参考 CALOMIRIS, CHARLES W., JOSEPH R. MASON. (1997) "Contagion 和 Bank Failures During the Great Depression: The June 1932 Chicago Banking Panic." The American Economic Review 87.5: 863-883.

选择该案例原因有三：首先，这是一个典型的由信息不对称引起的恐慌；其次，这是20世纪30年代早期银行危机期间最广为人知的银行挤兑事件之一，当时正值联邦政府决定为银行建立公共安全网；最后，关注特定的地点和事件能够清楚地确定恐慌的根源并控制位置、时间和宏观经济环境的影响以简化分析。

他们运用多种方式判断在芝加哥恐慌中倒闭银行是否有偿付能力，并探究与恐慌中的幸存银行相比倒闭银行是否比预期更脆弱而更容易受到资产价格下跌的影响。从私人银行的倒闭经历、资产负债表、利润表以及在恐慌期间倒闭和幸存的芝加哥的银行的股价中获取数据，分析倒闭银行和幸存银行的特征以确定在恐慌期间倒闭银行是否与幸存银行类似。

（二）1932年6月芝加哥银行危机的五个事实

Calomiris，Charles和Mason（1997）对芝加哥银行危机进行讨论确立了五个"事实"，这些事实用于支持对恐慌期间发生的私人合作的价值和局限性的测试。这五个事实共同表明：芝加哥的恐慌是由与银行投资组合相关的特定地区的资产冲击造成的；该恐慌确实由信息不对称引发，因为恐慌期间所有银行（事后看包括具有偿债能力和无偿债能力的银行）都经历了大量提款和股价下跌；银行愿意相互支持以应对储户的不知情挤兑；而芝加哥银行在恐慌窗口之外发生的倒闭事件与恐慌期间类似的事件并不一致。

事实一：芝加哥的六月危机是全国唯一的事件吗

无论是以倒闭银行的数量还是总资产来衡量，芝加哥的银行倒闭集中于1932年6月中旬至下旬。与前几个月相比，州、联邦储备区或国家层面1932年6月的银行倒闭数量并非特别高。相比之下，芝加哥在恐慌周则经历了一次严重的倒闭潮：在伊利诺伊州的49起银行倒闭事件中，有40起发生在芝加哥，其中26起又发生在6月20日至27日这一周。存款外流也出现了类似的情况：芝加哥银行的存款在6月下旬出现了异乎寻常的大幅下降，而美国其他地区的银行（尤其是金融中心纽约市）却没有出现这种急剧下降。

事实二：有偿债能力的银行和资不抵债的银行都在恐慌中遭受损失

当时的记录者和经济学家指出，1932年6月份芝加哥发生的银行危机是一个说明储户系统范围的攻击如何对有偿付能力的银行和无偿付能力的银行产生相似压力的重要的例子。1932年，这场危机引起了全国和地方媒体的关注。当时的报告清楚地表明，储户既共同跑向事后看有偿还能力的银行，也跑向事后看没有偿还能力的银行。

6月22日之前，困境仅限于少数几家银行，但这种情况很快蔓延开来，并与芝加哥银行的存款总额急剧下降有关。市中心银行的大规模挤兑自6月22日开始，在6月24日达到了顶峰。James（1938）将6月下旬的恐慌与芝加哥以往的银行危机区分开来：之前的危机仅针对那些被认为无支付能力的特定银行，而这次危机直接针对整个芝加哥货币市场。尽管自周二晚上以来处在风暴中心的第一国民银行集团已经支付了5000万美元，它仍旧有超过1.25亿美元的现金储备可以使用。在挤兑事件发生早期，人群来自特定地区或者特定群体，而这次事件来自城市各个地方的人们都聚集在其中。

银行股价在恐慌期间下跌，尽管并非所有循环银行都经历了大幅下跌。此次银行恐慌幸存者中，芝加哥第一银行、洲际银行和中央共和银行股价跌幅最大：芝加哥第一银行股价从6月18日收盘价150点跌至6月24日收盘价131点；洲际银行的股价从6月18日收盘价70点跌至6月27日收盘价60点；中央共和银行股价从6月18日收盘价52点跌至6月25日收盘价47点，在6月27日周一股价暴跌至4点，之后它和其他幸存银行的股价迅速反弹。6月18日至6月24日，美国商业银行（Bank of Commerce）股票每股20美元的票面价值却以每股9美元的价格交易，6月25日，它的价格不再被报道。

事实三：当地不利的经济消息加剧了恐慌

当时对这场危机的讨论强调了促成这场危机的当地不利经济消息，如当地公用事业股和其他公司资产价格下跌、当地银行欺诈和管理不善的事件广为人知以及芝加哥市市政收入危机。这种恐慌并没有反映出外源性的流动性需求冲击。储户通常不会提取存款用于消费，而是将钱存入他们的邮政储蓄账户。James（1938）认为，引发恐慌的所有因素结合在一起迅速影响了储户对芝加哥银行资产价值的信心。

市政府的收入问题以三种方式削弱了银行。首先，银行需要承担由于息票流动性被打断而增加的债券组合风险；其次，芝加哥银行被要求购买非流动的税收权证以帮助市政府维持运转；最后，城市工人被迫提取银行存款以支付正常的生活费用，从而减少银行准备金，增加银行投资组合中（风险）贷款和证券的比例。

与此同时，芝加哥银行家们关注着银行系统的生存能力以及与此密切相关的金融问题。1932年6月，芝加哥市政府官员和包括许多著名的银行家在内的众多公民前往国会请求联邦政府对该市的援助，然而国会于6月22日拒绝了代表团提出的8000万美元的援助请求。

市政收入危机是当地资产价格和经济活动严重萎缩的征兆。在众多受害者中有芝加哥的英萨尔公用事业帝国，其股票和债务被机构和个人投资者广泛持有。芝加哥公用事业公司在20世纪20年代由于预期需求增长而急剧增长，但由于当地经济的突然衰退而陷入困境。1932年上半年，联邦爱迪生公司（ComEd）和英萨尔公司的股票和债券价格急剧下跌：从1月到3月，英萨尔股票下跌了76%，债券下跌了62%，联邦爱迪生公司股价下跌了25%；3月到6月初跌势加速，英萨尔的债务损失了98%，普通股损失了89%，优先股则损失了47%。

芝加哥的经济问题反映在几起当地金融灾难和银行欺诈案件中（这种行为通常在经济不好的时候比在好的时候更明显），这些事件在危机爆发前就在芝加哥日复一日地成为头条新闻。当地一家拥有连锁银行的房地产开发商约翰·贝恩（John Bain）是最重大的银行欺诈案的被告。6月9日，该连锁店的12家银行未能开业。然而，直到6月23日，贝恩的欺诈损失究竟有多大才变得明朗起来，法院公布了对银行资产价值的估计，大约为350万美元，而存款总额为1300万美元。

另一项重要的证据表明，恐慌是由对银行资不抵债的担忧引发的，而非储户的外生流动性需求所导致，即从银行取出的大部分资金以无风险的邮政储蓄的形式立即存入。《商业和金融纪事报》（1932年7月2日，第71页）报道称，在6月20日至6月27日这一周，邮政储蓄部门为了适应存款需求而将平时的25个或30个窗口增加到大约100个窗口。该报道指出在6月27日收到的邮政储蓄约为一百万美元，而在危机最严重时期甚至达到每日两三百万美元，而正常情况下的每日平均邮政储蓄存款只有20万美元。

总之，截至6月23日，芝加哥的银行储户在短短两周内就目睹了该市一些大型企业的倒闭、几起代价高昂的银行欺诈案件以及由于联邦当局拒绝向市政府提供救济而导致的市政金融危机的深化。所有这些故事都是在发生银行危机后两周前的新闻头条，而新闻在不断恶化。在这种情况下，储户越来越担心银行支付存款的能力，并将银行存款转移到无风险的邮政储蓄账户，这并不奇怪。

事实四：银行间合作有助于在压力下保护有偿付能力的银行

如前所述，循环银行在危机期间经历了严重的股价下跌和挤兑。虽然中央共和银行和商业银行这两家银行的股价均经历了异常严重的下跌，但是商业银行倒闭了而中央共和银行幸存了下来。中央共和银行的幸存依赖于和大型循环银行的合作解决困境。

在危机期间，中央共和银行几乎被存款人占领。随着人们对其偿付能力的怀疑不断增加以及存款取现压力日益增大，管理层准备主动关闭这家银行以避免该银行被储户冲击而关闭的风险。已经失去储户信心但仍有偿付能力的银行有动机在挤兑期间为避免清算银行资产的成本和与被监管机构接管相关的交易成本，从而先发制人地关闭银行以保持股票价值。这种激励在1932年尤其强烈，当时银行股东面临着存款双重责任的威胁，这意味着股东承担的清算费用可能超过银行资本的完全损失。

芝加哥其他银行则认为，中央共和银行为应对储户信心缺失而自愿清算是一场潜在的灾难。储户是在对银行倒闭的担忧中作出反应，但他们无法区分有偿付能力的银行和资不抵债的银行。所以来自芝加哥和纽约的著名银行家们聚在一起，设计出一套方案，以保护中央共和银行和信托公司不受挤兑的影响。由于担心清算中央共和银行的决定会产生溢出效应，这些银行家设法说服了中央共和银行主席General Dawes继续经营，并提出向中央共和银行注入新的清算股东。

向中央共和银行提供贷款的最初计划是预计纽约和芝加哥银行为其提供1000万美元的备用流动性，重建金融公司（RFC）提供的8000万美元，但最终协议只涉及芝加哥银行和RFC的援助，该交易由RFC提供的流动性援助与芝加哥银行的备用信贷增强相结合。就像该时期所有的RFC贷款一样，对芝加哥银行的RFC流动性支持由非常高质量的流动资产提供充分担保，RFC贷款给中央共和银行的信贷风险很大程度上由成立贷款银团的芝加哥银行承担。重要的是,RFC 同意将已被销售给循环银行的 3000 万美元市政税权证（1932 年 6 月 25 日,芝加哥论坛报,第 6 页）作为贷款合格抵押品。危机一停止,中央共和银行就停止了存款外流,股票价格也逐渐上涨。可见中央共和银行是一家有偿付能力的银行,由于其他循环银行的集体干预而免于倒闭。

事实五:6 月 20 日至 27 日的危机是一个独特的事件

在认为 6 月份的银行业危机是资产价值下降和信息不对称引发的恐慌的一个例子之后,Calomiris,Charles 和 Mason（1997）开始讨论在 1932 年的前 6 个月芝加哥是否还有其他类似的事件。该问题与第二节中所讨论的问题相关。他们将在这段时间（在 6 月危机的窗口之外）没有恐慌作为识别限制,以调查恐慌期间的倒闭银行是否与恐慌之外的倒闭银行类似。

1932 年的银行倒闭,以及更普遍的大萧条时期的银行倒闭,在很大程度上并没有被历史学家认为是由恐慌或信息不对称造成的。除 6 月恐慌外,当代编年史家或学者都没有将 1932 年期间的任何时间间隔确定为芝加哥的恐慌或银行业危机,也没有人认为 1932 年发生过全国性的银行业恐慌（Milton Friedman 和 Schwartz,1963;Wicker,1980,1993;Ben S. Bernanke,1983;Calomiris,1993;CliffordThies 和 Daniel Gerlowski,1993;EugeneN. White,1984）。

在回顾各种事实后,可以证明 1932 年 6 月芝加哥银行恐慌是信息不对称导致恐慌的典型例子,该恐慌由影响银行资产价值的当地经济问题造成。其中最为重要的是恐慌窗口的独特性:这场危机反映在储户突然提款和股价下跌以及地方和国家媒体的广泛报道中,发生时间很短并且银行倒闭与恐慌并非同时发生。

（三）恐慌期间的倒闭者和幸存者

回到核心问题,政府存款保险的缺失是否会导致有偿付能力银行在不对称信息引发的恐慌中倒闭,有偿付能力的银行在 1932 年 6 月芝加哥银行恐慌期间能否经受住挤兑压力。为了回答这一问题,Calomiris,Charles 和 Mason（1997）基于事实五假设在恐慌窗口（1932 年初）之外倒闭的银行实际上已经资不抵债。然后利用这些非恐慌期间倒闭银行的特征来评估恐慌期间倒闭银行的偿付能力或资不抵债的可能性。

如果在恐慌期间倒闭的银行和那些在恐慌中幸存下来的银行一样强大（根据某些标准）,那将提供证据支持零假设,即储户对银行质量的困惑导致了银行的随机倒闭。另一方面,如果在恐慌中倒闭的银行比银行幸存者更弱,那么恐慌的倒闭就不能被认为是完全随机的,这意味着拒绝零假设。

不难拒绝这个"强"版本的零假设,但这并不能证明只有资不抵债的银行才会在恐慌中倒闭。存款或混乱可能会导致一些有偿付能力的银行倒闭,带来潜在的巨大社会成本,即便在恐慌期间倒闭的银行一般都比幸存的银行弱。因此,实证工作中也讨论了零假设的

"弱"形式——恐慌诱发的倒闭不是纯粹随机的而是重要随机的（Important Random）。该版本的零假设基于对均值、中位数和回归系数进行事前统计检验，很难被正式拒绝。然而，结合这些证据和其他证据可以认为无端关闭有偿付能力的机构的社会代价一定很小。

实证讨论分为两部分，首先提出了导致拒绝强形式零假设的证据，然后使用统计证据和来自银行检验报告的信息拒绝弱形式的零假设。

1. 银行属性的比较

样本将芝加哥银行分为三组，即恐慌中倒闭银行（6月20日至27日的恐慌中倒闭的银行）、非恐慌期间倒闭的银行（在其他日期倒闭的银行）和幸存者（1932年前7个月没有倒闭的银行），并比较三组的事前属性。恐慌窗口的日期与詹姆斯（1938）的讨论、报纸对恐慌开始和结束下相关报道以及芝加哥论坛报报道的10家银行的股价每日波动一致。

对样本的分析主要关注银行状况的四个事前指标：账面市值比；银行倒闭的估计概率；银行存款的下降速度；银行债务的利息。这些衡量银行风险的各种方法适用于芝加哥银行的不同分支，这取决于股票价格和存款利息的数据。

所有芝加哥银行的股票价格都无法获得，而且只有美联储的会员银行支付的利息可以获得。该研究的数据集由几个部分组成：资产负债表数据、收入和费用数据以及股票价格数据。从1931年12月31日起，芝加哥共有123家州立银行和国家银行的资产负债表数据均被收集，此外1930年12月31日的总资产和总存款数据被用于计算1931年期间这些变量的变化。22家国家银行和11家联邦储备系统成员的资产负债表数据来自提交给货币监理署（OCC）和美联储系统理事会的原始状况报告的缩微胶片。州非成员银行资产负债表数据来自于伊利诺斯州州银行主管发布的州银行报表的汇编。成员银行状况的分类报告促进了资产负债表类别的汇总，使其达到与伊利诺斯州州立银行的报表相当的报告标准。芝加哥银行的股票价格来自Commercial和Financial Chronicle月末公布的银行和报价单。只有美联储成员银行才能获得的利息支付数据来自Reports of Condition。

（1）1931年1月，那些后来在"六月恐慌"中幸存的银行拥有较高的平均账面市值比。与"六月恐慌"外其他期间倒闭的银行相比，恐慌期间倒闭的银行的平均账面市值略高；与恐慌前夕（1931年1月1日至1931年6月20日）倒闭的银行相比，恐慌期间倒闭的银行的账面市值比与之非常相近；而与恐慌期间的幸存银行相比，恐慌期间倒闭的银行的账面市值比则存在显著差异。截至1932年1月，大多数恐慌期间的倒闭银行的账面市值比低于1。此外，芝加哥所有银行在1931年和1932年都遭受了资本下降的痛苦，6月恐慌中倒闭的银行在恐慌发生很久之前就达到并维持了不寻常的低账面市值比。

（2）银行倒闭的估计概率。基于1931年12月报告的银行数据，利用芝加哥银行事前观察到的特征计算1932年前7个月倒闭的可能性，结果表明，平均来看恐慌中倒闭银行与非恐慌期间倒闭银行的表现要比幸存银行更差。利用银行特征（如资产负债表比率）与银行倒闭之间的联系建立Logit模型估计银行倒闭的可能性。用样本外数据预测估计银行特征与倒闭概率的系数时，需从样本中排除在恐慌期间倒闭的银行，并限制使用被构造来解释非恐慌期间倒闭银行的模型参数来预测恐慌期间倒闭的银行，从而防止在恐慌期间不可预知事件影响对银行倒闭情况的预测。Logit 模型的变量组合考虑了主要用于预测 19 世纪 20 年代和 30 年代的银行倒闭的 White（1984）、David C. Wheelock（1992）、Calomiris 和 Wheelock（1995）以及 Mason（1995）的 Logit 模型的相关变量，包括银行规模、资产流动性、房地产市场风险敞口、房地产不良贷款、近期银行表现（留存收益/净资产）以及银行负债和从 1930 年 12 月到 1931 年 12 月的账面净值与资产之比以及银行的存款或资产变动百分比，但其均未增强模型的预测能力。样本内和样本外数据的实证结果表明恐慌期间的倒闭银行和非恐慌期间倒闭银行的情况类似：存款准备金率较高、留存收益与净资产比率更高以及长期债务比例较低的银行更不太可能倒闭。Calomiris，Charles 和 Mason（1997）比较 Logit 模型按银行类别（恐慌期间倒闭银行、非恐慌期间倒闭银行和幸存银行）的平均数和中位数预测倒闭概率，以及不同类别的均值和中位数检验差异的显著性水平时发现：恐慌期间倒闭的银行比非恐慌期间倒闭的银行事前风险更小，比幸存银行事前风险更大；使用样本内和样本外数据回归的预测值相似，样本内的预测结果中恐慌期间倒闭银行和非恐慌期间倒闭银行的差异较小，利用样本外数据预测的倒闭概率要更小。实证结果表明恐慌期间倒闭银行比恐慌期间幸存银行更加脆弱，而恐慌期间破产是非恐慌期间破产银行背后同样过程的延续。

（3）银行存款的下降速度。如果在恐慌发生的前几个月恐慌期间倒闭银行是相对较弱的金融机构，那么在恐慌之前它们的储户提现率应该更高。在 1931 年 12 月的电话会议之后，破产银行的存款账户的类似记录不可能获得，但人们困惑的是从 1930 年 12 月到 1931 年 12 月恐慌期间破产银行是否经历了相对较大的储户提款。1931 年存款下降率的数据表明恐慌期间破产银行和非恐慌期间破产银行在 1931 年比幸存银行经历了更大的取款，恐慌中的幸存银行的存款平均减少了 41%，相比之下，非恐慌期间破产银行减少了 55%，幸存银行减少了 33%。该年恐慌期间破产银行和非恐慌期间破产银行的储户比率快速下降可以由这些银行的负债组成所反映。有趣的是，不同的债务类别在这三类银行中所占的比例有明显区别。与非恐慌期间破产银行相似，恐慌期间破产银行往往更多地依赖于应付票据和再贴现等借款。当可需求债务从风险银行撤出时，这些银行被迫依赖通常以流动银行资产为抵押的高成本的借款。如上所述，其他研究表明借款份额是 19 世纪 20 年代和 30 年代银行倒闭的可靠预测因子（White，1984；Wheelock，1992；Calomiris 和 Wheelock，1995；Mason，1995），此外货币监理署的审查员使用借款依赖作为银行遇到麻烦的明确指标。总而言之，恐慌期间破产银行和非恐慌期间破产银行在恐慌发生很久之前就经历过大规模的取款。与取款压力一致，陷入困境的机构都经历了基本的债务融资再分配。

（4）银行债务的利息。债务利率表明债券持有人对银行倒闭风险的看法。如果恐慌期间破产银行和非恐慌期间的破产银行更容易破产，那么事前看它们在 6 月恐慌前应当被迫支付更高的利息。收集 31 家作为美联储成员的芝加哥银行 1931 年最后 6 个月所支付利息的数据，这些利息包括个人活期存款、银行存款、定期存款和借款等。同时将债务总额作为 1931 年 12 月 31 日资产负债表上各自未偿债务的一部分进行报告，因为所报告的利率差异只反映了一小部分银行的情况，并且在 6 个月的时间内按年末余额划分利率流，所以这些数据可能不能提供截至 1931 年 12 月所支付的利率的完全准确的情况。"总债务支付利息"（Interest Paid on Total Debt）为三类银行中每类支付的总利息相对于总债务的比率的平均数。结果表明，恐慌中破产银行和非恐慌期间破产银行为债务支付的利率明显高于幸存银行，恐慌期间破产银行支付的总利息成本比幸存银行高 50%，而非恐慌期间倒闭银行的利率几乎是幸存银行的两倍。恐慌期间破产银行和非恐慌期间破产银行为它们的债务支付了比幸存银行更高的利率，这反映出它们相对依赖借贷基金和定期存款等高成本基金而非高利率的即期债务。

2. 资产价值下降在芝加哥银行破产中的作用

从 1931 年底公开获得的金融数据来看，恐慌期间倒闭的机构似乎比非恐慌期间倒闭的机构更加强大，这有几种可能的解释。一种可能性是零假设的弱形式（大量有偿付能力的银行在恐慌中倒闭）。如果有人认为银行特征（以 1931 年 12 月为例）准确地反映了 1932 年 1 月至 7 月期间银行状况的不变的横截面差异，那么恐慌失灵就显得过度了。

基于银行情况不发生改变的假设下，恐慌期间倒闭银行的特征介于非恐慌期间倒闭银行和幸存者之间，这意味着恐慌期间破产过程并没有那么明显，即恐慌期间倒闭银行的特征反映了有偿还能力的银行和资不抵债银行的共同点。但这一假设肯定是错误的。1932 年上半年当地资产价值以及银行投资组合的价值急剧下降，这意味着这段时间银行倒闭的可能性发生了变化。在资产价格持续下跌的环境中，非恐慌期间倒闭的银行比那些只在资产价值大幅下跌才倒闭的银行要脆弱得多。

为控制周期内银行倒闭概率的变化，Engle，Robert（2002）构建了银行倒闭的生存模型。该模型与 Logit 模型类似，只是它预测了银行存活的时间长度（以 1931 年 12 月 31 日之后的天数为单位），并考虑了这段时期内潜在的转移概率的变化，即在任何给定的时间里，通过一个逻辑危险函数（Hazard Function）来计算失败的条件概率。这一危险函数有效地将不同个体破产概率变化与和基本银行资产价格下降相关的基准违约概率变化的影响区分开（Guido W. Imbens，1994）。模型中估计的隐含破产基准概率从 1 月到 6 月。在此期间破产率不断增加，但增速不断减少，7 月破产概率减小。

生存模型的结果从性质上看与 Logit 模型结果相似，当然两模型的系数符号相反。结果表明，生存模型可以近似估计非恐慌期间破产银行和恐慌期间破产银行的时间间隔，即不断恶化的基本面可以解释早期非恐慌期间倒闭银行以及后期恐慌期间倒闭银行的质量差异。但平均来看生存模型高估了恐慌期间破产银行和非恐慌期间破产银行的幸存时间：基于 1931 年 12 月的特征，考虑到危害函数的时间变化后使用相同的评分模型得到非恐慌期间倒闭银行将生存192天，恐慌期间倒闭银行将生存349天，而实际上它们平均只分别存活了107天和177天。但该模型准确地估计了两者的相对健康程度，模型预测非恐慌期间倒闭银行的存活率仅有恐慌期间倒闭银行的60%，略低于实际的55%。因此，正如预期的那样，如果恐慌期间破产是没有根据的，而非恐慌期间的倒闭是有根据的。模型并未低估非恐慌期间倒闭银行和恐慌期间倒闭银行的关系，即当考虑到所有银行破产的时变概率时，该模型就可以像在恐慌之前一样很好地估计恐慌期间的横截面风险。

3. 恐慌导致社会成本降低的更多证据

生存模型的结果与"在恐慌期间只有明显无清偿能力的银行将破产"的观点一致，但其并不能正式否定弱形式的零假设"一些有偿付能力的银行在恐慌期间倒闭了，这些事件的社会成本也很显著"。

为了研究这种可能性，Calomiris，Charles 和 Mason（1997）更加仔细地研究了恐慌期间的倒闭银行，尤其是那些基于1931年12月观察到的特征看起来健康的"异常值"。对这些异常值的检查报告揭示了恐慌之前这些机构众所周知但并未反映在1931年资产负债表比率中的深层问题：在很多情况下，银行欺诈和会计违规行为使恐慌期间倒闭银行在统计学上比同时代的银行表现得更强，而在1932年中，这些银行的问题已为人们所熟知。

样本内和样本外数据估计的三组银行的 Logit 模型分数分布数据表明没有一家恐慌期间破产银行样本外评分低于（优于）幸存银行的前1/4，恐慌期间倒闭银行的最小样本外评分为0.00059，而幸存银行的前1/4分位点为0.00025；此外，只有六家恐慌期间破产银行样本外评分不高于幸存银行的中位数。

这六家银行是有清偿能力但被同行允许破产的例子吗？如果是的话，这些银行倒闭的社会成本高吗？回答第二个问题更为容易：这六家银行在芝加哥银行资产总额中所占的比例微不足道（截至1931年12月，占总资产的1.2%），尽管它们中可能存在有偿付能力的银行，但它们倒闭的社会成本不可能非常巨大。

为回答第一个问题，他们探究了六家银行的具体情况及其倒闭前的财务情况。从货币监理署的记录中查找相关检查记录时发现，其中两家国家银行（南阿什兰国家银行和国家标准银行）在恐慌之前均经历了巨额贷款损失且正接受美国司法部和货币监理署的调查，以查明它们是否存在欺诈行为。尽管这两家银行在生存模型中得分非常高，但根据审计员的说明可以判断其真实情况非常差。可以对四家异常国家银行中的部分或全部用类似的情况解释，毕竟如果6个月资产负债表的强度足以决定性地表明银行的实力，那么信息不对称现象将永远不会发生。

审计署的检查报告显示，1931年12月至1932年4月期间，在恐慌期间倒闭的银行的欺诈和风险承担信息浮出水面。显然，银行股的投资者发现了银行的特殊问题，这使该银行在6月恐慌中破产。从1932年1月到4月，恐慌期间破产银行的账面市值比急剧下降，而幸存银行并没有急剧下降。

（四）总结

Calomiris，Charles 和 Mason（1997）发现恐慌期间倒闭银行比恐慌期间幸存银行更脆弱，并认为恐慌倒闭可以归因于倒闭银行的资产价值下降，而不是储户对银行资产价值的困惑。尽管储户们确实有可能将恐慌期间幸存银行与恐慌期间倒闭银行混为一谈，但有偿付能力的银行的倒闭并不是由这种混乱造成的。避免这种倒闭的一个原因可能是，有偿付能力的银行比储户更了解彼此的情况并且有动机和能力在危机期间互相帮助避免倒闭。芝加哥清算所的银行开展的私人合作在防止有偿付能力的银行在恐慌期间倒闭方面发挥了重要作用。

他们比较了1932年6月芝加哥恐慌期间倒闭银行、1932年早期非恐慌期间倒闭银行以及幸存银行的属性特点，如股权的账面市值比、倒闭概率、生存期限、1931年取款债务利率以及借款利率等，得出相同结论：恐慌期间破产是非恐慌期间破产银行背后同样过程的延续，破产银行的特殊属性在恐慌发生之前的几个月便得以区分，反映在股价、倒闭概率、银行审查人员意见、债务构成以及利率上。

恐慌期间银行倒闭反映了该银行在共同资产价值冲击而非危机蔓延面前的疲软表现，外生金融资产价格的下跌加剧了恐慌，而倒闭银行是该时期芝加哥城内最脆弱的银行。尽管储户和银行之间的信息不对称导致了普遍挤兑，但其并未导致有清偿能力的银行破产，在恐慌中有偿付能力的银行的风险不高，这可能对银行监管政策有重要的影响。自大萧条以来，人们一直认为，大萧条期间银行倒闭是危机蔓延的结果而非个别银行资不抵债导致，这在一定程度上推动了存款保险和政府对银行的援助。如果在货币当局流动性援助的支持下，私人银行间的合作足以维持系统稳定，那么一个远没有现在那么宏大的联邦安全网可能是可取的（Calomiris，1990）。

Calomiris，Charles 和 Mason（1997）的发现支持了 James（1938）关于银行间合作可以减轻银行危机成本的看法。有限的持续时间和蔓延成本可能反映了芝加哥清算所的合作干预，它利用其流动资产保护至少一家有偿付能力的银行不受无根据的攻击，直到不知情储户的挤兑行为结束。如果没有这样的合作，1932年6月恐慌期间的银行倒闭的情况可能会大不相同。与 Friedman 和 Schwartz（1963）以及 Bernanke（1983）的描述有所不同的是，在大萧条时期清算所继续发挥着重要的作用，而非将美联储或RFC视为减轻它们与挤兑斗争的责任（Bernanke，1983）。

（五）后续研究进展

1. 有关银行微观结构与风险承担的后续研究

Mark，Simon 和 Nimalendran（2002）评估美国银行股的市场微观结构特征，以确定其是否比同等规模的非银行公司资产更不透明。结果表明，在纽交所上市的大型银行控股公司的交易性质与其对应的非金融公司非常相似；相比之下，在纳斯达克上市的规模较小的离岸金融中心尽管价差相似但交易频率要低得多。

Luc 和 Ross（2008）首次对银行风险承担、所有权结构和国家银行监管之间关系的理论进行实证评估，关注银行管理者与所有者在风险上的冲突。他们发现银行承担风险的程度与各银行公司治理结构中股东的相对权力呈正相关；银行风险与资本监管、存款保险政策以及对银行活动的限制之间的关系严重依赖于每家银行的股权结构。因此，监管对风险的边际效应的实际表现会随着股权集中度的变化而变化；同样的监管将对银行的风险承担产生的影响取决于银行的公司治理结构。

Ezelda 等（2017）认为银行体系的重要性不仅在于其规模，其健康状况对整个经济活动以及经济周期的规模和持久性也有重大影响。他们利用 z 打分法测量了当前立法、风险承担、市场价值和声誉之间的相关性。研究表明，目前的立法可能会对风险承担程度产生预期效果，风险承担程度可能不会影响市场价值，而声誉可能会对市场价值产生影响。

2. 有关银行间市场系统性风险的后续研究

Xavier，Bruno 和 Rochet（2000）为银行间市场的系统性风险建模时，考虑到消费者消费地点具有不确定性，在留存应对该类流动性冲击的银行间信贷额度的同时，应降低维持储备的成本。他们发现即使所有银行都有偿付能力，银行间市场也会使整个系统面临协调失灵：当一家银行资不抵债时，银行体系的稳定性会受到不同地区支付模式的影响；银行间市场允许银行将低回报流动资产中持有的资源最小化，然而银行间的联系使银行体系有可能出现一些效率低下的结果，如储户之间协调失败导致生产性投资过度清算，支付网络提供的隐性补贴降低了清算破产银行的动机，由于破产银行产生的传染效应对有偿付能力的银行的无效清算。

Sanjiv，Kris 和 Angela（2018）采用手动收集的数据集和一种新的方法来研究美国大萧条前后的系统性风险，其系统性风险度量既包括单个银行的信用风险，也包括银行在网络中的地位。在 1929 年和 1934 年建立美国所有商业银行间的联系以衡量整个网络的风险倾向及风险集中程度，并探究大萧条期间 9000 多家银行的倒闭如何改变了网络中的风险。他们发现商业银行体系的金字塔结构加剧了体系内在脆弱性，但 1929 年系统性金融风险相当分散，排名前 20 位的银行约占总系统性风险的 18%。1930—1933 年发生的大规模银行业危机使每家银行的系统风险增加了 33%，并增加了系统中最大银行的风险。利用贝叶斯方法可以证明，网络测度如特征向量中心度和银行系统风险贡献度等与捕获银行事前违约风险的资产负债表数据相结合能较好地预测 1934 年的银行存活情况。

3. 2008 年金融危机的后续研究

Gary（2007）探究次级抵押贷款如何导致系统性危机和恐慌时，发现 2007 年的持续恐慌和一些次级抵押贷款的相互关联证券、特殊目的工具和衍生品违约造成的损失有关；次级抵押贷款通过特殊设计的证券化融资而为风险较高的借款人提供购房机会，次级证券化的部分经常被卖给债务抵押债券，这一衍生品带来了额外的次级抵押贷款风险。他们指出这场危机是由房价不升不降引起的，ABX 指数的引入表明次级债券价值迅速下降使市场参与者理性地担心交易对手方的偿付能力，这导致银行间市场全面冻结、资产减值以及结构性产品价格螺旋式下降。

Gary（2008）进一步探讨了相互关联的证券链如何对房价敏感，信息不对称如何通过复杂传导产生，风险如何以不透明的方式扩散，ABX 指数交易如何让信息得以汇总和披露等问题。他的研究表明这场危机说明传统银行体系在储蓄—投资过程中不再处于核心地位；资本市场通过证券化出售中间贷款，通过衍生品进行风险分配，既体现了结构性产品的灵活性，又突出了资本市场的中心地位；机构设置和安全设计的细节对于全面理解银行业恐慌非常重要。

Huong 和 Jean（2018）注意到 2008 年金融危机期间尽管潜在投资者严重低估了银行风险资产的价值，但银行往往必须筹集股权融资。他们认为通过增加信息披露，银行可能受益于对企业风险的更精确估计从而降低资本成本，但另一方面信息披露也可能表明银行资本处于危险的低位而阻碍股票发行。因此，他们对次贷危机期间大型商业银行面临的更大信息披露的成本和收益进行研究。研究结果表明，信息披露略微改善了融资，但它也会导致无保险存款的提取，对银行健康的总体影响略显负面。

4. 有关监管的后续研究

Mark（1998）回顾并评价了关于私人投资者评估银行公司财务状况能力的实证文献，发现市场和政府监管存在相互替代现象，即大多数国家政府认为市场机制没有充分约束银行而设立非市场监管机制；政府必须保证银行而非其他机构的偿付能力，其监管也自然会取代个人对金融机构的评估和控制；银行业务随着时间的推移而变化，政府和私人监管的最佳组合也可能同时发生变化。

Matthias，Felix 和 Gregor（2016）分析 1999—2012 年期间银行资本、监管和监督对全球银行股票年度表现的影响。结果表明，一级资本越高，整个样本期内银行股票表现越差；但在动荡时期，资本充足率较高的银行的股票表现要好得多。此外，那些在金融危机期间更有可能接受政府救助的银行，其股票表现也不如其他银行。同时并无明显证据表明产生较高非利息收入的银行具有较高的业绩。

Calomiris 和 Carlson（2018）探究了监管者知情程度对银行业的健康状况的贡献，他们把信息分为最终公开的定量信息、未公开的定量信息以及依赖于监管者而产生的主观"软"信息。他们认为这些"软"信息为监管者评估银行资产和管理的质量提供了依据，这三种类型的信息都有助于衡量银行的状况并影响银行的行为；银行债务市场的参与者对这些信号的反映进一步促进了市场纪律。

Matthieu 和 Pablo（2018）研究零售银行储户是否对银行进行监督和约束时，发现储户对银行的监督和约束是间歇性的。他们以谷歌搜索量作为对银行关注程度的代理变量，并利用存款利率数据库进行研究。结果表明，平均来看风险较高的银行不会因较高的存款利率而受到惩罚；但当储户关注银行时，风险较高的银行必须提供更高的存款利率；存款保险效力随着保险公信力的提高而增强。

5. 有关银行危机影响因素的后续研究

Allen 等（2017）利用 2000—2014 年期间 92 个国家的银行层面数据首次进行广泛的国际银行破产研究，将国家文化因素作为潜在的破产决定因素。他们发现"个人主义"和"男子气概"与银行破产呈正相关，但传导方式不同；个人主义国家的管理者承担着更多的投资组合风险，而"男子气概"强的政府则允许银行以更少的资本和流动性运营，救助陷入困境的机构的频率也更低。

Qi Chen 等（2018）基于 1994—2013 年对美国银行的大量抽样调查，发现银行透明度以及未投保存款现金流与银行业绩敏感性之间存在显著正相关关系，更透明的银行更容易将其股本作为非流动性资产融资；银行透明度的成本和收益使作为银行主要资金来源的存款对银行业绩更为敏感，因此可以将其作为对银行风险承担行为的约束；同时银行透明度也削弱了银行在流动性转换和创造安全的货币类债权方面的独特作用。

Cristina，Joaquim 和 Jacinto（2018）发现银行的稳定性会受到经济波动、银行的风险承担行为、银行间联系以及国家金融体系结构的影响。他们聚焦经济合作与发展组织国家（OECD），采用二元反应模型研究 19 年来银行业危机的主要决定因素。结果表明，银行的高负债和国家的低 GDP 增长率是银行危机的主要决定因素；来自同一地区的国家间以及七国集团（G7）与其他经合组织（OECD）国家之间的危机正在蔓延；以银行为基础的金融体系不太容易发生危机。

第三节 系统性金融风险的传染性度量

一、矩阵模型

（一）模型概述

矩阵模型的主要思想是，金融机构间存在业务联系，一家金融机构的倒闭势必会对其他银行的流动性和偿付能力带来冲击，其中损失额超过资本总额的银行倒闭，就会产生第二轮倒闭，依此类推，最终导致系统性风险的产生。在这里我们主要研究银行的系统性风险通过银行间市场传染的能力。因此，银行之间的债权和债务结构很大程度上影响了危机的传染概率。

由于我们无法取得银行间同业拆解交易的具体数据，只能通过银行的资产负债表来获得一段时间的总量数据,因此无法对银行间市场的具体结构作出判断,在这里我们假设其为完全的市场结构。

具体到矩阵模型,我们假设银行对其他银行的债权和债务头寸的概率分布为相互独立的。假设银行在银行间市场的头寸关系可以表示为如下矩阵 Z:

$$Z = \begin{pmatrix} z_{11} & \cdots & z_{1N} \\ \vdots & \ddots & \vdots \\ z_{N1} & \cdots & z_{NN} \end{pmatrix}$$

其中,N 表示银行的数目,z_{ij}(矩阵 z 的第 i 行第 j 列元素)表示银行 j 对银行 i 的拆借头寸。由此我们可以得出:

$a_i = \sum_{j=1}^{N} z_{ij}$, $l_j = \sum_{i=1}^{N} z_{ij}$,其中 a_i 表示银行 i 在银行间市场的资产,l_j 表示银行 j 在银行间市场的债务。通过标准化,可以将 a 和 l 看作边际函数 $f(a)$ 和 $f(l)$ 的实现值,从而将 Z 看作分布函数 $f(a, l)$ 的实现值。根据银行间市场满足完全市场的假设,则 $f(a)$ 和 $f(l)$ 相互独立,由此可以得到 $z_{ij} = a_i \times l_j$。根据独立性假设,Z 的主对角线元素为非零,这就意味着银行会给自己贷款,这和现实情况不符,因此,我们令 $i = j$ 时,$z_{ij} = 0$,得到修正的矩阵:

$$Z^* = \begin{pmatrix} 0 & \cdots & z_{1N}^* \\ \vdots & \ddots & \vdots \\ z_{N1}^* & \cdots & 0 \end{pmatrix}$$

然后,我们利用相对熵方法来估计 Z^* 的元素:

$\min \sum_{ij} z_{ij}^* \ln \dfrac{z_{ij}^*}{z_{ij}}$

$s.t.\ z_{ij}^* \geq 0$

$l_j = \sum_{i=1}^{N} z_{ij}^*, (j = 1, 2, \cdots, N)$

$a_i = \sum_{j=1}^{N} z_{ij}^*, (i = 1, 2, \cdots, N)$

其中,z_{ij}^*(矩阵 z^* 中的第 i 行第 j 列元素)和 z_{ij} 是矩阵除了对角线元素之外的其他元素,共 $N^2 - N$ 个。由于目标函数是凹函数,因此该问题有唯一的最优解,我们可以用 RAS 算法来解决这个问题。从而我们可以估计出银行间的贷款结构。

本章利用一个或者多个银行破产后所诱发的其他银行破产的数量和损失的资产作为衡量风险传染性的程度。传染的机制为:银行 i 因为受到随机的冲击后破产,于是第一轮传染开始,当 $\theta z_{ij} > c_i$ 时,银行 i 的倒闭引发银行 j 的破产,这里 θ 为损失率,$\theta \in [0, 1]$,c_i 为银行 i 用于最后清偿的资本额。第一轮中只要与银行 j 有关联的银行,只要满足 $\theta z_{ij} > c_i$,

均会发生倒闭。接着第二轮传染开始，这时倒闭的银行为银行 i 和银行 j，只要银行 k 满足 $\theta(z_{ik}+z_{jk})>c_k$，则银行 k 也倒闭。传染的过程依次传递，第三轮传染积累了第一轮和第二轮的损失，第四轮传染积累了前三轮的损失，直到所有的银行破产或者不再有银行破产，传染的过程终止。从传染的过程中可以看到，银行破产与否取决于损失率和用于清偿的资本额的大小。损失率主要取决于宏观经济环境，信贷的质量，以及存款保险等，剩余资本总额取决于所有者权益、呆账准备等。不同的银行的破产成本不同，损失率一般也存在差异。

（二）矩阵模型度量我国金融系统传染性

我国的银行系统由中央银行、政策性银行和商业银行组成，其中商业银行又可以分为：国有控股银行、股份银行、城市商业银行以及邮政储蓄机构和信用社，在这里我们主要研究商业银行系统性风险的传染性。

矩阵模型需要根据各个银行的银行间市场的头寸来估计银行的风险矩阵，而根据公开数据，我们只能得到16家上市银行的银行间市场数据。因此，下面我们以这16家上市银行为例，来检验矩阵模型。在矩阵模型中，我们假设当银行发生破产倒闭时，没有政府的救济；同时风险的传染渠道仅限于银行间市场，不涉及实体经济；银行倒闭的唯一条件是银行的损失额小于清偿资本，不考虑银行的流动性风险。Allen 和 Gale（2000）分析了完全的市场结构、非完全市场结构、货币中心银行结构三种市场结构下的系统性风险发生的概率，研究结果显示，非完全的市场结构风险发生的概率最大，货币中心银行结构风险发生的概率最小。因此假设我国的银行间市场是完全市场结构。

银行 i 在银行间市场的资产 a_i 为存放同业款项和拆出资金之和；负债为同业存放款项和拆入资金；我们用银行的核心资本来表示银行的清偿资本。根据2012年各银行年报，我们可以得到如表 3-11 所示数据。

表 3-11　　　　　　　　　　各银行的资产负债结构

银行名称	银行间市场资产（百万元）	银行间市场负债（百万元）	清偿资本（百万元）
北京银行	134989	262688	70828
工商银行	636450	1486805	1044564
光大银行	182998	550766	111977
华夏银行	118842	301068	71464
建设银行	715551	1097743	875752
交通银行	326109	913279	365842
民生银行	316243	777262	164288
南京银行	27013	56715	22730

续表

银行名称	银行间市场资产（百万元）	银行间市场负债（百万元）	清偿资本（百万元）
宁波银行	39889	66746	21911
农业银行	485613	934073	701293
平安银行	159721	393290	76896
浦发银行	396713	579030	168072
兴业银行	379454	982825	163639
招商银行	384290	368507	188046
中国银行	1052350	1796735	794873
中信银行	388394	388002	196068

用 RAS 算法解最小相对熵的模型，可以得到银行的信贷矩阵。我们假设银行系统性风险的诱导因素是单个银行的倒闭，同时我们取损失率 θ 为 0.8。当第一个倒闭的银行为中国银行，可以得到其他银行的破产顺序如表 3-12 所示。

表 3-12　　　　　　　　风险传染的传染过程及损失程度

倒闭轮数	倒闭银行	损失金额（百万元）
第一轮	兴业银行	958512
第二轮	浦发银行	1126584
第三轮	民生银行、北京银行、光大银行、华夏银行、南京银行、宁波银行、农业银行	2050792
第四轮	招商银行、工商银行、建设银行、交通银行、平安银行、中信银行	5038243

我们改变诱导因素，发现在不改变损失率的情况下，其他任何单个银行的倒闭都不足以引发系统性风险在银行间的传染。这说明中国银行在银行间资本市场中处于核心地位，中国银行的倒闭很可能对整个银行系统造成破坏，因此如果中国银行爆发风险，政府应该考虑进行救济。

从系统性风险传染的机制上看，银行是否受到其他银行的波及而倒闭主要由两方面因素决定：银行本身抵御风险的能力以及该银行和风险银行的联系程度。其中，银行抵御风险的能力我们可以用银行的清偿能力来衡量，公式如下：

清偿能力 = 核心资本 /（银行间资产 + 银行间负债）

银行的清偿能力越大，与风险银行的联系越小，其被传染的可能性越小。表 3-13 为各银行的清偿能力。

表 3-13　　　　　　　　　各银行清偿能力

银行名称	北京银行	工商银行	光大银行	华夏银行	建设银行	交通银行
清偿能力	0.178	0.492	0.153	0.170	0.483	0.295
银行名称	宁波银行	农业银行	平安银行	浦发银行	兴业银行	招商银行
清偿能力	0.205	0.494	0.139	0.172	0.120	0.250
银行名称	民生银行	南京银行	中国银行	中信银行		
清偿能力	0.150	0.271	0.279	0.253		

从表 3-13 可以看出，兴业银行和浦发银行的清偿能力比较差，因此在第一轮和第二轮传染中就倒闭了。而清偿能力比较强的银行，比如建设银行和农业银行，以及工商银行都是在第三轮和第四轮中才被传染倒闭。但是，我们发现清偿能力并不能完全决定传染的顺序，与中国银行的资金联系也是一个重要影响因素；因为比浦发银行清偿能力更差的光大银行、平安银行却到第三轮和第四轮才倒闭，这说明两家银行和中国银行的业务联系比较小，受中国银行倒闭的影响不大。我们无法得到所有银行间资本市场的数据，因此只能以 16 家上市银行为例进行分析，但是对于整个银行系统来说方法是一样的，只是增加了计算量而已。

根据 Nier（2007）的研究，银行风险传染的机制有四种：银行间的双边风险暴露，包括银行间市场和大额支付系统等；银行相关风险暴露的共同传染源，比如由实体经济传染到银行系统；破产银行为了清偿债务进行资产变现的回馈效应、信息效应。而矩阵模型仅仅考虑了第一种传染机制中银行间市场的双边风险暴露，如果可以突破现有的框架，将其他的传染机制纳入模型将是对现有模型的重大改进。

二、复杂网络模型

（一）模型概述

把金融机构视为网络中的各个节点，机构间的债权债务关系作为节点间的连线，机构 i 对机构 j 的债权作为边的权重 W_{ij}，即可得到反映机构间债权债务关系的双边矩阵 $W(G)=[W_{ij}]$。同时可以定义邻接矩阵 $A(G)=[A_{ij}]$，如果机构 i 和机构 j 之间存连接，则 $A_{ij}=1$，否则 $A_{ij}=0$。我们以银行系统为例，建立银行间市场的复杂网络模型。

一般认为，当银行系统不缺少总的流动性时，完全市场结果和非完全市场结构都可以实现最优风险分担，但是两者面临流动性冲击时的稳定性却不同；非完全市场结构更容易发生风险的传染。因此，银行网络的性质与风险的传染性密切相关，网络的性质可以用一些统计指标来描述，一般有：网络的聚集系数、网络的度分布、网络的平均路径长度等。

网络的聚集度一般描述了网络的紧密程度,一般用 C 表示。其计算方法为:假设节点 i 通过 k_i 条边与其他 k_i 个节点连接,如果这 k_i 个节点都互相连接,则它们之间共有 $k_i(k_i-1)/2$ 条边,但是如果现实存在的只有 E_i 个的话,则节点 i 的聚集系数可以表示为:

$$C_i = \frac{2E_i}{k_i(k_i-1)}$$

网络的度描述了一个节点在网络中的重要程度。与节点相连接的其他节点的数目成为该节点的度,银行网络中节点的度分布用函数 $p(k)$ 表示,其含义是,任意一个节点恰好有 k 条边的概率,也就是度为 k 的节点占整个节点总数的比值。不同网络的度分布也不相同,一般规则网络中所有节点有相同的度,而随机网络银行的度分布比较均匀,接近于泊松分布。

银行网络的平均路径长度描述了整个网络中每两个节点之间需要经过的平均步数。在银行网络中,我们定义银行 i 和银行 j 的距离为连接银行 i 和银行 j 之间要经过的最少的节点数,也称为节点 i 和 j 之间的最短路径,用 l_{ij} 表示,则网络的平均路径长度为:

$$L = \frac{2}{N(N-1)} \sum_{i<j} l_{ij}$$

银行的网络系统在理想状态下是一种规则网络,此时网络具有最小的平均路径和最大的聚类系数,但是现实中的银行网络比规则网络分散得多。因此,演化出许多不同的网络模型来描述不同的银行系统,其中比较著名的有:随机以后网络模型、小世界银行网络模型、无标度银行网络模型、混合网络模型等。由于现实的银行系统和无标度银行网络模型最相近,因此这里以无标度银行网络模型为例进行介绍。

Barabdsi 和 Albert(1999)提出了 BA 模型,以此为基础,构建了无标度网络模型。假设在 $t=1$ 时,网络内有 $m_0=2$ 个独立的银行节点,以后的每一时刻,银行系统内将增加一个有 m 条边的银行节点,增加的两条边按照一定的概率连接到网络中已有的节点,连接的概率为 $\Pi_i \sim k_i$。这样的模型演化过程导致度分布满足幂律分布,即:$P(k) \sim k^{-\lambda}$。用主方程方法求银行网络的度分布的公式为:

$$p(k, t_i, t+1) = \frac{k-1}{2t} p(k-1, t_i, t) + \left(1 - \frac{k}{2t}\right) p(k, t_i, t)$$

其中,$p(k, t_i, t)$ 表示 t_i 时刻进来的银行节点在 t 时刻度为 k 的概率。方程右边第一项表示 t 时刻度为 $k-1$ 的节点且有一条新的连接的概率,而第二项表示 t 时刻度为 k 的节点没有新连接的概率。度的分布可表示为:

$$p(k) = \lim_{t \to \infty} \left[\sum_t p(k, t_i, t) \right] / t$$

无标度网络银行的度分布为:

$$p(k) = \frac{2m(m+1)}{k(k+1)(k+2)}$$

假设保持无标度银行网络的增长状态,即每段时间想在网络中增加一个新的节点,并

且新的节点上有 m 条连接。此时节点与网络中其他节点是以相同的概率 $\Pi(k_i) = \dfrac{1}{m_0 + t - 1}$ 连接，因此可以推导出网络的度分布为：

$$p(k) = \frac{e}{m}\exp\left(-\frac{k}{m}\right)$$

假设银行网络中银行的数目为 N，b_i 为网络中的第 i 个银行，$n(b_i)$ 为银行 b_i 发生危机后所传染的其他银行的数目，并且传染所用的时间为 t_i。根据以上假设，可以得出衡量银行危机传染的两个指标：银行危机传染规模 S 和银行危机传染速度 V，公式如下：

$$S = \sum_{i=1}^{N} n(b_i)/N, \quad V = \left[\sum_{i=1}^{N} n(b_i)/t_i\right]/N$$

因此，我们可以把银行系统中风险的传染效应表示为 (S, V)，并且对于单个主体我们有 (S_i, V_i)，其中，$S_i = n(b_i)$，$V_i = n(b_i)/t_i$。银行危机传染规模用 S 表示，即在银行危机传染过程中，平均将每个银行的风险传染给其他银行导致其倒闭的数目。银行危机的传染速度用 V 表示，即当某一个银行发生危机时，导致银行危机在银行网络中传染的平均快慢程度，同时，银行危机传染速度也可以表示银行危机的传染倒闭的概率。

学者可以利用金融网络中不同节点或边的特性挖掘金融体系的重要特点，借用网络理论中成熟的结论构建基于网络的系统性风险测度等指标，并结合指标的金融学含义进行更深入的研究。接下来，本书将以同业拆借市场为例对网络指标进行梳理，网络基本参数如表 3-14 所示。

表 3-14　　　　　　　　　　同业拆借网络的基本参数

符号	含义
g	金融体系（同业拆借市场形成的网络图）
n	金融机构的数目
$n(i)$	交易网络中银行 i 的交易对手的数目
$n(i, g)$	银行 i 在金融体系 g 中直接交易对手数量
$N(i, g)$	银行 i 在金融体系 g 中直接交易对手的集合
n_0	在同业拆借市场上无交易的银行
m	金融体系 g 中的边的数目
$A_{N \times N}$	邻接矩阵，其元素 a_{ij} 表示银行 i 将资金贷给银行 j，a_{ji} 表示银行 i 从银行 j 处借入资金，若存在交易则为 1 否则为 0
$W_{N \times N}$	权重矩阵，其元素 w_{ij} 表示银行 i 将资金贷给银行 j 的金额，w_{ji} 表示银行 i 从银行 j 处借入资金的金额

为刻画网络节点与边共同作用反映的金融体系错综复杂的联系，网络模型研究构建出

极为丰富的指标；从网络构成元素角度可划分为网络总体指标、节点集中度和聚合度指标以及路径指标。这些指标在金融领域也有极强的现实含义，如利用集中度识别系统性重要金融机构，利用最短路径识别机构间的关联等（李政等，2016；Bech，Atalay，2010）；而当结合权重矩阵或压力测试等具体情形时，网络指标将呈现更为丰富的内涵。

对网络总体情况描述最常见的指标为网络密度（α）和银行交互程度（ρ）（见表3－15）。金融市场越发达，机构间业务往来越频繁，在机构数目不变的情况下，金融网络的密度也就越高。同业拆借市场中资金由盈余机构向短缺机构流动，银行间的交互程度反映了资金双向流动的情况；ρ越小说明机构间单方面的交易越多，资金主要集中于少数银行手中；当主要的资金流出银行发生风险时，整体的市场流动性风险将被迅速放大。

表3－15 网络总体指标及其金融学含义

符号	计算公式	金融学含义
α	$\alpha = \dfrac{m}{n(n-1)}$	金融网络密度，越大表示网络越密集
ρ	$\rho = \dfrac{1}{m} \times \sum_j \sum_i a_{ij} \times a_{ji}$	银行间相互作用程度，越大表示交互程度越高
R	$R = 1 - \dfrac{n_0}{n(n-1)}$	反映不同银行之间的可达性

节点指标主要从集中度、聚合度和关联度进行设计（见表3－16）。集中度指标主要关注各节点度的大小及网络节点度的频率分布情况。入度反映银行在市场中可借入资金的来源，出度则反映其资金的潜在流出去向，实证结果表明，同业拆借市场网络中往往存在少量度很大的节点和大量度很小的节点，即少量业务活跃的银行和大量"沉默"的机构，金融网络的节点度服从幂衰减定律（Bech，Atalay，2010；Gofman，2017；黄聪，贾彦东，2010）。聚合度指标为银行i与银行j通过第三方银行h沟通的情况，即反映多家机构间的间接联系程度；监管机构可根据银行集中度和聚合度大小判断出系统性重要金融机构，并有针对性地对其规模或业务进行规制。关联度则反映两家银行的交易与各自交易对手方可能借贷选择数目的相关程度，与金融稳定、道德风险等结合密切。

路径指标（见表3－17）反映不同机构间联系的难易程度，与传染路径密切相关。网络中机构间最短路径越短，风险传染越快；借入、贷出长度越长，潜在波及范围越广。此外，同一条边可包含于不同机构的最短路径中，其重复次数即为该边的中介指数；该指标有助于识别金融体系中的重要业务活动，监管部门可以通过中介性将不同机构划分为不同群落以识别危机扩散范围。

表 3-16　　　　　　　　　网络节点指标及其金融学含义

维度	符号	计算公式	金融学含义
集中度	k_i^{in}	$k_i^{in} = \sum_j a_{ji}$	银行 i 的最大贷方数量
	k_i^{out}	$k_i^{out} = \sum_j a_{ij}$	银行 i 的最大借方数量
	k_{max}^{in}	$k_{max}^{in} = \max_i \sum_j a_{ji}$	单家银行最大贷方数量
	k_{max}^{out}	$k_{max}^{out} = \max_i \sum_j a_{ij}$	单家银行最大借方数量
	$\bar{k}$	$\bar{k} = \frac{1}{n}\sum_i k_i^{in} = \frac{1}{n}\sum_i k_i^{out}$	单家银行交易对手的平均数
	λ_i	权重矩阵最大特征值对应的特征向量	单家机构的系统性重要程度
聚合度	C_i^{in}	$C_i^{in} = \frac{1}{k_i^{in}(k_i^{in}-1)} \times \sum_{j,h} \frac{a_{ji}+a_{hi}}{2} a_{ji} a_{hi} a_{jh}$	贷方 i 聚合度
	C_i^{out}	$C_i^{out} = \frac{1}{k_i^{out}(k_i^{out}-1)} \times \sum_{j,h} \frac{a_{ij}+a_{ih}}{2} a_{ij} a_{ih} a_{jh}$	借方 i 聚合度
	C^{in}	$C^{in} = \frac{C_i^{in}}{n}$	贷方平均聚合度
	C^{in}	$C^{in} = \frac{C_i^{in}}{n}$	借方平均聚合度
关联度	$Corr(k_i^{out}, k_j^{in})$	反映两家银行间交易与各自交易对手方可能借贷选择数目的关系，当其小于 0 时表示借方越多的银行更不可能贷款给有众多贷方的银行	
	$Corr(k_i^{in}, k_j^{in})$	反映两家银行间交易与各自交易对手方可能借贷选择数目的关系，当其小于 0 时表示贷方越多的银行更不可能贷款给有众多贷方的银行	

表 3-17　　　　　　　　　网络路径指标及其金融学含义

符号	计算公式	金融学含义
d_{ij}	银行 i 到 j 的最短路径长度，无则为 ∞	网络中银行间的距离
l_i^{in}	$l_i^{in} = \frac{1}{card\{j \mid d_{ji} < \infty\}} \times \sum_{\{j \mid d_{ji} < \infty\}} d_{ji}$	银行 i 平均借入长度
l_i^{out}	$l_i^{out} = \frac{1}{card\{j \mid d_{ij} < \infty\}} \times \sum_{\{j \mid d_{ij} < \infty\}} d_{ij}$	银行 i 平均贷出长度
l_{ba}^{in}	$l_{ba}^{in} = \frac{\sum_i l_i^{in}}{n}$	单家银行平均借入长度

续表

符号	计算公式	金融学含义
l_{ba}^{out}	$l_{ba}^{out} = \dfrac{\sum_i l_i^{out}}{n}$	单家银行平均贷出长度
e_i^{in}	$e_i^{in} = \max\{d_{ji} \mid d_{ji} < \infty\}$	银行 i 最大借入长度
e_i^{out}	$e_i^{out} = \max\{d_{ij} \mid d_{ij} < \infty\}$	银行 i 最大贷出长度
D	$D = \max_i e_i^{in} = \max_i e_i^{out}$	该指标为网络直径，反映金融体系的规模
B	网络中任意两节点最短路径经过次数	该指标为边的中介性，反映金融网络中机构的重要业务

（二）网络模型度量我国金融系统传染性

在现实中，银行网络与无标度网络比较相似，因此，我们将银行系统抽象为一个无标度复杂网络。我们国家的银行包括政策性银行、国有银行、股份制银行和城市商业银行约 150 家，另外还有外资银行，因此我们假设网络的规模为 $N = 200$，并且新加入的点与旧点之间连接的概率为：

$$\Pi_i = \frac{K_i}{\sum_j k_j}$$

银行之间的连接共有如下三种方式：

银行 $i \to$ 银行 j、银行 $i \leftarrow$ 银行 j、银行 $i \leftrightarrow$ 银行 j

假设这三种连接方式的概率分别为 p_1, p_2, p_3，并且有如下关系：

$p_1 + p_2 + p_3 = 1$

当一个无标度的银行网络结构确定后，银行系统内任意两个银行之间的债权债务关系也随之确定了。

万阳松（2007）的研究表明，单个银行机构之间的信用拆借规模服从幂律分布，假设银行 j 对银行 i 的负债规模为 L_{ij}，则：

$P(L) \sim cl^{-\gamma}$

其中，c 为幂律分布系数，γ 为幂律指数，根据万阳松（2007）的研究，当随机变量 u 在（0，1）上服从均匀分布，则在（0，$+\infty$）上服从幂律分布的随机变量可以表示为：

$$l = \left[\frac{(1-u)(\gamma-1)}{c}\right]^{1/1-\gamma}$$

当银行之间的信用拆借规模确定后，标准的各银行资产项中的银行间债权 A_i 和负债项目的银行间债务 L_i 便可以用如下公式确定：

$$A_i = \sum_j L_{ij}, \quad L_i = \sum_j L_{ji}$$

对银行间资产规模 p，银行流动性资产比例 q 和银行资产净值比例 m 定义如下：

$$p = \sum L_i/TA, \quad q = C_i/BA_i, \quad m = M_i/BA_i$$

其中，银行的资产项由投资 I_i、流动性资产 M_i 和银行间贷款 A_i 组成；负债项由银行间借款 L_i、储户存款 D_i 和银行净资产 C_i 组成。由于 $L_i - A_i < I_i$，我们可以取 $I_i = (L_i - A_i) + [(1-p-m)TA]/N$，由此我们可以得到：$M_i = m(I_i + A_i)/(1-m)$，$C_i = q(I_i + A_i + M_i)$。因此只要确定 p，q，m 的大小就可以确定一个银行资产结构状况。

假设银行 i 的投资失败，首先受到冲击的是银行 i 本身的核心资本 C_i，如果银行的核心资本大于其损失，则银行 i 安全度过了危机；如果银行核心资本无法弥补其损失则银行 i 倒闭，这时银行 i 所受的冲击就会通过银行间市场向外传染，假如和银行 i 有联系的银行有 x，y，z 三家，假设 x、y 两家银行对银行 i 的负债大于其本身的核心资本，则 x、y 银行倒闭，而银行 z 可以继续存活，但是其核心资本变为：$C_z - l_{iz}$；随着风险的不断传染，倒闭银行的数量不断增加，而存活的银行其抵御风险的能力也不断降低，直到所有银行全部倒闭，或者不再有银行倒闭。我们取 $p = 0.08$，$q = 0.1$，$m = 0.05$，$\gamma = 2$，$c = 100$，仿真结果表明银行系统的 $(S, V) = (4.985, 0.24)$，这说明每一个银行平均传染 4.98 个银行倒闭，风险的传染速度为 0.24，即与破产银行相连接的银行倒闭的概率为 0.24。

如图 3-3 所示，前 10 轮传染仅仅导致 20 家银行倒闭，银行倒闭数目上升缓慢，这说明在危机开始时，冲击对银行系统的影响范围比较小，仅仅限于几十家银行；而第 10 轮传染之后，银行倒闭的速度大幅度增加，这说明，此时危机已经在银行系统内大面积蔓延，银行业产生系统性风险，随着传染的不断进行，以及倒闭银行数目的不断增加，到了第 18 轮传染时银行倒闭的速度开始放缓，这是银行系统性风险已经在银行系统内全面爆发，所有的银行都因为传染而倒闭。因此我们可以看出，在危机发生的前期，风险影响的范围比较小，这个时候进行救助操作性比较强，而且成本相对较低，一旦经过多轮传染，

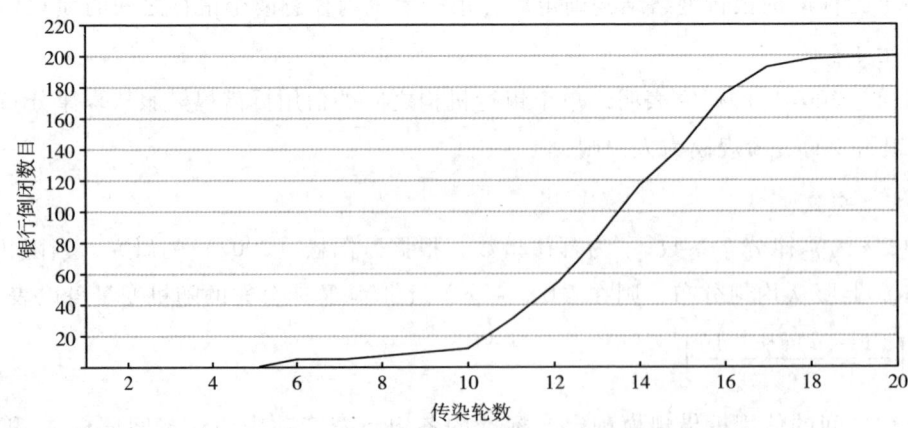

图 3-3 风险传染过程中破产银行数目

银行开始大面积倒闭,此时进行救助成本将会大幅度提高,难度也大大增加。

图3-4为每轮银行的倒闭数目,可以更加直观地看出银行倒闭的速度在传染过程中的变化。从图中我们可以看出,银行倒闭的速度波动比较大,前9轮传染每轮倒闭的数目不超过5个,最少只有1个,这个过程我们可以称之为危机的发生阶段;而10轮之后,每轮倒闭的数目大幅度上升,最多的时候每轮倒闭30多家,这是危机传染最快的时候,我们可以称之为危机蔓延时期;随着倒闭的银行数目的增加,可以传染的个体银行数目不断减少,所以银行倒闭的速度开始下降,直到所有银行倒闭,危机的传染才结束。

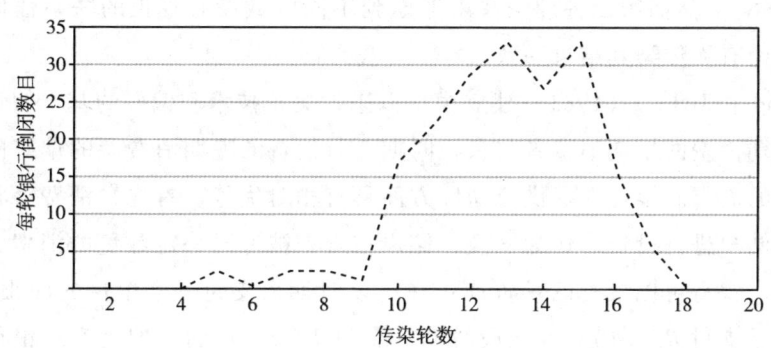

图3-4 每一轮传染破产银行数目

在矩阵模型中,我们仅仅考虑了无标度网络,还有双幂律网络、小世界网络等;复杂网络模拟的是银行系统的银行间市场,现在银行间大额实时支付系统在银行业内扮演的角色越来越重要,支付系统的系统性风险问题也逐渐受到重视,因此可以用网络模型来研究支付系统的风险传染,使研究更加完善。除信用渠道外,在网络模型中还可加入其他的渠道,如银行共同的风险暴露和信息渠道等。

三、金融传染[①]

(一) 问题的提出及解决思路

金融传染通常被视为一种均衡现象。银行对其他银行持有跨区域的债权,以提供针对流动性偏好冲击的保险;当不存在总体不确定性时,就可以实现风险分担的最优分配。然而,这种分配安排在财务上十分脆弱,一个区域的小额流动性偏好冲击可能会随着危机在整个经济中的蔓延而扩散。危机蔓延的可能性很大程度上取决于区域间债权结构的完备性,完备的债权结构比不完备的结构更加坚固。

---

① 参考 Allen, Franklin 和 Douglas Gale(2000). Financial contagion. Journal of political economy 108.1: 1-33.

长期以来，人们一直认为金融部门的混乱是导致经济波动的原因（Friedman，Schwartz，1963；Bernanke，1983；Bernanke 和 Gertler，1989）。根据这一观点，金融危机之所以重要是因为它提高中介的成本并限制信贷，从而抑制房地产市场的活跃程度最终导致低增长和经济衰退。金融危机的盛行使许多人认为金融部门非常容易受到冲击。一种理论认为，小规模的冲击最初只影响少数机构或经济的某个特定区域，但随着危机蔓延到金融领域的其他部门进而影响到整个经济。另一种观点认为，金融危机是与实体经济变化无关的随机事件（Kindleberger，1978），即银行挤兑是预期的自我实现（Diamond 和 Dybvig，1983），或者说金融危机是商业周期的固有组成部分（Mitchell，1941；Gorton，1988；Allen，Gale，1998）。然而第二种理论并未考虑到不同区域没有真正的联系任何关联模式都是可能的，无论有无传染其结果一致。

自 Diamond 和 Dybvig（1983）建立模型以来，关于技术和偏好的基本假设已成为普遍共识，重视现期消费的早期消费者与只在时期 2 时消费的晚期消费者的偏好的不确定性产生了对流动性的需求。银行在提供流动性方面具有相对优势。首先，消费者将禀赋存入银行，银行代表储户进行投资。作为交换，储户在未来被许诺一定数量的消费，这取决于他们的退出时机。银行可以投资两种资产：在一段时期后支付一个单位的回报的短期资产，或在一段时期后支付 $R(<1)$，在两段时期后支付 $R(>1)$ 的长期资产。银行业激烈的竞争使得银行提供风险分担合同令其在零利润约束下最大限度地提高储户预期效用。

经济由许多区域组成，每个区域不同类型消费者的数量随机波动，但流动性总需求保持不变；流动性盈余的区域可为流动性短缺的区域提供流动性，这使区域间的保险成为可能。只要整个银行系统有足够的流动性，区域间交叉持有存款就有效。尽管该方式有助于在银行体系内重新分配流动性，但它不增加流动性总量。如果整个经济范围内消费者的需求大于短期资产的存量，那么提供更多消费需求的唯一方法就是清算长期资产［参见 Shleifer 和 Vishny（1992）以及 Allen 和 Gale（1998）对过早清算的成本的讨论］。在这种情况下，银行可以通过清算其他区域的债权来避免清算长期资产。但是这种相互清算索赔只是拒绝向陷入困境的区域提供流动性而不会产生任何额外的流动性，可能导致银行挤兑和破产；而由于交叉持有存款，在一个区域开始的金融危机可能会蔓延到其他区域。

银行间市场的运作与零售市场完全不同。零售市场出现挤兑是因为存款合约让银行承担固定付款，而银行必须在无法满足短期资产的流动性需求时开始清算长期资产。在银行间市场，最初的问题是流动性需求过剩的银行无法从其他区域的银行获得任何东西。这与零售市场的问题正好相反，不能通过更自由的合同解决，因为无论合同的形式如何，它们都相互抵消。溢出效应和危机传染由邻近区域银行资产价值的下降而非银行间债权的性质造成。

金融危机是否会蔓延，关键在于交叉持有存款的相互联系模式。如果银行间市场完备，每个区域都与其他所有区域相连，那么金融危机对一个区域的最初影响可能会减弱。

另一方面，如果银行间市场不完备，每个区域都与少量其他区域相连，那么金融危机在邻近区域的最初影响可能会非常强烈，最终导致邻近区域陷入危机。受到危机影响的每个区域过早清算长期资产从而导致价值损失，先前在危机中未受影响的区域因为对这些区域的债权的贬值也进而受到影响。Allen 和 Gale（2000）重点关注金融危机的一种传染渠道，即不同区域或不同部门之间相互重叠的债权。当一个区域遭遇银行危机时，其他区域则会遭受损失，因为它们对陷入困境的区域的债权会贬值；如果溢出效应足够强，就会在邻近区域引发危机。极端情况下，危机从一个区域蔓延到另一个区域并成为"传染病"。

他们以 Allen 和 Gale（1998）中提出的模型为起点，利用 Diamond 和 Dybvig（1983）模型框架构建模型：单个部门的冲击可以扩散到其他部门，并导致整个经济的金融危机。并讨论了一个更强的结果，即在某些情况下模型的均衡都具有传染性，且该传染必须由真正的冲击和区域间的实际联系所驱动。

为了关注金融传染中该特定渠道的作用，他们排除了可能更全面地理解金融传染的很重要的其他传播机制。特别地，因为不完备的信息可能会产生另一个传染的渠道，故假定代理拥有关于其环境的完备信息。如果一个区域的冲击可以预测另一区域的冲击，那么一个区域的危机同样可能会形成另一区域危机的预期。此外他们还排除了国际货币市场在各国之间传播金融危机的影响，致力于为金融传染提供微观经济基础。

（二）模型基础假设

1. 流动性偏好

随机流动性偏好提供了风险分担的动机，该框架基于 Diamond 和 Dybvig（1983）以及 Allen 和 Gale（1998），但略有差异。有三个时期 $t=0,1,2$。将一个消费商品作为计价单位，这种商品可以投资于资产以产生未来的消费。资产有两种类型：流动资产和非流动性资产。流动资产由存储技术表示，一单位消费商品投资于 t 时期的存储技术在 $t+1$ 时期生产一单位的消费商品；由于该资产的回报在一段时间后是可用的，故称之为短期资产。非流动资产有更高的回报，但需要更多的时间来成熟，故称之为长期资产；对长期资产的投资只能在时期 0 进行，而投资于长期资产的一个单位的消费商品在时期 2 产生 $R(>1)$ 个单位的产出。

假设清算以资产的实物折旧形式进行，清算价值被视为技术常数，长期资产缺乏流动性，其每一单位都可以提前清算，从而在中期产生 $r(0<r<1)$ 单位的消费能力。事前将经济划分为四个相同的区域，分别为 A、B、C 和 D。每个区域都包含一个连续的事前相同的消费者，消费者在时期 0 的禀赋为一个消费单位，而在时期 1 和 2 则为 0。

假设消费者具有常见的 Diamond – Dybvig 偏好：消费者为仅在时期 1 消费的早期消费者的概率为 w，为仅在时期 2 消费的晚期消费者的概率为 $1-w$。个人消费偏好函数如下：

$$U(c_1, c_2) = \begin{cases} u(c_1) & \text{概率为 } w \\ u(c_2) & \text{概率为 } 1-w \end{cases}$$

其中，c_t 为时期 $t=1$，2 的消费，周期效用函数 $u(*)$ 是两次连续可微分、增加和严格凹的。概率 w 因区域而异。假设 w_i 为区域 i 中早期消费者的概率，则 w_i 有两个可能的值，高值和低值，分别表示为 w_H 和 w_L，其中 $0 < w_L < w_H < 1$。这些随机变量的实现取决于自然状态。有两个等可能状态 S_1 和 S_2，流动性偏好冲击的相应实现见表 3-18。注意，除事前外，每个区域都有相同的高流动性偏好冲击的可能性。此外，每个状态对流动性的总需求相同：一半的区域具有高流动性偏好，一半的区域具有低流动性偏好。当自然状态 S_1 或 S_2 被揭示并且每个消费者知晓其消费类型时，在时期 1 所有不确定性都消失。因为消费者的类型不可被观察到，所以晚期消费者总是可以模仿早期消费者。

表 3-18　　　　　　　　　　　区域流动性冲击

自然状态	A	B	C	D
S_1	w_H	w_L	w_H	w_L
S_2	w_L	w_H	w_L	w_H

2. 最优风险分担

最优风险分担可视为计划问题的解决方案。假设计划者要作出所有的投资和消费决策以使消费者期望效用的未加权总和达到最大，且假设其可以识别不同类型的消费者。目标函数的对称性、凹性以及约束的凸性使问题大大简化。

（1）由于不存在总体不确定性，最优的消费分配将独立于状态。

（2）由于某一区域的消费者与另一区域的消费者具有相同的消费习惯，所有消费者都将受到一视同仁的对待。在不失一般性的情况下，假设每个早期消费者接受消费 c_1，每个晚期消费者接受消费 c_2，而与该区域和自然状态无关。在时期 0，计划者在可行性约束下选择一个投资组合 $(x, y) \geq 0$，受可行性限制：

$$x + y \leq 1 \tag{3-1}$$

其中，x 和 y 分别为投资于多头和空头资产的人均金额。

（3）由于每段时间内所提供的总消费是一个常数，因此，通过持有短期资产并通过持有长期资产在时期 2 提供消费是最优的。让早期消费者的平均分数由 $\gamma = (w_H + w_L)/2$ 表示。

时期 1 的可行性约束为：

$$\gamma c_1 \leq y \tag{3-2}$$

时期 2 的可行性约束为：

$$(1-\gamma) c_2 \leq Rx \tag{3-3}$$

在 0 时期时，每个消费者成为早期或晚期消费者的概率是相等的，因此事前预期效用为：

$$\gamma u(c_1) + (1-\gamma)u(c_2) \tag{3-4}$$

计划者寻求受制于约束式（3-1）、（3-2）和（3-3）的效用最大化结果，这个问题的唯一解被称为一级最优分配。这一分配满足一阶条件 $u'(c_1) \geqslant u'(c_2)$，否则，利用短期资产将部分消费从早期转移到晚期，可以增加目标函数。因此，最优分配自动满足激励约束：

$$c_1 \leqslant c_2 \tag{3-5}$$

也就是说，晚期消费者发现与其假装自己是早期消费者不如暴露自己的真实类型。激励效率分配使目标函数（3-4）在可行性约束（3-1）、（3-2）、（3-3）和激励约束（3-5）的约束下实现最大化，即激励效率分配与最优分配是相同的。

命题 3-1：最优分配 (x, y, c_1, c_2) 等同于激励效率分配，即使规划者无法识别消费者类型，也可以获得最优分配。规划人员必须在不同区域间进行资源转移，才能达到最佳的效果。

（三）分散化

1. 流动性分配不当的问题

接下来，讨论如何在竞争激烈的银行业中实现分散化的一级最优分配。假定只有银行进行长期资产投资，则银行可以持有由两种类型的资产组成的投资组合。通过汇集大量消费者的资产，银行可以为不确定的流动性需求提供保险，给早期消费者一些高收益的长期资产同时不让他们承受在时期 2 之前过早清算长期资产的高昂成本。

Allen 和 Gale（2000）关注所有银行采取相同行为的对称均衡。假设每个消费者在其所在区域的代表性银行中存入其消费商品单位的禀赋。银行将存款投资于投资组合 $(x^i, y^i) \geqslant 0$，作为交换，它提供了一份存款合约 (c_1^i, c_2^i)，允许储户在时期 1 提取 c_1^i 单位的消费，或在时期 2 提取 c_2^i 单位的消费。值得注意的是，存款合同并不取决于区域 i 的流动性冲击。为了使分散化的银行部门实现一级最优分配，需 $(x^i, y^i) = (x, y)$ 且 $(c_1^i, c_2^i) = (c_1, c_2)$，其中 (x, y, c_1, c_2) 为一级最优分配。

这种方法的问题是，尽管投资组合在时期 0 满足了银行的预算约束 $x + y \leqslant 1$，但在第 2 期就无法满足预算约束。规划者可以在不同区域间移动消费，所以他需要满足平均约束 $\gamma c_1 \leqslant y$。另外，代表性银行必须面对这样一种可能性：该区域早期消费者的比例可能高于平均水平，即 $w_H > \gamma$，在这种情况下，它可以通过清算一些长期资产来满足这种过度的需求，但这样就没有足够的消费来满足晚期消费者的需求。事实上，如果 r 足够小，银行可能连 c_1 都无法偿付。这使晚期消费者倾向于在时期 1 提取并将消费商品保存到时期 2，从而导致银行挤兑。此时流动性并未全面短缺，只是分配得很糟糕。允许银行克服流动性分配不当的一个方法是引入银行间存款市场。

2. 银行同业存款市场

假设银行可以在时期 1 兑换存款。完备市场和不完备市场分别如图 3-5 和图 3-6 所示，每个区域与另外两个区域呈负相关。假设区域 i 的每家银行在区域 $j(j \neq i)$ 持有 $z^i = \frac{w_H - \gamma}{2} > 0$ 的储蓄。由于银行存款相同，并且在时期 1 仅值一个消费单位，因此，代表银行的预算限制在时期 0 仍然满足。在时期 2 开始观察到自然状态 S 时，银行必须调整其投资组合以满足预算限制。如果该区域对流动性的需求很高即 $w^i = w_H$，该区域的银行会将其在其他区域的所有存款变现；另一方面，如果其需求较低即 $w^i = w_L$，则它会保留在其他区域持有的存款直到最后期限。

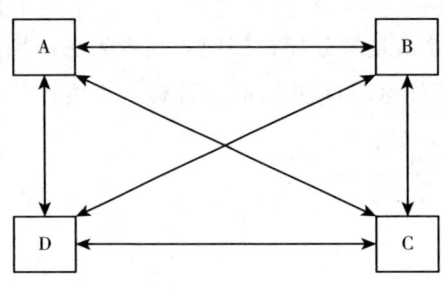
图 3-5　完备市场结构

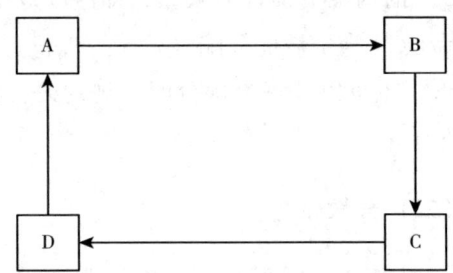
图 3-6　不完备市场结构

考虑对流动性需求高的区域的银行的预算约束，银行必须向本区域 w_H 的早期消费者支付 c_1，并退还其他高需求区域 $z^j = \frac{w_H - \gamma}{2}$ 的存款，故总还款需求为 $\left(w_H + \frac{w_H - \gamma}{2}\right) \times c_1$。另外，它有 y 单位的短期资产，在其他 3 个区域共有 $3 \times z^i = 3 \times \frac{w_H - \gamma}{2}$ 的存款。因此其预算约束为：

$$\left(w_H + \frac{w_H - \gamma}{2}\right) \times c_1 = y + \frac{3(w_H - \gamma)}{2}$$

该式可将计划者约束简化为 $\gamma c_1 = y$。

流动性需求低的区域的银行必须向本区域 w_L 的早期消费者支付 c_1，并从流动性需求高的区域的银行赎回 $2z^i = w_H - \gamma$ 的存款，因为其原有 y 单位的短期资产满足需求，因此其预算约束为：

$$[w_L + (w_H - \gamma)] \times c_1 = y$$

因为 $w_H - \gamma = \gamma - w_L$，所以该式可将计划者约束简化为 $\gamma c_1 = y$。

在这两种情况下，交叉持有的存款使银行能够满足储户的需求，而无须清算长期资产。

在最后一个时期，所有银行都将其剩余资产变现，并且很容易证明，如果时期 1 的预算约束得到满足，那么时期 2 的预算约束也会自动得到满足。例如，时期 2 对时期 1 具有高流动性偏好的区域的预算约束为：

$$[(1 - w_H) + (w_H - \gamma)] \times c_2 = Rx$$

等式左边为取款需求，为区域内 $1 - w_H$ 的晚期消费者需求加上两个低流动性偏好区域的需求 $2z^j = w_H - \gamma$。等式右边为长期资产的清算价值 Rx。该式可将计划者预算约束简化为 $1 - \gamma c_2 = Rx$。对于流动性冲击较低区域的预算限制也是如此。

$$\left((1 - w_L) + \frac{w_H - \gamma}{2}\right) \times c_2 = Rx + \frac{3(w_H - \gamma)}{2} c_2$$

因此，通过在不同区域之间转移存款，银行能够满足每个区域和每个时期 $t = 0, 1, 2$ 的预算限制，同时通过标准存款合同为储户提供一级最优分配。

（四）银行间存款市场的不完备性

银行业以各种方式相互关联，但交易和信息成本可能会阻止银行获取偏远区域银行的债权，此时银行间市场可能并不完备。假设 i 区域的银行允许持有部分区域的存款，而非其他所有区域的存款。具体来说，每个区域的银行只在一个相邻的区域持有存款。

如前所述，假定在区域 i 的代表银行持有一个投资组合 $(x^i, y^i) = (x, y)$ 并且提供预算约束 $(c_1^i, c_2^i) = (c_1, c_2)$。同时假设银行在时期 0 就在相邻区域持有 $z^i = w_H - \gamma$ 的存款；即 A 区银行在 B 区持有 $w_H - \gamma$ 存款，依此类推。和之前一样第一阶段预算约束同样满足，因为具有相同值的存款交换被抵消，留下预算约束 $x + y \leq 1$。

在时期 1 观察总体状态，银行和消费者了解到每个区域的流动性冲击。和之前一样，只需要根据不同区域对流动性的需求高低进行区分。高流动性冲击 w_H 的区域会在时期 1 清算其他银行的存款，而为低流动性冲击 w_L 的银行则不会。这里假设的市场结构具有这样的性质：每个高流动性冲击的区域都有低流动性冲击的区域的存款，反之亦然。高流动性冲击区域的预算约束是：

$$w_H c_1 = y + (w_H - \gamma) c_1$$

而流动性冲击较低的区域的预算约束是：

$$[w_L + (w_H - \gamma)] c_1 = y$$

用替换 $w_H - \gamma = \gamma - w_L$ 简化的两个约束都等价于计划者的约束 $\gamma c_1 = y$。同样，在最后期限内，对高流动性和低流动性的区域的预算限制分别为：

$$[(1 - w_H) + (w_H - \gamma)] \times c_2 = Rx$$

和

$$(1 - w_L) \times c_2 = Rx + (w_H - \gamma) c_2$$

两者都等价于计划者的约束 $(1 - \gamma) \times c_2 = Rx$。

因此，即使银行间市场不完备，也有可能通过将存款转移到银行间市场来满足预算限制。然而，尽管可能在完备或不完备的市场中获得一级最优分配，但在这两种情况下，金融脆弱性的影响是非常不同的。

图 3-6 中市场结构的一个有趣特性是，尽管每个区域的流动性都依赖于它的"邻居"，但整个经济是相互关联的：A 区域在 B 区域持有存款，B 区域在 C 区域持有存款，依此类推。事实上，考虑到假定的市场结构，这是不可避免的。考虑图 3-7 所示的替代市场结构：A 区域在 B 区域持有存款且 B 区域在 A 区域持有存款，同样 C 区域在 D 区域持有一单位存款且 D 区域在 C 区域持有一单位存款。这个市场结构比图 3-6 中的市场还不完备且与其不兼容。然而，可以通过图 3-7 中所示的持有量模式获得一级最优分配。需要强调的是，因为 A 区域和 B 区域相互贸易但与 C 区域和 D 区域并未相连，C 区域和 D 区域相互贸易但又不与 A 区域和 B 区域相连，所以即使经济脱节，只要能实现一级最优分配，这些不同模式似乎没有任何意义。但事实证明，它们在金融脆弱性方面存在显著差异。

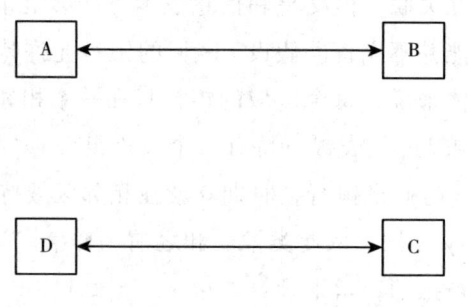

图 3-7 断开连接的不完备的市场结构

（五）脆弱性

1. 扰动状态

Allen 和 Gale（2000）对模型添加扰动，允许出现状态 $\bar{S}$ 使系统对流动性的总需求大于其提供流动性的能力。假设市场结构如图 3-6 所示，相应的分配要求每个银行持有一个初始投资组合 (x, y) 并提供一个存款合同 (c_1, c_2)，其中 (x, y, c_1, c_2) 是一级最优分配。为使本存款合同可行，各区域代表银行在相邻区域持有 $z = w_H - \gamma$ 的存款。很明显，更大的存款交叉持有量虽然符合一级最优分配但会使传染问题变得更糟。

根据给定的分配对模型进行"扰动"，流动性冲击如表 3-19 所示：在状态 $\bar{S}$ 中，除了 A 区域之外的每个区域都有之前的平均流动性需求 γ，A 区域流动性需求稍高为 $\gamma + \varepsilon$。尤为重要的是，这四个区域的流动性平均需求略高于正常状态 S_1 和 S_2，由于异常状态 $\bar{S}$ 发生的概率为零，所以在时期 0 不会改变分配。在状态 S_1 和 S_2 中，持续均衡在时期 1 与之前相同；在状态 $\bar{S}$ 中，持续均衡是不同的。

在从时期 1 开始的持续均衡中，消费者将最优地决定是否在时期 1 或时期 2 取款，同时银行将清算资产以满足储户的需求。早期消费者总是在时期 1 取款；晚期消费者则会在时期 1 或时期 2 取钱。假设适宜条件下，晚期消费者总是会在第 2 天提取存款。银行必须兑现承诺，向每一位要求在第一天取款的储户支付 c_1 的消费单位，否则它们必须在时期 1 清算所有资产，且清算的收益按照储户的比例分配而非先到先得。如果银行可以在时期 1 履行义务，那么剩余的资产将在时期 2 进行清算，并给那些一直等到时期 2 才退出的存款人。

表 3-19　　　　　　　　　　　区域流动性冲击

自然状态	A	B	C	D
S_1	w_H	w_L	w_H	w_L
S_2	w_L	w_H	w_L	w_H
$\bar{S}$	$\gamma + \varepsilon$	γ	γ	γ

2. 清算资产的"优先顺序"

在时期 1，银行可能处于三种情况之一。如果一家银行只使用其流动资产来满足每个存款人的需求，那么它就具有偿付能力；如果它只能通过清算一些长期资产满足其存款需求，它就会资不抵债；如果银行不能通过清算其所有资产来满足储户的要求，银行就会破产。为确保长期资产最后被清算需要一个额外的假设：

$$\frac{R}{r} > \frac{c_2}{c_1} \tag{3-6}$$

这在接下来的讨论中一直保留，由于一级最优消费分配 (c_1, c_2) 与 r 无关，因此总是可以通过选择 r 足够小来确保满足条件（3-6）。

这三种资产均提供了当前（时期 1）的获取成本，以及对应的未来（时期 2）的消耗。通过清算短期资产获得流动性的成本为 1，通过清算存款获得流动性的成本为 c_2/c_1，通过清算长期资产来获得流动性的成本是 R/r。由此，推导出清算资产的"优先顺序"为短期资产、存款、长期资产，且有 $\frac{R}{r} > \frac{c_2}{c_1} > 1$ 成立。

3. 清算价值

如果银行没有破产，时期 1 的存款价值为 c_1，如果银行破产，它等于银行所有资产的清算价值。设 q^i 为代表银行在区域 i（时期 1）的存款值。如果 $q^i < c_1$，则所有存款人将在时期 1 尽可能多地提款，与此同时，其他区域的银行也将收回对该银行的债权。此外，银行对所有存款人一视同仁，对于每一单位的投资储户都会从银行获得 q^i，因此 q^i 的值必须同时确定。以 A 区域的代表性银行为例。如果所有储户都提款，总需求将为 $1 + z$，因为 D 区银行持有 z 单位的存款，A 区消费者持有一个单位的存款。银行的负债价值为 $(1 + z)q^A$。资产

包括 y 单位短期资产，x 单位长期资产，以及 B 区域 z 单位的存款，总资产价值为 $y + rx + zq^B$。

q^A 的均衡值必须等于资产和负债的值：

$$q^A = \frac{y + rx + zq^B}{1 + z} \tag{3-7}$$

对于 $q^i < c_1$ 的区域 i，同样的方程也成立。如果 $q^B = c_1$，该方程可以用于计算 q^A 的值；但是如果 $q^B < c_1$，则需另一个包含 q^C 值的方程来确定 q^B，依此类推。

4. 银行挤兑缓冲区

之前忽略了其他区域银行的作用而假设晚期消费者将一直等到最后一期，当一家银行资不抵债，不得不清算一些长期资产时，在第一时期银行能给消费者提供多少消费单位呢？银行必须在时期 2 时向晚期消费者提供至少 c_1 消费单位，否则它们最好在时期 1 就退出。因此，如果一个银行有一小部分的早期消费者，那么就必须至少保留 $\frac{(1-w)c_1}{R}$ 单位的长期资产以满足后期消费者的需求。那么在时期 1 可以被清算的长期资产的数量是 $x - \frac{(1-w)c_1}{R}$，而在不引发挤兑的情况下，通过清算长期资产可以获得的消费金额为：

$$b(w) = r\left[x - \frac{(1-w)c_1}{R}\right]$$

其中，$b(w)$ 为银行的缓冲区。

在 A 区域，银行有 $y = \gamma c_1$ 单位的短期资产，状态为 $\bar{S}$ 的早期消费者的比例为 $\gamma + \varepsilon$，所以为支付每个早期消费者 c_1 单位的消费，银行必须清算长期资产以获得 εc_1 单位的消费。当且仅当流动性需求的增长 εc_1 小于缓冲，在没有其他区域的银行的任何帮助下也可行：

$$\varepsilon c_1 < b(\gamma + \varepsilon) \tag{3-8}$$

在大多数情况下假设条件（3-8）不成立，即如果 A 区域要保持自给自足，那么它就会破产，因为它不可能为防止挤兑而在时期 2 向它的晚期消费者提供 c_1 单位的消费并满足早期消费者对时期 1 的 c_1 的需求。

当 ε 小到足以满足不等式（3-8），那么 A 区域的银行无力偿债，但不影响其他区域的银行。由于时期 1 的长期资产提前清算，银行无法在时期 2 向存款人支付 c_1 的存款，因此 A 区域晚期消费者的处境更糟。

当 ε 大到足以违反条件（3-8）时，A 区域的银行将会破产并在 D 区域会有溢出效应。D 区域的存款满足 $q^D = c_1$ 而 A 区域的存款满足 $q^A < c_1$，所以 D 区域的银行在遭受损失时会清算交叉持有的存款。如果 ε 不太大，这种溢出效应将使 D 区域的银行资不抵债，但不会使它们破产。

A 区域一旦发生破产，消费者均在时期 1 退出，早期和晚期消费者之间的区别无关紧要，ε 的进一步增加不会有任何影响。D 区域的溢出效应可能大于或小于 D 区域的缓冲区。如果溢出效应小于缓冲效应，D 区域银行将失去部分缓冲效应，但传染效应不会进一步扩散；如果溢出效应大于 D 区域的缓冲区，那么 D 区域的银行也会破产。溢出效应的大小取决于若干参数，特别是清算值 r 的大小。

D 区域长期资产的清算将给 C 区域的银行带来损失，这一次累积的溢出效应已经足够使 C 区域破产。溢出效应从一个区域到另一个区域变得越来越大，因为更多的区域处于破产状态，而这更多的损失是由于清算长期资产而累积的。一旦 D 区域破产，所有区域都会破产。

正如这一非正式讨论所指出的，对 A 区域的最初冲击扩散到所有其他区域必须满足两个条件。首先，A 区域的流动性偏好冲击必须超过 A 区域的缓冲：

$$\varepsilon c_1 > b(\gamma + \varepsilon) \tag{3-9}$$

其次，D 区域的溢出效应必须超过 D 区域的缓冲区。溢出效应的下界为 $z(c_1 - \bar{q}^A)$，其中，z 为持有的存款量，$\bar{q}^A$ 为破产的 A 区域存款价值的上界。为了求出上界 $\bar{q}^A$，使用公式（3-7）并假设 $q^B = c_1$ 得：

$$q^A \leq \bar{q}^A = \frac{y + rx + zc_1}{1 + z} \tag{3-10}$$

那么在 D 区域中溢出超过缓冲区的一个充分条件是：

$$z(c_1 - \bar{q}^A) > b(\gamma) \tag{3-11}$$

zc_1 是承诺给 C 区域银行的金额，$z\bar{q}^A$ 是 A 区域存款价值的上限，因此等式左边是负债与银行间存款市场资产的上限之差，若其超过 D 区域的缓冲区，溢出将迫使 D 区域银行破产。

命题 3-2：考虑图 3-6 中所描述的模型与市场结构，其状态为 $\bar{S}$ 的概率略大于 0，假设每家银行选择一个投资组合 (x,y,z) 并提供一个存款契约 (c_1,c_2)，其中 (x,y) 是一级最优投资组合，(c_1,c_2) 是一级最优消费分配，而 $z = w_H - \gamma$。假设条件（3-9）和（3-11）满足，则在任何持续均衡中，所有区域的银行都一定会在状态 $\bar{S}$ 的时期 1 破产。

（六）包含关系

在（五）脆弱性分析的传染的例子关键在于任何两个区域都由重叠的银行债务链连接。如果能在某个点上切断这条链，从 A 区域的小冲击开始的传染将限制在区域集合的某个子集中。

考虑图 3-7 中的不完备的市场结构和（四）银行间存款市场的不完备性中描述的一级最优分配，该分配要求 A 区域和 B 区域的银行相互持有债权，C 区域和 D 区域的银行相互持有债权,但区域{A,B}和区域{C,D}之间没有联系。如果出现状态$\bar{S}$,对流动性的过度需求会导致A区域破产,在一定条件下会蔓延到B区域;但它们没有理由进一步扩散,因为C区域和D区域的银行与A区域和B区域的问题银行根本没有联系。

比较目前已经讨论过的三种市场结构可知,市场的完备性与状态$\bar{S}$时金融危机的程度之间存在着非单调关系:图3-5所示的市场结构完备,危机仅限于A区域;图3-6所示的市场结构不完备将危机延伸到所有区域;图3-7所示的市场结构断开连接的不完备将危机限定在A区域和B区域。

可以认为,市场结构并非单调有序:完备的市场网络确实包含另外两个,但是图3-7中的网络路径不是图3-6中网络的子集。这可以通过向图3-6添加路径来改变,使图3-7的均衡也可以是图3-6的均衡。这就提出了一个明显但重要的观点:危机的蔓延取决于金融债权的内生模式。一个如图3-6所示的不完备的市场结构可能会排除金融联系的完备模式从而鼓励金融传染,但一个完备的市场结构并不意味着会出现相反的情况:即使拥有完备的市场,也可能存在一种内生的选择,即重叠的债权会导致危机蔓延。事实上,到目前为止所考虑的三种均衡都符合完备的市场结构。经济与完备市场结构之间还有其他的平衡。就像目前所考虑的三种情况一样,它们在状态S_1和S_2达到最优水平,但根据区域间存款持有量的模式,它们在意外状态$\bar{S}$中具有不同程度的金融脆弱性。

图3-6中市场结构的重要之处在于,提高蔓延可能性的区域间存款交叉持有模式是与该市场结构一致的唯一模式。这种市场结构对研究传染具有特殊的作用。相比之下,完备的市场经济在有无传染的情况下都达到了平衡,并为传染的可能性提供了一个较弱的情形。

(七)另类银行间市场

在对银行间存款传染的分析中,银行间存款十分重要。如果没有它们所提供的相互联系,金融危机就不会在区域之间蔓延。那么是否存在银行间存款的替代方案,在状态S_1和S_2中实现风险分担的同时避免在状态$\bar{S}$传染。在零售市场银行与普通储户的交互中,Diamond和Dybvig(1983)及前人的研究表明以活期存款的形式存在的流动负债和非流动资产的组合对于银行基于资产回报或"暂停可兑换性"的理论至关重要。标准存款合同的基本运行原理并不完全清楚,尽管已经有学者进行尝试(如Calomiris和Kahn,1991);但至少有明显的实证证据表明人们使用了存款合约。然而,在银行间市场的背景下,存款合约没有得到广泛应用,人们自然会问,是否存在能够防止挤兑的可行替代方案。

一旦接受消费者持有活期存款,那么A区域的银行将面临压力状态$\bar{S}$。那么是什么导致了危机蔓延的事实(a),当有过度需求时银行有动力去囤积流动性(b),一旦破产发生在一个或多个区域，由事前银行相互持有的债权将导致溢出效应。在银行间市场上交易的债权的关键属性并非其偶然性。然而实际上，银行通过同时清算彼此的债权可以在直到至少一个区域破产前有效地避免溢出效应，因为一旦某一区域的银行破产，该区域的债权就会贬值并对债权人产生溢出效应。

如果在银行间市场的证券交易取决于状态或流动性需求水平，银行间债权将不改变传染的运行。只要区域间债权对称持有且净流动性交叉持股为0，A区域必须寻找额外的流动性以应对在满足命题3-2的情况下自身因受到足够大的冲击而可能发生的传染。

这一论点表明在银行间市场使用活期存款与在零售市场使用活期存款是不同的，因为这两个市场的运作方式非常不同。人们普遍认为在零售市场取消可兑换性将防止银行挤兑，而银行间市场的情况恰恰相反。为了说明这一观点，假设银行间存款并非按需支付，银行可以自行决定拒绝付款。当状态$\bar{S}$的概率为0时，银行间市场的这种合同将支持一级最优分配，但它显然不会阻止状态$\bar{S}$时的传染。原因在于，一旦银行不得不清算长期资产，它们就会行使延期付款的权利，延迟付款的选择与在前面的分析中使用其他区域的索赔来抵消这些区域的索赔没有什么不同。这两种情况的结果是，A区域的银行将不得不满足状态$\bar{S}$时普通储户对自身资源的额外需求ε。

这一论点表明如果事前在时期0时银行间签订了合同，即使该合同并非关于活期存款，也会使传染发生。然而，如果在事后基础上提供流动性，传染将不会继续蔓延。例如，假设在时期1银行间市场没有存款，在时期2，银行间市场存在一期贷款。如果一家银行发现在时期1存在额外的流动性需求，那么它对其他区域的银行没有预先存在的债权，但它可以向流动性过剩区域的银行借款。在状态S_1和S_2中，这种机制将足以达到一级最优。如果贷款利率是ρ，那么市场将会在$1+\rho = c_2/c_1$时出清。然而在状态$\bar{S}$，整个经济都会出现流动性短缺。A区域早期消费者的比例为$\gamma+\varepsilon$且其他区域为γ，但经济中只有足够满足部分（γ）早期消费者需求的短期资产，为A区域的银行提供更多流动性的唯一途径是清算长期资产。只有当贷款利率补偿了清算成本即$1+\rho = R/r$时，其他区域才愿意这样做，然而这一利率使借贷成本过高而对A区域的银行毫无帮助。这一举措就像变现更多的长期资产一样，因此假设满足激励约束的条件下银行尽可能多地进行清算。

因此，银行间贷款市场在整个经济都缺乏流动性的状态，$\bar{S}$毫无用处，它保护其他区域不被传染，但无助于阻止受影响区域的危机。尽管事后银行间市场允许银行在时期1满足其流动性需求，但考虑到时期0时的一级最优选择，这种安排并非均衡。如果银行期望能够以利率ρ借贷，它们不会在时期0时作出一级最优选择。因此，如果传染的可能性很小，那么就会导致事后市场福利损失。在较富裕的模式中，事后市场提供流动性将会带来与之相关的问题。特别是，如果资产价值较低的银行比资产价值较高的银行更有可能使用事后贷款市场，就会出现"柠檬问题"。这样一来，银行就很难区分因不良贷款表现而陷入困境的银行和存款人的流动性需求高于平均水平的银行。柠檬问题可能会导致后银行间市场极高的利率，甚至导致后银行间市场的崩溃。另一种选择是在信息对称的情况下事先协商风险分担安排，从而完全避免柠檬问题。

银行间同业拆借市场的另一个问题是当银行拥有一定的垄断权力时流动性过剩的银行可以利用流动性不足的银行。考虑到可能出现"抢劫"，银行更倾向于采取事前风险分担的措施固定价格以解决危机蔓延风险下的流动性价格。

当不确定性仅来自流动性冲击时，事后银行间市场能够提供流动性抑制风险蔓延。然而，当不确定性由其他因素造成时，事后银行间市场可能不可行。例如，考虑非随机流动性冲击 w_i，区域 i 的长期资产的回报 R_i 是一个随机变量。如果不同区域的回报率不完全相关，就可能从分担风险中获益进而导致银行相互持有债权。对于适当且特定的合同，一级最优可以通过事前银行间市场实现。但是，一旦知道了随机变量 $\{R_i\}$ 的值，就不可能进行风险共享。由于分析较为复杂，以及银行破产规则变得有些主观，故不在此正式检验这一情形。但很明显，在这种情况下事后安排不会起作用。

（八）结论与后续讨论

1. 均衡

前面的部分讨论了 1 和 2 时期的持续均衡，但没有提到在 0 时期的均衡行为。很明显，对于 0 时期的消费者来说，将他们的禀赋存入银行是最理想的。但是银行的行为在某种意义上是否是最优的呢？

银行必须选择投资组合、存款合同以及在银行间存款市场上的位置，以最大限度地满足 0 时期消费者的期望效用。然而，棘手的是选择在银行间市场上的交易量：它必须将存款卖给其他银行为其他区域的存款提供资金，但其存款的价值将取决于投资组合和存款合同的选择，以及 1 和 2 时期储户的取款决定。因为所有贸易出于自愿，银行所做的任何事情都为了让消费者更好且不能让其他任何人过得更糟。[①] 所以可以经过复杂的计算得出银行最优行为。那么在 1 和 2 时期的一级最优分配意味着银行不会偏好任何偏差。

当银行危机概率为正时，一级最优在 0 时期不复存在，个人风险分担的市场并不完备。当市场不完备时，资产估值因人而异，银行的可行行动也很难确定。该结果依赖于危机概率为零的假设。假设四个区域均具有相同的流动性需求从而使其对称，冲击如表 3-20 所示，特定状态 $S_A, \cdots, S_D$ 发生的概率为 $\delta > 0$，状态 S_1 和 S_2 发生的概率为 $0.5 - 2\delta$，事先在 0 时期，每个区域都是相同的。

---

① 原论文想表达的意思是均衡状态时银行的行为已经实现帕累托最优，银行其他行为无法实现帕累托改进。

表 3-20　　　　　　　　　对称扰动的区域流动性冲击

自然状态	A	B	C	D
S_1	w_H	w_L	w_H	w_L
S_2	w_L	w_H	w_L	w_H
S_A	$\gamma+\varepsilon$	γ	γ	γ
S_B	γ	$\gamma+\varepsilon$	γ	γ
S_C	γ	γ	$\gamma+\varepsilon$	γ
S_D	γ	γ	γ	$\gamma+\varepsilon$

现在假设风险分担通过分散银行系统实现，但假设所有的决策均由中央计划者制定。计划者寻求 0 时期使代理人代表的预期效用最大化的措施，他可以在 0 时期作出任何可行的决定，但在 1 和 2 时期他不得不通过分散的银行系统进行工作，而且必须利用活期存款为个人和银行提供风险分担。考虑连续性，当 δ 较小时计划者能在 $\delta=0$ 的经济限制中接近一级最优。如果在 $\delta>0$ 时最优活期存款为 (c_1^δ, c_2^δ) 而最优投资组合为 (x^δ, y^δ)，当 $\delta \to 0$ 时 $(c_1^\delta, c_2^\delta) \to (c_1, c_2)$，$(x^\delta, y^\delta) \to (x, y)$，其中 (c_1, c_2) 是第三节中的最优分配，(x, y) 为最优资产组合。这是由计划者最优决策的连续性和唯一性决定的。但在状态 $S_A, \cdots, S_D$ 且 δ 充分小时一定会发生传染。所以即使计划者在 0 时期协调作出选择，一个分散的银行体系在 1 时期仍然会有"传染"，原因显而易见。防止危机蔓延的方法是持有更多的流动性资产，以满足状态 $S_A, \cdots, S_D$ 的额外流动性需求。然而，持有更多的流动资产意味着持有较少的非流动资产，在状态 S_1 和 S_2 产出在 2 时期更低。这种交换在 δ 充分小时并不值得。允许危机蔓延可能更优。

实际上，对于 $\delta>0$，1 和 2 时期的分配是有限、有效而非一级最优的，这意味着分散的银行可能不会作出和 0 时期的计划者同样的选择。这样的行为会产生一个 $\varepsilon-Nash$ 均衡，但无论 ε 多小，$\varepsilon-Nash$ 均衡与 $Nash$ 均衡的结果不一定一致：即使每个人都有更好的选择，如果每家银行都作出与计划者相同的选择，他们可能会发现在均衡中其利益以一种完全不同的方式表现出来。尽管在理论上 0 时期的行为与 1 时期的传染并不一致，但暂时无法对其进行合理解释，在未来研究中是一个重要的课题。

2. 更多区域和状态

假设有 n 个区域，流动性冲击 w^i 为可交换的有限值。如果整个经济范围内的早期消费者比例是一个常数，那么一级最优分配 (x, y, c_1, c_2) 独立于消费者区域且非随机。

市场结构由邻里关系确定：i 区域的"邻居" N^i 是 i 区域银行能够保持存款的区域集合，如果任意区域 i 和 j 都存在，从 i 开始到 j 结束有限的区域链，那么对于每一个相邻的对，第一个区域的银行都可以在第二个区域持有存款。只要市场结构相互关联且维持假设成立，那么一级最优可以通过使用标准存款合约的竞争性银行部门进行分散。

如果区域 i 的银行可以在其他区域 $j \neq i$ 持有存款，则市场完备，否则市场不完备。完备性和关联性的程度对于确定传染的必然性至关重要：当市场完备时，增加区域的数量可以最终消除任何固定的参数值下的传染的可能。因为当区域数量变得无限庞大时，单一区域流动性短缺的最初影响变得微不足道。从这个意义上说，当经济足够庞大、市场完备时，银行体系可以抵御单个区域的任何冲击；当市场不完整、经济规模庞大时，小的冲击可以产生非常大的影响。事实上，随着危机的蔓延从一个区域蔓延到另一个区域，溢出效应会变得更大，从而更容易让危机蔓延。在一般情况下，传染病可以从一个区域传播到任意数量的 n 个区域。

3. "太阳黑子"式均衡

Allen 和 Gale（2000）将金融传染作为均衡的本质特征，证明在某些条件下，1 时期的每一种持续均衡都表现出金融危机的蔓延。尽管如此，如果利用"多重均衡"将金融危机作为"太阳黑子现象"，也可以在这个模型中发现多重均衡。假设市场完备，每个区域早期消费者的比例是非随机的且等于 γ。在 0 时期没有区域间交叉存款，如果每家银行的每个消费者都选择在 1 时期提款，不管流动性冲击有多大，那么银行都会因为 $c_1 > y + rx$ 而破产。因为假设所有其他存款人都退出时，每一个存款人的退出均为最优选择，所以这一结果也是一种均衡。当然，也存在一种均衡，即晚期消费者选择在 2 时期之前不退出，而银行的投资组合 (x, y) 为一级最优投资组合。低概率事件 $\bar{S}$ 就像"太阳黑子"，代表了无关的不确定性，不会改变对流动性的需求，但只会触发银行挤兑这种自我实现的预言。

4. 风险资产

为了简单起见，上文假设长期资产具有非随机回报，但更为现实的假设是长期资产具有风险。Allen 和 Gale（1998）指出银行挤兑由关于未来资产回报的负面信息引发，长期资产存在风险。在目前的框架下，长期资产回报率的不确定性既可以用来激励区域间交叉持股，也可以引发资不抵债或破产，结果应该相似。对这一结果至关重要的是，各区域之间的金融联系以银行在另一个区域的银行所持有的债权形式存在。如果银行直接投资于该区域的长期资产而非持有其他区域银行的债权，仍会产生溢出效应，但其影响要弱得多。

假设 A 区域的银行持有 B 区域的一些长期资产，如果 B 区域的资产回报率很低，那么 A 区域的储户必须减少消费，但仅此而已。只要 A 区域的银行没有破产，它们就可以等到 2 时期以获得更高的回报 $R(>r)$。与此同时，因为 B 区域的银行在 B 区域持有大量资产，当 $r<R$ 时它们将被迫在 1 时期进行清算而遭受重大损失。另一方面，如果 A 区域的银行投资于 B 区域的银行，那么当 B 区域的银行清算其资产时，它们将遭受更大的损失。

银行间接投资风险资产的另一种方式是向投资者放贷。如果银行不能观察投资者所选择的投资组合，投资者就会进行风险转移，而这种行为会导致资产价格泡沫，并增加一般违约的可能性。

5. 替代性市场结构

图3-5至图3-7没有穷尽四个A区域、B区域、C区域和D区域可能存在的市场结构。还存在另外两个在本质上有所不同的结构（我们忽略了相同区域的切换，例如A区域代表C区域，B区域代表D区域）。第一个替代方案类似于图3-6，但是B区域和C区域是互换性的。在这种情况下，A区域和B区域的储蓄是如图3-6所示由正相关区域而不是负相关区域构成的。这种结构并不能阻止实现一级最优，然而银行在最优配置中必须持有的存款规模却翻了一番。根据状态和时期的不同，区域不仅需要满足自身的流动性需求，还要满足邻近区域的流动性需求。因此，它们必须持有两倍于图3-6所示的市场结构所需的存款。存款水平越高，溢出效应越强，因此更有可能出现危机蔓延。

第二个剩余市场结构如图3-5所示，但没有任何正相关区域的存款，也就是说，A区域和C区域或B区域和D区域之间没有交叉连接。同样一级最优仍能实现，但在状态$\bar{S}$溢出效应的数量和传染有所不同：A区域在其他区域之间的存款量小于图3-5但大于图3-6，因此溢出效应高于图3-5所示的结构，传染概率也比图3-5高；而这与图3-6所示结构正好相反。

（九）后续研究进展

1. 对金融传染的后续研究

Laura和Matthew（2001）建立资产价格的多重资产理性预期模型以解释金融市场的传染。该模型允许通过多种渠道传染，且重点考虑跨市场再平衡传染。投资者通过调整其投资组合对共同宏观经济风险的敞口，实现特殊冲击的跨市场传导。结果表明，金融传染的模式和严重程度取决于市场对共同宏观经济风险因素的敏感性以及每个市场的信息不对称程度。

Rodrigo，Hyun和Gianluigi（2005）研究在相互关联的金融体系当中受到监管偿付能力约束的机构将其资产按市价计价时的流动性风险时，发现当市场对非流动性资产的需求缺乏完全弹性时，陷入困境的机构出售这些资产会压低此类资产的市场价格；资产账簿按市价计价会引发新一轮内生的资产销售，进一步压低价格，诱导进一步销售；对机构的流动性要求，在预防传染性破产方面可能与资本要求一样有效。

Allen和Carletti（2006）注意到信贷风险转移在分散风险的同时也可能增加金融危机的风险，并通过构建银行和保险行业的模型进行研究。其研究结果表明当银行面临统一的流动性需求时，信贷风险转移有利；但当它们在银行间市场面临特殊流动性风险并进行对冲时，信贷风险转移可能导致行业间的传染，增加危机风险而造成福利损失。

Paolo（2010）注意到银行间市场允许银行应对特定的流动性冲击，由于银行违约可能通过银行间联系蔓延至其他银行而成为传染渠道。他利用包含实际双边敞口的独特数据集分析危机如何在意大利银行间市场传播，通过假设最大熵得到的结果与所观察到的银行间索赔结构的结果进行比较。结果表明，在某些情况下根据银行间联系的结构、银行间敞口的回收率和银行资本计算最大熵的方法高估了传染范围。

2. 对金融稳定性的后续研究

Viral 和 Tanju（2006）注意到许多国家银行监管中存在"大而不倒"的现象，认为银行倒闭政策也存在隐含的"大而不倒"问题。这既增加了银行从众动机，又加剧了许多银行一起倒闭的风险。因此，事后最优调节可能时间不一致，或从事前的角度来看并非最优。

Viral（2009）认为系统性风险与银行持有的资产回报率的内在相关性有关。银行的有限责任和银行倒闭的负外部性促成系统性风险转移激励，即所有银行都进行相似的投资，这增加了整个经济的总体风险。通常仅基于银行自身风险的监管机制如银行破产政策和资本充足率要求，并不能减轻总体的风险转移动机反而可能加剧系统性风险。

Borio，Drehmann（2009）回顾并评判了度量金融稳定的方法，警告过度依赖当前宏观压力测试的方法与结果会让政策制定者产生虚假的安全感；而适当地考虑到测量中的"模糊性"，则不会妨碍操作框架的进一步优化。他们指出金融稳定的操作框架关键包括：加强金融宏观审慎监管；更系统地解决金融体系的顺周期问题；尽可能依靠自动稳定器而非自行判断，从而减轻实时衡量金融稳定风险的负担；利用参与维护金融稳定的各个部门尤其是金融监管机构和央行的比较专业知识建立制度安排。

3. 对银行资本要求的后续研究

Allen 和 Carletti（2007）发现当金融危机中流动性风险占主导时，资产价格可能仅反映可用流动性的数量而非资产未来的盈利能力，此时根据市场价格评估金融机构的偿付能力并不可取。其研究表明，保险业的冲击可能使当前银行资产的市场价值低于其负债从而导致银行资不抵债；而如果基于历史成本，则银行可以继续偿还未来的所有债务。他们强调会计信息使用者必须警惕会计数字，采用按市值计价的价格没有针对流动性不足进行适当调整；银行监管机构不在危机时期严格采用按市值计价的会计方法可减轻危机蔓延可能性，与其简单地宣布机构破产，不如等到流动性定价阶段结束后再宣布破产。

Allen 和 Christa（2009）构建四个指标并用其检验 1993—2003 年几乎所有美国银行的数据，结果表明银行流动性创造逐年递增，大型银行、多银行控股公司、零售银行以及最近合并的银行创造了最多的流动性；银行流动性创造与银行价值呈正相关，资本和流动性创造与大银行正相关，与小银行负相关。

Deniz 等（2018）利用 61 个国家上市银行的数据研究制度环境如何影响银行资本，并讨论制度与系统脆弱性的关系。研究结果表明，银行资本与单个银行系统性风险贡献负相关，这种影响在公共和私营部门对金融机构的监督效率较低或信息可得性较低的国家更为明显；在降低系统性风险方面，资本可以替代薄弱的制度环境。

4. 对金融网络的后续研究

Sullivan，Yannick 和 Sessi（2018）将格兰杰因果关系与交叉验证留一法概念相结合提出一种新的系统风险贡献的网络度量方法，该指标可以作为 2008 年金融危机期间下行回报的早期预警指标。实证结果表明，银行的规模和经营模式是系统性风险的重要驱动因素。

Oma，Eric（2019）注意到在高度多元化的经济体中特殊冲击可以通过行业间联系网络转化为总体波动，故其利用 2008 年金融危机期间跨国家部门需求冲击的外源性变化，证明部门网络特性加剧了单一冲击波动性传导到经济其他部门的倾向。生产网络中密集部分的冲击会由于替代效应被削弱，而网络中更有影响力的部门的冲击则会通过传染效应引发总体波动。部门冲击对总体波动的影响对发展中国家的影响更大且并不取决于贸易强度的水平差异。

Michael，Luitgard（2019）评估银行间网络系统性风险时，建立银行间债务清算机制以处理一个或多个市场参与者违约的情况。他们将银行间负债分为短期和长期两类，并考虑银行间负债存在多个到期日；关注各银行在每个到期日的流动资产状况，并为给定违约银行设计符合破产法的程序化原则。结果表明，在多个到期期限的情况下，直接区分违约银行较为困难；定义违约集可为所有期限不同的金融网络生成定义良好的流动性资产向量；而单一到期期限的模型会低估系统性风险。

5. 对金融体系结构的后续研究

Allen 和 Gale（2004）根据金融中介机构签订的或有合同是否完整以区分金融系统的复杂程度。他们发现发行不完备合约如活期存款的银行容易遭遇挤兑，但这并不意味着市场失灵；拥有完整的风险市场和有限市场参与者的复杂的金融系统中，如果中介机构可发行完备的或有契约，则该系统激励有效，否则它约束有效；总体风险市场不完备的经济体可能可以调节流动性供应。

Battiston 等（2012）研究对全球危机更具弹性的金融体系架构时发现，中等程度而非完全分散风险的多样化金融网络可能最具弹性。

Dean，Pablo（2019）考虑拥有市场权力的大银行与具有竞争力的边缘小银行相互作用的市场结构，建立银行业动态模型以研究资本需求对均衡时银行风险承担、商业银行破产、贷款利率和市场结构的定量影响。既考虑投资组合中不良贷款比例的总体冲击，也考虑银行面临的特殊融资冲击，结果表明，银行规模分布与内生的银行借贷对象及其缓冲资产净值有关。一系列反事实测试结果表明监管政策对银行业的市场结构产生重要影响，而市场结构和选择效应可引起配置效率的变化。

Ambrogio，Jean，Jumana（2019）认为金融一体化加剧了特定国家供应冲击造成的周期不对称，同一模型对单一国家异质性增强的纯共同冲击的预测结果相同。与 Allen，Gale（2000）的研究不同，因为国内代理商会召回外国资产以满足信贷或抵押品约束，故其特有冲击会蔓延至国外。共同冲击对各国资本的边际产品产生影响不同，因此考虑到具体国家的负荷情况进行研究，结果表明，金融同步反应对常见冲击的反应负相关；但在应对针对某一国家的特定冲击时,同步反应总是正相关。

6. 对 2008 年金融危机的成因的讨论

Bekaert 等(2014)使用因子模型来预测 2008 年金融危机对 415 个国家工业股票投资组合影响的回报,将因子负荷无法解释的增加和剩余相关性定义为传染的指示。其研究结果表明美国和全球金融部门传染存在较小的关联,而从国内市场到国内投资组合的危机却十分严重,其程度与各国经济基本面的质量成反比。这表明在危机期间,市场应更加关注特定国家的基本面特征。

Donaldson(2017)引入不同机构转让债权的异质性而建立具有信贷摩擦的银行贷款模型,以探究银行对不可转售债务的依赖是否促成了 2008—2009 年的金融危机。结果表明,减少信贷市场摩擦可能会对金融体系产生不利影响,甚至导致金融机构的倒闭。因为减少摩擦导致不可再销售债务的借贷增加,即一家银行需要流动性而通过不可回购的债务发放贷款,那么它就必须通过一份新合同进行借贷;该银行违约不仅会损害其债权人,还会间接损害其债权人的债权人,这种借贷形成的信贷链成为系统性风险的来源之一。

Yuval, Sharon 和 Alon(2019)假设股东和次债股东共同决定风险转移水平以分析无担保债务对银行风险转移的影响。结果表明,股票次级债务减少转移事件的同时导致更高的风险,单边支付也可以不改变风险转移水平,风险转移增加伴随更严格的监管。

四、系统重要性金融机构

(一)方法介绍

1. CoVaR 方法

CoVaR 法是指在利用在险值 VaR 测度单个金融机构非条件性尾部风险的基础上,通过测度某个金融机构陷入困境对其他金融机构尾部风险的影响。单个机构的系统性风险贡献度是指机构陷入困境时的 CoVaR 和其常态下的 CoVaR 之间的差额。

假设金融系统中有 n 家金融机构,r^i 表示金融机构 i 的股票价格收盘价对数收益率序列,r^{index} 表示整个金融系统股票价格指数收盘价对数收益率序列,定义 $CoVaR_q^{i|j}$ 为金融机构 j 的收益率处于 VaR_q^j 的水平时,银行 i 的风险水平。具体为 $Pr(r^i \leq CoVaR_q^{i|j} | r^j = VaR_q^j) = q(0 \leq q \leq 1)$。单个金融机构 j 陷入困境时对整个金融系统的风险影响程度为 $CoVaR_q^{index|j}$,具体为 $Pr(r^{index} \leq CoVaR_q^{index|j} | r^j = VaR_q^j) = q$。那么金融机构 i 对整个金融系统的风险增量为 $\Delta CoVaR_{add}^i = CoVaR_q^{index|i} - VaR_q^{index}$。由于不同的金融机构的在险值不一样,所以可以通过 $CoVaR_{add}^i = \Delta CoVaR_{add}^i / VaR_q^i \times 100\%$ 来衡量金融机构 i 陷入危机的时候对整个金融系统的风险影响程度。

具体可以通过分位数回归对 CoVaR 进行估计。首先对金融指数的股价收益率和某一

金融机构的股价收益率进行分位数回归：$r^{index} = \alpha + \beta r^i$，并利用估计得出的 $\hat{\alpha}$，$\hat{\beta}$ 以及金融机构 i 的在险值 VaR_q^i 来估计 $CoVaR_q^{index|i} = \hat{\alpha} + \hat{\beta} VaR_q^i$，在此基础上就可以得出 $CoVaR_{add}^i$ 来衡量一个金融机构的重要性。

2. MES

MES 是指在整个金融系统受到危机的情况下每一个机构的期望损失。通过度量出的期望损失大小来衡量每个金融机构的系统重要性。

假设金融系统中有 n 家金融机构，用 Expected Shortfall（ES）来度量整个金融系统的系统性风险。MEX_i 表示第 i 家金融机构（$i = 1, 2, \cdots, n$）对整个金融系统的系统性风险的边际贡献。$r_{i,t}$ 表示金融机构 i 在 t 时期的日股价收盘价的对数收益率，ω_i 表示金融机构 i 依据其总资产占整个金融系统总资产的比重，$r_{m,t} = \sum_{i=1}^{n} \omega_i r_{i,t}$ 表示整个金融系统的市场收益率。

依据此可以定义系统的条件期望损失 ES 为：

$$ES_{m,t-1}(C) = E_{t-1}(r_{m,t} | r_{m,t} < C) = \sum_{i=1}^{n} \omega_i E_{t-1}(r_{i,t} | r_{m,t} < C)$$

其中，C 为预先设定的损失临界值。根据上式可知金融机构 i 的边际期望损失为：

$$MES_{i,t}(C) = \frac{\partial ES_{m,t-1}(C)}{\partial \omega_i} = E_{t-1}(r_{i,t} | r_{m,t} < C)$$

为了估计上式的 $MES_{i,t}(C)$，可假定金融机构 i 和整个金融系统的收益率服从下列过程：

$$r_{m,t} = \sigma_{m,t} \varepsilon_{m,t}$$
$$r_{i,t} = \sigma_{i,t} \varepsilon_{i,t}$$
$$\varepsilon_{i,t} = \rho_{i,t} \varepsilon_{m,t} + \sqrt{1 - \rho_{i,t}^2} \zeta_{i,t}$$

其中，$\rho_{i,t}$ 为金融机构 i 与整个金融系统的动态相关系数，$\sigma_{m,t}$ 为整个金融系统的时变波动率，$\sigma_{i,t}$ 为金融机构 i 的时变波动率。定义 $\upsilon_t \equiv (\varepsilon_{m,t}, \zeta_{i,t})$，并且假设其为一个独立同分布，并且未指定具体分布的二变量分布序列，但注意 $\varepsilon_{m,t}$ 与 $\zeta_{i,t}$ 并不独立。

那么根据上式对 $MES_{i,t}(C)$ 中关键性变量的假设可知 $MES_{i,t}(C)$ 可以定义为：

$$MES_{i,t}(C) = \sigma_{i,t} \rho_{i,t} E_{t-1}\left(\varepsilon_{m,t} | \varepsilon_{m,t} < \frac{C}{\sigma_{m,t}}\right) + \sigma_{i,t} \sqrt{1 - \rho_{i,t}^2} E_{t-1}\left(\zeta_{i,t} | \varepsilon_{m,t} < \frac{C}{\sigma_{m,t}}\right)$$

由此可知，为了求得 $MESS_{i,t}(C)$，就得对上式中的各变量进行估计。首先可以用 DCC - GARCH（1，1）模型来估计时变的 $\sigma_{i,t}$，$\sigma_{m,t}$ 和 $\rho_{i,t}$，并据此求出相应的 $\zeta_{i,t}$，具体估计 DCC - GARCH 模型的方法可参见 Brownlees 和 Engel（2011）。最后利用非参数的方法来估计尾部期望 $E_{t-1}\left(\varepsilon_{m,t} | \varepsilon_{\varepsilon n,t} < \frac{C}{\sigma_{m,t}}\right)$ 和 $E_{t-1}\left(\zeta_{i,t} | \varepsilon_{m,t} < \frac{C}{\sigma_{m,t}}\right)$，具体估计的形式为：

$$\hat{E}_{t-1}(\varepsilon_{m,t} | \varepsilon_{m,t} < k) = \frac{\sum_{n=1}^{t-1} \varepsilon_{m,n} K_h(\varepsilon_{m,n} - k)}{(t-1) \hat{p}_h}$$

$$\hat{E}_{t-1}(\zeta_{i,t} \mid \varepsilon_{m,t} < k) = \frac{\sum_{n=1}^{t-1} \zeta_{i,n} K_h(\varepsilon_{m,n} - k)}{(t-1)\hat{p}_h}$$

其中,$\hat{p}_h = \dfrac{\sum_{n=1}^{t-1} K_h(\varepsilon_{m,n} - k)}{t-1}$,$K_h(t) = \int_{-\infty}^{t/h} k(u)du$ 是高斯核函数,h 是正的窗宽。参见 Scaillet(2005),可设定 $h = T^{-1/5}$,T 为收益率的样本长度。

3. 极值法

极值法主要利用金融机构在金融市场交易的尾端数据来对金融机构所能引起的金融系统风险来进行度量。由于采用的是尾部数据,故一般采用非参数的方法来对模型进行估计。

假设金融系统中有 n 家金融机构,$r_{i,t}$ 表示金融机构 i 的股价收益率序列,当 $r_{i,t}$ 下降到一定的程度即表示金融机构 i 陷入了危机,取在险值 VaR 作为阀值。Zhou(2010)利用系统影响指数 SII 来度量某一金融机构的系统重要性,定义为:

$$SII_i(p) = E\left[\sum_{j=1}^{n} I_{r_{j,t} < VaR_j(p)} \mid r_{i,t} < VaR_i(p)\right]$$

其中,$I_{r_{j,t} < VaR_j(p)}$ 为示性函数,$VaR_j(p)$ 表示在 p 分位数下金融机构 j 的在险值,$SIIm_i(p)$ 表示当金融机构 i 陷入危机时,整个金融系统陷入危机的金融机构数目。由于不同金融机构的资产规模不一样,其在陷入危机时涉及的资产规模也不一样,参见 Peeters(2011)的思想,严兵、张禹和王振磊(2013)提出利用资产规模对每家金融机构加权的附带破坏指数(Collateral Damage Index,CDI)来衡量金融机构的系统重要性,具体见下式:

$$CDI_i(p) = E\left[\sum_{j=1}^{n} \omega_j I_{r_{j,t} < VaR_j(p)} \mid r_{i,t} < VaR_i(p)\right]$$

其中,ω_j 为金融机构 j 的总资产占整个金融系统的总资产的比。估计上式可以采用 Huang(1992)所提出的尾部相依函数进行估计,具体做法可以参见严兵、张禹和王振磊(2013)。

4. Shapley 值方法

Shapley 值是研究多人博弈的重要理论,可以估算出每一个参与者对整个体系的重要性程度。依照此 Shaply 值的方法可以衡量在整个金融系统中的某一家金融机构对整个金融系统风险的贡献程度。

假定某一金融系统中有 n 家金融机构,存在某一个特征函数 ϑ,此函数能够度量这一金融系统所有子集 K 的风险,其中子集 K 可以为 $\{\Phi\}$, $\{1\}$, $\{2\}$, $\cdots$, $\{n\}$, $\{1,2\}$, $\{1,3\}$, $\cdots$, $\{1,n\}$, $\cdots$, $\{1,2,3,\cdots,n\}$,并且 $\vartheta(\Phi) = 0$。那么根据 Shapley 值的方法,这 n 家金融机构中的第 i 家对整个系统的风险贡献程度为:

$$ShapleyV_i = \frac{1}{n} \sum_k \frac{1}{C(k)} \sum_{\substack{K \supset i \\ |K| = k}} [\vartheta(K) - \vartheta(K - i)]$$

其中，$C(k) = \dfrac{(n-1)!}{(n-k)!(k-1)!}$。对于特征函数 ϑ 的选取有多种方式，研究中用在险值，条件在险值等方法。

(二) 我国金融系统重要性的度量

1. 指标法

本文根据国泰安数据库中对中国上市企业的分类，选取了截至目前所有上市的41家金融类企业的资产负债数据。选取2012年各金融类上市企业的2012年年度财务数据。通过对巴曙松、高江健（2012）所提到的指标进行加权平均，可得各指标评分及整个指标体系的总评分及其对应系统重要性排名，具体如表3-21所示。

从表3-21结果可知，四大国有控股商业银行的系统重要性远远高于其他银行。其中，最高的是中国工商银行，系统重要性得分为0.1738，其次是中国农业银行，系统重要性得分为0.1373。再次为建设银行和中国银行分别为0.1257及0.1164。交通银行紧随其后，但其系统重要性评分就已经远远低于四大国有银行。保险和证券公司整体排名相对较低。具体来看，由于总资产是此指标法的一个重要评判标准，故总资产较大的国有大商业银行排名靠前，而其他中小地方银行则相对靠后。银行相对于保险公司和证券公司的资产规模整体要高，故在排名上银行整体高于保险公司。其他指标也呈现了与总资产一样的特点，故不再复述。

通过使用指标法对我国金融机构的系统重要性进行评估可知，国有大型商业银行是监管机构需要重点关注的；其次指标法考虑的数据是可以直接从各上市金融机构公布的财务报表中获取的，故根据财务报表更新的频率可以进行时序的指标法评估并可以在此基础上对各个金融机构的系统重要性进行聚类分析；但同时由于此方法只考虑财务报表上的数据，而未能考虑各大金融机构在金融市场上的交易数据，故此方法并不全面，应当结合其他市场化模型和方法来对金融机构的系统重要性进行进一步的分析。

2. CoVaR 方法

本文数据来源于国泰安数据库，本文根据国泰安对中国上市企业的分类，选取了所有上市的41家金融类企业的股票交易数据。选取的时间段为2010年1月1日到2013年7月26日，由于部分金融企业的上市时间在2010年之后，并且部分金融企业在这个研究时间段内有部分交易日数据缺失，故通过筛选剩下28家金融企业在本文研究范围内。

通过上文对CoVaR方法的介绍，可以对这28家金融企业组成的金融系统内的CoVaR值进行估计，其中 $CoVaR\_add$ 代表了一个金融机构的系统重要性，其值越大说明该金融机构的系统重要性越高，具体结果如表3-22所示。

表 3-21　基于指标法的金融机构各维度得分及系统重要性排名

股票代码	金融机构	总资产	资产	负债	可替代性	交易性资产	可供出售资产	国民信心	总评分	排名
000001	平安银行	0.0173	0.0216	0.0363	0.0152	0.0044	0.0156	0.0157	0.0174	14
000562	宏源证券	0.0003	0.0001	0.0351	0.0002	0.0089	0.0009	0.0000	0.0046	25
000563	陕国投A	0.0000	0.0000	0.0351	0.0000	0.0000	0.0000	0.0000	0.0035	32
000686	东北证券	0.0002	0.0000	0.0351	0.0001	0.0034	0.0005	0.0000	0.0040	27
000728	国元证券	0.0002	0.0001	0.0351	0.0002	0.0004	0.0009	0.0000	0.0037	30
000750	国海证券	0.0001	0.0000	0.0351	0.0001	0.0024	0.0001	0.0000	0.0038	28
000776	广发证券	0.0010	0.0002	0.0350	0.0007	0.0226	0.0021	0.0000	0.0063	22
000783	长江证券	0.0003	0.0001	0.0350	0.0002	0.0086	0.0007	0.0032	0.0046	26
002142	宁波银行	0.0040	0.0046	0.0350	0.0031	0.0018	0.0099	0.0000	0.0072	19
002500	山西证券	0.0001	0.0000	0.0347	0.0001	0.0020	0.0002	0.0000	0.0037	29
002673	西部证券	0.0001	0.0000	0.0347	0.0001	0.0009	0.0000	0.0000	0.0036	31
600000	浦发银行	0.0339	0.0416	0.0347	0.0323	0.0191	0.0262	0.0328	0.0320	9
600015	华夏银行	0.0161	0.0223	0.0328	0.0150	0.0101	0.0103	0.0159	0.0170	15
600016	民生银行	0.0347	0.0560	0.0319	0.0290	0.0273	0.0204	0.0296	0.0322	7
600030	中信证券	0.0018	0.0003	0.0293	0.0007	0.0402	0.0051	0.0000	0.0080	18
600036	招商银行	0.0368	0.0367	0.0293	0.0399	0.0264	0.0495	0.0390	0.0373	6
600109	国金证券	0.0001	0.0001	0.0278	0.0001	0.0025	0.0000	0.0000	0.0031	34
600369	西南证券	0.0002	0.0001	0.0278	0.0001	0.0057	0.0000	0.0000	0.0034	33
600816	安信信托	0.0000	0.0000	0.0278	0.0008	0.0000	0.0000	0.0000	0.0028	38
600837	海通证券	0.0014	0.0002	0.0278	0.0006	0.0333	0.0014	0.0000	0.0067	21
600999	招商证券	0.0008	0.0002	0.0277	0.0026	0.0247	0.0008	0.0000	0.0056	24
601009	南京银行	0.0037	0.0047	0.0277	0.0026	0.0060	0.0049	0.0033	0.0063	23
601099	太平洋	0.0000	0.0000	0.0275	0.0000	0.0016	0.0000	0.0000	0.0029	37

续表

股票代码	金融机构	总资产	资产	负债	可替代性	交易性资产	可供出售资产	国民信心	总评分	排名
601166	兴业银行	0.0351	0.0596	0.0275	0.0258	0.0223	0.0334	0.0279	0.0320	8
601169	北京银行	0.0121	0.0141	0.0243	0.0104	0.0073	0.0165	0.0110	0.0129	16
601288	农业银行	0.1429	0.1492	0.0235	0.1319	0.1849	0.1314	0.1671	0.1373	2
601318	中国平安	0.0307	0.0185	0.0209	0.0352	0.0287	0.0515	0.0151	0.0282	11
601328	交通银行	0.0569	0.0510	0.0193	0.0617	0.0473	0.0354	0.0574	0.0505	5
601336	新华保险	0.0053	0.0067	0.0167	0.0082	0.0047	0.0147	0.0000	0.0070	20
601377	兴业证券	0.0002	0.0001	0.0166	0.0002	0.0081	0.0002	0.0000	0.0026	39
601398	工商银行	0.1893	0.1661	0.0165	0.1839	0.2295	0.1601	0.2099	0.1738	1
601555	东吴证券	0.0002	0.0001	0.0118	0.0001	0.0025	0.0004	0.0000	0.0015	40
601601	中国太保	0.0074	0.0070	0.0118	0.0108	0.0018	0.0236	0.0000	0.0080	17
601628	中国人寿	0.0205	0.0245	0.0116	0.0324	0.0352	0.0881	0.0000	0.0265	12
601688	华泰证券	0.0009	0.0003	0.0114	0.0006	0.0138	0.0014	0.0000	0.0030	35
601788	光大证券	0.0006	0.0002	0.0114	0.0005	0.0141	0.0013	0.0000	0.0029	36
601818	光大银行	0.0246	0.0267	0.0114	0.0214	0.0305	0.0160	0.0219	0.0220	13
601901	方正证券	0.0003	0.0001	0.0097	0.0002	0.0016	0.0007	0.0000	0.0013	41
601939	建设银行	0.1508	0.1331	0.0097	0.1566	0.0285	0.1219	0.1745	0.1257	3
601988	中国银行	0.1368	0.1204	0.0066	0.1438	0.0741	0.1194	0.1411	0.1164	4
601998	中信银行	0.0319	0.0338	0.0011	0.0349	0.0127	0.0342	0.0347	0.0285	10

表 3-22　　基于 CoVaR 方法的金融机构系统重要性排名

股票代码	金融机构	VaR	CoVaR	dCoVaR	CoVaR_add	排名
000001	平安银行	-0.0387	-0.0397	-0.0109	0.2808	21
000562	宏源证券	-0.0555	-0.0453	-0.0165	0.2966	19
000563	陕国投A	-0.0604	-0.0461	-0.0172	0.2854	20
000686	东北证券	-0.0537	-0.0393	-0.0105	0.1947	26
000728	国元证券	-0.0480	-0.0462	-0.0174	0.3624	10
000783	长江证券	-0.0527	-0.0445	-0.0157	0.2979	18
002142	宁波银行	-0.0410	-0.0365	-0.0076	0.1860	28
600000	浦发银行	-0.0379	-0.0421	-0.0133	0.3504	12
600015	华夏银行	-0.0410	-0.0439	-0.0150	0.3664	9
600016	民生银行	-0.0371	-0.0448	-0.0159	0.4296	5
600030	中信证券	-0.0483	-0.0441	-0.0153	0.3156	16
600036	招商银行	-0.0342	-0.0400	-0.0112	0.3276	14
600109	国金证券	-0.0540	-0.0390	-0.0102	0.1886	27
600837	海通证券	-0.0464	-0.0407	-0.0119	0.2558	24
600999	招商证券	-0.0461	-0.0440	-0.0152	0.3299	13
601009	南京银行	-0.0412	-0.0445	-0.0156	0.3788	7
601099	太平洋	-0.0467	-0.0409	-0.0121	0.2580	23
601166	兴业银行	-0.0410	-0.0403	-0.0114	0.2789	22
601169	北京银行	-0.0391	-0.0411	-0.0122	0.3123	17
601318	中国平安	-0.0423	-0.0456	-0.0167	0.3956	6
601328	交通银行	-0.0305	-0.0444	-0.0156	0.5100	4
601398	工商银行	-0.0225	-0.0453	-0.0165	0.7321	1
601601	中国太保	-0.0425	-0.0441	-0.0153	0.3589	11
601628	中国人寿	-0.0379	-0.0431	-0.0143	0.3773	8
601788	光大证券	-0.0537	-0.0411	-0.0123	0.2291	25
601939	建设银行	-0.0262	-0.0463	-0.0175	0.6673	3
601988	中国银行	-0.0225	-0.0448	-0.0160	0.7113	2
601998	中信银行	-0.0382	-0.0410	-0.0121	0.3180	15

由表 3-22 可知，在基于 CoVaR 方法的排名中可知国内金融系统中最重要的金融机构为中国工商银行，其次为中国银行、中国建设银行和交通银行，这说明我国金融系统重要性机构为各大国有商业银行。整体而言中国的大型银行的系统重要性排名靠前，之后是保险公司（中国人寿和中国太平洋保险分别排在第 8 位和第 11 位），中国的证券公司的系统

重要性整体排名靠后。具体来看，单个金融机构在险值 VaR 绝对值较大的，即其自身风险较高的，并不意味着其会是系统重要性机构。如陕国投 A、宏源、光大等证券公司，其自身 VaR 的绝对值远远高于其他金融机构，但其系统重要性排名基本在 20 名之后。而工商银行、中国银行、建设银行和交通银行其自身 VaR 的绝对值相对较小，但其系统重要性却排在前列。这意味着在考虑金融系统性风险的时候，以及评估金融机构的系统重要性的时候，一定不能只考虑金融机构自身的风险，更应该着眼于此金融机构与其他金融机构之间的关联性、风险的传染机制，应该从整体把握金融机构的系统重要性。

3. MES

本文数据来源于国泰安数据库，本文根据国泰安对中国上市企业的分类，选取了截至目前所有上市的 41 家金融类企业的股票交易数据。选取的时间段为 2010 年 1 月 1 日到 2013 年 7 月 26 日，由于部分金融企业的上市时间在 2010 年之后，并且部分金融企业在这个研究时间段内有部分交易日数据缺失，故通过筛选剩下 28 家金融企业在本文研究范围内。

通过上文对 MES 方法的介绍，可以对这 28 家金融企业组成的金融系统内的 MES 值进行估计，并将各金融机构的 MES 的均值给出具体结果（见表 3-23）。注意本文在计算 MES 时所计算风险损失时是用负值表示，故 MES 指标越小表示其系统重要性越高。表 3-23 结果表明，在基于 MES 方法的估计中我国系统重要性最高的为中国银行，其次为中国工商银行、中国建设银行和中国交通银行，排名相对靠后的即为保险公司和证券公司及其他规模相对较小的银行。

表 3-23　　　　　　基于 MES 方法的金融机构系统重要性排名

股票代码	金融机构	MES 均值	排名	股票代码	金融机构	MES 均值	排名
000001	平安银行	0.0092	20	600999	招商证券	0.0077	9
000562	宏源证券	0.0098	24	601009	南京银行	0.0074	5
000563	陕国投 A	0.0089	17	601099	太平洋	0.0089	16
000686	东北证券	0.0090	18	601166	兴业银行	0.0107	28
000728	国元证券	0.0085	15	601169	北京银行	0.0082	11
000783	长江证券	0.0093	21	601318	中国平安	0.0090	19
002142	宁波银行	0.0095	22	601328	交通银行	0.0069	4
600000	浦发银行	0.0098	25	601398	工商银行	0.0049	2
600015	华夏银行	0.0097	23	601601	中国太保	0.0103	27
600016	民生银行	0.0075	6	601628	中国人寿	0.0079	10
600030	中信证券	0.0084	14	601788	光大证券	0.0101	26
600036	招商银行	0.0076	7	601939	建设银行	0.0051	3
600109	国金证券	0.0084	13	601988	中国银行	0.0042	1
600837	海通证券	0.0083	12	601998	中信银行	0.0077	8

图 3-8 给出了本文研究的 28 家金融机构的 MES 值在各交易日的均值,由此可知,整体上来看我国金融系统重要性机构的风险并不是一成不变的。其在 2010 年 6 月左右风险较大,而从 2011 年 5 月之后整体风险一直处于一个较大的状态,而从 2013 年开始有了好转的态势。由于篇幅关系,本文没有给出每家金融机构的 MES 时序图,根据这些时序图可以分析不同金融机构其系统重要性排名在不同时间段的变化,更进一步的可以根据刻画每家金融机构系统重要性的 MES 时间序列数据来构建计量模型并分析决定其系统重要性的宏观经济变量。

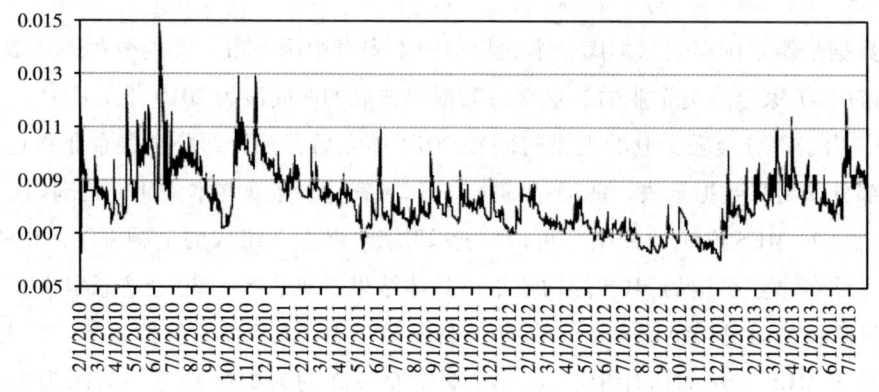

图 3-8 我国金融机构 MES 均值时间序列图

4. 极值法

本文数据来源于国泰安数据库,本文根据国泰安对中国上市企业的分类,选取了截至目前所有上市的 41 家金融类企业的股票交易数据。选取的时间段为 2010 年 1 月 1 日到 2013 年 7 月 26 日,由于部分金融企业的上市时间在 2010 年之后,并且部分金融企业在这个研究时间段内有部分交易日数据缺失,故通过筛选剩下 28 家金融企业在本文研究范围内。

通过上文对极值理论方法的介绍,可以对这 28 家金融企业组成的金融系统内的附带破坏指数 CDI 值进行估计,其具体结果如表 3-24 所示。由于 CDI 值表示的是某金融机构陷入危机时整个金融系统受影响的资产值,故金融机构的 CDI 值越高表示其系统重要性越高。

表 3-24　　　　基于极值方法的金融机构系统重要性排名

股票代码	金融机构	CDI	排名	股票代码	金融机构	CDI	排名
000001	平安银行	0.4701	9	600999	招商证券	0.3562	22
000562	宏源证券	0.3734	19	601009	南京银行	0.4443	12
000563	陕国投 A	0.2036	28	601099	太平洋	0.3300	25
000686	东北证券	0.3360	24	601166	兴业银行	0.4768	7

续表

股票代码	金融机构	CDI	排名	股票代码	金融机构	CDI	排名
000728	国元证券	0.3999	16	601169	北京银行	0.4508	11
000783	长江证券	0.3742	18	601318	中国平安	0.3153	26
002142	宁波银行	0.4670	10	601328	交通银行	0.5062	4
600000	浦发银行	0.4961	5	601398	工商银行	0.5154	2
600015	华夏银行	0.3594	21	601601	中国太保	0.3970	17
600016	民生银行	0.4110	15	601628	中国人寿	0.3705	20
600030	中信证券	0.3383	23	601788	光大证券	0.4127	14
600036	招商银行	0.4721	8	601939	建设银行	0.5310	1
600109	国金证券	0.3048	27	601988	中国银行	0.5132	3
600837	海通证券	0.4404	13	601998	中信银行	0.4939	6

根据表 3-24 结果可知，在基于极值理论方法的估计中我国系统重要性最高的为建设银行，其次为中国工商银行、中国银行和中国交通银行，排名相对靠后的即为保险公司和证券公司及其他资产规模相对较小的银行。其中建设银行的 CDI 值为 0.5310，根据 CDI 的定义可知这意味着如果建设银行的资产陷入危机的话，我国所有金融机构将会有 53.10% 的资产会随之陷入危机，排名靠前的四家金融机构的危机均会引起我国所有金融机构近 50% 的资产陷入危机。进一步分析，由于 CDI 这一方法的设定与各金融机构的资产规模有关，故 CDI 这一方法与各金融机构的资产规模有着高度的正相关性。同样，CDI 方法可以将样本数据切分成较短的时间段，以计算不同时间段的 CDI 值来详细地分析不同时间段上各个金融机构系统重要性的变化情况。

5. Shapley 值法

本文根据国泰安数据库中对中国上市企业的分类，选取了截至目前所有上市的 41 家金融类企业的股票交易数据。选取的时间段为 2010 年 1 月 1 日到 2013 年 7 月 26 日，由于部分金融企业的上市时间在 2010 年之后，并且部分金融企业在这个研究时间段内有部分交易日数据缺失，而且在计算每家金融企业的 Shapley 值时需要计算 $2n$ 次的求和，为了减少计算量，本文选取了资产量最大的 10 家公司进行计算（见表 3-25）。剩下的 10 家金融企业有浦发银行、民生银行、招商银行、兴业银行、中国平安、交通银行、工商银行、建设银行、中国银行和中信银行。

通过上文对 Shapley 值方法的介绍，需要对特征函数 ϑ 进行选择，本文选取条件在险值作为特征函数。由于条件在险值使用的是负值来表示，故金融机构的 Shapley 值越小其系统重要性越高。

表 3-25　　基于 Shapley 值方法的金融机构系统重要性排名

股票代码	金融机构	Shapley 值	系统重要性排名
600000	浦发银行	0.4885	7
600016	民生银行	2.5945	10
600036	招商银行	0.3991	6
601166	兴业银行	1.1473	9
601318	中国平安	0.5213	8
601328	交通银行	-1.1338	2
601398	工商银行	-0.0031	5
601939	建设银行	-0.0493	4
601988	中国银行	-1.1677	1
601998	中信银行	-0.2719	3

根据表 3-25 结果可知，在基于 Shapley 值方法的估计中我国系统重要性最高的为中国银行，其次为中国交通银行、中信银行、中国建设银行和中国工商银行，而且除了中国银行与交通银行之间的 Shapley 值相近之外，其他金融机构的 Shapley 值与其相差均较大。具体来说，由于 Shapley 值方法需要对特征函数 ϑ 进行选择，故不同的特征函数必然决定性地影响着各个金融机构的系统重要性估计。由于 Shapley 值本身计算具有一定的复杂性，本文选取了较为简单计算的条件在险值为其特征函数，如需深入利用 Shapley 值的方法来研究金融机构系统重要性，应多选几种特征函数进行对比分析。

在此部分运用了指标法和市场法两大类方法对我国金融机构的系统重要性进行了度量分析，具体来说运用了基于财务数据的指标法、CoVaR、MES、极值理论和 Shapley 值方法五种方法。其中指标法主要运用的是各金融机构的财务数据来进行指标评分，而市场法则基本是在财务数据的基础上运用股票市场交易数据来构建相对复杂的量化模型来对各金融机构的系统重要性进行估计。由于我国金融市场还缺少如 CDS 等金融产品交易数据，故还有许多市场化的系统重要性评估方法不能使用。相比而言，指标法的构建使用非常方便，而其他市场化方法则需要用到各类相对复杂的理论如极值理论、Shapley 值理论、在险值理论、波动率模型等，计算难度较为复杂。但指标法却由于财务数据的低频及延迟性，没有市场法使用的相对及时以及高频性。在使用各类方法进行实证分析后，基本都得出了我国国有大商业银行系统重要性靠前，而保险和证券公司系统重要性排名靠后的结论，并且金融机构的资产规模往往与其系统重要性有着正向的相关关系。这说明了虽然各类方法不同，但基本都能对我国金融机构的系统重要性作出一个相对科学的判断，我们应当根据不同方法的使用特点，综合多个方法从不同角度来评判一个金融机构的系统重要性，避免对金融机构的系统重要性出现过度识别以及识别不足等问题。

第四节　未来研究展望

一、高维宏观经济变量的预测

根据目前国内外的研究现状，已有文献在利用宏观经济变量预警指标进行预测时大都选用少数的几个指标。然而，受全球经济一体化和信息技术现代化的影响，全球经济和全球金融市场比以前更加相互依赖也更加复杂。因此，进行宏观经济预测时，需要考虑大量的经济变量在时间维度的演变以期更加准确地刻画整个宏观经济的运行规律，然而宏观经济数据频率较低，这意味着我们面临的数据维数要远远高于观测个数。在这种条件下如何进行宏观经济变量的预测是未来研究重点之一。

二、构建金融压力指数时动态权重的确定

在金融压力指数的计算中，较为常用的方法包括熵权法、标准离差法、CRITIC 法等，然而文献中权重大都不随时间变化，这与实际情况不相符。因此，本课题将重点研究如何根据各个指标的时间序列来确定时变的权重，以期更准确地构建金融压力指数。

三、风险溢出效应的度量

随着经济全球化和金融自由化的加快，金融市场间的关联性逐渐增强。这种关联性多表现为各市场间显著的溢出效应，它不仅存在于同一国家的不同金融市场间，也存在于不同国家的不同金融市场间。本课题拟在高维情形下研究金融系统内部的溢出效应，具体来说，①同时考虑大量资产收益波动率的联合建模，尤其是当维数相对于时间观测较大的情形，考虑到大多数金融资产收益率存在序列相关性和条件异方差性，因此对多个金融资产收益进行建模时，联合估计多元条件均值模型和多元波动率模型，即需要同时估计高维 VAR 模型和高维多元 GARCH 模型；②寻找不同市场之间的溢出渠道以及宏观影响因素，研究政策或外界冲击对溢出效应的影响。

四、系统性金融风险传染机制

传染性是系统性金融风险的一个重要特征，目前文献中有关微观传染机制的研究方法有两种：一种是矩阵模型，另一种是复杂网络模型，然而矩阵模型对微观数据有较高的要

求,且对于非银行业以外的金融机构较难定义和估计。复杂网络模型则是应用复杂网络理论研究银行系统性风险,这类方法将银行系统抽象为一个复杂网络,把系统内部机构看作节点,不同机构之间的联系视为连接,其估计需要做一定的理论假定且基于模拟结果,现实中很难验证是否成立。本课题将重点研究如何将实际数据与模拟相结合,建立更为合理的系统性风险传染路径模型,同时估计传染的强度或概率。

五、系统重要性机构的确定

在对金融系统进行宏观审慎监管时,若某一金融机构在陷入危机时会引起其他金融机构或整个金融体系陷入危机,那么可称其为系统重要性金融机构。由于指标法需要较多的财务数据,且有较强的滞后效应,所以本课题将利用市场法确定系统重要性机构,重在克服已有文献的三个不足之处:①在研究尾部和极值时只能用到时间序列上尾部的极少数据,会导致模型估计的可靠性会受尾部样本数据的极大影响;②在考虑某一个金融机构的系统重要性时,往往会将整个金融系统内的个体进行加权平均构建一个指数,以研究某单个金融机构与这一指数之间的极值相关关系,这种处理会损失个体的有效信息;③大部分都关注于某一个金融机构的系统重要性,没有考虑到某多个金融机构发生危机时另外多个金融机构发生危机这一系统重要性外溢的问题。

参考文献

[1] Acharya, V. V. and Yorulmazer, T. (2007). "Too many to fail—An analysis of time-inconsistency in bank closure policies." Journal of financial intermediation 16 (1): 1-31.

[2] Allen, F. and Gale, D. (2004). "Financial intermediaries and markets." Econometrica 72 (4): 1023-1061.

[3] Allen, F. and Carletti, E. (2006). "Credit risk transfer and contagion." Journal of Monetary Economics 53 (1): 89-111.

[4] Allen, F. and Carletti, E. (2008). "Mark-to-market accounting and liquidity pricing." Journal of accounting and economics 45 (2-3): 358-378.

[5] Allen, F. and Douglas, G. (2000). "Financial contagion." Journal of political economy 108 (1): 1-33.

[6] Allen, F. and Douglas, G. (1998). "Optimal financial crises." J. Finance 53: 1245-1284.

[7] Altunbas, Y., Binici, M. and Gambacorta, L. (2018). "Macroprudential policy and bank risk." Journal of International Money and Finance 81: 203-220.

[8] Anginer, D., Demirgüç-Kunt, A. and Mare, D. S. (2018). "Bank capital, institutional environment and systemic stability." Journal of Financial Stability 37: 97-106.

[9] Barabúsi, A. L. and Réka A. (1999). "Emergence of scaling in random networks." Science 286 (5439): 509–512.

[10] Battiston, S., Gatti, D. D., Gallegati, M., Greenwald, B. and Stiglitz, J. E. (2012). "Liaisons dangereuses: increasing connectivity, risk sharing, and systemic risk." Journal of Economic Dynamics and Control 36 (8): 1121–1141.

[11] Bekaert, G., Ehrmann, M., Fratzscher, M. and Mehl, A. (2014). "The global crisis and equity market contagion." The Journal of Finance 69 (6): 2597–2649.

[12] Berger, A. N. and Bouwman, C. H. (2009). "Bank liquidity creation." The Review of Financial Studies 22 (9): 3779–3837.

[13] Bernanke, B. S. (1983). "Nonmonetary effects of the financial crisis in propagation of the great depression." A. E. R. 73: 257–276.

[14] Bernanke, B. S. and Gertler, M. (1989). "Agency costs, net worth, and business fluctuations." A. E. R. 79: 14–31.

[15] Bluhm, M. F. E. and Krahnen, J. P. (2013). "Endogenous banks' networks, cascades and systemic risk." SSRN Electronic Journal.

[16] Borio, C. E. and Drehmann, M. (2009). "Towards an operational framework for financial stability: 'fuzzy' measurement and its consequences." available at http://si2.bcentral.cl/public/pdf/documentos-trabajo/pdf/dtbc544.pdf.

[17] Calomiris, C. W. (1995). "Financial fragility: issues and policy implications." J. Financial Services Res. 9: 241–257.

[18] Calomiris, C. W. and Kahn, C. M. (1991). "The role of demandable debt in structuring optimal banking arrangements." A. E. R. 81: 497–513.

[19] Calvo, G. (1995). "Varieties of capital market crises." Manuscript. College Park: Univ. Maryland, Center Internat. Econ.

[20] Cesabianchi, A., Imbs, J. M. and Saleheen, J. (2016). "Finance and synchronization." Cepr Discussion Papers.

[21] Chang, R. and Velasco, A. (1998). "Financial fragility and the exchange rate regime." Manuscript. New York: New York Univ., Dept. Econ.

[22] Cifuentes, R., Ferrucci, G. and Shin, H. S. (2005). "Liquidity risk and contagion." Journal of the European Economic Association 3 (2–3): 556–566.

[23] Cole, H. and Kehoe, T. (1996). "Self-Fulfilling debt crises." Manuscript. Minneapolis: Fed. Reserve Bank, Res. Dept.

[24] Cooper, R. and Corbae, D. (1997). "Financial fragility and the great depression." Manuscript. Cambridge, Mass: NBER.

[25] Corbae, D. and D'Erasmo, P. (2019). "Capital requirements in a quantitative model of banking industry dynamics (No. w25424)." National Bureau of Economic Research.

[26] Craig, B. and Von Peter, G. (2014). "Interbank tiering and money center banks." Journal of Fi-

nancial Intermediation 23 (3): 322 – 347.

[27] De Domenico, M., et al. (2013). "Mathematical formulation of multilayer networks." Physical Review X 3 (4): 041022.

[28] Diamond, D. W. and Dybvig, P. H. (1983). "Bank runs, deposit insurance, and liquidity." J. P. E. 91: 401 – 419.

[29] Dijkman, M. (2010). "A framework for assessing systemic risk". The World Bank.

[30] Donaldson, J. R. and Micheler, E. (2018). "Resaleable debt and systemic risk." Journal of Financial Economics 127 (3): 485 – 504.

[31] Freixas, X., Bruno, M. P. and Jean – Charles R. (2000). "Systemic risk, interbank relations, and liquidity provision by the central bank." Journal of money, credit and banking: 611 – 638.

[32] Friedman, M. and Schwartz, A. J. (1963). "A monetary history of the United States, 1867 – 1960". Princeton, N. J.: Princeton Univ. Press (for NBER).

[33] Gofman, M. (2017). "Efficiency and stability of a financial architecture with too – interconnected – to – fail institutions." Journal of Financial Economics 124 (1): 113 – 146.

[34] Gorton, G. (1988). "Banking panics and business cycles." Oxford Econ. Papers 40: 751 – 781.

[35] Heller, Y., Peleg L. S. and Raviv, A. (2019). "Banks risk taking and creditors bargaining power." Available at SSRN 3312603.

[36] Hicks, J. R. (1989). A market theory of money. Oxford: Clarendon.

[37] Hué, S., Lucotte, Y. and Tokpavi, S. (2019). "Measuring network systemic risk contributions: A leave – one – out approach." Journal of Economic Dynamics and Control 100: 86 – 114.

[38] Hüser, A. C. (2015). "Too interconnected to fail: A survey of the interbank networks literature." Available at https: //d – nb. info/1069159921/34.

[39] Joya, O. and Rougier, E. (2019). "Do (all) sectoral shocks lead to aggregate volatility? Empirics from a production network perspective." European Economic Review 113: 77 – 107.

[40] Kaufman, G. G. and Kenneth E. S. (2009). "What is systemic risk, and do bank regulators retard or contribute to it?" The Independent Review 7 (3): 371 – 391.

[41] Kindleberger, C. P., Manias, P. and Crashes. (1978). "A history of financial crises." New York: Basic Books.

[42] Kiyotaki, N. and Moore, J. (1998). "Credit chains." Manuscript. London: London School Econ., Dept. Econ.

[43] Kodres, L. E. and Pritsker, M. (2002). "A rational expectations model of financial contagion." The journal of finance 57 (2): 769 – 799.

[44] Kusnetsov, M. and Maria V. L. A. (2019). "Interbank clearing in financial networks with multiple maturities." SIAM Journal on Financial Mathematics 10 (1): 37 – 67.

[45] Lagunoff, R. and Schreft, S. (1998). "A model of financial fragility." Manuscript. Washington: Georgetown Univ., Dept. Econ.

[46] Mistrulli, P. E. (2011). "Assessing financial contagion in the interbank market: Maximum entropy

versus observed interbank lending patterns." Journal of Banking & Finance 35 (5): 1114-1127.

[47] Mitchell, W. C. (1941). "Business cycles and their causes." Berkeley: Univ. California Press.

[48] Renyi, E. (1959). "On random graph." Publicationes Mathematicate 6: 290-297.

[49] Rochet, J. C. and Tirole, J. (1996). "Interbank lending and systemic risk." J. Money, Credit and Banking 28 (4): 733-762.

[50] Sergueiva, A., et al. (2017). "Multichannel contagion and systemic stabilisation strategies in interconnected financial markets." Quantitative Finance 17 (12): 1885-1904.

[51] Shleifer, A. and Vishny, R. W. (1992). "Liquidation values and debt capacity: a market equilibrium approach." J. Finance 47: 1343-1366.

[52] Teteryatnikova, M. (2009). "Resilience of the interbank network to shocks and optimal bailout strategy: advantages of tiered banking systems." European University Institute, Working Paper, Italy.

[53] Christian, U. (2011). "Simulation methods to assess the danger of contagion in interbank markets." Journal of Financial Stability 7 (3): 111-125.

[54] Viral, V. A. (2009). "A theory of systemic risk and design of prudential bank regulation/V." Journal of Financial Stability 5 (3): 224-255.

[55] Watts, D. J. (1998). "Strogatz S H. collective dynamics of 'small-world' networks." Nature.

[56] Zhang, M., He, J. and Li, S. (2018). "Interbank lending, network structure and default risk contagion." Physica A: Statistical Mechanics and its Applications 493: 203-209.

[57] 邓晶, 曹诗男, 潘焕学. 基于银行间市场网络的系统性风险传染研究. 复杂系统与复杂性科学, 2013 (4).

[58] 邓向荣, 曹红. 系统性风险、网络传染与金融机构系统重要性评估. 中央财经大学学报, 2016 (3).

[59] 方意, 郑子文. 系统性风险在银行间的传染路径研究——基于持有共同资产网络模型. 国际金融研究, 2016 (6).

[60] 方意. 系统性风险的传染渠道与度量研究——兼论宏观审慎政策实施. 管理世界, 2016 (8).

[61] 方意. 中国银行业系统性风险研究——宏观审慎视角下的三个压力测试. 经济理论与经济管理, 2017 (2).

[62] 高波, 任若恩. 基于 Granger 因果网络模型的金融机构系统重要性评估. 管理评论, 2013 (6).

[63] 黄聪, 贾彦东. 金融网络视角下的宏观审慎管理——基于银行间支付结算数据的实证分析. 金融研究, 2010 (4).

[64] 贾彦东. 金融机构的系统重要性分析——金融网络中的系统风险衡量与成本分担. 金融研究, 2011 (10).

[65] 李守伟, 何建敏. 不同网络结构下银行间传染风险研究. 管理工程学报, 2012 (4).

[66] 李政, 梁琪, 涂晓枫. 我国上市金融机构关联性研究——基于网络分析法. 金融研究, 2016 (8).

[67] 厉浩, 陈庭强, 何建敏. 复杂网络理论的银行间市场网络结构演化模型. 北京理工大学学报

（社会科学版），2012（2）．

［68］欧阳红兵，刘晓东．基于网络分析的金融机构系统重要性研究．管理世界，2014年（8）．

［69］欧阳红兵，刘晓东．中国金融机构的系统重要性及系统性风险传染机制分析——基于复杂网络的视角．中国管理科学，2015（10）．

［70］隋聪，迟国泰，王宗尧．网络结构与银行系统性风险．管理科学学报，2014（4）．

［71］隋聪、王宪峰、王宗尧．银行间网络连接倾向异质性与风险传染．国际金融研究，2017（7）．

［72］唐振鹏，谢智超，冉梦．网络视角下我国上市银行间市场系统性风险实证研究，中国管理科学，2016（1）．

［73］童牧，何奕．复杂金融网络中的系统性风险与流动性救助——基于中国大额支付系统的研究．金融研究，2012（9）．

［74］王辉，李硕．基于内部视角的中国房地产业与银行业系统性风险传染测度研究．国际金融研究，2015（9）．

［75］王晓枫，廖凯亮，徐金池．复杂网络视角下银行同业间市场风险传染效应研究．经济学动态，2015（3）．

［76］肖欣荣，刘健．基于网络理论的金融传染与投资者行为研究进展．经济学动态，2015（5）．

［77］朱波，马永谈．行业特征、货币政策与系统性风险——基于"经济金融"关联网络的分析．国际金融研究，2018（4）．

第四章

自回归条件持续期模型及其应用

本章节主要关注自回归条件持续期模型——ACD（Autoregressive Conditional Duration）模型族的提出背景与发展。1998年Engle（1998）首次在股票交易服从条件强度过程假设下提出了ACD模型用以研究不等时间间隔交易的统计特征，利用交易到达时间和买卖价更新时间对金融市场微观结构展开分析。在此基础上，ACD模型在模型改进以及实际应用中均有了较大的发展，本章节对ACD模型族的发展以及应用展开了梳理。其中，第一节是ACD模型概述；第二节主要介绍了ACD模型的基础性概念，便于读者理解ACD模型的应用情形与假设条件；第三节从模型设置和残差分布等多个角度对ACD模型的发展展开了梳理；第四节梳理了ACD模型在市场微观结构特征以及风险管理等方面的发展与具体应用；第五节则介绍了ACD模型的前沿性问题。

第一节 自回归条件持续期模型概述

提到市场风险估计,我们最先能够想到,并且应用最多的就是关于波动率的估计。事实上,除了波动率之外,持续期也是一个重要的市场微观结构指标,其也可以被应用于定价及风险管理。对于不等间隔的持续期,最重要的模型就是自回归条件持续期模型(Autoregressive Conditional Duration,ACD),以下简称 ACD 模型。

本篇文献导读仿照 GARCH 模型拟合波动率的发展历程,梳理 ACD 模型的相关文献,提供一个该模型研究的历史发展脉络。一方面,总结该模型的主要方法,探究该研究的历史起源以及该模型可以解决的问题;另一方面,展示该模型发展的方向,最新的发展,研究成果的主要观点、研究方法的创新,探寻学界对该模型的最前沿理解和应用。此外,在文献基础上,进行总结评价,提炼出未来该模型研究的主要方向和发展趋势。

从历史发展脉络来看,有关 ACD 模型的研究可以分成三个阶段或层次来探究。第一阶段,该研究的萌芽阶段,正如描述波动率的 ARCH 模型一样,ACD 模型一经推出就引起了极大的轰动,它带来了对不等间隔数据建模的新思路。第二阶段,该研究的理论发展阶段。学者们开始从各个方面对模型进行推广,并将之应用于实证分析,此时,学者们还仅限于对模型本身的认识和对市场微观结构进行分析。第三阶段,该研究的应用阶段。持续期及其模型不仅能够对市场微观结构进行解释,还可以将其用于资产定价与风险管理。

第一阶段的文献,本文将介绍市场微观结构的文献,重点引入持续期模型。

第二阶段的文献,本文将重点探讨对 ACD 模型的各种理论推广及实证应用。

第三阶段的文献,本文将重点探讨该模型在其他领域中的应用。

最后,本文对文献发展进行总结,提出需要进一步研究的热点和难点问题。

第二节 自回归条件持续期模型基础

一、对非等间隔数据建模

传统经济模型分析是建立在低频、等时间间隔(Fixed Time Interval)框架下的,这样的分析模式对于研究股票交易数据会带来一定的问题。首先,计量经济学家有倾向于使用低频数据的偏好,一方面为了更清楚地获得消费者消费习惯等信息,传统经济学倾向于把时间间隔固定在每月,甚至每年的低频数据上,而股票交易往往每秒就包含多笔交易信息,可见,采用更短时间的高频数据是更准确合理的;另一方面,采用高频数据会导致一定时间间隔内信息的丢失以及带来异方差的复杂性。其次，采用低频数据，数据当中包含的市场微观结构的信息也会随之丢失。

使用等时间间隔也会给数据分析带来一定的问题。因为对于金融市场交易，往往呈现出在开盘与收盘交易活跃，而在中间时刻低迷的"U"形日内效应，而且在交易过程中可能出现由于突发性信息披露导致交易异常活跃的现象。因此，使用随机过程分析模式更切合股票市场交易的数据特点。

Engle（1998）首次在股票交易服从条件强度过程（Conditional Intensity Process）假设下提出了自回归条件持续期模型——ACD模型（Autoregressive Conditional Duration）用以研究不等时间间隔的交易的统计特征，利用交易到达时间和买卖价更新时间对金融市场微观结构作了进一步的分析。自回归条件持续期模型是计量经济学领域最新理论成果之一，它适合于对具有非固定时间间隔的时间序列进行建模，对金融市场的交易集群性特征的刻画是该模型的优势之处，该模型引入了持续时间，即持续期的概念。ACD模型是一个关于时间的时间序列模型，最基本的应用是可以测量和预测交易到达过程的强度，从而观测市场的效率和质量。而且由于ACD模型是对表征市场变量的发生时间过程进行建模，所以该模型对检验具有时间特征的市场微观结构假设具有相当大的优势。ACD模型一经提出，就引起了人们的广泛关注，并不断被完善。

ACD模型与GARCH模型具有相似的结构特征。GARCH模型主要描述波动的聚类性，ACD模型主要描述交易或价格持续时间的聚类性。当前交易的时间间隔对以后交易的时间间隔有持续的影响。GARCH模型是对回报方差的自回归过程，而ACD模型是对持续期的自回归过程。ACD模型能够对金融产品交易过程中的持续期进行衡量，并且也可以作为进一步研究波动性密度特征的基础，如同GARCH（1，1）模型可以很好地描述大多数金融数据一样，一般ACD（1，1）模型也可以很好地拟合持续期数据。

二、点过程

在理解ACD模型之前，需要明白条件强度过程（Conditional Intensity Process），它是点过程（Point Process）最直接的建模方式。

如何预测一个事件的发生，例如一个报价的可能性一直是统计学上一大难题。这不仅要求到达时间的动态过程，还需要估计其中的参数以及计算事件的概率。一个事件瞬时的发生概率被称为过程的强度（Intensity of Process），一旦过程的强度被确定下来，那么参数的估计以及概率的计算就相对容易得多。因此，在计算事件发生的概率时最重要的是确定事件的动态过程。

超高频数据记录了交易过程中的所有信息，也就是所谓的逐笔数据。如果依次排列下来，每笔交易可以看作一个事件的发生。整体来看，这个交易过程就是一系列离散的事件流,每个事件结构包括了其发生的时间、买卖的价格、成交量、买卖方向等信息。而点过程非常适用于处理这些离散的事件流。具体来说是下列过程:

考虑一个时间序列 $\{t_0, t_1, \cdots, t_n, \cdots\}$ 满足 $t_0 < t_1 < \cdots < t_n \cdots$,由于这些点是分布在时间上的,因此该过程被称为点过程(Point Process),相应的时间被称为点过程的到达时间。$N(t)$ 表示发生在时间 t 之前事件的数量,序列 $\{z_0, z_1, \cdots, \cdots, z_n, \cdots\}$ 是与到达时间序列 $\{t_0, t_1, \cdots, t_n, \cdots\}$ 相关的标记序列。序列 $\{z_0, z_1, \cdots, \cdots, z_n, \cdots\}$ 与 $\{t_0, t_1, \cdots, t_n, \cdots\}$ 联合,即如果一个到达时间与一定的交易特征(如价格或者成交数量)相关的话,该点过程也被称为一个标记点过程(Marked Point Process)。对该点过程最直接的描述形式就是其条件强度函数。定义为:

$$\lambda(t \mid N(t), t_1, \cdots, t_{N(t)}) = \lim_{\Delta t \to 0} \frac{P[N(t+\Delta t) > N(t) \mid N(t), t_1, \cdots, t_{N(t)}]}{\Delta t} \quad (4-1)$$

强度函数也常常被称为危险函数(Hazard Function),该式将下一个瞬时过程强度表达为全部历史信息的函数。其有不同的参数设定形式来表示不同长短的历史信息对当前的影响,例如当 λ 是常数时,是我们所熟悉的泊松过程。而当强度函数只依赖于时间数量而不是时间到达时刻时,该过程也被称作纯粹诞生过程(Pure Birth Process)。

将该过程的极大似然函数表示为持续期 $x_i = t_i - t_{i-1}$ 的函数:

$$L(x_1, \cdots, x_{N(T)}; \theta) = \sum_{i=1}^{N(T)} \log f(x_i \mid x_1, \cdots, x_{i-1}; \theta) \quad (4-2)$$

自回归条件持续期模型正是基于以上点过程而建立的。

三、持续期

我们把两个事件之间的时间间隔称为持续期。如果把发生一笔交易作为一个事件的发生,那么两笔交易之间的间隔就是交易持续期。直观上看,持续期首先代表了交易的频率和强度,持续期越短,说明交易越频繁,反之则相反;其次持续期反映了流动性程度,持续期越短,说明流动性越强。从微观结构理论来看,金融市场上有着拥有不同信息的交易者,他们根据自身持有的信息内容和获得的时间进入市场参与交易,交易的间隔表示没有新信息的到来。因此,持续期被认为在市场的价格发现过程中扮演着重要的角色。持续期包含了交易者对市场的判断,对信息的拥有程度和交易行为的特征。

在金融微观结构的研究中使用的通常有价格持续期和交易持续期。价格持续期指的是市场上交易品种的价格发生变动的时间间隔,交易持续期是指两笔连续发生交易的时间间隔。考虑到有交易费用的存在,其实我们更关注价格持续期。考虑每天交易价格变动,前后两次价格变化超过某一阈值,就定义为一个标记事件,把相邻两次事件的时间间隔定义为价格持续期 dur_i,即前后两次价格变化超过某一阈值,也即 $|P_i - P_j| \geq c$ 所需的时间。价格持续期越小,说明价格变动越频繁,市场波动越剧烈。价格持续期可以反映价格波动

的剧烈程度和频繁程度。

四、自回归条件持续期（ACD）模型

设 x_i 为经剔除日内效应调整后的持续期序列，即 $x_i = t_i - t_{i-1}$，t_i 是满足点过程的时间序列。Engle，Russell（1998）最早提出的 ACD 模型，可以看成是持续期 x_i 的边际模型。令 ψ_i 表示第 i 个持续期的期望，那么 ACD 模型把持续期表示为：

$$x_i = \psi_i \varepsilon_i \tag{4-3}$$

其中，$\psi_i = E(x_i | I_{i-1})$，$I_{i-1}$ 为 t_{i-1} 时刻的信息集，过去的信息全部通过 ψ_i 影响现在的持续期。$\varepsilon_i = x_i / \varphi_i$，满足独立同分布假设，并且 $E(\varepsilon_i) = 1$。

一般，ψ_i 是过去持续期以及条件期望持续期的函数，根据函数形式的不同及残差分布的不同，可以有两类不同方向上的扩展。此外根据 ε_i 是否满足独立同分布并且服从某特定分布，将 ACD 分为强 ACD 模型与弱 ACD 模型。当 ε_i 满足该条件时，历史信息以条件均值 ψ_i 的形式进入持续期，x_i 的波动被 ψ_i 完全捕捉到，该模型为强 ACD 模型。而当该假设过强，并且难以捕捉持续期的变化时，则假设 $\{\varepsilon_i - 1\}$ 是一个鞅差序列，此时 ACD 模型被称为弱 ACD 模型。

第三节　自回归条件持续期模型的发展

一、强 ACD 模型

（一）线性 ACD 模型[①]

Engle 和 Russell（1998）提出的 LINEAR – ACD 模型，也是 ACD 的标准模型，他们假设 ε_i 是条件指数分布形式，这样条件强度可以表示成 $\lambda(t | x_{N(t)}, \cdots, x_1) = \psi_{N(t)+1}^{-1}$，并且条件期望持续期线性依赖于过去 m 阶持续期与 q 阶条件期望持续期，可以得到：

$$\psi_i = \omega + \sum_{j=1}^{m} \alpha_j x_{i-j} + \sum_{j=1}^{q} \beta_j \psi_{i-j}, \ \alpha_j \geq 0, \beta_j \geq 0, \omega > 0 \ \forall i,j \tag{4-4}$$

上述被称为 ACD（m，q）模型，可以发现其与 GARCH 模型有相似的特征，两者都是受金融市场上的信息或金融事件集聚而驱动的，具体来说，ACD 模型可以捕捉高频数据

[①] 参考 Engle R F, Russell J R. (1998). "Autoregressive conditional duration: A new model for irregularly spaced transaction data." Econometrica, 66 (5): 1127–1162.

下持续期的集聚特性，也就是长（短）持续期过后往往跟随长（短）持续期，这与 GARCH 模型有关波动的集聚性是类似的。

关于 ACD (m, q) 模型也可以将其转换为有关持续期 x_i 的 ARMA [max (m, q), q] 模型，只需令 $\eta_i = x_i - \varphi_i$，刻画一种鞅差异，这样式（4-2）就变为：

$$x_i = \omega + \sum_{j=1}^{\max(m,q)} (\alpha_j + \beta_j) x_{i-j} - \sum_{j=1}^{q} \beta_j \eta_{i-j} + \eta_i \tag{4-5}$$

通过 ARMA 模型的分析范式，从该式我们可以得出，为了保证 x_i 协方差平稳，需要满足条件 $\sum_{j=1}^{m} \alpha_j + \sum_{j=1}^{q} \beta_j < 1$。

我们常常使用 ACD (m, q) 的简化形式：

$$\psi_i = \omega + \alpha x_{i-1} + \beta \psi_{i-1} \tag{4-6}$$

其约束条件是 $\omega > 0$，$\alpha \geq 0$，$\beta \geq 0$，$\alpha + \beta < 1$，最后一个条件是为了保证价格持续期的非条件均值的存在性和过程的平稳性。由于该模型往往假设残差项 ε_i 服从标准指数分布，因此该模型也被称为 EACD (1, 1)，这是 ACD (m, q) 家族模型中，最简单的一种形式。值得一提的是，该模型可以忽略基础危险函数记忆期数的影响，使用起来较为方便，因此得到广泛使用。在 EACD (1, 1) 中 x_i 的条件期望是 ψ_i。

EACD 模型无条件期望 $E(x_i) = \mu = \dfrac{\omega}{1 - \alpha - \beta}$，条件方差是 ψ_i^2，无条件方差 $\sigma^2 = \mu^2 \left(\dfrac{1 - \beta^2 - 2\alpha\beta}{1 - \beta^2 - 2\alpha\beta - 2\alpha^2} \right)$，由于当 $\alpha > 0$ 时，$\sigma > \mu$，因此在持续期数据集中常常表现出过度分散的现象。

该模型便于使用的另一个重要原因在于 EACD (1, 1) 模型可以转换成我们所熟悉的 ARMA (m, q) 模型。

令 $\eta_i \equiv x_i - \psi_i$，那么：

$$x_i = \omega + \sum_{j=0}^{\max(m,q)} (\alpha_j + \beta_j) x_{i-j} - \sum_{j=0}^{q} \beta_j \eta_{i-j} + \eta_i \tag{4-7}$$

这样便可以通过传统的 ARMA 分析框架计算 x_i，并且如果相关多项式的所有根都小于 1，那么该持续期过程是一个均值回复的过程，意味着给定时间的持续期对未来持续期的影响呈现指数化递减的现象。

线性 ACD 模型是最基本的 ACD 模型，其条件期望函数是线性的，尽管它得到了比较广泛的应用，但是，必须看到模型也存在两方面的缺陷。首先，线性的条件期望函数对参数有限制，即必须确保模型不会预测到负的持续期，这一条件是比较严格的，因为它要求系数必须为正；其次，在通过对 IBM 股票实证分析中发现，基于最近持续期的条件期望值的调整过程，可能用非线性形式来建模相对更合适。于是，有了相对更具弹性的非线性 ACD 模型。

(二) 对数 ACD 模型[①]

Bauwens 和 Giot (2000) 发展了 Engle (1998) 的模型,提出了对数形式的 ACD 模型,用对数 ACD 模型可以避免线性 ACD 模型实证中的一些参数约束,提供了对市场微观假设验证更合适的框架模型。Bauwens 和 Giot (2000) 提出的 LOG – ACD 模型中,令 $\varphi_i = \ln E(x_i \mid I_{i-1})$,得到 LOG – ACD (1,1) 模型:

$$\psi_i = \omega + \alpha g(x_{i-1}, \varepsilon_{i-1}) + \beta \psi_{i-1} \qquad (4-8)$$

其中,$g(x_{i-1}, \varepsilon_{i-1})$ 有两种表达形式,第一种形式是令 $g(x_{i-1}, \varepsilon_{i-1}) = \ln x_{i-1}$,那么:

$$\psi_i = \omega + \alpha \ln x_{i-1} + \beta \psi_{i-1} \qquad (4-9)$$

式 (4-9) 表明,条件期望持续期取决于其滞后项与对数持续期滞后项,该形式类似于 LOG – GARCH 模型,并且为了保证 $\ln x_{i-1}$ 协方差的平稳性,必须有 $|\alpha + \beta| < 1$。

另一种表示形式是令 $g(x_{i-1}, \epsilon_{i-1}) = \varepsilon_{i-1}$,那么:

$$\psi_i = \omega + \alpha \varepsilon_{i-1} + \beta \psi_{i-1}$$

该式表明,条件期望持续期取决于其滞后项以及"过度持续期"滞后项,其形式类似于指数 GARCH 模型,并且为保证 ψ_i 协方差的平稳性,必须有 $|\beta| < 1$。

对数 ACD 模型避免了线性 ACD 模型隐含的参数约束,更加方便合理,同时为了检验市场微观结构效应,还可以方便地加入其他外生的解释变量。但是该模型也只是令条件期望持续期对持续期采取比较死板的调整,例如,由于在 0 值附近,对数函数会快速收敛到负无穷,这便导致条件期望持续期会对近期的持续期产生过度调整的现象。

(三) Box – Cox ACD 模型[②]

Dufour 和 Engle (2000) 提出的 Box – Cox – ACD 模型:

$$\ln \psi_i = \omega + \alpha \varepsilon_{i-1}^{\delta} + \beta \ln \psi_{i-1} \qquad (4-10)$$

该模型是为了解决 LOG – ACD 模型过度调整的缺点而构建的,其也是一种非线性模型。Box – Cox 模型更加灵活,并且通过参数的设定,可以转变成线性 ACD 或者 LOG – ACD 模型,例如当 $\delta \to 0$ 时,Box – Cox – ACD 模型就退化为 LOG—ACD 模型,而当 $\delta \to 1$ 时,Box – Cox – ACD 模型就退化为线性 ACD。

该模型的优点在于特定的扰动影响是数据驱动的,但灵活的模型设定也带来参数的复杂性。

[①] 参考 Bauwens L, Giot P. (2000). "The logarithmic ACD model: An application to the bid – ask quote process of three NYSE stocks." Annales D'Économie Et De Statistique, 60: 117 – 149.

[②] 参考 Dufour A, Engle R. (2000). "The ACD model: Predictability of the time between conceccutive trades", ICMA Centre Discussion Papers in Finance.

(四) EXACD 模型[1]

Dufour 和 Engle（2000）在提出 Box – Cox – ACD 模型同时也提出了 EX – ACD 模型：

$$\ln\psi_i = \omega + \alpha\varepsilon_{i-1} + \delta|\varepsilon_{i-1} - 1| + \beta\ln\psi_{i-1} \quad (4-11)$$

EX – ACD 模型也是一种非线性模型，它同样是为了解决 LOG – ACD 模型过度调整性问题而提出的。该模型对于信息效应采用分段线性拟合的方式，这大大方便了在模型灵活性与其复杂压力之间的权衡。并且该模型可以描述非对称效应，若 $\varepsilon_{i-1} > 1$，则此时模型中斜率是 $\alpha + \delta$，截距是 $\omega - \delta$。若 $\varepsilon_{i-1} < 1$，则此时模型中斜率是 $\alpha - \delta$，截距是 $\omega + \delta$。虽然在 $\varepsilon > 1$，$\varepsilon < 1$ 时，模型对持续期效应的刻画呈现更长或者更短的现象，但持续期对于对数条件均值仍然都是线性的影响。

二、弱 ACD 模型

（一）门限 ACD 模型[2]

大量实证结果表明，采用非线性 ACD 模型其预测效果可能会更好，Engle，Russell（1998）就曾提出 ACD 模型可以根据不同行为或者不同时期的动态变化，采用不同体制（Regimes）的模型形式来提高其预测能力。受这个观点的启发，Zhang，Russell 和 Tsay（2001）考虑了持续期的变结构性，并且放松了原 ACD 模型中有关 ε_i 独立同分布的假设。提出了建立在自激励门限自回归过程上的非线性 ACD 模型，即 TACD 模型。

$$\begin{cases} x_i = \psi_i\varepsilon_i^j \\ \psi_i = \alpha_0^j + \alpha_1^j x_{i-1} + \beta_1^j \psi_{i-1} \end{cases} \quad \text{当 } x_{i-1} \in R_j \quad (4-12)$$

其中，$R_j = [r_{j-1}, r_j)$，$j = 1, 2, \cdots, J$，正整数 J 是体制数，并且 $0 = r_0 < r_1 < \cdots < r_j = \infty$，表示门限值，门限变量定义为 $Z_t = h(x_t, \cdots, x_1; y_i, \cdots, y_1)$，$\{y_t\}$ 为一组与 $\{d_t\}$ 相关的经济变量。参数中 $\alpha_0^j > 0$，$\alpha_1^j \geq 0$，$\beta_1^j \geq 0$，对任意的 j 都成立，此外对于固定的 j，序列 $\{\varepsilon_i^j\}$ 是一个有着正的分布函数 $f^j(\cdot)$ 的独立同分布序列，并且满足 $E(\varepsilon_i^j) = 1$。

上述模型是 TACD 模型中最简单的 TACD（1,1）模型，该模型引入门限变量来描述复杂的随机过程，它假定在某一特定时刻，交易持续过程会发生跳跃式转换，且这种跳跃式转换是离散的，从而为持续期过程赋予了更加弹性的形式。

---

[1] 参考 Dufour A, Engle R. (2000). "The ACD model: Predictability of the time between concecutive trades", ICMA Centre Discussion Papers in Finance.

[2] 参考 Zhang M Y, Russell J R, Tsay R S (2001). "A nonlinear autoregressive conditional duration model with applications to financial transaction data." Journal of Econometrics, 104 (1): 179 –207.

(二) 马尔科夫 ACD 模型[①]

Hujer 等（2002）同样研究持续期的变结构性，认为条件期望持续期可以根据不可观测的动态过程而变化，而这种不可观测的动态过程他们用马尔科夫链转换过程来刻画，从而提出了 Markov Switching ACD 模型。

$$\varphi_n = \sum_{j=1}^{J} p(s_n = j \mid I_{t-1}, \theta) \times \varphi_n^j \tag{4-13}$$

其中，θ 包含描述 x_n 分布的参数，s_n 是决定条件期望持续期的不可观测的变量。而 $p(s_n = j \mid I_{t-1}, \theta)$ 是 s_n 处于状态 j 的概率，s_n 的状态转移过程满足马尔科夫链过程，其转移矩阵 P 中的每一个元素满足，$p_{ji} = p(s_n = j \mid s_n = i)$，并且 $\sum_{i=1}^{j} p_{ji} = 1$。

MSACD 模型与 TACD 模型类似，都是研究持续期的变结构性，但其对于持续期的结构如何转换放在了马尔科夫链的视角下予以研究，在实证检验中，该模型对于样本内的模型拟合与样本外的行为预测有较高的准确性。

三、在对模型残差方面进行改进

GARCH 模型中残差 ε_i 的分布，是以正态分布为起点，复杂些还有 t 分布、广义误差分布等，ACD 模型关于残差 ε_i 的分布，以指数分布（Exponential）为研究起点，复杂些还有常见的威布尔分布（Weiburr）、Lunde（2000）引入的广义伽玛分布（Generalized Gamma）、Gramming 和 Maurer（2000）引入的更为复杂的布尔分布（Burr）。分布假设对于模型的适用性很重要。

（一）标准指数分布（E）

其概率密度函数为：

$$f(x) = \begin{cases} e^{-x} & x \geq 0 \\ 0 & x < 0 \end{cases} \tag{4-14}$$

标准指数分布是 ACD 模型研究的起点，最早在 Engle，Russel（1998）文章当中使用，该分布形式最大的优点是可以对 ACD 模型参数进行 QML（Quasi - Maximum Likelihood）估计，在该分布假设下可以得到参数的一致性估计与渐进性质。

指数分布的假设在众多学者讨论中，也发现了其中的问题，首先，该假设得到一致估计是建立在条件期望持续期设定正确的前提假设之下的；其次，QML 估计方法虽然可以

[①] 参考 Hujer R, Vuletic, Sandra, Kokot S (2002). "The Markov switching ACD model." Social Science Electronrl Publishing.

得到一致性估计但牺牲了效率,使用 ML 估计在实际中更为合理;最重要的是,ε_i 的分布形式直接决定了 ACD 模型中的条件强度(Conditional Intensity)或者说危险函数(Hazard Function),而指数分布形势下,条件强度是平滑的,这是一个非常强的设定,很容易被实证金融结果所拒绝。

(二)威布尔分布(W)

其概率密度函数为:

$$f(x) = \begin{cases} \gamma \left[\Gamma\left(1+\frac{1}{\gamma}\right)\right]^{\gamma} x^{\gamma-1} e^{-\left[\Gamma\left(1+\frac{1}{\gamma}\right)x\right]^{\gamma}} & x \geq 0 \\ 0 & x < 0 \end{cases}, \gamma > 0 \qquad (4-15)$$

为了使分布更具有灵活性,Engle,Russell(1998)又提出使用威布尔(Weibull)分布。威布尔分布的危机函数是单调函数。当 $\gamma = 1$ 时,威布尔分布就退化为指数分布。$\gamma < 1$ 时,危机函数递增,表示更可能表现出较短的持续期值,当 $\gamma > 1$ 时,危机函数是递减的,则表示更可能表现出较长的持续期值。威布尔分布可以更好地描述出现较短和较长持续期出现的可能性。但该分布也表现出过度的分散性。

(三)广义伽玛分布(G)

其概率密度函数为:

$$f(x) = \begin{cases} \dfrac{\lambda x^{\gamma\lambda-1}}{\Gamma(\lambda)} \left[\dfrac{\Gamma\left(\lambda+\frac{1}{\gamma}\right)}{\Gamma(\lambda)}\right]^{\gamma\lambda} e^{-\left[\frac{x\Gamma\left(\lambda+\frac{1}{\gamma}\right)}{\Gamma(\lambda)}\right]^{\gamma}} & x \geq 0 \\ 0 & x < 0 \end{cases}, \gamma, \lambda > 0 \qquad (4-16)$$

广义伽玛分布最早是由 Lunde(1999)提出的,它对危险函数的刻画是双峰的,意味着对于某些短的持续期,危险函数是递增的,而对于某些长的持续期,危险函数是递减的。当 $\lambda = 1$ 时,广义伽玛分布就退化为威布尔分布,当 $\gamma = \lambda = 1$ 时,广义伽玛分布就退化为指数分布。当 $\lambda\gamma < 1$,$\gamma > 1$ 时,危险函数为 U 形,表示交易不很活跃。当 $\lambda\gamma > 1$,$\gamma < 1$ 时,危机函数为倒 U 形,表示交易很活跃。

(四)布尔分布(B)

其概率密度函数为:

$$f(x) = \begin{cases} \dfrac{\gamma}{c}\left(\dfrac{x}{c}\right)^{\gamma-1} \left[1+\lambda\left(\dfrac{x}{c}\right)^{\gamma}\right]^{-\left(1+\frac{1}{\lambda}\right)} & x \geq 0 \\ 0 & x < 0 \end{cases}, \gamma > \lambda > 0 \qquad (4-17)$$

其中 $c = \dfrac{\lambda^{1+\frac{1}{\gamma}} \Gamma\left(1+\frac{1}{\lambda}\right)}{\Gamma\left(1+\frac{1}{\gamma}\right)\Gamma\left(\frac{1}{\lambda}-\frac{1}{\gamma}\right)}$

受到交易量和价格持续期的描述性统计结果的启发，Gramming，Maurer（2000）对标准 ACD 模型当中危险函数的单调性提出质疑，他们提出使用布尔（Burr）分布更为合理。Burr 分布可以由 Generalized Gamma 分布和 Weibull 分布的混合分布导出。Exponential 分布和 Weibull 分布可以视为 Burr 分布的极限分布。Burr 分布同 Generalized Gamma 分布一样都允许双峰形式的危险函数。但该分布形式也有很大的问题，因为在该分布下除非进行特定的假设，某些特定时刻是无法刻画的。

四、模型参数的估计方式

同 GARCH 模型一样，ACD 模型通常也是采用极大似然估计法进行估计。

（1）最初 Engele，Russell（1998）的文章中对 ACD 模型残差形式设定为指数分布函数，这样形状参数恒为 1，该模型也被称为 EACD 模型，该假定下最大的优点在于，参数估计可以较为简便地使用准极大似然估计（QML）方法获得，在该分布假定下，准似然函数（Quasi-Likelihood Function）是：

$$L(\theta) = -\sum_{i=1}^{N}\left[\ln(\psi_i) + \frac{x_i}{\psi_i}\right] \quad (4-18)$$

对该函数的估计可以使用我们常用的 ARMA 模型估计软件，只需要设定 $\sqrt{x_i}$ 作为独立变量并且设置均值为 0。

（2）残差项服从威布尔分布的假设下，等价于假设 x^γ 是指数分布的，在此情况下，模型的危险是有关参数（κ，γ）的形式，$h(x) = \kappa^\gamma x^{\gamma-1}\gamma$，条件密度函数的形式更为复杂，是 $\lambda(t \mid x_{N(t)}, \cdots, x_1) = \left[\Gamma\left(1 + \frac{1}{\gamma}\right)\varphi_{N(t)+1}^{-1}\right]^\gamma (t - t_{N(t)})^{\gamma-1}\gamma$。其中 $\Gamma(\cdot)$ 是伽玛函数，γ 是威布尔函数的参数。这样可以得到或增或减的风险函数。该分布形式下对应的似然函数形式如下：

$$L(\theta) = \sum_{i=1}^{N}\left\{\ln\left(\frac{\gamma}{x_i}\right) + \gamma\ln\left(\frac{\Gamma\left(1+\frac{1}{\gamma}\right)x_i}{\psi_i}\right) - \left(\frac{\Gamma\left(1+\frac{1}{\gamma}\right)x_i}{\psi_i}\right)^\gamma\right\} \quad (4-19)$$

（3）在残差项 ε_i 服从广义伽玛分布的假设下，可得其极大似然函数为：

$$L(\theta) = \sum_{i=1}^{N}\left\{\ln\left(\frac{\gamma}{x_i\Gamma(\lambda)}\right) + \gamma\lambda\ln\left[\frac{\Gamma\left(\lambda+\frac{1}{\gamma}\right)x_i}{\psi_i\Gamma(\lambda)}\right] - \left[\frac{\Gamma\left(\lambda+\frac{1}{\gamma}\right)x_i}{\psi_i\Gamma(\lambda)}\right]^\gamma\right\} \quad (4-20)$$

（4）在残差项 ε_i 服从布尔分布的假设下，其概率密度函数是式（4-17），将该式代入式（4-2），可得其极大似然函数为：

$$L(\theta) = \sum_{i=1}^{N}\left\{\ln\left(\frac{\gamma}{c\psi_i}\right) + (\gamma-1)\ln\left(\frac{x_i}{c\psi_i}\right) - \left(1+\frac{1}{\lambda}\right)\ln\left[1+\lambda\left(\frac{x_i}{c\psi_i}\right)^\gamma\right]\right\} \quad (4-21)$$

以上四种形式的似然函数在最初往往采用极大化似然函数的方法来估计参数。

五、ACD 模型的其他发展

除以上介绍的经典 ACD 模型扩展形式外，在 20 多年研究历程中，国内外学者从模型形式、残差分布、危险函数形状、参数估计方法等多方面对 ACD 模型进行了改进与扩充。

早期 Bauwens，Giot（2003）在基础 ACD 模型的基础上引入价格状态对持续期的影响，意味着在价格上升和价格下降时 ACD 模型的参数是不同的，从而构建了 AACD（Asymmetric ACD）模型，在实际应用中也有不俗的表现。随后 Bauwens，Veredas（2004）基于动态随机过程的思想改进模型，他们假设持续期是通过一个动态随机潜在变量获得的，发展了 ACD 模型，构建了动态条件持续期模型（SCD），该模型可以获得多种形状的危险函数，模型在实证当中也得到了广泛的应用，具有深远的影响力。还有创造性改变持续期形式的。Fernandes 等（2006）总结了现有研究中 ACD 模型的特征，提出了非对称的嵌套扩展 ACD 模型族——Augmented ACD（AACD），AACD 模型嵌套了现有大部分 ACD 模型的形式，但是由于其模型参数较多，形式较复杂，因此难以得到所有参数准确的估计结果。Bhatti（2010）首次将条件分位数纳入 ACD 模型框架，与传统 ACD 模型根据条件期望持续期刻画模型时间动态变化不同，他们选取条件中位数持续期替代条件期望持续期，建立了危险函数是单峰的 BS - ACD（Birnbaum - Saunders ACD）模型。Bortoluzzo，Morettin，Toloi（2014）提出了使用小波分析的方式使参数随时间而改变的时间变化 ACD 模型（Tima - Varing ACD），从而可以在没有初步数据转换的情况下模拟非平稳过程，是继 SCD 模型提出后对 ACD 模型形式的又一重大扩展。随后 Saart，Gao，Allen（2015）将半参数回归方式应用于非线性 ACD 模型，提出使用半参数方程形成持续期的动态过程，从而构建了 SEMI - ACD（Semiparametric ACD）模型，在模拟数据当中具有稳健的结果，同时在外汇市场实证检验中表现出色，对近年来 ACD 模型的发展与应用产生了深远影响。

此外，也有不少学者从实际数据特征出发，改进 ACD 模型。Deo，Hsieh，Hurvich（2010）研究发现 NYSE 股票市场上的日内交易持续期，等时间间隔内包含的交易量，均方收益率以及已实现波动率均存在较长的持续性，因此文章建立了长记忆参数的动态持续期模型——LMSD（Long - Memory Stochastic Duration），以便更好地拟合数据。考虑到某些大宗交易持续期的厚尾与极值性质，我国香港大学 Zheng，Li（2016）三人提出残差项基于 Fréchet 分布的 ACD 模型。

当然，也有大量学者从残差分布形式上进行扩展。如华裔学者 Xu（2013）受标准 ACD 模型残差分布满足对数正态分布时，其等价的 ARMA 模型满足高斯分布的启发，构建了对数正态 ACD 模型（Lognormal ACD），并在实证检验中发现该模型与布尔分布和广义 Gamma 分布的 ACD 模型表现无差异，但总优于指数化分布或者威布尔分布的 ACD 模型。Leiva 等（2014）基于 SBS（Scale - Mixture Birnbaum - Saunders）分布形式构建 ACD

模型。该模型在蒙特卡罗模拟中，无论是样本内拟合还是样本外预测，都有稳健且良好的结果，而在选取纽约证券交易所市场数据，与其他常见 ACD 模型进行比较时，也有突出表现。

参数估计方法同样也得到了极大的改进。Allen，Ng，Peiris（2013）提出了 EF（Estimating Functions）半参数估计方式来估计 ACD 模型，在模拟结果中发现该方式在参数估计当中操作起来比 ML 与 QML 更为简便，并且无论在残差分布是否已知的情况下，EF 方法估计的参数都更为准确。但随后，Ng，Peiris，Gerlach（2014）在应用 IBM 高频数据时却发现，EF 的半参数估计方法相对 ML 与 QML 方法除了计算上更为简便以外，在参数估计准确度上并没有显著的差异。Men，Kolkiewicz，WIirjanto（2015）发现使用马尔科夫链蒙特卡罗模拟的方法估计非对称 SCD 模型的参数，在样本内拟合和样本外预测当中均表现良好。

此外 Meitz，Terasvirta（2006）提出了基于拉格朗日乘数法和拉格朗日乘数型测试法（Lagrange Multiplier – Type Tests）估计 ACD 模型准确度的框架体系。国内学者韩铁，张世英（2008）以 Box – Cox 变换和变结构方法为基础，建立了包括变结构、长记忆、非线性等特征的变结构分整增广 ACD 模型用以拟合中国金融市场。他们都从各个研究角度发展了 ACD 模型，为高频数据建模提供了新思路与方法。

第四节 自回归条件持续期模型的应用

国外学者的研究主要集中于从金融计量角度对 ACD 模型从形成到分布上的扩展，以及相应的参数识别问题，实证应用相对较少，因此 ACD 模型的实证应用大多集中在国内的相关研究当中。ACD 模型具体的应用形式可以进行如下划分。

一、检验市场微观结构理论

对市场微观结构的检验是国外学者对 ACD 模型最普遍的应用。Easley，O'Hara（1992）提出的微观市场结构理论，将市场上的交易者分为知情交易者和不知情交易者，不知情交易者会根据交易来制定自己的交易策略，这从理论上对于 ACD 模型的持续期集聚性给予了很好的理论依据。

自 Engel，Russel（1998）首次提出 ACD 模型并将之应用于 IBM 股票开始，便得到了支撑 Easley，O'Hara（1992）观点的结果，即交易的聚集性，长（短）持续期过后会伴随长（短）持续期。在随后 Bauwens 和 Giot（2000）改进的 Log – ACD 模型，Dufour 和 Engle（2000）提出的 BCACD，Fernandes 等（2006）总结了现有研究中 ACD 模型的特征，提出了非对称的嵌套扩展 ACD 模型族——Augmented ACD 模型（AACD），Zhang 等（2001）提出的变结构 TACD 和 Hujer 等（2004）提出的 MSACD，在实际应用中都得到了类似的结论，对 Easley, O'Hara（1992）的理论给予实证支持。当然，改变 ε_i 分布形式后，交易的聚集性并没有改变。此外 Bauwens, Veredas（2001）对 NYSE 的 Boeing 股票使用 SCD 模型进行估计，同样发现 Easley 和 O'Hara（1992）的理论预言在统计上是显著的，即当价差、成交量和交易强度三个变量增加时，持续期期望都不同程度地缩短了。此外，Kwok, Li, Yu（2009）使用 ACMD 模型对香港证券交易所数据实证研究中发现，与 Tay（2004）选取 NYSE 交易数据得出的结论不同，香港股票交易所的股票并没有全部呈现较长持续期后，一个大规模买单大概率意味着价格升高的现象，他们认为这可能与相关股票交易市场与 NYSE 市场微观结构不同有关。同时，他们认为交易者可以模仿领先交易者，这样从"坏信息"和"好信息"的获利速度上看是没有差异的，这个推论与 Easley, O'Hara（1992）提到的低频率交易意味着私有信息的缺失的理论是一致的。

国内学者在应用 ACD 模型中从不同市场，不同角度予以研究也得到了类似的结论并对该现象予以解释。房振明，王春峰（2005）采用了 WACD 模型发现我国证券市场交易的集群性特征。徐正国，张世英（2005）通过建立 ACD 模型与 UHF-GARCH 模型，发现上海股市交易的时间间隔具有很强的聚类性，较长的交易时间间隔表明市场上没有新的信息。马超群，张明良（2006）通过实证研究发现 LOG-ACD 模型较好地解释了价格持续期的集聚效应。曹迎春，邱菀华，刘善存（2006）应用 WACD（2，1）发现我国证券市场的流动性存在明显的聚类现象。卢浩（2010）研究表明权重市场的交易量持续期存在明显的集聚现象。邓学龙，欧阳红兵（2010）通过建立两状态价格持续期的非对称对数 ACD 模型，刻画价格持续期过程对不同价格状态的不对称依赖关系，和对未预期到的短价格持续期冲击与未预期到的长价格持续期冲击的不对称响应过程，并在该模型中引入买卖价差和交易规模变量，检验了市场微观结构理论的相关假说。王维国，佘宏俊（2015）在 ACD 模型族比较中，通过非对称 ACD 模型较好的拟合性，认为超额成交量持续期具有明显的非对称效应。

二、单独使用 ACD 模型或与其他模型相结合

单独使用 ACD 模型或与其他模型相结合，分析市场的价格波动性、流动性以及潜在的投资者数量和交易量，以便更好地研究金融市场的微观特征。

ACD 模型由于其非等时间间隔建模的思想，在对金融市场交易特征刻画上有其独特的优势。并且该模型可以与熟悉的 GARCH 模型相结合，更好地描述交易行为，这在实际研究中应用得十分广泛。ACD 模型与其他模型的首次结合是 Ghysels 和 Jasiak（1998）的研究成果，他们将 ACD 模型的思想融入 ARCH 模型，运用 ACD-GARCH 模型分析 IBM 股

票价格波动的主要成因，研究结果表明股票价格波动的 Granger 原因主要来源于显示高频交易下的持续时间。同时研究表明，广义自回归条件异方差效应，在持续时间比较短的高频交易的作用下，持续性明显降低。随后，Engle（2000）借鉴他们的思想，使用超高频数据，将 ACD 模型与 GARCH 模型相结合，建立 UHF - GARCH 模型实证检验 IBM 股票交易信息，发现了期望持续期与流动性之间存在显著负相关关系，进一步佐证了 Easley 和 O'Hara（1992）的理论推断。Graming 和 Wellner（2002）同样将 ACD 模型与 GARCH 模型结合起来，构建了 ACD - GARCH 模型，研究德国证券交易所 IPO 发行过程中资产价格的波动率与事件的持续时间间隔之间的关系。

国内学者也借鉴了其中的思想对中国金融市场予以研究，有的学者研究金融市场上的交易行为与交易持续期之间的关系。如最早陈敏和王国明等（2003）利用 ACD - GARCH 模型分析了收益率与事件持续时间之间的相关关系。屈文洲（2006）则采用 ACD 模型分析证券市场行情公告牌上提供的信息（存量信息）与委托指令所提供的信息（流量信息）如何影响投资者的交易行为。他发现交易持续期，流量信息对投资者行为有较大的影响，而存量信息的影响相对较弱。徐正国，张世英（2005）通过建立 ACD 模型与 UHF - GARCH 对上海股市的交易时间间隔的长短对投资者行为影响进行了研究。林伟斌，王立立（2006）利用我国限价指令驱动市场分笔数据所包含的信息，在交易量持续期的基础上提出一个符合限价指令驱动市场特征的流动性指标，构建 Log - ACD 模型，分析非对称信息对市场流动性的影响程度。马超群，张明良（2006）探询了价格持续期的聚类现象和平均交易量对交易价格持续期的影响。马丹，尹优平（2007）利用 ACD 模型和 UHF - GARCH 模型对交易间隔和信息传导关系理论进行了实证检验。研究表明较长的交易间隔是由于信息缺乏所致，还发现股价的波动性和交易间隔正相关，并受其他微观变量如买卖价差等的影响。谭地军，田益祥，黄文光（2008）通过分析中国股票市场上持续时间、交易量和波动率之间的关系，提供了识别知情交易者和流动性交易者的证据。并进一步通过实证发现，我国股票市场上波动率与持续期间之间存在非线性关系，交易量较小时，交易强度的增加主要来自于流动性交易；而交易量较大时，交易强度的增加主要来自于知情交易。刘向丽等（2010）在多种 ACD 模型的基础上引入微观结构因子考察我国期货市场价格持续期的波动特性。邓学龙，欧阳红兵（2010）通过建立两状态价格持续期的非对称对数 ACD 模型，发现价格上升和价格下降两种状态对价格持续期的影响不同，未预期到的短价格持续期冲击对价格持续期有正面影响，而未预期到的长价格持续期冲击对价格持续期有负面影响。刘伟，陈敏，吴武清（2010）基于 LOG - ACD 模型和非参数模型，研究了中国股市不同时期价格变化对交易量持续期的影响，实证分析发现，价格持续上升时期交易者对价格变化更加敏感，市场信息非对称程度更大。交易量持续期在价格持续上升时期比价格持续下降时期有更强的集聚效应。陶雄华，杜志雄，徐晟（2010）以 ACD 模型和 UHF - GARCH 模型分析交易持续期变化规律以及其对收益率和波动率的影响，研究表明股票的交易持续期存在集聚效应，并且交易持续期越长，收益率越高。邓学龙，欧阳红兵（2012）建立两状态价格持续期的非对称对数自回归条件持续期模型，引入买卖价差、交易量、交易规模、指令流等信息交易间接度量变量，再刻画条件期望价格持续期对价格上升和下降两种状态的不对称依赖关系，实证支持信息交易增加导致交易持续期减小的观点。郭华，王春峰，房振明（2014）应用WACD模型研究说明中国股市的交易活跃程度是引起价格波动变化的主导因素，而在投机性交易行为的影响下交易信息引发的剧烈波动在短时间内恢复到正常水平，体现了价格运动对交易信息存在短期过度反应的现象。

有的学者通过多种评价方式比较分析哪种ACD模型更适合拟合某一个金融市场，但并没有一致性的结论。如国外学者Bauwens，Giot，Gramming，Verdas（2004）选取NYSE股票市场，使用密度函数预测（Density Forecast）技术比较了ACD模型的几种扩展形式以及SCD模型的预测表现。发现更复杂的ACD模型形式并没有呈现出更好的预测结果，并且所有的模型都不能较为准确地预测条件持续期的分布形式。尽管如此，如果基于扰动项复杂的分布形式时，发现Log-ACD模型在拟合价格和交易量持续期过程表现较为突出。Allen等（2007）选取澳大利亚股票交易所三支公司的股票，采用Diebold，Guntherand Tay（1998）提出的密度评估（Evaluating Density）和Christoffersen（1998）提出的区间预测（Interval Forecasts）方法比较了ACD模型族的表现，研究发现广义Gamma分布的残差形式优于指数分布与威布尔分布，而在ACD模型形式上，线性ACD模型与LOG-ACD模型之间并没有显著的差异。Huptas（2014）选取波兰股票交易数据，将贝叶斯推断的方式应用到ACD模型当中，通过实证检验认为ACD模型可以较为准确地描述交易持续期的动态过程，并且广义Gamma分布的残差假设要优于指数化分布与布尔分布，模型形式上，Box-Cox ACD模型更具准确性。同样地，国内学者针对中国金融市场，受比较方式以及窗口期选取的不同也并没有得到一致性结论。李广川，刘善存，邱菀华（2008）运用密度预测方法，比较分析了SCD，LOG-ACD与MSACD三种模型，结果表明MS ACD模型无论在模型样本内拟合还是模型样本外预测方面，均优于LOG-ACD模型和SCD模型。戴丽娜（2009）则研究认为半参数ACD模型可以更好地拟合中国股票市场数据。石晶（2012）选取了上海证券交易所3只交易活跃的股票与3只交易不活跃的股票，采用线性ACD模型与TACD模型对其报价与成交量的交易特征进行刻画，发现两者均可较好地描绘中国股票市场，且线性ACD模拟效果更好。王锋（2011）研究了燃料油期货市场，发现LOG-WACD模型对市场的交易特征有很好地拟合效果。王维国，佘宏俊（2015）比较了线性ACD、对数ACD、Box-Cox ACD与非对称ACD四种模型，发现非对称ACD模型对中国股市市场预测更为稳定。

有的学者研究了中国金融市场的日内模式特征。卢浩（2010）研究发现股票市场日内流动性呈现倒"U"形分布。王锋（2011）研究了燃料油期货市场，发现该市场价格持续期、交易量持续期和持仓量持续期均表现为上下午的"双N"形模式，交易持续期具有上午"N"、下午倒"U"形变化模式,而买方报价持续期与卖方报价持续期具有全天"Γ"形特征。陈声利(2012)发现中国股指期货合约的波动性、活跃程度表现出明显的、稳定的倒"W"形"L"形并存的日内模式。张琦丽(2017)基于不同分布函数下的ACD模型研究了上海期货市场黄金期货的交易特征,发现黄金期货交易间隔存在明显的日内效应,价格持续期表现出上午"N"形,下午"U"形模式,交易量和持仓量则均表现出上下午的"双N"形模式。

有的学者对金融市场交易特征如流动性予以刻画。蒋学雷,陈敏,王国明,吴国富(2004)利用ACD模型构建了市场流动性的一个短期动态模型。曹迎春,邱菀华,刘善存(2006)通过实证发现WACD(2,1)模拟日内流动性序列效果显著,可以用来描述和预测流动性。蔡艳萍,谢家泉(2006)发现在中国市场,ACD模型可以用来衡量交易到达的强度。卢浩(2010)研究表明ACD可以很好地模拟权证市场的流动性。陈声利(2012)发现中国股指期货市场存在跳跃,而将跳跃分离出持续期序列,ACD模型能够有效地拟合和预报跳跃持续期。苗晓宇(2012)通过构建ACD模型UHF-GARCH,并将交易者行为特征、交易量、买卖价差、交易速度等信息维度纳入,以计量金融市场风险。王亚楠,张燕,吴祈宗(2013)借鉴了ACD建模的思路,研究一个单位交易期内的累计成交量而不是持续期,从而构建了ACV模型,实证检验发现该模型可以很好地刻画成交变化特性,从而为短期流动性刻画提供了新的建模方式。郭华,王春峰,房振明(2014)则构建了Weibull分布下的三状态非对称模型,实现了对瞬时价格波动的建模。并利用参数自举法模拟出瞬时价格波动路径,探究了微观交易信息对价格波动的影响模式。

还有的学者通过ACD模型构建投资策略。方兆本,镇磊(2011)利用高频数据提出了一种适合A股市场交易规则的交易算法,他们考虑非对称效应的ACD模型来选择交易时点,然后利用一种分时的VWAP算法来决定委托量,最后利用股票价格波动预测来修正交易量和委托价格。实证表明,该交易策略优于常规的算法交易。王鑫,余卫康(2016)利用中国股指期货连续合约的秒级分时数据,估计ACD模型并以此构建交易策略,发现该策略在30秒和1分钟级别数据上均可获得正的收益,但3分钟以上级别数据收益为负,此外该策略比传统统计套利交易策略有更高的盈亏比。

三、ACD模型在风险管理方面的研究

在价格持续期模型中,把这些方法与期权定价和日内风险管理联系起来,如对VaR的研究,这将对金融衍生产品的投资者乃至基金管理者具有较好的指导作用。

ACD模型应用于风险管理研究起源于国外学者。最早Giot(2005)首次将ACD模型应用到日内VaR计算当中,ACD模型与VaR估计才紧密联系起来,文章运用15分钟和30分钟高频数据对纽约证券交易所的三只股票的日内VaR进行了研究,提出了一种条件参数

IVaR 模型，但回溯测试的结果并不理想。在此基础上 Colletaz 和 Hurlin（2007）结合非参数分位数估计的方法和 ACD 模型，提出了不固定时间间隔的风险监控模型，即 ISIVaR 模型，并利用美国纽约股票市场标的高频交易数据对资产的日内风险进行评估。在估计效果上 Dionne（2009）利用一定成交量作为两个连续事件，采用 Log – ACD 模型估计多伦多股票交易所的三只股票日内 VaR，回测结果表明了估计效果的可靠性。随后 Tse，Yang（2010）应用 ACD 模型构建了基于每单位瞬时收益率估计股票日内波动率的方法，并以该方法估计的每日波动率与已实现波动率（RV）及其多种形式进行比较，蒙特卡罗模拟结果显示应用 ACD 模型构建的波动率估计方法在大多数情况下有更小的均方根误差，文章进一步指出该方法的最大优点在于可以计算更高频率的日内波动率。Liu，Tse（2015）利用非对称性的持续时间模型（Asymmetric Autoregressive Conditional Duration Model，AACD）估计纽约股票交易所的十只股票日内 VaR，对 NYSE 市场数据的回测结果表明采用非对称性的持续时间模型计算的 VaR 要优于 Giot（2005）使用的线性 ACD 模型以及 Dionne（2009）使用的 Log – ACD 模型。针对 Giot（2005），Dionne（2009）提出的模型问题，Banulesc，Colletaz，Hurlin，Tokpavi（2015）在文章中指出，TaR（Time at Risk）可以估计与当前交易和下一笔交易之间持续期有关的风险，基于这个思想，他们构建了非等时间间隔下高频数据市场的风险测量方法。并且提到与 Giot（2005）提出的只能针对价格事件的风险测量指标不同，该指标可以测量各种市场微观结构事件的风险，比如交易量事件带来的风险。同时，与 Dionne（2009）文章中假定持续期先于交易获得不同，他们构建的波动率模型依赖于期望持续期。在对美国央行，微软公司，以及基于 SP500 指数 ETF 基金三只股票的实证应用中也发现该方法可以较为准确地捕捉资产的波动率以及持续期的动态过程。

从国内来看，刘晓星（2009）结合 ACD 模型和 UHF – GARCH 理论，构造适合我国股票市场的日内风险价值模型，并引入流动性指标对该模型进行调整。以 A 股浦发银行的高频交易数据为研究对象，发现忽略流动性因素，会大大低估实际损失，低估资产损失的风险。胡心瀚，叶五一，缪柏其（2010）应用 Copula 和 Log – ACD 模型并引入连涨连跌"天数变量"对股市连涨连跌收益率特性进行了分析，发现该模型拟合效果较传统模型有较大改善，并基于该模型结合条件 VaR 对连涨连跌的条件风险进行了度量。王锋（2011）将持续期模型应用于燃料油期货市场日 VaR 与日内 VaR 的测度中，并对不同类型数据和模型在日 VaR 与日内 VaR 测度中的有效性进行了检验。结果表明，基于超高频数据和持续期模型的日内 VaR 测度方法更优；结合持续期模型、波动模型和蒙特卡罗模拟方法的综合日内 VaR 测度模型相对于基于固定时间间隔的传统 VaR 测度方法具有更好的预测能力。鲁万波，王卫东（2012）基于价格持续时间的 ACD 模型，研究了中国股市日内不规则数据的风险测度，利用我国股市 ISVaR 模型估计了日内交易的即时波动率，对日内不等间隔风险价值进行了预测与检验。并指出股票投资者和市场监管者可以基于该工具对日内风险作出合理的预测，达到止损避险的目的。陈泽伟（2017）比较了 LOG – ACD，AACD 与传统 AR – GARCH 三个模型刻画的日内 VaR 值，实证检验发现 AACD 模型在独立性、相关性以及精度上更优，更适用于对证券市场的风险度量和管理研究。

四、掌握价格变动的规律并用适当的模型进行拟合

掌握价格变动的规律并用适当的模型进行拟合，为进行价格预测及相关决策活动提供可靠的信息，同时也可以用于遏制市场的不良投机行为，增强我国金融市场防范风险的能力。

这方面的应用主要集中于国内学者。他们从不同研究角度对防范我国金融市场风险提出了建议。最早，屈文洲（2006）采用 ACD 模型分析证券行情公告牌信息对交易者行为的影响，为如何建立高效透明的证券交易场所，如何切实提高交易场所的信息披露，提供了方向与理论上的依据。随后，卢浩（2010）的研究结果验证了平均交易量和买卖价差对于交易量持续期具有显著的负面效应，说明当有私人信息到来时，这时交易的强度会增大，因此相应地会缩短交易量的持续期。并据此建议监管机构合理设置相应的流动性限制规则，能够在异常交易时刻发生时如通常的开盘时间及临近到期日等，启动相应的限制性停牌措施，从而有效地控制价格的异常波动。王维国，佘宏俊（2015）发现超额成交量持续期具有明显的非对称效应。并进一步指出完善中国股票市场的信息披露机制，加大信息披露力度，有利于降低市场的信息非对称程度和风险水平，提高市场流动性，促进市场资源的有效配置。最近，杨靖阳，张艳慧（2017）对我国实行熔断机制前后两段时间数据建立 ACD 模型，发现熔断机制可以为稳定我国股票市场波动起到一定的控制作用。国外学者也有少量研究，如 Tay，Ting，Tse 和 Warachka（2009）使用非对称 ACD 模型识别股票市场上的知情交易。Pyrlik（2013）发现持续期与道琼斯工业平均指数接连性崩盘（Sequent Crash）有较强的相关性，使用 ACD 模型可以更好地预测股灾，为防范金融风险提供了一种预测方式。

第五节　自回归条件持续期模型的前沿问题及主要领军人物

在 Engle 所提出 ACD 模型的基础上还有很多问题值得深入研究，如 ACD 模型各阶矩存在的必要条件和充分条件，交易间隔的持续性问题，ACD 模型的估计方法和假设检验，ACD 模型的平稳遍历性、大样本性质以及 ACD 模型的变结构问题等。

由于 ACD 模型是基于高频数据建模的方式，而现实中观测到数据都是离散时间的，离散时间模型应用得更加广泛，但是连续时间模型在理论上有更好的完备性。高频金融时

间序列尤其是超高频数据的性质比低频金融时间序列更接近于连续时间，所以把高频金融时间序列和连续时间模型结合起来研究，尤其是用研究方法和结论来校准高频数据模型又是一个值得深入研究的问题。

基于高频金融时间序列 ACD 模型本质上是非线性的特征，那么一些非参数的处理办法，如人工神经网络技术、遗传算法、数据挖掘技术、小波分析技术、谱分析技术等在高频数据分析中的应用，无疑是可行的一个研究方向。

已有实证研究的文献中，ACD 模型的研究对象基本上是股票，对期货、基金的研究非常少，对期货、基金等金融市场微观结构的深入研究同样具有重要意义，所以未来可以利用 ACD 模型对期货、基金等金融市场微观结构进行分析。

ACD 模型、SCD 模型都是国外学者研究国外金融市场的微观结构的基础上提出来的，因此当把这类模型应用在我国金融市场时，需要考虑我国金融市场的特点。尽管在国外金融市场上应用效果很好的模型，也不能直接对我国金融市场进行分析，相应的参数假定、条件期望的函数形式问题需要重新斟酌。而半参数 ACD 模型、SCD 模型对条件期望的函数形式与随机误差项的分布形式要求都没有参数 ACD 模型、SCD 模型强，因此不会因为参数设定不当和函数形式假定不正确而得到错误的结论。因此半参数、非参数的 ACD 模型；半参数、非参数的 SCD 模型是未来的研究方向之一。

主要领军人物有 Engle、Russell、Lunde、Bauwens、Giot、Zhang、Dufour、Hujer。

参考文献

［1］Allen, D., Lazarov, Z., McAleer, M. and Peiris, M. S. (2009). "Comparison of alternative ACD models via density and interval forecasts: Evidence from the Australian stock market." Mathematics and Computers in Simulation 79 (8): 2535 – 2555.

［2］Allen, D., Ng, K. H. and Peiris, S. (2013). "Estimating and simulating Weibull models of risk or price durations: An application to ACD models." The North American Journal of Economics and Finance 25: 214 – 225.

［3］Banulescu, D., Colletaz, G., Hurlin, C. and Tokpavi, S. (2016). "Forecasting high – frequency risk measures." Journal of Forecasting 35 (3): 224 – 249.

［4］Bauwens, L., Giot, P. (2000). "The logarithmic acd model: An application to the bid – ask quote process of three NYSE stocks." Annals of Economics and Statistics 60 (60): 117 – 149.

［5］Bauwens, L., Giot, P. (2003). "Asymmetric ACD models: Introducing price information in ACD models." Empirical Economics 28 (4): 709 – 731.

［6］Bauwens, L., Giot, P., Grammig, J. and Veredas, D. (2004). "A comparison of financial duration models via density forecasts." International Journal of Forecasting 20 (4): 589 – 609.

［7］Bauwens, L. and Veredas, D. (2004). "The stochastic conditional duration model: a latent variable model for the analysis of financial durations." Journal of Econometrics 119（2）：381 – 412.

［8］ Bhatti, C. R. （2010）. "The Birnbaum – Saunders autoregressive conditional duration model." Mathematics and Computers in Simulation 80（10）：2062 – 2078.

［9］ Bhogal, S. K. and Variyam, R. T. （2019）. "Conditional duration models for high – frequency data: a review on recent developments: conditional duration models for high frequency data." Journal of Economic Surveys 33（1）：252 – 273.

［10］ Bortoluzzo, A. B., Morettin, P. A. and Toloi, C. M. C. （2010）. "Time – Varying autoregressive conditional duration model." Journal of Applied Statistics 37（5）：847 – 864.

［11］ Deo, R., Hsieh, M. and Hurvich, C. M. （2010）. "Long memory in intertrade durations, counts and realized volatility of NYSE stocks." Journal of Statistical Planning and Inference 140（12）：3715 – 3733.

［12］ Dionne, G., Duchesne, P. and Pacurar, M. （2009）. "Intraday value at risk （IVaR） using tick – by – tick data with application to the toronto stock exchange." Journal of Empirical Finance 16（5）：777 – 792.

［13］ Engle, R. F. and Russell, J. R. （1997）. "Forecasting the frequency of changes in quoted foreign exchange prices with the autoregressive conditional duration model." Journal of Empirical Finance 4（2）：187 – 212.

［14］ Engle, R. F. and Russell, J. R. （1998）. "Autoregressive conditional duration: a new model for irregularly spaced transaction data." Econometrica 66（5）：1127 – 1162.

［15］ Engle, R. F. （2000）. "The econometrics of ultra – high frequency data." Econometrica 68（1）：1 – 22.

［16］ Ferland, R., Latour, A. and Oraichi, D. （2006）. "Integer – Valued GARCH process." Journal of Time Series Analysis 27（6）：923 – 942.

［17］ Ghysels, E. and Jasiak, J. （1998）. "GARCH for irregularly spaced financial data: the ACD – GARCH model." Studies in Nonlinear Dynamics and Econometrics 2（4）：1 – 19.

［18］ Grammig, J. and Maurer, K. O. （2000）. "Non – monotonic hazard functions and the autoregressive conditional duration model." Econometrics 3（1）：16 – 38.

［19］ Grammig, J. and Wellner, M. （2002）. "Modeling the interdependence of volatility and inter – transaction duration processes." Journal of Econometrics 106（2）：369 – 400.

［20］ Huptas, R. （2014）. "Bayesian estimation and prediction for ACD models in the analysis of trade durations from the polish stock market." Central European Journal of Economic Modelling and Econometrics 6（4）：237 – 273.

［21］ Hujer, R., Vuletic, S. and Kokot, S. （2002）. "The markov switching ACD model." Social Science Research Network.

［22］ Leiva, V., Saulo, H., Leão, J. and Marchant, C. （2014）. "A family of autoregressive conditional duration models applied to financial data." Computational Statistics Data Analysis 79：175 – 191.

［23］ Liu, C. and Maheu, J. M. （2012）. "Intraday dynamics of volatility and duration: evidence from chinese stocks." Pacific – Basin Finance Journal 20（3）：329 – 348.

［24］ Liu, S. and Tse, Y. K. （2015）. "Intraday value – at – risk: An asymmetric autoregressive conditional duration approach." Journal of Econometrics 189 (2): 437 – 446.

[25] Meitz, M. and Teräsvirta, T. (2006). "Evaluating models of autoregressive conditional duration." Journal of Business Economic Statistics 24 (1): 104 – 124.

[26] Men, Z., Kolkiewicz, A. W. and Wirjanto, T. S. (2015). "Bayesian analysis of asymmetric stochastic conditional duration model." Journal of Forecasting 34 (1): 36 – 56.

[27] Ng, K. H., Peiris, S. and Gerlach, R. (2014). "Estimation and forecasting with logarithmic autoregressive conditional duration models." Expert Systems With Applications 41 (7): 3323 – 3332.

[28] Saart, P., Gao, J. and Allen, D. E. (2015). "Semiparametric autoregressive conditional duration model: theory and practice." Econometric Reviews 34: 849 – 881.

[29] Tay, A. S., Ting, C., Tse, Y. K. and Warachka, M. C. (2009). "Using high – frequency transaction data to estimate the probability of informed trading." Journal of Financial Econometrics 7 (3): 288 – 311.

[30] Tse, Y. K. and Yang, T. T. (2012). "Estimation of high – frequency volatility: An autoregressive conditional duration approach." Journal of Business Economic Statistics 30 (4): 533 – 545.

[31] Pacurar, M. (2008). "Autoregressive conditional duration models in finance: a survey of the theoretical and empirical literature." Journal of Economic Surveys 22 (4): 711 – 751.

[32] Pyrlik, V. (2013). "Autoregressive conditional duration as a model for financial market crashes prediction." Physica A – Statistical Mechanics and Its Applications 392 (23): 6041 – 6051.

[33] Xu, Y. (2013). "The lognormal autoregressive conditional duration (LNACD) model and a comparison with an alternative ACD models." www.ssrn.com. (paper 2382159).

[34] Zhang, M. Y., Russell, J. R. and Tsay, R. S. (2001). "A nonlinear autoregressive conditional duration model with applications to financial transaction data." Journal of Econometrics 104 (1): 179 – 207.

[35] Zheng, Y., Li, Y. and Li, G. (2016). "On Fréchet autoregressive conditional duration models." Journal of Statistical Planning and Inference 175: 51 – 66.

[36] 蔡艳萍, 谢家泉. 中国股市收益率波动实证研究——基于自回归条件持续性模型. 财经理论与实践, 2006 (1).

[37] 曹迎春. 基于 ACD 模型的中国股市日内流动性研究. 中国管理科学, 2006 (10).

[38] 陈声利. 高频数据条件下中国股指期货市场波动性研究. 哈尔滨工业大学学位论文, 2012.

[39] 陈泽伟. 基于超高频数据的中国股指期货日内 VaR 度量研究. 华南理工大学学位论文, 2017.

[40] 戴丽娜. 半参数 ACD 模型及其在中国股票市场中的应用研究. 数理统计与管理, 2009 (2).

[41] 邓学龙, 欧阳红兵. 价格持续期、信息传递与市场微观结构——基于非对称 ACD 模型的实证分析. 管理评论, 2012 (2).

[42] 邓学龙, 欧阳红兵. 价格持续期的非对称对数 ACD 模型及其应用. 管理科学, 2010 (2).

[43] 方兆本, 镇磊. 基于非对称效应 ACD 模型和分时 VWAP 算法对 A 股市场算法交易的量化分析研究. 中国科学技术大学学报, 2011 (9).

[44] 房振明, 王春峰. 基于不规则数据的中国股市微观结构研究. 系统工程学报, 2005 (1).

[45] 韩铁, 张世英. 超高频数据的变结构分整增广 ACD 模型. 系统工程学报, 2008 (1).

[46] 胡心瀚, 叶五一, 缪柏其. 基于 Copula – ACD 模型的股票连涨和连跌收益率风险分析. 系统

工程理论与实践，2010年（2）．

[47] 耿克红，张世英．超高频数据下金融市场持续期序列模型述评．中国管理科学，2008（4）．

[48] 郭宝生，任若恩．ACD模型的发展以及在金融中的应用．系统工程，2007（10）．

[49] 郭华，王春峰，房振明．高频视角下微观交易信息对价格波动的影响．系统工程学报，2014（6）．

[50] 李广川，刘善存，邱菀华．交易量持续期的模型选择：密度预测方法．中国管理科学，2008（1）．

[51] 林伟斌，王立立．基于交易量持续期的流动性研究．南方经济，2006（10）．

[52] 刘伟，陈敏，吴武清．高频数据交易量持续期与价格变化的动态行为研究．数理统计与管理，2010（3）．

[53] 刘向丽，程刚，成思危等．中国期货市场价格持续期波动聚类特征研究．管理科学学报，2010（5）．

[54] 刘晓星．流动性调整的风险价值度量：基于金融高频数据的实证分析．系统工程理论与实践，2009（7）．

[55] 卢浩．中国权证市场微观结构研究．中国科学技术大学学位论文，2010．

[56] 鲁万波．ACD模型及其扩展——金融高频数据计量模型的新动态．统计与决策，2005（20）．

[57] 鲁万波，王卫东．基于价格持续时间的中国股市日内风险价值预测．数理统计与管理，2012（3）．

[58] 蒋学雷，陈敏，王国明等．股票市场的流动性度量的动态ACD模型．统计研究，2004（4）．

[59] 屈文洲．行情公告牌信息对交易者行为的影响——基于自回归交易持续期模型（ACD）的分析．管理世界，2006（11）．

[60] 马超群，张明良．中国证券市场的LOG-ACD模型及其应用．统计与决策，2006（4）．

[61] 马丹，尹优平．交易间隔、波动性和微观市场结构——对中国证券市场交易间隔信息传导的实证分析．金融研究，2007（7）．

[62] 苗晓宇．多重信息维度下金融市场风险的高频计量——基于超高频数据ACD模型和UHF-GARCH模型．广西财经学院学报，2012（3）．

[63] 石晶．ACD模型在股市交易信息分析中的应用．长春工业大学学位论文，2012．

[64] 谭地军，田益祥，黄文光．持续期间、交易量、波动率与知情交易．统计研究，2008（2）．

[65] 陶雄华，杜志维，徐晟．交易持续期、波动率与市场微观结构关系的统计检验．统计与决策，2010（6）．

[66] 王锋．我国燃料油期货市场持续期及其应用研究．中国矿业大学学位论文，2011．

[67] 王维国，佘宏俊．中国股市持续期模型及其预测能力检验．统计与决策，2015（8）．

[68] 王鑫，余卫康．股指期货交易策略研究——基于自回归条件持续期模型的探讨．投资研究，2016（1）．

[69] 王亚楠，张燕，吴祈宗．基于ACD模型的成交量建模研究．数学的实践与认识，2013（21）．

[70] 徐正国，张世英．上海股市微观结构的超高频数据分析．天津大学学报（社会科学版），2005（3）．

［71］徐正国，张世英．高频金融时间序列研究：回顾与展望．西北农林科技大学学报（社会科学版），2005（1）．

［72］杨靖阳，张艳慧．熔断机制对我国A股市场影响的实证分析．统计与决策，2017（13）．

［73］余德建，吴应宇，周伟等．金融超高频数据研究新进展．华南理工大学学报（社会科学版），2011（1）．

［74］张洪水，程刚，陆凤彬．高频金融时间序列的模型化研究进展回顾．数学的实践与认识，2011（3）．

［75］张琦丽．基于ACD模型的黄金期货市场持续期研究．浙江工商大学学位论文，2018．

第五章

金融市场微观结构

　　本章节主要关注金融市场微观结构理论。金融市场微观结构理论，是在既定的条件下，研究金融资产的定价过程及其结果。因此，对金融市场微观结构的研究不仅有助于了解金融市场的本质，更有利于解释金融市场的内在规律。本部分内容对金融市场微观结构理论及其实际应用进行了梳理。其中，第一节和第二节主要介绍了金融市场微观结构包含的基础性概念；第三节主要梳理了金融市场微观结构理论研究的主要内容；第四节则介绍了金融市场微观结构的方法（包括基于库存的方法和基于信息的方法）和常见模型；第五节主要梳理了金融市场微观结构理论在实证方面的具体应用，包括买卖价差成因、做市商存货变化、交易行为对价格影响和市场交易机制等；第六节则介绍了金融市场微观结构的前沿性问题。

第一节 金融市场微观结构概述

金融市场微观结构理论的思想渊源是古典价格理论,它的核心是在某种既定的金融市场微观结构下,金融资产的定价过程及其结果,从而揭示市场微观结构在金融资产价格形成中的作用。

对金融市场微观结构理论的研究,不仅有助于了解金融市场的本质,更有利于解释金融市场的内在规律,在实际中也有广泛的应用。

本篇文献导读梳理金融市场微观结构的相关文献,提供一个该理论研究的历史发展脉络。一方面,总结该理论的主要内容,探究该研究的历史起源,该理论可以解决的问题;另一方面,探讨该理论研究的方法与模型,起源、历史以及最新的发展,研究成果的主要观点、研究方法的创新,探寻学界对该理论的最前沿理解和应用。此外,在文献基础上,进行总结评价,提炼出未来该理论与实践研究的主要方向和发展趋势。

从研究内容来看,有关金融市场微观结构的研究可以分成三个阶段或层次来探究。第一阶段,金融市场微观结构的理论层面,包括金融市场微观结构的研究内容,构成要素,以及研究意义等。第二阶段,该研究的方法与模型层面,解释市场上价格的形成过程,分析价格的动态变化。第三阶段,该研究的实证应用阶段,研究在实际的市场交易当中,市场交易呈现的特点,以及哪种机制更有利于市场健康的发展等。

第一阶段的文献,本文将介绍金融市场微观结构的一些理论文献。

第二阶段的文献,本文将重点探讨不同角度的研究方法。

第三阶段的文献,本文将重点探讨该研究的实证应用。

最后,本文对文献发展进行总结,提出一些当前需要进一步研究的热点和难点问题。

第二节 金融市场微观结构基础

一、金融市场微观结构的概念

金融市场微观结构理论也称金融市场微观结构经济学,是研究金融市场交易价格的形成、发现过程与交易运作机制的一个金融学分支。

定价一直是经济学最核心的概念和重要的目的之一,完美市场中的商品遵循商品定价中所遵循的 Walras 提出的一般均衡理论,Arrow – Debreu 将其推广到一般资产的定价,此分析框架的基本思路是:由市场出清时商品的供求函数确定资产的均衡价格。传统经济学关注的仅仅是均衡价格的性质，价格形成过程是一个"黑盒子"，或者虚拟一个"Walras 拍卖人"预先叫价拍卖但不实际交易，直至商品供求相等，市场出清之时再真正实施交易，描述了一般均衡理论的价格形成过程。但现实中的市场（特别是证券市场）不同于 Walras 框架下的完美市场，其交易费用不为零，存在信息非对称、交易者类型和动机不同、市场结构多样化等，如此之下的证券价格决定的影响因素也越来越多，如何理解交易的内在过程及其对资产定价的影响显得尤为重要，这便促生了金融市场微观结构理论的诞生。

狭义的微观结构仅指价格发现机制，即市场微观结构理论是研究在一组特定的交易规则下，资产交易过程如何进行以及最终资产价格如何形成的。也就是说，微观结构理论关注的是特定的交易机制、交易环境如何影响市场价格的形成过程，即均衡价格的形成理论。

广义的微观结构还包括清算机制、交易机制和规则、交易者行为和信息传播方式等，包含了流动性、波动性、透明性和有效性等方面的内容。

金融市场微观理论的思想渊源是古典价格理论，它的核心是在某种既定的金融市场微观结构下，金融资产的定价过程及其结果，从而揭示金融市场微观结构在金融资产价格形成中的作用。

对金融市场微观结构理论的研究，不仅有助于了解金融市场的本质，更有利于解释金融市场的内在规律，在实际中也有广泛的应用。

首先，研究金融市场微观结构理论为技术分析及投资者决策服务。运用微观结构理论可以对市场中的信息进行实证分析，以打开交易过程的"黑箱"之谜，因此无论是对外国还是中国的金融市场，都可通过这种数据分析，研究微观主体的定价行为，分析信息对市场参与者的影响，分析价格发现过程，研究价格与信息的关系，为技术分析提供理论基础。在技术分析过程中，还可以利用微观结构理论建立计量模型，通过各种数据如价量、换手率、价差、深度等指标来修正报价以寻求套利机会，为市场参与者决策服务。

其次，研究金融市场微观结构理论还可了解经济学研究在金融领域的发展方向。金融市场微观结构理论研究的是较普通商品价格形成过程复杂得多的有价证券的价格形成机制，该理论在 1987 年全球股灾后得到了较快的发展并日趋完善，它不仅涉及信息的作用，而且关注不同交易机制对价格形成的不同影响，探讨交易机制与市场绩效的关系，推动均衡价格形成理论得以进一步发展，使经济学理论研究更贴近现实。

最后，也是最重要的一点，通过研究市场微观结构，我们有可能设计出比较合理的市场交易机制，或者修改现有机制中的缺陷，提高市场效率，改善市场监管（例如，价格出清机制、涨跌幅限制），使市场更加稳定。一个有效率的市场应该具有较低的交易成本、较高的流动性和公平稳定的价格。一个合理的市场交易机制应当对市场参与各方创造出较大的福利。对交易制度设计者而言，市场微观结构的研究为如何设计交易机制才能达到预期目标提供了帮助。市场交易制度设计的目标对不同市场参与者的立场（利益）而言是不同的。对交易所而言，设计交易机制的最大目标可能是追求交易手续费的最大化。对投资者而言，最理想的市场是流动性最强并且交易成本最小的市场。对市场管理者而言，最好的市场可能是稳定性最强的市场。对全社会而言，应该是整个社会福利最大化的市场。

Demsetz（1963）第一次将交易制度引入证券交易价格决定过程，他通过分析供应方和需求方的时间决策如何影响证券价格的决定，开创了证券市场微观结构理论的先河。

虽然金融市场微观结构理论产生于20世纪60年代末，但是真正受到广泛关注的是1987年全球股灾之后。从涉及的问题看，对金融市场微观结构的研究，首先探讨存货模型，其次逐步与信息经济学相结合，研究市场参与者如何进行博弈问题。它产生于微观经济学的价格理论与厂商理论，在分析中涉及交易成本理论、存货理论、信息经济学、博弈论，运用了边际、均衡、连续性的分析方法，从而构成了金融市场微观结构理论的基础。

二、金融市场微观结构的基本要素

由于金融市场微观结构理论是研究市场交易中价格如何形成的，因此明确金融市场微观结构的基本要素对于清晰地认识相关理论成果具有重要意义，总结为五个基本要素，分别是市场参与人、市场交易机制、交易指令、交易细则、信息披露。

（一）市场参与人

金融市场微观结构中的参与人主要包括投资者和做市商。其中投资者包括个人与机构投资者。考虑到理论研究角度的不同，又将参与人进一步划分。①从交易意愿来看，投资者分为主动型交易者和被动型交易者，前者是主动参与证券投资交易的行为人，是市场交易及时性的需求者；后者则是及时性的供给者，做市商便是典型的后者。②从交易动机来看，有做市商、知情交易者、流动性交易者和噪声交易者。做市商便是市场流动性主要提供者，为撮合交易的形成提供及时性，并在提供的买卖价差当中反映一定的市场信息并从中获取利润。知情交易者拥有额外的，市场未反映出来的信息，其具有一定的信息优势。流动性交易者从事证券交易是为了平滑自己的消费水平或调整自己资产的风险结构。噪声交易者则往往根据与价格无关的信息进行交易。③从交易策略来看，分为竞争型交易者和策略型交易者。前者是市场价格的接受者，其交易行为对市场价格的影响微乎其微，后者是市场价格的影响者，其交易行为会对市场价格产生一定的影响，并且他知道自己的行为会影响市场。

（二）市场交易机制

就目前而言，国内外证券市场主要由两个交易机制组成，其一是报价驱动交易机制，其二是指令驱动机制。前者又称为做市商交易机制，产生于早期的柜台交易，由满足要求的交易商承担做市商的角色。该交易机制下所有交易报单都要通过做市商账户来进行，所有投资人之间不能直接进行交易，并且先由做市商向交易者提供买卖报价，随后投资人提交买卖指令。后者又称为竞价交易机制、委托驱动交易机制等，该机制下根据投资者提交的买卖指令，按照一定的竞价原则，由电子计算机系统自动撮合买卖报价，而根据其开放的时间又分为连续竞价交易机制和集合竞价交易机制。

我国上海深圳交易所采用的是指令驱动交易机制，并在早盘开盘前半小时采用集合竞价交易机制，而在正式开盘交易期间采用连续竞价交易机制。报价驱动机制多见于流动性相对较弱的外国证券交易市场，如纳斯达克交易市场。

（三）交易指令

投资人无论是在报价驱动交易机制下还是指令驱动交易机制下都需要向做市商或者电子计算机系统提供交易意愿的指令，目前主要有市场指令和限价指令两种类型。前者规定交易的数量而不规定交易的价格，以最快交易为准则，保证可以迅速成交，但也导致当市场价格变化较快时，容易造成价格与预期的偏离。后者需要设定交易的价格以及数量，如果市场上价格不满足设定的价格，则不会成交，该指令保证了交易价格不会对预期偏离过大，但交易时间也因此延长。

（四）交易细则

市场交易细则涉及的内容非常多，如涨跌停的设定、卖空的限制、停止交易的规则（如熔断机制）、最小报价间隔等，这些交易细则都会对交易价格产生一定的影响，同时也是政策制定者重点关注的内容。

（五）信息披露

市场机制中很重要的另一个内容就是制定有关市场信息披露的机制，以保持一定的市场透明度。所谓市场透明度是指市场参与人在交易过程中能够观察到的或可获得的信息，包括事前、事后的透明度。事前透明度指交易者是否可以观察到指令流、报价、市场深度等，而事后透明度指交易者是否能观察到交易的结果，如实际成交的价格和成交量。市场监管机构认为增强市场的信息披露可以提高市场的透明度，从而提高市场的有效性。另外，市场的信息披露制度还包括以下几方面：信息传播的范围（经纪人、客户或公众）、信息传播的速度（实时或延迟反馈）、匿名的程度（隐藏指令、披露对手）以及是否允许场外交易或休市后交易，等等。

第三节 金融市场微观结构理论的主要构成

关于金融市场微观结构的研究对象和内容，国外学者从不同的角度出发有多种定义。

根据 O'Hara（1995）的观点，金融市场微观结构是指证券交易价格的发现、形成过程和运作机制。Glen（1994）将证券市场微观结构具体化为证券价格形成过程中的微观因素，包括交易品种、证券市场参与者构成、交易场所构成以及参与者行为所遵循的交易制度结构。其中交易品种、证券市场参与者构成、交易场所构成虽然在一定程度上也影响价格行为，但他们一般由政府机构决定，因而，金融市场微观结构主要是指市场参与者所遵循的交易制度结构。Lipson（2003）认为金融市场微观结构是研究金融市场的组织与功能的，大多数文献讨论的问题集中在所有权的转移和价格发现上，前一个问题的研究主要强调交易的成本（流动性），后一个问题强调私有信息融入价格的过程。Stoll（2002）指出金融市场微观结构研究的是提供交易服务的成本以及这种成本对证券价格短期行为的影响。Engle（2002）认为金融市场微观结构主要研究价格如何根据新信息进行调整，以及交易机制如何影响资产价格。Harris（2002）指出，金融市场微观结构是金融经济学的一个分支，探讨市场的交易和组织，主要是分析证券产品的有组织交易。Ananth Madhavan（2000）根据研究的发展现状，对这个问题进行了系统阐述。

综上，金融市场微观结构的研究主要包括以下几个方面的内容。

一、市场价格的形成

市场价格包括价格对信息反映的动态过程和交易成本的决定因素，该方面主要研究交易者的潜在需求如何转化成现实的价格和交易量，探讨价格如何形成，包括交易成本的确定等静态问题和交易价格对信息的不断调整等动态问题。市场微观结构对价格形成和价格发现的研究可以解开交易者的潜在需求是如何转化为交易量和交易价格的"黑箱"。

二、信息的作用

信息的作用特别是其保证了市场的透明性，即交易参与者观察到交易过程信息的能力。这个专题主要研究信息是如何提供给市场参与者，信息传导过程是影响交易者行为及其策略的。

许多市场微观结构的问题都和市场信息及其披露有关，这就自然牵涉到了市场透明度的问题。市场透明度可以定义为市场参与者观察到交易过程信息的能力。此时的信息指的是价格、报价、交易量、指令流的来源和市场参与者的识别。

交易信息的披露直接反映了市场的透明度，而透明性水平的高低影响了市场的流动性、有效性和波动性等。一般而言，市场上买卖订单的价格、数量等信息影响投资者的投资策略，在市场缺乏透明度的情况下，买卖订单容易出现"一边倒"的情况，导致市场流动性降低。市场的透明度越高，投资者就越能够比较全面地掌握交易信息的变化，提交的买卖指令就更有效率，就可以提高市场的流动性。但实际上透明度是一个比较复杂的问题，对市场而言并不是透明度越高越好。目前的研究取得了一些进展，第一，人们认为透明度影响了指令流的信息性，进而影响了价格发现的过程。较高的透明度一般和更具有信息性的价格有关。第二，完全的透明度不总是对市场的运行有好处。实际上，许多研究表明，过度透明实际上减小了流动性，因为交易者不愿披露他们的交易动机。第三，一定程度的透明度能够提高流动性、降低交易成本。第四，透明度的变化可能会使某种类型的交易者受益，而使另外一些交易者受到损失。

对于金融市场，其价格行为，甚至整个市场的生存能力都依赖于其交易机制匹配买卖双方交易需求的能力。匹配的过程就是为交易双方提供充足流动性的过程。做市商制度在提供市场流动性方面的作用已被广泛认可，然而交易机制的其他方面对提高市场流动性也至关重要。比如，交易规则以及整个交易过程的监管行为都会对市场的流动性产生影响。例如，交易过程的下单方式以及监管过程所要求披露的信息内容等。因而，不同市场间市场微观结构的不同所导致交易规则、监管方式等的不同影响了不同市场的流动性水平以及价格形成机制的不同。

现实生活中的金融市场并不一定只采用一种交易系统。事实上，很多市场同时采用几种交易系统。我国金融市场采用指令驱动的交易机制，以集合竞价方式开盘，开盘后转入连续交易系统。采用哪种交易系统并不重要，重要的是所采用的交易规则。这些交易规则具体规定了可以交易的品种、具有交易资格的投资者、何时以及如何提交交易指令、谁可以看到和处理交易指令、交易指令处理过程等。这些交易规则决定了整个市场体系如何运行，市场价格如何形成。

三、市场的结构与设计

市场的结构与设计包括价格形成与交易机制之间的关系。这个专题主要研究不同的交易制度是如何影响市场的流动性和市场质量的，比如定期交易模式和连续交易模式、做市商制度和竞价制度、电子屏幕交易和交易大厅交易、市场的开收盘制度、大宗交易制度、订单形式、最小报价档位、交易信息披露、断路器等对市场流动性和波动性的影响。

市场结构是指交易机制，即与价格形成有关的各种微观因素，如交易模式、订单形式和交易信息披露规则等控制交易过程的一整套规则。金融市场微观结构理论的一个主要内容就是有关交易机制的设计，起初学者们认为做市商在价格形成中的作用是最重要的，但是他们很快认识到，市场结构也影响价格的形成。从20世纪90年代开始，许多学者开始研究不同的市场结构对价格形成和确定的影响。

交易模式是市场结构研究中最重要的一个方面，包括价格形成的方式、订单形式、价格的稳定机制等。

价格形成的方式按照不同的分类标准可以分成多种形式。

(一) 定期交易市场和连续交易市场

定期交易（Periodical Trade）市场也称为集合竞价市场，是指所有的交易订单不是在提交之后立即进行撮合，而是由交易中心将在不同时点收到的订单累计起来，到一定的时刻再进行集中竞价成交。这种交易方式多用于证券市场开盘阶段的价格确定。它的特点是同一价格下的多边连续交易（Continuous Trade）市场中，交易系统对进入市场的订单根据已有的订单立即进行撮合，发现相匹配的订单，立刻进行成交。所以，交易可以在交易日的各个时点连续不断地进行。连续交易机制的特点是（可能）在不同的价格上所发生的双边交易序列。

(二) 报价驱动市场和指令驱动市场

报价驱动（Quote-Driven）市场也称为做市商（Market Maker）市场，在市场中，买卖双方并不直接进行交易，投资者在递交指令之前就能够从做市商那里得到证券价格的报价。因为投资者在这种市场上不需要等待指令成交而是同做市商进行交易，做市商报出卖出价（Ask Price）和买入价（Bid Price），并与双方在合理的价位上进行交易，从中获取利润，做市商提供和维持市场的流动性。后者也叫竞价市场，买卖双方直接进行交易，或由经纪商将投资者的委托提交到交易中心，然后以买卖双向价格为基准进行撮合，达成交易。从世界范围内看，历史悠久的北美地区交易所多采用做市商市场，而亚太地区和欧洲多采用自动化程度更高的电子化指令驱动（Order-Driven）市场。

(三) 人工交易市场和电子交易市场

人工交易市场是指由人工进行报价、价格撮合、结算等的交易方式，电子交易市场是指通过计算机和网络系统完成上述工作的交易方式，这种方式的自动化程度高，交易成本较低。

现实金融市场不同于理论假设的完美金融市场，市场中的各个要素在时间和空间上是分离的，市场的参与者是异质的，交易过程是有摩擦和成本的，所以在传统金融理论中可以忽略的交易模式在现实中必然影响到市场价格的形成，而这也正是微观结构的研究内容之一。

市场结构中另一个重要内容是交易者提交的订单形式。订单形式指交易者发布买进、卖出指令的类型。目前在微观结构理论中研究最多的是限价指令（Limit Order）和市价指令（Market Order）。它们也是最基本的两种订单形式。限价订单是指交易者在委托经纪商买卖时，限定买进或卖出时的价格，经纪商只有在交易者事先规定的合适价格内进行交易，买进时不得超过投资者规定的最高限价，卖出时不得低于规定的最低限价。市价订单是指交易者仅指明交易的数量，而不指明买进或卖出价格的订单，它的成交价格是订单进入市场或订单撮合时市场上最好的价格。

与市价指令相比，限价指令有可能会在更有利的价位执行，但也面临指令无法执行的风险。另外，由于存在不能及时将提交的价格对新信息做出调整的可能，限价指令有时会在定价失误的情况下被执行。交易者在决定是否提交市价指令或限价指令时，主要考虑资产价格的波动性。在一个波动较大的市场，由于投资者更易给出错误的交易指令，限价指令交易者的买卖报价一般具有较大的价差，而这又反过来提高了市价指令的交易成本。因而，交易者倾向于使用限价指令而不是市价指令。然而，随着指令流的减少，限价指令的执行风险又会增高。

市场在处理订单时必须依据一定的原则对订单进行排序，然后逐个处理，所以订单优先原则也是一项重要内容。订单优先的原则有多种，比如价格优先原则、时间优先原则和数量优先原则等，大部分市场都将价格优先作为第一优先原则，将时间优先原则作为第二优先原则。价格优先原则是指，交易所按照价格的高低对订单进行排序，较高的买进价格订单优先满足于较低的买进价格，较低的卖出价格优先满足于较高的卖出价格订单。时间优先原则是指，当存在若干相同报价的订单时，最早进入交易系统的订单优先满足于其后进入的订单。实践中，订单优先规则对市场的流动性和投资者的交易策略具有比较大的影响。

金融市场微观结构的中心问题是市场交易结构问题。可以明确的是，对于什么样的结构可以提供最大的流动性和最小的交易成本并没有一个比较一致的意见。当然这也不奇怪，因为现实市场的结构是非常复杂的，市场交易结构应当是由市场本身最终决定的。

第四节　金融市场微观结构理论的研究方法与模型

关于金融市场微观结构理论的研究，传统文献多关注于在有市场中介参与情况下的价格形成方面的研究（Price–Setting）。最早的 Walrasian 拍卖模型简单地描述了一个有市场中介参与情况下的市场价格的形成过程。首先，拍卖方给出一个初始交易价格区间，交易供需双方确定其在此价位的交易数量。如果交易双方的买卖需求不匹配，拍卖方继续给出一个新的交易价格区间，供需双方修正自己的交易数量。如此循环往复，直到使市场出清的最终价格形成为止。然而，很多市场参与中介并不是一个完全被动的拍卖方。Demsetz（1968）认为当交易者愿意延迟交易直至合适的价格出现时，市场价格的形成可能会是 Walrasian 模型中所描绘的样子；然而，当交易者不愿花费时间等待时，该交易者或许会为交易立即完成而支付一定的费用，也就是说为流动性支付费用。这样，就会导致两个均衡价格的出现。此外，由于愿为交易立即完成所作出的价格妥协取决于参与交易的交易者数量，因而，市场结构可以影响流动性成本，从而影响市场出清价格。

金融市场微观结构的理论研究方法主要分为两种:

一、基于库存（存货）的研究方法[①]

这种方法的核心思想是做市商介入市场交易，从而为市场交易提供流动性。由此得出的模型统称为库存模型（Inventory Model）。最早由 Demsetz 提出，是用来对价格形成问题进行研究的模型。他侧重研究做市商利用价差来平衡供给与需求的矛盾，其中做市商的存货状况是研究的核心。由于它是以交易成本（主要是存货成本）来解释价格形成的，因而这类模型被称为库存模型。

库存模型认为，作为市场中介的做市商（Market Maker）在做市时，将面临交易者提交的大量买入和卖出的指令，而这些指令本身所具有的随机性决定了在买入指令和卖出指令之间会存在不平衡，为消除这种不平衡以避免破产，做市商必须保持一定的股票和现金头寸，而这些头寸的保有又会为其带来相应的存货成本，所以买卖报价价差（Bid Ask Spread）即是做市商为弥补存货成本而设定的。在存货模型中，所有交易者都是根据做市商的报价和自己的最优化条件来决定买卖行为，而做市商在避免破产（股票和现金头寸减少至零）的前提下，以最大化单位时间内的预期收益为目标来设定其买卖报价。因此，所有的交易者和做市商都不是知情交易者，他们拥有同质的信息。产生价差的原因是包括存货成本在内的交易成本，而不是由于信息不对称引致的信息成本。

当做市商在做市过程中面临交易商提交的不确定性指令（买卖指令不均衡）时，为避免做市失败，做市商就必须存有一定的股票和现金存货以平衡买卖委托的不平衡。为弥补持有存货的成本，做市商就要设定买卖报价价差。存货成本的存在产生了价差，而存货成本又是委托不平衡所致。

可以认为，存货模型主要研究买卖委托的不平衡对价格行为的影响。该模型把交易过程看作做市商利用价格匹配市场供需的一个过程。这方面的研究，还包括以下几个不同的模型：Garman（1976）关注于交易指令流的特性；Ho 和 Stoll（1983）检验了做市商市场的最优化问题；Cohen，Maier，Schwartz 和 Whitcomb（1981）研究了多个流动性提供者的情形。这些模型的一个共性就是假定交易指令流的不确定性，从而导致做市商所面临的库存问题以及交易者的交易执行问题。

不同的存货模型都有一个共同的点，即认为价格是由个人的最优理性行为决定的，做市商在决定买卖报价时，既没有考虑其他交易商的理性行为，更没有考虑其他交易商对做市商报价行为的预期，所有做市商与交易商拥有的信息是相同的，产生价差的原因不是由于不对称信息引起的信息成本，而是包括存货成本在内的交易成本。

[①] 参考 Demsetz, H. (1968). "The cost of transacting." *Quarterly Journal of Economics*, 82 (1), 33–53.

二、基于信息的研究方法[①]

从 Bagehot（1971）开始，陆续有很多经济学家将交易过程看作一种对策的博弈过程加以研究，认为价差并非仅由交易成本决定，信息在其中发挥着重要的作用，市场参与者面临着学习的问题。Bagehot 将博弈论的方法引入微观结构理论的研究中来，尝试用信息成本来解释价差，开创了现代的市场微观结构理论。由此得出的模型统称为信息模型（Information Model），研究在存在市场中介（Market Intermediaries）的情况下，交易者的学习过程（Learning Problem）。信息模型的基本特征是用信息不对称所产生的信息成本（而非交易成本）来解释市场价差，它不仅可以考察市场动态问题，即市场价格的调整过程，还可以对知情交易者和不知情交易者的交易策略作出解释。在 Kyle（1985），Glosten 和 Milgrom（1985）以及 Easley 和 O'Hara（1987）的研究中，认为信息在价格决定和价格行为中扮演着重要的角色，对于市场结构的研究开始更多地关注信息不对称对市场价格的影响。

Bagehot（1971）将交易者区分为知情交易者（Informed Trader）和不知情交易者（Uninformed Trader），认为做市商的报价不仅受存货成本的影响，更重要的是受到信息不均衡的影响，价差是由于信息不对称导致的逆向选择造成的。如果某些交易者拥有更多的关于资产基本价值的信息，那么这些交易者的交易情况就可以揭示资产的基本价值，从而影响价格行为。

做市商的报价不仅受做市成本的影响，更重要的是受信息不对称的影响。由于做市商掌握的关于真实价格的信息实际上要多于与之交易的交易商，也比后者更准确。因此，如果这些知情交易商知道了哪个标的会升值的信息，就会买入；反之，就会卖出。而且知情交易商还有不交易的选择权，而做市商就不行，他有义务做市。做市商也知道当他与一个知情的交易商交易时他总是处于不利位置，总会造成期望损失。实际上，做市商无法辨别哪些是知情的哪些是不知情的交易商，因而只有制定统一的价差，期望用与不知情交易商交易产生的利润来弥补与知情交易商交易带来的损失。换句话说，做市商为了从知情交易商处获得信息，他必须支付信息成本。结果价差不仅受存货和交易成本的影响，也受到信息成本的影响。

在 Bagehot（1971）思想的基础上 Copeland，Galai（1983）提出的单期静态模型将 Bagehot（1971）的思想进行数量化，从而正式把信息成本引入买卖价差中。模型假设市场中存在知情交易者与非知情交易者，风险中性的做市商根据观察到的指令流设定买卖价格以最大化其预期收益。模型假设指令流的规模是相同的，并且做市商了解指令属于知情

[①] 参考 Bagehot Walter. (1971). "The only game in town." Financial Analysts Journal, 27 (2), 12–14.

交易者的概率分布，因此可以得到做市商的预期收益。如果知情交易者的比例上升，做市商需要更多的获利来补偿对知情交易者的交易损失，因此买卖价差也将增大。即使在做市商完全竞争的条件下，信息成本，买卖价差也仍然存在。Copeland 和 Galai（1983）同时也提出了另一种分析思路，即将买卖价格看作赋予交易者的买入期权或卖出期权，同样导致买卖价差的存在。

由于实际的交易是一个动态的过程，前期的交易过程将影响到后面的交易，Glosten 和 Milgrom（1985）通过序贯交易模型（Sequential Trade Model）将动态因素引入信息模型，从做市商的报价变动分析指令流与报价设定的动态关系，把交易看作信息传递的信号。这一研究在信息模型的发展史上具有划时代的意义，它重点考察了做市商是如何根据从指令流的变化中学习到的信息来对价格进行动态调整的，并运用贝叶斯学习过程就交易指令类型如何对做市商的定价产生影响（交易商的买入指令将使做市商向上调整卖出报价，这种调整就是一种贝叶斯学习过程）进行了动态学习。从此，金融市场微观结构理论的研究重点转到了做市商的动态学习过程中。

从交易指令流中提取信息的过程就是一个贝叶斯学习的过程。最初，每一个交易者对于资产的真实价值都有一个先验估计。在交易过程中获取到一些新的信息之后，交易者就会基于现有的信息，重新计算资产价值等于其先验估计的概率。这个条件概率整合了该交易者从所观察到的交易中获得的新信息，因此是关于资产价格的一个新概率。重新计算所得的概率从而成为交易者新的先验概率，随后，交易者不断得到更多新的信息，这个调整过程也将继续进行。每一次交易结束后，做市商运用贝叶斯学习过程调整买卖价差，考察了做市商根据从指令流中学习到的信息对价格进行动态调整的过程，这一过程被称为贝叶斯学习过程，它也是信息模型中分析价格动态调整过程的重要工具。

Easley 和 O'Hara（1987）考察了交易规模对价格行为的影响，发现规模大的指令往往以较劣的价格成交。Easley 和 O'Hara（1992）又考察了交易的时间性对价格的影响，发现交易是否达成都会给做市商提供一定的信息，时间会影响价格（时间性也有信息含量），交易间隔会影响价差的大小。从此，信息模型的研究重点又从做市商的报价行为转到知情与不知情交易商的交易策略。

基于信息的研究方法拓宽了我们对市场流动性本质的理解，极大地丰富了我们对市场行为的理解。这种方法深刻地解释了信息如何影响做市商的报价以及价差的形成。基于信息的模型强调了其他市场信息的作用，例如，市场规模、价格调整过程中大小交易的比率等。这些理论同时又为价差（Bid‐Ask Spread）的存在提供了合理解释，而不需要涉及交易或库存成本。实证检验已经证明，从库存的角度对价差的存在给出解释的理论是有一定问题的。

基于信息理论模型的另一个重要结论就是，价格最终将收敛于其真实的、全信息价值；在有限市场，市场是强势有效的，这与贝叶斯学习过程相符。然而，我们并不是完全清楚，在一个动态过程中，市场有效性意味着什么。考虑到一些交易者的信息优势，价格的调整路径并不是强势有效的，事实上，价格趋于完全信息水平的速度有很大差异。比如说，交易量较大的市场对于新信息的调整速度要更快一些。交易之间的时间特性，尤其是交易的群聚特性，似乎也影响了价格的调整过程。另外，不同类型的交易似乎包含不同的信息内容。同样，不同市场的交易似乎也包含不同的信息内容。

从信息角度出发的微观结构模型认为，交易过程中可以获得的信息将会影响市场参与者的交易决策。也就是说，市场均衡状态依赖于市场的透明度，依赖于市场参与者在交易过程中获取信息的能力。

库存模型和信息模型都预言指令流将影响的价格，但是原因不同。在传统的库存模型中，指令流影响交易者的头寸，所以会相应的调整价格。在信息模型中，指令流作为未来价值的信号，可以造成对信心的修正。这两个因素都十分重要。

交易指令流的组成是一个动态的过程，随着投资者所偏好的指令类型变化而变化。交易指令的提交方式以及市场信息的透明度是被认为可以影响市场的流动性以及市场价格形成，并得到广泛研究的两个议题。不同的市场结构往往对应不同的交易指令提交方式，同时影响了交易者可以直接获取的交易信息的数量和质量；另外，不同的市场结构往往提出不同的信息披露要求，直接影响了交易者可以获取信息的数量。

目前，针对金融市场微观结构问题的研究方法基本上可以分为三类，即理论分析与建模、实证研究以及实验研究。理论分析建模是指提出特定的假设条件，对现实金融市场制度安排进行简化，然后建立数学模型，以此推导出市场参与者行为及其对价格变化的影响。实证研究主要是根据相关理论对金融市场变量之间的关系提出假设，然后利用现实市场的历史数据，对假设（假说）进行检验，再根据实证结果对假设进行修正或进一步解释，如日内价格波动、指令簿信息对收益率的影响等。实验研究主要是采用计算机编程对金融市场进行模拟，通过模拟的市场设计和参与实验人员的交易行为来研究金融市场微观结构问题。目前，实验研究主要集中在市场结构领域，着重探讨的内容包括不同交易模式对市场流动性和波动性的影响、市场透明度对市场质量的影响。

第五节 金融市场微观结构实证研究

一、关于买卖价差成因

通过理论模型的推理，金融市场微观结构理论将买卖价差成因归为三类，分别是指令处理成本、存货成本和信息成本。大多数买卖价差的实证分析也都是围绕这三个成因展开的。

指令处理成本是很难测量的，尤其是无法观测买卖报价的情形。最早的测量指标是

Roll（1984）提出的，他提出：

$$spread = 2\sqrt{-cov}$$

其中，cov 是价格变化的一阶协方差，schultz（2000）在该指标的基础上，以 NASDAQ 市场 1993—1996 年的日度交易数据为样本，研究发现买卖价差具有缩小的趋势。

而存货成本方面，最早的实证研究是 Ho，Macris（1984）使用 AMEX 期权做市商的交易数据，该数据不仅包括存货数目还包括交易的方向，他们发现买卖价差与存货成本、资产风险均呈正向显著相关，并且存货为正时，买卖价格均下降，而存货为负时，买卖价格则呈现上升的趋势。

信息成本的研究方面最早的是 Glosten，Harris（1988），他们以 NYSE 股票为样本，将买卖价差分解为信息成本和残差项，用极大似然方法估计信息成本的大小，研究发现，股票买卖价差当中信息成本所占比重非常大。随后，考虑到买卖价差中存货成本与信息成本两大组成部分，Madhavan，Smidt（1991）利用市场上的报价、指令与存货数据来分解这两大成本，以便真实反映由信息不对称造成的信息成本的大小，他们在剔除了存货成本后发现信息成本是日内价格变化的主要因素。

同时，在信息传递与价格调整上的实证研究当中，Hasbrouck（1988）使用 VAR 模型对成交量与价格进行建模，研究发现二者表现较强的相关性。并且估计了交易新息对报价更新的影响，得出信息的作用比存货成本的作用更大的结论。

二、关于做市商存货的变化

存货的控制是大量文献研究的重要内容，Hasbrouck，Sofianos（1993），Madhavan，Smidt（1993）的研究均发现做市商存货量存在均值回复过程，即存在在空头时买入，在多头时卖出的趋势，并且研究发现不同证券的均值回复速度不同，且均呈现较慢的回复速度。这样的结论同样出现在不同的交易市场，比如 Manaster，Mann（1996）采取的芝加哥商品交易所样本，Reiss，Werner（1988）、Hansch，Naik，Viswanathan（1988）采取的伦敦证券交易所样本。

三、关于交易行为对价格的影响

前面的模型提到，投资者无论是知情交易者还是非知情交易者，其交易策略都可能对信息传递与价格传递过程产生影响。

在这一方面的研究首先集中在大宗交易对价格的影响上。Loeb（1983）使用大宗交易经纪人的报价数据，研究发现大宗交易对小型股票的影响非常显著，但对于市值较大，流动性较好的股票的影响较小。Keim，Madhavan（1996）构建了检验大宗交易的模型，得出了与 Loeb（1983）类似的结论，同时他的研究还发现对于小型股票而言，大宗交易对价格的影响既有存货成本也有信息成本的作用。

随着电子计算机技术的发展以及高频数据的可得性，学者在使用高频数据对金融市场微观结构的研究开始转向日内特征，并且发现了许多非常有趣的现象。首先国外学者发现了一些典型的日内数据特征。最显著的特征是波动率日内"U"形走势，也就是说一般每日内的波动率都是开盘与收盘时高，中间交易时间低。Wood，Mc Inish，Ord（1985）利用分钟数据发现了这一点，Harris（1986）也证实的确存在这种现象。Torben，Tim，Jun（2000）对 1994—1997 年日经 225 指数 5 分钟高频交易研究发现，日内波动在每天呈现"双 U"形特征，即在早市开盘与午市休盘呈现第一个"U"形，在午市开盘与下午休盘呈现第二个"U"形。同时研究发现在过滤掉每天日内周期模式后，高频回报揭示了长期记忆内部波动相关性的存在。此外，不仅仅是波动率，其他交易变量如交易频率、交易量、买卖价差等都具有这种"U"形走势，该结论在 Jain，Joh（1988）发表的文章中被证实。

此外，Biais，Hillion，Spatt（1995）通过分析指令类型、大小、间隔时间、买卖价差的联合分布，发现下个指令到达的间隔时间，与上一个指令的间隔时间成正比，与当前的买卖价差以及上次交易的规模成反比。受到他们的启发，Engle，Russel（1998）构建了 ACD 模型，刻画价格的持续性聚集效应，并在以后的研究中得到广泛的应用。Dufour，Engle（2000）指出当交易间的时间久期减少时，交易的价格影响，价格对交易信息的调整以及有信息交易的正自相关性都会增加，他们认为市场最活跃的时候最有可能是有信息的交易者在市场上进行交易的时刻，同时认为这样的市场流动性较少。Engle（2000）在文章中使用高频数据构建 ACD 模型对 15000 个 IBM 股票交易信息进行研究，发现波动既有长期也有短期的成分，同时较长的久期往往与较小的波动相对应，并且较长的久期具有降低波动的影响。Yacine，Mykland 和 Zhang（2011）发现高频数据当中包含的金融市场微观结构噪声可能存在一定的联系性，他们指出即使微观结构噪声存在相互独立性，但是使用两组或更多组时间序列来估计日内波动也是有效的。

我国学者在金融市场微观结构理论方面的研究不多，创新性不足，但实证上，从多元市场，市场交易者特征，日内效应等多角度均有研究。在针对中国多元市场上，是从期货、股票、外汇三个市场进行研究的，股票市场研究的典型代表人物是屈文洲、吴世农（2002），他们考虑到深圳市场交易机制相对简单，以此为样本发现深圳股票市场买卖价差呈现出"L"形的变动规律。

期货市场研究的代表人物是刘向丽，汪寿阳（2013），外汇市场以杨荣，徐涛（2009）的研究为代表，在中国人民币外汇市场引入做市商制度后，研究发现做市商在人民币汇率形成和决定中发挥着重要作用。

市场交易特征上，有研究噪声交易的，也有考虑内幕交易行为的，其中苏冬蔚（2008）研究噪声交易对我国市场的影响，发现我国股市私人信息具有较高的相关性和持久性；噪声交易提高了交易与投资的活跃程度，同时却扩大了执行成本和价格波动幅度；噪声交易与信息不对称的关系不大；噪声交易使实际价差缩小，进而削弱了市场的有效性。周铭山，张格，刘玉珍（2010）通过构建 VaR 模型研究了我国证券市场的价格信息含量问题。张宗新（2008）根据序贯模型研究了内幕交易的市场微观特征，分析了不同交易者在信息非均质的交易行为和交易策略，在此基础上应用股价运动的随机过程提出了内幕交易概率预警模型，从而为内幕交易行为预测提供了理论基础。

也有学者运用高频数据考察我国证券市场的日内效应。邓雪龙，欧阳红兵（2012）运用我国证券市场超高频分笔数交易数据，建立非对称价格持续期对数 ACD 模型，研究发现买卖价差、交易量、交易规模与条件期望价格持续期跨期负相关，表明信息交易的大小与价格持续期的长短负相关。张波，蒋远营（2017）对国内股市数据研究发现，在早晨 9：30 股市开盘期间收益回报显著为负值，而在下午 3：00 收盘前的 5 分钟集合竞价阶段的收益回报显著为正值，称这种现象为"首尾 5 分钟现象"。并且日内收益数据具有较为显著的季节效应或周期效应。

四、市场机制设计

（一）集合竞价与连续交易

Mendelson（1982），Ho，Schwartz 和 Whitcomb（1985）从理论研究表明集合竞价交易机制可以有效地汇总分散信息，当市场中信息不对称非常严重、流动性很差时，集合竞价非常有用。因此，许多连续交易的市场在不确定性很大时，如在开盘、收盘和经过交易暂停后的重新开盘，大多采用单一价格竞价机制。然而，大多数交易所都是采用连续交易的双边机制而不是定期交易的多边机制。为什么存在对连续交易机制的强烈需求？即使是当流动性较差时，利用做市商来提供流动性。Smidt（1979）认为集合竞价交易系统和连续交易系统之间的差异可能影响到收益率。Amihud 和 Mendelson（1987）比较了 NYSE 股票以开盘和以收盘计算的收益率的方差。二者的周期都是 24 小时，任何差异都可能反映不同交易系统的差异，NYSE 的开盘价是由单一竞价形成的，而收盘价是由连续的双边竞价形成的。他们的证据在一定程度上支持以下观点：连续系统和集合竞价交易系统之间的差别可以采用价格的有效性和收益率的波动性等可观察的变量进行刻画。类似地，Amihud 和 Mendelson（1991），Stoll 和 Whaley（1990）以及 Forest 和 George（1996）也得出市场结构的差异会影响收益率的结论。Amihud，Mendelson 和 Lauterbach（1997）说明 TelAviv 股票交易所的股票由集合竞价转向连续交易时，资产的价格得到很大的增长。

（二）信息披露制度

在这方面的研究主要集中于提高事前透明度和提高事后透明度上。提高事前的透明度是否能够如监管机构所希望的增加市场流动性呢？1990年4月12日，多伦多交易所开始实时地向公众提供指令簿中前5个买卖报价信息。Porter和Weaver（1998）研究了此次提高透明度的决策对多伦多交易所的影响，他们用多种方法来度量流动性与成本，包括交易价格与竞价均值之差的"有效价差"等。结果发现即使控制了可能影响价差的其他因素，包括交易量、波动性和价格，此次决策也使"有效价差"以及其他指标都变大了，这表明与透明度相关的流动性下降。而最可能的解释是限价指令交易者免费为市场提供了流动性，本质上是向其他交易者提供了一个免费的期权，因而不愿意在一个高度透明的市场中提交限价指令。事后的透明度是指及时的公开交易信息。Gemmill（1994）研究了事后透明度改变对伦敦证券交易所的影响。1986年10月7日，伦敦证券交易所要求所有交易在5分钟后都必须披露，这使一些交易者进行大宗交易时处于一个困难的境地，因为他们的竞争对手会根据披露的交易信息及时调整价格，从而"损害"大宗交易者的利益。伦敦证券交易所在1989年放松了及时交易公告规则，并于1991年又重新修订了该规则，这就为研究披露对市场品质的影响提供了一个机会。具体而言，从1989年2月到1991年1月，大宗交易的价格披露有24小时的延迟时间。而1991年1月之后，对交易为正常市场规模3倍的交易的披露只有90分钟的延迟。Gemmill（1994）发现披露机制的变化对流动性几乎没有显著的影响，这一结果与市场参与者对交易披露反映强烈的事实呈现鲜明的对比。Gemmill（1994）也指出，这有可能是度量的问题。Bloomfield和O'Hara（2000）通过实验的方式分析了不同披露标准的市场。实验中部分做市商要求披露信息，而其他做市商则不要求披露交易信息。他们发现由于不披露信息的做市商具有信息优势，他们可以设定更好的价格，从而获得更多的指令并有更高的收益。实验表明，市场的透明度会自然提高的证据不一定正确。Bloomfield和O'Hara（2000）调整实验的设计：允许做市商自愿选择是否披露交易信息，以检验市场中透明度的演变。实验的结果表明，当做市者可以自愿选择披露时，绝大多数（但不是所有的）都会倾向于不披露他们的交易。此时对于少量自愿披露信息的做市商而言，可以获得更高的收益。

第六节　金融市场微观结构的前沿问题及领军人物

（1）金融市场微观结构理论方面的研究已经较为成熟，如何做好实证研究，尤其是与当代信息科技结合，发挥大数据、高频数据的数据优势，结合国家与市场特色，探讨市场上的价格机制是未来研究的一大重点。

（2）金融市场微观结构分析与探讨上，只有合理的实验设计才能准确发掘市场交易机制的运作原理与价格形成过程，而良好的模型构建也是结果准确的必要保证。

（3）跳出单一市场研究范式，考虑市场与市场之间的联动性，尤其是跨国市场之间价格的形成是否具有相关性。

（4）通过金融市场微观结构理论研究金融监管的措施，金融系统功能的发挥乃至货币政策的传导，打通微观金融与宏观金融连接的桥梁。

主要领军人物有 Demsetz，O'Hara，Glen，Engle，Harris，Bagehot，Easley。

参考文献

[1] Admati, A. R. and Pfleiderer, P. (1988). "A theory of intraday patterns: volume and price variability." Review of Financial Studies, 1 (1), 3–40.

[2] Amihud, Y. and Mendelson, H. (1980). "Dealership market: market–making with inventory." Journal of Financial Economics, 8 (1), 31–53.

[3] Andersen, T. G., Bollerslev, T. and Cai, J. (2000). "Intraday and interday volatility in the Japanese stock market." Journal of International Financial Markets, Institutions and Money, 10 (2), 107–130.

[4] Aït–Sahalia, Y., Mykland, P. A. and Zhang, L. (2011). "Ultra high frequency volatility estimation with dependent microstructure noise." Journal of Econometrics, 160 (1), 160–175.

[5] Bagehot Walter. (1971). "The only game in town." Financial Analysts Journal, 27 (2), 12–14.

[6] Bauwens, L. and Giot, P. (2000). "The logarithmic ACD model: An application to the Bid–Ask quote process of three NYSE stocks." Annals of Economics and Statistics, 60 (60), 117–149.

[7] Biais, B., Hillion, P. and Spatt, C. S. (1995). "An empirical analysis of the limit order book and the order flow in the paris bourse." Journal of Finance, 50 (5), 1655–1689.

[8] Copeland, T. E. and Galai, D. (1983). "Information effects on the bid–ask spread." Journal of Finance, 38 (5), 1457–1469.

[9] Demsetz, H. (1968). "The cost of transacting." Quarterly Journal of Economics, 82 (1), 33–53.

[10] Dufour, A. and Engle, R. F. (2000). "Time and the price impact of a trade." Journal of Finance, 55 (6), 2467–2498.

[11] Easley, D. and O'Hara, M. (1987). "Price, trade size, and information in securities markets." Journal of Financial Economics, 19 (1), 69–90.

[12] Easley, D. and O'hara, M. (1992). "Time and the process of security price adjustment." Journal of Finance, 47 (2), 577–605.

[13] Engle, R. F. and Russell, J. R. (1998). "Autoregressive conditional duration: a new model for irregularly spaced transaction data." Econometrica, 66 (5), 1127–1162.

[14] Engle, R. F. (2000). "The econometrics of ultra–high frequency data." Econometrica, 68 (1), 1–22.

[15] LoebThomas, F. (1983). "Trading cost: The critical link between investment information and results." Financial Analysts Journal, 39 (3), 39–44.

[16] Gemmill, G. (1996). "Transparency and liquidity: A study of block trades on the london stock exchange under different publication rules." Journal of Finance, 51 (5), 1765–1790.

[17] Glosten, L. R. and Milgrom, P. R. (1985). "Bid, ask and transaction prices in a specialist market with heterogeneously informed traders." Journal of Financial Economics, 14 (1), 71 – 100.

[18] Glosten, L. R. and Harris, L. E. (1988). "Estimating the components of the bid/ask spread." Journal of Financial Economics, 21 (1), 123 – 142.

[19] Hansch, O., Naik, N. Y. and Viswanathan, S. (1998). "Do inventories matter in dealership markets? Evidence from the london stock exchange." Journal of Finance, 53 (5), 1623 – 1656.

[20] Harris, L. (1986). "A transaction data study of weekly and intradaily patterns in stock returns." Journal of Financial Economics, 16 (1), 99 – 117.

[21] Hasbrouck, J. (1988). "Trades, quotes, inventories, and information." Journal of Financial Economics, 22 (2), 229 – 252.

[22] Hasbrouck, J. and Sofianos, G. (1993). "The trades of market makers: An empirical analysis of NYSE specialists." Journal of Finance, 48 (5), 1565 – 1593.

[23] Hansch, O., Naik, N. Y. and Viswanathan, S. (1998). "Do inventories matter in dealership markets? Evidence from the london stock exchange." Journal of Finance, 53 (5), 1623 – 1656.

[24] Ho, T. and Stoll, H. R. (1981). "Optimal dealer pricing under transactions and return uncertainty." Journal of Financial Economics, 9 (1), 47 – 73.

[25] Ho, T. S. Y. and Stoll, H. R. (1983). "The dynamics of dealer markets under competition." Journal of Finance, 38 (4), 1053 – 1074.

[26] Holden, C. W. and Subrahmanyam, A. (1992). "Long – lived private information and imperfect competition." Journal of Finance, 47 (1), 247 – 270.

[27] Jain, P. C. and Joh, G. – H. (1988). "The dependence between hourly prices and trading volume." Journal of Financial and Quantitative Analysis, 23 (3), 269 – 283.

[28] Keim, D. B. and Madhavan, A. (1996). "The upstairs market for large – block transactions: analysis and measurement of price effects." Review of Financial Studies, 9 (1), 1 – 36.

[29] Kyle, A. S. (1985). "Continuous auctions and insider trading." Econometrica, 53 (6), 1315 – 1335.

[30] Madhavan, A. and Smidt, S. (1993). "An analysis of changes in specialist inventories and quotations." Journal of Finance, 48 (5), 1595 – 1628.

[31] Manaster, S. and Mann, S. C. (1996). "Life in the pits: Competitive market making and inventory control." Review of Financial Studies, 9 (3), 953 – 975.

[32] O'Hara, M. and Oldfield, G. S. (1986). "The microeconomics of market making." Journal of Financial and Quantitative Analysis, 21 (4), 361 – 376.

[33] O'Hara, M. (2015). "High frequency market microstructure." Journal of Financial Economics, 116 (2), 257 – 270.

[34] Reiss, P. C. and Werner, I. M. (1998). "Does risk sharing motivate interdealer trading." Journal of Finance, 53 (5), 1657 – 1703.

[35] Roll, R. (1984). "A simple implicit measure of the effective bid – ask spread in an efficient market." Journal of Finance, 39 (4), 1127 – 1139.

[36] Schultz, P. H. (2000). "Regulatory and legal pressures and the costs of Nasdaq trading." Review of Financial Studies, 13 (4), 917 – 957.

[37] Smidt Seymour. (1971). "Which road to an efficient stock market: free competition or regulated monopoly?" Financial Analysts Journal, 27 (5), 18 – 20.

[38] Spiegel, M. and Subrahmanyam, A. (1992). "Informed speculation and hedging in a noncompetitive securities market." Review of Financial Studies, 5 (2), 307 – 329.

[39] Stoll, H. R. (1978). "The supply of dealer services in securities markets." Journal of Finance, 33 (4), 1133 – 1151.

[40] Tinic, S. M. and West, R. R. (1972). "Competition and the pricing of dealer service in the over – the – counter stock market." Journal of Financial and Quantitative Analysis, 7 (3), 1707 – 1727.

[41] Wood, R. A., mcinish, T. H. and Ord, J. K. (1985). "An investigation of transactions data for NYSE stocks." Journal of Finance, 40 (3), 723 – 739.

[42] Zhang, M. Y., Russell, J. R. and Tsay, R. S. (2001). "A nonlinear autoregressive conditional duration model with applications to financial transaction data." Journal of Econometrics, 104 (1), 179 – 207.

[43] 邓学龙, 欧阳红兵. 价格持续期、信息传递与市场微观结构——基于非对称ACD模型的实证分析. 管理评论, 2012 (2).

[44] 刘向丽, 汪寿阳. 中国期货市场日内流动性及影响因素分析. 系统工程理论与实践, 2013 (6).

[45] 屈文洲, 吴世农. 中国股票市场微观结构的特征分析——买卖报价价差模式及影响因素的实证研究. 经济研究, 2002 (1).

[46] 苏冬蔚. 噪声交易与市场质量. 经济研究, 2008 (9).

[47] 熊德华, 张圣平. 市场微观结构: 理论发展与实证分析综述. 管理世界, 2006 (8).

[48] 杨荣, 徐涛. 中国外汇市场的微观结构. 世界经济研究, 2009 (3).

[49] 张波, 蒋远营. 基于中国股票高频交易数据的随机波动建模与应用. 统计研究 2017 (3).

[50] 张宗新. 内幕交易行为预测: 理论模型与实证分析. 管理世界, 2008 (4).

[51] 周铭山, 张格, 刘玉珍. 证券价格中的信息含量问题研究评述. 经济学动态, 2010 (1).

第六章

非对称信息交易模型

　　本章节关注信息不对称的前沿理论研究。关于信息不对称的几个经典模型的提出距今已三十余年，后续产生了众多的研究工作。在经典模型的设置中，参与者的信息结构、风险态度设置比较简单，并且具有理性经济人的假设。本部分分别从信息结构的设置，风险态度的设置以及非理性如过度自信信念的设置等三个方面探讨理论研究的发展思路。其中，第一节介绍了经典模型的基本假设及基本结论。在此基础上，回顾了后续模型在不同信息环境下的研究工作。第二节主要关注风险厌恶态度对均衡的影响这一话题。第三节则关注过度自信对于不对称信息交易策略及其他均衡结果的影响研究。这三节均引用了一些重要工作及笔者已发表的最新论文。第四节展望了可能的后续研究方向。

内幕交易模型通常分为完全竞争和不完全竞争的微观结构模型，分别以 Grossman 和 Stiglitz（1980）与 Kyle（1985）为代表。两个模型影响深远，用 Google Scholar 查询的引用次数分别在 7200 次及 8800 次以上。后续理论发展主要思路是通过引入更加现实的因素来扩展模型的适用范围。作为国际前沿领域，这些论文有大量后续研究，这些研究在信息结构、竞争模式、交易模式、风险态度、过度自信、市场规则限制等方面具有更一般的假设。

第一节 一般的信息分布结构下的策略交易模型

Kyle（1985）考虑的私有信息是单一的私有信息。后续的研究则引入了多样化的信息。一类模型关注于私有信息的多样化。Holden 和 Subrahmanyam（1992）考虑了竞争的多个内幕交易者持有相同信息的情况。他们发现，竞争会加剧信息释放，在竞争趋于完全竞争时市场达到 Fama（1972）提出的强有效市场状态。这与 Kyle（1985）中私有信息被缓慢释放到公开价格中的结论形成鲜明的对照。基于这个工作，Foster 和 Viswanathan（1996）研究了另一种重要情形，即参与交易的内部交易者也是多人，但不同的是，内部交易者拥有的信息是多样的。他们发现，当信息负相关时，竞争不会加剧私有信息的释放。Dridi 和 Germain（2009）提出的一个静态模型在一定程度上扩展了 Foster 和 Viswanathan（1996）模型，他们发现内幕信息中的噪声在一定条件下可以弱化内幕交易者之间的竞争，从而提高他们获得的利润。另一类模型则研究了私有信息与公共信息共存的情形，并研究了公共信息对资本成本的影响，（Hughes 等，2007；Lambert 等，2007），对私有信息获取和价格有效性的影响（Lundholm，1991；Demski 和 Feltham，1994），对交易量影响的研究（Kim，Verrecchia，1991；Kondor，2012）；最近的一篇文章则同时研究了这些影响（Han 等，2016）。公共信息在内幕交易中扮演的角色是个有争议的问题。有些经济学家认为公共信息损害了市场价格的有效性（Han 等，2016），有人则认为公共信息可以增加市场价格的有效性（Luo，2011；Zhou，2011，2015），这种差异主要取决于噪声交易量是内生还是外生假设的。最近 Kyle（2018）研究了一个交易者拥有库存，并且高估信息的精度模型，揭示了"凯恩斯选美竞赛"可以降低价格波动性的结论。

Kyle（1985）研究了垄断内幕交易的情形，Grossman 和 Stiglitz（1980）则研究了完全竞争的情形。介于两者之间的寡头竞争则是后续经济学家关注的重点。一类模型扩展了内幕交易者的数量和禀赋。如 Holden 和 Subrahmanyam（1992）以及 Foster 和 Viswanathan（1996）在离散时间框架下分别研究了获取相同和不同私有信息的竞争交易者的情形。在此基础上，Back 等（2000）则在连续情形下重新构建了这两种博弈模型，并且证明了当内幕交易者具有相同信息禀赋时，均衡是不存在的，从而验证了 Holden 和 Subrahmanyam

（1992）关于连续时间均衡不存在的猜想。Berhardt 和 Miao（2004）建立了一个包含 Kyle（1985），Holden 和 Subrahmanyam（1992）以及 Foster 和 Viswanathan（1996）所有结果的模型，研究了不同时间进入市场的内幕交易者的竞争问题，发现即使不新鲜的信息也可以用来在竞争中获取利润。Caldentey 和 Stacchetti（2010）则研究了交易次数为随机数时的模型。他们证明了，存在一个内生的时刻，在此时刻之前，信息被缓慢释放，但是在此时刻之后，信息被迅速释放到公开的市场价格中。另一类模型则引入了内幕交易者存在与否的不确定性。Gao 等（2013）在基于 Grossman 和 Stiglitz（1980）的研究结论基础上建立的一个静态模型中首次提出了这种想法，并发现内幕交易者的不确定性极大地改变了完全竞争博弈均衡的性质。Banerjee 和 Green（2015）则进一步把模型推广到动态情形，发现可以获得与实证结果相吻合的收益率模式。最近的一篇工作论文（Zhang 和 Ruan，2016）则试图在 Kyle（1985）框架中引入内幕交易者存在的不确定性。

下面我们详细讲解经典模型和两篇重要的最新文献。

首先，讲解 Kyle（1985）模型的基本思路和结果。Kyle（1985）建立了一个动态交易模型，在这个模型中，交易的次数为 N 次，每一次交易后，价格会由之前的价格 $P(n-1)$ 更新到新的价格 $P(n)$。在这个模型中，交易者分为一个内部交易者，若干个噪声交易者，竞争性的做市商。内部交易者拥有关于资产未来价值的信息 v，噪声交易者提交的交易量为白噪声序列 $u(n)$，$u(n)$ 为零均值方差为常数的正态随机变量序列，$u(n)$ 彼此独立并与其他变量独立。一个很重要的假设是 $u(n)$ 是外生变量，这在一些后续文章中有所改进，比如 Mendelson，Tunca（2004）。内部交易者的交易策略 $x(n)$ 建立在私有信息 v 的基础上，在均衡中，$x(n)$ 是私有信息 v 的线性函数。做市商定价的原则是市场有效性假设，也即价格 $P(n) = E[v|y_1,\cdots,y_n]$，其中的 y_n 为总交易量 $x(n) + u(n)$。

Kyle（1985）模型的均衡实际上是一种特殊的精炼 Bayesian 均衡，在每一期决策时，状态变量包括历史价格，或者等价的历史交易量，以及重要的私有信息 v。可以证明的是 $x(n)$ 是私有信息 $v-p(n-1)$ 的线性函数，而 $v-p(n-1)$ 与历史价格或者历史交易量是独立的。这说明内部交易者总是在利用最新的未公开使用的信息进行交易。此时，内部交易者在第 $n-1$ 期的利润函数的期望（此期望为条件期望，条件为第 $n-1$ 期期初时的状态变量）为 $[v-p(n-1)]$ 的二次函数。于是在第 n 期，内部交易者的利润函数的期望与 $p(n)$ 有关，而 $p(n)$ 在均衡时候是满足 $p(n) = p(n-1) + \lambda \times [x(n) + u(n)]$ 的。结合第 n 期当期的利润 $[v-p(n)] \times x(n)$ 从而在第 n 期，内部交易者的利润可以写成 $[x(n)]$ 的二次函数的形式，而对于二次函数的最优值是可以利用一阶条件求解得出的。

以上是求解过程的一部分解释，求解的全部过程比较复杂，需要结合倒推递归的办法给出。解的表达是利用递归方程组给出的。求解递归方程组则需要借助数值办法给出。显式解只有当 $N=1$ 或者当 N 趋于无穷的时候给出。数值求解则用 Matlab 刻画就可以了，但原文并没有给出具体的数值求解办法，只是直接给出了数值图形。详细的计算过程需要参照 Holden 和 Subrahmanyam（1992）给出的定理刻画的办法，或者使用一种"试解法"，也即通过给出 Sigma（N）的办法倒推求解出 Sigma（0），而 Sigma（0）是外生变量，如果求解得出的 Sigma（0）与外生给出的 Sigma（0）不一样，则调整 Sigma（N），直至求解得出的 Sigma（0）与外生给出的 Sigma（0）相同为止。

通过分析数值结果，Kyle（1985）得出的主要结论包括：①在交易次数很高时，内幕交易使市场深度接近于常数，也即流动性参数接近于常数；②在交易次数很高时，私有信息的释放是常数，也即内部交易者是这样使用信息的，他总是缓慢使用信息，速度接近于常速；③内部交易者的利润与私有信息含量以及噪声交易者大小成正比，直观含义是私有信息越多或者噪声交易者提供的掩护越多，则内部交易者获利越丰厚。

作为开创性的文献，Kyle（1985）的结果尽管简单而且过于完美，但意义是深远的，正是有了 Kyle（1985）的结论，后续模型才有了起步和参照。正如综述中所述，后续模型在很多方面对 Kyle（1985）模型有所改进，结论也相应有所改进。在实证方面，Kyle 的模型可以刻画信息冲击的大小，也即交易量使股票价格改变，这种价格改变是不利的，因此，大的交易会产生显著的市场冲击，提升交易的成本。

在这篇文章的基础上，我们介绍 Holden 和 Subrahmanyam（1992）及其重要研究结果。Holden 和 Subrahmanyam（1992）大部分假设继承自 Kyle（1985）模型，只有一点不一样，Holden 和 Subrahmanyam（1992）假设市场里存在多个交易者，而不是一个。这样，竞争性的内部交易者被引进，Kyle（1985）的很多结果都发生了改变。

Holden 和 Subrahmanyam（1992）建立了动态博弈的求解过程，通过命题形式给出的数值求解过程比 Kyle（1985）更加详细具体，可以通过直接编程实现。他们发现的结论显著区别于 Kyle（1985）的结论。在存在内幕交易者的竞争时，私有信息的释放不再是缓慢释放，而是集中在前面几期，即使内部交易者的人数只有 2 人，信息的释放与 1 人时相比也是加快了很多的，信息释放速度不再是常数。这个结论是竞争所导致的，直观含义是：当面临竞争时候，如果某一个内部交易者使用信息时使用的程度不够大，那么其他人会抓紧时间使用此信息。

Holden 和 Subrahmanyam（1992）建立了严格的求解极限的方法，也即当 N 趋于无穷时的均衡结果。而且他们的做法非常精细，他们区分了两种不同的极限，并给出了极限求解的严格推导过程。在数值模拟过程中，他们发现：①信息释放不是缓慢的，而是迅速的；②逆向选择效应在开始阶段是很高的，后续逐渐下降；③内部交易者的利润集中在前几期，当内部交易者人数趋于无穷时，他们的利润是趋于消失的。

Holden 和 Subrahmanyam（1992）的结论极大地改进了 Kyle（1985）的结论，当然他们的假设还是存在过于完美的缺点，比如每一个内部交易者的信息是完全相同的。这在后续论文中［比如 Foster 和 Viswanathan（1996）］是有所改进的。

最后我们介绍比较新的一篇论文的思路和研究结果。

Lambert，Ostrovsky 和 Panov（2018）沿用 Kyle（1985）的框架，市场中包括内部交易者，噪声交易者，做市商，并且价格确定也是由做市商来决定的。在此模型中，n 个内部交易者的信息是不相同的，具体来说，他们分别观测到 $\theta_1, \cdots, \theta_n$ 这 n 个信号，这些信号与资产的内在价值 v 是相关的，每一个 θ 的维数都是多维的，除此之外，做市商也是可以观测到私有信息 θ_M 的，另外，更重要的一个假设是噪声交易者的交易量 u 与 $\theta_1, \cdots, \theta_N$，$\theta_M$，它们之间是有关系的，这个设置在文章的主要结论中起到至关重要的作用。

Lambert，Ostrovsky 和 Panov（2018）等的假设完全脱离了关于信息分布对称性的束缚，比如 $\theta_1, \cdots, \theta_N$，这些变量的方差可以是完全不相同的。这个假设与 Berhardt 和 Miao（2004）是类似的。只是 Lambert，Ostrovsky 和 Panov（2018）关心的是一期模型，并且关于解的存在性和唯一性作出了证明，而 Berhardt 和 Miao（2004）关心的是多期模型，但是并没有在一般情况下证明解的唯一性和存在性，只针对特殊情况进行了理论分析和数据模拟。

Lambert，Ostrovsky 和 Panov（2018）在一般的情况下证明了线性均衡解的存在性和唯一性，然后他们关注了一些具体的经济学问题，第一，额外信息的价值是否总是为正的。他们获得了一个非常有意义的结果：当在一个市场里，交易者 A 的信息为 (θ_A, θ_B)，而交易者 B 的信息为 θ_B 时，那么在唯一的线性均衡里，交易者 A 的收益一定略高于交易者 B 的收益。但是当交易者 A 的信息在两个维度上变得更高时，交易者 A 的利润会下降（仍然高于 B 的利润），而交易者 B 的利润会上升。第二，应用是不同情形下均衡可能的边界。C1 情形是噪声交易者的交易与资产价值无关并且策略交易者对噪声交易无知的设定，C2 情形是噪声交易与资产价值无关但是策略交易者能够观测到噪声交易的一部分信息，C3 情形最一般，是噪声交易与资产价值相关并且策略交易者能够观测到噪声交易的一部分信息的情形。在这三种情形下，对于任何的信息结构和策略交易者人数，价格对信息的揭示程度从完全无揭示到完全揭示，也说明文章关于信息揭示的主要结论是多么依赖于信息结构和人数的假设。

下面我们说明文章的主要结论，当交易者存在有限组，并且每组里面的交易者信息是对称的，并且每组的人数规模趋于无穷时，价格的有效性是这样的：当噪声交易与资产价值不相关或正相关时，价格趋于 v 关于 θ, θ_M, u 的条件期望，也即价格包含了 u 所蕴含的信息，但是当噪声交易与资产价值负相关时，价格趋于 v 关于 θ, θ_M 的条件期望，也即价格没有包含 u 所蕴含的信息。这个重要结论的直观含义是这样的：当获知某一个信息 θ_i 的人数趋于无穷时，他们的特质性因素会消失，这时的 $\theta_i theta\_i$ 最终被剩余并展示出来。当 v 和 u 的条件协方差为正数时，价格可以把 u 的信息正确展示出来，这是因为 p 为总交易量即 $x+u$ 的线性函数而且系数为流动性参数，此参数为市场深度的倒数，是正数。并且 Bayesian 观测者也是会把价格与 u 的关系设为正数的。但是当 u 与 v 为负相关的关系时，以上分析不再成立，此时，价格只能与 u 成正比，因为如前所述，价格

与 x 的系数与价格与 u 的系数是同一个系数，均为市场深度的倒数。但是 Baysian 观测者会把价格与 u 的关系设为负数，这是因为 u 与 v 的负相关性。因此，此时价格是不反映 u 的信息的。

未来这个领域还会有重大发展。一方面，结合现实市场中私有信息来源的多样性和复杂性，未来金融学家们会研究在某些方面有所创新的论题。比如，可以把信息的分类分得更细一些。因为参与人的信息来源不同，不同人在不同时间可以获得信息；或者根据现实市场的特点，可以设计各种机制使参与的各方受之约束，并在机制下博弈；又或者根据信息的多维性质进行交易，这方面已有文章进行了探讨。这类模型虽然比以上模型简单，但是其创新性是在应用的背景上，比如可应用于解释金融传染。

第二节　风险态度特征的影响研究

从模型扩展的角度讲，传统的垄断内幕交易者的模型 Kyle（1985）及后续大部分模型为了计算和分析的方便都是假定参与者是风险中性的。基于 Kyle（1985）以及 Holden 和 Subrahmanyam（1992）的模型，Baruch（2002）以及 Holden 和 Subrahmanyam（1994）分别在离散时间动态博弈和连续时间动态博弈框架下建立了风险厌恶型内部人的交易模型。他们发现风险厌恶的交易者利用信息的速度会更加快速。Zhang（2004）则考虑了风险厌恶的内幕交易者在信息公开法存在时的交易策略，得出了类似的结论。Subrahmanyam（1992）考虑了内部人和做市商均为风险厌恶时的情形，发现价格有效性随着噪声交易的增加而降低，而在风险中性模型中，两者是没有关系的。从模型应用的角度讲，风险厌恶模型比风险中性模型的解释力更强，应用范围更广。建立在 Kyle（1985）模型基础上，Spiegel 和 Subrahmanyam（1992）使用风险厌恶模型刻画了噪声交易的产生过程，证明了风险厌恶的噪声交易者和内幕交易者一样也可以是追求效用最大化的策略交易者。建立在 Grossman 和 Stiglitz（1980）基础上，Han 等（2016）也把噪声交易者刻画为追求效用最大化的风险厌恶交易者，并且分别分析了两类不同的噪声交易的产生方式，一种是由没有私有信息的流动性交易者产生，另一种是由拥有私有信息的对冲者产生。此外，风险厌恶的属性还被应用在最优合同设计的分析中。Kyle（1985），Yang 和 Wei（2011）发现，若拥有私有信息的代理人是风险厌恶的，则价格所能反映的信息是随噪声增大而增加的。

首先，我们介绍一篇短文［Holden 和 Subrahmanyam（1994）］，这是直接建立在 Kyle（1985）研究基础上的一篇文章，这篇文章难得之处在于保留了 Kyle 的多期的框架，这在很多其他论文中［比如 Spiegel 和 Subrahmanyam（1992）］并没有做到。这篇文章假设了内部交易者的风险态度用 CARA 即常相对风险厌恶函数，A 为风险厌恶系数，均衡解用差分方程系统来表示（Difference Equation System），这遵循了 Kyle（1985）的思想，需要说明的是，均衡的存在性和唯一性并未严格证明，作者只在后面的模拟过程中说到，在数值模拟的例子中，均衡解是存在并且唯一的。

这篇文章的结论与 Kyle（1985）相比是有很大不同的。在内部交易者只有一个人时，私有信息的释放是非常快速的，在前几期大部分信息已经被使用并被价格反映。这与 Kyle（1985）的结论大相径庭。Kyle（1985）认为，信息的释放是常数速度。造成这个区别的主要原因是，当交易者为风险厌恶时，他总是希望信息可以早一点被揭示，这样未来交易的利润不确定性就会极大降低。这是造成价格所蕴含的信息有效性增强的主要原因。

紧接着这篇文章，Baruch（2002）把 Holden 和 Subrahmanyam（1994）的文章连续化了，假设基本与 Holden 和 Subrahmanyam（1994）相同，除了建立在连续时间框架范围内，另外，假设噪声交易者的交易量可能会依赖于市场深度（代表成本）和市场剩余信息含量（代表风险）。文章的主要结论是无论噪声交易者的需求函数弹性高低，价格压力随着时间的增加而下降，这篇文章的主要方法利用了连续时间框架下的随机分析，并使用了 Ito 引理。这种做法不同于离散时间动态最优化的方法，总的来说，证明过程更加简洁，而结果为解析解，不必借助数值模型可以直接进行静态分析比较。

下面我们介绍一篇比较新的论文 Sastry 和 Thompson（2018），在这篇论文中，资产价值分成两部分，一部分私有信息是被内部交易者获取，另一部分会逐步被公开，作为获得私有信息的内部交易者，他们具有两种交易趋势，一方面，为了规避未来交易的风险，策略交易者会尽快释放信息；另一方面，未来的交易可以通过获得更多的公开信息降低交易风险，因此他们具有推迟交易的动机。具体设置是这样的，资产价值 v 分为两部分 $F+e$，F 可以分解为 n 个部分，e 也可以分解为 n 个部分，在交易开始前，M 个内部交易者获得初始信息 $F1$，在后续的第 n 期开始时，内部交易者可获取的私有信息为 Fn。这样，在每一期，内部交易者都可以获得一份新的信息。作者用 φ 表示了初次获取的信息所占的比例，后续信息则匀速获得。公开信息的释放是这样的，e 可以分解为 $e(2)+\cdots+e(N+1)$，在第 n 期期初或第 $n-1$ 期期末，$e(n)$ 会公开，具体细节方面，Sastry 和 Thompson（2018）还给出了刻画信息无效性的指标，是用策略交易者信息的条件方差与策略交易者信息的无条件方差之比表示的。直观意义为做市商所未能揭示的信息量占总的信息量的比例。这个设置对于研究信息的有效性是非常有启发意义的。

风险态度在未来文章中会成为一个技术创新突破口。因为我们都知道风险厌恶者除了关心期望收益之外，还关心风险大小，但是传统 Kyle 模型假设了参与人是风险中性的，这会使我们忽略很多有意义的交易现象。如果采用其他比如（Grossman – Stiglitz，1980）模型，或者 Lenkey（2014）和 Leland（1992）的模型作为基础模型，可以考察出于规避风险目的的交易策略，这将产生更丰富的经济结论。

第三节　过度自信信念下的内幕交易

大量经验证据（Rubin，1998；Odean，1999；Barber 和 Odean，2001；Deaves 等 2010；Chuang 和 Susmel，2011；Bazerman 和 Moore，2012；Ortoleva 和 Snowberg，2015；Nosfsinger，2016）表明，人们通常是过度自信的。金融市场里的过度自信交易者会高估私有信息的精确度，这种认知偏差会影响垄断或竞争模型的均衡。关于过度自信交易行为的相关研究包括：

第一，过度自信的胜出问题。在交易方面，大量的理论研究如 De Long 等（1990），Kyle 和 Wang（1997），Benos（1998），Hishleifer，Luo（2001），Hirshleifer 等（2012）获得了过度自信的交易者能够战胜理性交易者的结论。这些研究把过度自信者的胜出归因于在与理性交易者博弈中的先动优势。在公司治理方面，非理性信念影响公司的行为和公司的收益（Malmendier 等，2011；Alti 和 Tetlock，2014）。Goel 和 Thakor（2008）认为过度自信的管理者更容易被提升为 CEO 并且可以一定程度上提升公司的价值。Hirshleifer 等（2012）也认为过度自信的 CEO 更容易抓住创新发展的机遇。Gevais 等（2011）认为自信管理者比理性管理者更有吸引力，理由是自信管理者更愿意付出努力研究项目。而对于过度自信的不利影响，Banerjee 等（2015）认为可以通过加强内部控制，增强董事会的独立性来缓解。

第二，过度自信的影响问题。过度自信对于市场表现有全面而且重要的影响。建立在静态框架上的 Odean（1998）模型发现，过度自信会提升交易量，并且增加价格的有效性。建立在动态框架基础的 Wang（1998）和 Zhou（2013）研究了过度自信垄断交易者的最优动态策略，发现了类似结论，此外还发现过度自信可以产生 U 型的交易量模式，并且可以产生自相关的交易量过程。这些结果与大量实证研究（Covrig 和 Ng，2004；Glaser 和 Weber，2007；Chuang 和 Lee，2006）相吻合。此外，关于价格的有效性的提升，Ko 和 Huang（2007）给出了不同解释，认为这是过度自信交易者由于高估收益从而加大信息投资造成的。Banerjee（2015）提出，过度自信可产生异质性信念，在实证研究中可用交易量作替代变量。Baker 和 Stein（2004）以及 Fang 等人（2009）发现，过度自信降低了投资者对订单流中信息的反应，从而降低了交易对价格的冲击，提升了市场流动性并增加了公司的价值。最近，Kyle 等（2018）进一步指出，过度自信创造更高的信念多样性，而信念多样性创造交易，从而使市场流动性更强，交易更加流畅。关于过度自信的负面影响，Scheinkman 和 Xiong（2003）以及 Xiong 和 Yu（2011）发现过度自信可以产生投机性泡沫，增加市场风险。Eshraghi 和 Taffler（2012）则发现基金经理的过度自信信念会降低未来投资回报表现。Grubb 和 Osborne（2015）发现，消费者的过度自信每年让他们在手机账单上支付更多费用。

第三，过度自信的信念演化问题。建立在 Kirman（1993）提出的信念演化模型基础上，Palomino（1996）用一个带反射壁的马氏链来刻画过度自信交易者人数的演化过程，给出了过度自信交易者人数平稳分布的结果。Gervais 和 Odean（2001）发现，当投资者不知道自己的能力并且把投资成功更多地归功于能力而不是运气时，他会变得过度自信，但随着经验增长，最终又会变得理性。另一类研究则把信念演化归因于财富变化，如 Wang（2001），Hirshleifer，Luo（2001）建立的信念动态演化模型表明，过度自信的交易者在一定条件下会一直存在甚至会统领整个市场。

我们介绍比较新的一篇重要论文 Kyle 等（2018）的构造。在此模型的一期模型中，每个交易者获得一个信息精度不等的私有信号，并且可观测到一个共同信号。交易者可观测到价格，价格的确定不同于 Kyle（1985），是通过市场出清条件获得的。特别假设是，每个交易者都是过度自信的，高估自己的信息精度但是低估其他人的信息精度。市场中不存在做市商或者噪声交易者。他们建立了完美和不完美两类模型，并研究了过度自信的影响。特别的，他们把模型建立在了连续时间框架内，技术难度较大。

第四节　未来研究展望

从发展趋势来看，重要论文已经不仅仅研究静态博弈均衡解了，要么研究动态的一般均衡解，要么在连续框架内建立模型求解，后者主要的工具是随机分析。这是未来影响力较大的论文的一个共同特点。因此，我们要想在此领域有重大突破，还需借助连续时间框架内的最优化求解技术。

参考文献

［1］Alti, A. and Tetlock, P. (2014). "Biased beliefs, asset prices and investment: a structural approach." Journal of Finance. 69, 325 – 361.

［2］Back, K., Cao, H. and Willard, G. (2000). "Imperfect competition among informed traders." Journal of Finance, 55, 2117 – 2155.

［3］Baker, M. and Stein, J. (2004). "Market liquidity as a sentiment indicator." Journal of Financial Markets, 7, 271 – 299.

［4］Banerjee, S. and Green, B. (2015a). "Uncertainty and learning about whether other traders are informed." Journal of Financial Economics, 117, 398 – 423.

［5］Banerjee, S. and Green, B. (2015b). "Signal or noise? Uncertainty and learning about whether other traders are informed." Journal of Financial Economics, 117, 398 – 423.

［6］Banerjee, S. Humphery – Jenner, ML. and Nanda, V. (2015). "Restraining overconfident CEOs through improved governance: evidence from the Sarbanes – Oxley Act." Review of Financial Studies, 1 – 47.

[7] Bazerman, M. H. and Moore, D. A. (2012). "Judgment in managerial decision making." New York: John Wiley.

[8] Benos, A. V. (1998). "Aggressiveness and survival of overconfident traders." Journal of Financial Markets, 1, 353 – 383.

[9] Berhardt, D. and Miao J. (2004). "Informed trading when information becomes stale." Journal of Finance, 1, 339 – 390.

[10] Caldentey, R. and Stacchetti, E. (2010). "Insider trading with a random deadline." Econometrica, 78, 245 – 283.

[11] Chuang, W. I. and Lee, B. S. (2006). "An empirical evaluation of the overconfidence hypothesis." Journal of Banking and Finance, 30, 2489 – 2515.

[12] Zhou, D. (2013). "Irrational confidence, imperfect and long – lived information." International Review of Economics and Finance, 27, 383 – 405.

[13] Covrig, V. and Ng, L. (2004). "Volume autocorrelation, information, and investor trading." Journal of Banking and Finance, 28, 2155 – 2174.

[14] De Long, J. B., Shleifer, A., Summers, L. H. and Waldmann, R. J. (1990). "Noise trader risk in financial markets." Journal of Political Economy, 98, 703 – 738.

[15] Eshraghi, A. and Taffler R. (2012). "Fund manager overconfidence and investment performance: Evidence from mutual funds." Working paper.

[16] Fang, V. W., Noe, T. H. and Tice, S. (2009). "Stock market liquidity and firm value." Journal of Financial Economics, 94, 150 – 169.

[17] Foster, F. and Viswanathan, S. (1996). "Strategic trading when agents forecast the forecast of others." Journal of Finance, 51, 1437 – 1478.

[18] Gao, F., Song, F. and Wang, J. (2013). "Rational expectations equilibrium with uncertain proportion of informed traders." Journal of Financial Markets, 16, 387 – 413.

[19] Gervais, S. and Odean, T. (2011). "Learning to be overconfident." Review of Financial Studies, 14, 1 – 27.

[20] Glaser, M. and Weber, M. (2007). "Which past returns affect trading volume?" Journal of Financial Markets, 12, 1 – 31.

[21] Goel, M. A. and Thakor, A. (2008). "Overconfidence, CEO selection, and corporate governance." Journal of Finance, 63, 2737 – 2784.

[22] Grossman, S. and Stiglitz, J. E. (1980). "On the impossibility of informationally efficient markets." American Economic Review, 70, 393 – 408.

[23] Grubb, M. D. and Osborne, M. (2015). "Cellular service demand: biased beliefs, learning and bill shock." American Economic Review, 105 (1), 234 – 271.

[24] Han, B., Tang, Y, and Yang, L. (2016). "Public information and uninformed trading: Implications for market liquidity and price efficiency." Journal of Economic Theory, 163, 604 – 643.

［25］Hirshleifer, D. and Luo, G. Y. (2001). "On the survival of overconfident traders in a competitive securities market." Journal of Financial Markets, 4, 73–84.

［26］Hirshleifer, D., Low, A. and Teoh, S. H. (2012). "Are overconfident CEOs better innovators?" The Journal of Finance, 4, 1457–1498.

［27］Holden C. W. and Subrahmanyam, A. (1992). "Long lived private information and imperfect competition." Journal of Finance, 47, 247–270.

［28］Ko, J. K. and Huang Z. (2007). "Arrogance can be a virtue: Overconfidence, information acquisition and market efficiency." Journal of Financial Economics, 84, 529–560.

［29］Kirman, A. P. (1993). "Ants, rationality and recruitment." Quarterly Journal of Economics, 108, 137–156.

［30］Kyle, A. (1985). "Continuous auctions and insider trading." Econometrica, 53, 1315–1335.

［31］Kyle, A. S. and Wang, A. F. (1997). "Speculation duopoly with agreement to disagree: can overconfidence survive the market test?" Journal of Finance, 52, 2073–2090.

［32］Kyle A. S., Ou-Yang, H. and Wei, B. (2011). "A model of portfolio delegation and strategic trading." Review of Financial Studies. 3778–3812.

［33］Kyle, A., S., Obizhaeva, A. A. and Wang, J. (2018). "Smooth trading with overconfidence and market power." Review of Economic Studies, 85, 611–662.

［34］Lambert, N., M. Ostrovsky and M. Panov (2018). "Strategic trading in informationally complex environments", Econometrica, 86 (4), 1119–1157.

［35］Lenkey S. L. (2014). "Advance disclosure of insider trading." Review of Financial Studies. 1–34.

［36］Malmendier, U., Tate, G. and Yan, J. (2011). "Overconfidence and early-life experiences: The effect of managerial traits on corporate financial policies." Journal of Finance, 66 (5), 1687–1733.

［37］Odean, T. (1998). "Volume, volatility, price and profit when all traders are above average." Journal of Finance, 53, 1887–1934.

［38］Odean, T. (1999). "Do investors trade too much?" The American Economic Review, 1279–1299.

［39］Ortoleva, P. and Snowberg, E. (2015). "Overconfidence in political behavior." American Economic Review, 105 (2), 504–535.

［40］Scheinkman, J. A. and Xiong, W. (2003). "Overconfidence and speculative bubbles." Journal of Political Economy, 111, 1183–1219.

［41］Spiegel, M. and Subrahmanyam, A. (1992). "Informed speculation and hedging in a noncompetitive securities market." The Review of Financial Studies, 5, 307–329.

［42］Wang, F. A. (1998). "Strategic trading, asymmetric information and heterogeneous prior beliefs." Journal of Financial Markets, 1, 321–352.

［43］Xiong, W., Yu, j. (2011). "The Chinese warrants bubble." American Economic Review, 101 (6), 2723–2753.

［44］Zhang, W. (2004). "Risk aversion, public disclosure and long-lived information." Economics

Letters, 85, 327 – 334.

[45] Zhang J. and Ruan, X. (2016). "Investor attention and market microstructure." Economics Letters, 149, 125 – 130.

[46] Zhou, D. (2011). "Overconfidence on public information." Economics Letters, 112, 239 – 242.

第七章

市场规则影响研究

本章节分析了市场规则的设置对市场均衡结果影响的相关论文。第一节分析了信息披露法规对市场均衡结果影响的相关研究。信息披露是资本市场最常见的市场规则之一,但在经典模型中,此规则并未被考虑。因此第一节探讨了后续对这一不足之处的弥补工作,其中包括笔者发表的论文。第二节关注委托代理的设置对传统理论的改进。经典模型并未考虑如投资人与基金经理人这种常见的委托代理关系,而是直接把这些角色统一设置为私有信息拥有者,因而后续模型在委托代理方面的假设与实际市场更加吻合。第三节展望了可能的后续研究方向。

市场规则的影响大概分为以下几种情形：第一，信息公开法案的影响。包括中国在内的世界各国对于内部人持有股票的行为都有相应的信息公开法案的约束。Huddart, Hughes, Levine（2001）发现证券市场公开法的存在会使内幕交易者采用混合策略以避免信息优势通过一次交易就消耗完。沿着这个思路，Cao 和 Ma（2002）扩展了 Huddart 等（2001）的模型由信息垄断至寡头竞争。Zhang（2008）则把模型扩展到允许内部人拥有多个私有信号的情况，发现内部交易者总是首先使用其他内部交易者也知道的信息，然后再使用只有自己独享的私有信息。Lenkey（2014）发现信息公开会对内部人和外部人的收益都产生正面影响。申请者的文章 Zhou（2016）则分析了存在信息泄露可能性的情形下，内部交易者的动态交易策略。第二，限价制度的影响。Subrahmanyam（1994）提出，限价制度本质上是为了限制股票价格的波动，但在内幕交易环境中，限价制度会增加股票价格在临近触发价格时的波动性。这种反常效应（磁吸效应）可以通过具有限价制度的股票交易所的数据进行验证。Du 等（2005）使用韩国股票交易所的数据，Kim（2001）和 Cho 等（2003）使用中国台湾股票交易所的数据，Wong 等（2009）使用上海股票交易所的数据证实了此效应。但 Dab（2010）等提出了不同的意见。他们利用五大洲 43 个市场的数据表明对于监管成本很高的市场，限价制度是有益的。第三，价格产生机制的影响。Kyle（1985）模型的一个重要假设是，价格产生机制中的市场流动性参数由做市商给定，内幕交易者是价格产生机制的接受者而不是影响者。Admati, Pfleiderer（1988）以及 Gong, Zhou（2010）指出，在一期模型中，关于内幕交易者是价格产生机制的接受者还是影响者这两种不同假设是不影响均衡结果的。然而，Gong, Zhou（2010）发现，在多期模型中，两种假设有本质区别。事实上，内幕交易者的策略是可以对定价机制产生影响的，并且考虑这种影响后，内幕交易者可以采用一个更加盈利的策略。沿着 Gong, Zhou（2010）的方法，Gong, Liu（2012，2016）分别研究了在信息公开法存在的情况下，作为机制影响者的内幕交易者在面临竞争和面临异质性信念时的最优策略。

第一节 市场公开法案的影响

现有最具影响力的基础理论模型是 Huddart 等（2001）提出的信息公开法律限制下的内幕交易模型。他们假定内部交易者在交易结束后，会根据市场公开法案的要求。类似的法律要求早在美国 1934 年的证券法案中就有所体现：根据法案要求，所有公司的内部人，包括公司的高层，持股比例超过 5% 的个人都必须向市场公开汇报所交易的数量。这个规定在中国等其他国家的资本市场也是有相应的规定的。有了这个规定之后，Kyle（1985）的结果就要发生改变了，原因是如果内部交易者坚持之前的策略，则第一期交易结束之后，内部交易者的策略将会显露无遗，这将使内部交易者丧失后续的交易机会。这是内部交易者会改变策略的原因。

那么什么样的策略才能够适用市场公开法案的要求呢？值得注意的是，在一期模型中，市场公开法案对于均衡是没有任何影响的，这是因为，策略公开是在交易结束之后，即使信息完全公开了，内部交易者仍然使用了一次交易机会，这使信息公开法案有事后诸葛亮的意思。但在多期交易中，信息公开法案是会对内部交易者产生实质影响的。内部交易者的应对策略是在交易 x_n 中加入噪声项，因此即使 x_n 被公开了，私有信息由于噪声项的掩护也是不会被做市商完全获知从而反映到价格中的。在均衡中 $x_n = \beta_n(v - p_n^*) + z_n$，其中 z_n 为噪声项，与第一项是独立的且服从正态分布。第一项则为建立在私有信息基础上的交易量。z_n 的大小可以用它的方差来表示。文章使用了混合策略实现值的不确定性。

把每一期的交易及事件排列后为①x_n 提交。②P_n 根据总交易量 $x_n + u_n$ 确定，交易发生。③x_n 公开，价格根据 x_n 更新为 p_n^*，这是每一期都会发生的事件。因此交易结束后会产生公开的信息包括 P_n 以及 p_n^*。使子博弈精炼纳什均衡解能够得出解析解的原因是，交易价格 P_n 以及它的更新 p_n^* 都是线性函数。这使利润函数为策略的二次函数，从而可以求解得出最佳策略。

这篇文章的结论是非常清晰的，因为可以获得不需要递归就可以进行分析的显式解，这在相关论文中并不多见。主要结论包括：①交易者的交易系数为常数，即交易策略中的交易量可能会随着价格的不确定性而改变，但是其中的系数是不变的，统计性质在每一期都是相同的。②市场深度是常数，这个结论非常强，因为在 Kyle（1985）模型中，只有当交易次数趋于无穷的时候，才会有如此的结论。而在 Huddart 等（2001）的这篇文章中，对任意的交易次数 n，市场深度都是常数；这也导致了一个很重要的性质，即如果假定噪声交易者可以任意选择交易的交易量，如同 Admati 和 Pfleiderer（1998）所设置的主动噪声交易者那样，则他们不会偏离当前的交易时间，原因是每一期的交易成本对于噪声交易者都是相同的。因此这篇文章的结论对于噪声交易者的类型是稳健的。③由于前面的这两个原因，信息的释放在 Huddart 等（2001）的文章中也是常数。这一结论同样也只在 Kyle（1985）的极限情况下才是成立的。

下面，我们评价一下这篇文章，从而引出建立在此模型基础上的一篇比较新的论文。Huddart 等（2001）建立的此模型有两个可以改进的地方。第一，模型中的信息是长期有效的，不存在由于泄露而失效的可能性；第二，模型中的私有信息是精确的，而且内幕交易者是理性的。针对第一个缺点，我们已发表 Zhou（2016）讨论信息泄露可能性对内幕交易策略的影响问题。在此基础上，有以下几个问题值得我们分析：第一，在市场信息公开法的限制下，过度自信交易者能否与理性交易者一样产生常数流动性参数？如果能，此常数与 Huddart 等（2001）文章中的常数相比是增大还是减小？如果不能，流动性参数的动态变化具有什么模式？第二，在市场信息必须公开的要求下，过度自信交易者依据私有信息交易的强度和依据异质性信念交易的强度分别具有什么模式？第三，内幕交易策略中的噪声如何变化，是否如 Huddart 等（2001）的结果一样是递减的？第四，内幕交易量过程和市场交易量过程的自相关系数如何随时间变化？

信息公开法案要求参与股票交易的内部人（CEO 等高管或者持有超过 5% 公司股票份额的股东）公开他们的交易情况。那么这样做是否可以杜绝内幕交易？当内部人的私有信息在市场公告前存在泄露的可能性时，内部人的交易策略会发生什么变化？市场流动性，市场价格的有效性如何变化？

Zhou（2016）回答了以上问题。首先，信息公开法案可抑制但无法杜绝内幕交易，内部人通过在交易中加入合适的噪声交易可以成功掩饰交易目的，从而获取与私有信息重要性成正比的期望收益。其次，信息泄露时有发生，比如主动泄露途径有闲聊、做报告、写文章。被动泄露途径有：被商业间谍侦查或者被上市公司提前披露信息。这种可能性会促使内部人抓紧时间使用私有信息从而打乱内部人缓慢使用信息的如意算盘。此外，信息泄露的可能性会增加市场流动性，增强市场价格的有效性。哪怕信息泄露不会发生，只要这种可能性是存在的，这些效果就会存在。

Zhou（2016）建立的模型是这样设置的。假设在第 n 期，其中 $n \geq 2$，内部交易者的信息以某一个正的概率被提前释放到市场中。若此事件发生，私有信息会变成公开信息，后续交易全部失效。因此，此事件对于前期的交易至关重要。内部交易者也会在提交最佳策略时考虑后期的事件影响。简言之，如果内部交易者知道下一期自己的私有信息很可能会泄露出去，那么即使下一期交易发生的时候，泄露事件并没有真的发生，然而在当期，内部交易者的策略也会发生相应的调整。

Zhou（2016）这篇文章的创新之处在于使用动态博弈模型揭示了信息泄露可能性的重要作用。在交易策略方面，给广大散户的启示是，内幕交易是可以带噪声的，所以不应盲目追逐大股东的交易方向，更不要天真地认为信息公开法案可以杜绝内幕交易。给上市公司的启示是，如果股票交易中有可能存在内幕交易，那么应尽快提前公布相关的信息，而不要按照计划时间公布信息。这样做的关键在于形成信息会提前公布的一种预期。这种预期可以起到打乱内部人交易策略从而提升市场流动性和有效性的正面效果。

未来的发展，应该把理论模型与实证验证相结合，做出符合实际市场特点的理论框架。此类模型整体看结论比较整齐，相比第一部分我们的介绍，结果算是简洁了不少，可以预见未来的另一个趋势是把市场规则的影响作为一般模型的一个扩展部分加以讨论。

第二节 基于委托代理合同的策略交易模型

凯尔等［Kyle，Ou-yang，Wei（2011）］内生化了内幕信息的精度，建立了一个综合策略交易和基金管理的模型。戈德斯坦和杨［Goldstein, Yang（2014）］研究了信息多样性、交易互补和信息内生获取，结果表明由于交易互补，信息多样性提高了价格有效性。但是以上的所有研究都是基于分割市场，即只考虑了单一的金融市场，没有将实体经济纳入分析框架。

将金融市场（只考虑一个简单的金融市场，即只有股票市场）和实体经济看成一个整体，进而对内幕交易进行研究的文章相对较少（Leland, 1992; Manove, 1989; Jain 和 Mirman, 2000; Dow 和 Rahi, 2003; Rondina 和 Shim, 2015），其中以 Jain 和 Mirman（2000）建立的模型（下文简称 JM 模型）较为经典。在该论文中，金融市场的主体和凯尔（1985）相同，但是内幕交易者同时也是一家公司的经理人，他不仅制定在股票市场上的交易量，还需要确定公司的产量。公司通过与经理人签订合同解决委托—代理问题。此外，做市商基于股票交易量和商品价格两个信息制定股票价格。研究发现，信息的释放程度得到了提升，经理人获得的利润下降。之后，珍妮和米尔曼［Jain 和 Mirman（2002）］在 JM 模型的基础上引入了实体经济的竞争，达海尔和米尔曼（Daher 和 Mirman）在 JM 模型的基础上引入了金融市场上的竞争，他们同时考虑了实体经济和金融市场上的竞争。文章最后发现金融市场和实体经济的竞争，使价格的有效性得到了更大程度的提升，而经理人的利润变动方向不定。

在国内学术界，刘晓峰、曹华（2010）在 JM 模型的基础上，加入了经理人的效用函数，分析了上市公司管理层报酬与公司股价、市场均衡之间的关系。研究表明，上市公司高管拿到较高的薪酬在某种意义上是市场经济下难以避免的结果。之后刘晓峰（2012）又在此基础上引入了对内幕交易行为的监管，发现如果不给予经理人某种形式的额外补偿，那么无论怎么加强对内幕交易行为的监管都是无效的。但是如果给予经理人某种补偿，对内幕交易的监管是可以提升市场效率的。同样，国内的这些研究也全部是基于精准的内幕信息进行的，而且公司与经理人制订的补偿计划仍旧与经理人的股票买卖行为相联系。

下面我们详细介绍周和张（2018）的文章，他们借鉴凯尔等［Kyle, Ou-yang 和 Wei（2011）］内生化内幕信息精度的方法，以达海尔和米尔曼［Daher 和 Mirman（2006）］模型为基础，研究了经理人所获内幕信息精度内生化后，金融市场竞争和实体经济的竞争对经理人内幕交易、市场深度、价格有效性的影响以及公司和经理人的合同制定问题。在达海尔和米尔曼［Daher 和 Mirman（2006）］模型中，由于经理人和噪声交易者之间的信息不对称，经理人可以通过"卖空公司股票，然后搞垮公司"的形式从股票市场获得丰厚的利润。因此公司需要和经理人制定合同以期经理人努力发展公司、提升公司价值。传统文献中公司对经理人的补偿计划与经理人的股票买卖行为相挂钩，而周和张（2018）采用更加合理的合同——股权激励合同来解决公司与经理人之间的委托—代理矛盾。具体来说，合同形式为公司给予经理人一定的公司股权份额，在这样的合同制定下，一方面经理人因为获得了公司的股权，不会在股票市场卖空公司股票；另一方面由于经理人信息内生化获取，如果经理人提升获取内幕信息的努力程度，那么经理人就会运用更加精准的内幕信息从股票市场上获利更多，但同时从公司合同中拿到的补偿越少（因为公司合同是为了抑制经理人的内幕交易行为）。如果经理人降低获取内幕信息的努力程度，那么公司合同给予经理人的补偿虽然增多，但是经理人从股票市场上的获利会因信息精度的下降而减少。因此经理人总要在内幕交易和合同补偿两者之间做权衡。所以有很多值得讨论的问题：①这样的股权激励合同存在吗？如果存在的话，它与哪些因素有关，又是如何受到这些因素的影响？②经理人获取内幕信息的最优努力程度存在吗？如果存在的话，最优努力程度如何受到模型变量的影响？③在经理人获取内幕信息的最优努力程度存在的前提下，模型变量会通过影响经理人获取内幕信息的努力程度，影响到内幕信息的精度，进而又会影响到经理人参与内幕交易的强度、市场深度、价格有效性等，那么模型变量具体是怎样影响内幕交易强度、市场深度和价格有效性呢？④如果将金融市场和实体经济的竞争程度一般化，那么当竞争程度加剧时，均衡结果（包括经理人获取内幕信息的努力程度、股权激励合同的制定、内幕交易的强度、市场深度和价格有效性等）又是如何变化的呢？

与已有文献相比，从建模的角度看，周和张（2018）内生化了经理人的信息精度，研究了股权激励合同的设置，理论证明了均衡结果存在的唯一性、股权激励合同存在的唯一性、经理人获取信息的最优努力程度的存在性以及如何受模型变量的影响；从结果来看，周和张（2018）与达海尔和米尔曼模型［Daher 和 Mirman（2006）］相比有很大的不同，详细来说，周和张（2018）的均衡结果（内生化信息模型）均与经理人获取内幕信息的最优努力程度有关；经理人参与内幕交易的期望交易量减少，市场深度得到提升；价格有效性下降，并且价格有效性在某些情况下不再是金融市场竞争程度的单调增函数，即在某些情况下价格有效性会随着金融市场竞争程度的加剧而降低，因为金融市场竞争程度越激烈，一方面由于基于信息的交易量增多，价格有效性提升。另一方面，金融市场的竞争会使经理人获取内幕信息的努力程度降低，内幕信息的精度下降，价格有效性下降，由于某些情况下后者会占据主导地位，所以金融市场竞争越激烈，价格有效性反而越弱。此外，实体经济的竞争会降低价格的有效性，而不是提高价格的有效性，因为实体经济的竞争使经理人获取内幕信息的努力程度下降，信息精度随之下降，价格有效性因而变低；在达海尔和米尔曼［Daher 和 Mirman（2006）］模型中，金融市场与实体经济的相互影响是通过做市商观测来自金融市场和实体经济的两个信号实现的，而周和张（2018）的研究中二者的相互影响是通过经理人获取内幕信息的努力程度实现的。

第三节 未来研究展望

基于委托代理合同的论文未来一定会增加数量，因为此种做法很少，其优势是可以把信息经济学里面的机制设计引入传统的市场微观结构模型中。因此，只要在市场微观结构中加入委托代理，必定会产生很多有意义的讨论，而这些讨论，现在的论文还很少涉及。毫无疑问这是未来发展的一个方向。

参考文献

[1] Andrei, D. and Hasler, M. (2015). "Investor attention and stock market volatility." Review of Financial Studies, 28, 33–72.

[2] Avdis, E. (2016). "Information tradeoffs in dynamic financial markets." Journal of Financial Economics, 122, 568–584.

[3] Asriyan, V., Fuchs, W, and Green, B. (2017). "Information spillovers in asset markets with correlated values." American Economic Review, 107 (7), 2007–2040.

[4] Axelson, U. and Baliga, S. (2009). "Liquidity and manipulation of executive compensation schemes." Review of Financial Studies, 22, 3907–3939.

[5] Back, K. (1992). "Insider trading in continuous time." Review of Financial Studies, 5, 387–409.

[6] Back, K. and Baruch, S. (2004). "Information in securities markets: kyle meets glosten and milgrom." Econometrica, 72, 433–465.

[7] Back, K., Crotty, K. and Li, T. (2018). "Identifying information asymmetry in securities markets." Review of Financial Studies, 31 (6), 2277–2325.

[8] Bandi F M. and Russell J R. (2006). "Separating microstructure noise from volatility." Journal of Financial Economics, 79 (2): 655–692.

[9] Banerjee, S. (2011). "Learning from prices and the dispersion in beliefs." The Review of Financial Studies, 24, 3025–3068.

[10] Banerjee, S, Kaniel, R. and Kremer, I. (2009). "Price drift as an outcome of differences in higher order beliefs." Review of Financial Studies, 22, 3707–3734.

[11] Banerjee, S. and Breon–Drish, B. (2017). "Dynamic information acquisition and strategic trading." Working Paper. University of California, San Diego.

[12] Boco, H., Germain, L. and Rousseau, F. (2017). "Strategic market making and risk sharing." Journal of Mathematical Finance, 144–179.

[13] Brunnermeier, M. K. (2005). "Information leakage and market efficiency." The Review of Financial Studies, 18, 417–457.

[14] Caballe, J. and Krishnan, M. (1994). "Imperfect competition in a multi–security market with risk neutrality." Econometrica, 62 (3), 695–704.

[15] Cao, H. and Ma, Y. (2002). "Trade disclosure and imperfect competition among insiders." Working Paper, University of California, Berkeley.

[16] Cespa, G. and Vives, X. (2015). "The beauty contest and short–term trading." Journal of Finance. 2099–2153.

[17] Chakraborty, A. and Yilmaz, B. (2004a). "Manipulation in market order models." Journal of Financial Markets 7, 187–206.

[18] Chakraborty, A. and Yilmaz, B. (2004b). "Informed manipulation." Journal of Economic Theory, 114, 132–152.

[19] Cho, D., Russell, J., Tiao, G., and Tsay, R. (2003). "The magnet effects of price limits: Evidence from high-frequency data on Taiwan stock exchange." Journal of Empirical Finance, 10, 133–168.

[20] Choi, JH, Larsen. K. and Seppi, D. (2018). "Information and trading targets in a dynamic market equilibrium." Journal of Financial Economics. In press.

[21] Chowdhry, B. and Nanda. V. (1991). "Multimarket trading and market liquidity." Review of Financial Studies, 4 (3), 483–511.

[22] Colla, P. and Mele, A. (2010). "Information linkages and correlated trading." The Review of Financial Studies, 23 (1), 203–246.

[23] Da, Z., Engelberg, J. and Gao, P. (2011). "In search of attention." Journal of Finance, 66, 1461–1499.

[24] Daher, W., Mirman L. J. and Saleeby, E. J. (2014). "Two-period model of insider trading with correlated signals." Journal of Mathematical Economics, 52, 57–65.

[25] Du, Y., Liu, Q. and Rhee, S. G. (2005). "An anatomy of the magnet effect: Evidence from the Korea Stock Exchange high frequency data." Working paper.

[26] Easley, D., Kiefer, N. M., O'Hara, M. and Paperman, J. B. (1996). "Liquidity, information, and infrequently traded stocks." Journal of Finance, 51, 1405–1436.

[27] Edmans, A., Goldstein, I. and Jiang, W. (2015). "Feedback effects, asymmetric trading, and the limits to arbitrage." American Economic Review, 105 (12): 3766–3797.

[28] Fama, E. (1970). "Efficient capital markets: A review of theory and empirical work." Journal of Finance, 25 (2), 383–417.

[29] Foster, F. D. and Viswanathan, S. (1994). "Strategic trading with asymmetrically informed traders and long-Lived information." The Journal of Financial and Quantitative Analysis, 29, 499–518.

[30] Foster, F. D. and Viswanathan, S. (1995). "Can speculative trade explain the volume-volatility relation?" Journal of Business & Economic Statistics, 13, 379–396.

[31] Fruth, A., Schöneborn, T. and Urusov, M. (2014). "Optimal trade execution and price manipulation in order books with time-varying liquidity." Mathematical Finance, 24, 651–695.

[32] Zhou, D. (2012). "Overconfidence, public disclosure and long-lived information." Economics Letters, 116, 626–630.

[33] Glosten, L. and Milgrom, P. (1985). "Bid, ask and transaction prices in a specialist market with heterogeneously informed traders." Journal of Financial Economics, 14, 71–100.

[34] Goenka, A., (2003). "Informed trading and the 'leakage' of information." Journal of Economic Theory, 109, 360–377.

[35] Goldstein, I. and Guembel, A. (2008). "Manipulation and the allocational role of prices." Review

of Economic Studies, 75, 133 – 164.

[36] Goldstein, I. and Yang, L. (2015) "Information diversity and complementarities in trading and information acquisition." Journal of Finance, 70 (4), 1723 – 1765.

[37] Gong, F. and Hong Liu. (2012). "Inside trading, public disclosure and imperfect competition." International Review of Economics & Finance. 200 – 223.

[38] Gong, F. and Hong Liu. (2016). "Asymmetric information, heterogeneous prior beliefs and public information." International Review of Economics & Finance. 100 – 120.

[39] Gong, F. and Zhou, D. (2010). "Insider trading in the market with rational expected price." arXiv: 1012 – 2160.

[40] Grossman, S. and Stiglitz, J. E. (1976). "Information and competitive price systems." The American Economic Review, 246 – 253.

[41] Hirshleifer, D, Low, A, and Teoh, SH. (2012). "Are overconfident CEOs better innovators?" Journal of Finance, 67, 1457 – 1498.

[42] Ho, Huang, Lin and Yin (2016). "CEO overconfidence and financial crisis: Evidence from bank lending and leverage." Journal of Financial Economics. 120, 194 – 209.

[43] Huddart, S., Hughes, J. and Levine, C. (2001). "Public disclosure and dissimulation of insider trades." Econometrica, 69, 665 – 681.

[44] Indjejikian, R., Lu, H. and Yang, L. (2014). "Rational information leakage." Management Science, 60 (11), 2762 – 2775.

[45] Jain, N. and Mirman, L. J. (1999). "Insider trading with correlated signals." Economic Letters, 65, 105 – 113.

[46] Keynes, J. M. (1936) "The general theory of employment, interest and money." (London: Macmillan).

[47] Kim, K. A. (2001). "Price limits and stock volatility." Economic Letters, 71, 131 – 136.

[48] Koudijs, P., (2015). "Those who know most: insider trading in eighteenth – century Amsterdam." Journal of Political Economy, 123, 1356 – 1499.

[49] Kyle, A. S. (1989). "Informed speculation with imperfect competition." The Review of Economic Studies, Volume 56, 317 – 355.

[50] Lee, I., Lemmon, M., Li, Y. and Sequeira, J. M. (2014). "Do voluntary corporate restrictions on insider trading eliminate informed insider trading?" Journal of Corporate Finance, 29, 158 – 178.

[51] Li, J., Yu, J. (2012). "Investor attention, psychological anchors and stock return predictability." Journal of Financial Economics, 104, 401 – 419.

[52] Luo, S. (2001). "The impact of public information on insider trading." Economics Letters, 70, 59 – 81.

[53] Nofsinger, R. J. (2016), "Psychology of investing 6th Edition." Taylor & Francis.

[54] Pasquariello, P. (2007). "Imperfect competition, information heterogeneity and financial contagion." The Review of Financial Studies, 20 (2), 391 – 426.

[55] Peng L. and Roell, A. (2014). "Managerial incentives and stock price manipulation." Journal of Finance, 2, 487–526.

[56] Plous, S. (1993). "The psychology of judgment and decision making." New York: Mc Graw–Hill.

[57] Zhang, W. (2008). "Impact of outsiders and disclosed insider trades." Finance Research Letters, 5, 137–145.

[58] Putnins, T. J. (2012). "Market manipulation: a survey." Journal of Economic Surveys, 26 (5), 952–967.

[59] Rochet J. C. and Vila, J. L. (1994). "Insider trading without normality." The Review of Economic Studies, 61 (1), 131–152.

[60] Rossi, S. and Tinn, K. (2010). "Man or machine? Rational trading without information about fundamentals." Working Paper.

[61] Subrahmanyam, A. (1994). "Circuit breakers and market volatility: a theoretical perspective." Journal of Finance, 1, 237–254.

[62] Vitale, P. (2012). "Risk–averse insider trading in multi–asset sequential auction markets." Economics Letters, 117, 673–675.

[63] Wang, Y., Yang, M. (2017). "Insider trading when there may not be an insider." Working Paper. Duke University.

[64] Weinstein, N. D. (1980). "Unrealistic optimism about future life events." Journal of Personality and Social Psychology, 39 (5), 806–820.

[65] Wong, W. K., Liu, B. and Zeng, Y. (2009). "Can price limits help when the price is falling? Evidence from transactions data on the Shanghai Stock Exchange." China Economic Review, 20, 91–102.

[66] Yacine A., Yu. J. (2009). "High frequency market microstructure noise estimates and liquidity measures." Annals of Applied Statistics, 3 (1): 422–457.

[67] Yuan, Y. (2015). "Market–wide attention, trading, and stock returns." Journal of Financial Economics, 116, 548–564.

[68] 张俊瑞,白雪莲,孟祥展. 启动融资融券助长内幕交易行为了吗?——来自我国上市公司的经验证据. 金融研究, 2016 (12).

[69] 祝红梅. 资产重组中的内幕交易和股价操纵行为研究. 南开经济研究, 2003 (5).

[70] 蔡宁. 信息优势、择时行为与大股东内幕交易. 金融研究, 2012 (5).

[71] 陈宪,袁娜,陈勇. 股权集中、机构持股与内幕交易:来自沪深A股的经验证据. 系统科学与数学, 2018 (10).

[72] 傅勇,谭松涛. 股权分置改革中的机构合谋与内幕交易. 金融研究, 2008 (3).

[73] 高鸿桢,林嘉永. 信息不对称资本市场的实验研究. 经济研究, 2005 (2).

[74] 黄灿,李善民,庄明明等. 内幕交易与股价同步性. 管理科学, 2017 (6).

[75] 李心丹,宋素荣,卢斌等. 证券市场内幕交易的行为动机研究. 经济研究, 2008 (10).

[76] 刘晓峰. 内幕交易监管效率与上市公司高管薪酬——一个理论模型. 经济学(季刊), 2013 (1).

[77] 缪新琼、邹恒甫. 内部交易者的交易行为分析. 世界经济, 2004 (11).

[78] 纪晓燕、巩馥洲. 不完全信息下风险喜好的内部交易者模型的均衡解及渐近分析. 应用数学学报, 2014 (2).

[79] 金华、宋殿宇、辛荣. 基于内幕信息的资产市场一般跨期均衡模型. 系统工程, 2016 (3).

[80] 巩馥洲、张首元. 具有两个内部交易者的内部交易模型的混合策略均衡. 应用数学学报, 2014 (3).

[81] 马元驹、张军、杜征征. 内幕交易与内幕交易监管综述. 经济学动态, 2009 (9).

[82] 邵新建、贾中正、赵映雪等. 借壳上市、内幕交易与股价异动——基于ST类公司的研究. 金融研究, 2014 (5).

[83] 施东晖、陈启欢. 信息不对称下的投资者类型与交易行为——来自上海股市的经验证据. 经济科学, 2004 (5).

[84] 史永东、蒋贤锋. 政府在防范市场操纵中的作用. 中国金融学, 2003 (3).

[85] 史永东、蒋贤锋. 内幕交易、股价波动与信息不对称：基于中国股票市场的经验研究. 世界经济, 2004 (12).

[86] 唐齐鸣、黄素心、王春雷. 内幕交易者的交易策略与最优监管研究. 数量经济技术经济研究, 2007 (8).

[87] 唐齐鸣、张云. 基于公司治理视角的中国股票市场非法内幕交易研究. 金融研究, 2009 (6).

[88] 王春峰、蒋祥林、韩冬. 中国股市的内幕交易及监管——国际经验与中国的对策. 国际金融研究, 2003 (3).

[89] 王冀宁、高建宁. 证券市场的内幕交易行为及其不当得利研究. 经济学动态, 2003 (3).

[90] 邢会强. 内幕交易惩罚性赔偿制度的构造原理与现实选择. 中国社会科学, 2018 (4).

[91] 薛健、窦超. 并购重组过程中的信息泄露与财富转移. 金融研究, 2015 (6).

[92] 晏艳阳, 赵大玮. 我国股权分置改革中内幕交易的实证研究. 金融研究, 2006 (4).

[93] 张新, 祝红梅. 内幕交易的经济学分析. 经济学（季刊）, 2003 (3).

[94] 张俊瑞、白雪莲、孟祥展. 启动融资融券助长内幕交易行为了吗？——来自我国上市公司的经验证据. 金融研究, 2016 (6).

[95] 张圣生, 王春峰, 房振明等. 证券市场的噪音估计建模与估计研究. 系统工程学报, 2014 (1).

[96] 张宗新. 内幕交易行为预测：理论模型与实证分析. 管理世界, 200 (4).

第八章

金融市场中的资产价格与投资者策略的演化
——基于多主体模型的探讨

　　金融市场中资产价格的动态演化规律是一个经典问题,吸引着大量研究者的关注。传统金融学的有效市场假说为资产价格的长期演化方向提供了一个基准,但却无法解释短期的波动规律和危机事件。多主体模型通过自下而上的建模方式,基于微观上对异质投资者的行为特征和互动方式的刻画,来展现宏观上资产价格的分布特征和演化规律,从而建立微观和宏观的联系,并进一步为机制设计搭建情景模拟的平台,探索不同机制下的价格演化路径,有助于为经济决策的制定提供依据。本章从多主体模型的发展概况出发,梳理了做市商机制和双向拍卖机制下的经典文献,并以几个具体工作为例展示了基于多主体模型探讨资产价格和投资者策略演化问题的分析框架和建模思路。

第八章 金融市场中的资产价格与投资者策略的演化
——基于多主体模型的探讨

第一节 多主体模型发展概况

多主体模拟或称计算实验模型应追溯于20世纪40年代应用于物理科学的元胞自动机。该模型一般基于网格建立，每个网格上放置一个元胞。每个元胞依据初始给定的简单规则通过观察周围邻居的状态及系统的整体状态做出二选一的状态选择，如生或死。基于每个元胞简单至极的规则却会使系统整体涌现出很多美妙的生命模式。后来随着计算机科学技术的不断进步与发展，人们可以借助其处理更复杂的问题，网格的设定被放开，元胞的概念及其行为规则的设定也在不断演化与发展。

在20世纪90年代，该建模思想开始被应用于社会学领域，来研究与处理人们在社会生活中遇到的一些实际问题，如交通堵塞、流行病的传播等。近年来，在经济学领域，元胞被异质的多样化的经济主体或机构所替代，它可以是消费者，可以是经济决策制定者，可以是华尔街的专家……他们各自拥有不尽相同的行为方式，通过观察市场状况等可获得的一切信息来选择有利于自己的行为。例如，一个个体消费者可能会通过观察通货膨胀率的历史数据形成对未来经济大环境的预期，基于此来决定当期储蓄与消费占自身收入的比重。在这样的一个系统中，我们可以按照所研究问题的需求来模拟经济系统中各色各样的主体，利用计算机跟踪这些主体的行为及其相互之间的影响与互动，并从宏观上观察系统随时间的演化情况。与传统经济学模型相比，它可以对系统中不同特色的具有异质性的个体进行恰当的刻画，可以处理不同经济主体间的非线性的相互关联与作用，能够为传统经济金融模型所解释不了的现象提供合理的解释。更进一步地，多主体建模为经济决策者搭建了一个虚拟的实验平台，使我们可以在不同的经济情景设定下观察经济主体的行为反应与适应过程，以及宏观上的演化结果，从而为经济决策的制定提供依据。

事实上，近几年已有很多学者致力于利用多主体模型来解释一些经济金融现象与处理相关的问题，并取得了很好的成果。其中Axtell设计的公司动力模型，通过模拟工人们用脚投票在不同公司间的选择，展现了公司规模呈幂率分布的典型特征，即我们在现实中所观察到的市场中存在着极少量的大规模的公司，却存在着大量的规模极小有时甚至只有一两个员工的小公司。又如Farmer, Thurner与Geanakoplos通过模拟市场中噪声交易者、对冲基金、投资者以及银行的行为来研究银行对对冲基金放贷的杠杆率的大小以及对股票价格波动的影响。该模型可以很好地描述对冲基金的行为是如何加剧股票价格的波动，甚至在一些极端情况下，引发整个市场崩盘的。同时反映了在面临大的市场风险时，银行通过收回贷款以降低其自身风险的这种传统做法，实际上增添了整个系统更大的风险。比起传统的一般均衡模型对杠杆率引发崩盘的现象的定性解释，该模型能够提供具有真实市场数据特征的股票价格模拟数据，从而使我们能够定量地考察与分析在这一过程中，股票价格的统计特性是如何变化的。基于此，该模型可以用于检测在不同的规则与政策下（如银行不同的终止借贷的规则下）系统的演化情况，从而为流动性风险爆发时银行该如何应对提供合理化的建议。除此之外，多主体模型也为税收政策、货币政策等宏观调控政策的设计与评估提供了理想的试验田，开始受到越来越多国家政府部门的重视。例如美国桑地亚（Sandia）国家实验室开发了 ACE（Agent-based Computational Economics）软件包——Aspen，用来评估货币政策、财政政策与税收政策等的实施效果，为美国的政府部门与企业金融决策提供咨询服务。

由此可见，多主体模拟在金融市场中的应用（或称计算实验金融）本质上不过是将金融市场看成一个演化的复杂系统，采用自下向上的建模方法，通过刻画金融系统中微观主体的行为特征及相互联系，以及同宏观环境间的关联，模拟金融系统的宏观表象及演化规律，以提供微观解释，建立起微观和宏观之前的桥梁。作为一种研究方法，多主体模拟在金融市场中的应用（或称计算实验金融）正处于蓬勃发展的阶段，逐步成为与"实验""实证"和"数理分析"并驾齐驱的"第四种"科学研究手段。

更进一步地，随着 2008 年次贷危机的发生，越来越多的科学家认为目前金融学研究的传统方法有着其自身的局限性。比如，一般理论模型所假设的完全理性个体及关注的一般均衡状态；计量模型需要平稳性的数据等直接将危机状况排除在外，不仅不能为金融危机提供合理的解释，并且当危机发生后，也难以利用这些模型去估算危机的持续时间或损失等问题。基于此，科学家们逐渐认识到金融市场中的风险监测与识别需要用动态演化的方式来进行。传统的基于历史会重演的思想在风险识别中的效果并不好。他们提出利用多主体模型来进行"情景—应对"型风险管理的新思想。正如韦立坚等学者如下的梳理："情景—应对"型风险管理的新思想倡导研究者先利用多主体模型（或称计算实验平台），设计开发能够反演已有金融风险事件的人工金融系统，然后在此基础上，通过改变市场参与者（Agent）的行为、市场制度及外部信息冲击，在人工系统中衍生出各种新的风险情景，最后根据这些"情景"制订应对预案并将预案输入到人工金融系统中验证其有效性。著名的科学评论家 Buchanan 在《Nature》中展望了未来系统性风险事件产生的"情景"，可能对整个金融系统造成的威胁，以及监管机构根据风险成因以相应措施介入排除潜在风险的场景。Farmer 和 Foley 在《Nature》中阐明了多主体模型（计算实验）在构建金融危机"情景"及检验危机应对措施的独特优势，呼吁"科学家们需要多主体建模"。Battiston、Farmer 和 Flache 等进一步在《Science》撰文中指出，金融监管需要建立在复杂性理论的基础上，依赖于多主体模型（计算实验建模）分析其金融系统内各因素的关联网络，才能采取有效的监管措施来应对金融危机等极端风险事件。在实践中，欧洲央行主席 Jean-Claude Trichet 于 2010 年指出："2008 年全球金融危机让我们感到传统工具的无助，其中关键的教训就是依赖于单一的工具、方法或者研究范式。已有的模型不能够刻画经济行为主体在危机中的行为……而计算实验建模可以允许分析经济主体之间的交互行为……

我们需要利用计算实验方法将金融系统整合到宏观经济系统当中做决策。"在他和欧洲央行的支持下，欧洲 11 所顶尖大学发起了"CRISIS"项目，并构建以计算实验为核心的经济决策与金融危机应对系统。

自 2000 年后，我国学者开始关注多主体建模，除了对国外的经典模型及研究前沿的梳理与总结外，建立融入我国经济金融环境特色的多主体模型是目前的研究热点之一。例如，通过建立具有我国金融市场制度及投资者特点的多主体模型，对市场交易机制等问题进行探讨。同时我国政府部门也开始注重多主体建模方法在经济管理中的应用。例如，国家自然科学基金委管理学部曾于 2008 年 5 月召开关于"经济计算与政策模拟"的学术研讨会，并在最近几年加强了对多主体建模等计算实验方法的资助力度。总体而言，多主体建模目前在我国还处于初步发展阶段，在模型的成熟度与应用范围上与国外的研究还存在一定差距，如何在模型中融入我国的经济金融环境特点，建立适用于我国的多主体实验平台，将是未来的发展方向之一。

基于此背景，本章对近年来多主体模型在探讨金融市场中价格与策略演化问题的基本框架及代表性文献进行简单介绍及梳理后，希望给读者一个系统性的认识。基于金融市场中的多主体建模所应用的市场交易框架，我们分做市商机制和双向拍卖机制两部分进行介绍。在做市商部分，我们详细介绍了两篇代表性文献，一篇是从生态演化的角度来看金融市场的策略与价格的共同演化过程 [Farmer, J. D. (2002), "Market force, ecology and evolution." Industrial and Corporate Change 11 (5)：895 – 953.]；另一篇是以真实市场为基础的多主体模型的参数估计与校对 [Noemi, S. and F. Westerhoff (2017), "Heterogeneity, spontaneous coordination 和 extreme events within large – scale and small – scale agent – based financial market models." Journal of Evolutionary Economics 27：1041 – 1070.]。在双向拍卖机制部分，我们也将详细介绍两篇代表性文献，一篇是关于知情交易者与非知情交易者的信息传递、学习及其对市场演化的影响——基于多主体模型的探索 [Carl C., X. He, L. Wei (2015), Learning, information processing 和 Order submission in limit order markets, Journal of Economic Dynamics & Control 61：245 – 268.]；另一篇是多主体建模在我国金融市场中的代表性应用，即在双向拍卖市场中构建符合我国微观市场结构的多主体模型以刻画市场极端波动并构建"情景—应对"风险管理框架的研究 [韦立坚、张维、熊熊. 股市流动性踩踏危机的形成机理与应对机制. 管理科学学报，2017 (3)]。

第二节 做市商机制下的价格与策略演化

一、文献综述

做市商机制是指市场中存在一个或多个做市商（目前的建模以一个为主），根据市场的供求变化提供报价，来为市场提供流动性。在多主体建模的简化框架下，做市商机制意味着价格的变化由超额需求（需求减去供给）来推动。

在做市商机制下研究价格与策略共同演化问题，往往涉及策略的更新方式，大致可以分为两类：一类以 Brock、Arthur 与 LeBaron 等建立的人工股票市场（Artificial Stock Markets）为代表，策略以计算机信号表示，采用遗传算法，模拟达尔文生物进化论的自然选择和遗传学机理的生物进化过程，突出策略选择与更新在共同演化中的作用。

另一类以 Farmer, Hommes, Westerhoff 和 He 为代表，策略采用市场中常见的形式，通过给投资者带来更多的效用或财富策略以及更高的选择概率这类简单的策略更新方式进行策略演化。需要说明的是，由于真实市场中投资策略的多样化与复杂性，目前并没有形成统一的细化分类标准。但实务界与学术界普遍认为利用历史价格信息进行交易的技术交易策略与考虑宏观环境与公司经营基本面的价值投资策略是两类最基本的投资策略。所以在该类文献中，主要考察技术交易策略（趋势交易策略）与基本值交易策略与价格间的演化过程。如 Hommes 等学者通过离散选择概率模型刻画个体投资者在两类策略间的选择过程，在分岔等非线性分析的基础上，研究了策略转换强度因子在价格状态演化过程中的作用，并辅以实验室的实验加以印证，其发表的一系列论文在该领域的研究中处于重要地位。而 He 等学者在 Hommes 基准模型的基础上，通过引入基本值的随机演化过程，建立随机差分系统，印证其同样可以展现金融市场中的典型事实。Farmer 等学者提出市场生态的概念，将策略看成是种群，投资于策略的资金为种群的数量，价格看成是环境，强调各策略通过影响投资者收益而产生的相互间的资金流动在演化中的作用，来展示策略间的共生、竞争关系与捕食—被捕食关系。由于市场生态的概念和体系较为系统化，所以我们将在本节第二部分"市场生态框架下的策略与价格演化"中对 Farmer 的一个经典工作做详细介绍。而 Westerhoff 等学者则从该类模型建模的精简程度及参数估计上给出了更贴近真实市场的探讨，我们将在本节第三部分"以真实市场为基础的多主体模型的参数估计与校对"中对其中的一个经典工作做详细介绍。

二、市场生态框架下的策略与价格演化[①]

Farmer 发表了一系列文章来构建金融市场生态，以此系统刻画策略与价格间的共同演化过程，并对传统金融学中的市场有效性的概念进行了探讨与拓展。我们在本小节所介绍的这篇论文是他对金融市场生态一系列论文的一个系统总结性的工作。

Farmer 提出金融市场内部各策略间的相互影响及其与价格间的相互作用构成了金融市

[①] 参考 Farmer, J. D. (2002), "Market force, ecology and evolution." Industrial and Corporate Change 11 (5): 895 – 953.

第八章 金融市场中的资产价格与投资者策略的演化
——基于多主体模型的探讨

场生态。他希望通过简单的价格动力方程来刻画策略对价格的影响和价格对策略的反映,并通过价格的变动引起策略间的资金流动,构造出不同的策略格局及价格的演化模式。该研究通过市场动力、生态与演化三部分进行层层递进展开。

首先,Farmer 对市场动力进行了探讨以期得到一个最为简单并与实际市场贴合度最高的价格变动方程。具体地,市场中有两类交易者:一类为方向性交易者,即通过研究交易策略给出资产(假设市场中只有一类风险资产和一类无风险资产)的买卖方向;另一类为做市商,即调节方向性交易者的供求不匹配状况,为市场提供流动性的参与者。在不考虑做市商的买卖报价差的简化情况下,市场对数价格的变动(即收益率)与市场中所有方向性交易者的超额需求正相关。考虑到市场中订单的可加性等特性,Farmer 给出了一般化的表达形式,即市场对数价格的变动等于方向性交易者的超额需求再加上一个独立同分布的扰动项,表示其他可以忽略的噪声因素。

其次,以该价格形成方程为基础,Farmer 在生态部分对策略对价格演化的影响进行了静态分析。方向性交易者给出的买卖方向依赖于其所选择的交易策略。作为预期与行为方式的组合,单个策略将信息代入价格波动中,表现出特定的价格演化特性,具体包括特定的价格演化模式(如门槛式的价值投资策略会引发价格阻力线与支撑线的演化模式)、价格统计特性(如线性趋势追随策略会使价格的自相关函数在短期表现出正的相关性而在长期表现出负的相关性)以及价格对外在信息的反应(如对不同频率噪声的放大与缩小)。而在多个策略组合的订单推动下,简单模型所刻画的模拟价格演化则会涌现出真实市场的走势及波动聚集等统计特征。

接着是论文最为核心的演化部分,主要讨论的是资金在不同策略间的流动如何引导市场演化。在现实中,不同投资策略所吸引的资金量在市场中占比的变化可以由资金再投资,策略转移及新策略被发现等方式触发。而资金量的分布会带来策略的不同生存格局,并通过与价格间互动推动整个系统的演化。对于单个策略来讲,其存在一个使投资者获取收益的最大的资金量,随着投资于策略的资金量的增加,该策略的收益呈现先增长后下降的倒置抛物线的演化模式。该倒置抛物线的形成源于策略资金量的增长及单位资金给策略带来的收益的下降之间的平衡。当该策略给投资者带来损失时,资金又会流向可能给投资者带来收益的其他策略。根据一种策略资金量的增加对另一种策略的收益的影响,Farmer 借用生态学的概念,将策略间的相互关系分为共生关系(两两策略各自资金量的增加均会引起对方收益的增加)、竞争关系(两两策略各自资金量的增加均会引起对方收益的减少)与捕食—被捕食关系(捕食策略资金量的增加会导致被捕食策略收益的减少;而被捕食策略资金量的增加会引起捕食策略资金量的增加)。这便构成了策略间的生存格局。各个策略所吸引的资金量的多少(即生存格局)决定其在市场中影响价格变动的能力的大小,以价格为纽带进而影响其他策略的收益及资金量的积累。而随着资金从收益不好的策略逐渐流向收益好的策略,长期可能会引起整个策略格局发生质的改变。从而推动整个市场价格的演化模式在不断变化,价格会涌现出尖峰胖尾、过度波动等统计特征,也会出现间歇性的泡沫和崩盘。而不是像传统金融学所假设的那样,处于均衡状态。

最后,以上述简单模型所构造的市场生态为基础,Farmer对传统金融学中的市场有效性假说进行了深入探讨。他指出投资者对策略的探索,会使资金流入获利的策略,而改变市场的策略格局,并最终给该策略带来损失,使策略在价格最初演化中展现出的模式逐渐消失。这在一定程度上反映了市场有效性,即没有一种策略能给投资者带来持久的收益。但是,Farmer指出,该策略自我毁灭的过程可能会很长,所以应该跳出市场均衡在一个动态的视角下去探索市场有效性。一种策略带来的价格模式的消失,可能会促使另一种策略暗含的价格模式的涌现,市场未必是向更为有效的方向演化。

Farmer所构造的市场生态框架,虽然仅仅是一个简化的理论模型,但该框架较为巧妙地展现了真实市场中投资者的投资感受,即当你发现一个策略给你带来正的收益,并逐步投入资金时,发现某一天该策略就失效了,甚至给你带来巨大的损失。通过市场生态框架,我们知道每类策略都有最大的可获利资金量的限制。策略的资金量的流动会使得其获利性不断变化,获利性的变化又反过来引导资金量的流动,在短期内表现为策略间不同的生存格局,长期内会推动整个价格的演化。该框架有利于我们动态地理解策略的演化过程,以便从动态的视角来理解和探讨传统金融理论中的市场有效性假说。进一步地,如果我们能够找到真实市场中投资策略的微观数据,并借助一定方法对其进行分类,从理论上讲,我们便可以借助该框架,去构建市场生态,跟踪各类策略资金量的变化及生态格局的演化,并从长期上预测市场价格未来的走势,对市场微观机制的理解及极端价格的预警研究会有所帮助。

三、以真实市场为基础的多主体模型的参数估计与校对[①]

与理性人的假设不同,多主体的建模中所刻画的投资者具有有限理性与异质性。这就使多主体模型会包含很多参数,有较高的自由度,这无疑对模型间的比较和校准,以及基于真实市场数据的参数估计带来困难。这也是多主体建模被批评和质疑的主要地方。最初的多主体建模的主要校准方式为与市场的典型事实在定性上的对应。具体来说,就是通过建模对微观投资者的刻画可以从宏观上模拟出真实市场价格的某些典型特征,如尖峰胖尾、波动聚集等。由此从某种程度上为这些宏观特征提供了可能的微观机制的解释。但随着多主体建模的发展,多个模型间的比较,及更加定量化的模型校准与参数估计成为一个急切需要解决的问题。

在模型的比较和校准方面,首先要解决的是模型的规模问题。具体来说,就是传统金

---

① 参考 Noemi, S. and F. Westerhoff (2017), "Heterogeneity, spontaneous coordination and extreme events within large-scale and small-scale agent-based financial market models." Journal of Evolutionary Economics 27: 1041–1070.

融模型的建立基于完全理性人假设，这样仅仅需要一个代表性个体便可以进行建模分析，涉及的参数较少。而多主体模型中考虑个体的有限理性与异质性，那么就会有一个问题，这个有限理性有限到什么程度？什么样的异质性是关键的，是需要在建模中考虑的？而什么样的异质性是可以忽略掉以简化模型的？如果考虑太多的异质性会给模型带来大量参数，进而给模型的参数估计带来很大困难。对于不同规模的多主体模型的构造，感兴趣的可以阅读相关的综述性文献，大规模的多主体模型可以参照 Le Baron（2006）的综述，小规模的多主体模型可以参照 Hommes（2006）的综述。本小节我们给出的是在该问题上进行巧妙探讨的 Noemi 和 Westerhoff 的工作。该论文也是基于 Westerhoff 之前的一系列相关工作论文的一个系统性探讨。为了刻画真实市场价格波动特性，该论文从一个贴近市场的大规模多主体模型出发，研究了在什么样的条件下，大规模多主体模型可以转化为小规模多主体模型进行分析，以此建立起大规模多主体模型与小规模多主体模型间的桥梁。接着，通过矩估计的方法对简化的小规模模型进行了参数估计，并通过与多个模型进行比较进行了模型校准。

我们先来看一下大规模模型的基本构造。市场中有一个风险资产，N 个异质的投资者与一个做市商。市场的价格形成机制与上述 Farmer 模型的构造类似，即投资者的超额需求推动对数价格的变动。不同的是，这里的价格形成方程中没有包含随机项。而是把随机特征反映在投资者的策略选择上了。投资者有趋势追随策略和基本值策略两类可选策略。在每一类策略中都包含两个显示投资者异质性的参数。第一个是强度（预测趋势延续的强度以及价格回归到基本值的强度），该强度服从相同均值和方差的独立同分布；第二个是服从联合正态分布的噪声。不同投资者的噪声有相同的均值和方差，但相互之间有联系，其协方差不为 0，而是依某一概率参数取高相关系数或低相关系数。这刻画了投资者对市场较为极端的公共信息的行为反应的一致性。投资者选择通过离散概率模型选择策略，在构建选择概率时，论文考虑了三个因素：一是投资者个体的偏好；二是大多数人的策略选择；三是价格偏离基本值的程度。投资者完成策略选择后，提交自己的需求，而超额需求推动价格变化。模型封闭，可以进行演化推算。

在该大规模模型的构造下，当投资者的数量 N 很大趋于无穷时，离散概率模型中反映投资者异质性的参数则为常数，且随着 N 的增加，两类交易者占比的方差趋于 0 时，上述的大规模模型可以简化为小规模模型，该小规模模型是一个三维的一阶非线性随机动力方程系统。该系统包含了 11 个待估参数。

接下来我们来看参数估计的标准和方法。金融市场与资产价格相关的典型事实有：①有泡沫和崩盘现象；②过度波动，即相较于基本价值的波动，价格会呈现出更大的波动性；③收益率分布与正态分布相比较呈现出尖峰胖尾的特征；④收益率序列自身没有时间上的自相关性；⑤波动聚集（大的波动往往与大的波动一起发生，小的波动往往与小的波动一起发生），即收益率的绝对值或平方序列呈现出长程关联。基于以上典型事实，作者量化了 10 个与收益率的统计特征相关的定量指标，分别为收益率的方差，度量收益率分布厚尾特征的两个指数，收益率序列的自相关系数，其绝对值序列的 1、5、10、25、50 及 100 阶的自相关系数。以与真实标普 500 收益率所计算出的 10 个定量指标最贴近为目标，论文通过数值的方式测算了 11 个待估参数的最优值。并与其他文献中的多主体模型给出的结果进行了对比，该模型展现出对真实市场的更好的刻画效果。

通过以上模型的简述，我们可以看到一个较为系统的多主体模型的简化及参数估计的思路，也可以借助此框架，对该模型进行进一步改善，如改进参数估计的数值计算的方法，使之更加高效与准确，如对小规模模型先进行可行的非线性理论分析，以对参数估计提供方向；或者改进模型设定中同一策略不同个体间的相关关系的设定：目前该相关系数为外生参数，可以通过一定方法改成内生的，比如与市场环境挂钩；同时该模型在不同市场中的参数估计与校准也有待进一步检验，因为不同国家金融市场的微观机制不一样，那么从模型设定或参数估计的侧重上应该会有所区别。这也是对模型本身是否抓住了市场的本质特征的检验与探讨。

第三节 双向拍卖机制下的价格与策略演化

一、文献综述

双向拍卖机制或称为指令驱动型机制，是指出买卖双方报价后，系统按照一定的规则在时间优先和价格优先的原则下进行撮合交易。随着电子化交易平台的高速发展，双向拍卖机制已然成为现今市场中证券交易的主流模式，如我国的股票市场的交易机制就是双向拍卖机制。相较于做市商机制，双向拍卖机制有着自身的复杂性。早前，刘波等学者从理论（包括金融经济学方法、随机分析与仿真方法、金融物理学方法）、实证和实验（实验经济学与基于多主体的计算金融学方法）三个角度分别对双向拍卖机制进行了一定的总结与梳理。在本节，我们主要关注的是基于双向拍卖机制的多主体建模部分。对于多主体模型，双向拍卖机制带来的复杂性主要体现在以下两个方面。

从模型构造上来讲，做市商机制下，是按照超额需求提供流动性的报价，推动价格变动，一般采用价格变动或对数价格变动线性正比于超额需求的形式。而对于双向拍卖系统，买卖双方可以递交市价指令与限价指令。对于市价指令而言，投资者仅需要提交买卖的数量，然后由当前可成交的最优价格成交，而对于限价指令，投资者既需要提交买卖的数量，也需要提交申报的价格。由于大多数限价指令不能立即成交，所以双向拍卖机制下，需要一个指令簿来专门记录等待配对的未成交的指令。而采取什么样的策略报价和报量都是建模时需要关注的重点。需要注意的是，与做市商机制下投资者只会利用历史的日收盘价信息和基本值信息不同，双向拍卖机制下的指令簿也是投资者构造策略的一个关键信息来源。这会带来策略构造的更多的自由度，也就意味着对投资者信息或能力的更多的假设和参数。而以此为基础的策略的演化也就更加复杂。

从数据上来讲，双向拍卖机制下，由于需要刻画双方买卖订单撮合成交的过程，所以会产生更为微观和高频的数据。如每笔交易达成的时间、时间间隔和价格；日内交易的分钟数据等。基于便利的高频数据，大量的实证文献揭示了更微观高频的一些典型特征。而这些典型特征就为多主体模型的参数估计和校准提供了更多维的指标，被一些多主体模型的研究者称为第二代多主体模型。

基于以上两方面的复杂性，国内外学术界对双向拍卖机制下的多主体建模可以分为报价机制的研究（如交易者的最优或次优报价，交易者在报价过程中的学习机制等）；双向拍卖机制本身的功能与作用（如价格发现效率如何，与做市商机制相比较的优势等），以及以此为平台检验相关交易规则的合理性（如涨跌幅限制）。而我们这里关注的策略与价格的演化往往暗含在上述研究中。下面，我们通过两篇经典文献做一个简单介绍。本节第二部分将介绍双向拍卖机制下知情交易者与非知情交易者的信息传递、学习及其对市场演化的影响。在本节第三部分，我们将介绍一篇基于中国股市建立的双向拍卖机制模型，该模型基于我国 2015 年发生的股灾，较为系统地探讨了该股灾的形成机制，给出了策略建议，并通过"情景—应对"的模式检验了所给策略的有效性，是双向拍卖机制下多主体建模在我国市场应用的一个典范。

二、双向拍卖机制下知情交易者与非知情交易者的信息传递、学习及其对市场演化的影响——基于多主体模型的探索[①]

双向拍卖机制下，订单簿的信息以及可选指令的丰富性给投资者带来了更多的策略选择。那么，投资者是如何选择策略并通过市场信息反馈进行学习的呢？之前的研究对象多集中于知情交易者，而对非知情交易者往往以很简单的假设带过。而在真实市场中，非知情交易者往往占据重要的地位，其信息传递与学习的过程，以及对市场价格演化的影响是不容忽视的。本小节探讨的这篇论文，便是在双向拍卖的一个统一框架下，通过模拟订单簿的动态演化过程，对知情交易者和非知情交易者的信息传递、学习及其对市场演化的影响进行了系统性探讨。下面，我们先来看一下具体模型框架。

市场由 N 个投资者构成（N_I 个知情交易者与 N_U 个非知情交易者），共同交易一种风险资产。风险资产的基本价值服从初值为 v_0 的随机游走过程。并且在每期可能会有一个服从泊松过程的冲击，使基本值向上或向下变动一定的幅度。知情交易者在到达市场时就知道

[①] 参考 Carl C., X. He, and L. Wei (2015), Learning, information processing and order submission in limit order markets, Journal of Economic Dynamics & Control 61: 245–268.

资产的基本价值,而非知情交易者在滞后一段时间后才会知道资产的基本价值。每个投资者到达市场的时间服从泊松分布。进入市场后,投资者最多只买卖一单位的风险资产。

投资者进入市场后,根据其所获得的市场信息,以及关于基本值的私有信息(对知情交易者来说)来选择最优的交易规则进行一单位的买或卖的市价或限价订单的下达。所有投资者的初始策略集都包含5类交易规则:技术交易规则、基本值规则、报价和价差规则、订单簿深度非均衡规则和交易方向策规则略。5类规则涵盖了买价、卖价、中间价格、历史价格、订单簿深度及最近成交的方向等市场信息。策略由规则及对应行动构成。对应行动包含以市价/限价方式采取买/卖的行为。比如,一个报价和价差规则对应的策略可以是市场状态"当目前的报买价低于上一个报买价且买卖价差较之前缩小时"加上对应行动"以市价买"。对于非知情交易者而言,其基本值策略中用到的基本值信息是前一时刻的。所以对他们而言,很难获取正的收益。因此,论文中引入遗传算法以刻画非知情交易者和知情交易者的学习过程,帮助其减少损失获取收益。

遗传算法由选择、杂交和变异三个阶段构成。其中在选择阶段,每个交易策略被选中的概率由其历史表现及最近表现的加权平均值所决定。当选择了两个母本的交易策略后,再选择对应的片段进行相互交换,称之为杂交。同时,以一定的概率改变策略中的某些片段,称为变异。这样,投资者的策略集中就会不断有新的策略加入,以此体现投资者根据市场信息所进行的内生化的学习过程。综上,当投资者进入市场时,他会在其策略中集中选择与当前市场状态相匹配并且之前带给他最好收益的交易策略。也就是说,遗传算法帮助投资者从历史交易中学习,并内生地依据当前的市场状态作出选择。而这对于非知情交易者来说尤为重要,因为他们不知道当时的基本值信息,很难从交易中获取收益。

基于以上的模型框架,为了比较知情交易者与非知情交易者的学习过程及对市场演化影响的异同,论文以知情交易者和非知情交易者均可以通过遗传算法进行学习的模型为基准模型,对仅有知情交易者可以通过遗传算法学习和仅有非知情交易者可以通过遗传算法学习的两个模型进行比较,得出以下结论。①学习会使投资者的策略收敛,即各类交易策略被使用的占比趋于一个稳定的数值。非知情交易者对信息的利用率高于知情交易者对信息的利用率。②从具体规则来讲,知情交易者更多地关注于最近一次的交易方向;而非知情交易者则更看重技术交易规则。同时,非知情交易者更偏好于市价订单;而知情交易者更偏好于限价订单。③知情交易者与非知情交易者的学习均可以使其减少损失获得收益,同时降低买卖价差。从收益的改善程度来讲,学习对于非知情交易者的影响更大,会使其收益得到较好的改善。但从促进市场的有效性而言,非知情交易者的学习对其有正的影响,而知情交易者反而会操纵市场,降低市场的有效性。总体而言,学习和信息对于知情交易者和非知情交易者都有用,但是两者在学习过程中应用的信息是不同的。因为信息上的劣势,学习对知情交易者更有价值。

另外,论文针对给非知情交易者以正价值补偿(因为非知情交易者在交易中以损失为主，从交易的目的性和意义上看，他们进行交易可能是为了流动性等其他因素，这个因素可以作为正价值的补偿）、遗传算法的演化速度、知情交易者占比、资产基本值的波动幅度、非知情交易者获得信息的滞后时间、策略的前一期表现在其更新权重中的占比等参数和模型设定方式进行了鲁棒性检验。研究者发现给非知情交易者以正价值补偿，会使其在短期内下单时更多地考虑市价订单和主动型的限价订单，从而影响市场的波动性和有效性，但长期来看，这些影响并不显著。而知情交易者占比的增加，价差和价格波动性的增加，成交量降低的影响是单调的，但是非线性的。其他因素的变化对结果都没有定性影响。

在双向拍卖市场机制下，投资者如何理解及学习市场信息，而学习又反过来如何影响市场是一个有挑战性的重要问题。本小节所介绍的这个工作为双向拍卖机制下的多主体建模提供了一个系统化的框架，后续研究可以对市场收益率的统计特性进行进一步验证；或引入其他的交易方式如高频交易，来探索其对市场的影响。

三、双向拍卖机制在中国股票市场的应用实例——市场极端波动的计算实验模型[①]

目前，以中国股市的交易机制（如涨跌停限制）及基本数据为基础，建立双向拍卖机制下的多主体模型，并对市场现象进行微观机制探讨的文献较少。本小节所介绍的这个工作是目前阶段该领域中一个较有代表性的工作。其通过双向拍卖机制下的多主体建模（也称为计算实验模型），对我国股票市场2015年的股灾现象（股市异常波动）的形成机制进行了探索，解决了基于静态数据的压力测试难以分析流动性踩踏动态过程的难题，成功刻画了股灾呈现的流动性危机中的连续单边暴跌、流动性缺失大面积传染和危机后持续震荡的三个典型特征，并以此为基础进行了"情景—应对"的应对策略效果的检验，提出了有实践意义的风险防范措施。论文的整体建模思路和分析框架都是值得借鉴的。下面我们先来看模型的基本框架。

模型所建立的人工金融市场采用了与中国股票市场一致的连续竞价订单簿撮合机制，订单簿每天清空，每日收盘价为最后一笔交易价格，暂不考虑集合竞价，每日开盘价等于前一天收盘价。并存在10%的每日涨跌幅限制。为了考虑融资杠杆的影响，模型中暂时没有考虑交易成本和利息。因为与前者相比较，后者的影响可以忽略不计。

模型每运行一次对应真实时间1分钟，我国股票市场每日的交易时间为240分钟，即一个交易日对应240个仿真周期。市场中设计了三只有代表性的股票，分别代表创业板、中心板和主板，以反映不同板块股票的联动效应与风险传染。不同板块的股票在总股本

[①] 参考韦立坚、张维、熊熊. 股市流动性踩踏危机的形成机理与应对机制. 管理科学学报，2017（3）.

数、初始价格、初始总资产及资产波动幅度 k 上有所区别。各股票的基本价值变化服从随机游走过程。并且其变化频率服从泊松分布，平均每 5 分钟改变一次，每次变动以均等的概率增加或者减少 K 个最小报价单位，即 0.01 元。

市场中的投资者的初始财富的设计借鉴了中国证券金融公司提供的账户数据统计结果。按照净资产在 50 万元以下、50 万（含）~1000 万元（含）与 1000 万元以上三个区间对应的投资者数量占比及资产占比对投资者初始股本和财富分布进行了设定，在各财富区间内按照双截尾近似正态分布随机分配投资者的初始股本和财富，同时假设每个投资者在初始状态的股票资产价值和现金相等。除了基本财富外，当投资者的净资产达到某一固定标准后可以进行杠杆融资。根据担保品的性质不同，其折算率有所不同。自由现金的折算率为 1，股票的折算率为 0.8，投资者融资的强行平仓线为担保品的比例设为 125%。每个投资者到达市场的时间服从泊松分布。

到达市场后，投资者均采用基本面加技术面的混合信念来预测股票未来收益率。基本面信念是基本价值与当前交易价格的对数比率，技术面信念采用短期移动平均线和长期移动平均线的对数比率。投资者在基本面和技术分析的权重由投资期限长短决定，投资期限长的投资者更侧重于基本面。根据我国投资者爱好追逐热点的特点，假定投资者分配在个股资产的资金是基于个股过去一天的涨跌程度来动态配置，即某只股票涨幅越大，就分配更多的资金买入。具体配置的形式借鉴 Brock 和 Hommes 的"自适应学习的策略转换方式"，根据个股过去的涨跌程度的比较，通过"适应性转换动态资产配置"来分配不同板块间股票上的现金比率。基于预测信念，投资者根据盈利参考点、止损参考点和当前订单簿状态进行买卖和下单。每个投资者有自己的盈利参考点和止损参考点。其盈利参考点与止损参考点的绝对幅度相同且与投资期限正相关。当预测涨幅高于盈利参考点时买入；当预测跌幅低于止损点时卖出。其具体形式较为烦琐，可参考文献。值得一提的是，如果投资者的担保品比例低于 125%，则被强行平仓并市价卖出，不能成交的部分转为跌停价的限价订单。对于买入订单量，投资者根据其预测的盈利幅度的大小进行对应比例的买入，即在现有现金及融资额的条件下，预测盈利幅度越大，买入量越大。对于卖出订单量，由于在不考虑卖空机制的前提下，投资者要么是在实际盈利达到盈利参考点时卖出，要么是止损卖出，因此假定投资者会卖出当前所有可以卖出的持仓量。

基于以上的模型设计，论文进行了 4 组实验。第 1 组为无融资杠杆的对照实验以分析没有融资杠杆时的市场情况。第 2 组为 1 倍低融资杠杆实验，以此为基准与实验 1 进行比较，以分别分析投资者非理性行为和融资杠杆在市场泡沫与崩盘中的作用。第 3 组为少量高杠杆融资的风险实验，即假设原来初始资产在 50 万 ~ 1000 万元占比为 28% 的投资者中，有 5% 的投资者可以采用 3~8 倍的高杠杆融资，以观察杠杆融资比例提高对系统性风险的冲击。实验 4 为干预实验，在实验 3 的基础上，根据危机的形成机理和微观制度的作用，探索长效的应对措施，即考察控制融资杠杆、引入临时做市商、大宗交易系统回购强行平仓头寸等应对措施的有效性。

通过以上4组实验的模拟，模型成功刻画了2015年我国股灾呈现的流动性危机中的价格持续单边暴跌、流动性缺失大面积传染和危机后持续震荡的三个典型特征，从市场微观机制、融资杠杆和投资者非理性行为三个角度较为系统地分析了流动性踩踏危机的形成机制，具体为：①融资杠杆在技术分析策略和适应性转换动态资产配置等非理性行为作用下加剧了泡沫崩盘和个股的联动效应；②在泡沫破灭时高杠杆融资引发了连锁强行平仓导致流动性缺失传染，并产生恶性循环最终导致流动性踩踏危机；③涨跌停限制和连续竞价的订单簿撮合机制加剧了流动性踩踏危机。更进一步地，通过第4组干预实验，论文验证了引入临时做市商提供紧急流动性和采用大宗交易系统回购强行平仓头寸的干预措施对于缓释流动性踩踏危机的有效性。

综上，我们可以看到，本小节所探讨的这个工作构建了适用于我国股票市场微观机制的一个双向拍卖多主体模型，并引入多个资产进行联动效应的探讨。基于2015年的股灾背景，系统地探讨了融资杠杆、投资者非理性行为和市场微观机制三个关键因素在此次流动性踩踏危机中扮演的角色和作用。并基于"情景—应对"型风险管理思想，通过动态模拟探讨了不同措施的有效性，为我国股市的微观机制设计提供了切实可行的建议。基于该模型框架，作者提到的几个拓展方向都很有现实意义。首先是针对多资产联动的更为细致的探索，比如具体分析多资产市场中多个订单簿的变化特征以及多资产日内高频波动和收益率之间的联动，从未为多资产联动特性的实证研究提供微观机制解释。其次，融券（卖空）机制也是金融市场中学者们一直争论不休的热点问题。在该模型的融资设计的基础上，加入融券设计，来考察其对市场价格演化特征的影响，以提供更加可信的机制解释。最后，基于多资产的设计模式，可以建立多市场间的联动模式，如加入股指期货、债券、外汇等，构建更大规模的跨市场研究，以探讨不同市场间、不同金融产品间的价格关联，并以此为基础，构建风险预警系统。

第四节 未来研究展望

本章是对多主体模型（或称计算实验模型）下金融市场中的资产价格与投资者策略的演化的梳理与总结。随着大数据和计算机技术的发展，相信金融市场中的多主体建模会在两个大的方向得以更加长远的发展。一是在微观层面，在对微观个体行为及相互联系的刻画上，如果有真实市场交易数据的支撑，会更加准确。目前的研究中对微观个体行为比如市场中的投资者的行为的分类主要有这样几种形式：第一种是划分为知情交易者和非知情交易者；第二种是划分为基本值交易者与技术或趋势交易者；第三种是依据行为金融理论对不同交易者行为偏差进行分类。不同分类方式的实证基础以及如何更加科学系统地分类是多主体建模更规范、更系统化的一个基础，是微观层面的发展方向之一。同时，如何更加准确系统地刻画个体间的互动和联系也是目前多主体建模中有待进一步规范的地方。另一个发展方向是在宏观层面，像第一小节文献综述中提到的很多科学家倡导的那样，通过建立大规模的多主体模型，来刻画某一国家甚至多个国家之间金融市场中各金融机构不同金融产品间的风险传递机制，以此为基础形成金融风险的动态检测和预警，以预测极端风险事件的发生，并可以以此为平台，检验各种风险应对措施的效果，在风险预警后，采取有效的行动来防范风险，或在危机发生后，实施有效措施来激励市场，降低风险传染的广度，通过削弱风险传染的深度来减少危机带来的损失。除了以上的发展方向外，多主体建模的系统化和规范性也是值得后续研究者关注的问题。由于模型包含过多的参数和变量，如何建立一个统一公认的框架体系，并可以通过简化进行参数估计，也是有待解决的关键问题之一。

参考文献

［1］ Arthur, W. B., Holland, J. H., LeBaron, B., Palmer, R., and Tayler, P. (1997). "Asset pricing under endogenous expectations in an artificial stock market. In: Arthur, W. B., Lane, D., and Durlauf, S., (Eds)." The Economy as an Evolving Complex System II, Addison – Wesley, 15 – 44.

［2］ Buchanan, M. (2009). "Meltdown modeling: could agent – based computer models prevent another financial crisis?" Nature, 460: 680 – 682.

［3］ Battiston S, Farmer D J, Flache A, et al. (2016) "Complexity theory and financial regulation." Science, 35 (6/25): 818 – 819.

［4］ Brock, W. A., and Hommes, C. H. (1998). "Heterogeneous beliefs and routes to chaos in a simple asset pricing model." Journal of Economic Dynamics and Control, 22: 1235 – 1274.

［5］ Brock, W. A. (1997). "Asset price behavior in complex environments." In: Arthur, W. B., Durlauf, S. N., and Lane, D. A., (Eds). The Economy as an Evolving Complex System II. Addison – Wesley. 1997, 385 – 423.

［6］ Carl C., X. He, and L. Wei (2015). "Learning, information processing and order submission in limit order markets." Journal of Economic Dynamics & Control, 61: 245 – 268.

［7］ Chiarella, C., and Iori, G. (2002). "A simulation analysis of the microstructure of double auction market." Quantitative Finance, 2: 346 – 353.

［8］ Chiarella, C. et al. (2012). "A dynamics analysis of the microstructure of moving average rules in a double auction market." Macroeconomic Dynamics, 16 (04): 556 – 575.

［9］ Chen, S. – H., Chang, C. – L., Du, Y. – R. (2012). "Agent – based economic models and econometrics." The Knowledge. Engineering. Review. 27 (2), 187 – 219.

［10］ Farmer, J. D., and Foley, D. (2009). "The economy needs agent – based modeling." Nature, 460: 685 – 686.

[11] Farmer, J. D. (2001). "Toward agent-based models for investment." Association for Investment Management and Research Conference Proceeding: 61–70.

[12] Farmer, J. D., Joshi, S. (2002). "The price dynamics of common trading strategies." Journal of Economic Behavior & Organization, 49: 149–171.

[13] Farmer, J. D. (2002). "Market force, ecology and evolution." Industrial and Corporate Change, 11 (5): 895–953.

[14] Friedman., D. (1993). "The double auction institution: A survey." In Friedman. D., and Rust. J., (editors). The Double Auction Market: Institutions, Theories and Evidence, Santa Fe Institute Studies in the Sciences of Complexity, chapter 1, pages 3–25. Perseus Publishing, Cambridge, MA.

[15] He X. Z., and Li Y. W. (2008). "Heterogeneity, convergence and autocorrelations." Quantitative Finance, 8 (1): 59–79.

[16] Lo, A. W. (2005). "Reconciling efficient markets with behavioral finance: the adaptive markets hypothesis." Journal of Investment Consulting, 7: 21–44.

[17] LeBaron, B., Arthur, W. B., and Palmer, R. (1999). "Time series properties of an artificial stock market." Journal of Economic Dynamics and Control, 23: 1487–1516.

[18] Noemi, S., F. Westerhoff (2017). "Heterogeneity, spontaneous coordination and extreme events within large-scale and small-scale agent-based financial market models." Journal of Evolutionary Economics, 27: 1041–1070.

[19] Tvede, T (2002). "The psychology of finance: understanding the behavioral dynamics of markets." John Wiley & Sons.

[20] 张维等. 计算实验金融在中国：研究现状及未来发展. 系统管理学报, 2012 (21).

[21] 高言. 经济金融系统的复杂性研究——基于若干多主体模型的探讨. 人民邮电出版社, 2014.

[22] 韦立坚, 张维, 熊熊. 股市流动性踩踏危机的形成机理与应对机制. 管理科学学报, 2017 (3).

[23] 刘波等. 基于连续双向拍卖的金融市场微观结构研究综述. 管理工程学报, 2007 (21).

[24] 宋逢明, 李超. 股票市场涨跌停板设置的微模拟研究. 运筹与管理, 2007 (16).

[25] 宋逢明等. 基于人工股票市场分析持有期对投资者收益的影响. 运筹与管理, 2008 (17).

[26] 刘逖. 市场微观结构与交易机制设计. 上海人民出版社, 2010.

第九章

原油市场中的信息价值

原油（或石油）在世界工业生产中具有极端重要的价值，被称为经济乃至整个社会的"黑色血液"或"黑色黄金"。大量实证研究表明，原油市场具有高度复杂性（Alvarez-Ramirez 等，2008；Wang 等，2010，2011；Wang 和 Wu，2012，2013；Wang 和 Liu，2010）。作为重要的能源之一，多篇经典文献（Hamilton，1983，1996，2008；Hooker，1996；Cuñado 和 Gracia，2003，2005；Cologni 和 Manera，2008；Kilian，2008；Herrera 和 Pesavento，2009；Ratti 和 Vespignani，2014，2016）均表明，原油在全球经济中扮演着重要角色，其价格变动对宏观经济、金融市场稳定等各个方面均能产生重要影响。

原油（或石油）在世界工业生产中具有极端重要的价值，被称为经济乃至整个社会的"黑色血液"或"黑色黄金"。大量实证研究表明，原油市场具有高度复杂性（Alvarez-Ramirez 等，2008；Wang 等，2010，2011；Wang 和 Wu，2012，2013；Wang 和 Liu，2010）。作为重要的能源之一，多篇经典文献（Hamilton，1983，1996，2008；Hooker，1996；Cuñado 和 Gracia，2003，2005；Cologni 和 Manera，2008；Kilian，2008；Herrera 和 Pesavento，2009；Ratti 和 Vespignani，2014，2016）均表明，原油在全球经济中扮演着重要角色，其价格变动对宏观经济、金融市场稳定等各个方面均能产生重要影响。本章将对此进行综述。

第一节 整个领域的发展综述

一、原油对宏观经济的影响

自 1983 年 James Hamilton 在 Journal of Political Economy 上发表 "Oil and the Macroeconomy since World War II" 研究原油价格与宏观经济之间的关系以来，原油价格对宏观经济的影响就逐步成为学界与业界所共同关注的焦点。研究多将视角集中于原油对 GDP/GNP、通货膨胀、失业/就业率、利率等宏观经济变量的影响。

以 Hamilton（1983）为起点的早期研究发现美国国民生产总值增长与石油价格上涨有明确的负相关关系，石油危机与经济衰退之间存在重要关联，原油对宏观经济活动具有至关重要的作用（Hamilton，1983，1988，1996；Gisser 和 Goodwin，1986）。从那以后，一些研究人员支持并扩展了 Hamilton 的结果。Mork（1989），Mory（1993）在研究美国石油价格变化与 GNP 增长之间的关系时发现石油价格对经济活动的不对称影响。Edelstein 和 Kilian（2009）在研究 1980—1986 年美国经济 GDP 低增速的原因时发现，低油价使国内原油天然气行业投资下降，从而影响了 GDP 增速。而从石油冲击的角度看，Hamilton（2009）认为如果没有石油冲击，那么美国在 1974—1975 年将不会承受严重的经济衰退，而只是经历一个较为温和的经济增速下滑。Wei 和 Guo（2016）利用中国 1996 年第一季度至 2014 年第四季度的季度数据进行研究后发现产量和利率对石油价格的冲击有显著的反应。实际上，原油价格既可以通过供给侧，也可以通过需求侧来影响宏观经济，供给侧影响体现为原油价格增加了企业生产成本进而影响产出，需求侧影响则体现为原油价格影响汽车等行业的消费进而影响生产。陈宇峰和陈启清（2011）系统考察了不同油价冲击形式对国内宏观经济活动的影响程度和作用机理，从而发现不同经济发展阶段下不同油价冲击形式所产生的"非对称时段效应"。张大永和曹红（2014）研究认为国际油价与我国宏观经济的长期关系存在非对称性，正向冲击与负向冲击在长期均衡中的作用相异，油价上涨对经济的影响程度远远高于油价下跌时的影响。谭小芬等（2015）考察了1998—2015年导致国际油价波动的三种结构性冲击对中国37个工业行业的影响，发现供给冲击、特定需求冲击和金融投机冲击带来的油价上涨会抑制中国工业产出，总需求冲击带来的油价上涨会扩张工业产出，同时，油价的特定需求冲击对工业行业的抑制效应远高于供给冲击和需求冲击。

还有部分学者从不确定性即原油价格波动的角度对其影响展开了研究（Ferderer, 1996；Lilien, 1982；Bernanke, 1983；Rafiq 等，2009；Jo, 2014）。Lee 等（1995）认为，自 20 世纪 80 年代中期以来原油价格波动率急剧上升，这使美国石油价格与美国经济活动之间的经验关系出现了断裂；只有当价格相对稳定时，石油价格变化才会对经济活动（尤其是国民生产总值和失业）产生重大影响。石油价格波动包含重要的独立信息，随着原油价格波动水平的上升，其对投资的激励会下降（Ferderer, 1996），这样，原油价格波动会通过提升投资不确定性或影响行业资源再分配的方式降低投资，进而导致总产出发生暂时性下降（Guo 和 Kilesen, 2005）。原油价格波动还会通过影响利率而影响经济：美联储会在油价上涨时提升联邦利率，在油价下跌时进行相反操作（Federer, 1996）。Jo（2014）研究了油价不确定性对全球实际经济活动的影响，认为石油价格不确定性冲击对世界工业生产产生负面影响。马理和李书灏（2016）认为国际原油价格的剧烈波动是导致俄罗斯经济动荡的导火索。部分学者以中国为研究对象，同样得出油价波动对宏观经济变量具有重要作用的结论。其中，通货膨胀成为关注热点，原油价格波动与通货膨胀水平具有显著相关关系（赵懿和李熠，2011），国际原油价格波动在短期内能够对通胀预期带来显著冲击（陈涤非等，2011）。

2008 年后，油价波动对中国宏观经济变量变化的影响力明显增强，其中对物价变化影响力的提高尤为突出（赵丹婷和刘园，2016）。此外，任若恩等（2010）运用跨时优化一般均衡模型，对国际石油价格波动对中国国民经济总体与各部门经济的影响进行考察，证实了国际油价对GDP、CPI 以及各部门产出价格有一定影响，而且具有时间滞后效应。俞剑等（2016）从宏观和微观两种视角考察了投资对油价不确定性冲击的反应。宏观研究发现，油价不确定性冲击能够解释约12%的固定资产投资波动，而且还对固定资产投资具有短期抑制效应。在微观层面，油价不确定性冲击在短期内对民营企业和外资企业投资也有抑制效应。

二、原油与股票市场间相关影响研究

目前多数文献集中体现的是原油与股票市场之间的单向影响关系，其中证明原油为主导因素的文献居多。Cunado 和 Gracia（2013）对欧洲数据检验发现原油供给冲击对股票价格变动的解释能力最强，然而 Kang, Ratti 和 Yoon（2014）使用美国数据证明总需求冲击及原油特定需求冲击对股票收益及波动率影响最显著。Diaz，Molero 和 Gracia（2016）从原油波动率的角度加以分析，发现 G7 国家的股指会对原油波动率的增加作出相反方向的反应；同时他们证明国际原油价格的波动率影响要比区域性油价更显著。王鹏等（2017）从风险的角度，给出了原油价格对股票市场具有影响的证据。研究发现国际原油价格对世界股票市场的风险传染更多的不是发生在相关性层面，而是发生在收益率的波动、偏度和峰度等这些高阶矩层面；在国际原油价格对世界股票市场之间的诸多风险传染特征中，最应该引起重视的是市场极端波动之间的传染性；国际原油价格对发达国家（地区）股票市场和新兴股票市场都有着非常显著的影响，但新兴股票市场所受的影响更大。

目前来看，对原油起先导作用的解释主要有两个方面：①以有效市场假说为前提，由股息贴现模型可知股票价格是企业未来净盈利的贴现值，因此原油价格冲击对于经济的短期或长期影响都可以通过影响企业未来盈利从而在股市上得以反映。Jones 和 Kaul（1996）以股息估价模型为基础，分别检验了英国、加拿大、日本和美国股市对于国际油价变化所作出的反应。他们发现原油冲击对美国和加拿大股票市场的影响完全可以通过这些冲击对真实现金流的影响来解释。但是对于英国和日本两国并未能得出理想结果。Chortareas 等（2013）同样认为股息率是油价变动影响美国股票市场的主要渠道。他们发现原油特定需求冲击能够解释大部分股息率的短期变动；而长期来看，三种原油冲击的影响均一样显著有效。②全球油价变动会导致与能源行业有关的公司收益增加或成本减少，进而影响股票价格。Huang，Masulis 和 Stoll（1996）运用向量自回归模型对原油期货市场和美国股市的数据进行检验，结果显示原油期货价格仅对与原油相关的公司股价有影响，而对 S&P500 等综合股票指数无能为力。Henriques，Sadorsky（2008）和 Sadorsky（2012）也对油价与能源或技术公司股价之间的相关关系进行了研究，皆发现了原油的先导作用。

上述文献表明原油价格波动在一定程度上导致了实际股价变化。但有部分研究发现双边关系的引导方向有所不同。Li 等（2012）运用国内 2001—2005 年的面板数据发现能源相关部门股票对油价存在长期的格兰杰影响，并以此说明中国作为一个油价驱动者，其股票市场对世界油价有明显的影响作用。Ding，Kim 和 Park（2016）运用分位数回归检验了原油和美国及亚洲四个国家之间的因果关系，证明了特定国家的股市对油价的先导作用，但同时也证明中国股市并无对油价的先导作用，并以中国股市不发达为由对 Li 等（2012）的结论进行反驳。田利辉和谭德凯（2015）的研究同样发现特定国家股市的先导作用，认为原油价格的长期走势受美国股票指数影响最大。Lee，Yang 和 Huang（2012）对 G7 国家 1991—2009 年的数据进行检验，发现油价冲击对各国综合股指并没有显著影响。但对德国、英国和美国来说，股票价格可在一定程度上引导油价。

三、原油与外汇市场间相关影响研究

关于原油价格与美元实际汇率之间影响关系的研究最早可追溯至 Krugman（1980）。

他建立了一个由两个国家构成的理论模型并通过均衡方程来说明原油价格冲击对实际汇率的影响；同时解释了两个国家的收支平衡问题及汇率的动态行为。

此后诸多学者对原油与汇率之间的影响关系进行了更为细致的理论研究及实证分析。例如，Golub（1983）将原油的需求弹性纳入模型中，并对美国、英国、德国、日本和OPEC国家1972—1980年的数据进行了实证检验，得到的结果进一步支持了Krugman（1980）的分析。在影响机制研究方面，Krugman（1980）和Golub（1983）指出原油价格的增加会将财富从原油进口国转移到原油出口国，进而导致国家间经常账户失衡和资产组合的再分配。最终，各国汇率会对这种不均衡自动做出调整，进而消除摩擦达到稳态。Buetzer，Habib和Stracca（2012）在综合以往的文献后指出，原油与汇率之间的传递渠道存在四个机制，包括贸易条件指数渠道、财富效应、相关贸易均衡和投资组合再分配。他们对43个发达国家和发展中国家进行了实证分析并用外汇储备积累解释了原油特定需求冲击带给净出口国家货币的升值压力。近年来，为了更具体地探讨原油与汇率的影响机制，很多学者对原油冲击的来源进行了更细致的研究，相关文献如Kilian，Rebucci和Spatafora（2009）、Basher，Haug和Sadorsky（2012）等。

关于原油与汇率之间的具体的领先滞后关系，目前的研究中存在一定的分歧。一些观点（Wu，Chung和Chang，2012；Bal和Rath，2015）认为，汇率是影响国际油价变动的内生因素之一。如Yousefi和Wirjanto（2004）通过建立原油市场结构来研究国家油价对OPEC国家汇率变动作出的反应。Chen，Rogoff和Rossi（2008）通过格兰杰因果检验发现了个别国家的汇率具有比原油等商品更好的预测能力，他们将这些货币定义为"商品货币"。Le（2017）运用双变量GARCH模型对1997—2012年的美元数据进行检验，同样发现了汇率的先导作用。相比之下，Amano和VanNorden（1998）、Backus和Crucini（2000）、Chen和Rogoff（2003）、Chen和Chen（2007）、Lizardo和Mollick（2009）、Bodenstein，Erceg和Guerrieri（2011）、虞伟荣和胡海鸥（2011）等则更多支持反向因果关系。其中，Lizardo和Mollick（2009）对包括英国、日本在内的多个典型原油进出口国家进行了更详细的研究，他们发现原油价格的正向冲击会导致原油净出口国家的货币显著地升值；而对原油净进口国家的货币影响却相反。Atems，Kapper和Lam（2015）根据6种双边汇率的月度数据发现，原油供给冲击对汇率没有显著影响，但总需求冲击和原油特定需求冲击会导致货币发生贬值，并且这种影响关系是非对称的，即影响程度取决于原油冲击的大小及正负值。罗贤东（2011）从理论上分析了人民币升值不会对国际石油价格产生太大的影响，原油价格上涨对于人民币汇率将产生很大的影响。与之类似，李志斌和张维（2014）的研究同样发现人民币汇率等国内经济变量对原油价格的长期影响微乎其微，原油价格变动冲击无论短期还是长期都是导致人民币汇率波动的重要因素。

第二节 原油中蕴含的"收益信息"

一、原油现货的价格变动[①]

时至今日,原油价格变动已经成为学界和业界密切关注的话题,而这一关注并不是"与生俱来"的。Driesprong,Jacobsen 和 Maat 在 2008 年发表于 Journal of Financial Economics 的"Striking oil: Another puzzle"一文中,对原油价格起伏的时间进行过较为细致的阐述。他们认为在 1973 年之前原油价格起伏并不大,在漫长的 20 世纪中,一些像 Seven Sisters 这样大的美国石油公司通过直接的价格控制和产量控制使原油价格保持了稳定;而 1973 年 10 月 6 日赎罪日战争爆发之后,对原油价格的控制权由美国递交到了 OPEC。从那时起,原油价格开始向其他商品价格一样运动。

Driesprong 等(2008)认为原油价格变动对世界经济的影响是巨大的。Adelman(1993)指出原油在国际经济中扮演着十分重要的角色,它重要到在预测经济增长的时候都会加上这样一个限定:假如没有石油冲击。国际货币基金组织(2000)估算认为,当每桶油价格上升 5 美元时,第二年的全球经济增长速度就会下降 0.3%。然而,在 Driesprong 等(2008)的研究以前,大量研究聚焦在油价变动对经济的影响上(如 Hooker,1999;Hamilton,2003;Hammes 和 Wills,2005),很少有研究分析油价和股票市场价格之间的关系。这其中有几篇例外(Chen,Roll 和 Ross,1986;Ferson 和 Campbell,1993;Jones 和 Kaul,1996),这几位学者研究了油价风险(Oil Price Risk)是否会被股票市场定价。令人惊讶的是,油价是否能够预测未来股票市场收益这一问题在已有研究中并没有受到关注。Jones 和 Kaul(1996)提到油价变动可能可以预测股票市场收益,但是并没有对此进行深入的研究。

那么,原油价格的变动究竟能否预测股票市场收益?如果能够预测,那么这背后隐藏的原因是什么,为什么原油价格变动具有预测能力?为解决这两个困惑,Driesprong 等(2008)展开了一系列研究。基于上述研究背景,对于股票市场数据,他们采用近 30 年的月度数据:起于 1973 年 10 月(赎罪日战争,那个时候油价开始出现波动),止于 2003 年 4 月。采用月度数据的原因是因为他们比日度数据的噪声少一些。他们计算了市值加权的 18 个国家和地区(澳大利亚,奥地利,比利时,加拿大,丹麦,法国,德国,中国香港,意大利,日本,荷兰,挪威,新加坡,西班牙,瑞典,瑞士,英国和美国)以及世界市场指数的月度股票收益。采用这种市值加权的指数收益的一个好处在于这样计算的这些指数

[①] 参考 Driesprong, Gerben, Jacobsen B., Benjamin M. (2008). "Striking oil: another puzzle?" Journal of Financial Economics 89, 2: 307-327.

的自相关性要小于等权重加权的,并且受"一月效应"影响较小(因为一月效应通常与小公司效应密切相关)。所有序列均来源于 1973 年 9 月至 2003 年 4 月的 MSCI 投资指数的月末值。一些新兴市场可获得数据时间较短,所以在他们的研究中对新兴市场国家采用较短的时间序列,而对发达国家采用相对较长的时间序列。Claessens,Dasgupta 和 Glenn(1995)在研究的时候对市场进行了高度细分,并提供了十分有趣的样本外检验。而新兴市场是否能够(部分或者在一定程度上)细分或者整合仍然还有待讨论(De Jong 和 De Roon,2005;Bekaert,Campbell 和 Harvey,1995)。如果从资本流动不受限的意义上来说,许多所谓的新兴市场已经完全整合了。对此,Driesprong 等(2008)考虑了以下国家和地区的市场收益:阿根廷,巴西,智利,中国,哥伦比亚,捷克共和国,埃及,芬兰,匈牙利,印度,印尼,爱尔兰,以色列,约旦,马来西亚,墨西哥,摩洛哥,新西兰,巴基斯坦,秘鲁,菲律宾,波兰,葡萄牙,俄罗斯,南非,南韩,中国台湾,泰国,土耳其和委内瑞拉。

而对于采用何种原油价格数据,Driesprong 等(2008)也进行了较为细致的分析。原油市场是世界上最大的商品市场,每天全世界消费达到 7 千万~8 千万桶,而这其中,美国消费大约占 25%。在纽约商品交易所(NYMEX)和伦敦(IPE,即如今的 ICE)的原油现货、期货和场外交易市场上,每天的原油交易量是总实际消费量的好几倍(Levin,Bean,Berkovitz 和 Stuber,2003)。三大原油价格(Brent,WTI,Dubai)是其他原油价格的基准。考虑到处理成本,石油的价格取决于两个重要特征:含硫量和密度。含硫量较低,具有低密度的油比含硫量高、高密度的油容易处理。比如说,WTI 的价格普遍会比 Brent 油的价格高,因为其含硫量低并且密度小。在每天全世界总消费的 7 千万~8 千万桶原油中,布伦特原油是其中 4 千万~5 千万桶油的基准,WTI 是 1.2 千万~1.5 千万桶的基准,Dubai 是 1 千万~1.5 千万桶的基准(Levin,Bean,Berkovitz 和 Stuber,2003)。石油是以不同的合约、不同的现价交易的,由于不同的品质和不同的区域,形成了不同的现货市场(诸如,Rotterdam/Northwest Europe,New York Harbor/U. S. Northeast,Chicago/U. S. Midwest,Singapore/South East Asia,以及 Cushing,Okla – homa/U. S. Gulf Coast)。一些活跃的现货市场具有远期现货市场,但是大多数市场主要还是从事现货交易量的及时交付。区域市场发展成为一个价格中心在很大程度上取决于物流。这些价格中心具有现成的供应、便利的交通工具的选择、仓储设施以及众多的买家和卖家。在不同的市场报出交易限价,这些价格相对来说比较透明。报价具有多种途径,还可以通过多种媒体获得价格。当然,石油也在期货市场交易。在期货交易所,比如说,纽约商业交易所或者伦敦国际石油交易所,石油通过公开喊价进行交易。虽然存在价格差异,但是石油现货价格和期货价格趋于一致运动。Driesprong 等(2008)对三种最常见的石油基准(Brent,WTI,Dubai)采用了可获得的最长的石油价格序列(月末价格)。此外,还使用阿拉伯海湾阿拉伯轻质原油现货价格(US$/Barrel)以及两个期货序列:一个是 NYMEX 的,一个是 IPE(ICE)的。一般来说,纽约商交所期货价格与西德克萨斯期货价格的差距只有几美分。这些系列产品的收盘价格最晚在美国东部时间下午 6：30 公布。因此，对一些品种来说，在一些国家会出现在月度的最后一天股票交易收盘前交易者可能还不知道石油的收盘价的情况。这可能导致回归中出现假预测。Driesprong 等（2008）证明了这并不会影响其结果。

最终，Driesprong 等（2008）通过利用 48 个国家的股票市场数据、世界市场指数和几类石油的价格序列，发现原油价格变动确实可以预测股票市场收益：当月油价上升之后，下月股票收益会下降；而油价下降后股票收益会上升。这一结论不仅具有统计显著性还具有经济显著性，在许多国家均是成立的，并且对于预测世界股票市场指数收益依然成立（一个标准差的油价冲击，大约 10%，可预测世界市场收益会降低 1%）。在验证这一结论的过程中，Driesprong 等（2008）为解释他们的结论提出了两个假设解释进行验证。一个假设解释是：以往研究中经常提及的基于经济变量能够预测股票市场收益，是由时变风险溢价所导致的。但是他们的研究中没有任何证据表明这一假设成立，即其研究认为基于油价变动的股票市场收益的可预测性不能归因于时变风险溢价。有大量的文献证明股票市场收益的可预测性是基于时变风险溢价的。而之所以在 Driesprong 等（2008）的研究中认为时变风险溢价不是原油价格具有预测能力的原因是，如果基于这种原因，那么在均衡状态下，高的原油价格应该可以预测高的股票市场未来收益，因为油价冲击增加了不确定性，收益应该对此作出补偿。但是，实际上实证结果走向了一个相反的方向：高的原油价格预测了低的未来股票收益。Schwert（2003）认为，应该有这样一个极端标准：当可预测性不是时变均衡收益所导致时，应该会有证据表明超额股票收益是可预测为负的。他指出到目前为止，著名的异常现象都不满足这个极端标准。这些（异常）变量的可预测性受到了限制，只能预测正向的超额收益。而利用原油价格变动预测股票收益恰恰符合这一极端标准：油价变动可以显著预测负的超额收益。

Driesprong 等（2008）提出的第二个假设解释是：原油价格变动具有预测股票市场收益能力是因为关于油价变动的信息要充分反映到股票市场价格中需要一定的时间，即通常所说的 "反应不足"。乍一看这一解释似乎是令人惊讶的。假设市场有效，可以预期，油价中所蕴含的信息是可以准确并立即反映到市场价格中的。并且，油价是世界经济中最重要的宏观经济因素之一，全世界的交易者可以无成本、实时的观察油价。然而，他们研究发现即便油价是公开信息，也可以用 Hong 和 Stein（1999）提出来的渐进信息扩散假设来解释他们的发现。他们认为当投资者难以评价信息对股票价值的影响时，或者，当投资者在不同的时间点对信息作出反应时，反应不足便有可能发生。Driesprong 等（2008）的证据支持了这种渐进信息扩散假设。值得注意的是，当引入一些处于月度股票收益和滞后月度油价变动之间的滞后交易日作为解释变量时，这显著增强了这种可预测的关系。同时他们还证实了，对于很难推测油价变动会产生哪些经济影响的行业来说，原油价格变动对该行业股票收益的预测能力更强；而像原油行业或者那些原油价格影响是首位主导因素的行业，原油价格变动则显示出较弱的预测能力。当考虑到渐变信息扩散假设时，Driesprong

等（2008）的研究与 Hong, Torous 和 Valkanov（2007）具有一定的相关性，后者发现一些行业的股票市场指数收益能够预测范围更广的股票市场指数；同时还同 Hong, Lim 和 Stein（2000）与 Doukas 和 McKnight（2005）的研究相关，这两个研究发现著名的动量效应可能是由信息在投资者之中缓慢扩散所导致的。Driesprong 等（2008）的方法与 Pollet（2003）有所不同，后者发现油价预期变动能够预测美国相关行业的绩效。而 Driesprong 等（2008）考虑了实际油价变动，并且把研究重点放在了油价对一些国家以及世界市场的股票市场收益的影响上。

具体来说，Driesprong 等（2008）在研究中还重点考察了以下几个有趣的问题：

（1）稳健性如何？考虑到油价变动和股票收益的同期性，这种可预测性是否还稳健？这种可预测性能持续多久？对于潜在的股票收益交易非同期性，这些结果还稳健吗？为了回答这些问题，Driesprong 等（2008）把一期滞后的油价变动、同期油价变动、滞后两个月的油价变动以及滞后一期的股票市场收益纳入回归模型。

（2）存在行业差异吗？分行业来看，Driesprong 等（2008）不仅没有发现资源行业具有显著结果，甚至在油价具有相对重要角色的行业（如能源、基础工业等行业）的影响也是微弱的。

（3）存在反应不足吗（Underreaction）？显然，从市场有效性的角度来说，投资者对原油价格信息反应不足是很令人惊讶的。原油价格是公开信息，任何投资者可以不花费任何成本并且几乎是可以实时观察到这些信息。然而，在文献中一个令人疑惑的解释是对于有限理性的投资者而言反应不足时有发生。当原油价格的变动对经济活动具有实质性影响时，并且，当投资者发现很难去评估原油价格对股票价值的影响时，或者投资者对原油价格变动信息在不同的时间点作出反应时，投资者可能对油价变动信息反应不足，即使油价变动是公开信息。

（4）存在时变风险溢价吗？风险溢价随时间而变化，一些能够预测股票收益的经济变量可能仅仅是因为他们能够指示可预测经济周期的风险溢价变动，而不一定是因为市场无效。Driesprong 等（2008）实证证实了用油价变动预测股票市场收益具有短期性质。如果考虑滞后两期的油价变动，那么预测能力将会消失。实证还表明油价变动并没有作为时变风险溢价的指示器来发挥作用。

综合来看，Driesprong 等（2008）的主要贡献在于：

（1）证实了油价变动可以预测股票收益。在发达国家以及世界市场指数中这种预测能力特别强。这种预测能力不能被归因为来源于时变风险溢价，因为这种预测能力是短期的，并且油价变动与其他能够预测时变风险溢价的经济变量没有相关性，而且更重要的是，高的油价预测低的股票收益。这一发现与油价变动与未来风险溢价的指示器是相悖的，因为油价冲击将会导致高的经济风险，因此应该是产生更高的收益而不是更低的收益。原油价格变动满足 Schwert（2003）的极端标准，这一标准说明预测也应该包括预测负向的超额收益。此外，即使把分析限制在预测负向超额收益，在许多国家中，股票市场收益和滞后油价变动之间的关系也都是统计显著的。目前已知的所有经济变量的预测能力可能都是时变风险溢价的结果，而这对原油价格变动来说却不是。这些结果指出了一个真实市场无效的研究方向。

（2）对于实证结果，一个可能的解释是，投资者在不同的时间点对油价作出反应，或者难以评估与油价变动对原油行业不相关的股票价值的影响。Driesprong 等人（2008）研究的结果与 Hong 和 Stein（1999）提出的渐进信息扩散假说相一致。首先，这一延迟反应在大多数国家中都是负向的。其次，如果考虑月度股票指数收益和滞后的月度油价变动之间的时滞，会发现更显著的结果。这些方程中解释能力的增加在滞后6个交易日时达到最强然后快速下降，这一结果与投资者延迟反映相关。这些结果意味着投资者低估了油价变动对经济的直接影响，并表现为一种延迟。对油价变动反应不足的这一发现在原油相关行业表现较弱。

二、原油冲击[①]

还有学者从另外的角度研究了原油信息对股票市场收益的预测能力。Kilian 和 Park 于 2009 年在 International Economic Review 上发表的 "The impact of oil price shocks on the US stock market" 就是代表作之一。Kilian 和 Park（2009）所持的一个基本观点是：美国真实股票市场收益对原油价格冲击的反应会在很大程度上依赖于冲击类型而产生显著的不同。他们认为当前研究工作存在两个限制，其一是在研究关于油价和股票价格之间的联系时，原油价格往往被当成有关美国经济体的外生变量。近些年来普遍达成共识的是，自20世纪70年代开始，原油价格就对某些同类型的，可以引领股票价格的经济动力产生反应，这使控制反向因果关系显得很必要（Barsky 和 Kilian，2002，2004；Hamilton，2003，2008；Kilian，2008a，b）。这说明已有研究中在股票收益对原油价格的回归中的因果关系和效应没有被很好地界定。而已有研究中存在的第二个限制是，假定在不了解油价上升的原因的情况下，去评估高油价的影响。原油市场的需求和供给冲击对美国经济和原油的真实价格具有不同的影响，这一点在 Kilian（2008c，2009）中提到过。在一定程度上，这些冲击的相对重要性会随时间发生变化，这会使涉及股票收益对原油价格的新息项进行的回归会发生偏差，导致统计上关系的不显著以及/或者统计关系在时间上的不稳定（Sadorsky，1999）。

Kilian 和 Park（2009）在研究过程中考虑了这两种限制，并致力于突破限制。他们将美国股票收益与衡量全球原油市场的需求和供给冲击联系到一起，构建了一个对原有真实价格的波动进行结构性分解的模型。通过实证研究，他们发现总股票收益的反应会因为产生原油

[①] Kilian, L., and Cheolbeom P. (2009). "The impact of oil price shocks on the US stock market." International Economic Review 50: 1267–1287.

价格冲击原因的不同而不同。股票价格对原油冲击的负向反应（通常表现在金融危机之中），仅仅在原油市场专项需求冲击（如出于对未来原油供应下降的担心所导致的预防需求的上升）引起油价上升时才会发生。而相对应的，原油生产扰动对总股票收益没有显著影响。受未预期的全球经济扩张导致的扩张性冲击发生的第一年，高的原油价格对总股票收益具有一个持续的正向影响。之所以这样是因为，对全球经济周期的一个正向冲击会直接刺激美国经济；而同时，这个正向冲击还会拉动油价上升，从而间接影响美国经济活动。由于在短期内刺激效应占主导，所以美国股票市场会因为这种未预期到的高油价而步入繁荣时期。由于近期（文章写作之时）原油价格的上升主要是由工业大宗商品强劲的需求导致的，根据他们的研究结论就不难理解为什么到目前为止美国股票市场对高油价的反应是具有回复弹性的。这与传统模型得到的结论是不一致的：基于未预期的油价变动的传统 VaR 模型表明对于近期油价上升，股票市场对其具有显著相关性，并不具有回复性。Kilian 和 Park（2009）的分析还发现，从长期、平均来看，1975—2006 年期间总股票收益 22% 的变动可以归因于原油市场冲击，这使原油市场基本面成为决定美国股票收益的重要因素。而这部分 22% 的变动中的 2/3 以上是由原油需求冲击导致的。忽略这一冲击，股票收益的运动似乎既受预期真实股息增长波动的影响，又受与时变风险溢价相关的预期收益波动影响。研究还表明，只有与原油预防性需求相关的冲击才能解释以前文献中战后时期股票收益与通货膨胀之间的负向关系。

Kilian 和 Park（2009）同样也从行业的角度对原油冲击与股票市场收益之间的关系进行了分析。他们首先研究了从投资者的角度来看，一些特定行业的股票收益对原油市场需求和供给冲击的反应是怎样的。在行业层面，股票收益对原油需求冲击的反应要比对原油供给冲击的反应强烈而显著得多。即使各行业股票收益对冲击的敏感程度不一样，但是前述这种"强烈而显著"的关系是普遍存在的。基于这一结论，Kilian 和 Park（2009）解释了应对原油价格冲击而适当调节资产的方式是取决于造成油价上升的原因是什么。比如说，为了应对一个正向的原油市场专项需求冲击，在组合中金矿和银矿行业的份额应该上升，汽油和天然气行业的份额应该在很大程度上保持不变，而汽车、零售业的份额应该显著下降。而相反，如果同样的油价增长是由全球实体经济活动的创新所导致的，那么尽管程度不同，在第一年这四个行业的份额均会上升。在行业层面的股票收益运动特征对解释原油需求和供给冲击传向美国经济的机制也有一定的意义。Kilian 和 Park（2009）发现，这其中的机制并不是通过国内成本或者生产冲击驱动的，而是通过改变商品和服务的最终需求实现的。根据他们的实证研究，能源总成本并不是解释制造业真实股票收益运动的重要因素，这一发现实际上质疑了"一般将原油冲击理解为总成本冲击"这样一个传统观点的合理性。同时，除了能源行业外，在自动汽车业、零售业、消费商品业以及旅游相关的行业（如餐馆、住宿）中，也能发现其股票收益对原油需求冲击强烈的反应。这些证据都支持了这样的观点：原油价格冲击首先体现为对商品和服务的需求冲击，而不是对美国经济的供给冲击（Hamilton，1988；Dhawan 和 Jeske，2006；Edelstein 和 Kilian，2007，

2009)。此外,Kilian 和 Park(2009)还研究了货币政策在原油冲击与股票市场收益关系中扮演何种角色。研究结果表明,内生的货币政策在全球原油需求和供给冲击传导向美国股票市场的机制中,并不起重要作用。Kilian 和 Park(2009)的研究对我们重新思考原油和股票市场的关系、重新定义这一关系具有重要意义。

三、原油期货的价格变动①

早期的研究,如 Chen 等(1986)和 Huang 等(1996)发现原油价格和美国股票市场收益之间没有关系。直到最近,Jones 和 Kaul(1996)、Sadorsky(1999)、Kilian 和 Park(2009)、Chiang 等(2015)和 Ready(2017)这些研究者才发现两个市场之间的强烈联系,并且这种联系是非线性的、是具有时变性的。这些新发现意味着投资机会中的时变性可以被油价变动信息所捕捉到。确实,正如前面两篇文中已经提到的,已有文献表明即期油价可以预测股票收益:Driesprong 等(2008)发现在月度频率上油价上升,股票收益趋于下降,而油价下降股票收益则会升高。Hong 等(2007)的研究中指出,通过汽油行业的收益可以预测两个月的月度股票收益。Fan 和 Jahan – Parvar(2012)发现可以用原油价格收益预测整体美国股票市场,这种预测能力主要集中于相对较少的几个行业中。类似的,Narayan 和 Sharma(2011)也发现这种预测能力主要被限制在25%的公司中。而另一方面,Casassus 和 Higuera(2012)发现在季度层面,原油价格的收益可以强烈预测超额股票收益。这些研究均发现对美国市场来说,原油预测能力关系是统计上显著的,并且和股票收益呈现负向关系,即当期原油价格上升时能够显著预测下期股票收益降低。Driesprong 等(2008)发现这种预测模式仅仅存在于非原油股票中,而不存在于原油股票中。

但是这些文献,仍然存在一定的缺陷。上述研究呈现了滞后的即期原油价格变动和股票收益之间稳定负向的关系,然而他们都忽视了具有不同到期日的原油期货合约中的信息。期货价格具有前瞻性,反映了潜在的信息经济前景,据此,Chiang 和 Hughen(2017)推测原油期货在预测股票收益过程中具有重要作用。直觉上看,原油期货价格包含原油风险和未包含在即期价格之中的信息,这些信息将会影响企业的未来收入。Chiang 和 Hughen(2017)利用高度流动的原油期货合约的截面信息构建了一个新的股票收益预测因子——原油曲率因子,并且识别了其对股票收益的影响渠道。他们认为曲率因素具有丰富的统计、实证以及经济意义。从统计上看,曲率因子是原油期货收益的一种线性组合,是从原油期货合约中提取的第三主成分构成的等权重线性组合,代表了期货曲线的曲度。由于权重是预先决定的并且自由估计的,所以曲率因子不受前视偏误影响,这样可以用于实

---

① 参考 Chiang, I – Hsuan E., and Hughen. W. K.(2017)."Do oil futures prices predict stock returns?", Journal of Banking and Finance 79:129 – 141.

时预测股票收益。同样的,与前文提到的原油价格/冲击几乎不能预测原油相关行业的股票收益相类似,Chiang 和 Hughen(2017)发现原油相关的公司能够天然对冲供给侧原油冲击,这样他们的股票收益用曲率因子就很难预测。

具体来说,Chiang 和 Hughen(2017)利用一系列原油期货合约来研究其对股票收益的预测能力,通过研究截面原油期货价格来分析股票收益的可预测性。其主要试图解决三个问题:①原油期货价格包含了未来股票收益信息吗?②这种预测能力是对所有股票都适用还是只存在于某些股票中?③原油相关的预测因子在样本内和样本外是不是会比传统的预测因子效果好?如股息升息率、利率等?Chiang 和 Hughen(2017)利用 NYMEX 的 WTI 轻质原油期货价格,对每个月最后一个交易日的对数收盘价的变动采用主成分分析,用提取的主成分去进行总股票市场预测。主成分部分可以包含截面预测变量的信息,但是在股票收益和滞后的第一主成分中没有发现统计上的显著关系。他们继而利用主成分载荷和期货合约价格构建了曲率因子($-\ln F_1 + \ln F_2 + \ln F_3 - \ln F_6$):短期斜率($\ln F_2 - \ln F_1$)减去长期斜率($\ln F_6 - \ln F_3$),其中 F 是期货期限结构上的对数价格,由于主成分是从价格变动中提取的,所以把曲率因子定义为($\Delta\ln F_2 - \Delta\ln F_1$)-($\Delta\ln F_6 - \Delta\ln F_3$)。通过实证研究他们发现原油期货的曲率可以预测月度股票收益(回答了第一个问题):在整个样本 1983—2014 年的月度数据中,每个月曲率因子上升 1% 可以预测每个月股票市场指数收益下降 0.4%。这种预测模式在非原油行业的资产组合中比较常见,而在原油相关的资产组合中缺失。曲率因子的样本外和样本内预测能力对非原油股票是稳健的,并且表现优于很多其他因子(如原油即期价格)。Chiang 和 Hughen(2017)认为曲率因子的预测能力来源于它能够预测供给侧原油冲击的能力,这种冲击只会影响非原油股票并且会被原油相关的股票对冲。因此基于原油期货价格的曲率因子在不同行业股票的预测能力不同可以归因于非原油股票对供给侧原油冲击的脆弱性不同(回答了第二个问题)。此外,Chiang 和 Hughen(2017)还将 Goyal 和 Welch(2008)中常用来预测股票收益的因子纳入回归方程中进行预测能力的比较,证实了基于原油期货价格的曲率因子具有比传统预测因子更好的预测能力(回答了第三个问题)。

第三节 原油中蕴含的"风险信息"

一、原油风险因子[①]

已有文献中有大量的证据表明油价和经济周期的关系是非线性的、时变的,并且很难

[①] 参考 Chiang, E., Hughen, K., Sagi, J., (2015). "Estimating oil risk factors using information from equity and derivatives markets." Journal of Finance 70, 2: 769–804.

归因到任何一种单一因素上,如政策的不确定性、卡特尔决策或者全球经济状况(Hamilton,2003;Barsky 和 Kilian,2004)。尽管在商业媒体和经济文献中,"原油"的位置(重要性)都很突出;尽管在资产定价中已经很好地论证了经济周期的重要作用,而当前研究仍然没能就"原油是截面资产价格的重要决定因素"达成一致。Chiang,Hughen 和 Sagi (2015) 构建了一个新的模型,使用从股票市场和期货市场提取的低噪声价格信息去估计潜在的原油风险因子。简单来说,他们提取了四类有区别的原油价格成分,然后发现这四类因子对解释资产价格和宏观经济基本面运动都具有重要作用。同样的模型与技术经常被用于商品期货的价值研究,Chiang,Hughen 和 Sagi (2015) 是第一个把这项技术用于股票定价的。特别的,在一些研究中发现了与原油相关的因子中具有显著的风险溢价(Casassus 和 Collin-Dufresne,2005;Trolle 和 Schwartz,2009),但是他们没能说清这些风险溢价与原油期货市场在经济含义上是否是外部相关的。

基于此,Chiang,Hughen 和 Sagi (2015) 在分析中从原油对数价格中提取了四类有区别的成分。分项来看,第一类成分可以看成反映瞬时信息,第二类成分可以看成反映长期永久性信息。而长期永久性成分中的漂移项是因子本身,即为第三类成分,反映了油价中的长期趋势。第四类成分包含油价的随机波动信息(体现为异方差性)。Chiang,Hughen 和 Sagi (2015) 采用了 30 年的期货、期权、股票收益、合适的期货价格和收益来进行样本内和样本外估计,并探讨了四类成分对原油相关股票的收益的影响。隐含期权是油价信息的重要来源,很可能难以被短期期货所捕捉。其模型提取的原油因子与宏观经济变量 [如真实 GDP、工业产值、失业率、通货膨胀,以及市场不确定性(VIX)] 在经济上和统计上呈现出显著关系。通过实证发现这四个原油因子可以解释原油行业收益变动的 23.6%,超出了单独使用市场收益的解释程度,原油风险敞口伴随 5.3% 的风险溢价;被提取的原油因子带有显著的风险溢价,并且与宏观经济变量和按照企业特征和行业排序的资产组合收益具有显著联系;非原油特征及行业组合所表现出来的这个巨大的风险敞口大概平均是原油行业风险敞口的 1/6 左右,并且由同体量的风险溢价进行补偿。在四个成分中,原油波动因子是与非原油变量 [包括早期提到的宏观经济变量和 Fama-French (2003) 因子] 最相关的。

Chiang,Hughen 和 Sagi (2015) 研究的主要贡献在于:①证明了股票价格含有重要的基本面信息,该信息包含大宗商品价格信息;②他们的模型和估计方法对相关实物期权文献研究具有启发性,在这里价值依赖于对长期动态和随机波动的不等比刻画;③证实了原油冲击是系统性的,其控制着风险价格;④其所采用的提取四类信息的方法可以识别反映原油价格中不确定性因素的冲击,这对宏观经济以及预期收益的截面信息均非常重要。同时,Chiang,Hughen 和 Sagi (2015) 认为随机的原油波动也是重要的,至少对宏观经济来说,要比原油价格本身更加重要。永久和临时性的原油价格冲击对资产价格会产生不同影响。从这个意义上看,这篇文章最好是看成一个研究原油风险和原油以及非原油股票产生关联的新的尝试，而不仅仅是一个像 Chen，Roll 和 Ross（1986）因子模型。

二、原油波动风险与股票预期收益[①]

自从 20 世纪 70 年代的能源危机以来，石油价格的巨大变化引起了大众和商业媒体的极大关注。从 2014—2015 年油价的大幅下跌可以看出，油价的上行和下行都是值得注意的。已有研究包括石油价格和股票价格（以及其他资产价格）在内的商品价格之间关系的文献非常丰富：Chen 等（1986）在其对股票市场经济力量的开创性研究中发现，油价风险在股票市场中没有得到回报；Jones 和 Kaul（1996）的研究表明，不同国家的股票市场对油价冲击的反应存在显著差异；Huang 等（1996）除考虑石油公司外，未发现石油期货收益与股票收益之间存在相关性；Ferson 和 Harvey（1993）将油价冲击作为全球经济风险变量来预测国际股票市场；Kilian 和 Park（2009）记录了将需求冲击和支持冲击分开的重要性。供给冲击不会影响股市收益，但需求冲击会。而在模型方面，近期有大量的文献发展了石油风险定价的理论模型：Carlson 等（2007）建立了一个可耗尽资源市场的均衡模型，展示了随机波动是如何作为调整成本的一个内在因素而产生的；Kogan 等（2009）建立了具有不可逆投资和产能约束的石油生产平衡模型，该模型也会产生油价的随机波动。在一般均衡生产经济中，Casassus 等（2009）在新石油储备投资不可逆且成本高昂时产生随机波动；Acharya 等（2013）研究了油气市场波动性与生产商对冲需求和期货风险溢价之间的相互作用；Kellogg（2014）研究了以石油期货期权隐含波动率衡量的经济环境的不确定性如何影响企业的投资决策；近期其他相关工作（如 Baker，2012；Ready，2017）均强调了油价波动的重要性，而不是油价本身。

与前述研究不同，Christoffersen 和 Pan（2018）从波动层面研究了油价对股市的影响。更准确地说，他们的分析是为了揭示实体经济与股票市场横截面收益之间的联系。这种经济联系是很难发现的，因为最普遍的股票市场因子是通过企业特征（如公司规模和账面市值比）和股票价格矩（如动量和反转）构成的，而很少涉及原油市场。Christoffersen 和 Pan（2018）研究的特殊之处与贡献在于：

（1）Christoffersen 和 Pan（2018）的研究是为了包含商品期货市场最近的重要变化而构建的。监管的变化和新的大宗商品相关证券的出现，大大提高了大宗商品期货投资的受欢迎程度，并给期货价格和波动性带来了全面的新变化。毫不奇怪，这种所谓的"金融化"的大宗商品市场也一直是学术文献的焦点，已有成熟但仍在增长的文献研究油价冲击对经济的影响（如 Barsky 和 Kilian，2004；Kilian，2008；Hamilton，2008，发现油价冲击

[①] 参考 Christoffersen, P., and Pan. X. N. (2018). "Oil volatility risk and expected stock returns", Journal of Banking and Finance 95: 5-26.

对通货膨胀和实际产出都有重要影响），这些研究工作解释了为什么油价风险可能是股票市场中一个系统性的定价因子。在此基础上，Christoffersen 和 Pan（2018）关注石油波动冲击，而不是简单的价格冲击，试图证实石油对股票市场以及整个经济的显著而重要的影响（其结果也确实证明了这一点）。

（2）Boons 等（2013）构建商品期货价格指数，发现对商品指数具有高风险敞口的股票在金融化前期平均收益相对较低，在金融化后期中平均收益相对较高。Boons 等开发了一个模型，该模型通过限制股票投资者在金融化前阶段参与大宗商品期货交易来捕捉结构性断点（Structural Break），这种结构性断点导致具有大宗商品风险敞口的股票（被认为是良好的对冲工具）要求较低的平均回报。和 Boons 等一样，Christoffersen 和 Pan（2018）发现金融化开始时出现了一个重要的结构性断点。不同之处在于，Christoffersen 和 Pan（2018）研究了股票对大宗商品期货期权隐含波动率的风险敞口，并将重点放在了石油上。

（3）Chiang 等（2015）构建了一个具有随机波动性的仿射潜在因素模型，该模型适用于石油期货、石油期货期权和石油相关股票，然后将提取的潜在石油因素与宏观变量和股票市场风险因素联系起来。有趣的是，他们发现潜在的随机波动因子似乎与股市因素有着重要的关系。Christoffersen 和 Pan（2018）的方法直接评估了个股在"Model–Free"衡量期权价格波动的方法下的风险敞口，并强调了金融化导致的结构性断裂的重要性。此外，通过分析隐含波动率对已实现波动率的影响，Christoffersen 和 Pan（2018）强调了石油波动率风险溢价在解释预期股票收益中的作用。

大多数研究者包括 Baker（2012）、Hamilton 和 Wu（2014）、Ready（2014）认为金融化开始生效于 2004—2005 年。Christoffersen 和 Pan（2018）遵循前例，在分析中考虑了两个不同的子阶段：1990—2004 年的前金融化时期和 2005—2012 年的后金融化时期。他们采用原油期货的期权来计算波动率，将总体样本限制在 1990 年后的时期。Christoffersen 和 Pan（2018）将新的油价波动风险因子定义为期权隐含油价波动的新息项，称之为 $\Delta IVOil$。与 $\Delta IVOil$ 具有负贝塔的股票获得高的平均收益（正 Alpha），而与 $\Delta IVOil$ 具有正贝塔的股票获得低的平均收益（负 Alpha）。因此，在对 $\Delta IVOil$ 产生正向冲击期间，表现不佳的股票获得高回报（正 Alpha），而表现良好的股票获得低回报（负 Alpha）。如其分析所示，对 $\Delta IVOil$ 的正向冲击预示着市场和融资状况的恶化，这是合理的：在市场和融资状况恶化期间表现不佳的股票需要获得更高的平均收益（正 Alpha）才能吸引投资者，反之亦然。当用油价收益给股票的贝塔系数进行排序时，他们发现股票收益没有显著的差异。因此，Christoffersen 和 Pan（2018）的结果表明，股票对原油风险的敞口成为推动截面预期收益的因素，期权隐含波动率比油价收益更能反映油价风险，并且没有发现油价冲击有任何影响。

具体来说，在股票的横截面收益上，Christoffersen 和 Pan（2018）发现，与低（负）风险敞口的股票相比，高（正）风险敞口的股票获得的平均收益要低得多。在 ICAPM 模型中，只有预测未来市场收益和/或波动的状态变量是有意义的。Christoffersen 和 Pan（2018）检验并发现，石油期权隐含波动的正向冲击确实预测了负向的未来市场回报和高市场波动。通过与因子模型的对比分析，他们发现受油价波动影响的最小（负）股票（1/5）的平均收益率与受油价波动影响最大（正）股票（1/5）的平均收益率之差为每月 0.66%；对标准 Carhart 四因子进行控制后，收益差显著，且在实证设计中对变量稳健；石油波动具有月度风险溢价（约 -0.60%），这在经济上和统计上都是显著的。这些结果只在后金融化时期显著。在 2005—2012 年，基于石油波动风险的对冲组合平均每月收益为 0.50%，夏普比率为 0.16，均高于用同期市场、规模、账面市值比和动量因素进行预测组合的对应数值。Christoffersen 和 Pan（2018）还发现石油波动因素和其他因素之间的相关性较低，与市场因素相关系数最大为 -0.19。石油挥发性因子与 SMB、HML 和 UMD 的相关系数分别为 0.02、0.07 和 0.02。因此，标准风险因素无法反映石油波动风险。从 2005 年开始，石油的波动性成为整个股市未来收益和波动性的一个强有力的预测指标，这进一步表明石油作为一个经济状态变量的重要性。

此外，Christoffersen 和 Pan（2018）还充分探讨了原油波动冲击与金融中介结构资金约束之间的关系。原油波动的冲击也与金融中介机构的各种融资约束手段密切相关，这种联系可以说是定价核的关键驱动因素（如 Adrian 等，2014）。Christoffersen 和 Pan（2018）研究认为不管这种融资约束是如何衡量的，油价波动的加剧都会大大收紧了中介机构的融资约束。在后金融化时期，这种效应比早期更为强烈。这为其研究结果提供了一种经济上的证据：油价波动的加剧表明，经济不确定性上升，金融中介机构的融资约束收紧，而这些均是股市的系统性因素。当用金融中介机构的资金约束代理变量对石油波动率进行正交化，并对石油波动率的残差变化对股票进行排序时，将不再得到预期收益的模式。这些结果表明，石油隐含波动率风险可能通过融资约束这一经济渠道在股票的横截面上定价。他们发现的"油价不确定性的增加表明金融中介机构的资金约束正在收紧，进而影响股市"这一结论与 Brunnermeier 和 Pedersen（2009）的观点一致，他们认为市场不确定性和金融中介机构的资本是股票市场相互关联的状态变量。

第四节 原油中蕴含的"投机/套利信息"

一、原油期货头寸与宏观经济和资产价格[①]

传统上，经济学家认为期货价格充分反映了未来的经济活动和资产价格，对未平仓权

---

① 参考 Hong, Harrison, and Motohiro Yogo. (2012). "What does futures market interest tell us about the macroeconomy and asset prices?" Journal of Financial Economics 105, 3: 473–490.

益的作用或未平仓期货合约的数量则未予以关注（Samuelson，1965；Grossman，1977）。现货溢价（Backwardation）理论认为，风险溢价仅取决于期货市场中套期保值者之间的净供需失衡，而不取决于未履行期货合约的总量（Keynes，1923；Hicks，1939）。使用期货市场数据的实证研究范围反映了这些传统理论。然而，Hong 和 Yogo（2012）在 "What does futures market interest tell us about the macroeconomy and asset prices"中，证明了未平仓头寸包含了期货价格或期货市场中套期保值者之间的净供需失衡所不能完全揭示的、关于未来经济活动和资产价格的信息。与传统理论不同的是，Hong 和 Yogo（2012）认为大宗商品生产者或消费者的对冲需求总量（而非净需求）往往是顺周期的。例如，预计需求增加的石油生产商可能会做空石油期货，而预计制造企业需求增加的公用事业公司可能会做多石油期货。这些例子中，对经济活动增加的预期导致了更高的对冲需求，从而推高了未平仓合约数量。

Hong 和 Yogo（2012）建立了一个简单的期货市场模型，解释了为什么未平仓头寸比期货价格或对冲需求的方向更能预测收益。其模型基于两个假设：第一，信息在金融市场上逐渐扩散，导致资产价格最初对新闻反应不足；第二，供应冲击会影响资产价格，因为金融市场摩擦限制了套利。Hong 和 Yogo（2012）在研究过程中采用了期货价格而未采用现货价格，原因有二：首先，由于大宗商品期货数据是实际交易价格，因此可以说，它们的质量更高，缺少的观察数据更少；其次，商品期货的收益率有一个直接的经济解释，即投资策略的实际回报。他们的实证研究将原油和燃料油作为重要的能源类大宗商品纳入考察分析中。总体来看，Hong 和 Yogo（2012）的研究表明，与期货价格相比，未平仓头寸是一个更可靠的信号，预示着更活跃的经济活动，进而预示着未来资产价格的走势。这其中隐含着一个关键的假设：期货市场的风险吸收能力是有限的。如果想做空期货生产商的对冲需求过剩，那么由于投机者的套利行为有限，期货价格将会下跌；相反，如果消费者对做多期货的对冲需求过剩，受制于投机者的套利行为有限，期货价格就会上涨。由于期货价格可能会因预期经济活动增加而下跌或上涨，因此期货价格作为未来经济活动和资产价格的可靠信号不如未平仓头寸可靠。

Hong 和 Yogo（2012）展示了一些期货市场中的新事实：

（1）未平仓头寸的变动与商品、货币、债券和股票市场的期货和现货价格的变动高度相关。在这些市场中，未平仓头寸的走势都与芝加哥联邦储备银行的全国经济活动指数（Chicago Fed National Activity Index）呈正相关。该指数是 85 个美国经济活动月度指标的加权平均值。美国经济活跃的时期往往与大宗商品高收益、外币相对于美元升值、债券低回报和股票高回报同时出现。未平仓头寸的走势是顺周期的，这一事实令人吃惊，因为未平仓头寸不一定表明对冲需求的方向。

（2）大宗商品市场未平仓头寸的变动可以预测收益。这一证据来自大宗商品市场（他们的研究中还同时考虑了货币、债券等市场）。大宗商品是检验假设的相对理想的工具,因为在这个市场上,对冲需求和有限的风险吸收能力往往更为重要。此外,Hong 和 Yogo(2012)发现,商品市场一单位标准差的未平仓头寸的增加会使商品预期收益率每月增加 0.73%,这在经济上是显著的,在统计上也是显著。即使在控制了包括短期利率、收益率差、芝加哥联邦储备银行全国经济活动指数、商品基点(即期货价格与现货价格在商品市场中的比例)、商品市场的不平衡(即保值者的超保需求)以及过去的大宗商品收益,大宗商品市场未平仓头寸仍然是有力的预测指标。有趣的是,高的收益息差或芝加哥联邦储备银行的高全国经济活动指数预示着大宗商品的低收益,这意味着预期的大宗商品回报是顺周期的。

(3)大宗商品市场未平仓头寸的上升预示着债券收益率和短期利率的上升。商品市场一单位标准差的未平仓头寸的增加会使债券预期收益每月减少 0.32%,这在统计学上非常显著。这一发现支持了假设,即大宗商品市场未平仓头寸反映了对冲活动对经济活动的消息的反应。Hong 和 Yogo(2012)对此作出了解释,他们认为未平仓权益包含有关未来经济活动和通胀预期的信息,这些信息不会立即在资产价格中体现出来。

二、原油期货头寸与市场波动[①]

投机者在金融市场上的作用一直是研究者的兴趣和争议的来源。对投机性交易的担忧在理论上也得到了支持,噪声交易员、投机性泡沫和羊群效应都可能会使价格偏离基本价值,并破坏市场稳定。而传统的投机稳定理论(Keynes,1923;Friedman,1953)认为,有利可图的投机必须包括在价格低的时候买进,在价格高的时候卖出,这样非理性的投机商或噪声交易者就无法在市场上生存下来。同样地,Hirshleifer(1989,1990)的研究表明投机者被对冲需求产生的风险溢价吸引到期货市场中来。最近的金融危机加剧了人们对投机者的担忧,尤其是那些在公众视线之外运作的投机者,比如对冲基金和掉期交易商,这些交易员的活动相对缺乏透明度,加剧了人们对他们在金融市场上影响力的担忧。在这样的事实影响下,在受监管的金融市场中,投机交易的影响逐步发展成为一个实证问题。基于此,Brunetti、Büyükşahin 和 Harris(2016)分析了 2005—2009 年对冲基金和掉期交易商在期货市场上的交易情况,以检验投机交易是如何影响市场价格和波动性的。其研究涵盖了美国原油、天然气和玉米期货市场,因为这些市场在这一时期经历了重大的价格变化和波动。再加上这些市场数据中很容易识别投机交易员的多头和空头头寸,因此清楚地显示出投机头寸的变化是否会导致价格变化和波动。

Brunetti、Büyükşahin 和 Harris(2016)直接研究每日净掉期交易商和对冲基金头

[①] 参考 Brunetti, Celso, Bahattin, B., and Jeffrey, H. H. (2016). "Speculators, prices, and market volatility", Journal of Financial and Quantitative Analysis 51: 1545 – 1574.

寸，采用工具变量的方法，研究了交易活动与波动/收益之间的同期因果关系。为了全面评估投机者的影响，他们采用了多种投机活动的衡量方式，以确保结果稳健。他们将2005—2009年划分为三个阶段：第一阶段是2005—2007年，该阶段以低波动性和稳定价格为特征；第二阶段是2007—2008年中期，该阶段的特点是波动率低，但价格迅速上涨；第三阶段是2008年年中—2009年，该阶段反映了价格快速下跌的高波动性。他们研究期货市场的上涨和下跌，以确定投机交易者是否在这些时期造成了过度波动或价格超调。

此外，Brunetti、Büyükşahin 和 Harris（2016）还重点探讨了期货市场的"金融化"（以参与者头寸组合的变化为代表）是否会影响期货市场（参考 Singleton，2014；Cheng 等，2015）。从历史上看，商品期货市场允许买方（制造商）和卖方（大宗商品的生产者）对冲其自然现货风险敞口，将实体经济活动与金融市场联系起来。然而，最近的研究认为，2006年后大宗商品市场的"金融化"有助于解释大宗商品价格波动性的上升（Tang 和 Xiong，2012）和价格变化（Henderson，Pearson 和 Wang，2012）。Tang 和 Xiong（2012）将金融化宽泛地定义为"指数交易员数量的增加"。在他们的研究中，金融化改善了风险分担，但代价是潜在的外部市场波动性溢出。Cheng 等（2015）的研究表明，在最近的金融危机之前，金融化程度的提高并不影响市场动态。Cheng 等（2015）、Singleton（2014）以及 Tang 和 Xiong（2012）认为经济活动和金融市场之间的关系是随着时间的推移而演变的。因此 Brunetti、Büyükşahin 和 Harris（2016）在每个阶段中都考察了这种联系。

Brunetti、Büyükşahin 和 Harris（2016）的研究主要得出以下结论：

（1）对冲基金头寸的变化与玉米、原油和天然气期货市场的波动呈负相关。此外，掉期交易商的活动在很大程度上与同期的波动性无关。掉期交易商头寸变化与市场波动之间几乎没有负相关关系。具体到三个阶段，在第一个阶段中，商业环境与波动的因果关系为负，但仅对原油和天然气具有显著性。在第二个阶段中，这种联系是负向的，并且非常显著。注意，在第二阶段（2007—2008年中期），美国商业环境恶化，但商品价格上涨，反映了世界需求（Bodenstein 和 Guerrieri，2011）。在第三个阶段，当经济危机变得非常严重时，商品价格急剧下跌，波动性上升。总体而言，研究发现经济活动与大宗商品价格波动之间存在很强的因果关系。

（2）没有发现任何证据表明投机会造成波动，也没有证据表明投机会妨碍期货市场的运作。相反，Brunetti、Büyükşahin 和 Harris（2016）发现宏观经济状况显著导致市场波动，其中从2006年到2008年7月的波动最为强烈。事实上，在2008年7月之后的金融危机的核心时期，波动性很大程度上是由宏观经济的不确定性造成的，而不是金融化。重要的是，他们还发现，与基础商品相关的商业活动确实会导致市场波动性和价格变化。

（3）当贸易商和制造商的地位发生显著变化时，它们的地位变化与原油和玉米市场的同期收益呈负相关。对冲基金头寸的变化与所有市场的回报都有显著关系。在原油和玉米市场上，对冲基金的走势始终与价格走势一致，但它们的走势降低了波动性，这表明对冲基金的参与有助于更平稳的价格调整。对政策制定者而言，这些结果表明，对冲基金的参与可以让金融市场受益，并凸显出大宗商品指数在期货市场上越来越重要的良性影响。

第五节 未来研究展望

原油和股票关系的未来研究方向可以分为8个方面：

第一，已有两个或多个研究分支的结合。已有研究大多只聚焦于具体的某个研究分支，其中比较前沿的研究分支包括不同来源的原油冲击、股票和原油的时变关系，以及他们在行业和企业层面的不同表现。未来的研究方向，可以将以上比较前沿的几个研究分支相互结合，比如研究不同类型的冲击在行业或企业层面的时变影响。

第二，运用面板数据进行研究。已有研究多使用时间序列数据研究某一市场的原油和股票关系，而运用面板数据能够同时利用时间序列和横截面的变动信息，目前的研究中，基于面板数据的证据较少。即使使用了面板数据，目前的研究也多使用参数面板模型。未来的研究方向，可以考虑引入非参数面板模型，构建更灵活的原油和股票关系的研究基本框架。

第三，进一步细分原油进口和出口国家或地区。在目前区分净进口和出口国家或地区的基础上，未来可以考虑进一步研究其中的原油精炼国（如新加坡）。另外，未来还可以考虑研究净进口国家中进口规模较小的国家或地区（如中东或南美），这类国家或地区往往更容易受到原油冲击的影响，是能源集约型国家，并伴随着经济的快速增长。

第四，关注发展中和转型国家或地区。已有研究大多只关注发达国家或中国，较少被关注的发展中和转型国家或地区包括非洲、南美以及亚洲的其他国家。进一步的，可以考虑这些不同类型原油冲击对这些国家或地区的影响，以及原油和股票在这些国家或地区的行业、企业层面的时变关系。

第五，运用新指标进行研究。未来可以考虑代表原油价格、股票价格以及情绪的新指标，或对已有指标的非线性或时变性质的改进。

第六，不确定性和国家风险（如外汇风险）对原油和股票关系的影响。不确定性是近年来的热点话题，未来可以将不确定性、国家风险、原油、股票四者结合起来，研究他们之间的相互影响关系。

第七，高阶原油价格的研究。已有研究多关注原油价格的一阶（价格）、二阶（波动率）对股票的影响，未来可以考虑更高阶（如偏度、峰度、超偏度、超峰度）的影响。

第八，公司金融方面的研究。已有研究多关注股票收益率本身，而对其他金融市场组成部分关注较少。未来可以研究原油对资本结构（企业杠杆率）、企业投资（直接或间接影响）、企业信用风险状况（CDS价差等）的影响。

参考文献

[1] Acharya, V., Lochstoer, L. and Ramadorai, T. (2013). "Limits to arbitrage and hedging: evidence from commodity markets." Journal of Financial Economics. 109, 441–465.

[2] Trolle, Anders, and Eduardo Schwartz (2009). "Unspanned stochastic volatility and the pricing of commodity derivatives." Review of Financial Studies 22, 4423–4461.

[3] Adrian, T., Etula, E. and Muir, T. (2014). "Financial intermediaries and the cross-section of asset returns." Journal of Finance. 69, 2557–2596.

[4] Tang, K., and W. Xiong. (2012). "Index investment and financialization of commodities." Financial Analysts Journal 68: 54–74.

[5] Angeletos, George M., Guido L., and Alessandro P. (2010). "Beauty contests and irrational exuberance: A neoclassical approach." Working paper, MIT.

[6] Arezki, Rabah, Ismail, and Kareem. (2013). "Boom–bust cycle, asymmetrical fiscal response and the Dutch disease." Journal of Development Economics 101 (C): 256–267.

[7] Arezki, Rabah, Valerie A. Ramey, and Sheng L. (2017). "News shocks in open economies: Evidence from giant oil discoveries." The Quarterly Journal of Economics 132.1: 103–155.

[8] Baker, S. D. (2012). "The financialization of storable commodities." Working paper, Carnegie Mellon University.

[9] Baker, S. D. (2012). "The price of oil risk." Working paper, Carnegie Mellon University.

[10] Barsky, R. B., and Kilian L. (2002). "Do we really know that oil caused the great stagflation? A monetary alternative." NBER Macroeconomics Annual (2001), 137–183.

[11] Barsky, R. B., and Kilian L. (2004). "Oil and the macroeconomy since the 1970s." Journal of Economic Perspectives 18: 115–134.

[12] Beaudry, P. and Franck, P. (2006). "Stock prices, news, and economic fluctuations." American Economic Review 96 (4): 1293–1307.

[13] Bekaert, G., Campbell,, R., and Harvey, L. R. (1995). "Time varying world market integration." Journal of Finance 50 (2), 403–444.

[14] Bergin, P. R. and Steven, M. S. (2000). "Interest rate, exchange rates and present value models of the current account." The Economic Journal 110: 535–558.

[15] Bodenstein, M., and Guerrieri. L. (2011). "Oil efficiency, demand, and prices: A tale of ups

and downs." International Finance Discussion Papers, Federal Reserve Board.

[16] Boons, M., Roon, F., Szymanowska, M. (2013). "The stock market price of commodity risk." Working Paper, Tilburg University.

[17] Bray, and Margaret (1981). "Futures trading, rational expectations, and the efficient markets hypothesis." Econometrica 49, 575 – 596.

[18] Brunetti, Celso, Bahattin, B., and Jeffrey, H. H. (2016). "Speculators, prices, and market volatility." Journal of Financial and Quantitative Analysis 51.5: 1545 – 1574.

[19] Brunnermeier, M., Pedersen, L. (2009). "Market liquidity and funding liquidity." Review of Financial Studies. 22, 2201 – 2238.

[20] Carlson, M., Khokher, Z., Titman, S. (2007). "Equilibrium exhaustible resource price dynamics." Journal of Finance, 62, 1663 – 1703.

[21] Casassus, J., and Higuera, F. (2012). "Short – horizon return predictability and oil prices." Quantitative Finance 12, 1909 – 1934.

[22] Casassus, Jaime, and Pierre C. (2005). "Stochastic convenience yield implied from commodity futures and interest rates." Journal of Finance 60, 2283 – 2331.

[23] Chen, N. F., Roll R., and Ross, S. (1986). "Economic forces and the stock market." Journal of Business 59, 383 – 403.

[24] Cheng, I. H.; A. Kirilenko; and W. Xiong. (2015). "Convective risk flows in commodity futures markets." Review of Finance 19: 1733 – 1781.

[25] Chiang, E., Hughen, K., Sagi, J. (2015). "Estimating oil risk factors using information from equity and derivatives markets." Journal of Finance 70.2: 769 – 804.

[26] Chiang, I – Hsuan E., and Hughen. W. K. (2017). "Do oil futures prices predict stock returns?" Journal of Banking and Finance 79: 129 – 141.

[27] Christoffersen, P., and Pan. X. N. (2018). "Oil volatility risk and expected stock returns." Journal of Banking and Finance 95: 5 – 26.

[28] Claessens, S., Dasgupta, S., Glenn, J. (1995). "Return behavior in emerging stock markets." The World Bank Economic Review 9 (1), 131 – 151.

[29] Corsetti, Giancarlo and Panagiotis K. (2012). "What drives US foreign borrowing? Evidence on the External Adjustment to Transitory and Permanent Shocks." American Economic Review 102 (2), 1062 – 1092.

[30] De Jong, F., De Roon, F. A. (2005). "Time – varying market integration and expected returns in emerging markets." Journal of Financial Economics 78 (3), 583 – 613.

[31] Dhawan, R., and K. Jeske (2006). "Energy price shocks and the macroeconomy: The role of consumer durables." Working Paper No. (2006) – 9, Federal Reserve Bank of Atlanta.

[32] Doukas, J. A., and McKnight, P. J. (2005). "European momentum strategies, information diffusion, and investor conservatism." European Financial Management 11 (3), 313 – 338.

[33] Driesprong, Gerben, Jacobsen B., and Benjamin M. (2008). "Striking oil: another puzzle?" Journal of Financial Economics 89.2: 307 – 327.

[34] Edelstein, P., and Kilian L. (2007). "The response of business fixed investment to energy price changes: a test of some hypotheses about the transmission of energy price shocks, B. E." Journal of Macroeconomics 7: 1 – 39.

[35] Edelstein, P., and Kilian L. (2009). "How sensitive are consumer expenditures to retail energy prices?" Journal of Monetary Economics 56. 6: 766 – 779.

[36] Engel, Charles and John H. Rogers. (2006). "The U. S. current account deficit and the expected share of world output." Journal of Monetary Economics 53 (5): 1063 – 1093.

[37] Fan, Q., Jahan – Parvar, M. (2012). "U. S. industry – level returns and oil prices." International Review of Economics and Finance 22, 112 – 128.

[38] Ferson, W. E., Campbell, H. R. (1993). "The risk and predictability of international equity returns." The Review of Financial Studies 6 (3), 527 – 566.

[39] Friedman, M. (1953). "The case for flexible exchange rates. In essays in positive economics." Chicago, IL: University of Chicago Press.

[40] Ghosh, Atish R and Jonathan D. O. (1995). "The current account in developing countries: A Perspective from the consumption – smoothing approach." World Bank Economic Review, World Bank Group vol. 9 (2): 305 – 333.

[41] Goldstein, Itay, Emre O., and Yuan K. (2011). "Learning and complementarities in speculative attacks." Review of Economic Studies 78, 263 – 292.

[42] Goldstein, Itay, Emre O., and Yuan K. (2013). "Trading frenzies and their impact on real investment." Journal of Financial Economics 109, 566 – 582.

[43] Goyal, A., Welch, I. (2008). "A comprehensive look at the empirical performance of equity premium prediction." Review of Financial Studies 21, 1455 – 1508.

[44] Grossman, S. J. (1977). "The existence of futures markets, noisy rational expectations and informational externalities." Review of Economic Studies 44 (3), 431 – 449.

[45] Grossman, S. and J. Stiglitz (1980). "On the impossibility of informationally efficient markets." American Economic Review 70, 393 – 408.

[46] Hamilton, J. D. (2008). "Oil and the macroeconomy, in S. Durlauf and L." Blume, eds., The New Palgrave Dictionary of Economics, 2nd edition (London: Macmillan).

[47] Hamilton, J. D. (1988). "A neoclassical model of unemployment and the business cycle." Journal of Political Economy 96: 593 – 617.

[48] Hamilton, J. D., Wu, J. C. (2014). "Risk premia in crude oil futures prices." Journal of International Money and Finance 42, 9 – 37.

[49] Hamilton, J. D. (2003). "What is an oil shock?" Journal of Econometrics 113 (2), 363 – 398.

[50] Hammes, D., Wills, D., (2005). "Black gold: the end of bretton woods and the oil price shocks of the 1970s", The Independent Review 9 (4), 501 – 511.

[51] Hellwig, Martin (1980). "On the aggregation of information in competitive markets." Journal of Economic Theory 22, 477 – 498.

[52] Henderson, B. J.; N. D. Pearson; and L. Wang. (2012). "New evidence on the financialization of commodities." Working Paper, University of Illinois at Urbana-Champaign.

[53] Hicks, J. R. (1939). "Value and capital: An inquiry into some fundamental principles of economic theory." Clarendon Press, Oxford.

[54] Hirshleifer, D. A. (1989). "Determinants of hedging and risk premia in commodity futures markets." Journal of Financial and Quantitative Analysis 24: 313-331.

[55] Hirshleifer, D. A. (1990). "Hedging pressure and futures price movements in a general equilibrium Model." Econometrica 58: 411-428.

[56] Hong, H. G., Lim, T., Stein, J. (2000). "Bad news travels slowly, size, analyst coverage and the profitability of momentum strategies." Journal of Finance 55, 265-295.

[57] Hong, H. G., Stein, J. (1999). "A unified theory of underreaction, momentum trading and overreaction in asset markets." Journal of Finance 54 (6), 2143-2148.

[58] Hong, H. G., Torous, W., Valkanov, R. (2007). "Do industries lead stock markets?" Journal of Financial Economics 83, 367-396.

[59] Hong, Harrison, and Motohiro Yogo. (2012). "What does futures market interest tell us about the macroeconomy and asset prices?" Journal of Financial Economics 105.3: 473-490.

[60] Subrahmanyam, Avanidhar, and Sheridan T. (2001). "Feedback from stock prices to cash flows." Journal of Finance 56, 2389-2413.

[61] Huang, R. D., Masulis, R. W., Stoll, H. R. (1996). "Energy shocks and financial markets." Journal of Future Market 16, 1-27.

[62] Jaimovich, Nir and Sergio R. (2008). "News and business cycles in open economies." Journal of Money, Credit and Banking 40 (8): 1699-1711.

[63] Jones, C. M., Kaul, G. (1996). "Oil and the stock markets." Journal of Finance 51 (2), 463-491.

[64] Kellogg, R. (2014). "The effect of uncertainty on investment: evidence from texas oil drilling." American Economic Review. 104, 1698-1734.

[65] Keynes, J. M. (1923). "Some aspects of commodity markets." Manchester Guardian Commercial 13, 784-786.

[66] Keynes, J. M. (1936). "The general theory of employment, interest and money." London: Macmillan.

[67] Kilian, L. (2008) a. "Exogenous oil supply shocks: how big are they and how much do they matter for the US economy?" Review of Economics and Statistics 90: 216-240.

[68] Kilian, L. (2008) b. "A comparison of the effects of exogenous oil supply shocks on output and inflation in the G7 Countries." Journal of the European Economic Association 6: 78-121.

[69] Kilian, L. (2008) c. "The economic effects of energy price shocks." Journal of Economic Literature 46: 871-909.

[70] Kilian, L. (2009). "Not all oil price shocks are alike: disentangling demand and supply shocks in

the crude oil market." American Economic Review 19: 1053 – 1069.

[71] Kilian, L., and Cheolbeom P. (2009). "The impact of oil price shocks on the US stock market." International Economic Review 50. 4: 1267 – 1287.

[72] Kogan, L., Livdan, D., and Yaron, A. (2009). "Oil futures prices in a production economy with investment constraints." Journal of Finance. 64, 1345 – 1375.

[73] Levin, C., Bean, E. J., Berkovitz, D. M., and Stuber, L. (2003). "U. S. Strategic petroleum reserve: recent policy has increased costs to consumers but not overall U. S. Energy Security." Report Prepared by the Minority Staff of the Permanent Subcomittee on Investigations (United States Senate), 266.

[74] Morris, Stephen, and Hyun S. S. (2002). "The social value of public information." American Economic Review 92, 1521 – 1534.

[75] Narayan, P., Sharma, S. (2011). "New evidence on oil price and firm returns." Journal of Banking and Finance 35, 3253 – 3262.

[76] Sockin, Michael, and W. Xiong. (2015). "Informational frictions and commodity markets." The Journal of Finance 70. 5: 2063 – 2098.

[77] Obstfeld, Maurice. (1982). "Aggregate Spending and the terms of trade: Is there a laursen – metzler effect?" Quarterly Journal of Economics 97 (2): 251 – 270.

[78] Ozdenoren, Emre, and Yuan K. (2008). "Feedback effects and asset prices." Journal of Finance 63, 1939 – 1975.

[79] Persson, Torsten and Lars E. O. Svensson. (1985). "Current account dynamics and the terms of trade: harberger – laursen – metzler two generations later." Journal of Political Economy 93 (1): 43 – 65.

[80] Pigou, Arthur C. (1927). "Industrial fluctuations." London: Macmillan.

[81] Singleton, K. J. (2014). "Investor flows and the 2008 Boom/Bust in Oil Prices." Management Science 60: 300 – 318.

[82] Ready R C. (2017). "Oil prices and the stock market." Review of Finance 22 (1): 155 – 176.

[83] Ready, R. (2014). "Oil consumption, economic growth, and oil futures: A fundamental alternative to financialization." Working paper, University of Rochester.

[84] Sachs, Jeffrey. (1981). "The current account and macroeconomic adjustment in the 1970s." Brookings Papers on Economic Activity: 201 – 258.

[85] Sadosky, P. (1999). "Oil price shocks and stock market activity." Energy Economics 21: 449 – 469.

[86] Samuelson, P. A. (1965). "Proof that properly anticipated prices fluctuate randomly." Industrial Management Review 6 (2), 41 – 49.

[87] Schwert, G. W. (2003). "Anomalies and market efficiency. In: Constantinides, G. M., Harris, M., Stulz, R. (Eds.)" The Handbook of the Economics of Finance, 939 – 972.

第十章

利率期限结构模型

本章梳理利率期限结构模型的文献发展脉络。第一节介绍利率模型的发展历程,主要包括 Nelson–Siegel 系列模型、仿射利率期限结构模型和 Heath–Jarrow–Morton 远期利率模型的发展以及相关文献。第二节总结了计量类利率模型的代表 Nelson–Siegel 模型,依次介绍了 Nelson–Siegel 模型的各种扩展形式,该模型的通用状态空间框架以及不同的参数估计方法,最后讨论了该模型与无套利框架的兼容性问题。第三节介绍仿射利率期限结构模型,主要以 Vasicek 模型和 Cox–Ingersoll–Ross 模型为主。第四节总结 Heath–Jarrow–Morton 模型的框架及无套利条件。第五节介绍了目前利率期限结构模型的发展方向以及未来研究展望。

第一节 利率模型的发展综述

一、利率期限模型的主要应用

利率期限结构模型是应用于日常金融业务中最复杂的金融模型之一。学术界和业界都对利率期限结构模型进行了大量的研究。总的来说,利率期限结构模型主要应用于三个方面:分析利率期限结构的动态过程,理解货币政策沿利率期限结构的传导机制和利率类衍生品的定价与对冲。

第一,建立完备的利率动态模型有助于分析利率的动态变化,以及对未来利率波动进行预测。准确的利率期限结构波动对于债券投资组合管理和利率类衍生品的风险管理十分重要。

第二,理解货币政策的传导机制是学习利率期限结构模型的第二个原因。大多数国家的短期利率由中央银行设定,但长期利率是了解和预测未来经济发展的重要因素之一。例如,抵押贷款的相关决策受长期抵押贷款利率的影响,而基本不受由央行控制的短期利率的影响。利率期限结构模型能帮助我们理解短端利率如何向长端传导,进而了解货币政策传导机制的运行以及央行的货币政策决策。

第三,利率类衍生品的定价与对冲。利率类衍生品是金融市场上流动性最强的衍生品品种之一,常见品种包括利率上限期权、利率互换和场外交易的奇异利率类衍生品等。利率类衍生品的未来收益取决于未来利率波动,准确捕捉利率波动的利率模型能够准确地计算衍生品的价格以及风险敞口。此外,利率期限模型也为利率及其衍生品的共同建模提供了一个一致的框架。这样等于将利率及其衍生品纳入一个整体的框架,可以为研究利率的动态变化提供来自于固定收益衍生品市场的额外信息。

二、利率期限模型的分类

根据不同的建模对象(例如,短期利率或远期利率),利率期限结构模型大致可以分为三大类:Nelson – Siegel 系列模型,仿射利率期限结构模型和 Heath – Jarrow – Morton 远期利率模型。

(一) Nelson – Siegle 系列模型

Nelson 和 Siegel (1987) 引入了一个简洁的计量模型来分析利率的期限结构。Nelson –

Siegel 模型并没有对所有的到期收益率建模，而是主动将模型的维度减少到只有三个因子，由此极大地简化了模型的估计难度。在实证中该模型可以生成大多数类型的收益率曲线，并且能够拟合各个不同国家的收益率曲线。鉴于上述两个优点，Nelson – Siegel 系列利率期限结构模型被众多金融机构采用。根据国际清算银行 Bank for International Settlements（2005）的数据，全球 13 个主要国家央行中就有 9 家使用 Nelson – Siegel 模型或者其扩展模型来估算本国的国债收益率曲线。

自建立 Nelson – Siegel 模型以来，通过改变其参数的数量或使用不同的方程，学者们对 Nelson – Siegel 系列模型进行了广泛的研究。例如，两因子 Nelson – Siegel 模型［Diebold，Piazzesi 和 Rudebusch（2005）］，三因子 Nelson – Siegel 模型［Bliss（1996）］和四因子 Nelson – Siegel 模型［Svensson（1994）］，Björk 和 Christensen（1999）。

传统的 Nelson – Siegel 模型有一个重要假设是模型参数的非时变性，这个假设虽然简化了参数估计的过程，但是对模型在时间序列上的拟合有相当不利的影响。为了解决这个问题，Diebold 和 Li（2006）提出动态 Nelson – Siegel 模型，该模型通过引入时变参数将截面内数据拟合与时间序列建模分开，极大地提升了模型对利率时序变化的预测能力。Diebold 和 Li（2006）的实证结果表明，动态 Nelson – Siegel 模型不仅提供了良好的样本内拟合，还可以相对准确地预测未来的利率变化，特别是中长期的利率预测。动态 Nelson – Siegel 模型采用两步估计方法，虽然相比传统 Nelson – Siegel 模型复杂一些，但是两步回归都是简单的最小二乘，所以整体的估计过程还是非常简单的。

基于简单的估计方法和对数据的良好拟合，动态 Nelson – Siegel 模型被应用在很多不同的数据集，例如日本、德国和英国市场的国债券利率曲线［Diebold，Li 和 Yuc（2008）］，美国市场的公司债利率曲线［Yu 和 Salyards（2009）］，巴西市场的国债利率曲线［Vicente 和 Tabak（2008）］和中国市场的国债利率曲线［Luo，Han 和 Zhang（2012）］。近年来也有不少学者关注估参方法改进，例如在时序模型的估计上引入自适应回归算法［Chen 和 Niu（2014）］。

动态 Nelson – Siegel 模型能够较好地预测未来利率波动，但它一直存在一个理论上的缺陷。Nelson – Siegel 模型并不是基于无套利框架提出的，那么类似的 Nelson – Siegel 系列模型拟合的利率曲线并不能排除套利机会，参见 Filipovic（1999），Diebold，Piazzesi 和 Rudebusch（2005）以及 Krippner（2006）。不满足无套利条件对于未来利率波动的预测并没有很大的影响，但是无法将 Nelson – Siegel 系列模型应用于利率类衍生品的定价与对冲。为了解决这个问题，Christensen，Diebold 和 Rudebusch（2009）以及 Christensen，Diebold 和 Rudebusch（2011）通过增加一个带限制的截距项，将 Nelson – Siegel 模型推导成一类特殊形式的仿射利率期限结构模型，进而使调整过后的 Nelson – Siegel 模型符合无套利条件。此类 Nelson – Siegel 模型兼具仿射利率期限结构模型和动态 Nelson – Siegel 模型的优点，并且能够应用在利率类衍生品的定价与对冲中。

（二）仿射利率期限结构模型

仿射利率期限结构模型，常常也被称为短期利率模型，主要研究短期利率的动态变化。该类模型最初由 Vasicek（1977）和 Cox, Ingersoll 和 Ross（1985）提出，Duffie, Kan（1996）以及 Dai, Singleton（2000）总结了该类模型的各种形式，并对模型的解析解解法和模型估计进行了广泛的分析。由此类模型正式得名仿射利率期限结构模型。

仿射利率期限结构模型中的"仿射"指该类模型中，零息债券的利率可以由一组状态变量的仿射函数形式给出。仿射利率期限结构模型有许多优点，例如具有符合利率实际波动的均值回归因子，可以便捷地引入随机波动率以及利息债券价格的解析解等。并且大部分仿射利率期限结构模型框架下都可以推导出利率类衍生产品的解析解。该模型的这些优点极大地促进了仿射利率期限结构模型的研究，如 Chan, Karolyi, Longstaff, Sanders（1992）；Chen, Scott（1992）；Chen, Scott（1993）；Duan, Simonato（1993）；Longstaff, Schwartz（1993）；Brown, Schaefer（1994）；Duffie, Singleton（1997）；Duan, Simonato（1999）；Dai, Singleton（2000）；Duffee, Stanton（2012）。

仿射过程的条件特征函数一般都能够得出解析形式，参见 Liu, Pan, Pedersen（1999）；Duffie, Pan, Singleton（2000）以及 Singleton（2001），因此该类函数可以对奇异利率类衍生品定价。很多学者也大量地研究了仿射利率期限结构模型对标准化利率类衍生品的定价与对冲，例如，Chen（1996）在单因子仿射模型中增加一个带随机波动的均值回归因子，使模型可以对债券期权以及更复杂的债券衍生品定价。Munk（1999）通过引入随机持续期的方法，将欧式附息债券期权的价格由一组欧式零息债券期权组合给出。Singleton 和 Umantsev（2002）用一种快速数值解法，为欧式附息债券期权提供了一个半解析解，该方法与 Duffie, Pan 和 Singleton（2000）中用来对欧式零息债券期权定价的傅里叶反变换方法思路相同。Collin – Dufresne 和 Goldstein（2002）提出了对附息债券收益率密度的埃奇沃思展开式，然后近似地为互换期权定价，其矩由相关零息债券的联合矩计算得到。Schrager 和 Pelser（2006）基于近似掉期利率动态变化的仿射结构，在欧式附息债券期权定价的速度和准确性方面进行了扩展研究，这篇文章使用的估计方法与 Munk（1999）中的类似。

（三）Heath – Jarrow – Morton（HJM）模型

Heath – Jarrow – Morton（HJM）模型，不同于仿射利率期限结构模型，它主要对短期利率建模构建利率期限结构，Heath, Jarrow 和 Morton（1992）对瞬时远期利率建模从而构建利率期限结构，进而创建了 HJM 系列模型。该文推导了利率期限结构模型的无套利条件，最早的相关文献来自 Richard（1978）。HJM 模型最大的贡献是构建了一个大一统的框架，可以用来给利率类衍生品定价。选择瞬时远期利率作为建模对象，HJM 模型隐含着对当前利率期限结构的完美拟合，这是 HJM 模型与仿射利率期限结构模型的显著区别之一。

从 HJM 模型开始，大量的学术研究通过假设正态分布的瞬时远期利率，来研究各种利率期限结构问题，参见 De Munnik（1992）；Frachot，Janci 和 Lacoste（1992）；Frachot（1995）和 Miltersen（1994）。同时也有大量的文献将 HJM 模型应用于利率类衍生品的定价以及数值方法，参见 Brace 和 Musiela（1995）；Carverhill 和 Pang（1995）；Jeffrey（1995）；Rutkowski（1996）；Miltersen 和 Persson（1999）；Chiarella，Kwon（2000）和 Trolle，Schwartz（2009）。Heath，Jarrow 和 Morton（1992）推导出的利率期限结构无套利条件实际上是瞬时远期利率随机过程中的漂移项与扩散项之间的关系。但是 HJM 模型本质上是非马尔科夫过程的，一般学术界都认为非马尔科夫过程的利率类衍生品价格不能通过经典的偏微分方程方法解出。为了解决这个问题，也有相当的学者研究了 HJM 模型的马尔科夫转换，参见 Bjork 和 Svensson（2001），Chiarella，Kwon（2001）和 Chiarella，Kwon（2003）。

第二节 Nelson – Siegel 系列模型

本节讨论 Nelson – Siegel 系列模型。首先介绍了经典的 Nelson – Siegel 模型，紧接着依次介绍了该模型的各种扩展。本节也讨论了 Nelson – Siegel 系列模型的一个通用的状态空间框架。最后，本小节还讨论了 Nelson – Siegel 系列模型的参数估计方法。

一、Nelson 和 Siegel（1987）

Nelson 和 Siegel（1987）提出了一个用于分析远期利率变化的指数函数：

$$f(t,T) = \beta_1 + \beta_2 e^{-\lambda\tau} + \beta_3 \lambda\tau e^{-\lambda\tau} \tag{10-1}$$

其中，$f(t,T)$ 表示到期期限为 $\tau = T - t$ 的 t 时刻的瞬时远期利率；系数 β_1、β_2、β_3 分别为水平因子、斜率因子和曲率因子；衰减系数 λ 控制了指数的衰减率以及 β_3 在何处达到其最大曲率载荷值。当 λ 较大时，将产生快速衰减并且能更好地拟合短期利率曲线；而当 λ 较小时，将发生缓慢的衰减，更好地拟合长期收益率曲线。该模型非常灵活，可以生成大多数金融市场中的利率期限结构，较好地拟合各种利率曲线，参见 Diebold 和 Li（2006），Vicente 和 Tabak（2008）以及 Yu 和 Salyards（2009）。

根据公式（10-1），可以推导出 Nelson – Siegel 模型中对应的零息即期利率 $y(t,T)$ 为：

$$y(t,T) = \beta_1 + \beta_2 \left(\frac{1 - e^{-\lambda\tau}}{\lambda\tau} \right) + \beta_3 \left(\frac{1 - e^{-\lambda\tau}}{\lambda\tau} - e^{-\lambda\tau} \right) \tag{10-2}$$

其中，$y(t,T)$ 表示到期期限为 $\tau = T - t$ 的 t 时刻的零息即期利率。λ 固定时的三个因子载荷为 1，$\frac{1-e^{-\lambda\tau}}{\lambda\tau}$，$\frac{1-e^{-\lambda\tau}}{\lambda\tau} - e^{-\lambda\tau}$，如图 10-1 所示。$\beta_1$ 的载荷为 1，在极限时不会衰减至 0，可以被视作对期限结构影响的长期因子。β_2 的载荷快速地从 1 递减至 0，可以被视作对期限结构影响的短期因子。β_3 的载荷从 0 增加至其最大值，然后相对缓慢地衰减至 0，可以被视作对期限结构影响的中期因子。

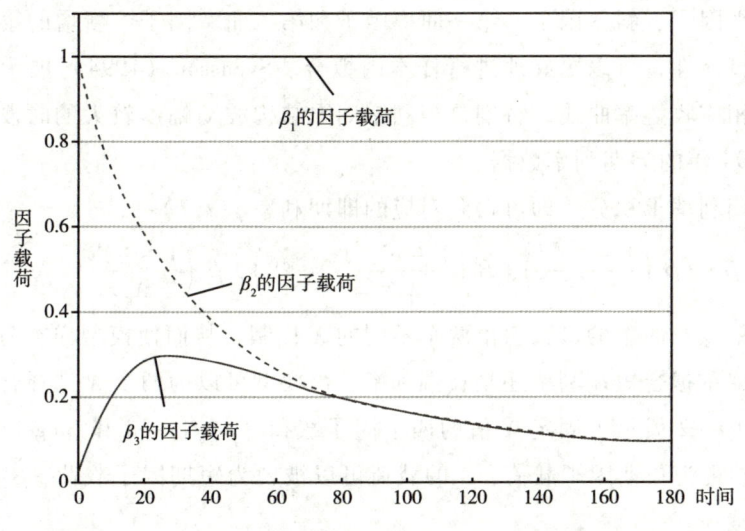

图 10-1　Nelson-Siegel 模型（1987）的因子载荷

尽管 Nelson 和 Siegel（1987）模型缺乏严谨的理论支持，Diebold, Rudebusch 和 Aruoba（2006）发现模型中的长期因子可以很好地反映经济中的通货膨胀，而短期因子与实际经济活动高度相关。Nelson-Siegel 模型应用得非常广泛，因为其简洁的形式，同时可以较好地估计对应的收益率曲线，能够解释 95% 以上样本的内收益率曲线变化。根据国际清算银行 Bank for International Settlements（2005）的数据，该模型在行业内广泛应用，全球 13 个主要国家的央行中有 9 家使用 Nelson-Siegel 模型或者其扩展模型来估算本国国债收益率曲线。

二、Nelson-Siegel 模型的扩展

Nelson-Siegel 模型在文献中得到了广泛的推广，本节将介绍其扩展模型，包括 Svensson（1994），Bliss（1996），Bjork 和 Christensen（1999）以及 Diebold, Piazzesi 和 Rudebusch（2005），并详细讨论其相关因子和因子载荷的性质。

(一) Svensson (1994)

Svensson (1994) 提出了一个四因子 Nelson – Siegel 模型，该模型在经典 Nelson – Siegel 框架中加入了一个额外的曲率因子：

$$f(t,T) = \beta_1 + \beta_2 e^{-\lambda_1 \tau} + \beta_3 \lambda_1 \tau e^{-\lambda_1 \tau} + \beta_4 \lambda_2 \tau e^{-\lambda_2 \tau} \tag{10-3}$$

其中，$f(t,T)$ 表示到期期限为 $\tau = T - t$ 的 t 时刻瞬时远期利率。参数 β_1、β_2、β_3、β_4 可以被解释为水平因子、斜率因子、第一曲率因子和第二曲率因子。新增的第四个曲率因子增加了模型的灵活性，可以更好地进行样本内拟合。Svensson (1994) 展示了该扩展模型能更好地拟合相应收益率曲线，特别是当利率期限结构波动幅度较大的时段，例如，瑞典市场 1992—1994 年的远期利率数据。

对瞬时远期利率求积分，即可得到对应的即期利率 $y(t,T)$：

$$y(t,T) = \beta_1 + \beta_2 \left(\frac{1 - e^{-\lambda_1 \tau}}{\lambda_1 \tau} \right) + \beta_3 \left(\frac{1 - e^{-\lambda_1 \tau}}{\lambda_1 \tau} - e^{-\lambda_1 \tau} \right) + \beta_4 \left(\frac{1 - e^{-\lambda_2 \tau}}{\lambda_2 \tau} - e^{-\lambda_2 \tau} \right) \tag{10-4}$$

指数衰减率以及曲率的最大值由两个不同的 λ 控制，从而使模型样本内的拟合更加灵活。无须选择偏重拟合短端利率还是长端利率，该模型可以为两个 λ 选择合适的值进行更好的拟合。图 10 – 2 展示了固定 λ 值的四个因子载荷。与 Nelson 和 Siegel (1987) 类似，β_1 的载荷可以被视为长期因子载荷，β_2 的载荷可以被视为短期因子载荷，β_3 和 β_4 都可以被视为中期因子载荷。

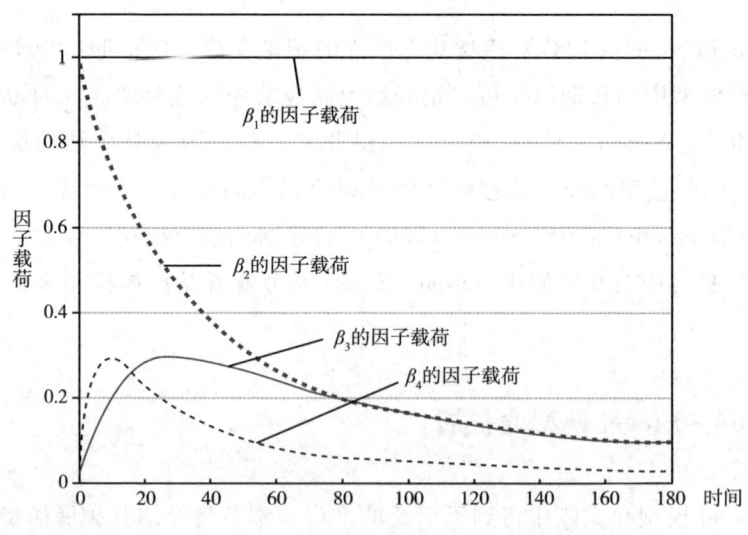

图 10 – 2 Svensson 模型 (1994) 的因子载荷

(二) Bliss (1997)

通过放松斜率因子和曲率因子载荷默认由相同的 λ 值来控制的限制，Bliss (1997) 扩展了 Nelson – Siegel 模型：

$$f(t,T) = \beta_1 + \beta_2 e^{-\lambda_1 \tau} + \beta_3 \lambda_2 \tau e^{-\lambda_2 \tau} \qquad (10-5)$$

其中，$f(t,T)$ 和 β_1，β_2，β_3 分别表示瞬时远期利率，水平因子，斜率因子和曲率因子。λ_1 是控制斜率载荷的衰减参数，λ_2 是控制曲率载荷衰减参数，同时决定曲率载荷的最大值。该模型瞬时远期利率对应的即期利率 $y(t,T)$ 为：

$$y(t,T) = \beta_1 + \beta_2 \left(\frac{1-e^{-\lambda_1 \tau}}{\lambda_1 \tau} \right) + \beta_3 \left(\frac{1-e^{-\lambda_2 \tau}}{\lambda_2 \tau} - e^{-\lambda_2 \tau} \right) \qquad (10-6)$$

作者认为，通过引入不同的衰减参数 λ 使该模型相比经典的 Nelson – Siegel 模型更具有灵活性。当然若 $\lambda_1 = \lambda_2$ 时，Bliss 模型与经典的 Nelson – Siegel 模型相同。图 10-3 展示了带有两个不同固定 λ 值的因子载荷。与 Nelson，Siegel（1987）和 Svensson（1994）作比较，β_1 的载荷不变；但是，由于衰减系数不同，斜率和曲率因子载荷的形状均不相同。

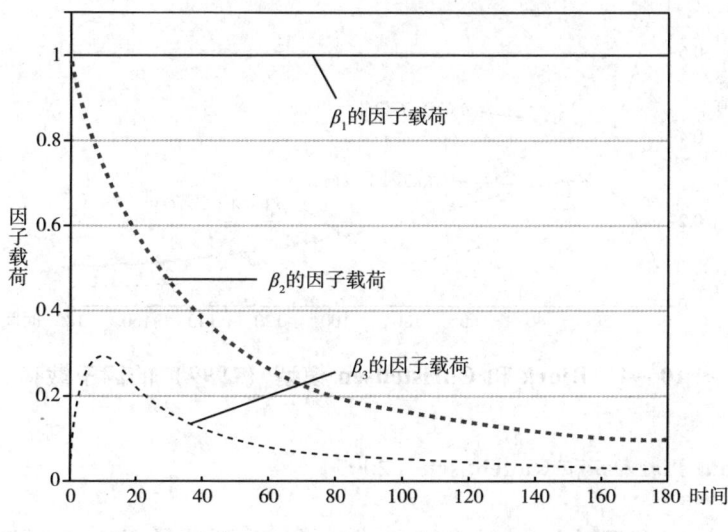

图 10-3 Bliss 模型（1997）的因子载荷

（三）Bjork 和 Christensen（1999）

Bjork 和 Christensen（1999）在 Nelson – Siegel 模型中引入了第二个斜率因子，进而提出了四因子 Nelson – Siegel 模型：

$$f(t,T) = \beta_1 + \beta_2 e^{-\lambda_1 \tau} + \beta_3 \lambda_1 \tau e^{-\lambda_1 \tau} + \beta_4 e^{-\lambda_2 \tau} \qquad (10-7)$$

其中，$f(t,T)$ 是瞬时远期利率，β_1、β_2、β_3、β_4 分别为水平因子、第一斜率因子、曲率因子和第二斜率因子。因子载荷的衰减速率由 λ_1 和 λ_2 共同决定。对瞬时远期利率积分后，其对应的即期利率为：

$$y_t(\tau) = \beta_1 + \beta_2 \left(\frac{1-e^{-\lambda_1 \tau}}{\lambda_1 \tau} \right) + \beta_3 \left(\frac{1-e^{-\lambda_1 \tau}}{\lambda_1 \tau} - e^{-\lambda_1 \tau} \right) + \beta_4 \left(\frac{1-e^{-\lambda_2 \tau}}{\lambda_2 \tau} \right) \qquad (10-8)$$

由公式（10-8）可知，即期利率收益率曲线的斜率因子由 β_2 和 β_4 共同决定，而不是仅仅依赖于 β_2。Bjork 和 Christensen（1999）的研究与 Svensson（1994）的研究相似，采用不同的 λ 值使模型能够更灵活地拟合收益率曲线。图 10-4 展示了带有两个不同固定 λ 值的因子载荷，两个不同衰减速度的斜率载荷可以用来解释更复杂的收益率曲线。Diebold, Rudebusch 和 Aruoba（2006）的实证结果表明，使用 1972 年 1 月至 2000 年 12 月的美国国债收益率，Bjork 和 Christensen 扩展的 Nelson-Siegel 模型在均方根误差方面比经典 Nelson-Siegel 模型具有更好的拟合能力。

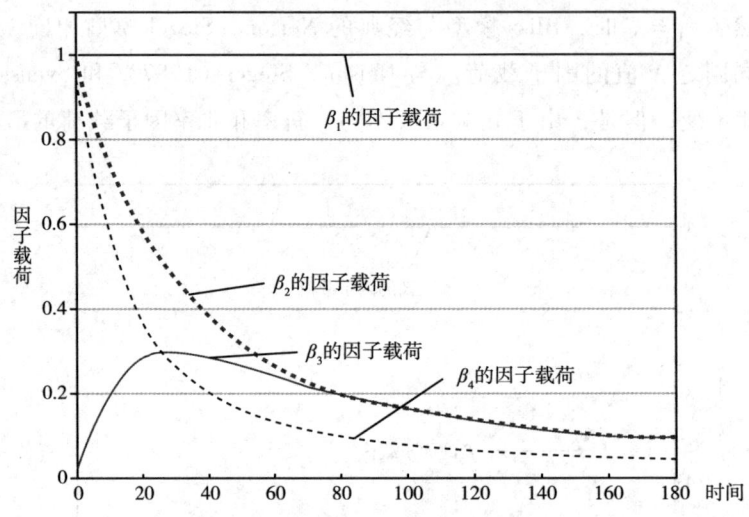

图 10-4 Bjork 和 Christensen 模型（1999）的因子载荷

（四）Diebold Piazzesi 和 Rudebusch（2005）

Diebold, Piazzesi 和 Rudebusch（2005）建立了一个两因子 Nelson-Siegel 模型，其瞬时远期利率表示为：

$$f(t,T) = \beta_1 + \beta_2 e^{-\lambda\tau} \tag{10-9}$$

其中，β_1 和 β_2 分别是水平和斜率因子。Litterman 和 Scheinkman（1991）认为，利率期限结构的大多数变化可以由三个主要成分来解释，其中前两个成分解释了 90% 以上。由此 Diebold, Piazzesi 和 Rudebusch（2005）认为两因子模型虽然不足以精准地拟合收益率曲线，但它的简洁性可能有助于其更好地进行样本外预测。对瞬时远期利率 $f(t,T)$ 积分可得对应的即期利率 $y(t,T)$：

$$y(t,T) = \beta_1 + \beta_2 \left(\frac{1-e^{-\lambda\tau}}{\lambda\tau}\right) \tag{10-10}$$

其中，如图 10-5 所示，固定衰减系数 λ 的值，Diebold, Piazzesi 和 Rudebusch 模型的水平因子载荷和斜率因子载荷分别为 1 和 $\dfrac{1-e^{-\lambda\tau}}{\lambda\tau}$。

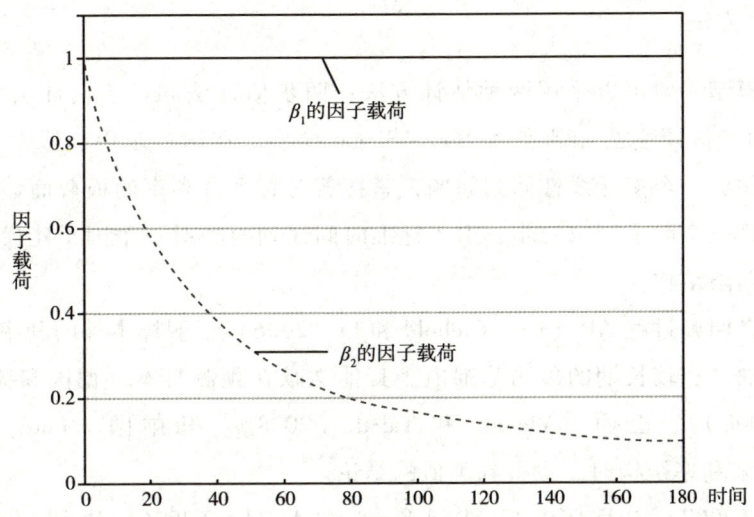

图 10-5　Diebold Piazzesi 和 Rudebusch 模型 (2005) 的因子载荷

三、Nelson-Siegel 模型的参数估计

(一) 统一的状态空间形式

上一节列出的所有模型都是原始 Nelson-Siegel 模型的扩展。本节讨论状态空间框架下的一般模型框架。上节中给出的 Nelson-Siegel 模型的各种扩展形式本质上都是公式 (10-1) 和公式 (10-2) 的特殊情况，主要区别在于因子数量或衰减系数不同。

计量中的状态空间模型由一个测量方程和一个转换方程构成。参照 Harvey (1989) 以及 Diebold, Rudebusch 和 Aruoba (2006)，Nelson-Siegel 系列模型的测量方程为：

$$Y_t = H\beta_t + \epsilon_t \tag{10-11}$$

其中，Y_t 是表示 t 时刻即期利率的 $N \times 1$ 列向量，其中包含 N 个不同的到期时间。矩阵 H 是 $N \times K$ 的因子载荷矩阵，K 表示因子个数。例如，在经典 Nelson-Siegel 模型中，K 的值为 3。时变因子 β_t 是表示 t 时刻因子值的 $K \times 1$ 列向量，ϵ_t 是测量误差的 $N \times 1$ 列向量，它们被假设为是独立正态分布的。

Nelson-Siegel 系列模型的转换方程为：

$$\beta_t = (I - \phi)\mu + \phi\beta_{t-1} + \eta_t \tag{10-12}$$

其中，β_t 是表示 t 时刻因子的 $K \times 1$ 列向量。矩阵 I 是 $K \times K$ 的单位矩阵，μ 是 $K \times 1$ 列向量，表示 K 个因子的长期均值。矩阵 ϕ 是 $K \times K$ 的转移矩阵，若假设 K 个因子之间互相独立，则该转移矩阵为对角阵。误差项 η_t 是 $K \times 1$ 列向量，它们也被假设为是独立正态分布的。

(二) 估计方法

状态空间模型一般可以采用两种估计方法：两步估计法和一步估计法。Diebold 和 Li (2006) 引入两步估计法估计动态 Nelson – Siegel 模型。在第一步中，假设 λ 的值是固定的，将方程简化成一个多元线性回归问题，紧接着对每个月利率的横截面数据使用最小二乘法，来估计这三个因子。第二步，引入标准时间序列模型对三个因子建模，进一步拟合和预测利率的期限结构。

使用一阶自回归过程 AR (1)，Diebold 和 Li (2006) 证明样本外的利率预测优于随机游走模型，特别是在较长期的预测范围内。其他文献在预测日本、德国和英国 [Diebold, Li 和 Yue (2008)]、巴西 [Vicente 和 Tabak (2008)] 和中国 [Luo, Han 和 Zhang (2012)] 的未来利率结构时，也得到类似的结论。

De Pooter (2007) 以及 Diebold, Rudebusch 和 Aruoba (2006) 认为，由于两步估计法中第一步估计每个截面上的因子和第二步估计因子的时间序列关系不同步，Diebold 和 Li (2006) 的两步估计法中得到的因子的时间序列可能存在偏差。为了解决这个问题，De Pooter (2007) 提出使用卡尔曼滤波器直接估计状态空间模型得到全部参数。该方法最大的好处是将因子动态建模与拟合零息利率曲线统一估计，避免了上述关于估计不同步产生偏差的可能。De Pooter (2007) 认为，尽管一步估计法中需要估计的参数数量相对增加，但是这种方法可以确保所有参数的动态都被同时考虑进去。与两步估计法相比，该方法在美国数据的样本外预测方面表现得更好。

四、Nelson – Siegel 模型的无套利问题

Filipovic (1999) 和 Krippner (2006) 认为，尽管 Nelson – Siegel 模型在样本内拟合与样本外预测都表现优异，但是 Nelson – Siegel 模型并不满足利率期限结构的无套利条件。为了解决这个问题，Christensen, Diebold 和 Rudebusch (2011) 提出了一种扩展的 Nelson – Siegel 模型，该模型通过保持 Nelson – Siegel 框架的因子载荷结构不变但是增加了一个满足无套利条件的截距项的方式，将 Nelson – Siegel 模型变换成一类特殊的仿射利率期限结构模型，从而使该扩展的 Nelson – Siegel 模型实现了利率期限结构的无套利条件。该模型的零息债券利率为：

$$y(t,T) = X_t^1 + \frac{1-e^{-\lambda\tau}}{\lambda\tau}X_t^2 + \left(\frac{1-e^{-\lambda\tau}}{\lambda\tau} - e^{-\lambda\tau}\right)X_t^3 + L(t,T) \qquad (10-13)$$

其中，X_t^1, X_t^2 和 X_t^3 与 β_{1t}, β_{2t} 和 β_{3t} 相对应。[①] 该模型与 Nelson – Siegel 模型的因子载荷

---

① 由于因子不再使用离散时间序列模型，而是使用随机过程来描述，所以标识符号也做了相应的调整。

结构完全匹配，但为了满足无套利条件，模型中额外引入一个收益率调整项 $L(t,T)$。仿射无套利 Nelson – Siegel 模型的瞬时远期利率可以写成如下形式：

$$f(t,T) = X_t^1 + X_t^2 e^{-\lambda\tau} + X_t^3 \lambda\tau e^{-\lambda\tau} + \frac{\partial L(t,T)\tau}{\partial \tau} \tag{10-14}$$

如上所述，通过收益率调整项的设置将动态 Nelson – Siegel 模型变为了仿射利率期限结构模型的一种特殊情况，而仿射利率期限结构模型是符合无套利条件的，那么 Nelson – Siegel 模型套利的可能性也即被自动排除了，参见 Duffie，Kan（1996）和 Dai，Singleton（2000）。

第三节 仿射利率期限结构模型

利率期限结构主要描述利率水平与其对应的到期时间之间的关系。在证券组合的风险管理、利率类衍生产品的设计与定价中发挥着重要作用。仿射利率期限结构模型（Affine Term Structure Model）得名于在该类模型框架下，时刻 T 到期的零息债券价格 $P(t,T)$ 可以由简单的指数线性仿射方程给出。仿射利率期限结构模型最大的优势是在绝大部分情况下都可以给出零息债券价格的解析解，这样就规避了大量的数值优化问题，例如使用蒙特卡罗算法求解偏微分方程。

最经典的仿射利率期限结构模型包括单因素模型的提出者 Vasicek（1977）、Hull 和 White（1990）以及 Cox，Ingersoll 和 Ross（1985）。其中 Hull – White 单因素模型即是 Vasicek 单因素模型的动态参数版本。单因素的 Vasicek 模型与 CIR 模型的最大区别在于扩散项的参数，Vasicek 模型为常数，意味着模型假设利率分布为正态分布（即存在一定概率取得负利率）；而 CIR 模型采用利率的平方根作为扩散项参数，意味着模型假设利率分布为卡方分布（即利率始终为正）。

单因素模型求解过程相对比较简单，但是利率整体波动趋势只与单个因素相关的假设与认为利率整体波动至少由三个因素驱动的经典的实证结果相悖。在单因素模型构建完成之后，文献转向将单因素模型拓展到多因素模型，包括 LongSta 和 Schwartz（1993）、Strickland（1996）、Balduzzi，Das 和 Foresi（1998）以及 Berardi 和 Esposito（1999）。

本节首先介绍仿射利率期限结构的普通形式，参见 Duffie 和 Kan（1996）。该模型由 Vasicek（1977）和 Cox，Ingersoll 和 Ross（1985）在一般均衡环境下发展得出。Duffie 和 Kan（1996）提供了多因子仿射模型的特征方程，从而可以进一步分析模型解析解存在的条件。Dai 和 Singleton（2000）总结了仿射利率期限结构模型的各种形式以及估计方法。在仿射利率期限结构模型中，在时间 T 到期的债券价格 $P(t,T)$ 由简单的指数线性仿射方程给出：

$$P(t,T) = e^{-A(t,T)-B(t,T)'X_t} \tag{10-15}$$

其中，$A(t,T)$ 和 $B(t,T)$ 是关于到期时间、利率水平和利率波动性的函数，X_t 满足随机微分方程（一般具有均值回归性质）。模型进一步假设状态变量 X_t 遵循马尔科夫过程并且满足以下随机微分方程：

$$dX_t = \mu(t,X_t)dt + \sigma(t,X_t)dW_t \tag{10-16}$$

其中，$\mu(t,X_t) \in \mathbb{R}^k$，$\sigma(t,X_t)$ 是一个 $K \times K$ 协方差矩阵，dW_t 是一个 K 维维纳过程。公式（10-15）和公式（10-16）共同构建了仿射利率期限结构模型框架。然后根据无套利原理和伊藤引理，即可以推导出无套利零息债券价格的随机过程：

$$dP(t,T) = P(t,T) \times \{[-A_t(t,T) - B_t(t,T)X_t - \mu(t,X_t)^T B(t,T) + \frac{1}{2}\sum_{i=1}^{k}\sum_{i=j}^{k} B_i(t,T)B_j(t,T)\sigma_i\sigma_j^T]dt - B(t,T)^T \sigma(t,X_t)dW_t\} \tag{10-17}$$

根据伊藤引理，若市场无套利，则必须存在风险中性测度 p^* 以保证零息债券价格 $P(t,T)$ 是一个鞅过程：

$$dP(t,T) = r_t P(t,T)dt \tag{10-18}$$

其中，r_t 是无风险利率，零息债券价格 $P(t,T)$ 在 p^* 测度下是一个鞅过程。鞅过程意味着利息债券价格随机过程的漂移项等于无风险利率，也即：

$$[-A_t(t,T) - B_t(t,T)X_t - \mu(t,X_t)^T B(t,T) + \frac{1}{2}\sum_{i=1}^{k}\sum_{i=j}^{k} B_i(t,T)B_j(t,T)\sigma_i(t,X_t)\sigma_j(t,X_t)^T] - r_t = 0 \tag{10-19}$$

公式（10-19）提供了 $A(t,T)$，$B(t,T)$，$\mu(t,X_t)$ 和 $\sigma(t,X_t)$ 之间的约束关系。当然满足上述关系的 $A(t,T)$，$B(t,T)$，$\mu(t,X_t)$ 和 $\sigma(t,X_t)$ 可能存在多种解析解的形式。Duffie 和 Kan（1996）以及 Dai 和 Singleton（2000）进一步分析了保证 $A(t,T)$ 和 $B(t,T)$ 存在且在有解情况下 $\mu(t,X_t)$ 和 $\sigma(t,X_t)$ 需要遵循的条件。至此，零息债券价格计算的问题就转换为关于 $A(X_t,T-t)$ 和 $B(X_t,T-t)$ 的常微分方程系的求解问题，这类问题大部分已经在数学的相关文献上有丰富的研究可供参考。

短期利率模型。短期利率模型实际上就是单因子仿射利率期限结构模型，单因子模型假设短期利率模型是可以将整个利率期限结构视为单一状态变量的函数。短期利率模型的研究可以参见 Merton（1974）；Vasicek（1977）；Cox，Ingersoll 和 Ross（1985）；Ho 和 Lee（1986）以及 Black，Derman 和 Toy（1990）等人的工作。Merton（1974）推导了符合高斯分布的短期利率模型，该模型由 Ho 和 Lee（1986）进一步扩展。Black，Derman 和 Toy（1990）基于 Ho 和 Lee（1986）模型进一步推导和设计了具体的估计方法。Cox，Ingersoll 和 Ross（1985）的单因子模型框架是在一般均衡理论之下构建起来的。在单因子利率期限结构模型中，短期利率 r_t 由以下形式的随机微分方程给出：

$$dr_t = \mu(r_t,t)dt + \sigma(r_t,t)dB_t^Q \tag{10-20}$$

其中，$\mu(r_t, t)$ 和 $\sigma(r_t, t)$ 可以是常数（非时变参数短期利率模型）或与时间相关的函数（时变参数短期利率模型）。接下来本节就依次介绍几种比较经典的短期利率模型。

一、Vasicek 模型

Vasicek（1977）的模型框架被认为是最早的动态利率期限结构模型之一。作者假设在真实测度 p 上，短期利率可以被表示成一个均值回归的随机过程：

$$dr_t = \kappa(\theta - r_t)dt + \sigma dW_t \tag{10-21}$$

其中，κ，θ 和 σ 是常数，分别对应均值回归速度，利率长期均值和利率长期波动率。Vasicek 模型最主要的特点是均值回归。均值回归意味着利率总是倾向于回归到长期均衡水平 θ，这一属性得到了经济理论和实证数据的支持。Vacicek 模型可以得到解析解：

$$r_t = r_s e^{-\kappa(t-s)} + \theta(1 - e^{-\kappa(t-s)}) + \sigma \int_s^t e^{-\kappa(t-u)} dW_u \tag{10-22}$$

由公式（10-22）可以推导 r_t 的均值和方差的条件分布为：

$$E(r_t | F_s) = r_s e^{-\kappa(t-s)} + \theta(1 - e^{-\kappa(t-s)}) \tag{10-23}$$

$$Var(r_t | F_s) = \frac{\sigma^2}{2\kappa}(1 - e^{-2\kappa(t-s)}) \tag{10-24}$$

该模型的主要缺点是，由于假设未来利率分布为正态，短期利率 r_t 有一定概率取到负值。但是如果没有正态分布假设，Vasicek 利率模型也会失去易分析处理的优势，参见 Brigo 和 Mercurio（2007）。Vasicek 模型的零息债券价格 $P(t, T)$ 由公式（10-15）给出，其中 $A(t, T)$ 和 $B(t, T)$ 由下式给出：

$$A(t, T) = \frac{\sigma^2}{4\kappa} B(t, T)^2 - \left(\theta - \frac{\sigma^2}{2\kappa^2}\right)[B(t, T) - T + t] \tag{10-25}$$

$$B(t, T) = \frac{1}{\kappa}(1 - e^{-\kappa(T-t)}) \tag{10-26}$$

二、Cox，Ingersoll 和 Ross 模型

为了解决 Vasicek 模型中利率可能为负的情况，Cox，Ingersoll 和 Ross（1985）在其模型框架的扩散系数中引入利率的平方根来克服了负利率问题。由于 CIR 模型能够避免利率为负的情况，同时类似 Vasicek 模型可以给出零息债券价格的解析解，它多年以来一直被作为仿射利率期限结构模型的基准模型。CIR 模型短期利率的随机微分方程由下式给出：

$$dr_t = \kappa(\theta - r_t)dt + \sigma\sqrt{r_t} dW_t \tag{10-27}$$

其中，κ，θ 和 σ 是常数，分别对应均值回归速度，利率长期均值和利率长期波动率。为了防止出现利率为负的情况，CIR 模型还需要满足以下条件：

$$2\kappa\theta > \sigma^2 \tag{10-28}$$

CIR 模型的短期利率分布为非中心卡方分布，短期利率均值和方差的条件分布由下式给出：

$$E(r_t \mid F_s) = r_s e^{-\kappa(t-s)} + \theta(1 - e^{-\kappa(t-s)}) \tag{10-29}$$

$$\text{VaR}(r_t \mid F_s) = r_s \frac{\sigma^2}{\kappa}(e^{-\kappa(t-s)} - e^{-2\kappa(t-s)}) + \theta \frac{\sigma^2}{2\kappa}(1 - e^{-\kappa(t-s)})^2 \tag{10-30}$$

模型的零息债券价格 $P(t, T)$ 由公式（10-15）给出，其中 $A(t, T)$ 和 $B(t, T)$ 由下式给出：

$$A(t,T) = \exp\left\{-\left[\frac{2he^{\frac{(\kappa+h)(T-t)}{2}}}{2h + (k+h)(e^{(T-t)h} - 1)}\right]^{\frac{2\kappa\theta}{\sigma^2}}\right\} \tag{10-31}$$

$$B(t,T) = \frac{2(e^{(T-t)h} - 1)}{2h + (k+h)(e^{(T-t)h} - 1)}, h = \sqrt{\kappa^2 + 2\sigma^2} \tag{10-32}$$

三、Dothan 模型

Dothan（1978）提出了一种漂移项为零的几何布朗运动来模拟现实测度下的利率动态，其随机微分过程为：

$$dr_t = \sigma r_t dW_t \tag{10-33}$$

其中，σ 是常数，表示短期利率的长期波动率。Dothan 模型在风险中性测度下的随机微分方程可以相应的表示为：

$$dr_t = ar_t + \sigma r_t dW_t \tag{10-34}$$

其中，a 和 σ 是常数，分别表示短期利率的漂移率和长期波动率。公式（10-34）实际上是 Rendleman 和 Bartter（1980）模型框架的连续时间版本。由公式（10-34）可以解出短期利率：

$$r_t = r_s e^{(a - \frac{1}{2}\sigma^2)(t-s) + \sigma(W_t - W_s)} \tag{10-35}$$

对应的短期利率均值和方差的条件分布为：

$$E(r_t \mid \mathcal{F}_s) = r_s e^{a(t-s)} \tag{10-36}$$

$$\text{VaR}(r_t \mid \mathcal{F}_s) = r_s^2 e^{2a(t-s)}(e^{\sigma^2(t-s)} - 1) \tag{10-37}$$

该模型也克服了 Vasicek 模型利率可能为正的主要缺点，因为具有对数正态分布的短期利率总是为正的。Brigo 和 Mercurio（2007）指出，当 $a < 0$ 时 Dothan 模型只是一个均值回归的利率模型。Dothan 模型的零息债券价格可以用解析形式给出，但是零息债券价格 $P(t, T)$ 并不能由公式（10-15）形式给出。所以 Dothan 模型是一个短期利率模型，但是并不包括在仿射利率期限结构框架之中。

四、Hull 和 White 模型（HW 模型）

Vasicek 模型，Dothan 模型和 CIR 模型都属于非时变参数模型，在实证中对利率的初始期限结构拟合相对较差，参见 Ho 和 Lee（1986）与 Hull 和 White（1990）。为了解决上述问题，Hull 和 White（1990）在 Vasicek 模型的基础上引入时变参数，以期能够更准确的拟合收益率曲线。HW 模型中短期利率的随机微分方程为：

$$dr_t = (\theta_t - a_t r_t)dt + \sigma_t dW_t \tag{10-38}$$

其中，θ_t，a_t 和 σ_t 是与时间相关的函数，分别表示短期利率在 t 时刻的长期均值，均值回归速度以及长期波动率。引入三个时变参数能够极大地提升模型对当前利率曲线的拟合，但是过度拟合可能会带来完全相反的结果，参见 Hull 和 White（1995）。为了在适度或过度样本内拟合中平衡，Hull 和 White（1994）提出了一个略微不同的模型框架：

$$dr_t = (\theta_t - ar_t)dt + \sigma dW_t \tag{10-39}$$

其中，a 和 σ 是常数，分别表示短期利率的均值回归速度和长期波动率，θ_t 是与时间相关的函数，便是短期利率在时间 t 的长期均值。将公式（10-39）积分：

$$r_t = r_s e^{-a(t-s)} + \alpha_t - \alpha_s e^{-a(t-s)} + \sigma \int_s^t e^{-a(t-u)} dW_u \tag{10-40}$$

$$\alpha_t = f(0,t) + \frac{\sigma^2}{2a^2}(1 - e^{-at})^2 \tag{10-41}$$

其中，$f(0,t) = -\dfrac{\partial \ln P(0,t)}{\partial t}$，是到期时间为 t 的瞬时远期利率。由此 HW 模型中短期利率的均值和方差的条件期望可以推导为：

$$E(r_t | \mathcal{F}_s) = r_s e^{-a(t-s)} + \alpha_t - \alpha_s e^{-a(t-s)} \tag{10-42}$$

$$\text{VaR}(r_t | \mathcal{F}_s) = \frac{\sigma^2}{2a}(1 - e^{-2a(t-s)}) \tag{10-43}$$

模型的零息债券价格 $P(t,T)$ 由公式（10-15）给出，其中 $A(t,T)$ 和 $B(t,T)$ 由下式给出：

$$A(t,T) = \left[\frac{\sigma^2}{4a}(1 - e^{-2at})\right]B(t,T)^2 - B(t,T)f(0,t)e^{\frac{P(0,T)}{P(0,t)}} \tag{10-44}$$

$$B(t,T) = \frac{1}{a}(1 - e^{-a(T-t)}) \tag{10-45}$$

HW 模型通过引入时变参数 θ_t 来提供对利率曲线的精确拟合，同时由短期利率 r_t 的高斯分布也能够推导出零息债券价格的解析解。当然与 Vasicek 模型类似，短期利率的高斯分布隐含着模型有一定概率取到负利率。

表 10-1 总结了上述四种模型的大致情况，包括短期利率的随机过程和模型短期利率

是否能取值为负。

表 10-1　　　　　　　　　　短期利率模型简述

模型	动态过程	$r>0$?
Vasicek	$dr_t = \kappa(\theta - r_t)dt + \sigma dW_t$	No
CIR	$dr_t = \kappa(\theta - r_t)dt + \sigma\sqrt{r_t}dW_t$	Yes
Dotha	$dr_t = ar_t + \sigma r_t + \sigma r_t dW_t$	Yes
HW	$dr_t = (\theta_t - ar_t)dt + \sigma dW_T$	No

第四节　HJM 框架及其无套利条件

Heath, Jarrow 和 Morton (1992) 提供了一个无套利框架来建立瞬时远期利率的动态模型：

$$f(t,T) = -\frac{\partial \ln P(t,T)}{\partial T} \tag{10-46}$$

对公式 (10-46) 两边同时积分可得：

$$\int_t^T f(t,u)du = -\int_t^T \frac{\partial \ln P(t,u)}{\partial u}du = -\ln P(t,T) \tag{10-47}$$

零息债券价格 $P(t,T)$ 可被推导为：

$$P(t,T) = e^{-\int_t^T f(t,u)du} \tag{10-48}$$

瞬时远期利率是 HJM 模型的基本组成部分。模型假设在真实测度下瞬时远期利率的随机微分方程为：

$$df(t,T) = \alpha(t,T)dt + \sigma(t,T)^T dW_t \tag{10-49}$$

其中，W_t 是 N 维标准布朗运动。$\alpha(t,T)$ 和 $\sigma(t,T)$ 是对所有 $T>0$ 的 $\mathcal{F}_t$ 适应过程。根据 Heath, Jarrow 和 Morton (1992) 的证明，无套利条件由漂移项 $\alpha(t,T)$ 和扩散项 $\sigma(t,T)$ 之间的特定关系决定：

$$\alpha(t,T) = \sigma(t,T)^T \int_t^T \sigma(t,T)du \tag{10-50}$$

这是 HJM 模型的关键结论，但是 HJM 模型通常是非马尔科夫性质的。利率类衍生品不能通过偏微分方程方法在非马尔科夫模型中定价。一般来说需要使用马尔科夫分解法才能够将 HJM 模型转换为马尔科夫模型，进而实现对利率类衍生品的定价。关于马尔科夫分解法参见 Chiarella, Kwon (2001) 和 Chiarella, Kwon (2003)，关于 HJM 模型中的利率衍生品定价参见 Miltersen（1994）和 Frachot（1995）。

第五节　未来研究展望

综上所述，利率期限结构模型主要有三个不同的建模方式，Nelson-Siegel 模型，仿射利率期限结构模型和 HJM 模型，每个模型都各有侧重。从 Vasicek（1977）开始，过去的 40 年的文献几乎将利率期限结构模型的理论方法和参数估计研究得比较完备。更多的拓展不再是来自模型本身，抑或是对于收益率曲线的拟合和预测，而是拓展视野使用利率期限结构模型去解释其他的金融学问题。若是以这条思路为基础，构建于一般均衡理论的仿射利率期限结构模型因为其完备的经济学框架和无套利条件具有其得天独厚的优势。

近年来发表在顶级期刊上的利率期限结构模型也从侧面说明这个问题。例如将仿射利率期限结构模型应用于解释汇率上的远期超额收益率之谜，参见 Backus，Foresi，Telmer（2001）；Brennan，Xia（2006）和 Sarno，Schneider，Wagner（2012）。相比于传统的一般均衡框架，仿射利率期限结构模型更加简洁，由于其自身的设置也相对更容易得到解析解，可以在某种程度上起到简化模型，明晰机制的作用。

另一个非常值得关注的领域是潜伏因子，此前利率期限结构的文献都强调三因素足以解释截面内的期限结构波动，所以经典的仿射利率期限结构模型基本都是以三因素为基本框架的。但是大量的实证结果显示基于均衡理论且满足无套利条件的仿射利率期限结构模型在样本外的利率预测能力往往逊色于理论背景相对简单的计量类利率模型。这个问题引起了很多学者的关注，最重要的两篇文章包括 Duffee（2011）和 Joslin，Priebschand，Singleton（2014）。

两篇文章虽然着手点不尽相同，但是有一个基本结论是共通的，即几位作者都认为预测能力的区别主要是过去的三因素更多来自对截面内数据的拟合，而忽略了时间序列上的信息有可能在截面上是不可见的。Joslin，Priebsch 和 Singleton（2016）通过一个非常巧妙的模型设置，在仿射利率期限结构模型中引入了潜伏因子，并进一步地分析了潜伏因子与宏观经济的关系。此类模型相对传统框架的仿射利率期限结构模型更为灵活，与宏观经济的联系也更加紧密，在将来的资产定价研究中也会发挥相当的作用。

参考文献

［1］Backus, D. K., Foresi, S., and Telmer, C. I.（2001）."Affine term structure models and the forward premium anomaly." The Journal of Finance 56（1），279-304.

［2］Brace, A., and Musiela, M.（1995）."Duration, convexity and Wiener chaos." Working paper.

University of New South Wales, Australia.

[3] Brennan, M. J., and Xia, Y. (2006). "International capital markets and foreign exchange risk." The Review of Financial Studies 19 (3), 753–795.

[4] Brigo, D., and Mercurio, F. (2007). "Interest rate models – theory and practice: with smile, inflation and credit." Springer Science and Business Media.

[5] Björk, T., and Christensen, B. J. (1999). "Interest rate dynamics and consistent forward rate curves." Mathematical Finance, 9 (4), 323–348.

[6] Björk, T., and Svensson, L. (2001). "On the existence of finite – dimensional realizations for non-linear forward rate models." Mathematical Finance, 11 (2), 205–243.

[7] Black, F., Derman, E., and Toy, W. (1990). "A one – factor model of interest rates and its application to treasury bond options." Financial analysts journal, 46 (1), 33–39.

[8] Bliss, R. R. (1996). "Testing term structure estimation methods (No. 96 – 12a)." Working Paper, Federal Reserve Bank of Atlanta.

[9] Brown, R. H., and Schaefer, S. M. (1994). "The term structure of real interest rates and the Cox, Ingersoll, and Ross model." Journal of Financial Economics, 35 (1), 3–42.

[10] Carverhill, A., and Pang, K. (1995). "Efficient and flexible bond option valuation in the Heath, Jarrow and Morton framework." Journal of Fixed Income, 5 (2), 70–77.

[11] Chan, K. C., Karolyi, G. A., Longstaff, F. A., and Sanders, A. B. (1992). "An empirical comparison of alternative models of the short – term interest rate." The journal of finance, 47 (3), 1209–1227.

[12] Chen, Y., and Niu, L. (2014). "Adaptive dynamic Nelson – Siegel term structure model with applications." Journal of Econometrics, 180 (1), 98–115.

[13] Chen, R. R., and Scott, L. (1992). "Pricing interest rate options in a two – factor Cox – Ingersoll – Ross model of the term structure." The review of financial studies, 5 (4), 613–636.

[14] Chiarella, C., and Kwon, O. K. (2000). "A complete markovian stochastic volatility model in the HJM framework." Asia – Pacific Financial Markets, 7 (4), 293–304.

[15] Chiarella, C., and Kwon, O. K. (2001). "Forward rate dependent markovian transformations of the Heath – Jarrow – Morton term structure model." Finance and Stochastics, 5 (2), 237–257.

[16] Chiarella, C., and Kwon, O. K. (2003). "Finite dimensional affine relizations of HJM models in terms of forward rates and yields." Review of Derivatives Research, 6 (2), 129–155.

[17] Christensen, J. H., Diebold, F. X., and Rudebusch, G. D. (2011). "The affine arbitrage – free class of Nelson – Siegel term structure models." Journal of Econometrics, 164 (1), 4–20.

[18] Collin – Dufresne, P., and Goldstein, R. S. (2002). "Do bonds span the fixed income markets? Theory and evidence for unspanned stochastic volatility." The Journal of Finance, 57 (4), 1685–1730.

[19] Cox, J. C., Ingersoll Jr, J. E., and Ross, S. A. (1985). "An intertemporal general equilibrium model of asset prices." Econometrica: Journal of the Econometric Society, 363–384.

[20] Dai, Q., and Singleton, K. J. (2000). "Specification analysis of affine term structure models." The Journal of Finance, 55 (5), 1943–1978.

[21] de Munnik, J. F. J. (1992). "The valuation of interest rate derivative securities." Verlag nicht ermittelbar.

[22] Diebold, F. X., and Li, C. (2006). "Forecasting the term structure of government bond yields." Journal of econometrics, 130 (2), 337 – 364.

[23] Diebold, F. X., Li, C., and Yue, V. Z. (2008). "Global yield curve dynamics and interactions: a dynamic Nelson – Siegel approach." Journal of Econometrics, 146 (2), 351 – 363.

[24] Diebold, F. X., Piazzesi, M., and Rudebusch, G. D. (2005). "Modeling bond yields in finance and macroeconomics." American Economic Review, 95 (2), 415 – 420.

[25] Duan, J. C., and Simonato, J. G. (1993). "Multiplicity of solutions in maximum likelihood factor analysis." Journal of Statistical Computation and Simulation, 47 (1 – 2), 37 – 47.

[26] Duan, J. C., and Simonato, J. G. (1999). "Estimating and testing exponential – affine term structure models by Kalman filter." Review of Quantitative Finance and Accounting, 13 (2), 111 – 135.

[27] Duffee, G. R. (2011). "Information in (and not in) the term structure." The Review of Financial Studies, 24 (9), 2895 – 2934.

[28] Duffee, G. R., and Stanton, R. H. (2012). "Estimation of dynamic term structure models." The Quarterly Journal of Finance, 2 (02), 125.

[29] Duffie, D., and Kan, R. (1996). "A yield – factor model of interest rates." Mathematical finance, 6 (4), 379 – 406.

[30] Duffie, D., Pan, J., and Singleton, K. (2000). "Transform analysis and asset pricing for affine jump – diffusions." Econometrica, 68 (6), 1343 – 1376.

[31] Duffie, D., and Singleton, K. J. (1997). "An econometric model of the term structure of interest—rate swap yields." The Journal of Finance, 52 (4), 1287 – 1321.

[32] Filipović, D. (1999). "A note on the Nelson – Siegel family." Mathematical finance, 9 (4), 349 – 359.

[33] Frachot, A. (1995). "Factor models of domestic and foreign interest rates with stochastic volatilities." Mathematical Finance, 5 (2), 167 – 185.

[34] Frachot, A., Janci, D., and Lacoste, V. (1992). "Factor analysis of the term structure: a probabilistic approach." Banque de France.

[35] Heath, D., Jarrow, R., and Morton, A. (1992). "Bond pricing and the term structure of interest rates: A new methodology for contingent claims valuation." Econometrica: Journal of the Econometric Society, 77 – 105.

[36] Ho, T. S., and Lee, S. B. (1986). "Term structure movements and pricing interest rate contingent claims." the Journal of Finance, 41 (5), 1011 – 1029.

[37] Hull, J., and White, A. (1990). "Pricing interest – rate – derivative securities." The Review of Financial Studies, 3 (4), 573 – 592.

[38] Hull, J., and White, A. (1994). "Numerical procedures for implementing term structure models I: Single – factor models." Journal of derivatives, 2 (1), 7 – 16.

[39] Hull, J., and White, A. (1995). "The impact of default risk on the prices of options and other derivative securities." Journal of Banking and Finance, 19 (2), 299 – 322.

[40] Jeffrey, A. (1995). "Single factor Heath – Jarrow – Morton term structure models based on markov spot interest rate dynamics." Journal of Financial and Quantitative Analysis, 30 (4), 619 – 642.

[41] Joslin, S., Priebsch, M., and Singleton, K. J. (2014). "Risk premiums in dynamic term structure models with unspanned macro risks." The Journal of Finance, 69 (3), 1197 – 1233.

[42] Krippner, L. (2006). "A theoretically consistent version of the nelson and siegel class of yield curve models." Applied Mathematical Finance, 13 (01), 39 – 59.

[43] Liu, J., Pan, J., and Pedersen, L. H. (1999). "Density – based inference in affine jump – diffusions." In Graduate School of Business, Stanford University Working Paper.

[44] Longstaff, F. A., and Schwartz, E. S. (1993). "Interest rate volatility and bond prices." Financial Analysts Journal, 49 (4), 70 – 74.

[45] Luo, X., Han, H., and Zhang, J. E. (2012). "Forecasting the term structure of Chinese treasury yields." Pacific – Basin Finance Journal, 20 (5), 639 – 659.

[46] Miltersen, K. R. (1994). "An arbitrage theory of the term structure of interest rates." The Annals of Applied Probability, 953 – 967.

[47] Miltersen, K. R., and Persson, S. A. (1999). "Pricing rate of return guarantees in a Heath – Jarrow – Morton framework."Insurance: Mathematics and Economics, 25 (3), 307 – 325.

[48] Munk, C. (1999). "Stochastic duration and fast coupon bond option pricing in multi – factor models." Review of Derivatives Research, 3 (2), 157 – 181.

[49] Nelson, C. R., and Siegel, A. F. (1987). "Parsimonious modeling of yield curves." Journal of Business, 473 – 489.

[50] Rendleman, R. J., and Bartter, B. J. (1980). "The pricing of options on debt securities." Journal of Financial and Quantitative Analysis, 15 (1), 11 – 24.

[51] Richard, S. F. (1978). "An arbitrage model of the term structure of interest rates." Journal of Financial Economics, 6 (1), 33 – 57.

[52] Rutkowski, M. (1996). "Valuation and hedging of contingent claims in the HJM model with deterministic volatilities." Applied Mathematical Finance, 3 (3), 237 – 267.

[53] Sarno, L., Schneider, P., and Wagner, C. (2012). "Properties of foreign exchange risk premiums." Journal of Financial Economics, 105 (2), 279 – 310.

[54] Singleton, J. (2001). "Band theory and electronic properties of solids (Vol. 2)." Oxford University Press.

[55] Singleton, K. J., and Umantsev, L. (2002). "Pricing coupon – bond options and swaptions in affine term structure models." Mathematical Finance, 12 (4), 427 – 446.

[56] Svensson, L. E. (1994). "Estimating and interpreting forward interest rates: Sweden 1992 – 1994 (No. w4871)." National bureau of economic research.

[57] Trolle, A. B., and Schwartz, E. S. (2009). "Unspanned stochastic volatility and the pricing of

commodity derivatives." The Review of Financial Studies, 22 (11), 4423 – 4461.

[58] Vasicek, O. (1977). "An equilibrium characterization of the term structure." Journal of financial economics, 5 (2), 177 – 188.

[59] Vicente, J., and Tabak, B. M. (2008). "Forecasting bond yields in the Brazilian fixed income market." International Journal of Forecasting, 24 (3), 490 – 497.

[60] Yu, W. C., and Salyards, D. M. (2009). "Parsimonious modeling and forecasting of corporate yield curve." Journal of Forecasting, 28 (1), 73 – 88.

第十一章

高阶矩在资产定价和资产配置中的应用

本章节主要介绍股票收益分布的高阶矩（只考虑特质部分，即去除了风险部分后），包括非对称性与未来收益的横截面关系。同时也介绍了如果投资者的效用函数考虑了偏度后，如何构建投资组合的相关文献。高阶矩中最吸引人的当然是三阶矩－偏度。本章系统介绍了与股票收益分布的非对称性、偏度相关的学术论文，其中包含了理论论文，更多的则是实证相关的文献。总体上看，理论上，偏度与未来收益在横截面上为负向关系，但是实证的结果并不完全支持理论上的结论。四阶矩－峰度相关的文献尚少，本章也只是简单介绍。

第一节　整个领域的发展概述研究

本章讲述高阶矩定价排除系统性风险。有关系统高阶矩、系统非对称性、系统偏度或者系统峰度研究是另一块研究领域。① 对于股票收益分布的非对称性是否被定价，从1967年到现在就已经有相当丰富的理论研究。在这些模型理论论文中，大多数模型基于行为模型但也有少量论文是依据理性模型，例如 Goulding（2017）。在实证中，通常用偏度来度量非对称程度，而有关峰度的论文相对较少，更高截距就更少了。特质偏度的概念类似于特质波动率，因为总体偏度包含系统偏度的部分，研究者希望知道不能被市场以及其他因素所解释的部分，具体是股票收益中不能被市场风险或其他风险因子所解释的残差项的偏度被定义为股票的特质偏度，对不同股票未来收益的差异是否有解释作用。特质偏度定义类似于特质波动率，同样定义在收益残差上。特质峰度的概念以及定义类似于特质偏度。

Arditti（1971），Zhang（2005），Kumar（2009）以及 Boyer，Mitton 和 Vorkink（2010）基于美国数据发现了支持理论研究，即股票收益分布的偏度与未来收益在横截面上为负向关系的实证结果。Bali，Cakici 和 Whitelaw（2011）指出基于1962年7月到2005年12月美国市场看，股票收益的偏度和未来收益回报并没有相关性。

资产配置是投资学中的重要一块，相关论文层出不穷，基本围绕在投资者所有的效用函数考虑期望和波动率的情况下，如何在存在期望与波动率估计误差的情况下，最大限度地提高效用、夏普比率，或者是确定等价收益率。相关的论文包括 Mackinlay 和 Pástor（2000）；Kan 和 Zhou（2007）；Tu 和 Zhou（2011）；Kan，Wang 和 Zhou（2018）。Mitton 和 Vorkink（2007）指出市场上部分投资者在选股的时候会考虑偏度，并且用实际基金数据证实了这一点。

第二节　偏度相关的理论研究

从1967年到现在就已经有相当丰富的理论研究。在这些模型理论论文中，大多数模型基于行为模型但也有少量论文是依据理性模型，例如 Goulding（2017）。

---

① 对于系统非对称性有兴趣的读者可以阅读 Backus，Boyarchenko 和 Chernov（2016），Chabi Yo 和 Colacito（2017）以及 Jiang，Wu 和 Zhou（2018）等论文。

一、博彩型股票:在股票定价上的概率权重应用[①]

Barberis 和 Huang(2008)的论文基于 Tversky 和 Kahneman(1992)提出的累计前景模型,尤其关注该模型在投资者效用函数在投资标的盈亏不同区域中所占的权重可以不同。所以 Barberis 和 Huang(2008)也是提供了行为金融学模型,根据该文所提出的模型,发现一只股票自身的偏度可以被定价,正向偏度较高的股票会被高估,所以未来收益会比较低。

文中所提到的累计前景模型指的是投资者在衡量风险的时候是基于盈利或者亏损的情况之下,效用函数在浮盈的时候是凹函数,在浮亏的时候是凸函数。另外投资者对投资标的浮盈浮亏程度的大小不同时所给的权重是不同于实际的概率的。比如说股票小概率会收获大额收益,投资者实际上会给予更高的衡量权重,而大概率收获小额收益,投资者在作投资决策时给予这部分的权重会比实际的大概率要低。归根结底,投资者对大额收益或者亏损所给的权重会比实际的概率要高,会更为敏感。文中指出,如果存在一只股票,其收益函数中存在小概率高额收益(正偏度的收益分布),而且投资者的效用函数是凹函数,那么这种股票会相对被高估,从而未来收益为负。在均衡下,投资者如果对投资组合收益的尾端更为看重,那么他们也会偏好收益分布是正向偏度的投资组合,令人惊讶的是,在均衡下,即使正向偏度的股票供给很少,投资者依然会偏好这种股票。

二、市场上购买有偏资产的定价应用[②]

Goulding(2017)的模型与其他偏度领域相关模型不同的主要之处是,他是第一个提出即使对于理性投资者,偏度高的股票未来收益依然会相对低。Goulding(2017)从简单的 0~1 分布出发,假设股票的收益分布符合 0~1 分布,其中 1 的权重为 q,0 的权重为 $1-q$。0~1 分布在 $q<0.5$ 的时候,是右偏的分布,在 $q>0.5$ 的时候,是左偏的分布,$q=0$ 的时候,是对称分布。另外假设投资者的效用函数是双曲绝对厌恶模型(Hyperbolic Absolute Risk Aversion),那么效用函数的偶次导数小于0,而奇次导数大于0。假设市场上有提供这种资产的人,也有想要购买这种资产的人。不管是提供资产的人,还是想要购买这种资产的人,收益都会有不确定性的风险部分,风险部分正是由于 0~1 分布结果的不确定性导致的。风险部分 n 次幂期望在 n 为偶数时为正,而 n 为大于 1 的奇数时,n 次幂期望为正或负取决于 0~1 分布左偏、右偏还是无偏。在偏度为正时,风险部分 n 次幂期

[①] 参考 Nicholas Barberis, and Ming Huang (2008). "Stocks as lotteries: The implications of probability weighting for security prices." American Economic Review 98, 2066 – 2100.

[②] 参考 Christian Goulding (2017). "Pricing implications of clearing a skewed asset from the market." Working Paper.

望（n 为大于 1 的奇数）为正，在偏度为负时，风险部分 n 次幂期望（n 为大于 1 的奇数）为正，偏度为零时，风险部分 n 次幂期望（n 为大于 1 的奇数）为零。

Goulding（2017）发现基于上面的假设和引理，可以推导出以下的结论：当股票分布偏度为正时，买价相比较于卖价会更靠近于股票的实际价值。在这种情况下，市场的均衡价格会高于股票的实际价值，所以收益分布偏度为正的股票市场交易价格被高估，其未来收益就会较低。结论可以推广到更为复杂的密度分布以及多位投资者的更为一般的模型假定中。

三、社会交流偏好与投资者行为[①]

Han，Hirshleifer 和 Walden（2020）的模型也是基于行为金融学的理论。不同于上面 Barberis 和 Huang（2008），文章指出即使投资者自身没有偏度偏好，基于 Han，Hirshleifer 和 Walden（2020）所提出的信息传播模型，简单概括，投资者倾向于宣传过去自己赚钱的股票（这种股票的收益分布偏度较大），这样一来，信息获取者或者与其交流者更容易知道这种股票，从而更可能去购买这种股票，这样一来偏度大的股票会被高估，其未来的收益较低。

Han，Hirshleifer 和 Walden（2020）提出的是一个社会网络信息传播的模型，其中包含了信息传播者与信息接受者。文中假设信息传播者传播概率函数为其股票收益的线性正相关函数（正相关正是因为传播者更倾向于收益高的股票），假设信息接受者的接受函数是股票收益的一元二次函数，如此假定的原因是接受者更容易注意到收益更高的股票信息。这样一来，总的股票信息传播函数是传播函数与接受函数的乘积，其为股票收益的三次函数（当然文中的模型也引入了主动型与被动型投资者的概念），如果主动型投资的股票特质偏度更高，那么更有益于主动型投资的股票信息传播，因为投资者对于这种高偏度的股票更为留意，使其价格更高，未来收益较低。

第三节　非对称性、偏度、峰度相关的实证研究

一、实证研究文献综述

Arditti（1971），Zhang（2005），Kumar（2009）以及 Boyer，Mitton，Vorkink（2010）

[①] 参考 Bing Han, David A Hirshleifer, and Johan Walden（2018）．"Social transmission bias and investor behavior." Working Paper.

基于美国数据发现了支持理论研究，即股票收益分布的偏度与未来收益为负向关系的实证结果。Bali，Cakici 和 Whitelaw（2011）指出，基于 1962 年 7 月到 2005 年 12 月的美国市场看，股票收益的偏度和未来收益回报并没有相关性。此外，Conrad，Dittmar 和 Ghysels（2013）以及 Xing，Zhang 和 Zhao（2010）基于美国期权数据来得到偏度的估计值，两篇论文的结果完全相反。Conrad，Dittmar 和 Ghysels（2013）的论文发现偏度和未来收益之间的关系为负，而 Xing，Zhang 和 Zhao（2010）的论文发现偏度和未来收益之间的关系为正。此外，Amaya，Christoffersen，Jacobs 和 Vasquez（2015）发现如果使用高频数据计算出的偏度与未来收益之间也是负向关系，不过他们也指出高频数据所计算出的偏度和根据日度数据所计算出的偏度所包含的信息不一样。最近，Ghysels，Plazzi 和 Valkanov（2016）以及 Jiang，Wu，Zhou 和 Zhu（2020）都提出了新的非对称性测度，Ghysels，Plazzi 和 Valkanov（2016）认为由于偏度容易受到极端值的影响，不够稳定，所以应该用分位数偏度，这样一来可以避开极端值的影响。Jiang，Wu，Zhou 和 Zhu（2020）则提出用基于分布函数的两个新非对称性测度，他们发现使用了新测度后，股票收益的正向非对称性和未来收益在横截面上为负向关系，同时，偏度和未来收益在横截面上没有发现具有显著的关系。这也支持了 Bali，Cakici 和 Whitelaw（2011）之前发现的结果。Jiang，Wen，Zhou 和 Zhu（2020）使用这种新的非对称测度以及传统测度——偏度，发现主要的非因子相关的异象在高非对称性的股票中相较于低非对称性的股票更为显著，即投资策略在高非对称性的股票中更为有效。这种有效性主要来源于卖空的部分。Jiang，Wu，Zhou，Zhu（2020）另外还发现偏度和未来收益的正负关系取决于投资者信心指数的高低、市场流动性的高低且与市场波动率、股票波动率以及股票浮盈浮亏有关。An，Wang，Wang 和 Yu（2020）也发现偏度与未来收益的关系取决于股票的浮盈浮亏。学术界已经发现某些公司特质与收益的相关性为正还是为负受某些宏观指标、投资者信心以及股票浮盈浮亏的影响。像 Stambaugh，Yu 和 Yuan（2012）发现大多数公司异象效果在投资者信心高涨时更强。之后 Stambaugh，Yu 和 Yuan（2015）发现特质波动率与未来收益负向关系同样在投资者信心高涨时更显著。最近 Bi 和 Zhu（2020）发现在险价值同样在投资者信心高涨或者 VIX 恐慌指数低的时候与未来收益关系为显著负向，并且这种关系没办法被股票收益波动率、短期反转以及动量效应所解释。

从偏度和峰度的估计看，目前市场上接受的主流估计方法所基于的数据和波动率估计类似。所不同的是，由于高阶矩估计误差较大，对于高阶矩的估计一般通过拉长估计所需数据的时间来得到更为精准的估计。所以大多数发表在顶尖期刊的论文使用近三个月、六个月或者一年的股票日度收益数据来估计偏度和峰度。也有论文使用一个月的股票日度收益数据来估计月度偏度，但一般认为这样的估计误差较大。而对于特质偏度或是特质峰度的估计，可以使用带市场收益二阶项的 CAPM 模型，也可以使用 Fama – French 三因子或者五因子模型。使用带市场收益二阶项的 CAPM 模型的主要理由是市场收益二阶项前的系数是系统性偏度，这样做正好去除了系统性偏度（参考 Harvey 和 Siddique，2000；Bali，Cakici 和 Whitelaw，2011）。

Conrad，Dittmar 和 Ghysels（2013）同样基于美国期权数据来得到峰度的估计值，发现过去收益分布的峰度和未来收益之间的关系为正，但是这种正向关系在控制了波动率和偏度后不再存在。关于峰度的论文比较少，主要还因为峰度很难被估计得精准。

针对中国股市收益偏度与未来收益的关系研究也是在近些年陆续发表出来的。杨妙珍（2015）以及 Nartea，Kong 和 Wu（2017）发现了支持理论结论的实证结果，即收益偏度与未来收益关系为负相关。郑振龙，王磊，王路跖（2013）更是发现预期特质偏度本身无法解释收益，只有控制了他们所提出的未预期到的特质偏度，才能解释收益。

最近，Fernandez-Perez，Frijns，Fuertes 和 Miffre（2018）以及 Han，Mo，Su 和 Zhu（2019）发现在商品领域，大宗商品期货收益分布的偏度与未来的收益在横截面上负相关。而 Han，Mo，Su 和 Zhu（2019）进一步指出即使去除了风险因子的影响，特质偏度与未来收益依然在横截面上负相关。而这种负相关在使用 Jiang，Wu，Zhou 和 Zhu（2020）所提出的非对称性新测度后更为显著。另外，Fernandez-Perez，Frijns，Fuertes 和 Miffre（2018）发现在商品领域，偏度是因子，而 Han，Mo，Su 和 Zhu（2019）发现在商品领域，特质偏度或者特质非对称性是风险因子。

二、谁在股票市场上投机[①]

Kumar（2009）的论文主要研究究竟是什么样的投资者会投资博彩型股票。如何定义博彩型股票成为一个关键性的难点。Kumar（2009）认为价格低、特质波动率高以及特质偏度高的股票为博彩型股票。如果采取这样的定义，作者发现投资决策和博彩倾向有关系。倾向于购买彩票的人也同样更倾向于购买博彩型股票。总体看来，个人投资者喜欢购买博彩型股票，在经济变差的时候对于博彩型股票的需求会上升。分地区看，有购买博彩倾向地区的人也会更加偏好博彩型股票。因为博彩型股票未来表现差，在低收入投资者中，这种现象尤其严重，因为低收入投资者在博彩型股票投资的权重过大。文章表明倾向于购买博彩型股票和彩票的人群是同一类人群。因为 Kumar（2009）用三个指标来定义博彩型股票，之后 Bali，Peng 和 Tang（2018）将这三个指标分别对股票分组后，在加总后得到股票的博彩指数。不管怎么样，特质偏度被看成博彩型股票的一个特征，但如果深究，博彩型股票更强调的是股票收益概率分布右尾的特征，和左尾关系不大，所以严格意义上说非对称性或者偏度和博彩型的定义不完全一样。

[①] 参考 Alok Kumar（2009）. "Who gambles in the stock market?" Journal of Finance, 64, 1889–1933.

三、预期特质偏度①

Boyer, Mitton 和 Vorkink（2010）的论文发现特质偏度高的股票相比较而言未来的收益低。文中所用的特质偏度并没有简单只是用过去的实际市场数据来估计，而是利用过去的股票特征（包含过去的特质偏度）预测出现阶段的特质偏度，再使用单变量排序和 Fama – MacBeth 回归的方法来判断估计的特质偏度与收益之间的相关性。作者发现不论是单变量排序下，特质偏度高的股票收益显著低，而在 Fama – MacBeth 回归中，特质偏度前面的系数显著为负，同样也说明特质偏度与未来收益负向相关。需要指出的是，文中数据是 1988 年 1 月到 2005 年 11 月，相对而言数据覆盖的时间段偏短，另外文章主要的结论还是基于投资组合层面（根据特质偏度分组），而股票层面的结果相对较弱（有时候只有 10% 的显著度；如果基于特质波动率分组的投资组合分析，特质偏度的作用甚至会显著消失）。

四、最大化：将股票作为博彩方式以及横截面收益②

Bali, Cakici 和 Whitelaw（2011）的论文主要讲述市场，投资者有股票收益极大值偏好。也就是说投资者倾向于去购买过去收益日度最大值较高的股票，导致该股票价格高估，未来收益较低。但同时 Bali, Cakici 和 Whitelaw（2011）也发现特质波动率并不能在横截面上解释股票未来收益的差异，即使是用了 Boyer, Mitton 和 Vorkink（2010）所提出的预测，预测出特质偏度，结果也没有太多改变。相比较而言，Bali, Cakici 和 Whitelaw（2011）的数据覆盖面要广一些，使用的是 1962 年 7 月到 2005 年 12 月的数据。Boyer, Mitton 和 Vorkink（2010）所提出的最大值效应到底如何去解释也成为一大热点。文章发现由于在 Fama – MacBeth 回归中的自变量同时放入特质波动率和最大值后，特质波动率前的负向系数会变得不显著，所以根据结果最大值效应可以解释特质波动率之谜。但是我们也注意到股票收益最大值与特质波动率的相关系数高达 75% 以上，所以也可能是因为两者可以解释收益的信息高度重合，而最大值效应的 t 统计量又更大，导致特质波动率被解释。这也是为什么后来 Hou 和 Loh（2016）认为股票收益最大值其实应该看成是特质波动率的一个测度。

---

① 参考 Brian Boyer, Todd Mitton, and Keith Vorkink（2010）. "Expected idiosyncratic skewness." Review of Financial Studies, 23, 169 – 202.

② 参考 Turan Bali, Nusret Cakici, and Robert Whitelaw（2011）. "Maxing out: stocks as lotteries and the cross – section of expected returns." Journal of Financial Economics, 99, 427 – 446.

五、预期偏度与未来收益[①]

　　Conrad，Dittmar 和 Ghysels（2018）的文章主要使用期权市场的数据来得到股票收益分布的高阶矩（二阶矩、三阶矩和四阶矩）更精准的度量。基于期权数据来度量有几个好处。第一，期权的价格是基于投资者对股票未来预期的估计。第二，使用期权价格可以避免使用长时间的股票收益时间序列来估计收益的高阶矩。这样一来对于新上市的公司以及某些时刻投资者对于公司的期望变动相对快的时候，使用期权数据来估计显得更为有效。第三，期权是对于预期的事先精准估计。

　　文章使用了 Bakshi 和 Madan（2000）以及 Bakshi，Kapadia 和 Madan（2003）的结果来给出股票收益分布风险中二阶矩、三阶矩以及四阶矩如何通过不同期权合同来度量。这种方法和 Xing，Zhang 和 Zhao（2010）的偏度度量不同，Xing，Zhang 和 Zhao（2010）的偏度定义是价外看涨期权的隐含波动率之差的绝对值，并且 Xing，Zhang 和 Zhao（2010）所使用的期权合同执行价差别不大，最终 Xing，Zhang 和 Zhao（2010）的结论是偏度和未来收益之间的关系为正。Conrad，Dittmar 和 Ghysels（2018）发现偏度和未来收益之间的关系完全相反，关系为负相关。另外 Conrad，Dittmar 和 Ghysels（2018）发现波动率和未来收益的关系为负相关，而四阶矩峰度与未来收益关系为正相关，结论主要基于单变量分组分析，但作者没有汇报 Fama - Mac Beth 回归的结果，原因是回归结果并不好，没有发现这些高阶矩能够预测未来收益。

六、股票收益非对称性：超越偏度[②]

　　Jiang，Wu，Zhou 和 Zhu（2020）的论文提供两种新的非对称性的度量方法，一个测度可以看成是尾端收益概率之差，另一个测度则是基于 Racine 和 Maasoumi（2007）中的熵测度。文中所定义的这两个度量方法是基于尾端的收益分布。这里的尾端是指均值上下一个标准差之外的收益。非对称性的新测度有两个用途：

　　第一，他们可以用来检测股票收益的非对称性。文中可以通过模拟发现所提出的非对称性新测度比偏度能更有效地测出非对称性。而基于美国实际股票市场数据的研究，结论也是一样的，比如，对于十个价值加权的按公司大小分类的投资组合，偏度只能测出最小的投资组合，具有非对称性，而 Jiang，Wu，Zhou 和 Zhu（2020）的测度可以测出十个中

[①] 参考 Jennifer Conrad，Robert Dittmar，and Eric Ghysels（2013），"Ex ante skewness and expected stock returns." Journal of Finance，68：85 - 124.

[②] 参考 Lei Jiang，Ke Wu，Guofu Zhou，and Yifeng Zhu（2018）. "Stock return asymmetry：Beyond Skewness." Journal of Financial and Quantitative Analysis，Forthcoming.

的四个，具有非对称性。当用来判断具体的股票时，用偏度只能测出数据样本中13%的股票收益分布具有非对称性，而用Jiang，Wu，Zhou和Zhu（2020）提出的非对称性新测度时，可以测出其中的20%具有非对称性。

第二，通过Fama - Mac Beth横截面回归和组合排序（Sorting）的方法，Jiang，Wu，Zhou和Zhu（2020）发现新测度比偏度能更好地解释未来收益。应用Fama - Mac Beth横截面回归，使用1963年8月到2015年12月的美国数据，文中发现高偏度股票未来收益并不低，证实了Bali，Cakici和Whitelaw（2011）的发现。而使用Jiang，Wu，Zhou和Zhu（2020）新提出的非对称性测度确可以解释未来收益，正向非对称性越大，从横截面看，未来收益越低。使用第二种方法时，每个月将股票按照非对称性高低分为十组，Jiang，Wu，Zhou和Zhu（2020）发现正向高非对称性的股票未来收益低，而使用偏度时，发现不了相似的结果。总的说来，新的非对称性的测度可以解释未来收益，是偏度以外有效的非对称性测度。

Jiang，Wu，Zhou和Zhu（2020）文中研究的数据覆盖了1963年到2015年美国全市场的股票数据，同时考虑去掉小于5美元交易价格的股票，去掉1美元交易价格的全体股票数据结果类似。

Jiang，Wu，Zhou和Zhu（2020）根据实际市场股票的每日收益，以近一年的每日收益分布，计算出每个月的偏度和非对称新测度。偏度和非对称新测度每个月进行更新，是月度数据。这是因为，每到新的月份，可以加入新的一个月度每日股票收益数据，同时去掉离得最远的1年前的那个月的每日股票收益数据，这样可以根据新的一年数据计算出新的月度偏度和非对称性新测度。利用美国市场得到的个股，可以检测偏度、波动率和非对称新测度的相关性，发现两个新测度之间的相关性在60%以上，而和波动率以及偏度的相关性不高。由此说明，非对称性新测度里包含了波动率和偏度以外的分布新信息。

到底什么样的公司正向非对称性更大，Jiang，Wu，Zhou和Zhu（2020）将特质非对称性作为因变量，公司市值、账面市值比、动量、换手率、流动性以及市场β作为自变量，跑Fama - MacBeth横截面回归，可以获得特质非对称性和公司市值、账面市值比、动量、换手率、流动性以及市场β之间的关系。文章发现小市值，高成长型，过去六个月表现不错，流通性差，以及市场风险大的股票正向非对称性高，同时偏度也高。唯一非对称性新测度和偏度不同的地方在换手率上有所区别，换手率高的股票偏度低，但是其非对称性新测度高。

首先，通过Fama - MacBeth横截面回归，Jiang，Wu，Zhou和Zhu（2020）以月度股票收益作为因变量，非对称性新测度、偏度作为自变量分别做单变量回归分析非对称性的测度与股票未来收益的关系。文中为了证明结果稳健，加入市场β，以及其他股票特质作为自变量，看结果会不会改变。稳健性检验还包括，因变量里去除股票市场、市值，以及账面市值比这几个因子，剩下的风险调整后的收益作为新的因变量，看结果是否会改变。

另外，调整偏度和非对称性新测度的度量方法[比如，用6个月的日度收益数据而不是1年的日度数据；使用 Boyer，Mitton，Vorkink（2010）和 Bali，Cakici，Whitelaw（2011）论文中的方法预计偏度和非对称性新测度，而不是历史数据]，看结果是否一致。

Jiang，Wu，Zhou 和 Zhu（2020）的非对称性以及偏度都是通过计算而来，也许有人担心，因为市场 β 的估计不准，导致回归分析的偏差。为了减少这样的担忧，Jiang，Wu，Zhou 和 Zhu（2020）使用两种方法来检验结果的稳定性。第一种是使用前面四季度的季度非对称性平均值，做法参照 Kacperczyk，Sialm 和 Zheng（2008），先计算出前一年中按季度计算出来的非对称测度值，这样可以得到4个季度值，然后以这4个值的平均值作为该月的非对称性测度值。第二种方法是在资产组合上重新跑 Fama – Mac Beth 横截面回归。具体说来，将所有股票根据市场规模、账面市值比、动量分成 5×5×5 共计 125 个资产组合，资产组合的收益就是所含股票收益的均值，资产组合分析可以减少对于非对称性以及偏度估计误差。

其次，检测非对称性测度在横截面上的持续性，持续性越强，那么用历史的数据来预测未来测度的可行度就越高。可以用两种方法来检测。第一，应用 Fama – Mac Beth 横截面回归，将这个月的非对称性测度作为因变量，而上个月的非对称性测度作为自变量，如果所得到的上个月的非对称性测度前的系数越接近于1时，测度的持续性就越好。第二，通过状态转移矩阵的平均概率来判断，状态转移矩阵中第 i 行，第 j 列的元代表的是股票从第 i 个十分位资产组合转移到后一个月第 j 个十分位资产组合的平均概率。对角线上的元就代表着这个月和下个月在同一个十分位资产组合的概率，如果超过10%，那么就存在着持续性，超过越多，持续性越强。

最后，根据正向非对称性大小来构造资产配置，看是否可以通过其构造投资策略来赚取超额收益率。每个月可以按照非对称性大小来将股票分成十组资产组合，考虑均值加权收益，所得到的就是资产组合的每月收益。如果不考虑成本，每个月买入非对称值最低的资产组合，卖出非对称值最高的资产组合，可以发现偏度没办法产生超额收益，而 Jiang，Wu，Zhou 和 Zhu（2020）提出的新测度可以产生统计和经济学上都足够大的超额收益，该超额收益没办法被 Fama – French 三因子模型解释，也没办法被 Fama – French 五因子模型解释（Fama 和 French，2015）。

Jiang，Wu，Zhou 和 Zhu（2020）另外还发现偏度和未来收益的负向关系只在市场波动率高，投资者信心高涨，市场流动性低的时候，或者只是存在于股票处于浮亏的时候，或者特质波动率高的股票中。而作者所提出的新测度与未来收益的负相关性不受市场波动率、投资者信心、市场流动性、股票浮盈浮亏或者是股票特质波动率高低的影响。

Jiang，Wu，Zhou 和 Zhu（2020）也提出了一个简单两期模型，假设投资者具有类似于展望期望效用，在均衡条件下，模型可以说明非对称新测度与未来收益关系为负相关。支持了他们在实证上的结果。

七、极值收益在新兴市场上有效吗？从中国市场得到的实证[①]

Nartea，Kong 和 Wu（2017）主要是检测股票收益率的最大值效应在中国股市上是否有效。他们发现在中国市场上，股票收益的最大值与股票未来收益负相关，所以最大值效应在中国市场同样存在。和美国市场上发现的不同之处是，中国市场上的最大值效应可以与特质波动率效应同时共存。[②] Nartea，Kong 和 Wu（2017）同时也发现在中国市场上收益偏度与未来收益显著负相关，不过如果在 Fama – Mac Beth 回归的自变量中加入最大值，这种显著性会被减弱到 10%。中国市场时间相对较短，Nartea，Kong 和 Wu（2017）的论文中覆盖了 1997 年到 2014 年的数据，另外，中国股市对于股票价格的每日涨跌幅也有限制，这样一来会影响到偏度的估计。Nartea，Kong 和 Wu（2017）对于最大值的估计处理采取了如果涨停那就加上下一天的涨幅，直至加至股票没有涨停为止，所有的涨幅作为股票该月可能最大值的备选。

第四节　考虑偏度或是非对称性情况下的资产配置理论

一、资产配置理论文献综述

资产配置是投资学中的重要一块，相关论文层出不穷，基本围绕在投资者所有的效用函数，考虑在期望和波动率的情况下，如何在存在期望与波动率估计误差的情况下，最大限度地提高效用以及夏普比率，或者是确定等价收益率。相关的论文包括 Mackinlay 和 Pástor（2000），Kan 和 Zhou（2007），Tu 和 Zhou（2011），Kan，Wang 和 Zhou（2018）。Mitton 和 Vorkink（2007）发现市场上同时存在两类投资者，一类投资者的效用函数是传统的期望和波动率，而另外一类投资者的效用函数还考虑了偏度，事实上正是因为这种原因，市场上投资者的投资策略很多时候没有最大化地分散风险，而是保留一些以达到投资组合有些正向偏度。Ghysels，Plazzi 和 Valkanov（2016）的论文中也将偏度放入参数资产配置的考量中，他们可以在国际资产最优化配置中追寻出新兴市场偏度的影响。

[①] 参考 Gilbert Nartea, Dongmin Kong, and Ji Wu（2017）. "Do extreme returns matter in emerging markets: evidence from the Chinese stock market." Journal of Banking and Finance, 76, 189 – 197.

[②] Gui 和 Zhu（2021）发现如果 Fama – MacBeth 回归的自变量中只有最大值和特质波动率，最大值效应可以被特质波动率效应所完全解释。

二、在有估计风险情况下的最优化：在有和没有无风险资产的情况下[①]

Kan，Wang 和 Zhou（2018）是在考虑了估计风险的情况下，包含或者不包含无风险资产的最优投资策略问题。在考虑无风险资产的情况下，文章推导出除了不同投资策略所对应的样本外收益分布［包括了 Kan 和 Zhou（2007）所提出的两基金与三基金策略］。作者发现之前 DeMiguel，Garlappi 和 Uppal（2009）所认为的平均投资策略比之前任何学术界所提出的投资策略都要好的结论是有问题的，主要是因为虽然投资策略本身考虑了无风险资产，但实际的投资策略构造并没有考虑无风险资产。为了直接与不包括无风险资产的平均投资策略作比较，文章提出了新的不包括无风险资产的投资策略，他们发现这种投资策略的表现比平均投资策略好，证实了不管是否拥有无风险资产，寻求最优投资组合的意义。

三、偏度喜好存在下的投资组合欠分散化[②]

Mitton 和 Vorkink（2007）的论文具有重大影响，因为通常情况下，我们在假定投资者在作出投资决策时都是根据标准的效用函数模型——期望风险模型，但实际市场中我们发现许多与理论相违背的结果，比如说投资标的风险与收益反向。Mitton 和 Vorkink（2007）认为应该引入另一种效用函数，不光考虑对收益期望的偏好以及对收益波动的厌恶，也考虑对于偏度的喜好。文章可以给出如果投资者存在偏度喜好时，在不考虑估计误差情况下的最优投资策略。根据实际市场数据，Mitton 和 Vorkink（2007）发现市场上同时存在两类投资者，一类投资者只考虑期望和方差，而另一类投资者在考虑期望和方差外还会考虑偏度。正是因为这种原因，在实际市场上，我们发现投资者的投资策略很多时候没有最大化地分散风险，而是保留一些风险让投资组合收益有些正向偏度。

四、为什么在新兴市场投资：基于条件收益非对称性[③]

Ghysels，Plazzi 和 Valkanov（2016）的论文中首先提出在金融界研究中应该使用新的偏度或者是非对称性测度，这种新的偏度测度叫分位数偏度，分位数偏度并不是由作者所

---

① 参考 Raymond Kan, Xiaolu Wang, and Guofu Zhou (2018)."On the value of portfolio optimization in the presence of estimation risk: the case with and without risk-free asset." Working Paper.

② 参考 Todd Mitton, Keith Vorkink (2007). "Equilibrium underdiversification and the preference for skewness." Review of Financial Studies, 20, 1255–1288.

③ 参考 Eric Ghysels, Alberto Plazzi, and Rossen Valkanov (2016). "Why Invest in Emerging Markets? The role of conditional return asymmetry." Journal of Finance, 71, 2145–2192.

创造，而是早在 1975 年和 1984 年就被提出（Hinkley，1975；Groeneveld 和 Meeden，1984）。为什么要使用新的测度？主要是因为新的分位数偏度测度跟传统的偏度测度相比，不受极端值的影响，这样一来分位数偏度具有稳健性。

偏度在国际市场横截面的研究并不多，主要原因有二：第一，由于极端值的存在，三阶矩不好准确度量，学术界有的通过使用期权来获得更精准的偏度度量，但是在国际市场中，因为大多数国家期权市场要么流通性不足，要么根本就没有。这样一来，如果要研究国际市场的资产配置问题，就需要更稳健的偏度测度。第二，针对投资策略问题，涉及许多国家的横截面研究中要加入条件偏度的考量有很大的难度。除了要解决纯技术层面的困难外，还要了解在国际市场中偏度的需求到底是由哪些经济因素所驱动的，而这种经济因素对于发达和发展中国家完全不同，像经济发展程度、金融开放程度、交易全球化程度、已经收支平衡问题。

Ghysels，Plazzi 和 Valkanov（2016）的论文主要有三个贡献。第一，由于研究对象中有新兴市场，其收益分布数据有噪声，所以文章提出需要使用文件的非对称性测度，所使用的测度为分位数偏度，其不太受极端值的影响。第二，文章研究了分解国家偏度的几种实证方法来找寻时间上和横截面上不同的经济因素。比如说，一种是将国家的偏度分解成系统性部分（和国际资产配置的条件偏度有关），以及非系统性部分；另一种是将国家的偏度回归在经济和金融变量上，这样可以看出偏度中有多少可以被这些变量所解释，不能被解释的部分波动在资产配置中有多少作用。第三，文章在参数资产配置权重的考量中也考虑了偏度部分，所用的是 Brandt，Santa-Clara 和 Valkanov（2009）论文中的方法。这种资产定价的方法可以分离出非对称性的影响而不需要指定特定的收益联合分布，所以在国际资产配置问题中被证明有效。所以，非常重要的是，作者可以在最优组合中分解出新兴经济体偏度的影响，而系统性和非系统性，可以被解释部分、不能被解释部分以及面板回归可以将资产配置收益的经济起源追踪出来。

第五节　未来研究展望

目前，高阶矩的研究更多地开始从股票市场转移到期权市场、公司债券，以及大宗商品期货。另外基于高频、互换合约以及期权交易数据甚至是会计数据得到的高阶矩对于股票未来横截面的表现研究也越来越流行。另外，高阶矩的估计误差始终是个问题，相较于波动率，目前还很少有论文讨论在存在高阶矩误差以及高阶矩偏好时的最优投资策略。高阶矩的偏好很多时候与行为金融学里的展望理论结合紧密，像偏度喜好可以用展望理论来解释，但这是一种简化。实际市场中投资者的效用函数和盈利多少的关系不可能只有偏度就能刻画的，而需要更高阶矩峰度甚至是密度函数以及更多的信息才能完整描述。对于展望模型,实际市场上的有效性研究也将是金融前沿研究的一部分。

另外,系统性偏度或者系统性峰度等和系统风险有关的高阶矩指标也许能够更好地刻画系统风险的非对称性,目前也是市场的热点。

参考文献

[1] An, Li, Huijun Wang, Jian Wang, and Jianfeng Yu (2020). "Lottery-related anomalies: The role of reference-dependent preferences." Management Science 66, 473-501.

[2] Arditti, Fred D (1967). "Risk and the required return on equity." Journal of Finance 22, 19-36.

[3] Arditti, Fred D (1971). "Another look at mutual fund performance." Journal of Financial and Quantitative Analysis 6, 909-912.

[4] Amaya, Diego, Peter Christoffersen, Kris Jacobs, and Aurelio Vasquez (2015). "Does realized skewness predict the cross-section of equity returns?" Journal of Financial Economics 118, 135-167.

[5] Backus, David, Nina Boyarchenko, and Mikhail Chernov (2016). "Term structures of asset prices and returns." National Bureau of Economic Research, Working Paper.

[6] Baker, Malcolm, and Jeffrey Wurgler (2006). "Investor sentiment and the cross-section of stock returns." Journal of Finance 61, 1645-1680.

[7] Baker, Gurdip, Nikunj Kapadia, and Dilip Madan (2003). "Stock return characteristics, skew laws, and the differential pricing of individual equity options." Review of Financial Studies 16, 101-143.

[8] Baker, Gurdip, and Dilip Madan (2000). "Spanning and derivative-security valuation." Journal of Financial Economics 55, 205-238.

[9] Bali, Turan G, Nusret Cakici, and Robert F Whitelaw (2011). "Maxing out: Stocks as lotteries and the cross-section of expected returns." Journal of Financial Economics 99, 427-446.

[10] Zhang, Yijie (2005). "Individual skewness and the cross-section of average stock returns." Yale University, Working Paper.

[11] Bali, Turan G, Lin Peng, and Yi Tang (2018). "Investor attention and demand for lottery-like stocks." Working Paper.

[12] Barberis, Nicholas, and Ming Huang (2008). "Stocks as lotteries: The implications of probability weighting for security prices." American Economic Review 98, 2066-2100.

[13] Bi, Jia, and Yifeng Zhu (2020). "Value at risk, cross-sectional returns and the role of investor sentiment." Journal of Empirical Finance, 56, 1-18.

[14] Boyer, Brian, Todd Mitton, and Keith Vorkink (2010). "Expected idiosyncratic skewness." Review of Financial Studies 23, 169-202.

[15] Brandt, Michael, Pedro Santa-Clara, and Rossen Valkanov (2009). "Parametric portfolio policies: Exploiting characteristics in the cross section of equity returns." Review of Financial Studies 22, 3411-3447.

[16] Campbell, John Y, Jens Hilscher, and Jan Szilagyi (2008). "In search of distress risk." Journal of Finance 63, 2899-2939.

[17] Campbell, John Y, Jens Hilscher, and Jan Szilagyi (2011). "Predicting financial distress and the performance of distressed stocks." Journal of Investment Management 9, 14 – 34.

[18] Chabi – Yo, Fousseni, and Riccardo Colacito (2017). "The term structures of co – entropy in international financial markets." Working Paper.

[19] Conrad, Jennifer, Robert F Dittmar, and Eric Ghysels (2013). "Ex ante skewness and expected stock returns." Journal of Finance 68, 85 – 124.

[20] De Miguel, Victor, Lorenzo Garlappi, and Raman Uppal (2009). "Optimal versus naive diversification: How inefficient is the 1/N portfolio strategy?" Review of Financial Studies 22, 1915 – 1953.

[21] Fernandez – Perez, Adrian, Bart Frijns, Ana – Maria Fuertes, and Joelle Miffre (2018). "The skewness of commodity futures returns?" Journal of Banking and Finance 86, 143 – 158.

[22] Ghysels, Eric, Alberto Plazzi, and Rossen Valkanov (2016). "Why invest in emerging markets? The role of conditional return asymmetry?" Journal of Finance 71, 2145 – 2192.

[23] Goulding, Christian (2017). "Pricing implications of clearing a skewed asset from the market." Working Paper.

[24] Groeneveld, Richard, and Glen Meeden (1984). "Measuring skewness and kurtosis." The Statistician 33, 391 – 399.

[25] Han, Bing, David A Hirshleifer, and Johan Walden (2020). "Social transmission bias and investor behavior." Working Paper.

[26] Han, Yufeng, Xuan Mo, Zhi Su and Yifeng Zhu (2019). "Idiosyncratic skewness or coskewness? Evidence from commodity futures return." Working Paper.

[27] Harvey, C. R., and A. Siddique (2000). "Conditional skewness in asset pricing tests." Journal of Finance 55, 1263 – 1295.

[28] Hinkley, David V (1975). "On power transformations to symmetry." Biometrika 62, 101 – 111.

[29] Hou, Kewei, and Roger K. Loh (2016). "Have we solved the idiosyncratic volatility puzzle?" Journal of Financial Economics 121, 167 – 194.

[30] Huang, Dashan, Fuwei Jiang, Jun Tu, and Guofu Zhou (2015). "Investor sentiment aligned: a powerful predictor of stock returns." Review of Financial Studies 28, 791 – 837.

[31] Kacperczyk, Marcin, Clemens Sialm, and Lu Zheng (2008). "Unobserved actions of mutual funds." Review of Financial Studies, 21, 2379 – 2416.

[32] Kan, Raymond, and Guofu Zhou (2007). "Optimal portfolio choice with parameter uncertainty." Journal of Financial and Quantitative Analysis 42, 621 – 656.

[33] Kan, Raymond, Xiaolu Wang, and Guofu Zhou (2018). "On the value of portfolio optimization in the presence of estimation risk: the case with and without risk – free asset." Working Paper.

[34] Kelly, Bryan, and Hao Jiang (2014). "Tail risk and asset prices." Review of Financial Studies 27, 2841 – 2871.

[35] Kumar, Alok (2009). "Who gambles in the stock market?" Journal of Finance 64, 1889 – 1933.

[36] MacKinlay, A. Craig, and L'uboš Pástor (2000). "Asset pricing models: implications for expected

returns and portfolio selection." Review of Financial Studies, 13 (4), 883 – 916.

[37] Mitton, Todd, and Keith Vorkink (2007). "Equilibrium underdiversification and the preference for skewness." Review of Financial Studies 20, 1255 – 1288.

[38] Nartea, Gilbert, Dongmin Kong, and Ji Wu (2017). "Do extreme returns matter in emerging markets? Evidence from the Chinese stock market." Journal of Banking and Finance 76, 189 – 197.

[39] Racine, Jeffrey S, and Esfandiar Maasoumi (2007). "A versatile and robust metric entropy test of time – reversibility, and other hypotheses." Journal of Econometrics 138, 547 – 567.

[40] Scott, Robert C, and Philip A Horvath (1980). "On the direction of preference for moments of higher order than the variance." Journal of Finance 35, 915 – 919.

[41] Stambaugh, R. F., Jianfeng Yu, and Yu Yuan (2012). "The short of it: Investor sentiment and anomalies." Journal of Financial Economics 104, 288 – 302.

[42] Stambaugh, R. F., Jianfeng Yu, and Yu Yuan (2015). "Arbitrage asymmetry and the idiosyncratic volatility puzzle." Journal of Finance 70, 1903 – 1948.

[43] Tu, Jun, and Guofu Zhou (2011). "Markowitz meets talmud: A combination of sophisticated and naive diversification strategies." Journal of Financial Economics 99, 204 – 215.

[44] Tversky, Amos, and Daniel Kahneman (1992). "Advances in prospect theory: cumulative representation of uncertainty." Journal of Risk and Uncertainty 5, 297 – 323.

[45] Xing, Yuhang, Xiaoyan Zhang, and Rui Zhao (2010). "What does the individual option volatility smirk tell us about future equity returns?" Journal of Financial and Quantitative Analysis 45, 641 – 662.

[46] 史代敏, 田乐蒙, 刘震. 中国股市高阶矩风险及其对投资收益的冲击. 统计研究, 2017 (10).

[47] 杨妙珍. 中国股市偏度对股票收益影响的研究. 南京理工大学出版社, 2015.

[48] 郑振龙, 王磊, 王路跖. 特质偏度是否被定价? 管理科学学报, 2013 (5).

[49] 郑振龙, 孙清泉, 吴强. 方差和偏度的风险价格. 管理科学学报, 2016 (12).

第十二章

期权定价及其在金融市场的应用

本章节主要介绍期权定价及其在金融市场应用的相关文献发展。第一节主要介绍 Black – Scholes 框架下的期权定价理论以及其衍生模型。第二节列举了期权定价理论的相关实证研究。第三节总结了期权市场与股票市场的联动效应,包括期权交易量、隐含波动率、波动率曲面等变量与截面内股票收益率的关系,重点介绍了期权市场对于股票市场信息传导方式和机制的文献。第四节分析了期权如何应用于市场定价因子,包括价格跳跃、市场偏度、相关性等。

第一节 期权定价理论

一、Black – Scholes 定价理论

基于 Black – Scholes 模型的期权定价理论及其衍生模型构成了期权定价的主流理论。Black 和 Scholes（1973）在作出一系列具体假设的前提下，推导得出欧式期权的解析解。Black – Scholes 模型中的假设包括：①短期利率固定不变；②股票价格服从一个连续的随机过程；③股票收益的波动率固定不变；④股票不支付红利；⑤没有交易成本；⑥期权是欧式期权；⑦能够以短期利率借贷；⑧卖空不受限制。

在以上假设的基础上，期权价格 ω 将受到股票价格 s 和到期时间 t 的影响。Black 和 Scholes 构建了一个完全对冲股票价格波动风险的组合 $x - \omega/\omega_1$。经过简单的推导，可以得出时间 Δt 后，该组合的收益为：

$$-\left(\frac{1}{2}\omega_{11}v^2x^2 + \omega_2\right)\Delta t/\omega_1 \tag{12-1}$$

由于组合是无风险的，那么该组合的收益率也应该等于无风险利率，即：

$$-\left(\frac{1}{2}\omega_{11}v^2x^2 + \omega_2\right)\Delta t/\omega_1 = \left(x - \frac{\omega}{\omega_1}\right)r\delta t \tag{12-2}$$

其中，ω_1，ω_2 是期权价格对股票价格和时间的偏导数。简单整理公式（12-2）之后可得微分方程：

$$\omega_2 = r\omega - rx\omega_1 - \frac{1}{2}v^2x^2\omega_{11} \tag{12-3}$$

根据期权的定义，期权价格存在边界条件：

$$\omega(x,t^*) = \begin{cases} x - c, & x \geq c \\ 0, & x < c \end{cases} \tag{12-4}$$

其中，c 为期权的执行价格。结合该边界条件，求解微分方程（12-3）即可推导得出期权价格：

$$\omega(x,t) = xN(d_1) - ce^{r(t-t^*)}N(d_2) \tag{12-5}$$

通过上述假设，可以完美地推导出欧式期权价格的解析解。但是原始模型中关于波动率，股票价格波动以及无风险利率的假设都与实际情况有相当的出入，那么对于这些不合理假设的改进顺其自然的成为期权定价后续研究的一个主要方向。

二、固定波动率假设的改进

Black – Scholes 模型开启了期权定价理论的新时代,大量的期权定价模型围绕着 Black – Scholes 模型的框架进行拓展。

对于波动率固定不变的假设,目前学术界采用三种方式对其进行修正:时变波动率模型,价变波动率模型和随机波动率模型。Merton 等(1973)首次将时变波动率引入期权定价模型。他将波动率定义为随时间变化的一个函数:

$$\sigma_c = \sqrt{\frac{1}{T-t}\int_t^T \sigma^2(\tau)d\tau} \tag{12-6}$$

在保持 Black – Scholes 模型其他条件不变的情况下,他们得出了修正后的期权定价参数:

$$d_1 = \frac{\log\left(\frac{X}{K}\right) + \mu(T-t) + \frac{1}{2}\int_t^T \sigma^2(\tau)d\tau}{\sqrt{\int_t^T \sigma^2(\tau)d\tau}} \tag{12-7}$$

$$d_2 = \frac{\log\left(\frac{X}{K}\right) + \mu(T-t) - \frac{1}{2}\int_t^T \sigma^2(\tau)d\tau}{\sqrt{\int_t^T \sigma^2(\tau)d\tau}} \tag{12-8}$$

但是引入时变波动率假设的模型并不能推导出现实中存在的波动率微笑现象,也无法解释 Black(1976)所发现的波动率与股票价格存在负相关关系的现象,因此价变波动率模型应运而生。价变波动率指波动率由股票价格与时间同时决定,股票价格服从随机过程 $dS = \mu(S,t)dt + \sigma(S,t)dz$,其中 S 为股票价格,t 为时间。Cox(1975)提出了固定波动率弹性模型(Constant Elasticity Volatility,CEV),他们将波动率定义为 $\sigma(X) = aX^{n-1}$,其中 a,n 为常数,n 决定了股票价格对波动率的影响程度。Beckers(1980)则对 CEV 模型进行了实证检验。他们发现通过选择恰当的 a 和 n,CEV 模型可以解释波动率微笑现象。

Cox 和 Ross(1976)则在 CEV 模型的基础上提出了平方根模型。在平方根模型中,股票价格服从随机过程 $dS = \mu Sdt + \sigma\sqrt{S}dz$,在这种情况下可以得到期权价格的解析解:

$$C = S_t e^{-rt}\sum_{n=0}^{\infty}\frac{e^{-x}x^n G[n+1+1/(2-\beta), k\times K^{2-\beta}]}{\Gamma(n+1)}$$
$$- Ke^{-rt}\sum_{n=0}^{\infty}\frac{e^{-x}x^{n+1/(2-\beta)}G(n+1, k\times K^{2-\beta})}{\Gamma[n+1+1/(2-\beta)]} \tag{12-9}$$

因为 $G(x,y)$ 表示 Gamma 分布函数,$n+1+1/(2-\beta)$ 和 $k\times K^{(2-\beta)}$ 分别对应 $G(x,y)$

中的 x 和 y。同理，$G(n+1, k \times K^{(2-\beta)})$ 中的 $n+1$ 和 $k \times K^{(2-\beta)}$ 分别对应 Gamma 分布函数中的参数 x 和 y。Schroder（1989）将去中心化的卡方分布运用到基于 $\sigma(S,t) = \sigma \times S^{(\beta-2)/2}$ 的 CEV 模型中。Lo 等（2000）则将时间因素引入到 CEV 模型中，在期权价格受时间因素影响的情况下，他们得到了有关期权价格的偏微分方程：

$$\frac{\partial P(S,\tau)}{\partial \tau} = \frac{1}{2}\sigma(\tau)^2 S^\beta \frac{\partial^2 P(S,\tau)}{\partial S^2} + [r(\tau) - d(\tau)] S \frac{\partial P(S,\tau)}{\partial S} - r(\tau) P(S,\tau) \quad (12-10)$$

通过求解方程可以得到期权价格的数值解：

$$P_c(S,\tau) = S\exp\left[-\int_0^\tau d(\tau')d\tau'\right] \sum_{n=0}^\infty \frac{z^n \exp(-z)}{\Gamma(n+1)} G[n+1+1/(2-\beta), \omega]$$

$$- S_0 \exp\left[-\int_0^\tau r(\tau')d\tau'\right] \sum_{n=0}^\infty \frac{z^{n+1/(2-\beta)} \exp(-z)}{\Gamma[n+1+1/(2-\beta)]} G(n+1, \omega) \quad (12-11)$$

其中 z，ω 是参数，G 是 Gamma 分布函数。

Brigo（2000）认为股票价格服从随机过程 $dX/X = \mu dt + \sigma(X,t) dW$，这启发学者将混合波动率分布加入到期权定价模型中。Brigo 和 Mercurio（2002）推导出股票价格服从随机过程 $dS_t = \mu S_t dt + \sigma(t, S_t) S_t dW_t$ 情况下的期权定价模型。Brigo 等（2003）和 Brigo 等（2004）则在此基础上进一步发展了波动率混合分布模型。

Dupire 等（1994）以及 Derman 和 Kani（1994）发现期权价格可以用一个风险中性过程来描述：

$$C = e^{-rT} E^\mathbb{Q}[X(T) - K]^+ = e^{-rT} \int_K^\infty [X(T) - K] p[X(T)] dX \quad (12-12)$$

其中 p 是风险中性概率密度函数。而 Breeden 和 Litzenberger（1978）则发现对于执行价为 K 的期权满足如下关系：

$$\frac{\partial^2 C}{\partial K^2} e^{rT} = p[X(T)] = K \quad (12-13)$$

在此基础上可以通过期权数据计算出风险中性密度函数。Dupire 等（1994）进一步发现局部波动率可以由期权数据计算得出：

$$\sigma(X,T) = \sqrt{\frac{\frac{\partial C}{\partial T} + (r-D) X \frac{\partial C}{\partial X} + DC}{\frac{X^2}{2} \frac{\partial^2 C}{\partial X^2}}} \quad (12-14)$$

上述计算方法要求期权是连续交易的，这显然不符合实际情况。Nordén（2003）认为期权的买卖价差使得基于连续交易假设的计算不切实际。Monteiro 等（2008）试图通过插值法解决这一问题。Wilmott（2006）则认为插值方法对局部波动率的影响非常大。另一些学者则提出了局部波动率的数值计算方法，例如 Andersen 和 Brotherton - Ratcliffe（1998）使用了有限差分的方法，Derman 等（1996a），Derman 等（1996b）和 Rubinstein（1994）

则使用了二叉树拟合法计算局部波动率。

对 Black-Scholes 模型固定波动率假设最著名的改进是随机波动率模型。随机波动率模型的基本假设是股票价格服从随机过程：

$$dX/X = \mu dt + \sigma(\omega) dW_1 \tag{12-15}$$

波动率服从随机过程 dW_2，且：

$$corr[dW_1(t), dW_2(t_0)] = \rho dt \tag{12-16}$$

相对于局部波动率模型，随机波动率模型有如下优势：第一，随机波动率模型的收益率分布更接近实际观察值；第二，Renault 和 Touzi (1996) 证明随机波动率模型能够解释波动率微笑现象；第三，随机波动率模型更加灵活。然而，随机波动率模型会引入市场不完全，使期权不存在唯一价格和解析解。

随机波动率模型的核心在于对于波动率的假设。许多研究认为波动率服从均值回归的随机过程：

$$\sigma = f(Y) dY = \alpha(m - Y) dt + \beta dW_2 \tag{12-17}$$

其中 Y 是一个 Ornstein-Uhlenbeck 过程。Johnson 和 Shanno (1987) 首次提出随机波动率模型，他们的模型将股票价格和波动率分别描述为几何布朗过程和 Ornstein-Uhlenbeck 过程：

$$\begin{cases} dX = \mu_1 X dt + \sigma X^n dW_1 \\ d\sigma = \mu_2 \sigma dt + \sigma^k \beta dW_2 \end{cases} \tag{12-18}$$

并且两个过程不相关。Hull 和 White (1987) 假设：

$$\begin{cases} dX/X = \mu_1 dt + \sigma dW_1 \\ d\sigma^2/\sigma^2 = \mu_2 dt + \beta dW_2 \end{cases} \tag{12-19}$$

该模型的贡献在于当两个随机过程不相关时，期权价格存在解析解。Stein 和 Stein (1991) 得到了同样的结果，他们将模型设定为：

$$\begin{cases} dX/X = \mu dt + \sigma dW_1 \\ d\sigma = -\alpha(\sigma - m) dt + \beta dW_2 \end{cases} \tag{12-20}$$

Heston (1993) 在两个随机过程之间存在相关性的前提下，获得了期权价格的解析解。他们假设：

$$\begin{cases} dX/X = \mu dt + \sigma dW_1 \\ d\sigma^2 = \alpha(m - \sigma^2) dt + \beta \sigma dW_2 \end{cases} \tag{12-21}$$

其中波动率的随机过程来源于 CIR 利率模型。

另一类随机波动率模型使用随机过程描述波动率的变化，例如 Schönbucher (1999) 在模型中假设：

$$\begin{cases} dX/X = \mu dt + \sigma dW_1 \\ d\sigma^2 = \mu_2 dt + \sigma_2 dW_1 + \beta dW_2 \end{cases} \tag{12-22}$$

此外，Cox 等（1979）使用晶格模型来拟合波动率，Bollerslev（1986）使用 GARCH 模型拟合非连续波动率，Alexander（2004）和 Hagan 等（2002）分别将随机波动率模型与二叉树模型和 CEV 模型结合，扩展了波动率模型的研究方向。

三、隐含波动率

除了可变波动率期权定价模型外，对波动率特征的研究也十分深入。Latane 和 Rendleman（1976）首次实证检验了隐含波动率的特征。他们的研究结果表明隐含波动率对未来波动率的预测作用要强于历史波动率。Day and Lewis（1988）研究了产品到期时的期货波动率和期权隐含波动率，发现在临近到期日时，隐含波动率能够对真实波动率产生预测作用。Jorion（1995）验证了在外汇期货市场中，隐含波动率同样是未来波动率的有效预测因子。Christensen 和 Prabhala（1998）使用长期低频期权数据发现隐含波动率对实际波动率的预测作用被低估了，而管理体制的变化也让隐含波动率的预测作用更加有效。与此同时，历史波动率对未来波动率的预测作用实际上则是被高估了。Bakshi 等（2003）发现在指数期权和股票期权之间存在着负的波动率溢价。Pan（2002）通过随机波动率跳跃扩散模型研究了标普 500 指数期权的波动率，并发现了显著的波动率溢价现象，这种溢价与跳跃风险有关。

另外一批学者的研究结果则并不相同。Day 和 Lewis（1992）的实证检验认为隐含波动率无法对未来波动率进行预测，Lamoureux 和 Lastrapes（1993）也得到了类似的结论。Pan（2002）发现标普 100 指数期权的隐含波动率不能对未来的指数现实波动率产生预测作用。通过回归分析，他们认为隐含波动率与未来的现实波动率之间没有相关性。Jackwerth 和 Rubinstein（1996）发现隐含波动率总是要高于实际波动率。

上述对隐含波动率的研究基于 Black–Scholes 模型，而一些学者则对隐含波动率的计算方式进行研究，得出了非参数隐含波动率的计算方法。Britten–Jones 和 Neuberger（2000）在扩散过程的假设下，提出了一种使用期权价格计算隐含波动率的方法，这种方法不要求固定的波动率，因此避免了传统方法的不一致性。Jiang 和 Tian（2005）则在此基础上加入了对价格跳跃情况的处理，并检验了这种方法计算的隐含波动率所蕴含的信息和对未来的预测能力。

四、股票价格连续变化假设的改进

股票价格的连续变化是 Black–Scholes 模型中另一个与现实不符的假设。针对股票价格不连续变化产生的跳跃风险，Merton 和 Samuelson（1974）发现在不连续交易的条件下，Black–Scholes 模型的无风险套利组合是存在风险的，但是这种风险是交易时间间隔的有界连续函数,并且随着交易时间间隔的缩短而趋近于零。他们的结论是,只要交易间隔足够小,连续交易与不连续交易下的 Black – Scholes 模型之间的差异就可以忽略不计。

Merton(1976)进一步论证股票价格是否遵循连续运动路径,对 Black – Scholes 模型是否有效起着决定性的作用,因此他们引入了同时包含连续与跳跃过程的混合股票收益变化路径:

$$dX/X = (\mu - \theta k)dt + \sigma dW + dP \tag{12-23}$$

其中 dW 与 dP 为相互独立的维纳过程和泊松过程。通过使用与 Black – Scholes 模型相同的无套利方法,他们得到了带跳跃期权定价模型的解:

$$C[X(t),K,t,T,r,\sigma] = \sum_{n=0}^{\infty} \frac{e^{-\theta'\tau}(\theta'\tau)^n}{n!} C_{BS}[X(t),K,t,T,r_n,\sigma_n] \tag{12-24}$$

这表明考虑到跳跃风险后,期权的价格等于一系列 Black – Scholes 模型给出的期权价格之和。Aase(1988)在无市场摩擦以及连续交易的假设下,将跳跃风险引入股票价格:

$$\frac{dS(t)}{S(t-)} = \mu(t,\omega)dt + \sigma(t,\omega)dB_t + \int_R \gamma(t;y)v(dy;dt) \tag{12-25}$$

并通过半鞅模型计算出期权价格。Borensztein 和 Dooley(1987)通过对外汇期权的研究发现,价格服从扩散过程的假设会使看涨期权定价过高,而在模型中加入离散的跳跃过程则会使模型更加接近现实数据。他们在 Cox 和 Ross(1976)的跳跃模型的基础上,构建了外汇期权的跳跃定价模型。Naik 和 Lee(1990)运用了一个一般均衡框架,得到了基于市场组合的期权定价公式:

$$S_t^c = \sum_{n=0}^{\infty} p(n)W[S_t,\pi_n,r_n,\sigma_n,(T-t)] \tag{12-26}$$

他们的研究结果表明价格跳跃和扩散的溢价是期权价格的重要组成部分。在这些研究的基础上,Scott(1997)综合了价格跳跃和随机波动率两个方面,通过引入傅里叶变换,建立了包含一系列收益率变化特征的跳跃扩散期权定价模型,并且提高了计算效率。在研究中,他们将价格的运动过程定义为:

$$dS^c(t) = r(t)S^c(t)dt + \sigma\sqrt{y_1(t)}S^c(t)dW(t) \tag{12-27}$$

而即期利率则定义为:

$$r(t) = y_1(t) + y_2(t) \tag{12-28}$$

其中:

$$dy_j(t) = [k_j\theta_j - k_jy_j(t)]dt + \sigma_j\sqrt{y_j(t)}dZ_j(t) \tag{12-29}$$

运用傅里叶变换,得到期权价格:

$$C[S(t),y(t),T-t] = S(t)\left[\frac{1}{2} - \frac{1}{2\pi}\int_0^{\infty} \frac{\phi_1(-u)e^{iulnK} - \phi_1(u)e^{-iulnK}}{iu}du\right] - B[y(t),T-t]$$

$$\times K\left[\frac{1}{2} - \frac{1}{2\pi}\int_0^\infty \frac{\phi_2(-u)\,e^{iu\ln K} - \phi_2(u)\,e^{-iu\ln K}}{iu}du\right] \tag{12-30}$$

Kou（2002）则建立了双指数跳跃扩散模型，以应对现实数据中期权表现出的收益分布尖峰性和波动率微笑的特点。在这个模型中，资产价格被描述为如下的随机过程：

$$\frac{dS(t)}{S(t-)} = \mu dt + \sigma dW(t) + d\left[\sum_{i=1}^{N(t)}(V_i - 1)\right] \tag{12-31}$$

Stein（1991）在运用自回归模型生成波动率变化路径的基础上，研究了股价服从扩散过程时的股价分布特征，并由此得出了改进的期权定价模型。Bates（1996）则继承并完善了 Merton（1976）的跳跃扩散模型，建立了随机波动率和跳跃扩散模型基础上的美式期权定价模型。

五、固定利率假设的改进

针对 Black–Scholes 模型固定利率的假设，Grabbe（1983）在外汇期权的定价模型中引入了随机利率和不同的边界约束，在利率随机且相关的假设下，他们建立了零成本的风险对冲组合，并得到了有关欧式期权价格的偏微分方程。Hilliard 等（1991）在货币期权中引入了具有不同时变波动率的债券，在利率平价成立的条件下，建立了随机利率期权定价模型。

第二节　期权定价理论的实证研究

在这些研究的基础上，学者对模型改进的有效性进行了检验。Bakshi 等（2003）在建立随机波动率，随机利率以及价格跳跃定价模型的基础上，分别从理论值与现实值的对比、样本外定价以及对冲效果三方面，对模型改进的有效性进行检验。研究结果表明，随机波动率和价格跳跃对于定价的理论现实一致性有很重要的作用；而对于对冲，只加入随机波动率的效果最好。Corrado 和 Su（1998）运用 SPX 期权的数据，在 Hull 和 White（1987）的基础上进行了实证研究。研究结果表明，随机波动率期权定价模型相比固定波动率期权定价模型有很大的提升。同时文章发现标普 500 指数服从均值回归的随机波动率过程，并且波动率与指数呈现强负相关性。此外，从期权价格中可以估计出波动率随机过程的参数，并用来预测期权价格与指数的关系。Bakshi 等（2000）在交易数据中发现期权的价格变化经常与股票价格变化不相符，看涨期权与看跌期权的价格经常同方向变化，并且这种异象不是市场微观结构造成的。这表明一维扩散定价模型无法解释实际的期权数据，期权由于存在与股票不相符的价格变动而不能成为理想的对冲工具。此篇文献指出了此前期权定价模型的改进中与现实不符的假设。

Buraschi 和 Jackwerth（2001）对比了固定波动率模型与随机波动率模型，研究发现固定波动率模型无法抓住与对冲相关的期权价格变化，模型中需要添加额外的风险因子。Bakshi 等（1997）在一个一般均衡的框架中，研究了当波动率和无风险利率遵循动态随机过程时 Black – Scholes 模型的有效性，为实证研究中发现的模型偏误提出了解释。Yung 和 Zhang（2003）对比了基于 EGARCH 的期权定价模型和 Black – Scholes 模型，结果表明无论在样本内还是样本外，基于 EGARCH 的期权定价模型要显著优于 Black – Scholes 定价模型，但在预测方面，只有深度价外期权的预测效果更优；而在对冲方面，EGARCH 模型的表现则不如 Black – Scholes 模型。Bates（2000）使用标普 500 期货期权检验了随机波动率模型和随机波动率跳跃扩散模型，他们发现单纯的随机波动率模型无法与现实数据的偏度拟合，而随机波动率跳跃扩散模型则更加接近现实。同时他们认为平方根模型无法解释在期货期权市场中观察到的正的隐含波动率冲击的现象，而要解释这种现象，必须借助波动率跳跃混合模型。

第三节　期权市场与股票市场

除期权定价之外，学者也关注期权市场与股票市场之间的信息传递。一方面，这种信息传递通过交易量、隐含波动率等指标体现；另一方面，期权市场与股票市场之间的信息差异，使得投资者行为产生了差异。

一、交易量与股票价格

大多数学者认为，期权交易量与股票价格之间存在着相关关系。Pan 和 Poteshman（2006）利用期权交易量构建了买卖比率指标，实证研究结果表明，具有低买卖比率的期权对应的股票，其收益要高于买卖比率高的股票。同时他们也证明了这种预测能力的来源是期权交易者带来的非公开信息，这再次验证了期权市场相对于股票市场要包含更多的信息。Cao 等（2005）也得出了相似的结论。他们通过研究公司并购宣告时不同市场中价格的反应时发现，在特殊事件发生时，期权市场要比股票市场更快地作出反应，期权交易量的不均衡能够有效地预测未来收益；而在正常时期，期权交易量的不均衡则失去了预测能力。Johnson 和 So（2012）挖掘了期权交易量所隐含的信息。他们在一个多市场非对称信息模型中发现，股票的卖空费用会导致期权的相对交易量与公司价值之间呈现负相关关系。Ang 等（2006）发现波动率变化与股票收益之间存在着显著的相关关系。为了对波动率进行分解分析，他们使用基础资产构建了对波动率指数的一阶差分敏感的资产组合。

二、隐含波动率与股票价格

期权的隐含波动率是期权所包含的特有信息，也是联系期权市场与股票市场的另外一项特征。Bali 和 Hovakimian（2009）探讨了期权波动率对股票收益率的预测能力。他们发现，仅仅通过波动率无法预测未来的股票收益率，但历史波动率和隐含波动率之间的差却对预期收益率具有解释作用。具体来说，波动率差异越大则期望收益越小。他们也发现买卖权的隐含波动率差同样对预期收益率有着预测作用。而 An 等（2014）发现期权波动率与股票收益率之间存在着相关关系，看涨期权的隐含波动率的上升将导致未来收益的上升，而股票收益率的上升则将带来隐含波动率的上升和实际波动率的下降。Goyal 和 Saretto（2009）从不同的角度研究了波动率对期权价格的影响。他们构建了 Delta 中性的跨式期权组合并计算了组合的收益。这种仅仅在波动率上有风险暴露的组合的收益，即代表了市场对波动性风险的补偿。同时他们根据历史波动率和隐含波动率构造了波动率差这一指标。他们发现波动率差越大的波动率组合，其收益就会越高，并且这种超额收益是常见的风险因子所不能解释的。Cao 和 Han（2013）研究了异质波动率对期权价格的影响。类似地，他们构建了 Delta 中性的期权组合，并且发现组合的收益率与异质波动率呈现很强的负相关关系。Coval 和 Shumway（2001）提出在研究波动性时，应使用 Delta 中性的跨式组合。由于此种组合在实现 Delta 中性的同时获得了较高的 Vega 值，组合的收益对于波动性的变化就变得十分敏感，从而实现了对风险因子的剥离。

Cremers 和 Weinbaum（2010）也对隐含波动率做了研究。他们通过计算买权和卖权之间隐含波动率差作为买卖权平价背离的衡量指标，进而发现买权相对价格更高的股票具有更好的收益表现，而卖权相对价格更高的股票的表现则更差。买卖权平价的背离则实际上隐含了更多的信息不对称风险。对于买卖权平价背离的另一项研究是 Ofek 等（2004）关注在存在卖空限制的条件下，买卖权平价背离的影响因素。他们研究得出的结论是，期权的到期时间与股票市场的波动性水平都会影响买卖权平价的背离程度，而这与过度自信、市场情绪等行为金融理论得出的结论是一致的。

三、波动率曲面与股票价格

波动率曲面也是联系期权市场与股票市场的重要方面。Bates（1991）认为由所有执行价组成的买卖权价格包含了市场参与者对未来价格的期望分布，这使价外卖权相对于买权要非常昂贵，波动率假笑在市场下跌前变得十分显著。Pan（2002）则使用标普 500 指数期权的数据发现了显著的波动率假笑现象，而市场参与者的风险厌恶则是波动率假笑的来源。Bollen 和 Whaley（2004）发现净买入压力直接导致了隐含波动率的变化，标普 500

指数期权隐含波动率的变化大部分源于卖权的买入压力，而股票期权隐含波动率的变化则受到买权的主导。Garleanu 等（2008）则解释了需求压力、期权价格与波动率曲线之间的关系。Xing 等（2010）发现，波动率曲线的形状对股票收益率有很强的预测作用。具体来说，波动率曲线最陡的期权对应的股票，其收益率要低于波动率曲线平缓的期权对应的股票。同时实证研究表明，前者的发行公司一般都会遇到较为强烈的收入冲击，而这与信息交易者等学说的结论是一致的。

四、期权与信息

期权市场所包含的特殊信息，也反映在交易者行为中。由于期权所具有的杠杆性，知情交易者往往会选择进行期权交易，这造成了期权的价格领先于股票价格。Manaster 和 Rendleman Jr（1982）使用包含红利的 Black-Scholes 模型计算隐含股票价格，并与实际股票价格进行了对比。研究结果发现期权价格包含股票价格所遗漏的信息，这种信息来源于期权对基础资产均衡价值的反映。Bhattacharya（1987）检验了期权价格包含的信息与股票价格不相关的假设。他们发现虽然期权价格在表面上看包含额外的信息，但是这些信息非常弱以至于据此构建的交易策略甚至无法弥补买卖价差。因此在市场存在摩擦的前提下，期权价格并不包含额外信息。Anthony（1988）则研究了股票价格与期权交易量的关系。他们发现，期权是否上市是公司的重要指标，如果知情交易发生在期权市场，就会导致现有研究手段发生偏差。同时他们的研究表明看涨期权的交易会导致一个交易日后基础资产的交易。Stephan 和 Whaley（1990）的研究则基于日内的期权与股票的价格变化和交易量数据。与前述研究结论相反，他们的研究结果表明，股票市场的价格变化至少领先期权市场 15 分钟，如果从交易量的角度去比较，则领先的程度更高。

Chan 等（1993）则对他们的结论提出了质疑。他们认为 Stephan 和 Whaley（1990）的结果来源于期权交易的不频繁，一旦使用买卖中间价而不是成交价，股票领先期权的结论便消失了，因此股票领先期权的结论并不能带来交易机会。Sheikh 和 Ronn（1994）通过对 CBOE 日度和日内期权收益的实证研究，发现期权的收益存在着系统性模式。这表明知情交易者在掌握基础资产的价值变化后，可以在期权市场上进行交易，从而使期权失去冗余性。Back（1993）在 Kyle（1985）连续交易模型的基础上进行了扩展，他们发现非对称信息可以使无套利期权定价模型失效，即便期权表现出冗余性，其上市交易仍会使基础资产的波动率产生随机性。最终资产价格的变化反映了由交易量和价格表现的信息变化，期权收益的不对称性使期权收益中包含了知情交易者的行为。Admati 和 Pfleiderer（1988）发现流动性交易者是均衡价格形成的重要条件。Foster 和 Viswanathan（1990）则进一步发现，知情交易者与相机抉择交易者的系统性交易行为构成了期权收益中的系统性部分。Easley 等（1998）通过建立非对称信息模型来探讨信息交易者的交易行为。他们发现期权交易量能反映投资者行为,并对未来的股票价格具有预测作用。Chakravarty 等(2004)研究了期权对于价格发现起到的作用。他们不仅通过信息份额法证明,期权市场在价格发现中作出了重大的贡献,同时也发现交易量、买卖价差以及波动率等指标在价格发现的过程中也起到了重要的作用。

第四节 期权与市场因子

此外,期权还被应用于市场因子的发现与定价,包括价格跳跃风险、市场偏度、相关性等。

一、价格跳跃

Lo 等(2000)发现在 1987 年 10 月的市场下跌中,价外卖权变得异常昂贵。他们的研究反映了股票市场中期望的价格跳跃随着时间不断变化。Santa–Clara 和 Yan(2010)构造了价格的扩散和跳跃的波动性都可以随时间变化的模型,发现价格跳跃过程的分布随时间不断变化。同时由于高概率的跳跃风险在样本中不一定会出现,投资者预测的跳跃风险可能与已实现跳跃风险非常不同。Bates(2008)构建了一个投资者对风险和市场闪崩均厌恶的模型。研究结果表明,代表性投资者对扩散风险和跳跃风险的应对方法是不同的。Liuetal(2003)检验了存在价格跳跃和投资者风险厌恶的期权均衡价格模型,并得出了类似的结论。Goyal 和 Saretto(2009)通过使用跨式组合和 Delta 对冲买权构建了波动率资产,并发现波动率资产的收益与历史波动率和隐含波动率之间的差值存在正相关关系,Cao 和 Han(2013)则通过构建 Delta 对冲的期权组合发现,组合的收益与总波动率和异质波动率存在负相关关系。Cremers 等(2015)以期权为基础,构建了跳跃因子与波动因子,并研究二者对股票收益率的解释能力。因子构建的具体做法是:使用两组到期期限不同的期权构成两组 Delta 中性的跨式组合,再使用两组跨式组合构成 Vega 中性或 Gamma 中性的投资组合。Delta 和 Vega 中性的投资组合的价格不受基础资产价格和波动率的变化影响,因而可以反映市场中价格跳跃带来的风险补偿;而 Delta 和 Gamma 中性的投资组合则不受基础资产价格变化和价格跳跃带来的影响,因而可以反映波动性带来的风险补偿。在实证研究中,他们计算了股票在这两种因子上的载荷,并发现它们都能对股票的收益产生显著的解释作用。

二、市场偏度

Bali and Murray(2013)研究了风险中性偏度的定价。他们使用两个方向的期权头寸,结合基础资产股票的头寸,构建了偏度组合。具体来说,偏度组合是对冲了 Delta 和 Vega

风险的投资组合，且组合对于价格左偏和右偏的敏感程度不同，这使在市场收益的分布发生偏移时，偏度组合能够获得相应的收益。偏度组合的收益剔除了基础资产价格和波动率变化带来的影响，实证结果表明，风险中性偏度与资产收益之间存在着显著的负相关关系，这与投资者对偏度的正偏好是一致的。Chang等（2013）使用期权数据计算出市场偏度，并发现了市场价格与市场偏度之间存在着负相关关系。如果将市场偏度看作对价格跳跃风险的测度，那么他们的结果表明价格跳跃风险有着负的价格。

三、相关性

Campa和Chang（1998）和Walter和Lopez（2000）使用外汇期权的数据计算了隐含的外汇相关性。Skintzi和Refenes（2005）则阐述了如何使用指数和股票期权的数据来计算隐含的股票相关性，并研究了相关性的统计特性和动态特征。Driessen等（2009）使用标普100指数期权和股票数据，研究了市场下行风险的相关性对期权收益的影响。他们在指数价格和波动率风险的基础上发现了相关性风险，并且发现根据这种风险建立的交易组合能够获得很高的超额收益，同时相关性风险也能够解释指数和股票期权的横截面收益。

参考文献

[1] K. K. Aase (1988). "Contingent claims valuation when the security price is a combination of an ito process and a random point process." Stochastic Processes and Their Applications 28: 185 – 220.

[2] J. H. Anthony (1988). "The interrelation of stock and options market trading – volume data." The Journal of Finance 43: 949 – 964.

[3] C. Alexander (2004). "Normal mixture diffusion with uncertain volatility: Modelling short – and long – term smile effects." Journal of Banking & Amp; Finance 28: 2957 – 2980.

[4] B. J. An, A. Ang, T. G. Bali, N. Cakici (2014). "The joint cross section of stocks and options." The Journal of Finance 69: 2279 – 2337.

[5] L. B. Andersen, R. Brotherton – Ratcliffe (1998). "The equity option volatility smile: an implicit finite – difference approach." Journal of Computational Finance 1: 5 – 37.

[6] A. Ang, R. J. Hodrick, Y. Xing, X. Zhang (2006). "The cross – section of volatility and expected returns." The Journal of Finance 61: 259 – 299.

[7] A. R. Admati, P. Pfleiderer (1988). "A theory of intraday patterns: Volume and price variability." The Review of Financial Studies 1: 3 – 40.

[8] S. Beckers (1980). "The constant elasticity of variance model and its implications for option pricing." The Journal of Finance 35: 661 – 673.

[9] T. Bollerslev (1986). "Generalized autoregressive conditional heteroskedasticity." Journal of econometrics 31: 307 – 327.

[10] M. Bhattacharya (1987). "Price changes of related securities: The case of call options and stocks." Journal of Financial and Quantitative Analysis 22: 1 – 15.

[11] D. S. Bates (1991). "The crash of 87: Was it expected? the evidence from options markets." The journal of finance 46: 1009 – 1044.

[12] K. Back (1993). "Asymmetric information and options." The Review of Financial Studies 6: 435 – 472.

[13] D. S. Bates (1996). "Jumps and stochastic volatility: Exchange rate processes implicit in deutsche mark options." The Review of Financial Studies 9: 69 – 107.

[14] D. S. Bates (2000). "Post – 87 crash fears in the S&P 500 futures option market." Journal of Econometrics 94: 181 – 238.

[15] D. Brigo (2000). "A mixed – up smile." Risk 5: 123 – 126.

[16] D. S. Bates (2008). "The market for crash risk." Journal of Economic Dynamics and Control 32: 2291 – 2321.

[17] G. Bakshi, C. Cao, Z. Chen (1997). "Empirical performance of alternative option pricing models." The Journal of finance 52: 2003 – 2049.

[18] G. Bakshi, C. Cao, Z. Chen (2000). "Do call prices and the underlying stock always move in the same direction?" The Review of Financial Studies 13: 549 – 584.

[19] E. R. Borensztein, M. P. Dooley (1987). "Options on foreign exchange and exchange rate expectations." Staff Papers 34: 643 – 680.

[20] T. G. Bali, A. Hovakimian (2009). "Volatility spreads and expected stock returns." Management Science 55: 1797 – 1812.

[21] A. Buraschi, J. Jackwerth (2001). "The price of a smile: Hedging and spanning in option markets." The Review of Financial Studies 14: 495 – 527.

[22] G. Bakshi, N. Kapadia, D. Madan (2003). "Stock return characteristics, skew laws. and the differential pricing of individual equity options." The Review of Financial Studies 16: 101 – 143.

[23] D. T. Breeden, R. H. (1978). "Litzenberger, Prices of state – contingent claims implicit in option prices." Journal of business 2: 621 – 651.

[24] D. Brigo, F. Mercurio (2002). "Lognormal – mixture dynamics and calibration to market volatility smiles." International Journal of Theoretical and Applied Finance 5: 427 – 446.

[25] D. Brigo, F. Mercurio, F. Rapisarda, R. Scotti (2004). "Approximated moment – matching dynamics for basket – options pricing." Quantitative Finance 4: 1 – 16.

[26] D. Brigo, F. Mercurio, G. Sartorelli, et al. (2003). "Alternative asset – price dynamics and volatility smile." Quantitative Finance 3: 173 – 183.

[27] T. G. Bali, S. Murray (2013). "Does risk – neutral skewness predict the cross – section of equity option portfolio returns?" Journal of Financial and Quantitative Analysis 48: 1145 – 1171.

[28] H. H. Yung, H. Zhang (2003). "An empirical investigation of the garch option pricing model: Hedging performance." Journal of Futures Markets: Futures, Options, and Other Derivative Products 23: 1191 – 1207.

[29] F. Black, M. Scholes (1973). "The pricing of options and corporate liabilities." Journal of Political

Economy 81: 637 – 654.

[30] N. P. Bollen, R. E. Whaley (2004). "Does net buying pressure affect the shape of implied volatility functions?" The Journal of Finance 59: 711 – 753.

[31] J. M. Campa, P. K. Chang (1998). "The forecasting ability of correlations implied in foreign exchange options." Journal of International Money and Finance 17: 855 – 880.

[32] C. Cao, Z. Chen, J. M. Griffin (2005). "Informational content of option volume prior to takeovers." The Journal of Business 78: 1073 – 1109.

[33] K. Chan, Y. P. Chung, H. Johnson (1993). "Why option prices lag stock prices: A trading – based explanation." The Journal of Finance 48: 1957 – 1967.

[34] B. Y. Chang, P. Christoffersen, K. Jacobs (2013). "Market skewness risk and the cross section of stock returns." Journal of Financial Economics 107: 46 – 68.

[35] S. Chakravarty, H. Gulen, S. Mayhew (2004). "Informed trading in stock and option markets." The Journal of Finance 59: 1235 – 1257.

[36] J. Cao, B. Han (2013). "Cross section of option returns and idiosyncratic stock volatility." Journal of Financial Economics 108: 231 – 249.

[37] M. Cremers, M. Hailing, D. Weinbaum (2015). "Aggregate jump and volatility risk in the cross – section of stock returns." The Journal of Finance 70: 577 – 614.

[38] B. J. Christensen, N. R. Prabhala (1998). "The relation between implied and realized volatility." Journal of Financial Economics 50: 125 – 150.

[39] J. C. Cox, S. A. Ross (1976). "The valuation of options for alternative stochastic processes." Journal of Financial Economics 3: 145 – 166.

[40] J. C. Cox, S. A. Ross, M. Rubinstein (1979). "Option pricing: A simplified approach." Journal of Financial Economics 7: 229 – 263.

[41] C. Corrado, T. Su (1998). "An empirical test of the hull – white option pricing model." Journal of Futures Markets: Futures, Options, and Other Derivative Products 18: 363 – 378.

[42] J. D. Coval, T. Shumway (2001). "Expected option returns." The journal of Finance 56: 983 – 1009.

[43] M. Cremers, D. Weinbaum (2010). "Deviations from put – call parity and stock return predictability." Journal of Financial and Quantitative Analysis 45: 335 – 367.

[44] B. Dupire, et al. (1994). "Pricing with a smile." Risk 7: 18 – 20.

[45] E. Derman, I. Kani (1994). "Riding on a smile." Risk 7: 32 – 39.

[46] E. Derman, I. Kani, J. Z. Zou (1996b). "The local volatility surface: Unlocking the information in index option prices." Financial Analysts Journal 52: 25 – 36.

[47] T. E. Day, C. M. Lewis (1988). "The behavior of the volatility implicit in the prices of stock index options." Journal of Financial Economics 22: 103 – 122.

[48] T. E. Day, C. M. Lewis (1992). "Stock market volatility and the information content of stock index options." Journal of Econometrics 52: 267 – 287.

[49] J. Driessen, P. J. Maenhout, G. Vilkov (2009). "The price of correlation risk: Evidence from equity

options." The Journal of Finance 64: 1377-1406.

[50] D. Easley, M. O'hara, P. S. Srinivas (1998). "Option volume and stock prices: Evidence on where informed traders trade." The Journal of Finance 53: 431-465.

[51] F. D. Foster, S. Viswanathan (1990). "A theory of the interday variations in volume, variance, and trading costs in securities markets." The Review of Financial Studies 3: 593-624.

[52] J. O. Grabbe (1983). "The pricing of call and put options on foreign exchange." Journal of International Money and Finance 2: 239-253.

[53] N. Garleanu, L. H. Pedersen, A. M. Poteshman (2008). "Demand-based option pricing." The Review of Financial Studies 22: 4259-4299.

[54] A. Goyal, A. Saretto (2009). "Cross-section of option returns and volatility." Journal of Financial Economics 94: 310-326.

[55] S. L. Heston (1993). "A closed-form solution for options with stochastic volatility with applications to bond and currency options." The Review of Financial Studies 6: 327-343.

[56] J. E. Hilliard, J. Madura, A. L. Tucker (1991). "Currency option pricing with stochastic domestic and foreign interest rates." Journal of Financial and Quantitative Analysis 26: 139-151.

[57] J. Hull, A. White (1987). "The pricing of options on assets with stochastic volatilities." The Journal of Finance 42: 281-300.

[58] P. Jorion (1995). "Predicting volatility in the foreign exchange market." The Journal of Finance 50: 507-528.

[59] J. C. Jackwerth, M. Rubinstein (1996). "Recovering probability distributions from option prices." The Journal of Finance 51: 1611-1631.

[60] H. Johnson, D. Shanno (1987). "Option pricing when the variance is changing." Journal of Financial and Quantitative Analysis 22: 143-151.

[61] T. L. Johnson, E. C. So (2012). "The option to stock volume ratio and future returns." Journal of Financial Economics 106: 262-286.

[62] G. J. Jiang, Y. S. Tian (2005). "The model-free implied volatility and its information content." The Review of Financial Studies 18: 1305-1342.

[63] A. S. Kyle (1985). "Continuous auctions and insider trading." Econometrica: Journal of the Econometric Society 5: 1315-1335.

[64] S. G. Kou (2002). "A jump-diffusion model for option pricing." Management Science 48: 1086-1101.

[65] C. G. Lamoureux, W. D. Lastrapes (1993). "Forecasting stock-return variance: Toward an understanding of stochastic implied volatilities." The Review of Financial Studies 6: 293-326.

[66] C. F. Lo, P. Yuen, C. H. Hui (2000). "Constant elasticity of variance option pricing model with time-dependent parameters." International Journal of Theoretical and Applied Finance 3: 661-674.

[67] R. C. Merton (1976). "Option pricing when underlying stock returns are discontinuous." Journal of Financial Economics 3: 125-144.

[68] R. C. Merton, et al. (1973). "Theory of rational option pricing." Theory of Valuation 5: 229-288.

[69] S. Manaster, R. J. Rendleman Jr (1982). "Option prices as predictors of equilibrium stock prices." The Journal of Finance 37: 1043–1057.

[70] R. C. Merton, P. A. Samuelson (1974). "Fallacy of the log-normal approximation to optimal portfolio decision-making over many periods." Journal of Financial Economics 1: 67–94.

[71] A. M. Monteiro, R. H. Tutuncii, L. N. Vicente (2008). "Recovering risk-neutral probability density functions from options prices using cubic splines and ensuring nonnegativity." European Journal of Operational Research 187: 525–542.

[72] L. Nordén (2003). "Asymmetric option price distribution and bid-ask quotes: consequences for implied volatility smiles." Journal of Multinational Financial Management 13: 423–441.

[73] V. Naik, M. Lee (1990). "General equilibrium pricing of options on the market portfolio with discontinuous returns." The Review of Financial Studies 3: 493–521.

[74] E. Ofek, M. Richardson, R. F. Whitelaw (2004). "Limited arbitrage and short sales restrictions: Evidence from the options markets." Journal of Financial Economics 74: 305–342.

[75] J. Pan (2002). "The jump-risk premia implicit in options: Evidence from an integrated time-series study." Journal of Financial Economics 63: 3–50.

[76] J. Pan, A. M. Poteshman (2006). "The information in option volume for future stock prices." The Review of Financial Studies 19: 871–908.

[77] M. Rubinstein (1994). "Implied binomial trees." The Journal of Finance 49: 771–818.

[78] E. Renault, N. Touzi (1996). "Option hedging and implied volatilities in a stochastic volatility model 1." Mathematical Finance 6: 279–302.

[79] M. Schroder (1989). "Computing the constant elasticity of variance option pricing formula." The Journal of Finance 44: 211–219.

[80] L. O. Scott (1997). "Pricing stock options in a jump-diffusion model with stochastic volatility and interest rates: Applications of fourier inversion methods." Mathematical Finance 7: 413–426.

[81] Y. Xing, X. Zhang, R. Zhao (2010). "What does the individual option volatility smirk tell us about future equity returns?" Journal of Financial and Quantitative Analysis 45: 641–662.

[82] A. M. Sheikh, E. I. Ronn (1994). "A characterization of the daily and intraday behavior of returns on options." The Journal of Finance 49: 557–579.

[83] E. M. Stein, J. C. Stein (1991). "Stock price distributions with stochastic volatility: an analytic approach." The review of financial studies 4: 727–752.

[84] J. A. Stephan, R. E. Whaley (1990). "Intraday price change and trading volume relations in the stock and stock option markets." The Journal of Finance 45: 191–220.

[85] P. Santa-Clara, S. Yan (2010). "Crashes, volatility, and the equity premium: Lessons from S&P 500 options." The Review of Economics and Statistics 92: 435–451.

[86] C. A. Walter, J. A. Lopez (2000). "Is implied correlation worth calculating? Evidence from foreign exchange options." The Journal of Derivatives 7: 65–81.